現代経済社会の諸問題

―渡部茂先生古稀記念論集―

渡部茂先生古稀記念論集刊行委員会

【編著】

学文社

渡部茂先生古稀記念論集執筆者 (執筆順)

池田　剛士	大東文化大学経済学部教授 (1)	
土橋　俊寛	大東文化大学経済学部准教授 (2)	
上遠野武司	大東文化大学経済学部教授／経済学部長 (3)	
古屋　　核	大東文化大学経済学部教授 (4)	
高安　雄一	大東文化大学経済学部教授 (5)	
花輪　宗命	大東文化大学名誉教授 (6)	
濱本知寿香	大東文化大学経済学部准教授 (7)	
葛目　知秀	大東文化大学経済学部准教授 (8)	
由川　　稔	大東文化大学経済学部講師 (9)	
中村　宗悦	大東文化大学経済学部教授 (10)	
松村　岳志	大東文化大学経済学部教授 (11)	
永野慎一郎	大東文化大学名誉教授 (12)	
近藤　正臣	大東文化大学名誉教授 (13)	
内田日出海	成蹊大学経済学部教授 (14)	
長沼　佐枝	大東文化大学経済学部専任講師 (15)	
宮平　栄治	名桜大学国際学群教授 (16)	
山田　敏之	大東文化大学経営学部教授 (17)	
片岡　泰彦	元大東文化大学経営学部教授 (18)	
髙沢　修一	大東文化大学経営学部教授 (19)	
山﨑　俊次	大東文化大学外国語学部教授 (随想 1)	
尾﨑　正延	神奈川工科大学教授 (随想 2)	
喜多見　洋	大阪産業大学経済学部教授 (随想 3)	
渡部　　茂	大東文化大学経済学部教授 (特別寄稿)	
中村　年春	大東文化大学経済学部教授／副学長 (刊行を終えて)	

渡部　茂先生近影

献呈の辞に代えて

　渡部茂先生は2018年3月末日をもって大東文化大学経済学部を定年退職され
ます。先生は1978年，本学経済学部に専任講師として就任されて以来，40年間
にわたり本学部に在職されました。理論経済学，産業組織論を中心に研究され，
また近代経済学史への造詣の深さ，加えて渡欧での豊富な見聞に裏づけられた
経済情勢の的確な把握から得られた知見を経済学教育に反映させ，工夫を凝ら
した興味深い講義を展開されました。他方，学内行政においても，大学に大きな
変革をもたらす試みに取り組んでこられました。先生のこれまでの学部，大学へ
のご貢献に対して，学部を代表して感謝申し上げます。先生の経歴と業績の詳細
は本書掲載の資料を参照頂くとして，ここでは，先生の研究者，教育者，大学人
としての多くの貢献のほんの一部について触れることにします。

　近年，大学には社会連携，社会貢献への取り組みが求められるようになり，地
域連携活動の重要性が高まっています。本学では，2001年5月より，大学と東京
都板橋区行政が連携して地域の政策課題を共同研究する地域連携研究「地域デ
ザインフォーラム」を開始しました。渡部先生はその立上げおよび共同研究にお
ける中心メンバーの一人として尽力され，大学側の研究体制を整備し充実した
ものにされました。

　当時，製造品出荷額では都内で大田区に次いだ板橋区は，バブル経済崩壊後の
影響下，他の産業集積地と同様に産業集積地固有の問題を抱えており，区は産業
行政の施策の一環として取り組む必要のある課題を抱えていました。他方，区内
の高島平団地は，開発当初に大量入居した年齢構成の近い入居者がほぼ同時に
高齢化しており，他の多くの大規模団地と同様の問題を抱え始めていました。

　渡部先生は，産業政策を研究対象とした分科会に所属されており，そこでは，
地域産業が直面している諸問題に注目し，活力ある地域社会の再生を目指すこ

i

とになりました。同区では，工場の海外移転，経営者の高齢化，後継者の不在により既存の産業集積が崩壊し始めたり，工場転出跡地へ進出したマンションや住宅へ移り住んだ住民と残った工場との間で摩擦が生じたりと，都市型工業集積が陥りがちな問題の発生が懸念されていました。現場・先進事例の視察や議論を重ね，的確な状況把握，適切な改善策を研究し提言内容を検討しました。併せて，産業集積，産業クラスターの理論研究，実証研究への足がかりを模索することで，産業行政への具体的な政策提言を追求しました。

　インキュベーターの区内 JR 駅近くへの設置はその成果のひとつであり，これは現在も機能しています。区民を対象に起業アイデアコンテストも実施しています。また，高齢者や女性の人材活用も区への政策提言に盛り込みました。その後，渡部先生が学長になられてからは，共同研究の枠組みの外からこの研究活動を見守り続けられました。

　若い学究の徒として学問研究に邁進していた時期と本学への着任後次第に職務上の責任が重くなっていった時期とで視座が変化するにつれて，「自由」は大学人として渡部先生からどのように見えていたのでしょう。「自由」は本来，与えられるのでなく求めて勝ちとるべきものであり，求めても得られないこともあります。市場は完全ではありませんが，「自由」への可能性を担保する仕組みとして，経済人が求める「自由」と通底しています。先生の語られた多くからは，人間や社会の限界を理解したうえで人間や社会とその根幹にある「自由」を肯定的に受容する包容力が感じられました。先生は 20 世紀という時代を生きた自由主義哲学の巨人 F・A・ハイエク（1899 – 1992）や，自然科学由来の科学主義への批判的態度から主観主義や時間的要素を重視するオーストリア学派へ言及することが多かったので，お話の内容の真意を理解する手掛かりはそこにあるかもしれません。

　社会主義は 20 世紀における人類最大の脅威であった。そして，きわめて多くの人々から自由と希望，そして生命までをも奪ったこの無謀な社会実験は結局，失敗に終わったとされます。しかし，残党は死に絶えてはいません。その社会主

義という残虐で凶悪な敵と戦い続けたハイエクの研究には今日，改めて深い意義を見出すことができます。

　大学における経済学教育が米国経済学に強く傾斜していくなか，欧州の経済学や経済思想の深意と可能性を学生に伝える機会は大きく欠損しています。米国経済学は経済学教育の教材として利活用しやすいという利点を多分に有しますが，現実世界や人間行動の複雑さ，多様性を解明し整合的に説明するにはまったく不十分です。しかも当の米国の社会や経済は，その成り立ちや仕組みそのものが特殊であり，その他のすべての国や地域，人々を代表してはいません。そのため，米国の経済や社会，そしてそれらの制度や仕組み，考え方を世界標準に位置づけるのはきわめて困難です。

　また，米国発の市場原理主義の広がりは思想や理念を伴わない金融資本主義を蔓延させ，ほんの一部に集中して偏在する私的な経済的成功や繁栄が多くの人々の価値判断，価値基準を支配するようになってしまいました。経済格差は圧倒的大多数の経済的に豊かでない人々を生み出し，先進国でも途上国でも深刻な社会問題を拡散し増幅しています。そのように急速にパクス・アメリカーナへの傾斜を強め多くの人々から「自由」を奪うようになった世界情勢をみて，先生は欧州経済学の潜在性への期待を膨らませていたのかもしれません。

　最後に，渡部先生を中心とした酒宴について，同席者のひとりとしてその印象を一言申し添えておきます。酒席における渡部先生の佇まいや豊富な話題は大学人としてその一角を魅力的な空間にしていました。そこには，学部の同僚はもちろん，他にも多くの教職員が集い，数え切れない活発な議論が交わされ談笑の輪が広がりました。数々の研究プロジェクトや，学部・大学行政における先生の緩急自在な人材の活用術は人間的魅力なしには実行できなかったに違いありません。

大東文化大学経済学部長　上遠野　武司

目　次

献呈の辞に代えて（上遠野武司）　　i

論集「現代経済社会の諸課題」

1　企業の立地と輸送費用—差別化最小原理を実感する—（池田剛士）……………… 1

2　オンラインオークションにおける開始価格と即決価格の最適な組み合わせ
　　（土橋俊寛）……………………………………………………………………… 15

3　情報と政策（上遠野武司）…………………………………………………………… 33

4　高齢化と教育財政—公立小中学校エアコン設置率による分析—（古屋核）………… 48

5　高齢化にともなう韓国の成長率の変化と財政の持続可能性（高安雄一）………… 73

6　地方行財政の現状と課題（花輪宗命）……………………………………………… 96

7　団塊の世代と社会保障（濱本知寿香）……………………………………………… 118

8　最近の清酒の輸出動向と外国為替相場の清酒輸出価格へのパススルー
　　（葛目知秀）……………………………………………………………………… 127

9　内陸アジア諸国の経済発展と新たな国際開発金融（由川稔）…………………… 145

10　日本人知識人・ジャーナリストの見た植民地台湾：渋沢敬三と石山賢吉
　　（中村宗悦）……………………………………………………………………… 187

11　1820 年代前半のロシア国軍第二軍に関する一次資料（松村岳志）…………… 216

12　日露戦争前進根拠地八口浦玉島の役割に関する研究（永野慎一郎）　………… 231

13　ランデス著，竹中平蔵訳『強国論』再論（1）（近藤正臣）…………………… 262

14　ライヒスラント時代（1871-1918 年）のエルザスの政治・経済（内田日出海）… 305

15　地域資源としての空き家の活用—世田谷区きぬたまの家を事例に—
　　（長沼佐枝）……………………………………………………………………… 354

16　沖縄振興政策における沖縄 21 世紀ビジョンの意義と課題（宮平栄治）……… 388

17　組織における双面性の構築とマネジメント（山田敏之）………………………… 418

18　「パチョーリ簿記論」の新展開（片岡泰彦）……………………………………… 471

19　地方公共団体首長の接待交際費を巡る問題点と行政監視機能の有用性
　　（髙沢修一）……………………………………………………………………… 498

随想集「学窓の徒然」

1　A Tribute to Prof. Watabe , the All – rounder（山﨑俊次）‥‥‥‥‥‥‥517

2　De Bons Souvnirs de Monsieur Watabe　スヴニール ドゥ ムッシュー渡部
　　　（尾﨑正延）‥‥‥‥‥‥‥‥‥‥‥‥‥‥‥‥‥‥‥‥‥‥‥‥‥‥‥‥‥522

3　渡部先生にフランス語を習う（喜多見洋）‥‥‥‥‥‥‥‥‥‥‥‥‥‥‥533

特別寄稿

随想―私の研究交遊抄―（渡部茂）‥‥‥‥‥‥‥‥‥‥‥‥‥‥‥‥‥‥‥537

　　刊行を終えて（中村年春）　　545
　　渡部茂先生御経歴　　547

謹んで古稀をお祝いし

渡部茂先生に捧げます

執筆者一同

〔論集「現代経済社会の諸課題」〕

1　企業の立地と輸送費用
―差別化最小原理を実感する―

池　田　剛　士※

1. はじめに

　「企業はどこに立地すべきか？」企業の最適立地に関する問題は経済学において古くから考えられ続けている[1]。この答えを得るために，様々なアプローチが試みられているが，その代表的かつ古典的なものの一つが「ホテリングの線分市場」である[2]。ホテリングの線分市場，あるいはホテリング・モデルとは，直線状に均一に消費者，あるいは市場が分布しているものと想定し，その直線上のどこに企業が立地するのかを論じるものである。次のような状況を考えよう。

　a地点からb地点まで，直線的に広がる市場があり，そこには消費者が一様に分布しているとする（図1-1参照）。この市場に企業AとBの二つの企業が店舗を構えようとしている。両企業の販売する財は同質かつ，同価格であり，消費者は近い方の店舗から財を一単位だけ購入するものとしよう。このような条件の下で，二つの企業はどこに立地するのが最適だろうか。

　まず，企業AとBがそれぞれ，a地点とb地点に立地している（すなわち，両端に立地している）としよう。このとき，両者は消費者を半分ずつ獲得することに

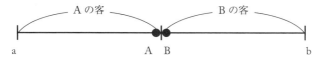

図1-1　ホテリングの線分市場（市場が連続しているケース）

なる。しかし，これが両者にとって最適でないことは明らかである。なぜなら，企業Aはa地点から中心に向かって少し移動するだけで，企業Bの客を奪うことができるからである。このことは企業Bにとっても同じで，企業Bは少し中心に移動すれば企業Aの客を奪うことができる。このような移動を続けると，結局，両者とも中心に（背中あわせに）立地し，結果として，半分ずつの消費者を獲得することになる。これは両企業が最初にどこに立地していようと同じであり，また両者ともその中心地から移動するインセンティブを持たない（移動すれば，ライバル企業に客を奪われてしまう）ことがわかる。

　これがこの分析のナッシュ均衡であり，ホテリングの「差別化最少原理」と呼ばれるものである。全く同じ財を，全く同じ価格で販売する企業が中心に集積して立地するという結果は非常に興味深いものであろう。

　ホテリング・モデルを簡単に述べると以上のようになる。しかしここでは，物理的に消費者が散らばっていると想定しているにもかかわらず，企業の輸送費用，あるいは消費者の移動コストについては無視してきた。また，その説明もごく直観的なものに留まっている。そこで本稿では，企業の輸送費用を考慮しつつも，ミクロ経済学の初歩を学んだ者であれば十分に理解可能なモデルを構築し，差別化最小原理を実感する。[3]

2. モデル

　次のような3つの市場（市場1，2，3）を考えよう。図1-2で描かれているように，これらの市場は，直線上に市場「1，2，3」の順で左から等間隔に並んでいる。今，同じ財を一定の限界費用cで生産する企業AとBがどの市場に立地するかを選択するが，例えば市場1に立地すれば，市場2と市場3に販売する際に，輸送費用が発生するとしよう。自分の立地する市場での販売に関しては，輸送費用は発生しない。ここでは，例えば市場1に立地する企業が市場2へ，つまり隣の市場へ販売する際には財一単位当たりtの輸送費用がかかるとしよう。また，一つ飛び越えた市場3に財を販売するためには，$2t$の輸送費用がかかるものとす

図1-2 ホテリングの線分市場（市場が3つのケース）

る。それぞれの市場の逆需要関数は$p=a-Q$で同一であるとし、両企業は第1段階でどの市場に立地するのかを選択、第2段階でクールノー競争を行うものとする。ここでpは価格、Qは需要量、aはある正の定数で、全ての市場において正の販売量を保証するため、$a>c$かつ$0<t<(a-c)/4$を仮定しよう。

　このような状況で、企業AとBはそれぞれ、どの市場に立地するのかを考えていこう。まず、輸送費用だけを考えれば、市場2に立地するのが最適であろう。なぜなら、市場1、あるいは市場3に立地すれば、反対側の市場に販売する際には高い輸送費用がかかってしまうためである。市場2に立地すれば、そのような負担は発生しない。しかし、ライバル企業との競争を考えると、状況は複雑になる。もし、企業Aが市場1に、企業Bが市場3に立地すれば、それぞれの企業は自分の立地する市場で、有利な立場に立つことが出来る。すなわち、お互いが遠い距離を保つことで、競争を緩和することが出来るのである。これら二つの効果を念頭に置き、企業はどの市場に立地するか考えていこう。

3. 分　析

　両企業は第一段階で自身が立地する市場を決め、第二段階でクールノー競争を行うものとする。ここでは、①両企業が市場2に集中して立地するケース、②企業が市場1と市場3に分散して立地するケース、③企業が市場1と市場2（あるいは市場2と市場3）に分散して立地するケース、の3つのケースを確認すれば全ての可能性を確認することが出来る(4)。以下、それぞれのケースの均衡を求めていこう。

① 両企業とも市場2に立地するケース

まず，両企業が市場2に立地する場合のそれぞれの企業の利潤を求めよう。両企業が市場2に立地する場合，市場2における企業 A の利潤関数は，

$$\pi_{A2} = (p - c)\, q_{A2}$$
$$= (a - q_{A2} - q_{B2} - c)\, q_{A2}$$

と表される。ここで，q_{ij} は企業 i（$i = A, B$）の市場 j（$j = 1, 2, 3$）における販売量であることを表している。すると，利潤最大化条件より，この市場における企業 A の反応関数

$$q_{A2} = \frac{a - q_{B2} - c}{2} \tag{1}$$

を得る。企業 B に関しても同様であるので，企業 B の反応関数は，

$$q_{B2} = \frac{a - q_{A2} - c}{2} \tag{2}$$

と求められる。(1)，(2) 式より，クールノー均衡

$$q_{A2}^* = q_{B2}^* = \frac{a - c}{3}$$

が得られる。ここで，上添え字 " $*$ " は両企業が市場2に立地するケースの均衡を表している。これを利潤関数に代入することで，両企業が市場2において得る均衡利潤

$$\pi_{A2}^* = \pi_{B2}^* = \frac{(a - c)^2}{9} \tag{3}$$

が求められる。

4

次に市場1から得られる利潤を求めよう。市場1での販売に関する限界費用は $c + t$ となるが，それ以外は先ほどの分析と同様である。したがって，このケースにおける市場1のクールノー均衡と両企業の均衡利潤はそれぞれ

$$q_{A1}^* = q_{B1}^* = \frac{a - c - t}{3}$$

$$\pi_{A1}^* = \pi_{B1}^* = \frac{(a - c - t)^2}{9} \tag{4}$$

と求められる。また，市場3から得られる利潤は市場1から得られるものと同様のため，

$$\pi_{A3}^* = \pi_{B3}^* = \frac{(a - c - t)^2}{9} \tag{5}$$

である。

すると，企業 A と B が3つの市場から得られる利潤は，(3)，(4)，(5) 式より

$$\pi_A^* = \pi_B^* = \frac{3(a - c)^2 - 4t(a - c) + 2t^2}{9} \tag{6}$$

と求められる。

② 企業が両端に離れて立地するケース

次に両企業が両端に離れて立地するケースを考えよう。ここでは企業 A が市場1に，企業 B が市場3に立地するものとする。まず市場2における均衡利潤を求めよう。このケースにおける市場2は，① で見た市場1，あるいは市場3と同様であり，両企業の均衡利潤は，

$$\pi_{A2}^{**} = \pi_{B2}^{**} = \frac{(a - c - t)^2}{9} \tag{7}$$

と計算される。ここで上添え字 " ＊＊ " は企業が両端に離れて立地するケースの

1　企業の立地と輸送費用　5

均衡を表している。

　続いて，市場1における企業 A と B の均衡利潤を求めよう。このときの企業 A の利潤関数は，

$$\begin{aligned}
\pi_{A1} &= (p - c)\, q_{A1} \\
&= (a - q_{A1} - q_{B1} - c)\, q_{A1}
\end{aligned}$$

と表される。利潤最大化条件より反応関数は，

$$q_{A1} = \frac{a - q_{B1} - c}{2} \tag{8}$$

と求められる。

　他方，市場1において企業 B は $2t$ の輸送費用を負担しなければならないため，その利潤関数は，

$$\begin{aligned}
\pi_{B1} &= (p - c - 2t)\, q_{B1} \\
&= (a - q_{A1} - q_{B1} - c - 2t)\, q_{B1}
\end{aligned}$$

と表される。利潤最大化条件より以下の反応関数を得る。

$$q_{B1} = \frac{a - q_{A1} - c - 2t}{2} \tag{9}$$

　(8)，(9) 式より，企業 A と B の均衡生産量はそれぞれ

$$q_{A1}^{**} = \frac{a - c + 2t}{3}, \quad q_{B1}^{**} = \frac{a - c - 4t}{3}$$

と計算される。したがって，企業 A と B の市場1における均衡利潤は，

$$\pi^{**}_{A1} = \frac{(a - c + 2t)^2}{9}, \quad \pi^{**}_{B1} = \frac{(a - c - 4t)^2}{9} \tag{10}$$

と求められる。

　市場3に関しては，市場1における企業AとBの立場を逆にしたものであり，その均衡利潤は，

$$\pi^{**}_{A3} = \frac{(a - c - 4t)^2}{9}, \quad \pi^{**}_{B3} = \frac{(a - c + 2t)^2}{9} \tag{11}$$

と求められる。

　(7), (10), (11) 式より，企業AとBが3つの市場から得られる利潤は，

$$\pi^{**}_A = \pi^{**}_B = \frac{3(a - c)^2 - 6t(a - c) + 21t^2}{9} \tag{12}$$

と計算される。

③ 企業Aが市場1に企業Bが市場2に立地するケース

　最後に企業Aが市場1に，企業Bが市場2に立地する，非対称なケースを考えよう。企業Aの市場1における利潤関数は，

$$\begin{aligned}
\pi_{A1} &= (p - c)\, q_{A1} \\
&= (a - q_{A1} - q_{B1} - c)\, q_{A1}
\end{aligned}$$

と与えられる。利潤最大化条件より，反応関数は，

$$q_{A1} = \frac{a - q_{B1} - c}{2} \tag{13}$$

と計算される。

　他方，企業Bの市場1における利潤関数は，

1　企業の立地と輸送費用　　7

$$\pi_{B1} = (p - c - t)\, q_{B1}$$
$$= (a - q_{A1} - q_{B1} - c - t)\, q_{B1}$$

と表される。利潤最大化条件より反応関数は,

$$q_{B1} = \frac{a - q_{A1} - c - t}{2} \tag{14}$$

と求められる。(13),(14) 式より,それぞれの均衡生産量は,

$$q^{***}_{A1} = \frac{a - c + t}{3}, \quad q^{***}_{B1} = \frac{a - c - 2t}{3}$$

と求められる。ここで上添え字"＊＊＊"は企業 A が市場 1 に,企業 B が市場 2 に立地しているケースの均衡を表している。したがって,両企業の均衡利潤は,

$$\pi^{***}_{A1} = \frac{(a - c + t)^2}{9}, \quad \pi^{***}_{B1} = \frac{(a - c - 2t)^2}{9} \tag{15}$$

と計算される。

市場 2 における両企業の均衡利潤は,企業 A と B の立場を先ほどと逆にして

$$\pi^{***}_{A2} = \frac{(a - c - 2t)^2}{9}, \quad \pi^{***}_{B2} = \frac{(a - c + t)^2}{9} \tag{16}$$

と求められる。

最後に市場 3 における企業 A の利潤関数は,

$$\pi_{A3} = (p - c - 2t)\, q_{A3}$$
$$= (a - q_{A3} - q_{B3} - c - 2t)\, q_{A3}$$

で与えられる。利潤最大化条件より,以下の反応関数を得る。

$$q_{A3} = \frac{a - q_{B3} - c - 2t}{2} \tag{17}$$

企業 B の市場 3 における利潤関数は,

$$\pi_{B3} = (p - c - t)\, q_{B3}$$
$$= (a - q_{A3} - q_{B3} - c - t)\, q_{B3}$$

と表される。利潤最大化条件より反応関数は,

$$q_{B3} = \frac{a - q_{A3} - c - t}{2} \tag{18}$$

と求められる。(17), (18) 式より, それぞれの均衡生産量は,

$$q^{***}_{A3} = \frac{a - c - 3t}{3}, \quad q^{***}_{B3} = \frac{a - c}{3}$$

と計算され, それぞれの均衡利潤は,

$$\pi^{***}_{A3} = \frac{(a - c - 3t)^2}{9}, \quad \pi^{***}_{B3} = \frac{(a - c)^2}{9} \tag{19}$$

と求められる。

(15), (16), (19) 式より, 3つの市場から得られる利潤の合計は, それぞれ

$$\pi^{***}_{A} = \frac{3(a - c)^2 - 8t(a - c) + 14t^2}{9} \tag{20}$$

$$\pi^{***}_{B} = \frac{3(a - c)^2 - 2t(a - c) + 5t^2}{9} \tag{21}$$

と計算される。

4. 比　較

表1-1は3節の結果をまとめたものである。表1-1の縦の列が企業Aの，横の列が企業Bの立地を表しており，それぞれに対応する均衡利潤が記されている。まず，両企業が市場2に集積するケースと市場1，市場3に離れるケースとを比較すると，(6)，(12)式より

$$\pi_A^* - \pi_A^{**} = \frac{2t(a-c) - 19t^2}{9} \begin{array}{c}>\\<\end{array} 0 \Leftrightarrow t \begin{array}{c}<\\>\end{array} \frac{2(a-c)}{19} \quad (\text{複号同順})$$

が成立することがわかる。$^{(5)}$ この結果は，ある程度輸送費用が小さい時には企業は市場2に集中して立地する方が利潤は高まるが，輸送費用が大きくなると分散して立地する方が利潤は高まることを意味している。しかし，この結果はいくぶん奇妙にも思える。なぜなら，輸送費用が高くなるほど，企業はあえて遠くに立地

表 1-1　立地による利潤の変化

		企業 B		
		市場 1	市場 2	市場 3
企業A	市場1		$\dfrac{3(a-c)^2-8t(a-c)+14t^2}{9}$ $\dfrac{3(a-c)^2-2t(a-c)+5t^2}{9}$	$\dfrac{3(a-c)^2-6t(a-c)+21t^2}{9}$ $\dfrac{3(a-c)^2-6t(a-c)+21t^2}{9}$
	市場2	$\dfrac{3(a-c)^2-2t(a-c)+5t^2}{9}$ $\dfrac{3(a-c)^2-8t(a-c)+14t^2}{9}$	$\dfrac{3(a-c)^2-4t(a-c)+2t^2}{9}$ $\dfrac{3(a-c)^2-4t(a-c)+2t^2}{9}$	$\dfrac{3(a-c)^2-2t(a-c)+5t^2}{9}$ $\dfrac{3(a-c)^2-8t(a-c)+14t^2}{9}$
	市場3	$\dfrac{3(a-c)^2-6t(a-c)+21t^2}{9}$ $\dfrac{3(a-c)^2-6t(a-c)+21t^2}{9}$	$\dfrac{3(a-c)^2-8t(a-c)+14t^2}{9}$ $\dfrac{3(a-c)^2-2t(a-c)+5t^2}{9}$	

注：各セルの上段が企業Aの，下段が企業Bの利潤を表す。

すると主張しているように聞こえるためである。このことは，輸送費用が企業にとってどのように働くかを考えることで理解されるであろう。

輸送費用の上昇は生産費用の上昇に等しく，したがって，それ自体は企業にとって好ましいものではない。しかしその一方で，輸送費用の上昇はライバル企業との競争を緩和させる効果も持つ。例えば，企業Aが市場1に，企業Bが市場3に立地すると，輸送費用の上昇は企業Aの市場1での立場を，また企業Bの市場3での立場を，より有利にする。つまり，輸送費用が高くなるほど，企業は離れて立地することで競争を緩和させ，自分の立地する市場での競争を有利にすることが出来るのである。輸送費用が小さいとその様なことは不可能である。つまり，離れて立地しても競争の緩和効果はほとんどなく，むしろ少しでも輸送費用が安くすむ真ん中に集中して立地することが，企業にとって有利となるのである。

次に両企業が市場2に集積するケースと，企業Aが市場1に，企業Bが市場2に立地するケースを比較すると，(6), (20) 式より，

$$\pi_A^* - \pi_A^{***} = \frac{4t(a-c) - 12t^2}{9} \begin{matrix} > \\ < \end{matrix} 0 \Leftrightarrow t \begin{matrix} < \\ > \end{matrix} \frac{a-c}{3} \quad (複号同順)$$

が成立する。しかし，仮定より $t > (a-c)/3$ は排除されるため，ここでは必ず $\pi_A^* - \pi_A^{***} > 0$，つまり企業Bが市場2に立地するなら，企業Aも市場2に立地する方が企業Aの利潤は高まることが確認された。

最後に企業Aが市場1に，企業Bが市場3に立地するケースと，企業Aが市場2に，企業Bが市場3に立地するケースを比較しよう。すると，(12), (20) 式より，

$$\pi_A^{**} - \pi_A^{***} = \frac{-4t(a-c) + 16t^2}{9} \begin{matrix} > \\ < \end{matrix} 0 \Leftrightarrow t \begin{matrix} > \\ < \end{matrix} \frac{a-c}{4} \quad (複号同順)$$

となる。ここでも仮定より $t > (a-c)/4$ は排除されるため，必ず $\pi_A^{**} - \pi_A^{***} < 0$，つまり企業Bが市場3にいるなら，企業Aは市場3に立地するより，市場2に

1　企業の立地と輸送費用　｜　11

表1-2 ナッシュ均衡

| | | 企業B | | |
		市場1	市場2	市場3
企業A	市場1			
	市場2			
	市場3			

注：矢印の方向に動くと利潤が高まる。

立地した方が良いことがわかる。

　以上で全ての状況を確認することができた。表1-2はその結果をまとめたものである。この表から両企業とも「市場2に立地する」が支配戦略となっており，したがって，これがナッシュ均衡になる。以上より，輸送費用を考慮したモデルにおいても，ホテリングの差別化最小原理が成立することが確認された。

　しかし，先ほど見たように輸送費用がある程度大きいとき（$2(a-c)／19 < t < (a-c)／4$ のとき）は，両企業は市場1と市場3に分散して立地した方が，市場2に集積するより利潤は高まる。つまり，その状況では両企業とも利潤が高まる戦略が存在するにもかかわらず，その戦略は選択されなくなるという，囚人のジレンマが生じるのである。

5．まとめ

　本稿では，ホテリング・モデルを，3つの市場が等間隔で並んでいるモデルとして簡単化し，差別化最小原理の成立について確認した。また，輸送費用が果たす，競争緩和効果についても確認された。この効果のため，ある程度の輸送費用を考慮すると，囚人のジレンマが発生するのである。実際，1節で見たモデルにおいても，もし輸送費用が存在するなら，両企業は左から4分の1と，右から4分

の1のところにそれぞれ立地する方が利潤は高くなる。しかし、そこは均衡にはならないのである。

　では、現実において、企業は常に集積する傾向にあるのだろうか？　確かに、秋葉原の電気街や、鯖江の眼鏡産業、瀬戸の陶磁器など、ある産業が一か所に集積する事例は数多く観察される。しかし、いつも必ず集積しているわけではない。実はここで見た差別化最小原理は、企業が数量競争ではなく、価格競争を行っているとすると途端に成立しなくなる[6]。さらに、市場が直線的でなく、(山手線や環状線のように) 円環的であれば、その場合も企業は分散する[7]。企業の集積、分散については現在でも様々なモデルが構築され、その分析が行われているのである。

(注)

※　e-mail：ikeda@ic.daito.ac.jp
　本稿を、筆者が大東文化大学に赴任して以来、公私に渡り多大なるご指導を賜っている渡部茂教授に捧げます。
(1) たとえば、マッカン (2007) を参照のこと。
(2) Hotelling (1929)。
(3) 具体的には、例えば渡部 (1997)「第7章：市場の理論」程度の知識を前提としている。また、本稿における立地選択モデルの、より一般的な分析は Hamilton, et al. (1989) や Anderson and Neven (1991) を参照のこと。
(4) 両企業が市場1、あるいは市場3に集積立地するケースは、競争が激しくなる上、輸送費用も高くなるため、明らかに均衡にはならない。したがって、その計算を省略する。
(5) ただし、仮定より $0 < t < (a - c) / 4$ であることに注意しよう。この仮定により、全ての市場における正の販売量が保証される。
(6) 第2段階で価格競争を行うケースは d'Aspremont, et al. (1979) を参照のこと。
(7) 円環市場に関しては Salop (1979) や Pal (1998) を参照のこと。

参考文献

マッカン, P. 編著, 上遠野武司編訳 (2007)『企業立地行動の経済学　都市・産業クラスターと現代企業行動への視角』学文社
渡部茂 (1997)『経済理論入門』税務経理協会

1　企業の立地と輸送費用

Anderson, S. and D. Neven (1991) "Cournot competition yields spatial agglomeration," *International Economic Review*, 32, pp.793-808.

d'Aspremont, C., Gabszewicz, J. and J. Thisse (1979) "On Hotelling's stability in competition," *Econometrica*, 47, pp.1045-1050.

Hamilton, J., Thisse, J. and A. Weskamp (1989) "Spatial discrimination, Bertrand vs. Cournot in a model of location choice," *Regional Science and Urban Economics*, 19, pp.87-102.

Hotelling, R. (1929) "Stability in competition," *Economic Journal*, 39, pp.41-57.

Pal, D. (1998) "Does Cournot competition yield spatial agglomeration?" *Economics Letters*, 60, pp.49-53.

Salop, S. (1979) "Monopolistic competition with outside goods," *Bell Journal of Economics*, 10 (1), pp.141–156.

2 オンラインオークションにおける開始価格と即決価格の最適な組み合わせ

土 橋 俊 寛

1. はじめに

　米国でイーベイ（eBay）とオンセール（Onsale）がオンラインオークションのサービスを開始したのは1995年のことである。その後，多くのオンラインオークションが次々とサービスを開始した。日本でもヤフージャパンが1999年にサービスの提供を始めた Yahoo! オークション（現在は「ヤフオク！」。以下，ヤフオクという。）を初めとして，いくつかのオンラインオークションが存在している。サザビーズ（Sotheby's）やクリスティーズ（Christie's）といった伝統的なオークションや市場で行われる競りと比較すると，オンラインオークションには幾つかの特徴がある。その特徴をひと言で表せば，個別のオークション設計に対する自由度の高さである。つまり，売手が出品価格，即決価格，最低落札価格などを戦略的に組み合わせてオークションを開催できる点が「オンライン」を「オフライン」から分けているのだと言えよう。[1]

　オンラインオークションに出品する場合，出品価格を設定することが必須である。出品価格（開始価格とも言う）よりも安い金額で商品が落札されることはない。オークション理論の分野では，買手の評価値の最低値よりも高い出品価格は留保価格（reserve price）と呼ばれる。オークションの形式によって，留保価格は買手に公開される場合もあれば秘匿されることもある。リスク中立的である対称な買手が独立に私的価値（IPV：independent private value）を持つような単数財オークションでは，適切な留保価格を付けたオークションが，売手の期待収入を最大化

するという意味で最適オークション（optimal auction）である（Myerson, 1981；Riley and Samuelson, 1981）。どの買手も同一の入札戦略を用いるという対称均衡に焦点をあてると，適切な留保価格（r）は次式で与えられる。

$$r = v_0 + \frac{1+f(r)}{F(r)}$$

　ここでFは買手の評価値の分布関数，fはその確率密度関数，v_0は売手の評価値をそれぞれ表す。一般的に，最適な留保価格は陰関数で与えられるために明示的に解くことはできないが，最適な留保価格は売手の評価値を上回る（$r > v_0$）ことが知られている（Myerson, 1981）。言いかえると，留保価格を設定しない純オークション（pure auctions）は最適ではない。

　他方で即決価格（buyout price）の設定は任意のオプションであり，イーベイやヤフオクにおいて売手は無料で即決価格を設定できる。やはり対称均衡に焦点をあてると，即決価格付きのオークションでは，即決オプションの行使にかんする意思決定において買手は閾値戦略を用いる（例えば Gallien and Gupta, 2007；Reynolds and Wooders, 2009）。つまり，即決価格を所与として閾値が定まり，その閾値よりも高い評価値を持つ買手（そしてそのような買手のみ）が即決オプションを行使することになる。

　明らかに，即決価格付きオークションは効率的ではない。閾値より高い評価値を持つ買手が複数いる場合があり得るからである[2]。そのため，即決価格によって売手の期待収入が高まる状況では収入同値定理が成立せず，即決価格付きオークションは最適でもない。ただし即決価格付きオークションの定式化によっては，例えば買手がリスク回避的であることが，即決価格の提示によって売手の期待収入が高まるための必要条件になる場合がある[3]。

　即決価格を設定することは，即決価格と留保価格の組み合わせを選択することに等しい。しかし，それらの最適な組み合わせを分析した研究はほとんど存在しない。多くの理論研究は留保価格，あるいは留保価格と即決価格の両方を外生的としたうえで，即決価格のみについて比較静学を行っている。例外的な研究であ

る Che（2011）は，二位価格オークションに参加する買手の評価値を「高い」「低い」の2値のみとした限定的な状況ながらも，留保価格と即決価格の組み合わせについて考察している。彼のモデルでは，売手と買手はともにリスク中立的であり，買手は正の参加コストを支払ってオークションに参加するかどうかを決める。この研究では買手のオークションへの参加コストが高い場合に，低い留保価格と高い即決価格を組み合わせることによって，終盤でオークションに現れる高い評価値を持つ買手に対してオークションへの参加を促せることが示されている。

　別の研究として Shunda（2009）は，参照点付き効用関数を持つ買手が存在する二位価格オークションを考察し，即決価格の効果を分析した。彼の研究で斬新なのは，買手が留保価格と即決価格を併せて参照点を形成するというアイデアである。その上で買手は，落札価格と参照点価格との差を考慮しながら即決オプションを行使するか否かの意思決定及び入札価格を決定する。売手と買手はどちらもリスク中立的である。この研究では，（最適な）即決価格の提示が入札競争を激しくする結果として売手の収入が高まることが示されている。さらに，売手の収入が増加するには即決価格が提示されれば十分であり，必ずしも即決価格で財が落札される必要はないという結論が得られている。

　このような状況を補完するべく即決価格と留保価格の最適な組み合わせにかんして理論研究を行うことが重要だが，分析には困難な点がある。最適オークションの枠組みで分析される留保価格を，最適オークションではない即決価格付きオークションの中で分析するという点がそれである。即決価格と留保価格の最適な組み合わせを一般的な枠組みで分析した研究が今のところ存在しないのは，そのあたりに理由があるのだろう。

　本稿は理論分析ではなく，ヤフオクから得た実際のデータを見ながら，最適な組み合わせを記述的に考察する。本稿の構成は以下の通りである。2節では即決価格と留保価格の最適な組み合わせを考察した Che（2011）について，その定式化と得られた成果を詳しく紹介する。3節ではヤフオクの出品データを用いながら実際のオークションにおける即決価格と留保価格の組み合わせを観察する。4節では3節の観察に基づいて即決価格と留保価格の組み合わせを考察する。5節

では結論を述べる。

2. 関連研究

前節で述べた通り Che（2011）は留保価格と即決価格の最適な組み合わせを分析した数少ない研究のひとつである。そのため本節では，Che（2011）のモデル及びそこで得られた結果をやや詳しく概観する。

Che（2011）は（一時的）即決価格付きの二位価格オークションを通じてひとつの財をリスク中立的な2人の買手に売却する状況を定式化した。このモデルには以下の3点の特徴がある。

・買手の評価値は IPV であり，2値のみをとる（$0 < V_L < V_H$）（低い評価値の実現確率は $\alpha \in (0, 1)$）
・買手にはオークションに参加するためのコスト（$C > 0$）がかかる
・2人の買手が逐次的にオークションに現れる（買手1，買手2の順番）

このような二位価格オークションの開始時点で，売手は留保価格（$R \in [0, V_H]$）及び即決価格（$B > R$）をそれぞれ選択する。2人の買手の入札額が等しい場合には，各買手は等確率で財を落札する。以上の枠組みはすべて，プレイヤーの共通認識である。

まず，売手が留保価格のみを決められる（買手が即決オプションを持たない）場合の均衡を見てみよう。この状況は「一方向の非対称情報下での最後通告交渉」と見なすことができる。そのため，標準的な交渉モデルと同様に，買手が低い評価値を持つ確率（α）に応じて，売手が高い留保価格あるいは低い留保価格を提示することが均衡を構成する。ただし，この事前確率に加えて買手のオークションへの参加コスト（C）も，均衡を特徴付けるにあたって重要な役割を果たす。

純粋戦略による均衡を特徴付けるのは，買手が低い評価値を持つ確率（α）と買手のオークションへの参加コスト（C）である。大まかに，買手が低い評価値を持

つ確率が高い場合と低い場合，そして買手の参加コストが大きい場合と小さい場合があるとすれば，純粋戦略による均衡が4つ存在することになる。均衡結果に焦点をあてれば，それらの均衡の特徴は大きく3つに区別できる。

　まず，買手が低い評価値を持つ確率が低い場合（αが小さい場合）には，売手は高い留保価格（$R = V_H - C$）を選択する。買手1は評価値が高ければオークションに参加して真の評価値（V_H）を入札するが（オークションに参加した後では参加コストが埋没費用となっている点に注意が必要である），評価値が低ければオークションへ参加しない。他方で，買手2は，買手1が入札しなかった場合にのみ，評価値が高ければオークションへ参加する。買手2にとって既に入札している買手1が必ず高い評価値を持つことに鑑みれば，これらの行動が均衡を構成する背景にある直観は明らかである。この均衡において，売手は$Y_1 = (1 - \alpha^2)(V_H - C)$という期待利得を得る。

　次に，買手が低い評価値を持つ確率が高くて（αが大きくて），なおかつ買手の参加コストが大きい場合には，売手は低い留保価格（$R = V_L - C$）を設定する。買手1は評価値によらずオークションへ参加して真の評価値を入札する。他方で，買手2は評価値によらず，オークションに参加しない。均衡経路上では買手1が必ずオークションに参加するため，買手2は買手1の評価値を事前分布に従って評価する。この時，参加コストが十分に大きければ，高い評価値を持つ買手2にとってすら，オークションへ参加することで得られる期待利得は非正である。言うまでもなく，低い評価値を持つ買手2はオークションへ参加しない。この均衡において，売手は$Y_2 = V_L - C$という期待利得を得る。均衡が存在するための条件は以下の2式で与えられる。

$$C > \alpha(V_H - V_L)$$
$$\frac{1}{\alpha^2}[V_L - (1 - \alpha)^2 V_H] > C$$

　最後に，買手が低い評価値を持つ確率が高くて（αが大きくて），なおかつ買手

の参加コストが小さい場合には，売手は低い留保価格（$R = V_L - C/\alpha$）を設定する。この留保価格は先ほどのケースよりもさらに低いことに注意しよう。買手1は評価値によらずオークションへ参加して真の評価値を入札する。他方で，買手2は評価値が高い場合にのみオークションへ参加して真の評価値を入札する。この均衡において，売手は $Y_3 = (1-\alpha^2)V_H + \alpha(2-\alpha)V_L - C$ という期待利得を得る。均衡が存在するための条件は以下の2式で与えられる。

$$C \leq \alpha(V_H - V_L)$$
$$\frac{1}{\alpha}[(2-\alpha)V_L - 2(1-\alpha)V_H] > C$$

では今度は，売手が留保価格に加えて即決価格を選択できる場合を見てみよう。買手の参加コストが次式を満たすとする。

$$C \leq V_H - V_L$$

先のベンチマークにおける参加コストが小さい場合だけでなく，参加コストが大きい場合も一部含むことに注意が必要である（$\alpha(V_H - V_L) < C \leq V_H - V_L$ が成立する場合）。

売手は低い留保価格（$R = V_L - C$）を設定し，その上で高めの即決価格（$B = V_H - \alpha(V_H - R) = V_H - \alpha(V_H - V_L) + \alpha C$）を提示する。このような留保価格と即決価格の組み合わせに対して，評価値が低い場合には買手1はオークションへ参加して真の評価値を入札する。それに対して評価値が高い場合には即決オプションを行使してただちに財を落札する。参加コストの条件から，高い評価値を持つ買手の利得は非負である（$V_H - B = \alpha(V_H - V_L - C) \geq 0$）。他方で，買手2は評価値が高い場合にのみオークションへ参加して真の評価値を入札する。この均衡において，売手は $Y_B = (1-\alpha^2)V_H + \alpha(2-\alpha)(V_L - C)$ という期待利得を得る。簡単な計算によって，$Y_B > Y_2$ 及び $Y_B > Y_3$ を確認することができる。このような留保価格と即決価格の組み合わせ及び買手の行動が均衡を構成するための具

体的な条件は次式で与えられる。

$$(1-2\alpha)C > 2\alpha(V_H - V_L) - \alpha^2(2V_H - V_L)$$

　式から直接判断するのは難しいものの，この条件は買手が低い評価値を持つ確率がある程度高い（αが大きい）ことを意味すると考えられる。そうでないとすると，売手は高い評価値を持つ買手のみをターゲットとして高い留保価格を設定すれば（そして即決価格を提示しなければ）十分だからである。

　議論の要点は，参加コストがそれなりに高いにもかかわらず，即決価格を提示することで高い評価値を持つ買手2をオークションへ参加させることができる点にある。ベンチマークにおいて高い評価値を持つ買手2がオークションへ参加しない理由は，既に入札している買手1の評価値が買手2にとって不明だったからである。それに対して即決価格を導入した場合には，即決オプションを行使しなかった買手1の評価値が低いことを，買手2が正確に推測できる。即決価格の導入によって買手1の評価値にかんする不確実性が排除されたと言える。Che（2011）で得られた結論の妥当性については4節にて若干の考察を試みる。

3.　ヤフオクの出品データ

　本節ではヤフオクの出品データを用いながら実際のオークションにおける即決価格と留保価格の組み合わせを観察する。用いるのは2015年2月から6月までに「PS4本体」カテゴリへ新規に出品されたプレイステーション4（PS4）本体のオークションデータである。個別のオークションからは4つの属性にかんするデータが得られる（表2-1）。オークション総数は9,333件であるが，ジャンク品，欠品のある商品（ケーブルやアダプタ，コントローラーなどが欠けている），傷があったり修理に出したりした商品，及び複数口を出品しているオークション（複数財オークションとみなされる）を除いたため，考察の対象としたオークションは8,552件であった（表2-2）。この件数は同一のオークションの再出品を含むため延べ出

表 2-1　各オークションデータに含まれる変数

変　数	説　明
オークション属性	
新規 / 再出品	新規の出品あるいは再出品の出品
1 個口 / 複数個口	出品数が 1，あるいは 2 以上
出品価格	出品価格
即決価格	即決価格
最低落札価格の有無	最低落札価格の有無
出品日時	出品日時
終了日時	オークション開始時に定まる終了日時
出品期間	出品日時から終了日時までの期間（時間単位）
送料無料	送料の負担者が出品者であるオークション
外　税	落札価格に消費税が課されるオークション（ストアのみ）
出品者属性	
良い評価	「とても良い」「良い」の数
悪い評価	「とても悪い」「悪い」の数
評価	「良い評価」マイナス「悪い評価」
ストア / 個人	出品者がオークションストアか否か
商品属性	
新品 / 中古品	新品か中古品か
ジャンク品	商品説明に「ジャンク」と記載されている
傷・修理品	本体その他の付属品に傷がある，修理歴がある
欠損品の有無	付属品の 1 つ以上が欠けている
おまけ付き	充電器などのアクセサリとまとめて出品されている
ソフト付き	1 本以上のソフトとまとめて出品されている
本体色	黒，白
限定品	DG，FF，20 周年記念，その他
結果属性	
落札された / されない	商品が落札されたかどうか
落札価格	落札価格
入札数	入札数
入札者数	入札者数
終了日時	オークションが実際に終了した日時

出典：筆者作成

品数を示している。[4] 新品と中古品の別が落札価格に大きく影響する商品もあるが，PS4本体にかんして言うと影響が小さかったため，ここでは新品かどうかを区別していない。ただし表2-2ではPS4本体を「通常版」と「限定版」で区別している。通常版の商品には本体色が黒色のものと白色のものがあり（表2-1の商品属性を参照），データを収集した時点での正規価格は3万9,980円（税込みで4万

表 2-2　プレイステーション 4 オークションデータ

	全出品	通常版	限定版
オークション	8,552	6,192	2,360
出品価格（円）	34,286	26,166	55,611
落札価格（円）	40,477	35,808	57,976
落札数	5,275（61.7）	4,164（67.2）	1,111（47.0）
入札者数（人）	5.8	6.2	4.2
入札数	15.5	16.8	10.9
即決価格付きオークション	4,337	2,883	1,454
出品価格（円）	40,788	30,361	61,491
即決価格（円）	50,181	40,459	69,456
落札価格（円）	42,107	36,314	60,632
落札数	2,443（56.3）	1,860（65.7）	581（40.0）
即決による落札価格（円）	43,114	37,426	60,455
即決による落札数	1,425（32.9）	1,073（37.9）	352（24.2）
入札者数（人）	3.6	3.9	2.7
入札数	9.0	9.8	6.2
即決価格＝出品価格（固定価格方式）	1,869	1,141	728
出品価格（円）	51,321	41,431	66,821
即決価格（円）	51,321	41,431	66,821
落札価格（円）	42,545	37,032	60,340
落札数	613（32.8）	468（41.0）	145（19.9）
入札者数（人）	1.0	1.0	1.0
入札数	1.0	1.0	1.0
即決価格＞出品価格（オークション方式）	2,468	1,742	726
出品価格（円）	32,828	23,110	56,146
即決価格（円）	49,317	39,823	72,099
落札価格（円）	41,964	36,073	60,729
落札数	1,829（74.1）	1,392（79.9）	437（60.2）
即決による落札価格（円）	43,482	37,720	60,297
即決による落札数	815（33.0）	607（34.8）	208（28.7）
入札者数（人）	4.5	4.9	3.3
入札数	11.6	12.8	7.9

出典：筆者作成

3,178 円）である。限定版には様々な種類があるが，出品されていた限定版では
「メタルスライムエディション」「ファイナルファンタジー零式朱雀エディショ
ン」「20 周年アニバーサリーエディション」が圧倒的多数を占めた。これらは内
容物も価格も異なるが，ここではすべてまとめて「限定版」として扱った。
　即決価格が設定されているオークションは大きく 2 つに分けられる。出品価格

と等しい即決価格を設定するもの（「即決価格＝出品価格」）と出品価格よりも高い即決価格を出品するもの（「即決価格＞出品価格」）である。即決価格が出品価格と同じ金額であれば，オークションを訪れた買手に可能な意思決定はその金額で財を「落札」するかどうかだけである。つまりこれはヤフオクというプラットフォームを利用してはいるものの，実際にはオンラインで固定価格販売することと同じである。オンラインストアがこのような形態でヤフオクを利用しているのがよく観察される。他方で，出品価格よりも高い即決価格は買手に対して本来的な即決オプションを提示しているオークションだと言える。ひと口に即決価格付きオークションと言ってもこれらはだいぶ性質の異なるものであり，両者を区別する必要がある。Chen et al. (2013) は同様の指摘をしているが，既存の実証研究ではこの点の区別はあまり考慮されていないことが多い。以下では前者を「固定価格方式」，後者を「オークション方式」と呼ぶ。

　表2-2によれば，オークション全体 (8,552件) のうち，即決価格付きオークションは4,337件であった。その中で固定価格方式は1,869件 (22%)，オークション方式は2,468件 (29%) であった。つまり全体のおよそ半数のオークションでは即決価格が提示されており，その中の4割程が本来的な即決オプションを提供していたのである。通常版に限って見ると，オークション全体 (6,192件) のうち即決価格オークションは2,883件であり，その中で固定価格方式は1,141件 (18%)，オークション方式は1,742件 (28%) であった。また，限定版に限って見ると，オークション全体 (2,360件) のうち即決価格オークションは1,454件であり，その中で固定価格方式は728件 (31%)，オークション方式は726件 (31%) であった。ここから読み取れるのは，限定版を出品したオークションにおいて即決価格が付けられることが多く，その中でも特に固定価格販売として売られることが多いという傾向である。

　次に落札価格を見てみよう。オークション全体で見た平均的な落札価格と比較すると，即決価格付きオークションにおける落札価格の方が4%高い。この傾向は通常版，限定版のどちらについても言える（通常版で1%，限定版で4%）。さらに即決価格で落札されたオークションにのみ限定すると，オークション全体と比

較して落札価格は6%高い（通常版で6%，限定版で4%）。多くの実証研究の結果と同じく，即決価格を提示することで落札価格が高まるという傾向を見て取れる。

　最後に落札率について見てみよう。オークション全体で見た落札率と比較すると，即決価格付きオークションにおける落札率の方が5%ポイント低い。この傾向は通常版，限定版のどちらについても言える（通常版で1%ポイント，限定版で7%ポイント）。ところが，即決価格で落札されたオークションの内訳をよく見てみると，同じ即決価格付きオークションでも固定価格方式とオークション方式とでは結果が大きく異なっていることがわかる。固定価格方式では，オークション全体と比較して落札率は28%ポイントも低い（通常版で26%ポイント，限定版で27%ポイント）。他方でオークション方式では，オークション全体と比較して落札率は12%ポイント高い（通常版で12%ポイント，限定版で13%ポイント）。

　ただし固定価格方式のオークションでは，落札がすなわち即決を意味しているので，固定価格方式とオークション方式の比較について言えば「即決価格による落札率」を見るのが適切かもしれない。通常版と限定版を含む全ての出品にかんして言えば，両者の落札率（即決率）はほとんど同じである。ところが通常版と限定版でその中身はだいぶ異なる。通常版にかんして言うと固定価格方式の方が落札率は6%ポイント高く，限定版にかんして言うとオークション方式の方が落札率は8%ポイント高い。

4.　考　察

　前節で見たように，即決価格付きオークションの落札結果を見ると，落札率は固定価格方式よりもオークション方式の方が高い（32.8% vs. 74.1%）。他方で即決価格による落札率を比較してみると固定価格方式とオークション方式での違いはほとんどない（32.8% vs. 33.0%）。つまり落札率（即決率）を高めるという点において，オークション方式は固定価格方式よりも優れていると言える。その一方で，オークション方式で出品された商品の落札価格について，即決価格を付けながらも即決されずに落札された場合の落札価格は固定価格方式を下回る。ここ

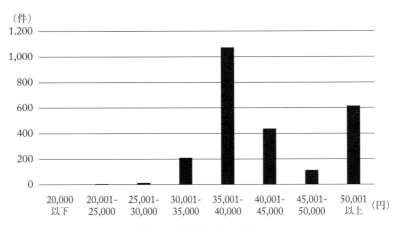

図 2-1　即決価格の分布

出典：筆者作成

から示唆されるのは，即決価格と出品価格の選び方（組み合わせ）が重要だろうということである。本節ではこの点に焦点をあてて落札結果を考察する。

図2-1は固定価格方式を除く即決価格付きオークションにおける即決価格の分布を示している。通常版PS4の定価に近い3万5,000円から4万5,000円の即決価格が多いことを図から読み取れる。実際に最も多い即決価格は40,000円であり（282件，11%），中央値も40,000円である。50,001円以上の即決価格も多いが，これらはほとんど定価の高い限定版を出品するオークションに付けられていた。

分析の切り口として，以下ではオークション方式の即決価格付きオークションを大きく2つに分類する。ひとつは即決価格付きの「1円オークション」である。1円オークションとは出品価格が1円に設定されたオークションを言う。ヤフオクでは商品の出品価格を1円以上に（1円単位で）設定できるため，1円という出品価格は許容される範囲での最低額である。即決価格が提示されていなければ1円オークションとはいわゆる純オークションと同等のものと見なせる。ただし以下では出品価格が厳密に1円であることにはこだわらず，出品価格が1,000円未満または即決価格の1%未満に設定されたオークションを1円オークションと呼ぶことにする。

もうひとつは1円オークション以外の即決価格付きオークションである。上記の定義から，このオークションに設定された出品価格は1,000円以上かつ即決価格の1%以上ということになる。1円オークション以外の即決価格付きオークションにおいて即決価格と出品価格の組み合わせを直接扱うことは分析を複雑にする恐れがあるため，以下の分析では即決価格に対する出品価格の比率（SPR：starting price ratio）[5]を用いる。

　図2-2は即決価格付きの1円オークションにおける即決価格の価格帯ごとに出品数，落札数，即決数を図示している。35,001円以上40,000円以下の価格帯の即決価格が最も多いことが読み取れる。最多の価格帯に属する即決価格を付けたオークションにおいて落札率は89%であるが，即決率は46%に留まる。つまり，落札価格が即決価格に届かないケースが落札されたオークションの約半数を占めるのである。なお，1円オークションにもかかわらず落札率が100%に満たない理由は，落札後に取引がキャンセルされることがあるためである。

　2番目に多い価格帯である30,001円以上35,000円以下の即決価格を設定した場合，落札率は79%で，即決率は61%である。つまり落札されたオークションの4分の3で買手が即決オプションを行使したということである。驚くことでは

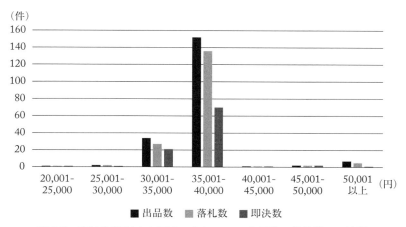

図2-2　即決価格付き1円オークションの出品数・落札数・即決数
出典：筆者作成

ないが，即決価格が低ければ即決価格で落札される確率が高くなることを読み取れる。即決価格で落札されることが重要であるならば，1円オークションではやや低めの即決価格を設定しておくことが重要だと言える。別の言い方をするならば，高めの即決価格で落札されるためには，1円オークションはあまり適切ではない。

図2-3は1円オークション以外の即決価格付きオークションにおけるSPRごとに出品数，落札数，即決数を示している。SPRが低いほど出品価格と即決価格の差が大きいことを意味する。図2-3の特徴はSPRの分布が20以上30未満と90以上100未満の双峰を示していることである。最も多いSPRは90以上100未満である。これは出品価格よりわずかに高い即決価格を設定しているもので，ある意味で固定価格方式と類似の戦略とも言えるだろう。

まず，SPRが20以上30未満のオークションを見てみると，落札率と即決率はそれぞれ79.9％と8.9％である。オークション方式で出品された即決価格付きオークション全体と比較すると，落札率が平均（74.1％）よりも高い反面，即決率は平均（33.0％）よりもだいぶ低い。低い出品価格に対しては入札が入りやすいものの，価格が即決価格に達しないままオークションが終わってしまうことがうか

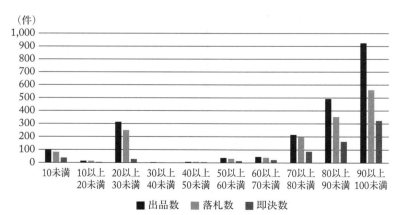

図2-3 即決価格付きオークション（1円オークション以外）の出品数・落札数・即決数
出典：筆者作成

がわれる。次に SPR が80以上90未満のオークションを見てみると，落札率と即決率はそれぞれ71.7%と33.1%である。先ほどと同様にオークション方式の即決価格付きオークション全体と比較すると，落札率が平均を下回る一方で即決率は平均とほとんど変わらない。最後に SPR が90以上100未満のオークションにかんしては，落札率と即決率はそれぞれ60.6%と34.9%である。先ほどと同様の比較をすれば，落札率が平均をだいぶ下回るものの即決率は平均以上である。つまり SPR が90以上100未満のオークションでは落札された財のおよそ6割近くが即決価格によるものであることがわかる。

これらを比較すると，SPR が高くなるにつれて落札率が下がる一方で，即決率は高くなる傾向があることを読み取れる。1円オークションの場合と同様に即決価格で落札されることが重要だと考えるならば，出品価格よりも10%ほど高い即決価格を設定しておくこと（つまり SPR が90以上になるように留保価格と即決価格を設定すること）が効果的だと考えられる。

即決価格付きオークションを動学的モデルで分析した理論研究からは，即決価格と現在時刻（オークション終了までの残り時間）を所与とすると，現在価格が高いほど即決オプションが買手に行使される確率が高くなることが知られている（Mathews, 2003, 2004；Gallien and Gupta, 2007）。本稿では入札のタイミングは考慮していないものの，出品価格が高いほど即決率が上昇することはそれらの研究結果との整合性を示唆しているように思える。

Che（2011）の結果を敷衍すれば，1円オークションを開催したり，SPR が小さくなる組み合わせを選んだりするのが売手にとって有益なはずである。その点，本節で得られた観察結果は Che（2011）の理論予測とは正反対であるように見える。

その原因として考えられるのは，実際のヤフオクにおいて，買手のオークションへの参加コストがさほど大きくないという可能性である。例えば Bajari and Hortaçsu（2003, p.346）はイーベイの硬貨オークションのデータを用いた実証研究において参加コストを3.2ドルと推計している。仮にヤフオクの PS4オークションに適用できるとすれば，参加コストは PS4の本体価格の1%ほどに過ぎな

いことになる。スマホやタブレットを使ってヤフオクへ手軽にアクセスできる現状を鑑みれば，オークションへの参加コストが十分に低いということはあり得ると思われる。

5. おわりに

本稿では出品価格と即決価格の組み合わせについて考察した。一般的にオンラインオークションで即決価格を設定することは出品価格と即決価格の組み合わせを決めることにほかならない。ところがオークション理論の既存研究ではこれらの組み合わせはほとんど研究されてこなかった。この点について何かしらの考察を加えようというのが本稿の目的である。

出品価格と即決価格の最適な組み合わせを理論的に分析するのは非常に困難である。そこで本稿では，ヤフオクのプレイステーション4（PS4）のオークションを観察しながら出品価格と即決価格の組み合わせについて考察した。PS4本体の出品にあたっては，オークション全体のおおよそ半数で即決価格が提示されていた。この割合は先行研究とおおむね整合的である。ただしひと口に即決価格付きのオークションと言っても，その内訳はだいぶ異なる。最も大きな違いは，即決価格を出品価格と等しく設定するといういわゆる固定価格販売方式のオークションと，そうではない純粋なオークション方式の違いであろう。本稿が着目したのは後者のオークション方式で出品されたオークションである。

オークション方式で出品された商品に焦点をあてると，即決価格で落札された場合の落札価格は，そうではない場合の落札価格よりも10%ほど高いという結果が観察された。ここから示唆されるのは，「実際に即決される」即決価格を設定することが重要だろうということである。分析の切り口として，本稿では，オークション方式で出品されたオークションを「1円オークション」とそれ以外に区分した。その上で得られた結果は2点ある。

第一に，高めの即決価格で落札されるために1円オークションを開催するのはあまり適切ではない。第二に，1円オークション以外のオークションでは出品価

格よりも 10% ほど高い即決価格を設定するのが良さそうだということである。

　これらの結果が暫定的なものに過ぎないことは否めない。本稿ではヤフオクのオークションデータを考察したもののそれらのデータを計量経済学的に分析したわけではないからである。また，本稿では落札価格と即決率を切り離して考察しているが，本来的には出品価格，即決価格，そして SPR（即決価格に対する出品価格の比率）などによって落札価格を直接に説明するべきであろう。この点は分析上の大きな問題点に違いない。

　しかし収集したデータは多岐にわたる変数を含んでおり，今後，実証研究を行うことで本稿の考察を超えた豊富な知見が得られることは十分に期待できる。今回収集したデータには，個別のオークションごとに多くの変数を含んでいるため（表2-1），例えば出品期間や送料無料などといった様々な要素にかんしても実証研究を行うことが可能だろう。これらは今後の研究としたい。

（注）

(1) 他にも売手は出品期間，自動延長の有無，送料の負担者などを決定できる。ただし最低落札価格は「リザーブ」とも呼ばれ，伝統的なオークションでも広く用いられている。

(2) 複数の買手が即決オプションを行使した場合において最も高い評価値を持つ買手が落札することが保証されているような状況はこの限りではない。

(3) 単数財オークションにおける即決価格を調べた研究は，理論研究，実証（実験）研究ともに多数存在する。それらの研究にかんする包括的なレヴューが Tsuchihashi（2016a）によって提供されている。また複数財オークションにおいて即決価格を分析した研究としては Tsuchihashi（2016b）がある。

(4) 再出品には元々の出品 ID と同一のものが付与されるため，出品 ID によって新規出品と再出品を区別することは可能である。

(5) ここでのアイデアは Onur and Tomak（2006）と同様である。彼らは即決価格に対する落札価格の比率（WBR：winning bid ratio）を用いて即決価格にかんする実証分析を行った。

参考文献

Bajari, Patrick and Ali Hortaçsu（2003）"The Winner's Curse, Reserve Prices, and Endogenous Entry : Empirical Insights from eBay Auctions," *The RAND Journal of*

Economics, Volume 34, Issues 2, pp.329-355.

Che, XianGang (2003) "Internet Auctions with a Temporary Buyout Option," *Economic Letters*, Volume 110, Issue 3, pp.268-271.

Chen Jong-Rong, Kong-Pin Chen, Chien-Fu Chou, Ching-I Huang (2013) "A Dynamic Model of Auction with Buy-It-Now: Theory and Evidence," *The Journal of Industrial Economics*, Volume 61 Issue 2, pp.393-429.

Gallien, Jérémie, and Shobhit Gupta (2007) "Temporary and Permanent Buyout Prices in Online Auctions," *Management Science*, Volume 53, Issue 5, pp.814-833.

Mathews, Timothy (2003) "A Risk Averse Seller in a Continuous Time Auction with a Buyout Option," *Brazilian Electronic Journal of Economics*, Volume 5, Issue 1, pp.25-52.

Mathews, Timothy (2004) "The Impact of Discounting on an Auction with a Buyout Option : A Theoretical Analysis Motivated by eBay's Buy-It-Now Feature," *Journal of Economics*, Volume 81, Issue 1, pp.25-52.

Myerson, Roger B (1981) "Optimal Auction Design," *Mathematical Operations Research*, Volume 6, pp.58-73.

Onur, Ilke and Kerem Tomak (2006) "Impact of Ending Rules in Online Auctions : The Case of Yahoo.com," *Decision Support Systems*, Volume 42, Issue 3, pp.1835-1842.

Reynolds, Stanley S. and John Wooders (2009) "Auctions with a Buy Price," *Economic Theory*, Volume 38, Issue 1, pp.9-39.

Riley, John G., and William F. Samuelson (1981) "Optimal Auctions," *The American Economic Review*, Volume 71, Issue 3, pp.381-392.

Shunda, Nicholas (2009) "Auctions with a Buy Price : The Case of Reference-Dependent Preferences," *Games and Economic Behavior*, Volume 67, Issue 2, pp.645-664.

Tsuchihashi, Toshihiro (2016a) "Auctions with a Buyout Price : A Survey," Daito Bunka University Discussion Paper.

Tsuchihashi, Toshihiro (2016b) "A Revenue-Enhancing Effect of Buyout Price in Multi-Unit Uniform-Price Auctions," Daito Bunka University Discussion Paper.

3　情報と政策

上　遠　野　武　司

1. はじめに

　既存マスコミ4媒体（新聞，雑誌，ラジオ，テレビ）に次ぐ第5媒体として，インターネットが急速に発達し普及した。人々や社会はそれに追いついておらず翻弄されている。民主主義の仕組みにとってこの文明の利器は使いようで凶器にもなる。

　今も昔も現実世界では，ときに過熱した選挙戦が繰り広げられてきた。一般に，民主的だとされる国々では，投票による多数決で集団の意思決定を図る選挙制度が導入されている。民主主義は人々や社会，経済にどのような結果をもたらしてきたのだろう。

　投票前には，いずれの陣営にも熱にうかされた状況が過剰に報じられる。その状態から覚醒し改めて在りようを見つめ直すと，民主主義は人々や社会が望む結果を導けるか，確信がもてない。その原因は，もしかすると民主主義という仕組みにあるのかもしれない。

　近年の米ロ関係をみると，民主主義の旗手として戦後世界を主導してきた米国の急速な衰え，弱体化が著しい。いまの米国には，かつて世界を二分した米ソ二極時代における強力な軍事力，経済力を背景にした存在感はない。そのような変調に合わせるかのように，西側諸国を結束させてきた安全保障に関わる危機意識は希薄になり分散した。安定した広域経済圏形成への途上で各国は利害関係で対立し多極化した混沌状況に陥っている。民主主義体制下におけるこの変容はどこから来たのであろうか。

民主主義の制度に機能劣化が生じたのか。第5媒体の影響下で民主主義の仕組みや制度がうまく機能しないのか。民主主義は今後，何をもたらすのだろう。いずれも難しい問題であり，拙稿での浅薄な考察の試みが民主主義の将来に対する漠然とした不安を払拭し信頼を回復させる見込みは期待薄だが，ここでは，最近のいくつかの事象と事例から，われわれがいまいる位置と状況，政策への影響[1]について論評を加える。

2. 第5の情報媒体

情報媒体にはマスなメディアとして一般に，新聞，雑誌，ラジオ，テレビがあげられる。1960年代にメディア論で注目されたカナダ，トロント大学の英文学教授マクルーハン（Marshall McLuhan）は「話し言葉」を最初のメディアとした。メディアの変化は，話し言葉，文字，電気の3段階に分けられ，電子がその後ろに[2]加わる。

メディアには紙媒体のように時間を超える時間超越と，電波媒体のように距離を超える空間超越の機能がある。こうしたメディアの出現と発達により，時空を超えた情報伝達ができる。反面，電子技術を通じ身体なしで同時に多くの異なる場所に存在できる「身体から遊離した人間」をめぐり，悲観的な受け止め方も生じた。[3]

ネット社会の仮想現実では，多数の中に埋もれない過激で鋭く，子供でも理解できる短いメッセージが大きな影響力をもつ。ネット空間においてやり取りされるデジタル信号はほんの数パーセントしか表層に現われず，大部分は表層下にある。その空間でやり取りされる内容には正確さや信憑性，公正さ，正義といった質はあまり問われない。むしろ，自己にとっての都合，わかりやすさが受容を決める。量に埋もれずに目立つには過激にならざるをえない。ネット空間の規模は無限といえるほど拡大しており，その影響力は大きく無視できない。そのため，ネット社会は自己に都合のよいものしか受け入れない，いわゆるポスト・トゥルースに大きな影響力を付与してしまった。

携帯端末から発信するショートメッセージは，大衆が平等に発する「話し言葉」として，ただし最も過激な声がその背後の多数の声を代弁しているかのごとく増幅して，ときに共鳴する。もはや，ネット空間では社会的弱者は弱者でない。個が本来のアイデンティティと無関係に顔も身体も見せずに発言する。そこでは，平明は埋もれてしまうから注目されるには発言は短く，内容は，そしてそれ以上に語気は，より過激になっていく。

3. 民主的であるということ

　民主主義という語[4]には甘美で魅惑的な響きがある。それだけに，それが現実世界でもたらした結果に愕然とすることがある。甘い魅力に惑わされていると希望と失望の大きな落差を経験することになる。その落差，亡失感はどこから来たのか。

　2016年，大方の予想を覆した投票結果が相次ぎもたらされた。フィリピン大統領選挙でのドゥテルテ（Rodrigo Duterte）選出[5]，英国国民投票でのEU離脱[6]，米国大統領選挙でのトランプ（Donald Trump）選出[7]である。事前の報道によれば結果は違う筈だった。しかし，結果はこうなった。仕組みの細部は異なるが，いずれも民主的投票の結果である。

　こうなったのは何故か。投票が民主的に実施されなかったのか。あるいは投票制度に欠陥があったのか。結果をみる限り，どちらも当てはまらないとも，どちらもが当てはまるともいえる。ただひとつ明らかなのは，既存の有力情報媒体の予測が外れたことである。

　ある見方をすれば，民主的選出方法やその仕組みは決して崩壊しておらず，むしろ民主的だったからこその結果だった。既存媒体とその報道内容への過信が大方の事前予測を誤らせた。ことの善し悪しはさておき，第5媒体による仮想空間における大衆への影響力の認識が不十分であった。事後的に冷静に考えれば結果は容易に理解できる。政治制度が民主的選出方法に依拠するゆえにこれらの投票結果はもたらされたのである。

しかし，経済学的にはケネス・アロー（Kenneth Joseph Arrow）が1960年代に民主主義の枠組みの限界を指摘している[8]。厚生経済学上の個人の効用合計を不可とした批判的観点からは，個人の最適から集団の最適を導くベンサム流の「最大多数の最大幸福」のルールに代わるルールが必要とされていた。それに対し，アローは，一般可能性定理（general possibility theorem），いわゆる「（経済の）不可能性定理」において社会的選択について考察し，指導者の選出や政策の決定で完全に民主的な仕組みはありえないと証明した。不可能性定理は，個人が合理的であろうとも，民主主義的なルールによって整合的な社会的価値判断を導くことは可能でないとして否定的回答を示したのであった。

4.　大衆と格差問題

　民主的な政治制度を採用している国々では，社会や経済に重大な影響を直接間接に及ぼす政策決定の前段，あるいはまたその前段で選挙という手続きを経る。個の意思決定の集合が多数決によって集団の意思決定になる。意思決定が収集情報によるなら，情報の質および量の重要性は高い。どちらも意思決定前に有効な検討材料になることが望ましい。だが，近年，客観性ある検討材料にならないような，劣悪で低俗悪質な大量ノイズが政治的影響力をもちはじめた。

　1980年代の規制緩和・競争政策による経済競争の激化で富が一部の勝者に集中した。国民の圧倒的大多数は，競争自体に参加できない，富の分配に与れない状況におかれた。そのため，現状に強く不満を感じる多くの有権者は心に直接的に強く訴える勢力に票を投じる。各自が事実でなく自己の都合に照らして意思決定するため，理論や理屈はそこでは意味をなさず何の共感も得られない。

　現状を否定的に，そして知性でなく感情に訴える常識離れした強い表現がこれらの人々を惹きつけて離さない。語られる言葉が真実か否かはその時点で問題にならない。たとえ嘘だとわかっても，自己の都合に合致する限り変心や翻意を促すいかなる説得も受け付けない。それを圧倒的に上回る強い不満，怒り，恨みがそれを許さないのである。

民主的であることを信奉する資本主義国がその民主的選挙制度の下で重ねてきた選挙の結果が一部の国民に権力と富を集中させた。大多数の国民が権力も富ももたない側に置かれ続けたままだとしたら，この後の投票行動で何が起こるかは，多数決に基づく選挙制度が民主的であるほど明らかであった。

5. 社会的正義からの視点

　ここではまず，民主主義の制度の基礎にある社会的正義について概観し，つぎに，指導者を選出したり政策を決定する背後にある政治哲学との関連について考える。民主主義の仕組みが正常に機能し適正に運営されるには，自由と平等の関係はもちろん，正義に関する視点を欠くことはできない。正義に関わる問題は紀元前３－４世紀頃のプラトン，アリストテレスの時代からの古い問題だが，ここでは，今日的確認を得たい。

　正義は人間の対他的関係，つまり個と他（私・公）の規律に関わる法的な価値であり，客観的実在と主観的確信に大別される。これらには，社会的・公共的生活において，各人が他の各人と平均的に均等の立場に立ちうる場合と，各人が他の各人に均等化されえない場合がある。そして，法との関わりを前提すれば，カネで利害損失を測れる面と各人の価値が各人の権利・義務の配分を決定する面がある。それゆえ，社会的に容認される正義は，交換・取引における関係としても，集団全体のための社会的な価値としても承認されるものでなければならないことになる。個性的な独自の価値観のみに裏打ちされたものとは異なるのである。

　つぎに，民主的政治システムと政治哲学の関係について考える。米社会哲学者ロールズ（John Bordley Rawls）は，政治哲学はどの地点でどのような仕方で民主的な政治に参入し，その行方に影響を及ぼすのかを省察し，2つの見解を示した。

　第1をプラトン的見解として，政治哲学は正義と共通善についての真理を確定するとした。そしてこの見解の真理を，人々が自由に，さらには理解して受け入れるかどうかに関わりなく，制度に現実化していく政治的行為者にあると求めた。真理の認識が政治の行方に影響し，それを説得によって，必要ならば強制力

をもって統制することさえ正当化するという。

第2の民主的な見解では，政治哲学を民主的社会の一般的な背景文化の一部だと看做した。ロールズが社会を構成する個々の市民の代表者をそこでの当事者としたことは，多数決による代議制を想定したと解せる。また，ルールについて言及し，選挙区を決める厳格な規則は事後でなく事前に採用されることをよしとした。ただし，規則の採用に求められる情報は規則の適用に対するよりも少なくてよいともした。つまり，ルールの枠組み決定に際しては，より適切な知識と事前の情報が重要になるのである。

6. 規制緩和の行方

経済を取り巻く環境は刻々と変化しており，政府に求められる対応もつねに合目的性や有効性といった視点からの精査を欠くことはできない。1970年代後半から80年代にかけて，資本主義市場経済を信奉する国々は競争政策を前面に立て，政府の関与や干渉を減じ規制を緩める政策に転じた。規制コストが増大し経済や産業に大きな負担となり，新しいニーズや市場を開拓する挑戦への障害にもなっていたため，それまでの基本政策方針，政策対応とは違う方向への転換が求められたのであった。

しかし，その後の日本が望ましい方向に進んでいる確証が得られない。その方向転換の仕方，あるいは方向転換自体が疑問視される。それらの点に照らして，たとえば，金融部門における「日本版金融ビッグバン」と称した規制緩和は，英国のそれと比してきわめて杜撰で不備なばかりか，不公正な内容だった。そのため，業界の主導的立場にあった証券会社数社が大口投資家への損失補填という違法行為まで犯した。一連の低金利・ゼロ金利政策の異常かつ異様な長期継続により，実現可能だった多額の利得を喪失させ続けていることと併せると，わが国の一連の金融政策は世界でも稀有な失政の代表例である。[11]

部門政策と基本政策の整合性，調和は一国の政策効果にとって必須である。換言すれば，部門政策と基本政策の調和・不調和は政策効果に大きく影響するた

め，政策の方向性が一致している必要性は高い。負担になっていた規制コストが各部門にあったにせよ，規制導入の理由は部門ごとの諸問題，諸事情による。当該の規制がそれらを解決解消した事実を明らかにしない限り，規制緩和で万事解決だとしたのはあまりに浅薄であった。

さらに，第5媒体の出現と急速な技術進歩，普及，仮想空間の拡大は諸刃の剣になり，本来の資本主義経済の根幹たる重要な仕組みや制度がこれまでにない取引規模，売買速度に曝されている。株式市場で巨額マネーに貪欲に群がるカネの亡者が駆使するコンピューターソフトによるプログラム取引や超高速取引[12]は野放し状態にあり，直接金融制度の基盤と枠組みを歪め毀損している。証券取引市場の機能，対応の遅れだけでなくそれらを適正に取り扱う基本方針，制度の整備が不十分なことは，株式会社制度の本質を変容させかねない。仮想空間でカネの亡者が手にしたマネーはさらにマネーを求める投資に向けられるだけで，それがその他大勢の大衆の手に渡る可能性はほぼない。

7. 評価情報の評価と責任

格付け会社による格付け情報は，他の多くの情報と同様，ネット空間を通じ世界中で瞬時に共有される時代になった。そのため格付け情報には正確さ，精度の高さが求められる。格付けの影響は過度に大きく増幅することがあり，格付け会社の責任は重い。ところが，格付けの精度については客観的に評価されない。

格付け情報は資本（株式・債券）市場において重要なシグナルのひとつである。資本市場では意思決定上，正確な情報が不可欠である。もし格付け会社が格付け対象企業を過小評価すれば，資金は逃げ寄り付かない。

格付け情報は，資金の需要者，供給者の双方の意思決定に重要なだけでなく，資本主義経済の直接金融制度を根幹で支える信用を形成している。そのため，格付け会社は格付け対象企業を正確かつ的確に評価しなければならない。

米国で2007年夏に発生したサブプライムローン問題は格付け評価が不正確だった代表例だろう。しかも返済能力の低い借手の負債は債券化商品として世

3 情報と政策 | 39

界中にバラ撒かれた。不当に過大な格付け評価が見逃され，資金が過剰に寄り付き，投資判断をさらに誤らせた。

格付け変更は資金の調達条件，環境に大きな影響を及ぼす。格付け変更の投資判断への影響は大きく，それに基づき投資資金が動くと，格付け対象企業の資金調達条件が変わる。それがさらに投資家の投資判断に影響し，資金量とその速度が一層増すことになる。今日，自己資金だろうが他人資金だろうが，投資資金の運用においてそのような格付け情報であっても無視することはできない。

8. 国民を騙す政策の正当性

つぎに，誤った情報を意図的に利用した例をみる。かつて高速道路の無料化を筋のいい政策として大々的に喧伝し強引に推進した政党があった。[13] 2000年代当時野党だった民主党（現民進党・立憲民主党）だが，そのときの目玉政策のひとつだった。だが，じつは得票のために選挙対策として用意した方便，嘘でしかない。無料化すれば道路の整備維持費を税金で賄うことになることは伏せたからである。

この愚策の発端は，2008年の石油価格高騰により運輸業界が燃料費用の急増に苦慮していたことへの対応策として，当時野党の民主党が高速道路無料化を主張したことにある。それを受けた与党自由民主党は，道路料金をめぐる各国の実際の対応を正確に適切に有権者に説明せず，高速道路料金の割引案で対抗した。その頃には石油価格は下落し，費用圧迫要因は解消したにもかかわらず料金割引を「休日1,000円」という形で実施したのは，衆議院選挙をその後に控え，有権者に何とかアピールしたかったことによる。

しかし，嘘による有権者，社会の誘導は社会正義に照らして許しがたく，民主主義の根幹を揺るがす重大事である。知らなかったか，知っていて世論操作のために意図的に誤情報を流布したか，いずれにせよ許されることではない。

独アウトバーンでは大型トラックに対し，すでに1995年からビニエット（通行券）による利用時間方式，2005年から距離課金方式による有料化を開始していた

からだ。[14] 欧州では，1993年11月にEUが設立され，各国間の交通量が一気に増加した。交通の要衝ドイツでは他国車両の通行量が急増し，道路の整備維持や周辺の環境対策に要する費用の増加は大きく，それを自国の税で賄う適否が検討され，大型トラックへの課金に踏み切った。[15] また，伊アウトストラーダでは有料区間が比較的多く設定され，料金所は国境付近に設置されている。オーストリア，スイス，チェコ，スロバキアではビニエット方式を採用していた。[16]

　各国の高速道路はこのように決して無料ではなかった。仮にアウトバーンを無料高速道路の代表例としたのならその認識は少なくとも10年，無料の背後にある税金による整備を失念したのなら50年から60年はやはり遅れている。さらに，多発する渋滞で深刻化する経済的損失，環境問題に対し，課金により中心市街地への乗入交通量を制限するシンガポールや北欧数都市の例も広く知られていた。ことほど左様に事実に無知なままゴリ押ししたとすると，それは厚顔無恥の誇りを免れまい。

　以上から明らかなように，高速道路無料化を世界の趨勢としたのは間違いである。各国の道路当局は道路維持費を捻出する有料化の可能性，方法を探っていた。より先進的には，道路の混雑度に応じて道路料金をリアルタイムで変動させ交通量を管理する方法や，[17] 交通量に影響する課金額について実験データの蓄積に取り組んでいた。支払い意志（WTP：will to pay）に基づき，交通量の少ない車線や道路に相対的に高い料金を設定して交通量を誘導するバリュー・プライシングも考案され採用され始めた。わが国でも，交通量に影響する課金額の大きさについてデータを収集蓄積する実験がやっと始まっていた。

9. 誤解の意図的増幅

　一義的に，高料金より低料金，有料より無料を人々が望むのは当然である。当時の民主党はしかも高速道路料金に対する世界の対応について嘘までついて無料化を餌に国民を騙した。じつに卑劣で下品だ。

　経済学の基礎知識程度で道路料金問題の概要は理解できるが，道路整備，道

路料金の仕組みが一般にわかりにくく誤解されやすいのも事実である。公共財である一般道路（国道，都道府県道，市町村道）が無料なのは税金で整備補修費用を賄っているからである。それに対し，わが国の高規格の自動車専用道路（高速道路）が有料なのは，借入金で整備し，供用開始後に料金収入で返済する償還主義をとってきたためである。これが理解されず，誤解が放置されたままだった。

　また，償還済み路線を順次無料にする当初計画は，ネットワークとしての高速道路網整備の観点から料金プール制に変更された。全計画路線の償還が完了しないと無料にならなくなったことが理解されなかった。加えて，誤解を巧みに助長して世論を意図的に誘導する動きがあった。道路公団による高速道路整備方式は償還主義に基づき借入金で資金を賄ってきたが，それを「道路公団は借金まみれだ」と強く批判して世論を誘導した者がいたのである。[18]

　整備財源の点からも，道路問題は誤解されやすかった。一般道路の整備財源は，道路整備に使途が限定された各種道路特定財源（いわゆる自動車関係諸税）の拡充により潤沢になった。自動車の普及と利用増加が着実に税収を増加させた。当時の建設省（現国土交通省）は潤沢な財源で道路整備を進めることができた。一方，低成長下で税収逼迫状態にあった大蔵省（現財務省）にとって，道路特定財源は政治的に一般財源化を図らせるほど実に魅力的だった。

　そのような状況で，財政赤字問題，環境（破壊）問題との関連から公共事業が過剰だと批判されていた。[19]国民の批判は，過大な需要予測に基づく容量をもつ道路，国や自治体という整備の主体や財源（補助金）等を違えた経路上の重複整備に集中した。不要な道路のこれ以上の整備に歯止めを掛ける必要が叫ばれた。また，スーパー林道の整備で森林を伐採し土壌流出を招くなど，貴重な自然にダメージを与え環境を回復できないほど破壊していることも問題視された。ことの真偽とは別に，高速道路問題は道路問題の象徴とされていた。

10. むすびに代えて

　社会的に大きな変化がいくつも生じている。変化における各種の過程を分析

し説明するひとつの考え方として，1970年代に仏数学者 René Thom が提唱し，E.C. Zeeman が展開したカタストロフィー理論がある[20]。それによれば，変化の過程で未解放のエネルギーが蓄積されポテンシャルが高まったところで不連続な変化が生じる。極端な事例が暴動や革命だろう。

現代社会では，カネか権力のどちらか，あるいは双方を掌握する者とそうでない者との相克が顕著になっている。かつては，少数の勝者が富や権力を独占し，その他多数の弱者との関係は概ねそのままであった。近年，多くの国で強者と弱者の経済格差は拡大し，負のポテンシャルは高まっている。

民主主義国における多数決による選挙制度は，ごく一部の強者と残りの大多数の弱者との関係をさらに変化させるかもしれない。とりわけ社会的経済的に弱い立場にある国民の人口は強者のそれより多く，第5媒体の発達と普及により一部のノイジー・マイノリティーが発する声はその他大勢に影響しやすい。

早くから携帯端末を使用する若い世代は学校でのネットいじめを身近に経験してきた。学力階層でいじめの発生率，特徴は異なるが，低学力階層ほど発生率が高く繰り返される陰湿ないじめが多い。他の学力階層でも，誹謗中傷などのいじめは多発している[21]。

身近な伝達手段として携帯端末が普及した今日，不満や怒りに支配されたノイジー・マイノリティーにサイレント・マジョリティーが煽動されたり，その一部がノイジーな行動に転じる可能性は高い。もとはひとりの人間でも，一部の仮想人間が社会，人類を支配したくなる可能性は誰にも否定できない。

社会や経済の活動はボーダーレスになり人々や企業が活発に行き交う。もはやカネの動きに国境はない。一方，国家・民族・宗教・人種間の諍いは絶えず，テロ，内戦が相次ぎ，多様な文明が衝突している。その結果，国境を越えざるをえない人々が絶えない。

社会には多様なアイデンティティが多様に内包される。それに対して，不寛容な言動が拡散している。第5情報媒体は時空の超越を可能にする利器になりうる。社会は，それが不寛容の意志を拡散するツールとして使用されることにこそ不寛容であるべきだろう。

3 情報と政策 | 43

(注)

(1) ウルフは，いまどこにいるかを理解することなくしては求める世界の実現のために何を変革すべきかは不明だと述べている。Jonathan Wolff（2011）*Ethics and Public Policy*（大澤他訳（2017）『「正しい政策」がないならどうすべきか』勁草書房，pp.257-65）。

(2) 浜日出夫「マクルーハンとグールド」井上俊他編（1996）『メディアと情報化の社会学』岩波書店，p.98。

(3) 浜，上掲書，pp.104-5。

(4) 民主主義の語源はギリシア語のデモクラティア demokratia に由来し，人民 demos と権力 kratia の結合語「人民の力」を意味するとされる。権力が一人の君主や少数の貴族に属する君主制，貴族制と違い，人民全体に権力が属し，人民が自ら所有する権力を行使する政治原理に従うとするのが古典的な定義である。その際，権力行使への人民参加と権力行使の代理者との調和が不可欠だが，それはつねに緊張関係に曝されてきたといってよい。それがたとえ原子的個人の参加を前提したとしても，事実上は相対的な多数者の意志を多数決により反映することになり，本来の意味での人民全体には権力は属しないという結果と同じになる。荒川幾男「民主主義」の項参照。山崎正一・市川浩編（1970）『現代哲学事典』講談社，pp.575-6。

(5) ドゥテルテ（フィリピン民主党・国民の力），マヌエル・ロハス（Mar Roxas）（自由党），グレース・ポー（Grace Poe）（無所属）の3候補間で争われた大統領選は 2016 年 5 月 9 日の投票の結果，投票率 81.5％であり，得票はそれぞれ 16,601,997 票（39.01％），9,978,175 票（23.45％），9,100,991 票（21.39％）であった。

(6) 2016 年 6 月 23 日の国民投票の結果，EU 残留 16,141,241 票（48.1％），離脱 17,410,742 票（51.89％）となり，離脱が選ばれた。フリードマンは *FLASHPOINTS The Emerging Crisis in Europe*（2015）において大陸ヨーロッパと英国の関係，EU 内におけるドイツの台頭から EU 統一維持の困難を指摘していた。p.231, pp.472-4。

(7) 共和党トランプ候補，民主党クリントン候補の間で争われた大統領選挙の 2016 年 11 月 8 日の投票の結果，投票率は 55.3％であり，それぞれの得票は 62,979,636 票（46.0％），65,844,610 票（48.1％）であったが，獲得選挙人が 304 人と 227 人で上回ったため，前者が選出された。なお，佐藤優はフリードマンによる上掲の翻訳書の「文庫版解説」でトランプ選出，英国の EU 離脱について予測されていたと指摘している。pp.519-26。

(8) 鈴村興太郎（1980）「アローの一般可能性定理」の項，『経済学大辞典（第2版）Ⅰ』東洋経済新報社，pp.562-3，および竹内靖雄「功利主義批判」の項，『経済学大辞典（第2版）Ⅲ』p.423 参照。

（9）茅野良男「正義」の項。山崎・市川編，前掲書，pp.368-71。

（10）John Rawls, edited by Samuel Freeman（（2011）『ロールズ 政治哲学史講義 I』岩波書店），pp.5-8。当事者の性質について，ロックは自然状態における人格を，カントは社会の成員を求めた。

（11）ここでは，紙幅の都合で詳述しないが，第二次安倍政権におけるいわゆるアベノミクスに対しては否定的見解も多い。たとえば，日銀のブレーンになっている浜田宏一内閣参与による量的・質的緩和の金融政策実施は間違いだと指摘される。菊池英博（2017）「浜田宏一君は内閣参与を辞任せよ」『文藝春秋』3月号，pp.320-7。

（12）高速取引は東京証券取引所の注文件数の約7割を占めるとされる。2017年5月，改正金融商品取引法により，実態の把握を目的に高速取引をする投資家に登録を義務づけることになった。「株の高速取引　規制の3本柱」5月29日付，13面，「フィンテック時代の金融法制（9）」9月25日付，13面，『日本経済新聞』。

（13）認識が根本的に間違った高速道路無料化の主張に対する反論は，たとえば宮川公男『高速道路　なぜ料金を払うのか』においてわかりやすく整理されている。

（14）アウトバーンが無料なのは燃料税，保有税による税収で整備維持費が賄われていたからである。2005年1月から導入された距離課金方式ではETCが使用されたが，車載器の搭載が義務づけられておらず，サービスエリアで購入する通行券を併用してシステムを運用している。なお，ETCのセンサーにエラーが多く改善が必要とされた。

（15）道路へのダメージの大きさは車軸重量の3乗倍とされ，大型トラックへの課金は合理的だと判断される。しかし，他の車種への課金については賛否両論があり，無料のままであった。

　その後，2017年3月31日関連法の改正により2019年から全車が課金対象になる予定である。岡田信一郎（2017）「高速道路に対する期待」『高速道路と自動車』第60巻，第7号，p.9。

（16）仏オートルートや，オランダ，ベルギー，ルクセンブルクの高速道路は無料である。ただし，デンマークの高速道路は無料だが海底トンネルは有料である。

（17）多人数（3人以上）乗車車両・バス・二輪車あるいは料金支払車両のみ通行できるエクスプレスレーンとして交通量によりリアルタイムで料金水準を変化させるダイナミックプライシングが2015年12月から米国デンバーの一部道路で開始された。西川了一（2017）「デンバー都市圏における公共交通とエクスプレスレーンの整備による交通渋滞および環境改善対策」『高速道路と自動車』第60巻，第7号，pp.27-31。

（18）自由民主党の小泉内閣のとき，猪瀬直樹が2002年に道路関係四公団民営化推進委員会の委員に就任した。その当時の小泉首相の発言の特徴はメディアコ

ントロールを考慮した短く強い文言にあり，作家でメディア露出度の比較的高かった猪瀬の発言もそれに似ていた。なお，石原慎太郎東京都知事の下で 2007年に副知事に就任し，2012 年に知事になったが，本人の不透明な借入金問題で任期 1 年余りで辞任に追い込まれた。

当時の道路公団について，むしろそれをめぐる問題の本質はサービスエリア等における黒字のいわゆるファミリービジネスが公団等 OB の天下り先になっていたことにある。紙幅の都合により，この問題への詳細な論及は機会を改めたい。

(19) 道路特定財源の存在が結果的に公共事業を増やしていたとされる。田中智泰・後藤孝夫（2017)「道路特定財源の一般財源化と地方自治体の財政支出行動」『高速道路と自動車』第 60 巻，第 3 号。なお，国道，都道府県道，市町村道は財源の大きさとそれらの整備主体の管轄する道路総延長が正反対の関係にある。そのため，比較的豊富な財源をもつ国や都道府県の道路整備が進んだ一方，財源の乏しい市町村は道路の補修さえ不十分な状況にある。

(20) この理論の概要は野口広『カタストロフィーの理論』(1973) と『カタストロフィーの話』(1976) を参照。

(21) 原清治「高校生のネットいじめ　学力階層で異なる特徴」『日本経済新聞』2017 年 3 月 20 日付，18 面。

参考文献

岡田信一郎 (2017)「高速道路に対する期待」『高速道路と自動車』第 60 巻，第 7 号

菊池英博 (2017)「浜田宏一君は内閣参与を辞任せよ」『文藝春秋』3 月号

熊谷尚夫他編 (1980)『経済学大辞典（第 2 版）I』東洋経済新報社

田中智泰・後藤孝夫 (2017)「道路特定財源の一般財源化と地方自治体の財政支出行動」『高速道路と自動車』第 60 巻，第 3 号

西川了一 (2017)「デンバー都市圏における公共交通とエクスプレスレーンの整備による交通渋滞および環境改善対策」『高速道路と自動車』第 60 巻，第 7 号

野口広 (1973)『カタストロフィーの理論』講談社

野口広 (1976)『カタストロフィーの話』日本放送出版協会

浜日出夫 (1996)「マクルーハンとグールド」井上俊他編『メディアと情報化の社会学』岩波書店

宮川公男 (2011)『高速道路　なぜ料金を払うのか』東洋経済新報社

Friedman, George (2015) *FLASHPOINTS The Emerging Crisis in Europe.* 夏目大訳 (2017)『ヨーロッパ炎上　新・100 年予測』早川書房

Rawls, John (1999) *A Theory of Justice, revised edition.* (川本隆史他訳 (2010)『正義論　改定版』紀伊國屋書店)

Rawls, John（2007）*Lectures on the history of political philosophy*, edited by Samuel Freeman.（齋藤純一他訳（2011）『ロールズ 政治哲学史講義Ⅰ』岩波書店）

Sen, Amartya（2006）*Identity and Violence.*（大門毅監訳（2011）『アイデンティティと暴力』勁草書房）

Wolff, Jonathan（2011）*Ethics and Public Policy.*（大澤津・原田健二朗訳（2016）『「正しい政策」がないならどうすべきか』勁草書房）

4 高齢化と教育財政
－公立小中学校エアコン設置率による分析－

古 屋 核[1]

1. はじめに

　過去70年ほど，平均寿命伸長・出生率低下によって多くの先進国で高齢化が進んだ。人口に占める65歳以上の割合は，1950年代には英仏などの11%台が最大だったが，2010年代には，日独伊など20%超となるケースも現れている（図4-1）。有権者に占める高齢者層の比重が高まり，公的移転支出をめぐる世代間対

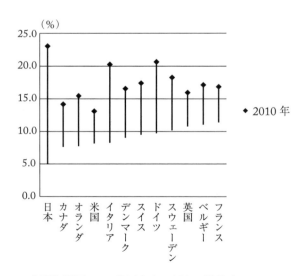

図4-1　主要先進国の65歳以上人口割合の推移（1950～2010年）
出典：OECD

立が顕在化するなかで，年金・医療など高齢者向け社会保障支出が若年者向け教育費支出を圧迫する可能性について，Preston（1984），Button（1992）といった米国の社会学・政治学者が警鐘を鳴らすようになった。

経済学において，人口高齢化による教育財政圧迫効果の有無を（マクロレベルで）検証した先駆的研究としては，Poterba（1997, 1998）が挙げられる。この研究において，Poterba は，教育の充実が外部経済を生むケース，高齢者が利他的なケースなど，高齢化が教育費支出を阻害しない（むしろ促進する）可能性があることにも留意しつつ[2]，全米48州からなるパネルデータ（1961～91年）で実証分析を行った。分析の結果，州の属性（一人あたり実質所得・持家比率・都市化率など）をコントロールした後でも，65歳以上人口割合が生徒一人あたり州教育費支出（幼稚園～高校向け）に対し有意な負の影響を持つことが明らかとなった。

Poterba（1997, 1998）の上記結果に対しては，米国の郡・学区レベルデータを用いた Ladd and Murray（2001），Harris et al.（2001），Ajilore（2009），Tosun et al.（2012），中・北欧の州・町村レベルデータを用いた Heinesen（2004），Grob and Walter（2007），Borge and Rattsø（2008）など，多くの追加検証が行われ，（係数推定値の規模が下方修正されたケースはあるものの）高齢者比率から生徒一人あたり教育費支出への有意な負の影響が概ね確認されている[3]。日本での検証例は欧米に比べ少ないが，井上他（2007），大竹・佐野（2009）などが47都道府県および市区町村のパネルデータ（1975～2005年）を用い，65歳以上人口割合と生徒一人あたりの義務教育費支出（とくに1990年代以降分）の間に Poterba（1997, 1998）と同様の有意な負の偏相関を見出している。

高齢化と教育財政をめぐる実証研究は上述の通り蓄積が進んでいるが，先行研究はいずれも被説明変数として生徒一人あたり教育費支出を用いており，高齢化の学校教育の質に対する影響については直接分析できていない，という限界がある。とくに教育費支出について，異時点間の物価変動は政府支出デフレータ（全国平均値）で調整されているものの，地域間の物価格差変動が調整しきれていない点は注意を要する。高齢化が進行している地域で生徒一人あたり教育費支出が低迷しているように見えても，真のデフレータで調整した実質値は変わら

4　高齢化と教育財政　｜　49

ず，教育の質も一定，という可能性も考えられるからである。

　本研究の目的は，高齢化と教育財政／教育環境との関係を，人口動態と学校施設整備状況の地域差に注目しつつ分析することである。より具体的には，日本の地方自治体（全国都道府県および埼玉県市町村）を単位とするクロスセクション・データを使用し，高齢化の進行度（65歳以上人口割合）と公立小中学校におけるエアコン設置率（全保有教室に占めるエアコン設置教室の割合）との間に統計的に有意な関係が見られるかを検証する。分析対象としてエアコン設置率を取り上げるのは，公立小中学校でのエアコンが，以下の三つの特性を有しているからである。第一に，面積・仕様等の設置基準が国の法令で厳格に規定されている校舎・運動場などとは異なり，エアコンは現時点では義務的な学校設備とはいえず，整備計画に関する自治体（主に市区町村）の裁量余地が大きい。第二に，エアコン整備は自治体にとって大規模な出費を伴う事業となる。たとえば生徒数317名・保有教室数15教室という平均的小学校を想定した場合，学校机・椅子のような備品の新調費用は一校あたり475万円（=1.5万円×317名）程度となるのに対し，エアコン完備費用は一校あたり1800万円（=120万円×15教室）にものぼり，設置費[4]用の最大3分の1が国庫補助の対象になることを考慮しても，一校あたり学校予算への影響は決して軽微とはいえない。[5]さらに，設置後の電気代・保守費用など維持費用は国庫補助対象にならないこと，公平性の観点からエアコンを導入する場合は自治体内での一斉導入が要請されることなどを考え合わせると，自治体首長・地方議会にとって，エアコン導入は大きな政治決断となることが予想で[6]きる。第三に，過去20年ほどの全国的な異常高温の増加傾向（図4-2）に鑑みると，エアコンの有無が夏休み前後の公立小中学校の学習環境（教育の質）に与える影響は，以前にも増して強まっていると考えられる。[7]この意味で，公立小中学校でのエアコン設置率は，教育の質に関する有力な代理変数になると考えられる。

　本研究の実証分析にあたっては，エアコン導入にかかる限界費用を一定と仮定しつつ，財政余力・気象条件など他の条件が同じでも，高齢化率の高い自治体のエアコン設置率が低くなる傾向があるか，回帰分析によって確認する。推計の結果，全国都道府県のクロスセクション・データにおいては，高齢化率と公立小

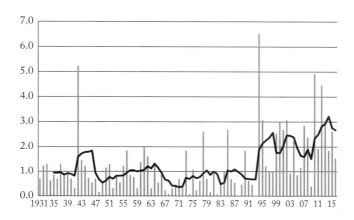

図4-2　猛暑日年間日数（全国13地点平均）の推移（1931〜2016年）
注：実線は5年移動平均。
出典：気象庁。観測地点（全国13か所）の詳細については本文注7参照

中学校でのエアコン設置率との間に有意な負の偏相関が検出されるが，埼玉県市町村のデータにおいては，有意な関係が得られないことも明らかとなる。全国レベルと埼玉県市町村レベルで結果が異なる理由については，データの制約から解明は困難だが，①学校統廃合のペースが他県よりも緩やかである，②同一自治体内に高齢化率の異なる地域が混在している，などの埼玉県に顕著な特徴が関係している可能性が示される。

　上記で略述した分析結果について，以下では回帰モデルを用いつつ詳細を明らかにしていく。次節（第2節）では，自治体における教育サービス水準の決定過程に関する簡単なモデルを提示したうえ，実証分析の枠組みを記述する。続く第3節では，都道府県データによる推計結果を，第4節では埼玉県市町村データによる推計結果をそれぞれ提示する。第4節では全国レベルと県レベルでの結果の差異についても併せて考察する。終節（第5節）では分析結果を要約するとともに，本研究の限界・今後の課題について言及する。

2. 実証分析の枠組み

本節では Heinesen（2004），井上他（2007）と同様のコミュニティ選好モデルを用い，自治体における教育サービス水準の決定要因を明らかにしていく。各自治体は，歳入から義務的支出額を差し引き，残った部分を裁量的支出（公共サービスの法定水準上乗せ分）に配分していく。簡単化のため，公共サービスは教育サービスとその他サービス（基準財）の二種類のみと仮定する。

自治体 i の社会的厚生関数 U^i は基準財（その他公共サービス）の水準 s_i，教育サービスの水準 q_i，教育への選好度を示すシェアパラメータを含む以下の対数線形式で表されるとする。

$$U^i = u(s_i, q_i ; \alpha_i) = (1 - \alpha_i) \, \log s_i + \alpha_i \log q_i \quad \cdots \quad (1)$$

変数 q_i は教育サービスの質とも解釈でき，水準 q_i を達成するために必要な基準財単位の費用は γq_i（γ は限界費用を示す定数）と表されるとする。このとき自治体 i の予算制約式は，裁量的支出に充当可能な歳入額 v_i を用いて，

$$s_i + \gamma q_i = v_i \quad \cdots \quad (2)$$

と表せる。各自治体は予算制約 (2) のもとで目的関数 (1) を最大にするよう s_i と q_i を決定する。

上記 (1) (2) に基づく最適化によって，教育サービス水準 q_i は以下のような単純な形に表すことができる。

$$q_i = \gamma^{-1} v_i \alpha_i \quad \cdots \quad (3)$$

さらに上記 (3) 式の対数をとって線形化すると，

52

$$\log q_i = -\log \gamma + \log v_i + \log \alpha_i \quad \cdots \quad (4)$$

が得られる。上記 (4) 式より，各自治体の教育サービス水準 ($\log q_i$) が，財政余力 ($\log v_i$) と教育サービスへの選好度 ($\log \alpha_i$) に応じて変化することがわかる。

いま，各自治体の教育サービス水準の指標として公立小中学校のエアコン設置率を用いると，上記 (4) 式は自治体ごとのエアコン設置率の予測式として解釈することができる[8]。この場合，財政余力 (v_i) は，実質公債費比率 ($rdsr_i$)，学校耐震化率 ($erschool_i$)，65歳以上人口割合 ($oldpop_i$) に関する以下のような関数として定式化される[9]。（変数下の＋－は理論的に予測される偏微係数の符号を示す。）

$$v_i = f\left(\underset{-}{rdsr_i},\ \underset{+}{erschool_i},\ \underset{-}{oldpop_i}\right) \quad \cdots \quad (5)$$

上記 (5) 式の符号は，他の条件が同一ならば，実質公債費比率が低く，学校耐震化率が高く，高齢化率が低い自治体ほど義務的支出負担が軽減され，財政余力が増加することを示している。同様に，エアコンへの選好度 (α_i) は，夏季の気象条件の厳しさ ($heat_i$)，都市化率 ($urban_i$)，高齢化率 ($oldpop_i$) に関する以下のような関数として定式化できる[10]。

$$\alpha_i = h\left(\underset{+}{heat_i},\ \underset{+}{urban_i},\ \underset{+\ -}{oldpop_i}\right) \quad \cdots \quad (6)$$

夏季の高温化 ($heat_i$ の値の増加) はエアコンへの選好度を強め，α_i の値の増加をもたらす。都市化の進行 ($urban_i$ の値の増加) も排熱の増加等を通じてエアコンへの選好度を強め，α_i の増加をもたらすと考えられる。一方，高齢化の進行 ($oldpop_i$ の上昇) が α_i に与える影響は，高齢者が利己的か利他的かに依存し，先験的には判定できない。通常，高齢者が公立小中学校のエアコン整備から直接便益を受ける機会は限られるため，高齢化の進行は自治体全体としてのエアコンへの選好度を低下させるようにも思われる。ただし，高齢者が自身の孫 (ないし孫世代) の厚生に強い関心を持ち，エアコン設置の積極推進に回る場合，高齢化

4 高齢化と教育財政 ｜ 53

の進行によっても自治体全体としてのエアコン選好度は必ずしも低下しない可能性もある。

　いずれにせよ，上記 (5) (6) を (4) 式に代入・整理すると，公立小中学校でのエアコン設置率 ac_i に関する以下の線形回帰式が得られる。

$$ac_i = \beta_0 + \beta_1 \cdot rdsr_i + \beta_2 \cdot erschool_i + \beta_3 \cdot heat_i + \beta_4 \cdot urban_i + \beta_5 \cdot oldpop_i + \varepsilon_i \cdots (7)$$
$$\beta_1 < 0, \quad \beta_2, \beta_3, \beta_4 > 0$$

　上述のように，高齢化の進行 ($oldpop_i$ の上昇) は財政余力 (v_i) の縮小を通じてエアコン設置率 (ac_i) を低下させると考えられるが，エアコンへの選好度 (α_i) を通じた効果が不定のため，(7) 式における回帰係数 β_5 の符号も一意には予測できない。この点については，次節以降でデータを用いて (7) 式を推計し，経験的に確認していくことにする。

3. 都道府県データによる分析

3-1. 推計式の特定化とデータ構築

　本節では都道府県データによる実証結果を見ていく[11]。分析に当たっては，データの特性・取得可能性等に配慮し，前節で導出した基本回帰式 (7) にいくつかの調整を行う。まず，夏季の気象条件を表す $heat$ について，気象庁のデータが都道府県単位でなく気象観測所単位であることに注意し，県庁所在地気象台における年最高気温（＝日中最高気温月平均の最高値）の長期平均値（1994 ～ 2003 年）―以下では $temp$ と表記―を使用することにする。次に，都市化の進行度を表す $urban$ については，国勢調査上の人口集中地区 (DID) を都市部と見なし，総人口に占める DID 地区居住人口の割合（DID 人口比率）―以下では $DIDpop$ と表記―を使用する。最後に，都道府県レベルでは，高齢者とその子供・孫との居住近接度―以下では $proxim$ と表記―に関するデータが得られることに注意し，回帰式 (7) に組み込むことにする。具体的には，① 有児童世帯に占める三

世代同居世帯の割合（三世帯同居率）― 以下では *xtfam* と表記 ― および② 有子高齢者世帯に占める子供と同居・近居している世帯の割合（近居率）― 以下では *nearchld* と表記 ― の二つを居住近接度 *proxim* の指標として用いる。

上記の調整を行うと，前節 (7) の基本回帰式を以下のように書き換えることができる。

$$ac_i = \beta_0 + \beta_1 \cdot rdsr_i + \beta_2 \cdot erschool_i + \beta_3 \cdot temp_i + \beta_4 \cdot DIDpop_i$$
$$+ \beta_5 \cdot oldpop_i + \beta_6 \cdot oldpop_i \times proxim_i + \varepsilon_i \quad \cdots \quad (8)$$
$$proxim_i = [\,xtfam_i \text{ or } proxim_i\,]$$

上記 (8) 式の交差項 $oldpop_i \times proxim_i$ は高齢化率 $oldpop_i$ がエアコンへの選好度 α_i に正の影響を与える可能性（前節 (6) 式参照）に配慮したものである。(8) 式より高齢化率がエアコン設置率に与える影響は

$$\frac{\partial ac_i}{\partial oldpop_i} = \beta_5 + \beta_6 \cdot proxim_i \quad \cdots \quad (9)$$

で表されるが，もしも高齢者の利他性が子供・孫との居住近接度とともに強まるならば，(9) 式における β_6 は正となり，

$$\frac{\partial}{\partial proxim_i}\left[\frac{\partial ac_i}{\partial oldpop_i}\right] = \frac{\partial}{\partial proxim_i}[\beta_5 + \beta_6 \cdot proxim_i] = \beta_6 > 0 \quad \cdots \quad (10)$$

が成り立つ。この場合，かりに高齢化の進行が財政余力の低下などを通じてエアコン設置率に負の影響を及ぼす（$\beta_5 < 0$）としても，高齢者と子供・孫との居住近接度が高い（*proxim* の値が大きい）自治体ではこのマイナス効果が軽減されることになる。

分析に使用する推計式 (8) が特定化されたところで，データ取得方法の概要を

4　高齢化と教育財政　｜　55

まとめておく。まず(8)式左辺の被説明変数 ac_i は，2014年4月1日現在の公立小中学校エアコン設置率（定義は注8）であり，データ出所は文部科学省『公立学校施設の空調（冷房）設備状況調査報告』である。(8)式右辺第2項の $rdsr_i$ は2013年度の実質公債費比率（定義は注9）であり，データは総務省『地方公共団体の主要財政指標一覧』から取った。右辺第3項の $erschool_i$ は，2013年4月1日現在の公立小中学校における耐震化率（定義は注9）であり，データ出所は文部科学省『公立学校施設の耐震改修状況』である。続く年最高気温 $temp_i$（1994～2003年平均）と DID 人口比率 $DIDpop_i$（2010年国勢調査分）（定義は本節冒頭参照）のデータ出所は気象庁および総務省である。右辺第6項の $oldpop_i$ は，2013年10月1日現在の65歳以上人口比率であり，データ出所は総務省統計局『人口推計』である。最後に，三世代同居率 $xtfam_i$ の出所は総務省統計局『平成22（2010）年国勢調査』であり，有子高齢者の子供との近居率 $nearchld_i$（2013年）の出所は厚生労働省『国民生活基礎調査』である。[12]

3-2. データの概観

前項で定式化した回帰式(8)の推計結果を検討する前に，推計で用いるデータを概観しておく。表4-1は説明変数・被説明変数の記述統計をまとめたものである。説明変数の中では学校耐震化率（$erschool$），年最高気温（$temp$），高齢化率（$oldpop$）などのばらつきが比較的小さい（変動係数 =0.05～0.10）一方，実質公債費比率（$rdsr$），DID 人口比率（$DIDpop$），三世代同居率（$xtfam$）などのばらつきが比較的大きい（変動係数 =0.21～0.45）ことがわかる。実質公債費比率（中央値14.6%）については東京都の低さ（0.6%）が，DID 人口比率（中央値45.9%）については東京都・大阪府・神奈川県の高さ（94.2～98.2%）が際立っている。被説明変数のエアコン設置率（ac）も変動係数が0.67と非常にばらつきが大きい。こちらも中央値22.6%に対して東京（81.3%），香川（69.2%），沖縄（65.0%）の上位3都県の値が突出して高くなっている。

エアコン設置率（ac）について，より詳細な地域分布を示すと図4-3のようになる。年最高気温（$temp$）が32.0℃を下回る北日本・信越では，エアコン設置率が

表 4-1　都道府県データの記述統計

変　数	単位	平均	標準偏差	変動係数	最小値	中央値	最大値	観測数
【説明変数】								
実質公債費比率 ($rdsr$)	%	14.6	3.1	0.21	0.6	14.6	21.3	47
学校耐震化率 ($erschool$)	%	87.9	7.5	0.08	68.6	87.5	99.2	47
年間最高気温 ($temp$)	℃	32.0	1.6	0.05	26.9	32.4	34.0	47
DID 人口比率 ($DIDpop$)	%	51.7	18.9	0.36	25.0	45.9	98.2	47
高齢化率 ($oldpop$)	%	26.6	2.6	0.10	18.4	26.9	31.6	47
三世代同居率 ($xtfam$)	%	22.3	10.1	0.45	5.6	19.3	49.5	47
近居率 ($nearchld$)	%	31.8	4.3	0.13	22.6	31.6	41.1	47
【被説明変数】								
エアコン設置率 (ac)	%	26.5	17.7	0.67	1.7	22.6	81.3	47

注：変数の定義，データ出所については本文第 3 節を参照。変動係数＝標準偏差／平均。

20% 未満となるのに対し，$temp$ が高めの近畿以西ではエアコン設置も高めになる傾向が見られる。ただし細かくみると，奈良県（$temp$ =33.3℃）の設置率が 16.3% の一方，香川県（$temp$ = 33.4℃）の設置率が 69.2% となるなど，西日本の中でもばらつきが見られる。また，DID 人口比率が高めの首都圏，大阪圏はエアコン設置率も高めになっているが，名古屋圏を擁する愛知県のエアコン設置率は 16.4% と全国平均 26.5% を下回っていることも注目に値する。また，中国・四

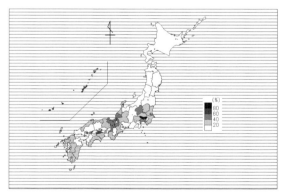

図 4-3　公立小中学校におけるエアコン設置率（都道府県，2014 年 4 月 1 日現在）
出典：文部科学省

国地方のうち，岡山・広島・山口・愛媛の4県は学校耐震化率（*erschool*）が68.6
～ 78.0%と全国平均87.9%を下回っているが（ランキングも47都道府県中42 ～ 47
位），エアコン設置率も20%未満と，西日本にしては低めになっている。

3-3. 推計結果

表4-2は回帰式(8)をOLS推定した結果である。最初の二列［列(1)(2)］は
居住近接度（*proxim*）の効果を除いた基本式（前節(7)式）に対応している。表4-2
の2及び5行目からわかるように，説明変数のうち実質公債費比率（*rdsr*），年最
高気温（*temp*）の係数推定値は理論予測通りの符号で有意になっている。学校耐
震化率（*erschool*），DID人口比率（*DIDpop*）の係数推定値は統計的には有意と
ならなかったが，愛知県・香川県のダミー変数による外れ値処理を行うと，標準
誤差が低下し，回帰式全体の当てはまり（自由度修正済 R^2）も改善した[13]。分析の主
眼である高齢化率の係数推定値は負となり，少なくとも5%水準で有意となった。

表4-2の列(3)(4)は，列(2)の基本式に高齢化率と居住近接度に関する交差
項 $oldpop_i \times proxim_i$ を加えた推計結果である。コントロール変数（*rdsr, erschool,
temp, DIDpop*）の係数推定値は列(2)の結果とほとんど変わらず，高齢化率
（*oldpop*）の係数推定値も依然として有意に負となっている。一方，交差項の係数
推定値は，居住近接度の指標に①三世代同居率（*xtfam*）を使用したケース（表
4-2列(3)），②近居率（*nearchld*）を使用したケース（表4-2列(4)）のいずれとも
有意にならず，高齢者の利他性の兆候は検出できなかった。

以上の推計結果を総合すると，①他の条件が同一でも高齢化が進行している
都道府県ほど公立学校でのエアコン設置率が低くなる傾向がある，②このよう
な高齢化の負の影響が高齢者の利他的動機によって緩和される傾向はデータか
らは検出されない，という二つの結論が得られる。上記①のような負の効果が生
じるメカニズムを解明することは，本節(8)式のような誘導型モデルでは困難で
ある。ただし，(8)式に一人あたり実質県民所得，都道府県別失業率などの変数
を加えても，高齢化率 *oldpop* の係数推定値はほとんど影響を受けなかった（加え
た変数も有意にならなかった）ことから，変数 *oldpop* が単に地域間の所得・景況格

表 4-2　エアコン設置率（ac）の推定結果（都道府県データ）

	(1)	(2)	(3)	(4)
const	-32.0147	-27.5109	-25.4030	-23.8972
	(60.2661)	(49.3920)	(52.5328)	(50.9279)
	[0.5981]	[0.5807]	[0.6315]	[0.6416]
rdsr	**-1.3292** *	**-1.0123** *	**-1.0175** *	**-1.0822** *
	(0.6859)	(0.5592)	(0.5678)	(0.5973)
	[0.0596]	[0.0780]	[0.0811]	[0.0779]
erschool	0.3413	0.3408	0.3432	0.3593
	(0.2689)	(0.2216)	(0.2252)	(0.2299)
	[0.2116]	[0.1322]	[0.1359]	[0.1263]
temp	**3.6265** ***	**3.5698** ***	**3.5217** ***	**3.4673** ***
	(1.2659)	(1.3093)	(1.1144)	(1.0882)
	[0.0066]	[0.0014]	[0.0031]	[0.0029]
DIDpop	0.0291	0.1066	0.0963	0.0955
	(0.1351)	(0.1096)	(0.1360)	(0.1149)
	[0.8308]	[0.3365]	[0.4831]	[0.4109]
oldpop	**-2.6241** **	**-3.055** ***	**-3.0382** ***	**-3.2515** ***
	(1.0075)	(0.8171)	(0.8378)	(0.9867)
	[0.0128]	[0.0006]	[0.0008]	[0.0021]
oldpop · xtfam			-0.0010	
			(0.0078)	
			[0.8961]	
oldpop · nearchld				0.0058
				(0.0158)
				[0.7179]
AICHI		**-33.9941** ***	**-33.8209** ***	**-34.2071** ***
		(11.5030)	(11.7249)	(11.6478)
		[0.0053]	[0.0064]	[0.0056]
KAGAWA		**42.8925** ***	**42.6503** ***	**41.9847** ***
		(11.0421)	(11.3346)	(11.4422)
		[0.0004]	[0.0006]	[0.0007]
R^2	0.505	0.697	0.697	0.698
Adjusted R^2	0.445	0.643	0.633	0.634
S.E. of regression	13.191	10.583	10.719	10.703
No of Obs	47	47	47	47

注：推定方法は最小二乗法（OLS）。（　）内は標準誤差，［　］内は p 値を表す。*** は p < 0.01，
　　 ** は p < 0.05，* は p < 0.1 を示す。

差を反映しているとは言い難いと思われる。

4. 埼玉県市町村データによる分析

4-1. 推計式の特定化とデータ

　本節では市町村データによる実証結果を見ていく。データの制約から，分析は埼玉県の63市町村に限定する。[14] 前節と同様，推計式は第2節の第 (7) 式をベースとするが，データの取得可能性に配慮し，若干の調整を行う。まず，公立小中学校エアコン設置率 ac は全保有教室に占める割合でなく，普通教室に占める割合とする。次に，夏季気象条件を表す $heat$ については，日中最高気温35℃以上（猛暑日）の年平均日数（2000～14年）—以下では $over35$ と表記—を使用する。また，都市化率 $urban$ については DID 人口比率が得られない町村もあるため，人口密度（km^2 あたりの居住人口）—以下では $density$ と表記—も併用する。第 (7) 式のその他の変数（実質公債費比率 $rdsr$, 学校耐震化率 $erschool$, 高齢化率 $oldpop$）についての定義は都道府県データと同一である。

　データの取得方法の概要は下記の通りである。第 (7) 式の被説明変数 ac は2015年4月1日現在の各市町村立小中学校普通教室におけるエアコン設置率で，データ出所は注14に記した通り，埼玉県財務課である。説明変数のうち，2013年度の実質公債費比率 ($rdsr$)，2013年4月1日現在の公立小中学校耐震化率 ($erschool$)，2010年 DID 人口比率 ($DIDpop$) の出所は都道府県データと同一である。一方，2000～14年の猛暑日年平均日数 ($over35$) の出所は気象庁（アメダス・データ），2013年10月1日現在の人口密度 ($density$)，高齢化率 ($oldpop$) の出所は埼玉県統計課である。

　推計で使用するデータの記述統計は表4-3の通りである。実質公債費比率 ($rdsr$) の平均値 (6.3%)，最大値 (11.9%) は，表4-1に掲げた都道府県データの平均値 (14.6%)，最大値 (21.3%) よりも低くなっている。学校耐震化率 ($erschool$) の平均値 (93.3%) は都道府県の平均値 (87.9%) を上回っており，実質公債費比率 ($rdsr$) の分布と合わせると，埼玉県では比較的財政余力がある自治体が多いと

表 4-3　都道府県データの記述統計

変　　数	単位	平均	標準偏差	変動係数	最小値	中央値	最大値	観測数
【説明変数】								
実質公債費比率 ($rdsr$)	％	6.3	2.8	0.44	0.1	5.8	11.9	63
学校耐震化率 ($erschool$)	％	93.3	8.7	0.09	70.6	98.7	100.0	63
年間最高気温 ($temp$)	日	12.5	3.0	0.24	7.1	12.2	19.6	63
DID 人口比率 ($DIDpop$)	％	73.6	19.6	0.27	24.4	75.3	100.0	49
人口密度 ($density$)	人／km^2	2817.8	2876.3	1.02	74.0	1855.1	13988.6	63
高齢化率 ($oldpop$)	％	23.3	3.4	0.15	14.5	22.9	31.6	63
【被説明変数】								
エアコン設置率 (ac)	％	61.6	43.7	0.71	0	99.0	100	63

いえる。一方，猛暑日年平均日数（$over35$）の平均値は12.5日と，注7に記した全国平均2.4日を大幅に上回っている。高齢化率（$oldpop$）については，最大値は31.6％と都道府県のものと同一だが，平均値（23.3％）は，都道府県の平均値（26.6％）を下回っている。これは，戸田市・和光市・朝霞市・吉川市・伊奈町・滑川町といった，高齢化率20％未満の市町が全市町村の一割近くあることと関係している。エアコン設置率ac（平均61.6％）は，普通教室に関するデータということもあり，0％から100％までの広い範囲に分布している。[15]エアコン設置率（ac）の度数分布は表4-4の通りである。63市町村のうち，設置率100％が29市町村（46.0％）と最も度数が多く，次が設置率20％未満の19市町（30.2％）と，二極分化の傾向がうかがえる。これは，市町村レベルでは，学校・地域間格差が生じ

ないよう，いったんエアコン設置を決定したら100％設置をめざすためと思われる。

　エアコン設置率（ac）について，より詳細な地域分布を示すと図4-4のようになる。夏季の高温で全国的に知られる北西部（熊谷市，鳩山町などを含む）はエアコン設置率が80％を超える市町村が多い。ま

表 4-4　被説明変数（ac）の度数分布
（埼玉県市町村データ）

階級（％）	度　数	頻度（％）
$0 \leq ac < 20$	19	30.2
$20 \leq ac < 40$	6	9.5
$40 \leq ac < 60$	2	3.2
$60 \leq ac < 80$	2	3.2
$80 \leq ac < 100$	5	7.9
$ac = 100$	29	46.0
総　計	63	100.0

4　高齢化と教育財政

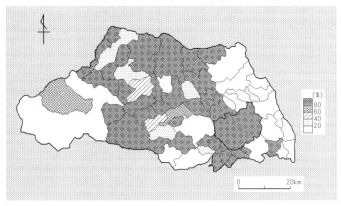

図 4-4　公立小中学校普通教室におけるエアコン設置率
（埼玉県市町村 , 2015 年 4 月 1 日現在）
出典：埼玉県財務課

た，都市化率の高い南中部（さいたま市，戸田市などを含む）のエアコン設置率も総じて高くなっている。ただし，北西部に劣らず猛暑日の多い南東部（越谷市，吉川市などを含む）や北東部（加須市，久喜市などを含む）ではエアコン設置率20% 未満の市町村が多く，都市化率の高い南中部の川口市もエアコン設置率が10% を切るなど，気象・環境条件のみからでは説明できないケースも多い。また，実質公債費比率が4% 台と県内最低レベルの志木市・和光市・戸田市などはエアコン設置率100% を達成しているが，実質公債費比率が11% 台と県内最高レベルの長瀞町・上里町などでも100% であり，エアコン設置率を財政状況のみから予測できないこともわかる。

4-2. 推計結果

図4-4, 表4-4で見たように，市町村レベルのエアコン設置率は0% 周辺と100% 周辺に二極分化する傾向がある。このため第 (7) 式の推計に当たっては，設置率50% 未満を0, 50% 以上を1とする二項変換を行ったうえ，Probit 推定を行う。また，説明変数のうち，猛暑日年間日数（$over35$）や人口密度（$density$）といった [0,1] の範囲に収まらないものについては，対数変換を行う。

表 4-5　エアコン設置率（ac）の Probit 推定結果（埼玉県市町村データ）

	(1)	(2)	(3)	(4)
const	-1.9419	-8.6272 *	-9.4425 *	-26.6203 **
	(4.0859)	(4.7591)	(52.5328)	(10.7365)
	[0.6346]	[0.0699]	[0.0998]	[0.0132]
rdsr	-22.7100 ***	-35.5896 ***	-25.3796 ***	-46.5782 **
	(7.3725)	(10.5205)	(0.5678)	(18.2387)
	[0.0021]	[0.0007]	[0.0048]	[0.0107]
erschool	3.5363 *	5.5967 *	3.0052	7.9603 *
	(2.0859)	(2.8571)	(0.2252)	(4.3277)
	[0.0900]	[0.0501]	[0.2472]	[0.0659]
log(over35)	0.7458	1.7258 *	3.7656 **	4.7375 **
	(0.7417)	(0.9330)	(1.1144)	(2.2240)
	[0.3147]	[0.0644]	[0.0180]	[0.0332]
log(dens)	-0.2010		-0.1515	
	(0.2078)		(0.1360)	
	[0.3335]		[0.5758]	
DIDpop		1.4095		6.7647 **
		(1.5018)		(3.1268)
		[0.3479]		[0.0305]
oldpop	-0.39553	1.4294	5.0195	24.1630
	(7.6518)	(10.2073)	(9.1214)	(18.0123)
	[0.9588]	[0.886]	[0.5821]	[0.1798]
D_NE			-0.6642	2.5120 *
			(0.7346)	(1.5032)
			[0.3659]	[0.0947]
D_NW			-1.7912 **	0.1239
			(0.8867)	(1.6274)
			[0.0434]	[0.9393]
D_SE			-2.7895 ***	-2.5022 **
			(0.7947)	(1.1693)
			[0.0004]	[0.0324]
D_SW			0.0886	1.4579
			(0.8061)	(1.1147)
			[0.9125]	[0.1909]
S.E. of regression	0.465	0.405	0.417	0.342
Log Likelihood	-36.041	-23.224	-27.719	-14.190
McFadden R^2	0.162	0.316	0.356	0.582
% Correctly Predicted	73.02	83.67	79.37	83.67
# of Obs	63	49	63	49
# of ac=1	36	25	36	25

注：推定法は最尤法。（　）内は標準誤差，［　］内は p 値を表す。*** は p < 0.01，** は p < 0.05，
　　* は p < 0.1 を示す。地域ダミー（*D_NE, D_NW, D_SE, D_SW*）の定義については付表
　　参照。

推定の結果は表4-5の列 (1)～(4) のようになる。列 (3) (4) は基本推計式 (7) に地域ダミー（定義は付表参照）を加えたものである。コントロール変数のうち，実質公債費比率 (*rdsr*) の係数推定値は概ね1%水準で負に，学校耐震化率 (*erschool*) と猛暑日日数 (*over35*) の係数推定値は少なくとも10%水準で正となっている。都市化率の指標 (*density, DIDpop*) は列 (4) のケースを除き有意にならなかった。列 (3) (4) の地域ダミーに関しては，吉川市・越谷市などを含む南東部 (*D_SE*) の係数推定値が有意に負となり，この地域でのエアコン設置率が理論予測を大幅に下回っていることが判明した。[16]

分析の主眼である高齢化率 (*oldpop*) の係数推定値は，表4-5列 (1) では負となる一方，列 (2)～(4) では正となるなど符号が安定しなかったが，いずれも統計的に有意にはならなかった。言い換えると，「高齢化が進行した市町村ほどエアコン設置率が低くなる」という傾向は，埼玉県市町村のデータからは検出できなかった。

4-3. 都道府県データの結果との相違に関する考察

これまでの分析から，都道府県・埼玉県市町村の双方において，自治体の財政余力・夏季の気象条件が公立小中学校のエアコン設置率に有意な影響を与えることが明らかとなった。一方，高齢化の進行度は，都道府県データではエアコン設置率と有意な負の偏相関を持つが，埼玉県市町村データでは有意な偏相関は検出できないことも判明した。

高齢化のエアコン設置率への影響に関し，埼玉県市町村データによる結果が都道府県データと異なる理由は，他県の市町村データが入手不能な現状，詳細な解明は困難である。ここでは，埼玉県の特徴に注意しつつ，都道府県データと異なる結果が生じた理由について，二つの可能性を指摘するにとどめたい。

一つ目の理由としては，埼玉県の小中学校数の調整（学校統廃合）が他県ほど進んでいないことが挙げられる。図4-5は過去15年ほどの小中学校における生徒数と学校数の変化（2013年と1999年の値のパーセント比）を都道府県別に示したもの

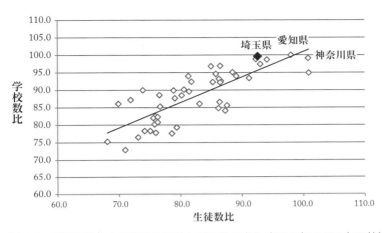

図 4-5　都道府県小中学校の生徒数と学校数の変化（2013 年 /1999 年の比）
出典：文部科学省『学校基本調査』。生徒・学校ともに国公私立計

である。2013年の埼玉県における学校数の1999年比は99.6と全国では愛知県の100.0に次いで2番目に高くなっている（第3位は神奈川県の99.1）。ただし，生徒数では92.6と，神奈川県（100.8），愛知県（98.0）などを下回り，全国6位に過ぎ

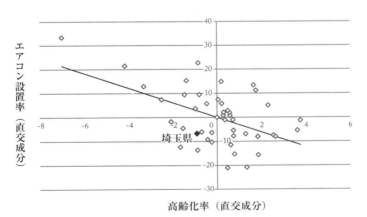

図 4-6　都道府県の高齢化率とエアコン設置率
注：表 4-2 列（2）の推計式による偏相関

4　高齢化と教育財政　65

ない。言い換えると，埼玉県では生徒数は1999年よりも7.4%ほど減っているにもかかわらず，学校数は1999年から-0.4%とほとんど変わっておらず，神奈川・愛知県などに比べ，相対的に学校数が過剰になっている（=学校統廃合が遅れている）といえる。このため，年少人口が多く高齢化率が比較的低い市町村でも，学校統廃合のめどが立つまで市町村全域でのエアコンの設置に踏み切れておらず，高齢化率とエアコン設置率の相関関係も弱まっている可能性がある。実際，図4-6の2変数 *oldpop* と *ac* の散布図（表4-2列（2）の推計式による偏相関）に見られるように，埼玉県のエアコン設置率 *ac* の値（図中の黒点）は，高齢化率 *oldpop* から予測される値（図中の回帰直線）よりも低めになっている。

埼玉県市町村における高齢化とエアコン設置率との相関が，全国よりも弱くなるもう一つの理由としては，宅地開発の進行などにより，市町村内部の高齢化の度合が均一でないことが挙げられる。

図4-7は，エアコン設置率（点線）と高齢化率を含む主要説明変数（棒線）の平均値の関係を埼玉県内の地域別に示したものである。この図によれば，年少人口が多く高齢化率が最も低い南中部（さいたま市，戸田市など）ではエアコン設置率も高くなっているが，南中部に次いで高齢化率が低い南東部（吉川市，越谷市など）ではエアコン設置率が極端に低くなっていることがわかる。この南東部でも

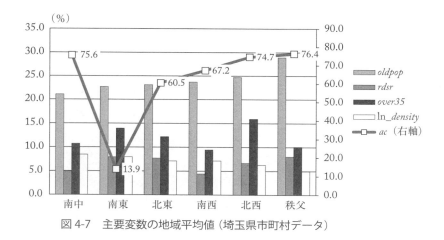

図4-7 主要変数の地域平均値（埼玉県市町村データ）

図 4-8　埼玉県吉川市内部における 65 歳以上人口割合の分布
出典：2010 年国勢調査

とくに高齢化率が低い（県内で戸田・和光・朝霞・伊奈に次ぐ5番目の）吉川市について，さらに内部の状況を示したのが図4-8である。全般的に高齢化率が24% 未満の薄めの部分が多いもの，市の東部を中心に高齢化率が32% 以上の濃い部分も分散している。（ほとんど全域が高齢化率12 〜 24% の範囲に収まる図4-9［東京都

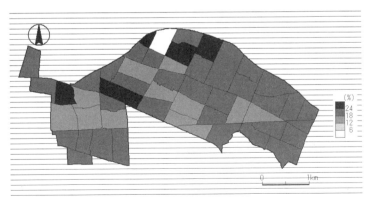

図 4-9　東京都武蔵野市内部における 65 歳以上人口割合の分布
出典：図 4-8 に同じ

4　高齢化と教育財政

武蔵野市]などと対照的であることに注意）。このように市内の年齢構成の地域差が大きい場合，児童・生徒が多い地域でエアコン設置の要求が高まっても，市全体の合意を得るのが難しく，エアコン設置も困難となることが予想される。JR武蔵野線，東武東上線沿線などを中心に郊外型宅地開発が続く埼玉県では，吉川市と同様，自治体内の高齢化進行度が不均一なケースが少なからず見られる[17]。このため，平均的には高齢化率が低い市町村でもエアコンの設置率が必ずしも高まらず，結果的に高齢化率とエアコン設置率の相関が弱まる可能性がある。

5. むすび

　日本を含む主要先進国で人口高齢化が急速に進み，有権者に占める高齢者層の比重が高まるなか，年金・医療など高齢者向け社会保障支出が若者向け教育費支出を圧迫する可能性が指摘されるようになっている。Poterba（1997，1998）を嚆矢とする一連の実証研究も，高齢化率（65歳人口比率）と生徒一人あたり公教育費支出との間の負の相関関係を確認しているが，高齢化が学校教育の質（教育環境）に与える影響については分析できていない，という限界がある。本研究は，公立小中学校におけるエアコン設置率を学校教育の質の一つの指標ととらえ，日本の高齢化が教育財政・教育環境に与える影響を都道府県および埼玉県市町村のクロスセクション・データで分析した。

　回帰分析の結果，都道府県データにおいては高齢化率とエアコン設置率との間に有意な負の偏相関が検出されるが，埼玉県市町村データにおいては有意な関係が得られないことが明らかとなった。全国レベルと埼玉県市町村レベルで結果が異なる理由については，詳細な解明はできなかったが，①学校統廃合のペースが他県よりも緩やかである，②同一自治体内に高齢化率の異なる地域が混在している，など埼玉県に顕著な特徴が関係している可能性があることは指摘した。

　本研究には言うまでもなく様々な限界がある。理論面では，エアコン設置率の決定式（7）の導出にあたり，コミュニティ選好モデルを使用し，自治体内の政治

過程を捨象している点が最大の問題といえる。コミュニティ選好モデルではなく公共選択モデルを使用する場合，高齢者が全人口に占める割合でなく，全投票者に占める割合を説明変数に用いるのがより適当になると思われる。実証面でも，自治体属性（とくに公教育への選好）の更なるコントロール・誤差項における spatial correlation の補正など課題は多い。また，埼玉県以外の市町村にデータを広げて推定の精度を上げ，高齢化とエアコン設置率との間に有意な負の偏相関があるか，より確定的な知見を得ることも急務といえる。

付表　埼玉県地域ダミー一覧

D_NE	北東部ダミー	5 市	行田市，羽生市，加須市，鴻巣市，久喜市
D_NW	北西部ダミー	15 市町村	上里町，神川町，本庄市，美里町，深谷市，熊谷市，寄居町，東秩父村，小川町，嵐山町，滑川町，東松山市，吉見町，ときがわ町，鳩山町
D_SE	南東部ダミー	12 市町	蓮田市，白岡市，宮代町，杉戸町，幸手市，春日部市，越谷市，松伏町，吉川市，草加市，八潮市，三郷市
D_SW	南西部ダミー	7 市町	飯能市，越生町，毛呂山町，坂戸市，鶴ヶ島町，日高市，入間市
ダミーなし	南中部	19 市町	川島町，北本市，桶川市，伊奈町，上尾市，川越市，さいたま市，狭山市，ふじみ野市，富士見市，三芳町，志木市，所沢市，新座市，朝霞市，和光市，戸田市，蕨市，川口市
	秩父	5 市町	秩父市，小鹿野町，皆野町，長瀞町，横瀬町

（注）

(1) 大東文化大学経済学部教授。

(2) 人口高齢化の公教育費支出（より広義には若年層への所得移転）への影響が理論的には一意でないことを，世代重複（OLG）モデルを用いてより正式に示した例としては，Razin et al.（2002），Gradstein and Kaganovich（2004），Holtz-Eakin et al.（2004）などがある。

(3) 郡レベルでのパネルデータ（1970 ～ 90 年代）を使用した Ladd and Murray（2001）は，同一郡内での 65 歳以上人口比率の変化と生徒一人あたり教育費支出の変化の間には有意な偏相関を見出さなかったが，高齢者が学齢期人口比率の低い郡に移住して教育費支出に対する租税負担を回避した可能性を明らかにしている。ただし，経済全体の高齢者比率が高まるにつれ，このような「足による投票」による負担回避にも限界が生じてくるため，高齢化の進行が将来的にも教育費支出を減らすかは自明ではない，とも指摘している。

4　高齢化と教育財政

(4) 小学校の一校あたり平均生徒数・学級数のデータは文部科学省『学校基本調査』(2014 年度)から取得した。学校机・椅子(旧 JIS 規格，固定式)のセット価格(1.5 万円)についてはコクヨ株式会社のカタログを，一教室あたりのエアコン整備費用(120 万円)については『日本経済新聞』2015 年 2 月 18 日(西部夕刊)記事を参照した。ちなみに 2014 年度の中学校の一校あたり平均生徒数は 332 名で小学校とほぼ同規模となっているが，特別教室を中心に保有教室数は小学校よりも多く，一校あたりエアコン導入費用もより高くなると予想できる。

(5) 埼玉県幸手市・杉戸町・白岡町など，普通教室へのエアコン設置を見合わせ，扇風機の天井設置で費用を抑制した例も報道されている(『朝日新聞』2010 年 9 月 3 日[埼玉版]32 面)。

(6) 埼玉県所沢市は 2015 年 2 月に市立小中学校 28 校へのエアコン設置(国からの補助金を除く設置費用総額 30 億円)をめぐる住民投票を実施し，全国的にも注目を集めた(『日本経済新聞』2015 年 1 月 29 日)。

(7) 図 4-2 に見られるように，日中最高気温が 35 度を超える猛暑日の年間日数(全国 13 地点平均)は，1960 ～ 69 年の 0.9 日から 2000 ～ 14 年の 2.4 日へと 50 年あまりで約 2.5 倍に増加している。ここで挙げた 13 地点(= 網走，根室，寿都，山形，石巻，伏木，銚子，境，浜田，彦根，多度津，名瀬，石垣)は，「都市化の影響が少なく，同一条件の観測データが長期間取得できる」という理由から，気象庁『異常気象レポート』でのモニタリング対象にもなっており，地球温暖化の影響が疑われる。ちなみに，広域ヒートアイランド現象の影響を受ける埼玉県熊谷市の酷暑化はさらに激しく，猛暑日年間日数は 3.8 日(1960 ～ 69 年)から 19.7 日(2000 ～ 14 年)へと約 5.2 倍になっている(データ出所はすべて気象庁ホームページ)。

(8) エアコン設置率は公立小中学校の全保有教室(普通教室・特別教室を含む)に占めるエアコン設置済み教室の割合と定義する。

(9) 実質公債費比率 rdsr (real debt service ratio の略)は地方債(公営企業の発行する債券も含む)の元利償還額(公債費)が自治体の財政規模に占める割合を示す。一方，学校耐震化率 erschool (percentage of earthquake-resistant school buildings の略)は，公立小中学校の校舎等建築物に占める耐震化対策済建築物の割合を示し，耐震化対策済建築物とは，1982 年以降の建築物および 1981 年以前建築物で新耐震基準を充足しているか改修補強工事を完了しているものを指す。

(10) 都市化率 urban は総人口に占める都市人口の割合と定義する。

(11) エアコン設置に関する現実の意思決定は市町村レベルで行われるため，以下では各都道府県の代表的市町村を想定し，平均的傾向の把握を試みる。

(12) 変数 nearchld に関する近「近居」とは，少なくとも一人の子供が同一家屋・同一敷地・隣接地区・同一市区町村に居住していることを指す。

(13) 愛知県・香川県のエアコン設置率が予測値から大きく乖離する(愛知は下方

に約 34% 分，香川は上方に約 43% 分乖離している）理由の詳細は不明である。ただし，生徒数で愛知県公立小中学校の約 26% を擁する名古屋市において，河村たかし市長（2009 年 4 月～）主導の市民税減税を理由として，市財政局が公立小中学校へのエアコン設置要求に難色を示した事実はある（『中日新聞』2013 年 1 月 22 日）。一方，香川県宇多津町では，谷川俊博町長（2010 年 10 月～）が町長報酬 1 年分返上を条件に町内全小中学校へのエアコン設置を実現している（『朝日新聞』2011 年 6 月 14 日［香川版］33 面）。このように，市町村レベルでのエアコン設置計画が首長の政策スタンスに左右されるケースはあり，これら個別ケースの影響が近隣市町村に波及すれば，県レベルの設置率格差につながる可能性もある。

(14) データは 2014 年度の埼玉県財務課調査によるもので，蓮田市ホームページから入手した。文部科学省は都道府県レベルのデータは公表しているが，市町村レベルのデータは公表していない。

(15) 普通教室におけるエアコン設置率（2014 年 4 月 1 日現在）の都道府県平均は 26.1%，最小値は 0.46%，最大値は 99.9% である。

(16) 表 4-5 列 (4) の推計式を用いて説明変数の平均値回りで評価すると，南東部ダミー（D_SE）の限界効果は − 0.6 に及ぶ。すなわち，他の条件が埼玉県の平均的な値を取っている自治体も，南東部にあるだけでエアコン設置率が 60% 下がることが予想される。

(17) 同一自治体内の高齢化率の偏差が大きな例としては，他に川越市・所沢市・ふじみ野市などが挙げられる。

参考文献

井上智夫・大重斉・中神康博（2007）「高齢化は教育費に影響するか？日本の義務教育の場合」中神康博・Taejong Kim 編『教育の政治経済分析 ― 日本・韓国における学校選択と教育財政の課題』シーエーピー出版，pp.207-249

大竹文雄・佐野晋平（2009）「人口高齢化と義務教育支出」『大阪大学経済学』59 (3)，pp.106-129

Ajilore, Olugbenga （2009）"Elderly Ethnic Fragmentation and Support for Local Public Education," *Public Finance Review*, 37 (2), pp.217-230.

Borge, Lars-Erik and Jørn Rattsø （2008）"Young and Old Competing for Public Welfare Services," *CESifo Working Paper*, no.2223.

Button, James W. （1992）"A Sign of Generational Conflict : The Impact of Florida's Aging Voters on Local School Tax Referenda," *Social Science Quarterly*, 73 (4), pp.786-797.

Gradstein, Mark and Michael Kaganovich（2004）"Aging Population and Education

Finance," *Journal of Public Economics*, 88 (12), pp.2469-2485.

Grob, Ueli and Stefan C. Wolter (2007) "Demographic Change and Public Education Spending : A Conflict between Young and Old?"*Educational Economics*, 15 (3), pp.277-292.

Harris, Amy R., William N. Evans and Robert M. Schwab (2001) "Education Spending in an Aging America," *Journal of Public Economics*, 81 (3), pp.449-472.

Heinesen, Eskil (2004) "Determinants of Local Public School Expenditure : A Dynamic Panel Data Model,"*Regional Science and Urban Economics*, 34 (4), pp.429-453.

Holtz-Eakin, Dougals J., Mary E. Lovely and Mehmet S. Tosun (2004) "Generational Conflict, Fiscal Policy and Economic Growth, "*Journal of Macroeconomics*, 26 (1), pp.1-23.

Ladd, Helen F. and Sheila E. Murray (2001) "Intergenerational Conflict Reconsidered : County Demographic Structure and the Demand for Public Education,"*Economics of Education Review*, 20 (4), pp.343-357.

Poterba, James (1997) "Demographic Structure and the Political Economy of Public Education," *Journal of Policy Analysis and Management*, 16 (1), pp.48-99.

Poterba, James (1998) "Demographic Change, Intergenerational Linkages, and Public Education,"*American Economic Review*, 88 (2), pp.315-320.

Preston, Samuel (1984) "Children and the Elderly : Divergent Paths for America's Dependents,"*Demography*, 21 (4), pp.435-457.

Razin, Assaf, Efraim Sadka and Philip Swagel (2002) "The Aging Population and the Size of the Welfare State," *Journal of Political Economy*, 110 (4), pp.900-918.

Tosun, Mehmet S., Claudia R. Williamson and Pavel Yakovlev (2012) "Population Aging, Elderly Migration and Education Spending : Intergenerational Conflict Revisited," *Public Budgeting and Finance*, 32 (2), pp.25-39.

5 高齢化にともなう韓国の成長率の変化と財政の持続可能性

高 安 雄 一

1. はじめに

　韓国は2015年に「人口ボーナス」から「人口オーナス」へ転換したことが指摘されている。小峰隆夫・日本経済研究センター（2007：50-51）によれば，「人口ボーナス」とは従属年齢人口が低下する，すなわち人口の中で生産年齢のウェイトが上昇する局面であり，生産年齢の人々の負担が小さいので経済が活性化しやすい。一方，「人口オーナス」とは従属年齢人口が高まる局面であり，生産年齢の人々の負担が増え，経済は重荷を負った状態となる。日韓で生産年齢人口比率が下落に転じた年を見ると，日本は1993年，韓国は2013年と韓国が20年遅れている（図5-1）。つまり日本は「人口オーナス」へ転換してから20年以上が経過している一方，韓国は「人口オーナス」に転換して2年に過ぎない。

　日本が「人口オーナス」へ転換してから，大きく2つの変化があった。一つは経済成長率の低迷，もう一つは財政状況の悪化である。転換年である1993年は，バブル経済が崩壊し，経済が，不良債権問題，3つの過剰問題（設備，雇用，負債）など構造問題に直面した時期であった。またその後デフレに陥るなど，日本経済は人口構造のみならず，経済構造の大きな変化の影響を受けた。よって，「人口オーナス」に転じて以降の経済成長率の低迷，財政の悪化のすべてを，人口構造の変化の影響により説明できるわけではない。一方，人口構造が与えた影響も少なくないことも事実であり，日本がバブル崩壊後に経済構造問題を抱えなかったとしても，経済成長率の低迷や財政状況の悪化は避けられなかったと見ること

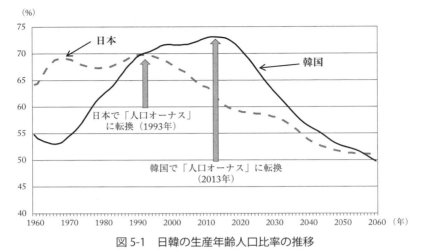

図 5-1　日韓の生産年齢人口比率の推移

注：生産年齢人口比率（15～64歳人口の全人口に対する比率）が上昇から下落に転じた時点を人口オーナスへの転換期とした。
出典：統計庁「将来人口推計　2010-2060」、同「長期時系列データ（平成12年～22年）」、国立社会保障・人口問題研究所「日本の将来推計人口（平成24年1月推計）」などにより作成

が妥当である。

　さて現状における韓国の経済成長率、財政の状況（以下では、財政の状況を主に一般政府債務で測ることとする）を日本と比較してみよう。2006～2015年における実質経済成長率の平均値は、韓国は3.6％、日本は0.3％である。また2014年度における国と地方の債務の対GDP比は、韓国が35.9％、日本が204％である。しかし「人口オーナス」に転じた時期に20年の差があることを勘案すれば、現在の両国の経済成長率や財政の健全度を単純に比較することは正しくない。日本の20年前の数値を見ると、1986～1995年における実質経済成長率の平均値は3.2％、1994年度における国と地方の債務の対GDP比は74.8％であった。韓国の直近の数値と20年前の日本の数値を比較しても、韓国の方が日本より良好である。しかし、「人口オーナス」に転じて20年が経過した日本の経済成長率や財政の状況を見れば、急速に悪化したことが確認できる。

2013年に「人口オーナス」に転じた韓国でも，日本と同様，経済成長率が低下するとともに，財政状況も悪化していく可能性がある。2013年に「人口オーナス」に転じた韓国は，今後，欧米諸国は言うに及ばず，日本以上に高齢化が進んだ国となることが予想されている。本稿では，このような韓国において，高齢化が進むとともに韓国のマクロ経済の環境がどのように変化するのか，また，社会保障費などの負担増により財政の状況がどのように変化していくのかにつき検討する。検討に際しては，韓国の研究機関などが行った長期見通しの妥当性を検討したうえで，近年の社会保障に関する議論を踏まえつつ，蓋然性の高い変化を示す。さらに，財政状況の悪化を避ける方法について検討したい。

本稿の構成は以下のとおりである。第2節では，韓国の高齢化が今後どのように進んでいくのか，2011年12月に公表された「将来人口推計」の結果から確認する。第3節では，長期的な潜在成長率を推計した先行研究の結果を分析し，今後の高齢化が経済成長に与える影響について検討する。第4節では，財政の将来予測を行った先行研究の結果を見た上で，高齢化などマクロ経済の環境変化が財政状況に与える影響を明らかにする。第5節では，高齢化の下で韓国が財政の健全性を維持するためにどのような方策を講じるべきか検討する。そして最後に本稿の結論を示す。

2. 今後の高齢化の推移

韓国における将来人口推計は統計庁が定期的に行っている。本章では2011年12月に公表された「将来人口推計」に基づき議論を進めていく。この推計では，2010年の「人口住宅総調査」（日本の「国勢調査」に相当）を基準として，2060年までの年齢別人口推計を行っている。そして将来人口推計の中位推計値が，将来人口を利用した推計作業，例えば，将来の潜在成長率の推計や財政推計などのベースとなっている。

「将来人口推計」によれば，2015年における韓国の高齢化率（65歳以上人口比率）は13.1％であり，日本の1992年の水準と同じである。その間，日本の高齢化

は進み，2015年には26.8％に達するなど，韓国よりはるかに高い水準にある。高齢化率の前年差（本稿ではこれを「高齢化のスピード」とする）を見ると，1960年以降，ほぼ一貫して日本が韓国を上回っていた。しかしながら，2018年を境に，韓国の高齢化のスピードが日本を上回るようになり，ピークの2026年には両者の差は0.8％ポイントまで拡大する。その後，差は縮小するものの韓国が日本より高い状況が続き，2060年の高齢化率は日本の39.9％に対し韓国が40.1％と，韓国が日本を上回ることが予測されている（図5-2）。

　日本との比較では，韓国の高齢化率は2015年の段階で13.7％ポイント下回っていたものが，2060年には約40％で同水準になる。次にOECD諸国と比較してみる。OECDの"Factbook 2014"によれば，2010年の段階では，韓国はOECDの34カ国のうちで高齢化率が高い順から数えて30位と高齢化が進んでいない国の一つに入っていた。具体的な数値を見ると，韓国の高齢化率が11.0％であるなか，OECD加盟国の平均値は14.7％，EUの28カ国平均値が17.5％，アメリカが13.1％であった。2050年になると，全体的に高齢化が進むがそのスピードには大

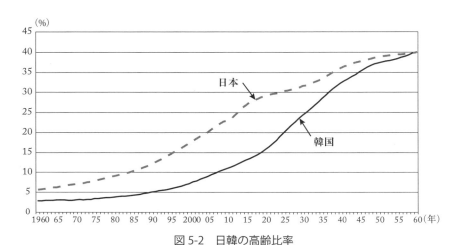

図5-2　日韓の高齢比率

出典：韓国については統計庁「将来人口推計」（2011年12月推計），日本については総務庁統計局「人口推計」，国立社会保障・人口問題研究所「日本の将来推計人口」（平成24年1月推計）により作成

きな差が出ている。韓国の高齢化率は37.4％と2010年より26.4％ポイントも高まった反面，OECD加盟国平均値は25.3％と10.6％ポイントの上昇，EUの28カ国の平均値は28.7％と11.2％ポイントの上昇，アメリカは20.9％で7.8％ポイントの上昇にとどまっている。そして2050年にはOECD加盟国で2番目に高齢化率が高い国となる。

　すなわち，これから40年足らずで，韓国はOECD加盟国のどの国よりも速いスピードで高齢化が進み，水準も最も高い国の一つになることが予測されている。韓国で今後，これほど速いスピードで高齢化が進む要因について，本稿では詳細に分析することはしないが，1961年から1995年まで行われた出生抑制政策についてのみ触れておきたい。高出生率をもたらす人口増加は，子を扶養するための資源需要を拡大し，経済開発に必要な資本形成を妨げる。よって，経済発展にはマイナスであり，国際社会で人口増加抑制プログラムへの支援が始まった[2]。韓国の人口抑制政策もこの考え方に沿ったものであり，「第1次経済発展5カ年計画」に合わせて導入された。

　出生抑制政策は，1981年に策定された「人口増加抑政策」で最も強められた。これは1980年の「第5次経済社会発展5カ年計画」で掲げられた，1988年までに合計特殊出生率（以下，「出生率」とする）を2.1％にまで引き下げる目標を実行するための政策パッケージである。この政策は中国ほどドラスティックではないものの，子が多い世帯に税制その他で不利益が生じるようにするものである。強力な出生抑制政策は1987年まで続いたが，このころになると出生率が人口置換水準を大きく下回るようになり，政府も出生抑制政策を弱める方向に転じたが，政策自体は1996年に廃止されるまで残った。出生率の動きを見ると，1971年には4.54であったが，1987年に1.55に達するまで一貫して低下して底を打った（図5-3）。国民の所得水準が高まるにつれて出生率が低下する関係が見られるため[3]，出生抑制政策が講じられなかったとしても出生率は低下したはずであるが，そのスピードを速める効果はあったと考えられる。

　出生率は下がり続けるばかりではない。例えばヨーロッパでは，イタリアは1995年に出生率が1.19にまで低下したが，その後は反転し，2011年には1.42に

5　高齢化にともなう韓国の成長率の変化と財政の持続可能性　　77

図 5-3 韓国の合計特殊出生率
出典：統計庁「人口動向調査」により作成

回復した。スペインでは1998年に1.16で底打ちし，2011年には1.36となった。フランスでも出生率が下落傾向で推移していたが，1993年の1.65から上昇に転じ，2011年には2.00と人口置換水準に近い水準にまで戻している。スウェーデンも同じで，1999年の1.50から2011年の1.94に高まった。このように，一定水準を超えて高度な発展段階に至った社会では逆に出生率が高まることが確認されている。韓国では2005年に1.08まで落ち込んだ後，1.20を挟んだ水準で低迷が続いている。「将来人口推計」の中位推計においては，2010年に1.23であった出生率が，2020年に1.35，2030年に1.41，2040年に1.42と徐々に回復し，それ以降は1.42が続くと仮定されている。しかしながら，韓国では欧米諸国と比較して出生率が低い水準にまで落ち込んだこと，また「将来人口推計」では出生率の反転が仮定されているとはいえ，1.42で頭打ちとなるとされていることから，これから40年も経たないうちに，韓国の高齢化率がOECD加盟国の平均値より高い水準となる。

3. 成長率の将来予測

　韓国経済はこの半世紀で目覚ましい成長を遂げてきた。この要因としては，輸出主導による工業化に成功したことが挙げられるが，生産年齢人口の高い伸びや，高い貯蓄率を背景とした高い資本蓄積の伸びも成長を支えた。具体的に成長率の推移を見てみよう。朝鮮戦争が事実上終結した翌年の1954年以降の実質GDP成長率（以下，「経済成長率」とする）の推移を見ると，1954〜1959年の経済成長率の平均値は5.8%であったが，1960年代には8.8%に高まり，1970年代には10.5%と二桁成長を記録した。その後，インフレ抑制のため安定化政策を講じたこともあり若干成長率は低下したものの，1980年代は8.8%，1990年代は7.7%と高い成長率が持続した。韓国の高成長は一人当たりGDPも押し上げた。一人当たりGDPは1955年には64ドルに過ぎなかったが，1994年には1万ドル，2006年には2万ドルを超え，2014年には2万7,964ドルで，国連のWorld Economic Outlook Database（2016年1月）で2014年の一人当たりGDPが得られる187カ国のなかで30位に位置するまでになった。しかし韓国の高成長にも近年陰りが見え始めている。2000年代の経済成長率は4.7%と1950年代より低下し，2010〜2015年には3.6%にさらに落ち込んだ（図5-4）。このような経済成長率の下落は潜在成長率が徐々に低下していることによるものであるが，その背景には急速に進む高齢化がある。

　韓国より20年早く「人口オーナス」に転じた日本でも，高齢化を背景として潜在成長率が下落した。高齢化は2つの経路で潜在成長率を低下させる。一つ目は，労働投入の伸び率低下を通じた経路である。高齢化により従属人口比率が高まれば労働力人口の伸び率が低下するが，これは潜在成長率に対する労働投入の寄与が低下することを意味する。ひいては，労働力人口は減少に転じることから，労働投入の寄与はマイナスとなり，マイナス寄与の幅が徐々に拡大していく。二つ目は，資本投入の伸び率低下を通じた経路である。高齢化率が高まれば，マクロで見た貯蓄率が低下する。これは貯蓄を取り崩して消費する人の比率が高まることによる現象である。投資の源泉は貯蓄であることから，貯蓄率が低

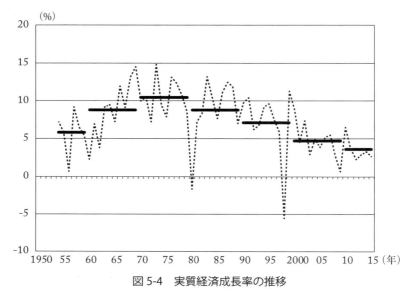

図 5-4　実質経済成長率の推移

注：太線は 10 年間の実質経済成長率の算術平均値。1950 年代は 1954 ～ 59 年，2010 年代は 2010 ～ 2015 年の平均値。
出典：韓国銀行「国民勘定」により作成

下すれば投資率も低下するが，投資率が低下すれば資本蓄積の伸び率が低下する。このように高齢化は，労働投入の寄与低下あるいはマイナス寄与，資本投入の寄与低下をもたらすことから，潜在成長率が低下する。

　「人口オーナス」に転じた後の日本では，高齢化により潜在成長率が低下した。日本の潜在成長率は，1980 年代には 4.4% であったが，1990 年代には 1.6% と急落し，2000 年代には 0.8% とさらに下落した。1980 年代から 2000 年代にかけて，全要素生産性（Total Factor Productivity：以下，「TFP」とする）の寄与が 2.0% から 0.6% と 1.4% ポイント低下しており，これが潜在成長率の低下の約 4 割を説明している。この部分は，高齢化というよりは様々な経済構造問題を要因とした低下と考えられるが，高齢化の影響を受ける労働投入の寄与や資本投入の寄与も大きく低下している。労働投入の寄与は，0.6% からマイナス 0.3% と 1% ポイント近く低下しており，資本投入の寄与も 1.8% から 0.5% へ 1.3% ポイントほど低下

している[6]。労働投入と資本投入の寄与縮小は合わせて2.2%ポイントであり、この部分は高齢化による影響が大きいと考えられる。

2013年に「人口オーナス」に転じた韓国では、日本と同様、経済成長率の低下が本格化する可能性がある。韓国で潜在成長率の長期推計を行った先行研究として、シンソッカほか (2012)、国会予算政策処 (2014) などがある。以下ではこれら先行研究による今後の潜在成長率の見通しを見てみよう。

シンソッカほか (2012) は、1981～1990年から2091～2100年までの10年ごとの潜在成長率を、コブ・ダグラス型生産関数を仮定して、成長会計の手法を用いることで推計している。この方法では、潜在成長率は、TFPの伸び率、労働投入量の伸び率に労働分配率を乗じた数値、資本投入量の伸び率に資本分配率（＝1－労働分配率）を乗じた数値を加えることで推計される。シンソッカほかの推計では、労働投入量として就業者数、資本投入量として資本ストックを使っている。実績値の期間について、就業者数は「経済活動人口調査」から得ることができるが、資本ストックは公式統計が存在しない。そこで、韓国銀行のGDP統計の総固定資本形成と固定資本減耗の時系列データから、恒久棚卸法によって推計している。さらに労働分配率は、先行研究が示した1979～1995年の平均値である0.654を使用している。

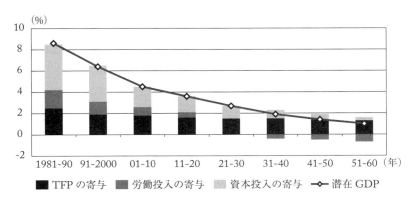

図 5-5 シンソッカほかによる潜在成長率の見通しおよび生産要素の寄与
出典：シンソッカほか (2012) 50ページの数値により作成

実績値である2001～2010年までは，GDP，就業者数，資本ストック，労働分配率が既知であるので，これを測定する指標がないTFPは逆算して求めている。そして，推計値である2011～2020年以降の数値は，就業者数，資本ストック，TFPのそれぞれの伸び率を一定の仮定を置いて推計することで求めている。

　就業者数は，「将来人口推計」の中位推計の数値をもとに，男女別5歳年齢階級別の26のグループ別の推計人口に，各グループの労働力率の推計値を乗じた数値を足し上げる方法で求めている。就業者数を推計すればその伸び率を求めることは容易である。資本ストックは，貯蓄率の推計をもとに求めている。貯蓄率と投資率は相関関係があり，貯蓄率が低下すれば投資率も低下し，ひいては資本ストックの伸び率も低下する。そこで，被扶養人口比率と貯蓄率の負の相関関係を国別のパネルデータから推計し，これを利用して将来の貯蓄率，投資率，資本ストックの伸び率を推計している。TFPについては，2012年における韓国の伸び率が1.6%であるとしたうえで，これが長期的に先進国の水準である1.3%に低下することを仮定している。

　シンソッカほか（2012）の推計結果は以下のとおりである。2011～2020年には3.6%である潜在成長率が，2021～2030年には2.7%，2031～2040年には1.9%，2041～2050年には1.4%，2051～2060年には1.0%と，40年間で2.6%ポイント落ち込むことが見通されている。そのうち，高齢化が影響する労働投入の寄与と資本投入の寄与の低下が合計で2.4%ポイントを占める。つまり，韓国の成長率は今後40年ほどで大きく低下するが，この要因の大部分は高齢化によることがわかる。

　国会予算政策処（2014）は，2014年から2060年までの実質GDPを推計している。実質GDPの推計といっても，潜在成長率と実際の成長率の乖離は想定していないため，これは潜在成長率の推計と同じである。推計方法の基本は，シンソッカほかと同じであり，コブ・ダグラス型生産関数を仮定して，成長会計の手法を用いることで推計している。推計された潜在成長率は図5-6のとおりであるが，2021～2030年の10年間の平均値は2.8%，2031～2040年は2.1%，2041～2050年は1.6%，2051～2060年は1.1%となる。なおこの推計では，2014～2020

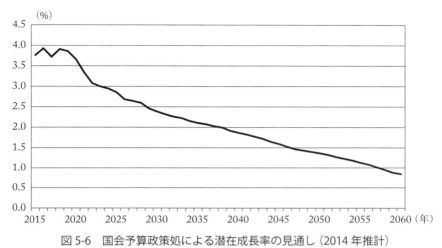

図 5-6 国会予算政策処による潜在成長率の見通し（2014 年推計）
出典：国会予算政策処（2014）13 ページの図の 2015 年以降の推計値を引用。図のバックデータは国会予算政策処分析室より提供していただいた

年から 2056 〜 2060 年の間に潜在成長率は 2.8% ポイント低下することが見通されているが，そのうち，高齢化が影響する労働投入の寄与と資本投入寄与の低下の合計で 2.4% ポイントを占める。これはシンソッカほかの推計と同様の結果である。つまり，国会予算政策処の推計でも，今後の成長率の低下のほとんどが高齢化で説明できることを示唆している。

なお両推計とも TFP の寄与（＝ TFP の伸び率）は低下するものの，1.2 〜 1.3% で下げ止まることを仮定している。しかし日本では TFP の寄与が 2001 〜 2010 年に 0.6% にまで低下しており，もし TFP の寄与が日本並みにまで落ち込めば，2060 年の潜在成長率はほとんどゼロに近づいてしまうこととなる。実際問題として TFP の伸び率がどのように動いていくか予測することは困難であるため，現在の水準を横置きするなど一定の仮定を置くしかない。よってどのような仮定を置くかによって潜在成長率の推計値にも幅が出てくる。しかしながら，労働投入の伸び率や資本投入の伸び率は，「将来人口推計」という信頼度の高い推計結果に基づいて推計されているので，蓋然性が高い推計が可能である。両推計と

も，労働投入の寄与や資本投入の寄与が低下することにより，今後50年足らずで潜在成長率が2%ポイント以上低下することを見通している。つまり，今後，韓国は高齢化を背景として低成長期に入る可能性が高いと言える。

4. 財政の将来予測

財政状況を一般政府債務の対GDP比（以下，「政府債務比率」とする）から見ると，韓国はOECD加盟国のなかで最も良好な国の一つである。2012年におけるOECD加盟国の政府債務比率をOECDの"Factbook 2014"から見ると，最悪は日本の228.0%（2011年）であり，ギリシャの164.2%，イタリアの141.7%，ポルトガルの127.9%，アイルランドの125.8%が続く（日本以外は2012年）。日本については，現在のところ財政問題は顕在化していないものの，欧州諸国は2011年に債務危機に陥った。

欧州債務危機では具体的には財政の信任低下にともない国債金利が上昇し，

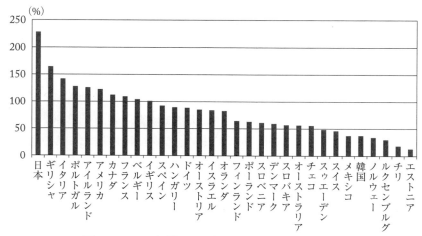

図5-7　OECD加盟国の一般政府債務の対GDP比率

注：2012年の数値。ただしイスラエル，日本，スイスは2011年，メキシコは2009年の数値。
出典：OECD "Factbook 2014" により作成

財政問題発の金融危機を誘発した。Moody's社によるギリシャ国債の格付けは，2010年3月にはA2であったものが，2010年6月には投資不適格のBa1に引き下げられ，2012年3月にはCにまで格下げされた。2年の間に国債の格付けが15ランクも下げられたわけであるが，当然，国債価格は下落し，国債金利は2012年3月2日には37.10%にまで高まった。アイルランド，ポルトガルもギリシャほどではないにしても，国債の格付けが投資不適格のランクまで引き下げられ，イタリアの国債も2012年7月にBaa2と投資不適格に肉薄するランクとなった。

　債務危機が発生すると，政府が市場から資金を調達することが難しくなり，最終的には国債の返済ができなくなる状態，すなわちデフォルトに陥る。そのようになる前に国際機関などによる支援が実施されるが，その際には厳しい財政再建策を余儀なくされる。ギリシャの場合は，政府支出の大幅な削減，公務員人件費削減，年金支給額削減，付加価値税の引き上げなどを受け入れることとなり，国民生活は大きな痛手を負うことになった。[7]

　一方，韓国の政府債務比率は37.6%と，数値がとれるOECD加盟国では5番目に低い水準である。さらに韓国の政府債務比率を見る際には，2012年における政府債務の50.3%に相当する額が，融資資金などの対応する金融資産がある金融性債務であることに留意が必要である。金融性債務としては，①外国為替市場の安定のための債務（主に外貨平準債），②低所得者の住居安定のための債務（主に国民住宅債）がある。外貨平準債は，為替介入に必要な資金を調達する目的で発行され，ウォン安を誘導するための介入の際にはウォン建ての債券を発行し，逆の場合はドル建ての債券を発行する。ウォン建ての債券を発行した場合，調達資金でドルを購入するが，これは外貨準備の政府所有分となる。よって債券に相当する額のドル資金がある。また国民住宅債は，低所得無住宅者に住宅購入資金を貸し付ける国民住宅基金の財源調達のため発行されている。よって国民住宅債の裏には，住宅を購入した低所得者などに対する債権がある。よって実質的な韓国の政府債務比率はさらに低く，財政状況は健全であると判断できる。

　しかし2012年の段階では，韓国は「人口オーナス」に転換していなかったため，財政が健全であると考えることもできる。「人口オーナス」への転換後，財

5　高齢化にともなう韓国の成長率の変化と財政の持続可能性

政状況が急速に悪化した国として日本を挙げることができる。1990年度の日本の財政状況は，赤字国債の発行から脱却するなど，比較的良好であった。しかし四半世紀後の2015年末には公債残高が約630兆円増加し，財政状況は悪化の一途をたどっている。このうち197兆円は景気の悪化や減税などにより税収が減少したことで説明できるが，230兆円は高齢化の進行に伴う社会保障関係費の増加が原因である。国の社会保障負担は毎年1兆円規模で増えてきており，その財源の多くを借金に依存している。[8] 日本の財政状況は高齢化とともに悪化しているが，日本以上に速いペースで高齢化が進むことが確実である韓国でも，今後は財政状況が悪化する可能性が否定できない。

　そこで今後の韓国の財政状況の長期推計を行った先行研究の結果を見て，韓国の財政状況が今後は日本と同様に悪化していくのか検討する。韓国の財政状況の長期推計を行った先行研究としては，国会予算政策処（2014）がある。以下ではこの先行研究から今後の財政状況の見通しを見てみよう。

　国家予算政策処（2014）では，将来の財政状況について，いくつかのシナリオ別に数値を示している。そのなかで基本推計は，現行の歳入構造と歳出に関する法律が2060年まで変更されないと仮定した見通しである。人口に関するデータは，2011年12月に公表された「将来人口推計」の中位推計の数値を利用し，マクロ経済変数については，第2節で示した方法で推計している。まずは政府債務比率の推計値を見てみよう。2014年の政府債務比率は37.0%であるが，2020年は37.4%と見通されており，この時期までは財政状況に悪化は見られない。しかし2020年頃を境にして財政状況が一貫して悪化していく。2030年の政府債務比率は58.0%に高まり，以降，2040年には85.1%，2050年には121.3%，2060年には168.9%となることが見通されている（図5-8）。

　政府債務比率が高まる要因を収入見通しと支出見通しの両面から見ていこう。まず収入見通しであるが，総収入の対GDP比は，2014年には26.2%であるが，2060年には21.3%に低下する。税収の対GDP比は，2014年の15.2%から2060年も14.7%と若干の低下にとどまる。しかし2つの理由により総収入の対GDP比は4.9%ポイント低下する。

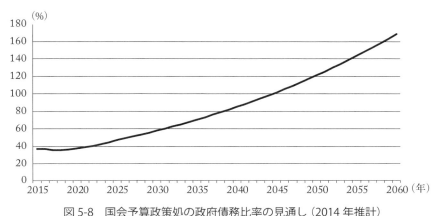

図 5-8　国会予算政策処の政府債務比率の見通し（2014 年推計）
出典：2014 年推計は，国会予算政策処（2014） 47 ページの図のうち 2015 年以降の推計値を引用。図のバックデータは国会予算政策処経済分析室より提供していただいた

　一つ目の理由は，年金保険料収入の対 GDP 比が2020年の2.2%から2060年には1.5%に低下することである。これは国民年金の加入者数が2018年から減少し始め，2060年には2018年の42%に過ぎなくなるためである。

　二つ目の理由は利子収入の減少である。一般政府の利子収入の多くは国民年金の積立金の運用収益による。国民年金の財政方式は修正賦課方式である。すなわち，現役世代の年金保険料は年金受給世代の受取りに充てられる。しかし高齢化の影響を緩和するため，高齢化が進む前に資金を積み立て，高齢化が進んだ後は積立金を取り崩していく方式を採用している。

　国民年金の積立金は，金融資産で運用することで利子収入を生み出すが，積立金は2037年にピークに達する。その後，積立金は減少に転じ，2053年には枯渇する。ちなみに，5年に1度行われている国民年金の長期財政推計によれば（2013年の第3次推計），2044年に積立金はピークとなり，2060年に枯渇することが見通されている[9]。国会予算政策処と国民年金の長期財政推計で違いが出ている理由としては，国会予算政策処が想定している実質金利が政府年金推計より0.7〜0.9%ポイント低いことが挙げられる。実質金利は国民年金の積立金運用益に影響するため，国会予算政策処の積立金がより早く枯渇することとなる。国民年金

の積立金が減少するとともに，運用金利の趨勢的に低下することも予測されており，金融資産運用による利子収入の対GDPは2014年の1.8%から2060年には0.1%に下がる。

　次に支出面の見通しであるが，総支出の対GDP比は2014年の25.4%から2060年には32.6%に高まる。このうち，社会保障，地方交付税，利払いなど義務支出の対GDP比率は2014年の11.8%から2060年には19.6%に上昇する。一方，裁量支出の対GDP比は2014年の13.6%から2020年には13.1%とむしろ低下することが見込まれている。義務支出の対GDP比が高まる要因は大きく2つある。

　一つ目は国民年金支出の増加である。高齢化により65歳以上人口が急速に増えることに加え，年金制度が成熟することが大きい。2014年には65歳以上人口の年金受給率が老齢年金に遺族年金を併せても34.2%に過ぎないものが，2060年には91.0%に高まる。[10]また国民年金は1988年に導入されたものの，国民皆年金は1999年に達成された。国民皆年金によって年金に加入した者が20年の加入期間が必要な完全老齢年金を受給できる年は2019年，完成老齢年金（加入後40年）を受給できる年は2039年である。よって2014年段階では国民年金を受給していたとしても，加入期間が短い高齢者に支給される特例老齢年金あるいは減額老齢年金であり，受給金額が少ない。これが2060年には途中で年金保険料を支払わなかった期間などがない限り完全老齢年金を受け取るようになり，その多くが完成年金を受給する。二つ目は利子支出である。これは政府債務の増加と軌を一にして増加し，対GDP比は2014年の1.13%から2060年には2.28%に高まる。

　以上のように，総収入の対GDP比は，2014年の26.2%から，2060年には21.3%に低下する一方，総支出の対GDP比は2014年の25.4%から2060年には32.6%に上昇する。その結果，統合財政収支は，2014年には対GDP比で0.8%の黒字から，2030年には3.1%の赤字に転じ，2060年には赤字幅が11.4%にまで拡大する。そして赤字幅の拡大にともなって，政府債務比率は上昇スピードが高まる。総収入が対GDP比で減少する主要因である年金保険料収入と利子収入の

減少は，ともに高齢化が進むことによるものであり，総支出が増加する主要因である国民年金支出の増加も高齢化による。よって統合財政収支の悪化，ひいては政府債務比率の上昇の主要因は高齢化と言える。

なお，国会予算政策処は2012年にも財政状況の将来見通しを公表している。その際は，2060年には政府債務比率が218.6%になるとしており，2014年推計より厳しい数値を出していた（図5-9）。2014年推計と2012年推計の一番の違いは，国民年金の積立金が枯渇した後における年金収支の赤字の負担方式である。2012年推計では，国民年金の積立金が枯渇した後は，年金収支の赤字分を政府が負担すると仮定して推計を行った。よって積立金の枯渇後は，毎年，年金収支の赤字分が政府債務に加わるため，政府債務比率がより大きくなる結果となる。一方，2014年推計では，現行の「国民年金法」には，積立金が枯渇した場合，政府が負担することが定められていないため，2012年推計の仮定を外して推計を行った。つまり，年金収支の赤字を負担しないことから，2014年推計の政府債務比率は2012年推計より低水準となっている。

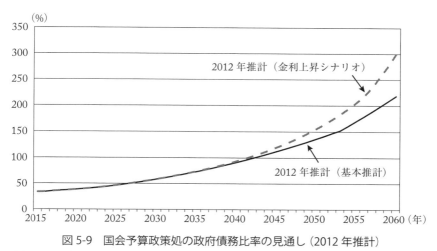

図5-9　国会予算政策処の政府債務比率の見通し（2012年推計）
出典：2012年基本推計は，国会予算政策処（2012）133ページ表の数値により作成。金利上昇シナリオは同135ページの表の数値により作成

さらに2012年推計は，金利が上昇した場合（金利上昇シナリオ）における政府債務比率の推計も行っている。2012年推計も2014年推計も基本推計では，国債金利が下落トレンドで推移することを仮定している。しかし，政府債務比率が高まり，財政の持続可能性に疑問が持たれる状況になっても，国債金利が低下すると仮定することには無理がある。そこで金利上昇シナリオでは，財政の持続可能性が失われたと判断された2034年から国債金利が上昇することを仮定した。2012年推計では，財政の持続可能性はBohn's テストなど複数の方式で点検しており，これらテストの結果は，2034年以降，財政は持続可能ではないとの結果で一致した。金利上昇シナリオ下での推計によれば，政府債務比率は2060年には300.0%にまで高まる。

　将来の財政状況の見通しは，国会予算政策処の2014年推計，2012年基本推計，2012年金利上昇シナリオ推計で異なる。そこでどの推計が妥当であるか検討したい。2014年推計は，2053年に積立金が枯渇した後，政府が年金収支の赤字を補填しないと仮定し，2012年推計では政府が補填すると仮定している。政府が年金収支の赤字を補填しない場合，赤字をどのように解消するかが問題となるが，保険加入者の保険料率を高める，あるいは年金支給額を切り下げることが必要になる。政府が年金収支の赤字を補填しない場合，積立金が枯渇してから年金収支の赤字解消策を講じることは考えられず，枯渇以前から徐々に保険料率の引き上げと支給額の切り下げを行うことが予想される。このような年金改革が可能であれば，2014年推計が妥当であると言える。

　しかしながら，年金保険料率の引き上げに根強い反対があり，2007年の年金制度改正の際には保険料率を9%に据え置き，所得代替率の大幅な引き下げを行った。すなわち，年金支給水準の切り下げを中心として年金財政の立て直しを図った。ただし，再び年金制度改正を行う場合，すでに40%にまで引き下げられている年金支給水準をさらに切り下げることができるかは不透明である。負担増も給付減もコンセンサスが得られないとすると，年金収支の赤字を政府が補填することで，問題を先送りする可能性も否定できない。この場合は，2012年推計のように政府債務比率がより高くなるが，基本推計のように，財政の持続可能性

が失われてもなお国債金利が低下しないという仮定は現実的ではなく，金利上昇シナリオの蓋然性が高くなる。

　ただし，一番重要な点は，2012年推計の金利上昇シナリオは言うまでもなく，2014年推計（基本推計）でも2060年の政府債務比率は168.9%にまで高まる。よって，ここまで財政状況が悪化する以前に債務危機を起こしてしまい，国際機関の管理下でドラスティックな財政再建策を講じざるをえない状況になることも想定される。よって，年金制度などの諸制度を現行のまま維持することは現実的ではなく，韓国では今後，現役世代の負担引き上げ，高齢者への更なる給付減を行わざるをえない状況である。

5.　高齢化時代における財政健全化の方策

　韓国は2050年には日本に次いでOECD加盟国で2番目に高齢化率が高い国となり，2060年には日本さえも抜き去る勢いで高齢化が進んでいく。韓国は少子化の流れを変えるための対策を講じている。2006年に第1次低出産高齢社会基本計画，2011年に第2次基本計画が策定され，具体的な施策が実行されているが，少子化の流れは変わっていない。2011年に公表された「将来人口推計」では合計特殊出生率が1.40まで回復することを想定しており，ここまで回復しても2060年には高齢化率が40%を超えてしまう。よって韓国経済にとっては，急速な高齢化は所与として考えざるをえない。

　高齢化とともに潜在成長率も低下していくことが見通されているが，高齢化の下でも潜在成長率については高めることが可能である。そして，潜在成長率が高まれば政府債務比率の分母であるGDPが増加するスピードが速まり，政府債務比率の上昇に歯止めをかけることが可能になる。高齢化の下でも潜在成長率を高める方法はTFPの伸び率を高めることである。TFPの伸び率は高齢化の影響を受けないため，TFPの伸び率を大きく高めることができれば，労働投入の伸び率の低下や資本投入の伸び率の低下によるマイナスの影響を相殺することができる。ただしTFPの伸び率を高めることはそれほど簡単ではない。シンソッ

5　高齢化にともなう韓国の成長率の変化と財政の持続可能性　　91

カほか(2012)は，潜在成長率の将来推計のみならず1980年代から2000年代までの潜在成長率と各生産投入要素の寄与も示している。これによれば，1980年代のTFPの寄与は2.5%であったが，1990年代は1.9%，2000年代は1.8%と大きく低下した。OECDの"Factbook 2014"によれば，韓国におけるR&Dへの総国内支出の対GDP比率は4.4%に達しており，OECD加盟国で最高値となっている（2012年または最初のデータ入手年ベース）。それにもかかわらず，R&D投資の成果，すなわち研究や特許の実用化は期待外れであり，新規事業の立ち上げや，その他の事業開発にかかる指標においても，韓国は優位に立てていない。これは多額のR&D投資が経済成長に結びついていないことを意味する。(11) そのようななか，韓国でTFP成長率を引き上げることは簡単ではなく，韓国経済にとって潜在成長率の低下も所与と考えざるをえない。

　高齢化と潜在成長率の低下が所与であれば，財政を持続可能とするためには，現役世代の負担引き上げ，高齢者へのさらなる給付減を行わざるをえない。パククネ政権は当初，高齢者の社会保障水準の引き上げを試みようとしていた。これは，パククネ政権が高齢者の投票によって実現したからと考えられる。2012年に

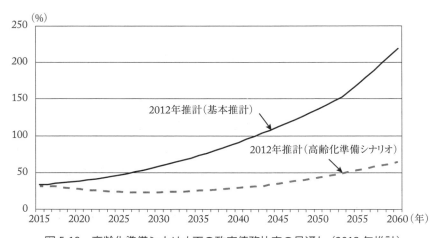

図 5-10　高齢化準備シナリオ下の政府債務比率の見通し（2012年推計）
出典：高齢化準備シナリオは，国会予算政策処（2012）139ページ表の数値により作成

行われた韓国の大統領選挙では，高齢者および高齢者予備軍の投票行動が結果に大きな影響を与えた。まず投票率であるが，50歳代の投票率は89.9%，60歳以上は78.8%であり，平均の75.8%より高い水準であった。次に年齢別の投票行動である。パククネ候補の相対得票率は50歳代で62.5%，60歳以上で72.3%と高かった。しかし，19歳および20歳代で33.7%，30歳代で33.1%，40歳代で44.1%と対立候補に大きく差をつけられた。[12]

このように大統領選では，高齢者の投票行動が選挙に大きな影響を与えたが，高齢者の支持を受け当選したパククネ大統領[13]は，就任後にすぐに高齢者を重視した社会保障の拡充策を取りまとめた。しかしながら，財源の問題に直面し，高齢者を重視した社会保障の拡充は実現できなかった。

今後，さらに高齢化が進めば，高齢者の投票行動が大統領の選挙結果に与える影響が高まることが予想され，高齢者の社会保障拡充はできないまでも，現在の社会保障水準を切り下げることは難しい。そうなると，健全財政を維持する方法としては，年金保険料率を高めるとともに，付加価値税率を高めるといった負担増を行うことが現実的である。国会予算政策処の2012年推計では，① 現行では9%で固定されている保険料率を2025年までに12.9%まで引き上げる，② 現行では10%である付加価値税率を2018年以降に12%に引き上げる，③ 現行の国税の減免比率である14.4%を2018年までに段階的に9%に引き下げるといった負担増に加え，④ 年金の支給年齢を段階的に引き上げ2025年には67歳とするといった給付減を行った場合（高齢化準備シナリオ）の政府債務比率を推計している。高齢化準備シナリオの下では，2032年までは政府債務比率が緩やかに低下する。その後は上昇に転じるものの，2060年においても政府債務比率は64.7%にとどまる。

高齢化準備シナリオは，年金の支給年齢の引き上げといった高齢者の社会保障水準の切り下げも含まれているが，主に年金保険料率の引き上げ，付加価値税率の引き上げといった負担増により財政健全化を図るシナリオである。しかし負担増といっても，欧州諸国と比較すれば，まだ低負担といってよい水準であり，この程度の負担を受け入れれば，財政の健全性を保つことができる。

5　高齢化にともなう韓国の成長率の変化と財政の持続可能性

6. 結　論

　高齢化が急速に進み，これにともなって成長率も低下する韓国においては，現行の年金制度と税制を維持すれば，政府債務比率は持続不可能な水準にまで高まることが予測されている。債務危機を避けるためには，負担増や高齢者の社会保障水準の切り下げを行わざるを得ない。しかし，高齢者の社会保障水準は国民年金の所得代替率が40％にまで引き下げられるなど，さらなる引き下げの余地は小さく，政治的にも切り下げが難しい状況にある。一方，負担増については，欧米諸国の現在の水準よりも低い負担を受け入れることで，高齢化と低成長が進む2060年においても財政の健全性を保つことができる。以上を勘案すれば，負担増こそ今後の韓国が行うべき改革であると思われる。

（注）

(1) 経済成長率は景気の状態によって数値が変動するので10年間の平均値をとった。
(2) 阿藤（2000）20ページによる。
(3) 阿藤（2000）52-53ページによる。
(4) ヨーロッパ諸国の出生率反転については，金子（2010）3ページによる。2011年の数値はOECD "Factbook 2014" による。
(5) 年次の成長率の算術平均値である。
(6) 潜在成長率に関する数値は，内閣府「経済成長・発展について」（経済財政諮問会議 第3回「選択する未来」委員会配布資料：2014年2月24日開催）による。
(7) 欧州債務危機については，財務省「日本の財政関係資料」（平成27年9月）29-30ページによる。
(8) 財務省「日本の財政関係資料」（平成27年9月）9ページおよび15ページによる。
(9) 国民年金財政推計委員会・保健福祉部（2013）による。
(10) 65歳以上人口の年金受給率の見通しは，国民年金財政推計委員会・保健福祉部（2013）17ページによる。
(11) 世界平和研究所・ソウル国際フォーラム（2015）14ページによる。
(12) 浅羽（2013）80ページ表2-3による。
(13) 山口県立大学の浅羽祐樹教授は，その著書で，パククネ大統領の勝因は高齢者の投票行動であると結論づけている。

参考文献

浅羽祐樹（2013）『したたかな韓国』NHK 出版新書

阿藤誠（2000）『現代人口学 ― 少子高齢社会の基礎知識』日本評論社

金子隆一（2010）「わが国近年の出生率反転の要因について ― 出生率推計モデルを用いた期間効果分析 ―」（国立社会保障・人口問題研究所『人口問題研究』66 号 2 巻），pp.1-25

小峰隆夫・日本経済研究センター（2007）『超長期予測 老いるアジア』日本経済新聞出版社

世界平和研究所・ソウル国際フォーラム（2015）「日韓共同提言　新たなる日韓関係，これからの 50 年に想いを馳せる」（IIPS–SFIA 共同研究プロジェクト）

OECD（2014）"OECD Factbook 2014"

シンソッカほか［신석하 외］（2012）『한국의 잠재성장률 전망 및 하락 요인 분석 ［韓国の潜在成長率の見通しおよび下落要因分析］』韓国開発研究院

国会予算政策処（2012）『2012 ～ 2060 년 장기 재정전망 및 분석 ［2012 ～ 2060 年 長期財政見通しおよび分析］』

国会予算政策処（2014）『2014 ～ 2060 년 장기 재정전망 ［2014 ～ 2060 年 長期財政見通し］』

国民年金財政推計委員会・保健福祉部（2013）「제 3 차 국민연금 재정계산 장기재정전망 결과 ［第 3 次国民年金財政計算 長期財政見通し結果］」

6　地方行財政の現状と課題

花　輪　宗　命

1．今後の地方行財政は，どうなるのか？

1-1．地方行財政の現状とこれからの課題

　21世紀に入ってから5分の1が経過した。新世紀への期待とは裏腹に，私たちの地方行財政をめぐる状況は，デフレ経済から脱却できない状態が続き，歳入が伸び悩む中，わが国全体が，超高齢社会から人口減少社会に向かい始めたため，財政運営が徐々に厳しさを募らせ，予断を許さない段階に追い込められようとしている。

　「どうしてこのようになってしまったのか？」また「どうしたらこの窮地を脱することができるのか？」それは，地域に住む住民にとっても，その地域の経営の任に当たる職員にとっても，的確な認識を持ちたい疑問であり，具体的かつ実現可能な打開策を知りたい課題でもある。

　そのためには，先ず，地方行財政が今の状態に至ったこれまでの軌跡を振り返り，21世紀のわが国のかたちを展望してみる必要がある。

　20世紀の後半，わが国は，戦後復興を果たした後，高度経済成長を達成して，一時期世界第2の経済大国に成長した。しかし，20世紀末の世界の経済は，「グローバル金融資本革命」と「IT革命」の波に呑み込まれ，大きく変容しようとしていた。

　加えてわが国では，世界でも類例を見ない少子高齢社会が到来することが確実であり，爆発的増嵩が予想される社会保障需要に十分対応できるよう，この国

の経済社会を,「経済成長」を志向する路線から,「社会の安定化」と「人々の幸福追求」を志向する路線に転換する課題を抱えていた。

このことを踏まえ当時の国会は,全会一致で,わが国が本腰を入れて「地方分権改革」と取り組むことを決めた。

しかし,奇しくもその時期に,わが国の経済は,いわゆる「バブル」の狂乱に呑み込まれ,その後の「バブル」崩壊により,奈落の底に沈んでいった。その結果,わが国の経済・財政運営の最優先課題は,その危機を乗り越えて経済・財政の再建を果たし,来るべき少子高齢社会への対応に備えることとなった。なかでも,経済・財政の再建は,喫緊の課題として意識され,以降,政府は,大量の国債を発行して財源を確保し,積極的財政政策を展開した。その時点で,「地方分権改革」や「安定的な福祉社会構築」との取り組みは,再優先課題から後退し,停滞するようになってしまった。

しかし,この時点で政府は,最優先課題として取り組んだが一向に成果をもたらさなかった景気刺激策を繰り返すという政策ミスを犯した。グローバル化した金融資本が支配する経済社会では,かつて効果を発揮したケインジアン型財政政策が有効に機能せず,政府が市場に投入した有効需要の波及効果は見られないまま,長期債務残高のみが累増する「失われた20年」を過ごすことになったのだ。

21世紀に入り,少子高齢化社会は,超高齢社会の域に達し,やがて「人口減少社会」に向かうことになった。景気の低迷から税収は伸び悩む一方,社会保障関係費は,毎年1兆円の規模で増加し,国・地方を通じての財政運営は危機的な段階に突入していった。殊に,一部の地方自治体は,消滅するかもしれないという。

われわれは,21世紀のわが国のかたちを安定的に構築するために,ここで一旦立ち止まり,原点に立ち返って,これからどの方向に向かっていくべきかの途を模索しなければならない。

政府は,曲がりなりにも「社会保障と税の一体改革」の道筋をつけ,続いて「アベノミクス」を展開して,安定的な社会保障制度の持続可能性を確保し,併

せて財政再建を果たすことに取り組んでいる。しかし，今後，これからの世代が
「生まれてきて良かった」と言える経済・社会を残していくためには，われわれ
は「高度経済成長時代の夢よもう一度」の呪縛から一歩離れて，安定的な地域経
済・社会の基礎固めに取り組む必要がある。

　「アベノミクス」は，2014年の後半から，「地方創生」を第4の矢として掲げ，
地域経済・社会の基礎固めに取り組む姿勢を見せているが，その取り組みは果た
して正鵠を得たものになっているのか，いささかの疑念がぬぐえない。これから
の地方行財政の課題を模索するのに際し，先ずは「アベノミクス」とその「地方
創生」の中身を再検討しなければならない。

1-2.「アベノミクス」のねらい

　2012年末，民主党野田政権は，「社会保障と税の一体改革」に一定の目途がつ
いたのを機会に，いわゆる「三党合意」に基づき「赤字国債特例法案」の国会通
過と引き換えに衆議院を解散し，総選挙に打って出た。この選挙では，自民・公
明両党が大勝し，政権を奪還し，第2次安倍内閣が発足した。

　安倍内閣は，早速経済・財政改革に着手し，わが国の経済を長引くデフレ不況
から脱却させ，再び成長軌道に復帰させることを目指して，3本の矢からなる
「アベノミクス」を展開すると宣言し，着手した。

　1本目の矢は，日本銀行の総裁に就任した黒田東彦氏が「異次元」と表現した
ほどの大胆な量的・質的「金融緩和」を断行し，市場に出回るお金の量を増やそ
うとするものだった。

　2本目の矢は，政府が率先して，公共事業を増やすなどして市場に有効需要を
送り込み，景気を刺激する「積極的な財政出動」に乗り出そうとするものだった。

　第3の矢は，「成長戦略」であった。法人税の減税や大胆な規制緩和を実施し，
民間企業が持てる力を最大限発揮できるようにするのをねらったものである。

　3本の矢については，先ず第1の矢の「リフレ」には，多くのエコノミストか
ら，円の価値を下げ，国債への信認を損ねて金利の上昇を招き，日銀のコント
ロールが効かなくなるリスクが指摘された。また，第2，第3の矢については，「失

われた20年」間に使い古されたもので，効果が疑問だとする声もあった。しかし，市場は，初年度「アベノミクス」を好感し，日経平均株価は上昇し，円安が進み，雇用や賃金にも向上の兆しが見え始めた。

しかし，一方で欧州や中東の一部で紛争が深刻化したり，原油価格が下落するなど，世界経済に暗雲が広がったこともあって，2年目に入った「アベノミクス」では，株式市場が乱高下したり，円高にシフトしたりするなど，気がかりな材料が見え隠れする展開となった。

特に，2014年4月に消費税を5％から8％に引き上げた影響は，当初の想定より長引き，個人消費の回復は緩やかで「アベノミクス」の本来の目標であった「デフレからの脱却」は道半ばのままで，消費者物価の上昇率は，日銀が目標としていた2％には届かない見通しが明らかになり始めた。

これは「アベノミクス」の最初の3本の矢が，主として大企業や都市及び富裕層の余裕の拡大に向けられ，その恩恵が，地方や中小企業及び労働者や消費者層に及ばなかったことと無関係ではない。当初，効果が表れ始めると予想していた「アベノミクス」の2年目の後半に入り，「アベノミクス」への信頼を維持するためには，地方や中小企業への「トリクル・ダウン」をいかに広げるかが焦点となってきた。

1-3.「日本創成会議」の衝撃のレポート

「アベノミクス」の2年目，2014年5月，増田寛也東京大学大学院教授（元岩手県知事・元総務大臣）を議長とする「日本創成会議」は，「ストップ少子化・地方元気戦略」（以下「増田レポート」とする）と題するレポートを発表した。

「増田レポート」では，2040年までの若年女性（20歳〜39歳）の減少率に基づき，全国で896の市町村を「消滅可能性都市」として挙げ，この内2040年に人口が1万未満になる523の自治体を「消滅の可能性が高い」としてリストアップし，政府に大きな衝撃を与えた。

「アベノミクス」の恩恵が地方にまで「トリクル・ダウン」していないという批判と相俟って，「増田レポート」は，全国にその当否と対策の在り方の議論を

6　地方行財政の現状と課題　　99

巻き起こした。

「増田レポート」は，「消滅可能性都市」の出現を阻止する対策として，地方に「中枢拠点都市」（人口20万人以上）を作り，そこに周辺の「消滅」するとされる地域から人を移住させて，いわば「人口のダム」を作ることを提唱している。

これは，「消滅可能性都市」の出現を阻止すると言いながら，いわゆる「選択と集中」の名のもとに，消滅可能性の高い自治体を切り捨てる政策とも受け取れるものであった。

「日本創成会議」は，その後，増田レポートの第2弾として，東京などの大都市が，将来超高齢社会となって劣化し，大量の介護難民が発生する可能性についても指摘し，都市の中高年齢層が，医療介護体制の整った地方への住み替えを試みるよう提案した。

「増田レポート」に対しては，地方行財政運営に係る研究者をはじめ，現場の職員や地域住民から，早速批判の言説が発表されたが，その多くは，増田レポートの予測の根拠が，単なる人口統計の数値の将来予測に基づくものであり，地域住民の生の暮らしや経済の実態，地域の独特の資源や文化・伝統等を無視している問題点を指摘している。

全国には，地域の人材を活かし，それとの協働のもとに，足元の資源を掘り起こして，地域経済の発展と地元住民の共同体の実現に成功している「小さくても輝く」自治体があるが，国や「日本創成会議」の「上から目線」は，こうした優れた地方の内発性をつぶす「下請け構造」を温存する発想から抜け切れていないのである。

1-4.「アベノミクス」の第4の矢としての「地方創生」

「アベノミクス」の2年目の後半，2014年の9月に，「アベノミクス」の成否を疑問視する見解が取りざたされるようになってきたのを受けて，安倍内閣は，突然「アベノミクス」の第4の矢として「地方創生」の課題と積極的に取り組む方針を表明し，その時の国会を「地方創生国会」に位置づけた。

地方の活性化が謳われている「アベノミクス」では，具体策が乏しいとの指摘

があったのを受けて，政府は9月5日「まち・ひと・しごと創生本部」を発足させ，石破茂氏を本部長に据えた。同本部の設置は，人口急減・超高齢化という直面する大きな課題に対して，政府が一体となって取り組み，各地域がそれぞれの特徴を活かした自律的で持続的な社会を創生することを目指したものである。

　その後，2014年11月には「地方創生」の理念を定めた「まち・ひと・しごと創生法」と，それに関連する「地域再生法の一部を改正する法律」が成立した。この法律では，「地方創生」とは，潤いのある豊かな生活を安心して営むことができる地域社会を形成し，人材と就業の機会を創出することとされ，「アベノミクス」の第3の矢である「成長戦略」の推進とも密接に関連づけながら，地域経済・社会の蘇生と発展を図ることとした。

　「地方創生」を「アベノミクス」の第4の矢として殊更強調したことの背景としては，「アベノミクス」による景気回復の効果を意識的，重点的に地方に及ぼす政策を採り入れることにより，「アベノミクス」に対して広がりつつあった疑念や不安を払拭し，その先に行われる予定であった各地の知事選挙や，その翌年の統一地方選挙で「アベノミクス」への信認を取り付けたいという意図があり，極めて政治的な動きであったとみることができる。

　現に，「まち・ひと・しごと創生本部」では，2015年度予算に盛り込むべき「地方創生」関連施策を検討する鳩首会議が開かれたが，次項で紹介するようなバラマキ施策の案が出るのみで，地方の自立性と持続可能な発展とを支援する実効性のある政策が提案されたとは言えない。

　一方では，日銀の黒田総裁が「異次元の金融緩和」を80兆円規模に拡大した上で，翌年度以降も継続する方針を表明した。さらに，安倍首相は2014年10月，「消費税の10%上げの時期を1年半延期」を表明，その上で，安倍首相は衆議院を解散して12月総選挙に臨み，大勝した。

　その結果，衆参両院で絶対多数を占めるようになった政府・与党は，翌2015年の前半は，いわゆる「安保法制」の成立に邁進し，「アベノミクス」や「地方創生」との取り組みは，水面下に沈んでしまった。「安保法制」は，同年8月，漸く国会で成立し，安倍内閣は，先延ばしになっていた「アベノミクス」との取り

組みを再開できる状態に戻った。

　2015年9月，自民党総裁に再選された安倍首相は，「アベノミクスは第2ステージに移る」と宣言し，「1億総活躍社会」の実現を目指して，次の「アベノミクス」新3本の矢を打ち出した。

① 「希望を生み出す強い経済」：2020年までに**名目GDP600兆円**の達成
② 「夢をつむぐ子育て支援」：**希望出生率「1.8」**の達成
③ 「安心につながる社会保障」：「**介護離職ゼロ**」の達成

　しかし，その中で，遺憾なことに「地方創生」の影は，殆ど消失してしまった。

2. 「地方創生」の現状と課題

2-1. 「まち・ひと・しごと創生本部」が，2015年度予算に盛り込むべき「地方創生」策として地方行財政に託した長期ビジョンと具体的な計画 (政策体系) の策定

（1）「地方創生」の4つの長期ビジョン

　① 地方における安定的な雇用を創出すること

　② 地方への新しいひとの流れをつくること

　③ 若い世代の結婚・出産・子育ての希望をかなえること

　④ 時代にあった地域をつくり，安心な暮らしを守る地域連携を強めることを掲げた。

（2）2020年までに，「地方創生」の長期ビジョンを達成するため，東京一極集中を是正することを目指した具体的な数値目標

　① 地方から東京への人口転入を年間6万人減らすこと

　② 東京から地方への転出を4万人増やすこと

　③ 地方での起業支援や中核企業支援で11万人の雇用を創出すること

　④ ブランド化による農林水産業や観光振興で19万人の雇用を創出すること

⑤ 本社機能を地方に移転した企業に，税制上の優遇措置を導入すること
　を掲げた。
（3）　地域住民生活等緊急支援のため国の施策として，地方自治体が次の事業
　を行う場合，支給することを明らかにした交付金
① プレミアム付き商品券の発行
② ふるさと名物商品券・旅行券の発行
③ 地域振興に資する事業や雇用の創出

2-2.　各自治体が，「地方創生」との取り組みを促進するため，「地方人口ビジョン」と「地方版総合戦略」を策定することを勧めた 2015 年度予算の主な項目

①「地方人口ビジョン」では，2040 年までの人口の推移予測と重要項目の数値目標（＝Key　Performance　Index）を明記すること
②「地方版総合戦略」では，KPI 達成のために，向こう 5 年間積極的に取り組む事業計画を策定すること

　さらに，国は，地方自治体が策定した「地方版総合戦略」を審査し，このうち，優れた事業には，交付金を支給することを明らかにした。

2-3　「地方創生」の推進に向けた地方への支援

① 情報支援：「地方人口ビジョン」と「地方版総合戦略」の策定を支援する「地域経済分析支援システム」を提供した。
② 財政支援：各年度の補正・当初予算で，次のような交付金を計上した。
　　2014 年度補正予算：基礎交付分　1,400 億円，上乗せ分 300 億円
　　　⇒「プレミアム付き商品券の発行などを支援
　　2015 年度補正予算：地方創生加速化交付金　1,000 億円
　　　⇒「人口ビジョン」と「地方版総合戦略」策定に向けた委託費補助
　　2016 年当初予算：地方創生推進交付金　1,000 億円
　　　　　　　　　事業費ベース　　　　　2,000 億円

⇒政府の狙いに沿った自治体の「地方版総合戦略」事業への交付金

2-4. 地方自治体の「地方人口ビジョン」と「地方版総合戦略」の惨憺たる策定状況

A) 2016年3月末までに，ほとんどの自治体が策定，提出したが，

① 策定を，外部の専門機関に「委託しない」は30都道府県，4政令指定都市，84一般区市にとどまった。

② 市民参加も含め，自前で策定した自治体も，殆どが既存計画の焼直しであった。

③ 「策定しない」または「今回は見送る」自治体は，約20団体であった。

B) このように，地域からの自立的，内発的な盛り上がりを欠き，次のような結果に終わったのは，地方自治体側の人材とノウハウの不足による「コンサル・バブル」が起きたからである。日経グローカルの調査によると，

① 「民間にすべて委託」した自治体は，全体の6%であった。

② 「民間に一部委託」した自治体は，全体の77.9%であった。

③ 委託先トップは，「ランドブレイン」で，43件の計画策定を受注した。

④ 当然のことながら，同一シンクタンクの提案内容は「金太郎飴」のようなものであり，地域の独自性や個性を欠くものとなった。

C) このような惨憺たる結果に終わった背景には，2014年度予算の「地方先行型交付金」から，策定支援のため，都道府県に2,000万円，区市町村に1,000万円が一律に支給された国による交付金の一律支給があったと言わざるを得ない。

2016年度には，「地方版総合戦略」の審査が進められ，順次交付金の対象事業が絞り込まれているが，当然のことながら，交付対象の計画は，国があらかじめ示した長期ビジョンの線に沿ったものに限られ，「選択」から漏れた「消滅可能性」のある自治体は，切り捨てられる運命にさらされることになる。

3. 本来あるべき「地方創生」：「ポスト資本主義」体制への移行

3-1. 見当はずれだった政府の「地方創生」

このように，国が進めようとしている「地方創生」政策は，「増田レポート」の一見科学的とも見える論理を根拠に，国の官僚が強硬突破しようとしているものである。

その結果，現在の「地方創生」を進める先に待っているのは，地方のいわゆる「限界集落」の「消滅」と，わが国の経済・財政を根底から破綻に導くシナリオであると懸念がぬぐえない。

このことについては，問題提起の発端となったいわゆる「増田レポート」に対し，社会学の研究者からは，地域社会を根底から破壊する政策として批判する論考がみられる〔例えば，山下祐介首都大学准教授の『地方消滅の罠』(2014，ちくま新書)〕。

また，地方自治論の研究者からは，全国の自治体現場の綿密な調査を踏まえ，現場のニーズとは正反対の方向性を目指しているとの批判的論考もみられる。〔例えば，島田恵司大東文化大学准教授の『だれが地域を救えるのか』(2015，公人の友社)〕

かつて，ビスマルクは「賢者は，歴史に学ぶ。愚者は経験に学ぶ」と言ったと伝えられるが，経済・財政学の研究者からは，歴史の転換期とも思える今日の日本と世界の経済・財政の舵取りの方向性を，たかだか半世紀の「経験」を踏まえて探求するのではなく，過去2～3世紀のタイムスパンの中で，経済・社会構造がどのように進展してきたかに照らして考察した論考も多数ある。

3-2. 経済 (財政) 学における「人口論」の立場から

(1)「日本創成会議」レポートとこれを受けた「アベノミクス」の論理は，日本の経済・地方の経済は，21世紀に入り，人口減少に伴い衰退するとしている。

これからの，日本の，なかんずく地方の経済・社会を持続可能なものにして

6　地方行財政の現状と課題　105

いかなければならず，人口減少に歯止めをかけなければならないと主張している。そして，人口減少に歯止めをかけるには，東京一極集中により噴出している諸問題を解消する必要があり，それには，全国各地に拠点的なコンパクト・シティを育て，東京に集中している人口の受け皿とするとともに，そこに周辺の消滅可能性自治体の人口を吸収していくべきと提案している。

　しかし，「増田レポート」の前提となっている「人口」は，性別と年齢区分のある「統計的数値」のみであり，そこに暮らす人間一人ひとりの個性や文化，或いは，その人々が暮らす地域の産業構造や伝統・歴史，更には，その地域社会の自然環境の条件といった，人間的要素が一切捨象されたものになっている。

(2)　これに対し，これまでの経済学は，経済の本質である人間社会の成り立ちと，その時代の課題に真正面から取り組んできた。

　人口と経済の関係に関する経済学の先行研究では，マルサスの『人口論』が真っ先に思い浮かぶが，マルサスは，「人口の増減は，人々の食糧生産能力に規定され，経済成長に影響を与える」としたが，それは，17世紀の農業生産を基本とする経済構造に基づく論理であった。

　しかし，その後，産業革命などを経て，経済・産業の牽引車が，工業等第2次産業に発展するに至って，人口の増減は，必ずしも直接的に経済発展や成長に影響するものではないという事実が，解明された。特に，19世紀〜20世紀にかけてのスウェーデンの経済学者，ヴィクセルは，その著書『経済学講義』で，人口減少は，一人当たりの所得を増やすので問題ではなく，寧ろ重要なのは「イノベーション」であるとした。

(3)　この問題の考察にあたっては，広井良典京都大学教授の『人口減少社会という希望』（2013，朝日新聞出版）の論考に注目したい。この論考で広井教授は，「21世紀の日本の人口は，ある程度まで減少し，やがて均衡化する」と予測しており，人口減少社会の将来を余り悲観すべきではないと主張している。

　広井教授は「この人口減少現象の先の経済・社会で大切なことは，地域住民が富を分かちあい，お互いに助けあう，地域共同体（J.S. ミルが説く「Stationary

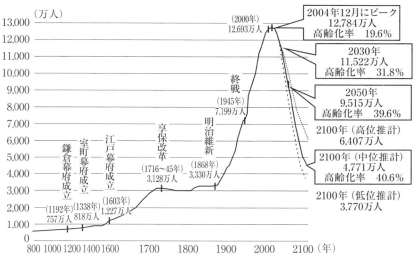

図 6-1　日本のこれまでとこれからの人口推移
出典：広井良典 (2013)『人口減少社会という希望』朝日新聞出版

Society」＝『定常型社会』) 型の経済を実現することである」と説く。さらに，「マルサスの『人口論』やミュルダールの『人口の理論，人口構成及び人口変動』の時代と異なり，21世紀の私たちの国 (及び世界) では，資本主義が，グローバル化を経て『情報化』『金融化』の段階に至っているので『経済成長』を志向するより，『コミュニティ (＝地域共同体) 経済の生成・展開』を目指すべきである」とも主張している。

こうした「人口 (の増減)」と「経済成長」の関係を総括した吉川洋立正大学教授は，その著書『人口と日本経済』(2008, 中公新書) で，21世紀の日本の人口減少は，必ずしも日本経済の衰退をもたらすものではなく，寧ろ日本の伝統の「ものづくり」分野や「サービス」分野などにおける内発的な「イノベーション」が，持続的 (安定的) な経済 (財政) をもたらし，人びとの厚生に資すると喝破している。

以上，要するに，経済 (財政) 学の先行研究は，「増田レポート」と「まち・ひ

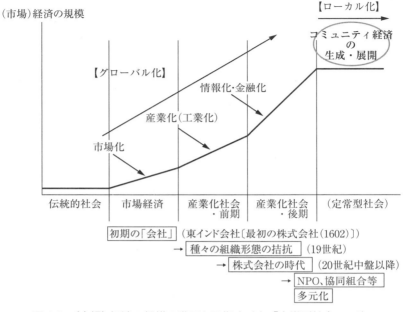

図 6-2 （市場）経済の規模の進展と目指すべき「定常型社会」の姿
出典：図 6-1 に同じ

と・しごと創生本部」が依拠する人口統計の単なる「数学的帰結」の誤謬を指摘し，「地域と人間社会の環境と調和した」文化的に安定化した社会の実現を探求する考え方に，問題解決の突破口を見出すものと唱えているのである。

3-3. 第 2 次世界大戦後のわが国の経済・財政政策が辿り着いた「地方創生」

　政治の世界は，時として統治の支配権を維持することが最優先目標となる傾向がある。そこでは，政治家や官僚の最大の関心事は，国民や市民の福祉の向上よりも，政治的ヘゲモニーを掌握・維持することに向かう。

　これに対し，経済（財政）学の研究の多くは，国民（や市民）の福祉を最大化する方策を追求してきた。今日「地方創生」が，わが国の経済・社会の今後向かう

べき方向の模索であるなら，経済（財政）学の見地から，政府（行政）が進めようとしている施策の当否について，検討することには，それなりの意義がある。

なぜならば，政治（行政）は，眼前の現象に対処する時に，近視眼的で即効性のある対応をとることに躍起となるのに対し，経済（財政）学は，「地方創生」との取り組みが必要となった背景を探り，その原因を断つことで，課題の解決を図ろうとするからである。以下，経済（財政）学の研究者の先行研究を参考に，本来の「地方創生」の在り方を考察してみよう。

(1) 戦後の高度経済成長路線を承継する「アベノミクス」

政府及び「日本創成会議」は，21世紀に入ってからのわが国の経済・財政危機は，高度成長期に地方から都市部，なかんずく東京への人口の一極集中が起こり，その結果，地方の生産力と出生率が衰退していったとの見方をとっている。

高度経済成長の結果，世界第2の経済大国になり，グローバル金融革命の波に乗り「ハイテクより財テク」を目指すようになったわが国の経済・財政は，所謂バブル経済の狂乱から，その崩壊とともに，一気に「縮み思考」に向かい，デフレ・スパイラルに呑み込まれていった。その結果，わが国全体の経済生産力と人口は停滞ないし減退に向かい，そのしわ寄せは，特に地方において顕著なものとなっている。

「アベノミクス」は，迫りくる財政危機を回避し，わが国の経済を再び成長路線に戻し，その恩恵を広く国民に及ぶようにするためと称して，世界経済がグローバル化し，わが国の社会が超高齢化から人口減少社会に向かっているのにも拘わらず，「高度経済成長期の夢よもう一度」とも受け取れる一連の施策を打ち出している。即ち，都市部の経済と輸出型大企業を優遇してわが国の経済を成長路線に牽引させ，そのおこぼれを中間所得層と地方に普及させていこうとしているのである。

しかしその戦略は，わが国と世界の経済の動向にさからうものであり，「アベノミクス」の成果は，地方にも，中間所得層にも及ばないばかりか，逆方向に向かっていると言わなければならない。

6　地方行財政の現状と課題　　109

(2) 戦後の高度経済成長路線の軌跡

　第2次世界大戦の終結に伴う，戦後復興が一定のレベルに到達した1950年代以降，わが国の経済・財政運営の主眼は，経済成長に向けられた。池田勇人首相の『所得倍増論』及びそれに続く田中角栄首相の『日本列島改造論』である。

　その成長戦略の中心は，前出の広井教授の「市場」経済の構造と規模の進展における「産業化（工業化）」，即ち生産性がより高い「工業化」による経済成長であり，その推進のために，資本と地方の若い労働力は，都市及び太平洋ベルト地帯に吸収されていった。国の戦略は，日本の優れた「ものづくり」の技術と優秀な労働力を以て，世界経済の中で存在感を示し，その結果蓄積された富を，地方に「トリクル・ダウン」させるという，典型的な「雁行型モデル」に沿ったものであった。

　国は，国土総合開発法体制に基づき，高度成長と全国総合開発計画，新全国総合開発計画，第3次全国総合開発計画（1977）から第4次全国総合開発計画（1987）へと進めたが，バブルの崩壊とともに，第5次全国総合開発計画（1998）を発表して，全国総合開発計画の取り組みとの終結を宣言した。

　国会はその時期，今後の日本の経済・財政が取り組むべき課題は「経済のグローバル化」と「国民の価値観の多様化」を踏まえて，全国一律の経済発展より，地域の特性に応じた「地方分権改革」を推し進めることを全会一致で決議した。

(3)「地方分権改革」との取り組み

　「地方分権改革」との取り組みは，その後の小泉政権の「三位一体改革」の推進まではある程度続いたが，その一方で，国の財政運営は，バブル崩壊のあおりを受けた不良債権の処理や景気回復による財政再建の実現，更には少子高齢化に伴う社会保障需要の急増に対応することに追われ，後回しにされる状態になり，政府の最重要の課題は，長期債務残高の累増に対する「財政再建」と，危機に瀕する「社会保障制度の安定的な存続」に向けられるようになった。

　20世紀の終盤，日本経済の「一人勝ち状態」だったのに対し，アメリカの経済

は双子の赤字に悩んでいた。しかし，社会主義陣営がソビエト連邦の崩壊により自由主義経済の対抗勢力としての力を失った結果，アメリカ主導の経済の「一人勝ち状態」になっていった。これを奇貨として，1980年代，アメリカは，新自由主義経済学の理論を背景に，世界の経済の壁を取り払う「グローバル金融革命」の導入を働きかけてきた。

また，同じ時期に「IT革命」も導入して，情報とお金の「グローバル」化も可能にしていった。

「経済のグローバル化」は，もはや抵抗できない様相を呈してきた21世紀になって，わが国の経済・財政題には，少子高齢化が一層進んで，人口減少社会に向かう危機への対応が最優先課題となった。その中で，「地域の個性や多様性を尊重する社会へ」への対応は，優先順位が後退してしまったのである。

京都大学大学院教授の岡田知弘は，『地域づくりの経済学入門』で，この問題の背景を鋭く指摘し，今後のわが国の経済・財政は，高度経済成長路線の復活を画策するより，わが国の経済の基盤をなす「地方経済・財政」の再興を目指す「地域内再投資論」と取り組むべきと主張している。

この方向は，島根大学名誉教授の保母武彦のかねてからの主張とも一致する。地方行財政，なかんずく地域住民が協働して足下の資源に働きかけて富を生み出し，その成果を参画したメンバーと共有・承継する共同体の形成が，経済活動の基本であることをつとに指摘してきた先駆的研究者である保母名誉教授は，政府が「地方創生」を唱えるより10年以上も前から，「グローバル」化が進む世界経済の中で今後の日本経済と地方財政は，「地方自治の理念」に基づく地域からの「内発的発展」に突破口を見出すべきとの立論を展開しており，保母教授の地元の島根県内の事例にとどまらず，四国や九州をはじめとする全国の自治体における，本来の「地方創生」の取り組み実績の例と符合する。

4. 21世紀の地方行財政と日本の経済（財政）が目指すべき方向

4-1.「格差社会」の広がり

　このように，経済・財政の先行研究の中には，近年，経済学の主流を占めている新自由主義的な経済学の考え方とは一線を画し，「経済」の本質を原点から見直そうとする論説が多くみられるようになっている。

　近年の経済学の研究の中には，我々が取り組まなければならない経済（地方財政）の課題は，バブル崩壊以降の日本の経済・財政が，所謂「失われた25年」の間，景気低迷とデフレからの脱却に七転八倒してきた，たかだか四半世紀か半世紀の間にわが国が経験してきた発展と奈落の軌跡からの突破口を模索するのではなく，2世紀から3世紀のタイムスパンの「歴史」を踏まえた再検証から，突破口を見出そうとする主張が見られる。

　例えば，近年話題となったT. ピケティ『21世紀の資本』は，17世紀以来，一進一退してきた資本主義の全体像を総括すると，「r（資本収益率）＞g（経済成長率)」という法則が成り立つことを証明した。また，ノーベル経済学賞を受賞したJ. スティグリッツも『The Great Divide』をはじめとする一連の著作で，現在の資本主義体制の下では，「1％の資本家が，99％の富を独占し，99％の中間層（労働者）が残りの1％の富を共有する」という「格差」の存在を指摘して，批判した。

　わが国でも，橘木教授らの経済学者が，その矛盾と問題点を指摘する研究を発表しているが，その中でも，埼玉大学大学院経済学研究科客員教授の水野和夫教授らが，『世界経済の大潮流』(2012, 太田出版）などで指摘している，現代資本主義の「末期的症状」が，わが国の「失われた25年」や「地方経済・財政の消滅の危機」の背景を的確に説明しているとみるべきである。

　これらの研究に通底している主張は，「17世紀にイギリスで発祥した資本主義は，その原点において，東インド会社のような『株式会社』という『経済共同体』が，地域経済や，ナショナル経済の枠を超えて，『周辺から中央への富の集中』の

システムで発展してきたこと」を指摘している。先進国の「資本主義」は，帝国主義的な侵略によって，世界の発展途上国を植民地化し，その豊富な資源と安価な労働力を収奪して「中央」に集め，繁栄を極めた。

　一方，先進経済国内でも，第1次産業が主体の地方の経済活動の成果を安価に買い上げ，高次の産業の経済活動の資源として収奪し，その利潤の極大化に貢献するシステムを作り上げた。発達した資本主義は，周辺（地方）の資源を安価に買い上げるにとどまらず，周辺（地方）で十分な所得が得られない次世代の労働力をも都市に吸い上げることで，地方の経済・社会の衰退に拍車をかけ，地域間の格差を広げていった。

　それでも戦後のわが国では，企業を中心にいわゆる「日本的経営」による「共同体」として発展していったので，全体として高度成長を果たしてきた。しかし，世界経済がグローバル化する中で，多くの企業や資本家は，「ハイテク」を駆使した実物経済の成長よりも，労せずして利潤を殖やす「財テク」に走るようになり，いわゆるバブル経済の狂乱に呑み込まれていった。しかし，実物経済の裏付けを欠く文字通りのバブルはやがて崩壊し，企業（資本）の多くは，利潤の極大化を求めて，労働力の安い開発途上国に生産の拠点を移し，それができない企業（資本）は，本来の経済共同体のステークホルダーである自国の経済の担い手である労働者を解雇したり，非正規雇用に切り替えたりして，生産の中核をなす中間層への分配率を下げ，経済（生産）活動における労働の貢献の成果を資本の提供者に吸い上げるという対応をとるようになっていった。その結果，格差が広がり，多くの中間層が貧困レベルに追い込まれる結果を生んだ。

4-2. 資本主義の矛盾克服の限界

　資本主義の発展過程では，これまでも資本主義の矛盾が露呈し，その都度，様々な形でそれを克服してきた。

　「産業革命」や「オートメーション」等の「イノベーション」による経済発展は，その矛盾克服の一形態である。

　しかし，多くの場合，人々を苦しめる適応の試みも繰り返されてきた。

6　地方行財政の現状と課題

たとえば，究極の消耗によって有効需要を生み出す「戦争」に駆り立てたことである。しかし，20世紀の二つの世界大戦後を経て，かつての植民地が独立することになり，「資本」(中央) は，「周辺」を失うことになった。植民地としての支配がかなわなくなった資源産出国には，「資本」にとって都合の良い政権を育て，その国 (周辺) の「資源」を安価に買い取る形で富を「資本」(中央) に集める仕組みを作ったこともあったが，OPEC のような組織ができ，その面でも「周辺」を失うことになった。

　先進諸国では，「共同体」経済体制を形成するため，政府の「財政活動」による介入が重視されるようになり，戦後の先進国は，「福祉国家」の実現に取り組もうとしてきた。「福祉政策」を含む「財政」による所得の再配分が行われたため，資本の「取り分」が減り，経済活動が減速する結果を産むことも起こった。

　「資本」を太らせることに傾きがちな経済構造に対する反発から「共産主義革命」が起こり，社会主義国が誕生したことも矛盾克服との取り組みの一例である。しかし，東西冷戦構造による「セーフティネット」が，ソビエト連邦の崩壊によって崩壊し，以降，アメリカ (資本) の「一国支配」の体制に移行したが，そのアメリカの「一国支配」は，1980年代の「グローバル金融革命」と「IT 革命」によって，「資本」の本性がむき出しの世界経済の支配が広がった。

　「資本」は，大きな伸びしろが期待できる「周辺」国に投資し，その成長の結果生み出され，蓄積した富を，高値で売却して資金を「中央」に回収したり，「タックス・ヘーブン」に隠したりするようになった。

　その結果，投資の対象となった「周辺」国の中には，経済バブルが発生し，投資が引き上げられた後には，財政危機に瀕する国が続出することになった。

　「周辺」国では，労働力が安く調達できるため，「資本」は「周辺」国で財を生産し，「中央」で売却するので，労働力を安く買いたたいた分の大きな利潤を手にすることができる。しかし，生産の拠点を，「周辺」国に移した結果，「資本」の「中心」国では，雇用機会が減り，失業が蔓延する。これは，結果的には，「資本」の「中心」国の労働者 (中間所得層) への分配を減らすことになる。その結果，日本や欧米の先進国 (＝「資本」の「中心」国) でも，中間所得層が貧困化する形

で貧富の格差が広がり，大都市と地方の地域間格差も広がることになった。

このように，「グローバル金融革命」は，世界規模で資本主義の矛盾を拡散し，世界の経済と財政を危機的状況に追い込むことになった。わが国の経済・財政が，危機に瀕し，地方の経済・社会が衰退に向かっているのは，この「グローバル金融革命」がもたらした資本主義の「末期的症状」の表れとも見ることができる。

近年，世界の経済でも，(i) BREXIT（英国の EU 離脱），(ii) スコットランドやカタルーニアの独立をかけた住民投票，(iii) D.トランプのアメリカ・ファーストなど，ポピュリスト的な「保護主義」の台頭や「内向き志向」の蔓延が問題になっているが，これらの現象を，「資本主義の矛盾克服の限界」に対する，先進資本主義国内のいら立ちの表れとみる見方が徐々に広がりつつある。

また，「テロ事件の頻発」や「イスラム圏の内紛」に伴う「難民の大量発生」の問題の背景についても，「先進（金融）資本主義国」による「開発途上（の資源）国」の反攻とみる見方も広がっている。

4-3.「ポスト資本主義」の模索の文脈の中で考える「地方創生」

このように，世界の経済・財政を混乱と危機に導いている背景を，1980 年代のアメリカが導入した「グローバル金融革命」や「IT 革命」に帰する見方をとる経済・財政学者が，近年増え始めている。

例えば，佐伯啓思京都大学大学院教授の『経済学の犯罪』(講談社現代新書)，金子勝慶應大学教授の『世界金融危機』(岩波選書)，水野和夫埼玉大学大学院客員教授の『世界経済の大潮流』(太田出版)，ジャック・アタリ著，林昌宏訳『国家債務危機』(作品社) など枚挙にいとまはない。

ソ連の崩壊後，アメリカ経済の「一人勝ち」状態の中で，双子の赤字の問題からの脱却を模索して，1980 年代のアメリカが「グローバル金融革命」を導入した時の理論的背景をなしたのは，所謂「シカゴ学派」と呼ばれる，新自由主義経済学であるが，その後の世界経済は，新自由主義経済学が唱えた経済学の「『神の見えざる手』に導かれて，資源配分の均衡が保たれ，平等な安定が実現する」と

いう主張と真逆な方向に向かっているのだ。

　しかし，経済学者の中には，新自由主義経済学のこの主張に兼ねてから疑問を唱えている研究者も多い。前出のJ. スティグリッツの『The Great Devide』や，T. ピケティの『21世紀の資本』は，格差の広がりに対する警鐘であるが，更に進んで，わが国（と世界）が模索すべき「ポスト資本主義」の姿を提唱する研究も多い。例えば，我が国では，宇沢弘文・茂木愛一郎らの一連の『社会的共通資本』論の研究が目を引くが，海外の研究の中にも，ロールズ& A. センの『正義の経済哲学』や，C. グラハムの『幸福の経済学：人々を豊かにするものは何か』，D. コーエンの『経済は，人類を幸せにできるのか』など，これからの世界経済が向かうべき方向を示唆する研究が輩出している。

　これらの研究に共通する考え方は，「経済は，人々を幸せにするものでなければならないが，『グローバル金融資本主義』の下では，一部の『資本』が，人々の眼が行き届かないところで，巨富を占めていて，多くの人々を貧困と不幸に追い込んでいる」，「21世紀の世界では，経済は，大多数の人々を幸福にする安定的な『定常型社会』を志向すべきであり，そのためには『お互いの顔が見える共同体を構成し，その構成員が，自分たちの足元の資源に共同して働きかけ，生んだ『富』を構成員間で平等に共有ないし還元する方向を目指すべきである」というものである。

　この考え方を我が国の経済の再生に適用した調査・研究としては，近年，藻谷浩介の『里山資本主義』が注目されたが，われわれが追求しなければならない本来の「地方創生」は，国家財政の再建のための補完施策ではなく，21世紀の「人口減少社会」へのトップランナーとして，私たちがこぞって取り組むべき最優先課題なのである。私たちが目指すべき本来の「地方創生」は，具体的には，

①「経済成長」志向　から「国民の幸福追求」志向への「国家目標の見直し」と「定常型社会」へのソフト・ランディングであり，そのためには，

②「社会的共通資本」が確保される「共同体」を形成しなければならないが，その試みは，先ず，地方から，

　i ）「地方自治の本旨」を実現する「地方創生」を志し，そのためにも

ⅱ）「地方分権改革」の更なる推進を進め，

ⅲ）住民と自治体職員の意識改革を進めるべき

なのである。

4-4. これからの地方行財政が向かうべき方向

　21世紀の地方行財政が向かうべき方向は，「中央政府」の集権的な指導体制に従属するのではなく，また，「資本」の収奪構造の餌食になるのでもなく，地域社会を構成する住民と行政職員が協働して自らの足下の資源（自然環境）に働きかけ，その成果である富を，その地域共同体の「共通資本」として分かち合うことにより，リスクを分散し，地域住民の福祉を極大化することである。

　「地方創生」は，単なる地方行財政の課題ではなく，国の経済・財政再建との取り組みの本流に据えるべき基本戦略なのである。

　それが，私たちが目指すべき本来の「地方創生」であり，また，その「地方創生」を「日本創生」へ，そして「世界創生」へと広げていくべきなのである。

7　団塊の世代と社会保障

濱　本　知　寿　香

1.　はじめに

　本稿では，団塊の世代[(1)]の社会保障制度をたどっていく。団塊の世代について
は，関連する書籍が多数あり[(2)]，「団塊の世代」を命名した堺屋太一が経済企画庁
長官時代には，この世代を含む40，50代の中年世代をテーマにした『平成10年
度国民生活白書』も公表されている。

　団塊の世代というと，高度経済成長期に育ち，その恩恵を受けた世代，社会保
障面でも「『恵まれすぎた』団塊世代[(3)]」などと語られることも多い。ところが，こ
のように比較的裕福とされてきた団塊の世代が65歳以上となった現在も，高齢
者の貧困が問題になっている。たとえば，阿部（2015）は，「国民生活基礎調査」
を用いて年齢別の貧困率を算出し，高齢者の貧困率が高いこと，高齢者は男女格
差が拡大していることを明らかにしている。高齢男性は2006年から2009年にか
けて貧困率が減少しているのに対し，高齢女性は2006年，2009年，2012年でほ
とんど変化しておらず，さらに世帯別にみると，単独の高齢女性の貧困率が5割
近い高数値であることが示されている。また，山田は，高齢者の貧困に関する一
連の研究で，単身高齢女性の貧困率の高さの要因を明らかにするとともに，現役
世代よりも高齢世代にみられる所得格差の大きさは日本の特徴であると述べて
いる（山田，2012など）。単身高齢女性の貧困要因については，山田ほか（2011）が，
女性本人と夫の職歴との関係，公的年金の制度設計や就労所得との関連などか
ら明らかにしている。

　高齢者の貧困率が高い理由の一つとして，バブル崩壊による企業の倒産やリ

ストラによる影響も考えられるが，これに加え，団塊の世代の高齢者の貧困率の男女格差要因として，「経済の高度成長や世代としての『数の力』の恩恵に浴してきたのは男性であって，女性ではない。」(天野(2001)) ことも見落としてはならないであろう。

　そこで本稿では，団塊世代の社会保障制度とそれに関連する制度をバブルが崩壊するまでの時期に限定してたどることで，高齢期の貧困，とくに女性の高い貧困率を生みだす背景や，社会保障制度設計により生み出された格差や貧困について考えていきたい。

2. 就学前

　ここでは団塊の世代が小学校に入学(1947年生まれが小学校に入学するのは1954年)するまでの時期についてみていく。

　団塊の世代の1947年，1948年，1949年生まれの合計特殊出生率(出生数)は，それぞれ，4.54(267万8,792人)，4.40(268万1,624人)，4.32(269万6,638人)で，2015年の1.45(100万5,677人)と比べて高いが，同時に死亡率も高い。新生児死亡率(出生千対)はそれぞれ，31.4，27.5，26.9，乳児死亡率(出生千対)は76.7，61.7，62.5で，2015年の新生児死亡率0.9，乳児死亡率1.9と比べても高かった。[5]また，0歳の死亡原因は，2015年の1〜3位は「先天奇形，変形及び染色体異常」「周産期に特異的な呼吸障害等」「乳幼児突然死症候群」に対して，団塊の世代のころは「肺炎」「腸管感染症」「気管支炎」といった感染症が高かった。

　1940年代後半の食糧不足は，その後，アメリカからのガリオア資金などによる輸入で解消することにはなっていくが，栄養状況と関連のある身長をみると戦前よりも低かった。こうした栄養不良児，さらには浮浪児，孤児，保護を要する児童だけでなく，次代の日本を担うすべての児童の健全育成を目的として1948年に制定されたのが「児童福祉法」である。

　この施行に合わせ，妊産婦手帳(1942年に制度化)は1948年から母子手帳と改められ，妊産婦時や出産時だけでなく，乳児期や小学校就学前までの健康状態の記録も行われるようになった。妊産婦手帳や母子手帳は，母子の栄養を維持する

ための配給手帳としての役割も果たしていた。

　乳児死亡率でみたように，団塊の世代が生まれたころは感染症が蔓延していたことから，それを予防するための法律である「予防接種法」が1948年6月に制定され，天然痘や，現在も対象となっているジフテリアや百日せきの予防接種が施されるようになった。また，1951年の「結核予防法」により，乳児へのBCGの予防接種が公費負担により行われるようになった。

　さらに，児童福祉法の制定により，保育所が次代の児童の福祉を図る児童福祉施設として位置づけられることとなった。第39条で，「保育所は，日日保護者の委託を受けて，その乳幼児又は幼児を保育することを目的とする施設」と規定され，これまでの低所得世帯を対象に行われていた託児所は，所得階層にかかわらず利用できる保育所に変化した。しかし，1947年制定の「学校教育法」の下で実施されていた幼稚園と混同した運営を行っていたことから，1951年の児童福祉法改正で「保育に欠ける」の文言が明記されることとなった。なお，団塊の世代が幼稚園や保育所のころの在籍率（3歳以上）を1953年でみると15.6％[6]となっている。2011年の3〜5歳児の在籍率は89.1％[7]であるので，団塊の世代で幼稚園・保育所を利用した人は少ないことがわかる。

　所得保障については，1950年に生活保護法（新生活保護法）が制定され，年金制度においては年金受給資格を満たしていた人の遺族に対して遺族年金が支給された。この時期は国民年金が制度化されていなかったため，遺族年金の対象は，共済組合や厚生年金保険等[8]の年金制度に適用されていた人が死亡した場合に限られていた。

　また，児童手当の支給は1972年から実施，児童扶養手当制度は，後にも述べるように1962年から実施のため，団塊の世代にはこのような子どもへの経済的支援の制度はなかった。母子世帯への経済的支援は1952年12月に制定された「母子福祉資金の貸付等に関する法律」による貸付制度が中心であった。

　以上から，団塊の世代の就学前は，第二次世界大戦後の社会保障制度整備始動の時期にあたり，国民の生活環境や衛生面・栄養面を改善する対策は行われたものの，現在行われている，就学前の保育所や幼稚園への取り組みは遅れ，子ど

もがいる世帯やひとり親世帯を対象とした児童手当，児童扶養手当は実施されていなかった。また，遺族年金による経済的支援は　死別母子世帯の一部に限られていた。

3．就学期

　ここでは，団塊の世代が大学を卒業する1970年代前半までをみていく。団塊の世代の高校進学率は，1947年，48年，49年生まれの順に，66.8%（男68.4%，女65.1%），69.3%（男70.6%，女67.9%），70.7%（男71.7%，女69.6%），大学進学率（［　］内は，大学進学率＋短期大学進学率）は，16.1%（男20.2［18.7＋1.5］%，女11.8［4.5＋7.3］%），17.9%（男22.2［20.5＋1.6］%，女13.4［4.9＋8.5］%），19.2%（男23.8［22.0＋1.7］%，女14.4［5.2＋9.2］%）で，大学進学者は少ないが，この時期までを就学期とする。

　団塊の世代の就学期は高度経済成長期でもあり，1947年生まれが小学校に入学した1954年からはじまった神武景気（1954〜57），それに続く岩戸景気（1958〜61），オリンピック景気（1962〜64），いざなぎ景気（1965〜70）とよばれる好景気のもと，1961年には国民皆保険・皆年金が実現し，給付の充実や改善が図られて，1973年には福祉元年とまでいわれた。この時期に制定された制度は，1963年の老人福祉法，1964年の母子福祉法，1971年の児童手当法などがある。

　以下では，子どもの貧困とも関連する学校給食，教科書無償給付，母子世帯に関する制度を取り上げる。

3-1．学校給食

　1947年生まれが小学校に入学した1954年に国の補助や経費の負担についても盛り込んだ「学校給食法」が制定された。文部科学省「平成27年度学校給食実施状況調査」によると，現在，完全給食の小学生児童比率は98.8%で，補食給食，ミルク給食も含めると99.1%となっているが，完全給食を受けた団塊の世代の児童は1954年度でみると41.8%であった。その後学校給食が普及し，1961年

度には64.2％にまで増加している。しかし，1959年度の『教育白書』(「わが国の教育水準」)によると，都市と農村で実施率に差があり，市部では児童数の78％の実施に対して町村部では37％にすぎないこと，また都道府県別にみると，最高が96％，最低が6％で都道府県間の差異がはなはだしいことが指摘されており，地域差が大きかったこともわかる。

3-2. 教科書無償給付

　義務教育期間中の教科書は，現在は無償で給付されているが，団塊の世代は，要保護・準要保護児童以外は教科書無償給付の対象とはならなかった。1951年度に「昭和26年度に入学する児童に対する教科用図書の給与に関する法律」に基づき，公立小学1年生に対して一部（国語，算数）の教科書が無償給付され，1952年度は「新たに入学する児童に対する教科用図書の給与に関する法律」により公立以外の小学1年生にも拡大したが，団塊の世代が小学校に入学する前の1953年に廃止された。その後，1963年度から「義務教育諸学校の教科用図書の無償措置に関する法律」により小学校1年から順次無償給付の対象になったものの，段階的な実施であったため，中学校までの全学年が無償になったのは，すでに団塊の世代が中学校を卒業した1969年度であった。

3-3. 母子世帯に関する制度[10]

　2. でも述べたように，母子世帯への経済的支援は「母子福祉資金の貸付等に関する法律」や，死別母子世帯の一部に支給される遺族年金など限定的であった。しかし，1959年4月には国民年金法が公布され，これまで年金適用外であった自営業者や5人未満の零細企業従事者も強制加入とした国民年金制度が創設され，皆年金が実現することとなった。その結果，死別母子世帯は，拠出に基づき年金を受ける母子年金が1961年4月から支給されるとともに，拠出要件を満たさない場合には，全額国庫負担による無拠出性の母子福祉年金が設けられ，1959年11月から支給されることとなった。

　さらに，離別母子世帯も，母子福祉年金が支給されている死別母子世帯と社会

的，経済的に同様であることから，1962年1月から児童扶養手当の支給が開始された。児童扶養手当の額は母子福祉年金と歩調を合わせ，1984年までは拡充された。

　このように母子世帯への所得保障は充実していったが，団塊の世代に対して，これらの支給が開始されるようになったのは小学校高学年から中学校の時期であった。しかも，母子福祉年金も児童扶養手当も団塊の世代の就学期のころは，支給年齢が現在の18歳の年度末ではなく，義務教育終了前であったことから，限られた期間の受給でもあった。

　団塊の世代の就学期は高度経済成長を背景に，国民皆保険・皆年金が実現するなど，社会保障給付が改善し，団塊の世代が子育て期・就労期を迎えるまでに社会保障関連の制度は拡充していった。しかし，これまでみてきたように，団塊の世代本人はその対象外であったり，期間が限定されていた。ここで取り上げなかった児童手当制度も，実施されるようになったのは団塊の世代が支給対象年齢をすぎてからであった。団塊の世代にとっては子どもの時期の社会保障の充実が遅れていたこと，対象外に置かれたこととなる。とくに母子世帯に対する制度開始の遅れは，その後の貧困や格差を生みだす要因になったと考えられる。

4.　子育て・就労期

　団塊の世代の子育て・就労期は，1973年秋の第一次オイルショック後のインフレ対応のため，社会保障制度拡充に対しても見直しが迫られた時期にあたる。また，1970年代は高齢化率が上昇し，核家族化も進んだことから社会保障に対するニーズが増大した時期でもあった。バブルが崩壊する前までの社会保障制度をあげると，1982年の老人保健制度創設や1985年年金制度改正などがある。

　団塊の世代は専業主婦世帯の割合が高かった。女性の労働力率をみると，M字型曲線の谷が1975年の25〜29歳で最も深く，団塊の世代は最も専業主婦化が進んだともいわれている。また，団塊の世代の子育て・就労期の，「夫は外で働き，妻は家庭を守るべきである」という考え方に対する意識[11]をみると，1970年

7　団塊の世代と社会保障　　123

代は男性も女性も7～8割という高い割合で夫が仕事・妻は家庭という考えに賛成していた。とくに，1972年調査では男性も女性も賛成の割合がほぼ同じで（それ以外の年は女性のほうが割合は低い）80％を超えるという高さであった。現在（2016年調査），女性がそれの半分以下，男性がほぼ半数であることと比べても高いことがわかる。つまり，団塊の世代の女性が20代から30代前半にあたる1970年代は，夫は仕事，妻は家庭という意識が強い時代でもあった。

　このような中で行われた社会保障制度として年金制度をあげてみたい。この時期の年金制度をみると，国民年金制度が発足して国民皆年金体制になった[12]1961年以降，被用者世帯の専業主婦の国民年金への加入は任意とされ強制適用となっていなかった。これは，厚生年金が夫婦2人分の水準の年金（ただし，すべて夫名義）を給付するという設計になっていたからである。そのため，任意加入しなかった・できなかった専業主婦は，障害の状態になっても障害年金を受給できず，この時期に離婚した場合は（1985年の年金改正前には団塊の世代は30代後半となっている），専業主婦であった期間中の自分名義の年金権はないため，老齢年金はこの分が減額される。

　そこで1985年改正では，被用者世帯の専業主婦（当時の基準は年間収入が90万円未満）は国民年金に強制適用されることで，自分名義の年金が得られるようになった。その際，改正前の1980年には6～7割が任意加入して自らが保険料を納めていたにもかかわらず，専業主婦自らの保険料負担を求めず，その負担を被[13]用者年金全体で行うこととした。これは，被用者世帯の専業主婦期間中は，その年金保険料を被用者全体で負担し合うため，専業主婦自らが負担せずに自分名義の国民年金が減額なく支給されるという優遇である。

　こうした制度は正規被用者の夫に付随したものであるため，その夫と離婚すると優遇されなくなる。これに加え，1985年には3-3.でみた児童扶養手当が一変して大幅に削減されたため，離婚したひとり親世帯にとって厳しい状況になった。また，1991年にはバブルが崩壊して企業の倒産やリストラにあい，夫が正規の被用者でなくなった場合は，専業主婦もこの優遇とは無縁になってしまった。このような生活水準が低下するような出来事が起こった時に年金保険料の優遇

からはずれ，老後生活の困難につながることとなった。

　以上のことから，団塊の世代の子育て・就労期に行われた，夫を前提とした社会保障制度の設計が，高齢期の貧困と格差をもたらす要因になったと考えられる。

5．おわりに

　本稿では，団塊の世代の社会保障を，就学前，就学期，子育て・就労期と限られた時期ではあったがみてきた。そして，団塊の世代をたどることで，社会保障制度が拡充していた時代にあっても団塊の世代の子ども期の保障は遅れていたこと，子育て・就労期の正規被用者の夫に付随する社会保障制度設計を行ったことが，高齢期の貧困や格差をもたらしている可能性を指摘した。

(注)
(1) 本稿では，団塊の世代を 1947 ～ 1949 年度生まれととらえている。
(2) 団塊の世代を，理論的・実証的に多面的な分析をしたものとして，天野編著 (2001)，樋口ほか編著 (2004) などがある。
(3) 日本経済新聞　2012 年 5 月 14 日朝刊。
(4) 天野正子「団塊世代の『もう一つの』読み方」，天野編著 (2001) p.17。
(5) 厚生労働省「人口動態調査」
(6) 文部科学省「学校基本調査」，厚生労働省「社会福祉施設等調査」，文部省『教育白書』(「わが国の教育の現状」)(昭和 28 年度) を用いて算出。
(7) 文部科学省「教育指標の国際比較」(平成 25 年版)
(8) 共済組合や厚生年金保険以外の制度として恩給制度，船員保険がある。
(9) 文部省『教育白書』(「わが国の教育水準」(昭和 34，39 年度)) 参照。
(10) 母子世帯の所得保障制度は，藤原 (1997)，田宮 (2010) で詳しく解説されている。
(11) 「婦人に関する意識調査」(1972)，「婦人に関する世論調査」(1979)，「男女共同参画社会に関する世論調査」(2016) 参照。
(12) 第 3 回社会保障審議会年金部会 (平成 23 年 9 月 29 日) 資料「第 3 号被保険者制度の見直しについて」などを参照した。

(13) 注 12 資料，p.11。

参考文献

阿部彩 (2015)「女性のライフコースの多様性と貧困」『季刊・社会保障研究』
　　Vol.51，No.2，pp.174-180

天野正子編著 (2001)『団塊世代・新論—〈関係的自立〉をひらく』有信堂

田宮遊子 (2010)「母子世帯の最低所得保障」駒村康平編『最低所得保障』岩波書店，
　　pp.75-99

樋口美雄・財務省財務総合政策研究所編著 (2004)『団塊世代の定年と日本経済』
　　日本評論社

藤原千沙 (1997)「母子世帯の所得保障と児童扶養手当—児童扶養手当制度の見直
　　しによせて—」『女性と労働 21』Vol.6 No.23，pp.6-28

山田篤裕・小林江里香・Jersey Liang（2011)「なぜ日本の単身高齢女性は貧困に陥
　　りやすいのか」『貧困研究』Vol.7，pp.110-122

山田篤裕 (2012)「高齢期における所得格差と貧困—脆弱なセーフティネットと勤
　　労所得への依存—」橘木俊詔編著『福祉＋α①　格差社会』ミネルヴァ書房，
　　pp.147-164

8 最近の清酒の輸出動向と外国為替相場の清酒輸出価格へのパススルー

葛 目 知 秀[(1)]

1. はじめに

　本論文の目的は日本の最近の清酒（日本酒）の輸出動向を把握するとともに，清酒の輸出価格への外国為替相場のパススルー弾力性を計測することである[(2)]。

　2010年以降，経済産業省が中心となり，日本政府が外国に対して日本の文化を広報したり，輸出したりする政策である「クール・ジャパン」が実施・推進されている。「クール・ジャパン」の対象となる財・サービスの分野は多岐に渡る。その1つとして，2013年3月，内閣官房に「日本産酒類の輸出促進連絡会議」が設置されたり，安倍晋三政権によるアベノミクスのうち，「第三の矢」である「成長戦略」において，「国際展開戦略」の1つに日本産酒類の輸出が位置づけられたりなどして，清酒の輸出促進が注目を集めている。また，2013年12月に「和食：日本の伝統的な食文化」がユネスコ無形文化遺産に登録されたことも，清酒業界にとって，外国への販売拡大の追い風となっている。

　こうした清酒の積極的な海外展開の背景には，渡部（2014）が示しているように，日本国内における清酒産業の長期的な衰退傾向と，清酒の国内消費量の減少があり，外国での需要の獲得あるいはさらなる拡大といった目的がある。また，山田（2015）においても，国内市場での急激な需要の復活が見込めない現状では，清酒産業の維持・拡大のためには海外における需要を取り込むのが選択肢の1つとなっていることが述べられている[(3)]。さらに最近では，外国人を含め，女性や若者をターゲットとした低アルコール濃度の純米酒やシャンパン風の発泡酒など

127

が開発され，新たな清酒ファンの掘り起こしも始まっている（中村，2015）

　しかしその一方で，清酒産業および各清酒製造業者が輸出を積極的に推進していくために，輸出を含む海外展開に影響を及ぼす要因として当然，外国為替相場を考慮・意識して，経営戦略を策定しなければならない。つまり，外国為替相場の動向によっては，清酒の輸出を阻害してしまう状況が生じる可能性もある。

　そこで本論文では最近の日本による清酒の輸出動向を整理するとともに，清酒の輸出価格に外国為替相場がどの程度影響を与えているのかを，パススルー（pass-through：為替転嫁）の概念を用いて考察することとする。パススルーとは外国為替相場の変動がどれほど財やサービスの輸出価格あるいは輸入価格に転嫁されているかを考えるものであり，本論文では清酒の輸出価格を分析対象として，検討することとする。

　本論文の構成は以下のとおりである。第2節では公表されている各種統計資料から最近の清酒の輸出動向を把握するとともに，主要輸出先国において，清酒に対して課される税や各国の流通構造などについて整理する。続く第3節では，基礎的な計量分析方法を用いて，清酒輸出価格への外国為替相場のパススルー弾力性を推定する。そして，最後の第4節で結論と今後の研究課題を述べることとする。

2. 最近の清酒の輸出動向

2-1. 金額ベース・数量ベース・輸出相手国

　国税庁課税部酒税課（2017）によると，2015年において，日本国内の清酒製造業者（調査対象：1,591者，回答者数：1,484者）の48.1%が清酒を輸出しており，うち大手業者（50者）の94%が輸出をおこなっている。また，同じ国税庁課税部酒税課（2017）では，清酒の輸出が増加した業者にその原因（理由）を尋ねているが，「既存顧客からの受注増加」と「新規受注の増加」とする回答がともに60%を超えており，アンケート結果から，外国での清酒需要の増加が読み取れる。

　図8-1と図8-2はそれぞれ，1999年1月から2016年12月までの清酒の輸出金額

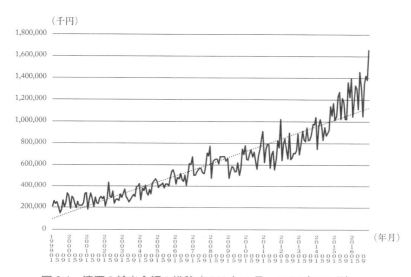

図 8-1　清酒の輸出金額の推移（1999 年 1 月～ 2016 年 12 月）
出典：財務省「貿易統計」

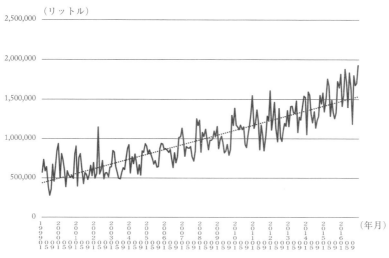

図 8-2　清酒の輸出数量の推移（1999 年 1 月～ 2016 年 12 月）
出典：図 8-1 に同じ

（単位：千円）と輸出数量（単位：リットル）の推移（月次データ）を表している。[4] 年間ベースで見た場合，1999年の合計は輸出金額で約28億2,162万円，輸出数量で約714万3,803リットルであったが，2016年の合計は輸出金額で約155億8,106万円，輸出数量で約1,973万6,818リットルと，17年間でそれぞれ約5.5倍，約2.8倍の増加となっており，輸出金額・輸出数量ともに，堅調な増加トレンドが見られる（各図中の線形近似線を参照）。

ただし，図8-1と図8-2からは一定のサイクル（季節変動）が読み取れる。これは清酒製造の時期的なパターン（特性）によるもので，毎年10月から翌年の3月にかけて新酒が製造され，出荷されることが多いため，月次データで見ると，輸出金額・輸出数量ともに，毎年10月分から翌年の3月分が高くあるいは多くなっている。

また，表8-1は2015年における清酒の輸出先上位10か国と，各国への輸出状況を示している。金額ベースで見ると上位5か国は米国，香港，韓国，中国，台湾の順であるが，数量ベースでみると米国，韓国，台湾，香港，中国の順となっており，最近ではこれら上位5か国に変化は見られない。

上位5か国のうち，米国を除く上位4か国がアジア諸国で占められているのは，それらの国々と日本が歴史的な繋がりを有しているためであると考えられる。例

表 8-1　清酒の輸出先上位 10 か国（2015）

国　名	輸出金額 （百万円）	全体に占める割合 （％）	輸出数量 （キロリットル）	全体に占める割合 （％）
1　　米　　国	4,997	35.7	4,780	26.3
2　　香　　港	2,282	16.3	1,745	9.6
3　　韓　　国	1,364	9.7	3,367	18.5
4　　中　　国	1,172	8.4	1,576	8.7
5　　台　　湾	890	6.3	2,112	11.6
6　シンガポール	526	3.8	437	2.4
7　　カナダ	345	2.5	553	3.0
8　オーストラリア	310	2.2	358	2.0
9　　英　　国	260	1.9	252	1.4
10　　ベトナム	248	1.8	339	1.9
合計	14,011	100.0	18,180	100.0

出典：国税庁課税部酒税課（2016）

えば，明治時代から大正時代にかけて朝鮮総督府の官僚を務めていた上林敬次郎氏や，第2次世界大戦前に衆議院議員を務めていた中川虎之助氏は，「国策」の一環として，当時の満州や朝鮮に対する清酒輸出に関して注意事項や提言をそれぞれ述べている（上林 (1906)，中川 (1922) を参照）。一方，米国，シンガポール，カナダ，オーストラリア，英国，ベトナムが上位に入っている理由としては，在留邦人や日本料理店が多く存在し，それらに向けて販売あるいは卸しているために，清酒の輸出金額・輸出数量が多くなっていると考えられる。

2-2. 清酒輸出にかかる外国での税と流通費用

　それでは実際に清酒を輸出し，現地で販売する際，どの過程でどれほどの費用がかかり，現地での小売販売価格はどのように形成されているのであろうか。日本貿易振興機構農林水産・食品部と国税庁課税課が監修している『日本酒輸出ハンドブック』には，輸出先上位5か国（米国，香港，韓国，中国，台湾）について，それぞれ清酒の輸出および流通構造の現状を整理している。以下ではそれらをもとに，各国への清酒輸出（輸入）に関わる税と流通費用をまとめる。[5]

　表8-2は2014年の金額ベースで，輸出先上位5か国の清酒輸出（輸入）にかかる関税，酒税，その他の税をまとめたものである。米国（HSコード：HS2206.0045）では清酒1リットルに対して0.03ドルの関税がかかるうえ，連邦政府，州，市・郡と，それぞれの政府レベルでも酒税がかかり，さらに売上税や内国消費税も適用される。香港では関税はかからないものの，物品税の対象となる場合があるが，アルコール度数30％以下のものは免税となっている。韓国（HSコード：HS2206.00.20.10）では，① CIF（Cost, Insurance and Freight：運賃・保険料込み条件）価格の15％が関税としてかかり，② 酒税として CIF 価格＋関税額の30％，③ 教育税として酒税額の30％，そして④ 付加価値税として，CIF 価格＋①＋②＋③の10％がかかる。中国（HSコード：HS2206.0090）では輸入関税として40％，消費税が10％，他の商品と同じく一律17％の増値税がかかる。台湾（HSコード：HS2206.00）では関税として CIF 価格の40％と，製造工程や原料によって個別に判断されるタバコ酒類税，CIF 価格の0.04％が貿易開拓サービス費，CIF 価格と

表 8-2　清酒輸出先上位 5 か国（2014・金額ベース）における各種税等

	米 国	香 港	韓 国	中 国	台 湾
関　税	0.03ドル／リットル	なし	CIF 価格の 15%	40%	CIF 価格の 40%
酒　税	・連邦酒税 ・州酒税 ・市・郡酒税		（CIF 価格 + 関税額）の 30%		・タバコ酒類税（製造工程や原料によって酒類の属性が異なるため，個別に判断）
その他	・売上税 ・内国消費税	・物品税（ただし，アルコール度数 30% 以下の場合は免税）	・教育税（酒税額の 10%） ・付加価値税（(CIF 価格 + 関税 + 酒税 + 教育税）の 10%）	・消費税（10%） ・増値税（17%）	・貿易開拓サービス費（CIF 価格 × 0.04%） ・営業税（(CIF 価格 + 関税）× 5%）

出典：『日本酒輸出ハンドブック』「米国編」・「香港編」・「韓国編」・「中国編」・「台湾編」を
　　　もとに筆者整理

表 8-3　清酒輸出にかかる流通費用（出荷額を 100 とした場合）

	米 国	韓 国
輸送費等	110	121
輸入業者	140	216
卸売業者	165	276
小売業者	220	345
一般消費者	399	474（大型マート） 863 〜 1,035（飲食店） 512（百貨店）

出典：『日本酒輸出ハンドブック』「米国編」・「韓国編」をもとに筆者整理

表 8-4　清酒輸出にかかる流通費用（輸入額を 100 とした場合）

	米 国	韓 国
輸入業者	100	100
卸売業者	118	228
小売業者	157	285
一般消費者	285	391（大型マート） 711 〜 854（飲食店） 423（百貨店）

出典：表 8-3 に同じ

関税の 5% が営業税としてそれぞれかかる。

　表 8-3 と表 8-4 はそれぞれ，米国内・韓国内で清酒に関わる流通費用を含めた

場合の価格の変化を表している。表8-3は日本の清酒製造業者からの出荷額を100とした場合であり，表8-4は米国内・韓国内で輸入された時点での価格を100とした場合の変化を，それぞれ表している。

清酒の流通構造は通常，生産者→問屋→輸出業者→税関（港・空港）→輸入業者→卸売業者→小売業者→一般消費者となっている。この点については，国税庁課税部酒税課（2017）でも，「主な流通経路」として，「商社経由」や「酒類卸売業者経由」を回答している業者が約50％と高い割合を示していることからも分かる。通常の流通構造にしたがって清酒が取引されていくと，前述の関税などに加え，通関手数料や各流通事業者へのマージン等が上乗せされていき，一般消費者の手元には，米国では出荷額の約4倍，輸入額の約2.9倍，韓国では出荷額の約4.7倍から約10倍，輸入額の約3.9倍から約8.5倍の価格で届けられることになり，清酒は現地において日本国内よりも高額で取引されていることが分かる。

米国と韓国以外にも各国固有の複雑な流通構造が存在しており，清酒の価格形成に影響を与えている。国税庁課税部酒税課（2017）による調査でも，今後，輸出量を増加させるために必要な事項として，清酒製造業者は「現地でのニーズの拡大」（約66％）の次に，「物流・商談・契約手続きの簡便化」（約33％），「各国の輸入規制の撤廃」（約29％）と回答していることから，外国における自由で透明な取引環境の整備を求めていることが読み取れる。

3. 外国為替相場の清酒輸出価格へのパススルー

第2節では，清酒の輸出に関して各国内の税や流通の各段階で費用が重なり，輸出相手国での卸売価格や小売価格に影響を及ぼすことが示された。それらは清酒製造業者にとっては「所与」であるが，それら以外に，輸出をおこなっている清酒製造業者にとって特に重要な関心事項は外国為替相場の動向であり，輸出金額ならびに輸出数量について経営上の判断を下す際に直接的な影響を及ぼすものである。本節では清酒の輸出価格に影響を与える要因として外国為替相場の変化に着目して，分析することとする。

3-1. パススルー弾力性の概念と先行研究

外国為替相場の変化が輸入価格もしくは輸出価格に変化をもたらす（転嫁する）ことをパススルーといい，その程度はパススルー弾力性という概念で捉えられる。パススルー弾力性は以下の (1) 式で計算できる[6]。

$$X_t = \frac{\Delta P_t}{\Delta e_t} \quad (1)$$

(1) 式において，X_t はパススルー弾力性，ΔP_t は輸入価格もしくは輸出価格の変化率，Δe_t は為替相場の変化率を表す。つまり，パススルー弾力性は為替相場が1％変化した際に，輸入価格もしくは輸出価格が何％変化するかを捉え，同程度変化すれば，パススルー弾力性は1となる。

Campa and Goldberg (2005) に代表されるパススルーに関するこれまでの多くの先行研究では，変動為替相場制度下での外国為替相場による経常収支の不均衡調整というテーマのもと，主に輸入価格の変化を対象にした分析がおこなわれてきた。一方，輸出価格について分析している研究のうち，特に日本の輸出財・輸出価格を分析対象としたものには Parsons and Sato (2008) と佐々木 (2013)がある。Parsons and Sato (2008) は日本における詳細な財別の輸出価格データを用いて分析をおこなっており，佐々木 (2013) は日本の自動車輸出価格に対する外国為替相場のパススルー弾力性について，国別，自動車のサイズ別，期間別に分析し，特徴を整理している。本論文では特定の財（清酒）の輸出に問題意識を置いていることから，特に佐々木 (2013) を先行研究として参考にすることとする。

3-2. データ

清酒の輸出価格への外国為替相場のパススルー弾力性を推定する際に必要なデータは，清酒の輸出価格と外国為替相場である。まず，輸出価格に関する統計データで一般的に入手可能なものには，日本銀行による「輸出物価指数」と財務省・税関による「貿易統計」がある。「輸出物価指数」において清酒は対象品目

として扱われていないため，詳細な輸出金額が把握できるのは「貿易統計」である。しかし，「貿易統計」においても，清酒の輸出金額と輸出数量しか提供されていないため，佐々木（2013）にしたがい，「単位（清酒の場合，1リットル）あたり輸出額」（＝輸出金額÷輸出数量）を計算して，それを輸出価格とみなして分析に用いることとする。

清酒は本来，国税庁による「清酒の製法品質表示基準」によって，「特定名称酒」で8種類（吟醸酒，大吟醸酒，純米酒，純米吟醸酒，純米大吟醸酒，特別純米酒，本醸造酒，特別本醸造酒），その他製造上の特徴から，さまざまな種類の清酒に分類されている[7]。「貿易統計」上ではそれらについて正確に分類されていないが，「単位あたり輸出額」を求めて分析に用いることで，清酒の輸出価格についての大まかな傾向を把握することは可能となる。

図8-3は図8-1の輸出金額，図8-2の輸出数量のデータから求めた1999年1月から2016年12月にかけての「単位（1リットル）あたりの輸出額」の推移を示している。

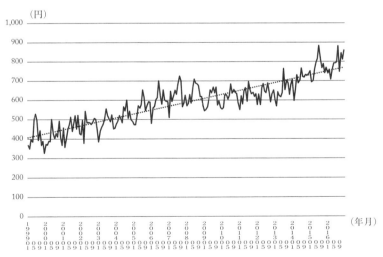

図8-3　清酒の単位（1リットル）あたり輸出額の推移（1999年1月～2016年12月）
出典：図8-1に同じ

表 8-5　清酒の単位（1リットル）
　　　　あたり年間平均輸出額

年	単位（1リットル）あたり年間平均輸出額（円）
1999	413
2000	413
2001	459
2002	476
2003	481
2004	519
2005	562
2006	598
2007	629
2008	634
2009	606
2010	620
2011	628
2012	635
2013	651
2014	708
2015	774
2016	791

出典：図 8-1 に同じ

1999年1月から2016年12月までの全期間における清酒の1リットルあたりの平均輸出額は約569円で，最高は約894円（2015年5月），最低は約328円（1999年12月）であり，こちらも堅調な上昇トレンドを見せている。

また，表8-5は年間ベースで見た場合の清酒の1リットルあたりの平均輸出額の推移を示している。2008年から2009年にかけて約634円から約606円に下落しているが，この時期はリーマンショックに端を発する世界金融危機の時期と重なり，輸出全体が大幅に落ち込んだ時期であるとともに，輸出相手国の経済状況や清酒製造業者の業績が影響を与えていると考えられる。

表8-6は表8-1で示した輸出先上位10か国の単位（1リットル）あたり年間平均輸出額をまとめたものである。17年間の平均輸出額を見ると，米国が最も高く（約833円），次いでシンガポール（約794円），香港（約771円）の順となっており，国の経済規模や一人あたり国民所得の高さに応じて平均輸出額が高くなっていると考えられる。ただし，前述したように，平均輸出額とはいえ，清酒の質や個別銘柄の違いは考慮に入れられずに単純平均して計算しているため，現実の平均価格とズレが生じる可能性がある点に注意が必要である。さらに，第2節において指摘したように，単位（1リットル）あたり輸出額においても季節変動が見られるので，パススルー弾力性の推定には季節調整済みデータを用いることとする。[8]

次に，パススルー弾力性の推定に用いる外国為替相場として，取引の契約通貨が米ドルである場合を想定して日本円／米ドルの名目為替相場（月中平均）（図8-4）と，清酒輸出先上位5か国の通貨もすべて含まれて計算されている名目実効為替相場（図8-5）の2種類を用いて分析することとする。[9] 取引の契約通貨によっ

表 8-6　清酒の単位（1 リットル）あたり年間平均輸出額（国別）

	輸出相手国	1999年	2000年	2001年	2002年	2003年	2004年	2005年	2006年	2007年	2008年
1	米　　国	600	629	681	717	763	804	869	913	903	920
2	香　　港	420	410	447	457	473	528	598	653	701	774
3	韓　　国	478	421	535	563	554	499	464	430	435	441
4	中　　国	361	284	324	345	298	405	434	498	535	575
5	台　　湾	256	238	269	299	273	278	303	303	322	315
6	シンガポール	578	594	613	594	610	558	653	732	704	789
7	カ ナ ダ	247	269	318	301	318	368	397	456	494	477
8	オーストラリア	421	472	454	431	486	484	471	469	679	622
9	英　　国	469	472	469	531	528	541	599	632	646	677
10	ベトナム	686	426	987	351	367	273	529	497	662	639

	輸出相手国	2009年	2010年	2011年	2012年	2013年	2014年	2015年	2016年	平均
1	米　　国	843	856	796	821	863	951	1045	1017	833
2	香　　港	783	877	921	1002	997	1134	1308	1401	771
3	韓　　国	424	450	427	414	395	408	405	423	454
4	中　　国	491	582	566	618	584	643	744	759	502
5	台　　湾	302	306	313	320	336	366	421	444	315
6	シンガポール	737	859	890	940	923	1127	1203	1181	794
7	カ ナ ダ	425	466	465	502	542	604	623	661	441
8	オーストラリア	629	726	750	761	776	808	866	885	622
9	英　　国	600	671	763	766	787	833	1033	1019	669
10	ベトナム	624	785	823	607	634	626	732	737	610

注：単位はすべて「円」である。
出典：図 8-1 に同じ

て清酒輸出に関わる経営判断に影響を及ぼす外国為替相場が異なるが，ここで
は伊藤・鯉渕・佐藤・清水（2016）を参考にして，依然としてインボイス通貨に
米ドルが多く使用されていることと，特にアジア諸国向け輸出に米ドル建て取引
が多い現状を踏まえて，外国為替相場として日本円／米ドルを用いることとす
る。

　なお，図8-4の日本円／米ドルの名目為替相場（月中平均）では数値が大きくな
るほど「円安・ドル高」を意味し，小さくなるほど「円高・ドル安」を意味する
のに対して，図8-5の名目実効為替相場では数字が大きくなるほど「円高」を意
味し，数字が小さくなるほど「円安」を意味している。

3-3.　推定式

　3-1でも述べたように，本論文では自動車輸出価格への外国為替相場のパスス

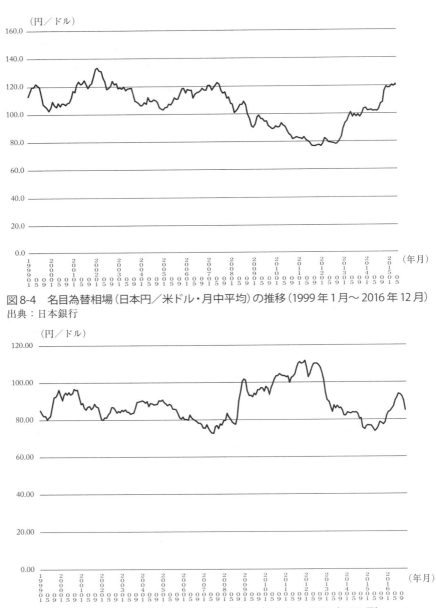

図 8-4　名目為替相場（日本円／米ドル・月中平均）の推移（1999 年 1 月〜 2016 年 12 月）
出典：日本銀行

図 8-5　名目実効為替相場の推移（1999 年 1 月〜 2016 年 12 月）
出典：図 8-4 に同じ

ルーについて研究している佐々木（2013）を参考にして，単純なパススルー弾力性を推定する式として（2）式，国内の生産コストと輸出相手国の需要を考慮したCampa and Goldberg（2005）型のパススルー弾力性を推定する式として（3）式をそれぞれ設定し，推定する。

$$\Delta P_t = c + \alpha \, \Delta e_t + \varepsilon_t \quad (2)$$
$$\Delta P_t^{\mathrm{i}} = c + \alpha_t^{\mathrm{i}} \, \Delta e_t^{\mathrm{i}} + \beta_t \, w_t + \gamma_t^{\mathrm{i}} \, GDP_t^{\mathrm{i}} + \varepsilon_t^{\mathrm{i}} \quad (3)$$

（2）式において，P は清酒1リットルあたりの輸出額（季節調整済み），c は定数項，e は名目為替相場（日本円／米ドル）あるいは名目実効為替相場，α は係数，ε は誤差項，Δ は変化率，t は時間をそれぞれ表し，推定には月次データを用いて，分析対象期間は1999年1月から2016年12月までとする。

一方，（3）式においては，P は清酒1リットルあたりの輸出額（季節調整済み），c は定数項，e は名目為替相場（日本円／米ドル），w は日本の賃金指数（生産コストを表す），GDP は清酒輸出相手国の GDP（輸出相手国の需要を表す），α, β, γ は係数，ε は誤差項，Δ は変化率，t は時間，i は輸出相手国をそれぞれ表し，分析には年次データを用い，分析対象期間は1999年から2016年とする。また，分析対象とする輸出相手国は表8-1に示されている2015年の清酒輸出先上位10か国とする。

（2）式および（3）式において，パススルー弾力性を示しているのは係数の α であり，外国為替相場が変化すると輸出価格がどれほど変化するのかを示している。α の値が1であれば外国為替相場が変動したときに輸出価格が完全に同程度変更され，0であれば外国為替相場が変動しても輸出価格はまったく変更されないことを意味している。なお，推定方法は最小二乗法である。

3-4. 結果と考察

以下，（2）式の推定結果は表8-7に，（3）式の推定結果は表8-8にそれぞれ示されている。

表 8-7　パススルー弾力性の推定結果（(2) 式・月次データ）

外国為替相場	α	標準誤差	t 値	P 値
名目為替相場（日本円／米ドル）	0.0473	0.0156	3.0295	0.0028***
名目実効為替相場	-0.0525	0.0161	-3.2609	0.0013***

注：*, **, *** はそれぞれ 10％水準，5％水準，1％水準で有意であることを示している。
出所：筆者作成

表 8-8　パススルー弾力性の推定結果（(3) 式・年次データ・国別）

国	α	標準誤差	t 値	P 値
米　国	0.3490	0.0969	3.6006	0.0032***
香　港	0.0252	0.1202	0.2099	0.8370
韓　国	0.2404	0.2372	1.0137	0.3292
中　国	0.2071	0.3545	0.5842	0.5691
台　湾	0.4245	0.1408	3.0144	0.0100**
シンガポール	0.0724	0.2262	0.3200	0.7541
カナダ	0.3123	0.1592	1.9614	0.0716*
オーストラリア	-0.0504	0.3372	-0.1495	0.8834
英　国	0.2150	0.1985	1.0833	0.2984
ベトナム	-1.0577	1.3181	-0.8024	0.4379

注：*, **, *** はそれぞれ 10％水準，5％水準，1％水準で有意であることを示している。
出所：筆者作成

　まず表8-7を見ると，外国為替相場を名目為替相場（日本円／米ドル）とした場合には，清酒の輸出価格への外国為替相場のパススルー弾力性は0.0473，名目実効為替相場とした場合のパススルー弾力性は -0.0525（名目実効為替相場の場合，符号は逆）であり，いずれも統計上，有意であることが示されている。この推定結果を自動車の輸出価格を分析対象とした佐々木 (2013) と比較すると，先進国への自動車輸出についてのパススルー弾力性がおおむね0.5以上の値が示されているのに対して，清酒のパススルー弾力性は低くなっている。つまり，外国為替相場の変化（例えば円高）に対応して，清酒製造業者は売上や利益の維持・確保などを目的として，清酒の輸出価格を大きく変化させる（例えば輸出価格を引き下げる）ような企業行動は取っておらず，結果として外国為替相場を通じて輸出相手国での輸入価格の方が変化してしまうため，（リスクヘッジをおこなわなければ）売上や利益に影響を及ぼしている可能性があることがわかった。こうした行動は清酒製造業者の企業規模や生産規模，あるいは為替リスクへの対応によって異

なってくるが，清酒の品質維持あるいは向上のために必要な生産コストや限られた生産量から判断すると，輸出価格を容易には変化させられない事情があると考える。

次に表8-8から，輸出相手国別にパススルー弾力性を見ると，米国 (0.3490)，台湾 (0.4245)，カナダ (0.3123) が統計上，有意となっている。これらの値は佐々木 (2013) と比較すると，自動車輸出価格へのパススルー弾力性よりはやや低くなっているが，(2) 式の推定結果と比較すると高いことが示されているため，清酒製造業者は外国為替相場（名目為替相場（日本円／米ドル））の変化に応じて，国ごとに輸出価格を弾力的に変化させていることが読み取れる。また，統計上，有意ではないものの，輸出先上位10か国全体を見ても，パススルー弾力性にバラつきが見られ，清酒製造業者は国別に輸出戦略を策定し，対応していると考えられる。このことは輸出企業が市場（国）ごとに異なる価格づけをおこなう行動を意味する PTM（Pricing to Market：市場指向型価格設定）にも関連している。

ただし，(3) 式の推定では問題が残されている。本論文では取引での契約通貨を米ドルとして想定し，外国為替相場を日本円／米ドルとして推定をおこなったが，(3) 式の結果を見ると，統計上，有意ではないものが多くなっている。契約通貨を相手国通貨として，相手国通貨建て取引がおこなわれている場合，それぞれの外国為替相場の変化に応じて清酒の輸出価格が変化させている可能性もある。特にカナダ，オーストラリア，英国ではカナダ・ドル，オーストラリア・ドル，英ポンドといった主要通貨がインボイス通貨としても用いられていることを考慮する必要もある。

4. おわりに

本論文では最近の清酒（日本酒）の輸出動向を把握するとともに，清酒の輸出価格への外国為替相場のパススルー弾力性を推定した。

清酒の輸出金額・輸出数量ともに堅調な増加トレンドが示されているが，清酒製造業者にとっては「所与」である輸出相手国での税や流通費用によって，輸出

相手国での小売価格はおおきく変化することが分かった。

　また，清酒の輸出価格への外国為替相場のパススルー弾力性について，佐々木（2013）による自動車の輸出価格への外国為替相場のパススルー弾力性と比較すると低く，外国為替相場の変化に対応して輸出価格を変化させていないことが分かった。しかし，国別にみると，米国，台湾，カナダへの輸出に対しては輸出価格を変化させていることが明らかとなったが，このことは清酒製造業者の企業規模によって対応が異なるものと考える。

　今後は本論文での分析結果を踏まえ，時系列分析，パネルデータによる分析，時期を分けて期間別におこなう分析，さらには清酒製造業者の業績の変化を通じた検証やPTMの詳細な把握など，清酒の輸出価格と外国為替相場の関係性について精緻に研究を進めることとしたい。

（注）

(1) 筆者は大東文化大学経済研究所研究プロジェクト「清酒産業における潜在的成長の可能性に関する研究」（2014 ～ 2015 年度），および当プロジェクトによる東北三県（岩手県・青森県・秋田県）の清酒製造業者（酒蔵）へのヒアリング実地調査に参加し，本論文の着想を得た。

(2) 本論文では「清酒」と「日本酒」を同じ意味で用いることとする。

(3) 同様の点が日本政策投資銀行地域企画部（2013）でも指摘されている。

(4) 財務省「貿易統計」における清酒の HS コードは HS2206.0020 である。

(5) 『日本酒輸出ハンドブック』については「米国編」のみ 2014 年版を，その他の国はすべて 2013 年版を参照した。それ以降の変化については本論文では言及していない。

(6) 詳細は佐々木（2017）第 10 章を参照。

(7) 農林水産省（2016）には一部の清酒の銘柄について，販売国・販売年・販売店舗・販売価格・メーカー希望小売価格などについてのデータが掲載されている。

(8) 季節調整方法としては，米国商務省センサス局で開発された「X-13ARIMA-SEATS Seasonal Adjustment Program」を利用した。

(9) 名目実効為替相場に関して，塩路・内野（2010）は類別に，そして貿易額ウェイトと契約通貨ウェイトごとに，名目実効為替相場の指標を作成し，為替相場の変動が輸出物価・輸入物価の変化に与えるパススルーを検証している。

データ出所

財務省「貿易統計」http://www.customs.go.jp/toukei/info/（2017 年 3 月 16 日閲覧）

日本銀行「時系列統計データ検索サイト」http://www.stat-search.boj.or.jp/index. html（2017 年 3 月 16 日閲覧）

政府統計の総合窓口（e-Stat）https://www.e-stat.go.jp/SG1/estat/eStatTopPortal.do （2017 年 3 月 16 日閲覧）

WEO（World Economic Outlook, October 2016）：IMF（International Monetary Fund）https://www.imf.org/external/pubs/ft/weo/2016/02/weodata/index.aspx（2017 年 3 月 16 日閲覧）

参考文献

伊藤隆敏・鯉渕賢・佐藤清隆・清水順子（2016）「日本企業の為替リスク管理とインボイス通貨選択―『平成 25 年度日本企業の貿易建値通貨の選択に関するアンケート調査』結果概要―」RIETI Discussion Paper Series, 16-J-035, 経済産業研究所, 2016 年 3 月

上林敬次郎（1906）「日本清酒の外國輸出に付て注意すへき要點」『醸造協會雑誌』日本醸造協會, 1（3）, pp.1-9

日本政策投資銀行地域企画部（2013）『清酒業界の現状と成長戦略～「國酒」の未来～』

国税庁課税部酒税課（2016）『酒のしおり（平成 28 年 3 月）』

国税庁課税部酒税課（2017）「清酒製造業者の輸出概況（平成 27 年度調査分）」

佐々木百合（2013）「日本の自動車輸出価格への為替相場のパススルーとマーケットパワー」RIETI Discussion Paper Series, 13-J-052, 経済産業研究所, 2013 年 7 月

佐々木百合（2017）『国際金融論入門』新世社

塩路悦朗・内野泰助（2010）「類別名目実効為替レート指標の構築とパススルーの再検証」『経済研究』61（1）, 一橋大学, pp.47-67, 2010 年 1 月

中川虎之助（1922）「清酒輸出に關する意見」『日本醸造協會雑誌』日本醸造協會, 17（7）, pp.2-5

中村年春（2015）「2014 年度経済研究所研究プロジェクト【日本酒産業の現況分析と展望】酒造業者ヒアリング調査報告書」『経済研究』第 28 号, 大東文化大学経済研究所, pp.59-70

日本貿易振興機構農林水産・食品部・国税庁課税課（2013）『日本酒輸出ハンドブック～韓国編～』

日本貿易振興機構農林水産・食品部・国税庁課税課（2013）『日本酒輸出ハンドブック～台湾編～』

日本貿易振興機構農林水産・食品部・国税庁課税課（2013）『日本酒輸出ハンドブック〜中国編〜』

日本貿易振興機構農林水産・食品部・国税庁課税課（2014）『日本酒輸出ハンドブック〜米国編〜』

日本貿易振興機構農林水産・食品部・国税庁課税課（2014）『日本酒輸出ハンドブック〜香港編〜』

農林水産省（2016）「平成 27 年度輸出戦略実行事業　コメ・コメ加工品部会（日本酒分科会）における調査報告書（C：輸出される日本酒の価格構造調査）」

山田敏之（2015）「清酒製造企業の競争環境と製品イノベーションの特性」『大東文化大学紀要〈社会科学〉』第 53 号，大東文化大学，pp.295-314

渡部茂（2014）「清酒産業の現状に関する一考察」『経済論集』第 102 号，大東文化大学経済学会，pp.27-38

Campa, J. and L. Goldberg（2005）"Exchange Rate Pass-through into Import Prices," *Review of Economics and Statistics*, 87（4），pp.679-690.

Parsons, C. and K. Sato（2008）"New Estimates of Exchange Rate Pass-through in Japanese Exports," *International Journal of Finance and Economics*, 13（2），pp.174-183.

9 内陸アジア諸国の経済発展と
新たな国際開発金融

由 川 稔

1. マクロ経済指標による比較検討

　先ず，開発途上国の経済を分析する際にしばしば利用されるいくつかのマクロ経済指標を用いて，各国の動向を大まかに把握しておきたい。

1-1. GDP

　表9-1・図9-1は各国のGDPの推移であるが，表9-2の通り各国の人口差が大きいため，図9-2で各国の1人当たり名目GDPの推移，図9-3で実質GDP成長率の推移を見る。

　ここでまず目に留まるのは，2009年頃のロシア，カザフスタン，モンゴル等における急激な落ち込みであろう。これは2007年の米国住宅バブルの崩壊＝サブ

表 9-1　実質 GDP の推移

	2007	2008	2009	2010	2011	2012	2013	2014	2015
ロシア	896,836	943,901	870,080	909,266	948,038	981,390	993,946	1,000,969	963,665
中　国	2,971,504	3,259,740	3,566,156	3,944,168	4,318,864	4,660,055	5,023,539	5,390,257	5,762,185
インド	974,254	1,012,162	1,097,991	1,210,644	1,291,011	1,363,548	1,454,071	1,559,396	1,677,339
カザフスタン	68,864	71,136	71,990	77,245	82,961	86,944	92,160	96,031	97,183
キルギス	2,753	2,985	3,071	3,056	3,238	3,235	3,576	3,720	3,849
タジキスタン	2,653	2,854	2,968	3,162	3,239	3,483	3,742	3,992	4,160
モンゴル	3,502	3,813	3,765	4,005	4,697	5,276	5,891	6,355	6,501

単位：百万米ドル
資料：GLOBAL NOTE（http://www.globalnote.jp/post-1332.html　2017年3月13日閲覧）
出典：国連より，筆者作成

145

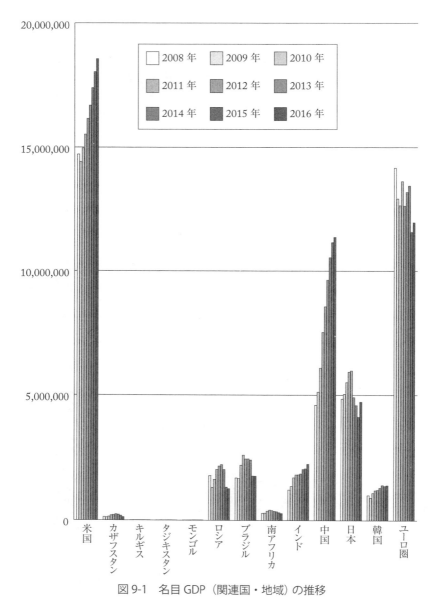

図 9-1 名目 GDP（関連国・地域）の推移

資料：International Monetary Fund, World Economic Outlook Database, October 2016, GLOBAL NOTE（http://www.globalnote.jp/post-1409.html　2017 年 4 月 15 日閲覧）
出典：IMF より，筆者作成

表 9-2 各国の総人口

	2007	2008	2009	2010	2011	2012	2013	2014	2015
ロシア	143.18	143.12	143.13	143.16	143.21	143.29	143.37	143.43	143.46
中　国	1,319.63	1,326.69	1,333.81	1,340.97	1,348.17	1,355.39	1,362.51	1,369.44	1,376.05
インド	1,179.69	1,197.07	1,214.18	1,230.99	1,247.45	1,263.59	1,279.50	1,295.29	1,311.05
カザフスタン	15.76	15.92	16.10	16.31	16.55	16.82	17.10	17.37	17.63
キルギス	5.23	5.30	5.38	5.47	5.55	5.65	5.75	5.84	5.94
タジキスタン	7.10	7.25	7.42	7.58	7.75	7.93	8.11	8.30	8.48
モンゴル	2.59	2.63	2.67	2.71	2.76	2.81	2.86	2.91	2.96

単位：百万人
資料：GLOBAL NOTE（http://www.globalnote.jp/post-1555.html　2017 年 3 月 29 日閲覧）
出典：表 9-1 に同じ

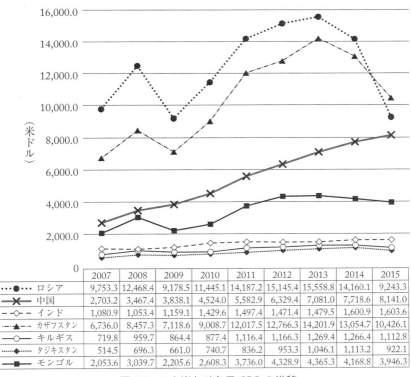

図 9-2　1 人当たり名目 GDP の推移

注：インドについては 2014 年以降，タジキスタンとモンゴルについては 2015 年分，IMF 推定値。
資料：GLOBAL NOTE（http://www.globalnote.jp/post-1339.html　2017 年 4 月 15 日閲覧）
出典：図 9-1 に同じ

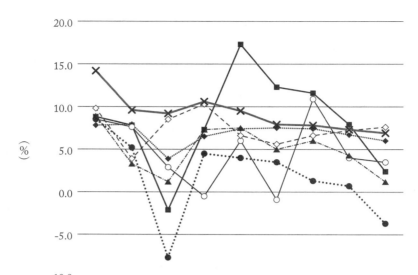

図 9-3　実質 GDP 成長率の推移

注：タジキスタンについては 2015 年分，IMF 推定値。
資料：GLOBAL NOTE（http://www.globalnote.jp/post-12798.html　2017 年 4 月 15 日閲覧）
出典：図 9-1 に同じ

プライム住宅ローン危機を発端とし，2008年以降もいわゆるリーマン・ショック等を含め世界規模で拡大していった金融危機の影響である。国の産業構造が，貿易や金融のつながりを通して国際経済にどの程度包摂されているか等によって影響は多様だが，これらの国には明らかに大きなマイナスが記録されている。

　次いで目立つのは，ロシアとカザフスタンの GDP 変化の同期性であろうか。この背景には，両国の経済運営の柱である原油の市況（図9-4）が，2010年以降の高騰期を経て2014年後半から急激に悪化し，現状（2017年初），底打ち感はある

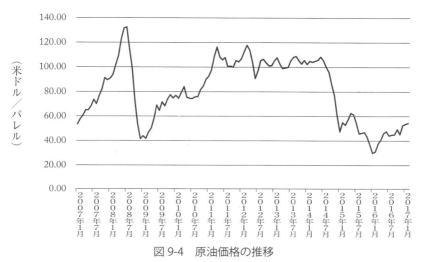

図 9-4 原油価格の推移

出典：Crude Oil (petroleum), simple average of three spot prices; Dated Brent, West Texas Intermediate, and the Dubai Fateh（http://www.imf.org/external/np/res/commod/index.aspx　2017年4月15日閲覧）IMF Primary Commodity Prices より，筆者作成

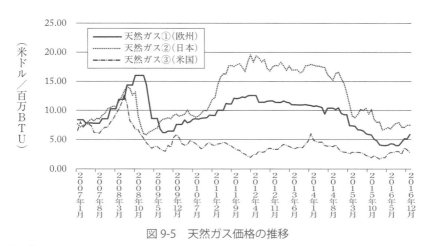

図 9-5　天然ガス価格の推移

注：① Natural Gas, Russian Natural Gas border price in Germany
　　② Natural Gas, Indonesian Liquefied Natural Gas in Japan
　　③ Natural Gas, Natural Gas spot price at the Henry Hub terminal in Louisiana
出典：IMF Primary Commodity Prices（http://www.imf.org/external/np/res/commod/index.aspx　2017年4月15日閲覧）より，筆者作成

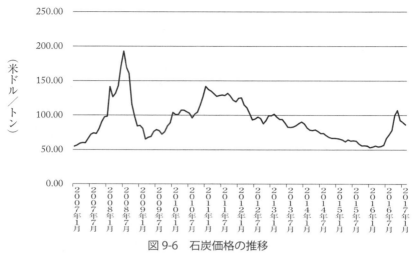

図 9-6　石炭価格の推移

注：Coal, Australian thermal coal, 12,000- btu/pound, less than 1% sulfur, 14% ash, FOB Newcastle/Port Kembla
出典：図 9-5 に同じ

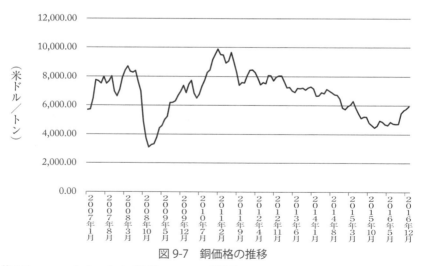

図 9-7　銅価格の推移

注：Copper, grade A cathode, LME spot price, CIF European ports
出典：図 9-5 に同じ

ものの未だ力強い反転上昇には至っていないことが要因として挙げられる。図9-5でロシア産天然ガスの価格の推移を見ても，それが原油同様，ロシア経済に与える影響を察することができる。

また，地下資源を経済運営の柱に据えているという点では，モンゴルも同様である。モンゴルの場合，主力資源は石炭と銅であり，それぞれ図9-6，図9-7で価格の推移を大まかに把握できる。ここでも，実質GDP成長率が，2010年から2011年にかけての価格上昇と2012年以降の価格下落に対し，顕著に連動している様子が窺える。

1-2. 経常収支の対 GDP 比[1]

支出面から見た国内総生産 Y は，民間と政府とをまとめた内需である消費 C と投資 I，そして国際（海外）部門として貿易・サービスの輸出 X および輸入 M に分解して表現できる。

$Y = C + I + (X - M)$

$(X - M) = (Y - C) - I$

$(X - M) = S - I$　となり，「貯蓄（S）・投資（I）ギャップ」を得る。

$X - M$ は貿易のみならずサービスや所得を含めた収支と考えることもできるので，経常収支であり，それが貯蓄・投資ギャップに一致し，一国の資金の過不足がわかる。

ただしこの S には，民間部門の貯蓄だけでなく政府部門の貯蓄も含まれている。そこで民間部門と政府部門とを区別し，民間消費 C，民間投資 I，政府支出 G，租税 T とすれば，$S - I$ は民間部門の貯蓄投資バランス，$T - G$ は政府部門の貯蓄投資バランス（財政収支）となる。

可処分所得 $Yd = C + I + G + X - M - T$

$(X - M) = Yd - C - I + T - G$

$(X - M) = (S - I) + (T - G)$ となり，経常収支は民間部門の貯蓄投資バランスと財政収支の合計に一致する。

したがって，経常収支が赤字になるのは，民間部門の資金余剰（家計と企業の

9　内陸アジア諸国の経済発展と新たな国際開発金融　151

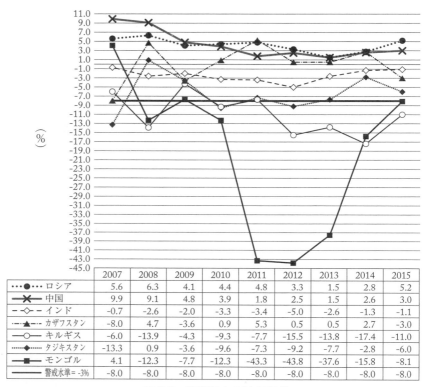

図 9-8　経常収支の対 GDP 比

出典：http://data.worldbank.org/indicator/BN.CAB.XOKA.GD.ZS（2017 年 4 月 15 日閲覧）より，筆者作成

収支の黒字）が政府部門の資金不足（財政赤字）をファイナンスできていないか，その逆か，または民間部門も政府部門も共に資金不足の状態か，のいずれかであるが，政府部門が黒字で民間部門が赤字という事態は稀である。とりわけ開発途上国では，貯蓄不足（$S<I$）でかつ財政赤字の状態が多く，そのファイナンスがしばしば問題点として指摘される。こうした双子の赤字の下では，国内の民間に資金余剰がなく，財政赤字の穴埋めができず，外国からの資金調達に頼り，国債の消化を外国の投資家に依存するようになって長期金利が上昇し，利払い費の

増加から更に財政赤字が拡大し，財政の健全性を回復・維持することが一層困難になるといった事態もあり得る。

経常収支赤字の動向から，単年での対外借入の増減を見ることができる。経常収支赤字の警戒水準については，絶対的な基準を定めることは難しいものの，開発途上国においては対GDP比で8％の赤字を一つのラインとする見方がある。IMF国際収支マニュアル第6版で，対外部面の資金流入の符号は，金融収支において流入をマイナス（−），流出をプラス（＋）と表記するように変更されたので，それに伴う議論もあり得るが，ここでは踏み込まず，図9-8で各国の経常収支の対GDP比を比較しておく。

ここで特異な動きが目立つのはモンゴルである。同国は2011年〜2013年，極端なマイナスの値を記録している。これは，図9-9に見られる外資流入激増期に対応している。

この時期は，既に図9-3で見た通り，モンゴルで実質GDPの二桁成長が記録された時期でもあった。GDPは，譬えて言えば企業の売上高，家計の所得（収

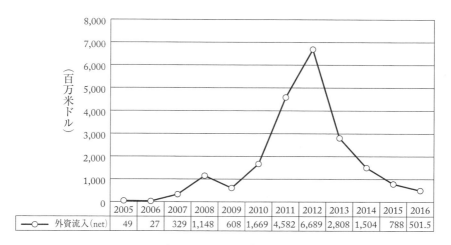

図9-9　モンゴル国　直接投資を含む外資流入の推移

注：Balance of Payments Statistics
出典：http://www.mongolbank.mn/eng/liststatistic.aspx?id=4_1（2017年4月15日閲覧）より，筆者作成

入）のようなもので，一国の経済規模である。モンゴルはこの時期に，当国としてはその経済規模を急速に拡大させたと言える。

一方，経常収支は，いわば国として如何ほどの儲けを出せたか，家計簿なら黒字（または赤字）の額，企業会計なら本業と副業と金融面の収支を踏まえた経常利益といった概念に近い。したがって，経常収支の対 GDP 比が，企業で考えれば売上高経常利益率（会社の売上高に対する経常利益の割合）のようなものであるから，この値がプラスで高ければ高いほど，当該国が経済規模に対してより安全かつ効率的に利益を出せている，という意味にも捉えられる。こう考えれば，モンゴルの二桁成長，経済規模の急拡大は，他の国に比べても大きな外資依存，いわば借金の上に成り立ったものだったと言える。

図9-9の通り，モンゴルに対して直接投資を含む外資流入が盛んだった期間は極めて短く，早くも2013年には激減した。そこには，石炭価格や銅価格の下落ないし伸び悩み，そして2012年5月に発効したいわゆる外資規制法により，鉱業・金融・情報通信メディアといった戦略的分野への大規模投資について政府と議会の事前承認が必要になったこと等の事情がある。2009年〜2010年にかけての資源価格上昇を追い風に，「国益」を前面に出した外資規制法を成立させた背景には，2012年6月の国家大会議（国会）選挙に向けた戦術的要素もあったはずである。しかし結果的に，資源価格は下落に転じ，外国からの投資も激減するに及んで，翌2013年10月，早々に件の外資規制法は撤廃され，新たな投資法により，内外無差別の原則が固まった。[2]

それでも外資の動きが回復しなかったのは，その後も続いた資源価格の低迷や，上述のような過程で見られた法制度の不安定性の他，モンゴル側でしばしば問題となった資金管理の甘さも影響したと見られる。[3]

さらに，図9-10でモンゴルの貿易・サービス収支と金融収支の推移を確認しておくと，単純化すれば，貿易赤字を外資流入でファイナンスしており，後述する対外債務との関わりでは特に2010年〜2013年頃の外資流入が，重い負担となっている様子が見て取れる。

この状況について，チメドダグヴァ・ダシゼヴェグとダナースレン・ヴァンダ

154

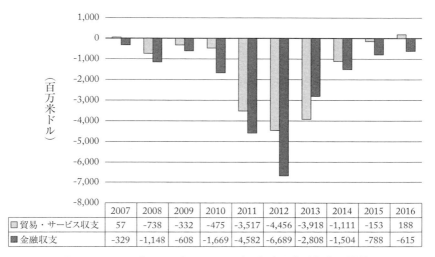

図 9-10　モンゴル国　貿易・サービス収支と金融収支の推移

注：Balance of Payments Statistics
出典：図 9-9 に同じ

ンゴムボは共著論文の中で次のように述べている。

　「経常収支赤字は主として対 GDP 比で 37.4％に達する 38 億米ドルの FDI 流入によってファイナンスされた。2012 年，モンゴルは首尾よく 15 億米ドルのソブリン債を発行し，外貨準備の純増に好影響を与えた。(中略) しかし，2013 年に 3 分の 1 に減少した FDI は，莫大な経常収支赤字をファイナンスするには不十分であった。国内製造業の低い供給能力の下，鉱物輸出が弱い中で増大する国内需要は，必然的結果に至る。膨大な経常収支赤字である。2011 年から経済は二桁成長を記録したが，上昇する輸入の水準に鉱物輸出の増加が追いつけない中で輸入が増加したため，経常収支赤字は GDP の 30％を超えるまでになった。[4]」

文中のソブリン債が，いわゆる「チンギス・ボンド」で，内訳は，5 億米ドル

9　内陸アジア諸国の経済発展と新たな国際開発金融　｜　155

がクーポンレート4.125の5年物，10億米ドルがレート5.125の10年物である。2017年，一部が償還期を迎え，モンゴルは今（2017年春現在）その対策に苦慮している。

　輸出額が追い付かぬ規模の輸入をいわば借金で賄うという態勢が，必ずしも「悪」であるとは限らない。外資流入とインフラ・建物・機械設備の増加の連動性が図9-11からも察せられるように，モンゴルに流入した外資は，かなりの部分が巨額の資本を必要とする地下資源開発に向かった。当時，景気の良さを多くの人が体感する中で，享楽的な消費も盛んになった面はあるが，モンゴル側も投資

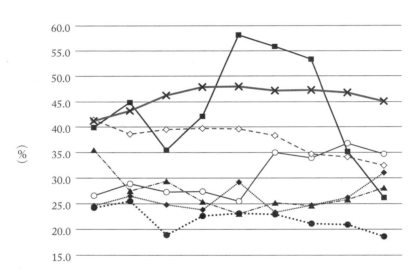

	2007	2008	2009	2010	2011	2012	2013	2014	2015
ロシア	24.2	25.5	18.9	22.6	23.1	22.9	21.1	20.9	18.6
中国	41.2	43.2	46.3	47.9	48.0	47.2	47.3	46.8	45.1
インド	41.4	38.6	39.5	39.7	39.6	38.3	34.7	34.1	32.4
カザフスタン	35.5	27.5	29.4	25.4	23.0	25.2	24.6	25.8	28.1
キルギス	26.6	28.9	27.3	27.4	25.5	35.0	33.9	36.8	34.7
タジキスタン	24.6	26.5	24.8	23.8	29.2	23.3	24.7	26.2	31.0
モンゴル	39.9	44.9	35.5	42.1	58.2	55.9	53.3	35.2	26.2

図9-11　総固定資本形成の対名目GDP比

資料：GLOBAL NOTE（http://www.globalnote.jp/post-1797.html　2017年4月15日閲覧）
出典：表9-1に同じ

する側も，多くは，真剣に地下資源開発の将来に期待していた。その後実際に当該分野が豊かな果実を生み出せてさえいれば，それは経済開発の成功例として記録されたであろう。しかし現実は期待を裏切り，莫大な対外債務が残されてしまった。今，モンゴルでは，このような苦い経験を教訓として，自然のサイクルの中で再生産可能な家畜や地上の資源を再評価し，同じ投資をするのなら，規模的にも比較的負担が軽く，工夫次第で生産物を多様化でき，内外の需要に対応していける潜在力を持つ分野と考えられる農牧業を中心に，改めて産業振興を図る動きも見られる。[(5)]

　図9-11に関しては，もう一国，中国が，他国に比べてGDPに占める投資の割合が高い状態であり続けている点も特徴的である。これに関して，何清漣は大略次のように述べる。[(6)]

　「中国の生産能力の過剰はインフラ（鉄道，道路など）の分野と不動産業の上流・下流に集中している。中国のそれは中国経済の成長とほとんど共に生じたもので，そうなった原因を端的に言えば『投資は社会主義，需要は資本主義だった』ということである。前者は，投資資金が主に政府資金や国有商業銀行の資金だったという意味で，投資のリスクは最後には銀行の赤字となって，実際に借りた者が本当のリスクは負わない。一方，（後者）需要が資本主義というのは，生産能力は市場を必要としており，需要がなければ生産能力過剰になる，ということである。」

　「中国の生産力過剰には二つの特徴がある。先ず一つは，生産力の過剰は政府が経済に干渉することによる必然的な産物だということである。政府が刺激策をとれば，それに倣って各地で大々的にプロジェクトを同質の構造で進める。その結果，必然的に深刻な生産力過剰が生まれる。中央政府がマクロ的観点からある業種の過度の成長を抑制したい，古い生産過剰を何とかしようとしたい，と考えても，既に次の生産過剰が発生してしまっている。第二には，中央政府の調整政策が往々にしてさらに多くの生産能力過剰を生んでしまう

ことである。例えば鉄鋼業では，小規模な工場を淘汰しようとしたところ，工場の大規模化につながり，結果として生産能力は増大してしまった。」

「また，地方政府としては，さらに二つの課題に直面する。一つは生産能力を淘汰することによって生じる大量の失業が，社会を不安定にすることである。そして二つ目は，債務の問題である。もしも企業を退場させたら，借金の穴は大変大きなものになる。」

内閣府の分析によれば，「2000年以降の産業別の投資動向をみると，製造業等の第2次産業と並び，第3次産業の寄与が大きい。さらに，第3次産業の内訳をみると，不動産サービス業を含む不動産業の寄与が大きく，不動産開発が投資のけん引役となっている」とされる[7]。また，日本政策投資銀行も，中国の製造業や不動産を中心に投資の伸びが大きく鈍化していることから，投資主導型の高成長モデルは既に限界と見つつ，消費割合が低いことはその成長のポテンシャルが高いと捉え，中長期的に所得の向上や中間層の拡大によって「投資から消費へ」の転換が進むと予測している[8]。

図9-12のGDPデフレーター変化率によって，中国の物価動向を概観できるが，近年はかろうじてプラスを保つ水準であり，反転と言っても力強さはない[9]。投資の拡大は債務の拡大と表裏一体で，資産価格の下落によって投資の収益性も下落し，企業の債務返済が難しくなると，新規投資の抑制，リストラ等につながり，場合によっては企業の倒産，その金融機関への波及，といった負の連鎖が生じかねない[10]。

以上のような諸事情のため，中国は国内の過剰生産力の調整を国外に向けても展開していくと見られている。ここに，AIIB（アジアインフラ投資銀行）が登場する。

中国の習近平国家主席は，2013年9月にカザフスタンのナザルバエフ大学で講演した際に「シルクロード経済ベルト」（絲綢之路経済帯；Silk Road economic belt）の構想を，そしてさらに同年10月，インドネシアでASEAN諸国との協力を強める「21世紀海上シルクロード」（21世紀海上絲綢之路；21st century Maritime Silk

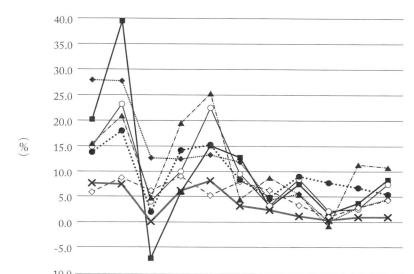

図 9-12　GDP デフレーター変化率

注：タジキスタン：2014 年以降推定値。
　　ロシア，中国，カザフスタン，キルギス，モンゴル：2015 年以降推定値。
　　インド：2016 年以降推定値。
出典：International Monetary Fund, World Economic Outlook Database, October 2016 より，
　　　筆者作成

Road) の構想を打ち出した。現在ではこれらが一体化した「一帯一路」(One Belt, One Road) として，中国の戦略を考える上で見逃せない概念となり，特に AIIB は，こうした中国の構想全般を金融面で支える機関になるようである。

　中国によるこのような積極的姿勢の基本的な背景は上述の通りだが，より具体的には，次のようなものが挙げられる。

（1） 橋梁や鉄道等のインフラ整備を担ってきた中国国内産業での行き詰まりや過剰生産を，国外で打開する。鉄鋼，セメント，設備等の過剰在庫の調整が出来れば，国内企業の財務体質も改善し，不良債権等の金融問題や雇用問題の先鋭化を防げる。

（2） 過剰な資本や生産能力が国外へ移転されることにより，国内では産業の高度化・効率化につながる。

（3） 国外への活路は，AIIB からの融資の他，関連ファンドに外為資金の余剰や外国資金を投入することで開拓していく。

（4） 対象地域はエネルギー資源や鉱物資源の輸送ルートとしても重要であるため，その安定と安全の確保に影響力を行使する。軍事的要衝における米国のプレゼンスに対抗していく。

（5） かつて対外開放の主役は沿海部であったが，30 年を経て資本や生産能力が蓄積され，むしろそれらが輸出される状況となり，内陸部や辺境地域も対外開放の主役になれる可能性が生まれてきた。

（6） 沿海部に集中している工業やインフラ製造業を内陸部にも移転できれば，外からの攻撃に対する備えにもなる。

（7） 先進国も巻き込んだ関係諸国間の政策面での意思疎通，金融システムの構築，地域インフラの連結等により，外資導入と対外投資を同時に進め，先進国・新興国・途上国の経済統合を図る。

（8） 人民元の国際化の推進。またそれに伴う，従来の国際金融体制に対する挑戦。

なお，以上のような事柄に加えて，以前は，米国を中心として中国を周縁化させる TPP に対抗し，中国は一帯一路構想によって周辺地域の貿易・経済関係の緊密化を図り，その主導権を握ろうとしている，といった意図も指摘されていたが，米国が TPP から離脱したため，この点では状況が変化している。

また，「人民元の国際化」をめぐっては，現状および課題として次のような点が挙げられる。

(1) 中国政府は元相場の安定を保つために元と外貨の交換を制限している。2008年のリーマン・ショック後，米ドルへの信認が一時揺らいだのを受け，米国の政策やドル相場に自国経済が左右されるのを嫌い，国際的な貿易や投資における元の利用を推進し始めた。[13] SWIFTによれば，元の決済シェアは2012年8月には0.84％で第12位だったが，その後，中国による元決済の規制緩和で，製造業や物流業等のサプライチェーンが広がっているASEAN諸国や欧州を中心に元建て取引が急増し，2015年8月，単月ベースで初めて日本円（2.76％）を上回り（2.79％），米ドル，ユーロ，英ポンドに次ぐ「第4の国際通貨」となった。[14]

(2) 2016年10月，国際通貨基金（IMF）の特別引出権（SDR）の構成通貨に中国の人民元が採用された。ドルや円などに次ぐ5通貨目。貿易・投資で元の利用に弾みがつくが，中国当局にはもう一段の取引自由化が求められる。[15]

(3) 図9-13の通り中国の外貨準備高は近年顕著に増加してきたが，既に2014年6月末をピーク（3兆9,932億米ドル）として，減少に転じている。対外純資産も2014年6月末の1兆9,921億ドルから2015年3月末時点の1兆4,038億ドルへと30％減少。経常黒字にもかかわらず，外貨準備も対外純資産も減少した理由としては，資本逃避の激増，地下資源開発等の対外資産における巨額の損失，統計そのものが信用できないといった可能性が指摘されている。[16] アフリカや中南米で進められてきた資源開発投資に外貨準備が振り向けられているとしたら，最近の国際商品相場の下落により，開発コストの高いこれらの案件には多大な減損が生じている可能性がある。[17]

資本逃避に関しては，本質的に，「どこまでが資本逃避か投機目的なのかは判別がつかない[18]」という点で一層様々な見解を許すであろうが，中国からは既に2002年から2011年までの10年間でも1兆米ドル超す違法な資本流出があったとする推計もある。[19]

ともあれ，経常収支や投資の対GDP比といったマクロ的諸指標から見て，資金を供給し得る立場にあり，かつ国内での過剰生産力の活路を国外に求めたい

9 内陸アジア諸国の経済発展と新たな国際開発金融 | 161

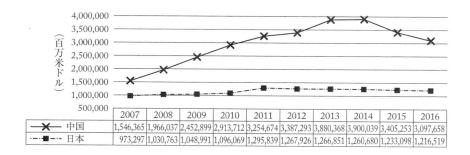

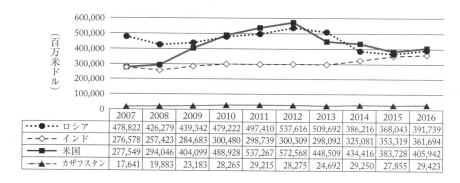

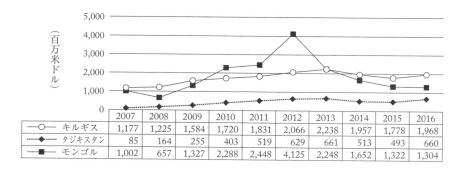

図 9-13　外貨準備高（金保有を含む）の推移

資料：GLOBAL NOTE（http://www.globalnote.jp/post-3702.html　2017 年 4 月 15 日閲覧）
出典：WGC より，筆者作成

中国と，資源価格の低迷以前のロシアとが準備を重ね，AIIB（と「新開発銀行」（NDB））の発足に漕ぎ着けた。しかしその後ロシアの景気は減速し，中国は中国で資本逃避等の問題が露わになる中での，「国際開発金融の仕組みの発足」となった。AIIB には，本稿で触れているロシア，モンゴル，キルギス，タジキスタン，カザフスタン，インド等が全て参加している他，中国との貿易関係が深いヨーロッパからも，イギリス，ドイツ，フランス，イタリア等の主要国も加わり，57 カ国のメンバー構成となった。短期的には様々な問題や課題が提起されるであろうことは容易に推測できる。ただそうであるとしても，表 9-1・図 9-1 からもわかるように，大局的に見れば中国の経済力は依然として大きな存在感を示しており，今後も世界経済の一つの軸として存在し続けるはずである。

そして図 9-14 で見られる通り，本稿で言う「内陸アジア諸国」と部分的に重なる「ロシアを除く CIS 諸国」と中国との貿易関係は，例えば米国や EU 等，経済規模の大きい他の国や地域との関係に比べれば，当然，金額的には小さいが，中国から当該地域への輸出については 2008 年を境に，また当該地域から中国への輸入については 2010 年を境に，その規模を大きく拡大させた。2014 年以降は中国自体の成長の減速や資源価格の低迷等の影響が看取できるものの，中国が「新シルクロード」の西端に遠望し，貿易面で米国と並ぶ存在である EU との間に位置する内陸アジア諸国の地理的重要性は，エネルギー資源の輸入とインフラ需要に関連する輸出の両面で，今後も減じることはないであろう。

1-3. 財政収支の対 GDP 比

次に財政収支について。財政赤字自体の算出方法はいくつかある。ここでは IMF の General government net lending（＋）/borrowing（－），Percent of GDP（一般政府部門の純貸出（＋）／純借入（－）の対 GDP 比）に従う。

図 9-15 においても，世界金融危機の時期と原油価格下落期にその影響が直撃したロシアとカザフスタンの同期性に気づかされるが，それにもましてモンゴルのパフォーマンスの悪さが目立つ。

モンゴルの財政収支は，石炭や銅の価格が高い時期以外は，顕著にマイナスに

(1) 輸　入

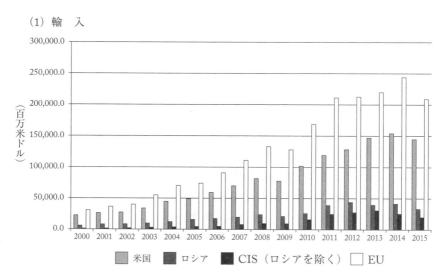

(2) 輸　出

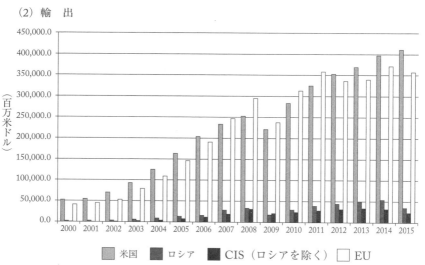

(3) 内陸アジア諸国からの輸入

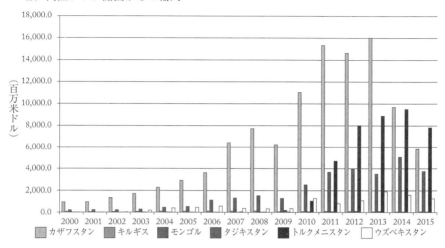

(4) 内陸アジア諸国への輸出

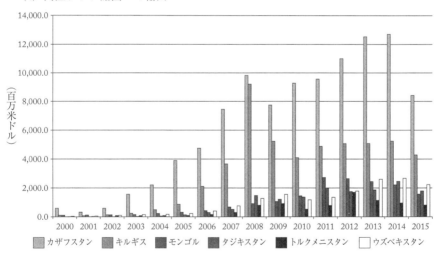

図 9-14　中国の貿易相手国・地域

出典：IMF eLibrary Data, Direction of Trade Statistics (DOTS)（http://data.imf.org/?sk=9d6028d4-f14a-464c-a2f2-59b2cd424b85　2017 年 4 月 14 日閲覧）より，筆者作成

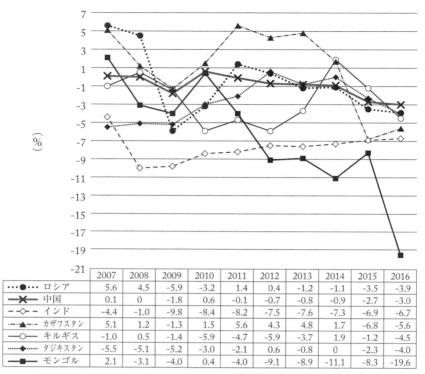

図 9-15　財政収支の対 GDP 比

注：ロシアは 2014 年以降，他は 2015 年以降，IMF 推計値。
出典：International Monetary Fund, World Economic Outlook Database, October 2016 より，筆者作成

転落する傾向がある。財政赤字は政策の自由裁量範囲を狭める。既述の通り，経常収支が黒字なら，財政赤字であっても民間の資金余剰がそれを補って余りある規模であることを示すが，モンゴルの場合，経常収支は赤字である。したがってモンゴルは，社会保障・文教・公共事業といった政策的経費，行政費用を国内では賄いきれず，外国からの資金に依存する面が大きいということになる。この状態を改めようとすれば，一般的には税率を上げるなどして税収を増やしたり，政策を絞り冗費を削って財政をスリム化したりすることが考えられる。また，経

常収支がプラスに転じるよう,輸出面でも稼げる産業の振興が求められる。

なお,財政収支の警戒水準についても,国情は多様なので絶対的な基準を設けるのは難しいが,一般的に低所得国で-10％,中所得国で-5％を超えると,過大な財政赤字と捉える向きがある[20]。この点でも,モンゴルに対する評価は極めて厳しい。

ロシアでは,エネルギー部門からの税収は,一般政府歳入において約3割,連邦政府歳入において約半分を占める。具体的には原油・天然ガスの輸出税や採取税で,資源価格の低迷は財政赤字をもたらしがちである。図9-4および図9-5と図9-15を併せて見れば,その連動が明らかである。ただし,ロシアはこうした資源価格の変動に対処するために予備基金を設置しており,原油価格が高騰した時期に資金を繰り入れ,必要に応じて取り崩して調整する仕組みを作っている[21]。

カザフスタンも,原油輸出に大きく依存して経済を発展させてきた国である。カザフスタンは確認埋蔵量で世界第12位とされる。カザフスタン原油は軽質・低硫黄で輸出余力もあるが,モンゴル同様内陸国で,持てる資源をいかに国際市場に出すかという課題と常に向き合わなければならない。パイプライン等,輸出イ

図9-16　カザフスタン　国家石油基金準備高

出典：http://www.nationalbank.kz/?docid=180&switch=english（2017年4月15日閲覧）より,筆者作成

ンフラをどう拡充していくかが課題である。石油の輸出先は欧州向けが約4分の3を占める。ロシアを経由したパイプラインや，カスピ海を横断してアゼルバイジャンのバクー，さらにジョージアのトビリシ，トルコのセイハンを通って地中海に抜けるBTCパイプライン等が主要なものである。また，2009年にはKazMunayGasと中国石油天然気集団（CNPC）により，中国との間でもパイプラインが完成した。(22)

図9-4および図9-15の通り，カザフスタンの財政収支の動向も概ね原油価格の推移と連動している。2009年の下落で赤字化し，2011年〜2013年にかけての高

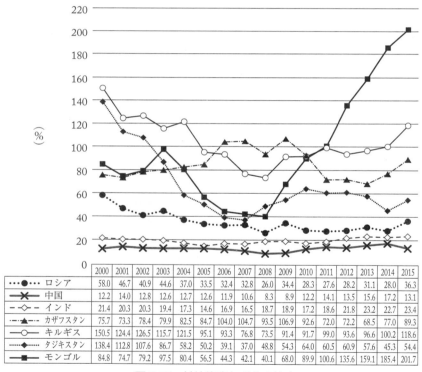

図9-17 対外債務とGNIの比率

出典：http://data.worldbank.org/data-catalog/international-debt-statistics（2017年4月15日閲覧）より，筆者作成

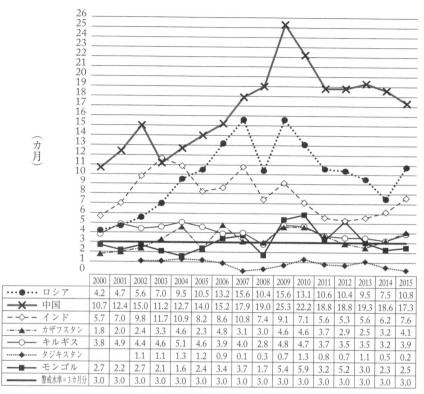

図 9-18　外貨準備の対輸入月比

出典：図 9-17 に同じ

止まり期＝黒字期を経て，2014年以降の暴落と低迷で，財政収支も一気に悪化した。

　カザフスタンは2000年，石油収入の一部を繰り入れて，価格変動への対応や非石油産業の振興を目指して国家石油基金を創設した。図9-16に見られる通り，その規模は安定的に推移している。図9-13に示した外貨準備高も比較的安定しているが，これとは別の「蓄え」として存在するのが国家石油基金である[23]。

9　内陸アジア諸国の経済発展と新たな国際開発金融　｜　169

1-4. 対外債務

　前項までの内容から，近年のモンゴルの経済発展の背後にはかなりの対外債務が生じていることが推測されるが，実際，図9-17で所得に対する対外債務残高の比率を見ると，モンゴルの数値は，各国と比較しても極めて高い。特に最近数年の負担増は顕著であり，国の経済規模の2倍以上に達しているため，今後，稼いでも稼いでも借金が減らない悲劇的な状態で推移しかねない。

　他の指標と合わせ見ればモンゴルほどの深刻度ではないが，図9-17からはキルギスの対外債務負担の大きさも窺える。キルギスも後述のタジキスタン同様，山岳国である。キルギスは，国土の大部分を天山山脈とその支脈アラタウ山脈が占め，水資源に恵まれているが，厳しい地形と気候のため，国土に占める農地の割合は7%，森林は4%ほどである。しかしタジキスタンとは対照的に，2000年代に入ってからの政治的混乱が目立った。2005年，ソ連崩壊後の新体制で長期政権を維持していたアカーエフ大統領が反政府運動の結果，国外脱出，辞任。二代目のバキーエフ大統領も，二期目に入った2010年，反政府勢力と治安部隊との衝突事件後に国外脱出。野党勢力が暫定政府を立ち上げ，オトゥンバエヴァ社会民主党党首が議長に就任（4月政変）。6月に南部でキルギス系・ウズベク系住民の衝突により死者約470名を出す騒乱が発生。オトゥンバエヴァ暫定政府議長が暫定大統領に就任。同氏の任期切れを控え，大統領選挙が2011年10月に実施され，アタムバエフ首相が12月に大統領に就任し，初めて，選挙を通じた平和的な権力移譲が行われた，という経緯がある。その後も内政面の不安定さがしばしば指摘された。当国は1998年には旧ソ連の中でいち早くWTO（世界貿易機関）に加盟するなど，市場経済化を積極的に推進した国の一つとして評価されてきた。しかし，基本的な市場経済制度は比較的整備されているものの，個別の経済関係法が不備で，法の不明確さと貧困の中で汚職・腐敗が根強く残っているとの指摘もある。農業分野では牧畜，小麦，綿花，タバコ栽培等，軽工業分野では食品，皮革，飲料水等，その他，水力発電，非鉄金属（金，銀，水銀等）といった産業が立地している。ロシアやカザフスタン等，近隣国の経済動向の影響を受けやすく，不況期には，出稼ぎ労働者からの本国送金減少や貿易の縮小により，

財・資本流入及び需要の減少が見られ，政府の歳入にも影響が出た。2009年8月の大統領選挙後には公共料金や生活必需品の値上げが行われ，国民の不満が増大した。2010年は上述の4月政変，6月の民族衝突，それに伴うカザフスタン国境・ウズベキスタン国境の閉鎖等により，国内産業が大きな損害を受けた。[24] モンゴルほどではないが，図9-8で見られるように，経常収支の対GDP比赤字幅においても，あまり良好とは言えない。内政の安定や法制度の整備といった，経済に先立つ社会の基盤の強化によって，資源開発等の潜在力が開花していくことが望まれている。

外貨準備との関連でも確認しておきたい。各国の外貨準備高は図9-13で比較できる。

外貨準備保有高の適正水準に関する見解も様々だが，一つの観点は，1年間に必要な輸入の総額との対比で，外貨準備が何カ月分に相当しているかを見るものである。言い換えれば，輸入代金を外貨準備保有高で支払うとしたら，どの程度の期間可能か，という考え方で，これが3カ月分を切ると，警戒水準に入ったと見做されることが多い。

図9-18の通り，この点では本稿関連各国中タジキスタンが最低位となり，モンゴルはそれに次ぐが，かろうじて警戒水準前後を行き来しているように見える。

カザフスタンについては，ここではロシアとの同期性よりも規模の違いが目立ち，水準としてはモンゴルに近い。しかしカザフスタンには，前述の通り，石油輸出の収入を蓄える国家石油基金の仕組みがあり，同国の強みとなっている。モンゴルにはこうしたものが無い。

さて，外貨準備の対輸入月比は，それが基本的に貿易収支に着目する考え方である。しかしそれでは，近年の通貨危機等において大きな役割を果たした資本取引が顧慮されていないという観点から，1年以内に支払いが予定されている短期対外債務残高以上の外貨準備を保有すべきであるという見方もある。[25] 対外債務残高の規模が大きくても，それを返済可能な外貨が豊富にあれば，返済能力面で希望はつなげるからで，短期対外債務残高の100%以上（1年分以上）の外貨準備が有るか無いかが問われる。[26]

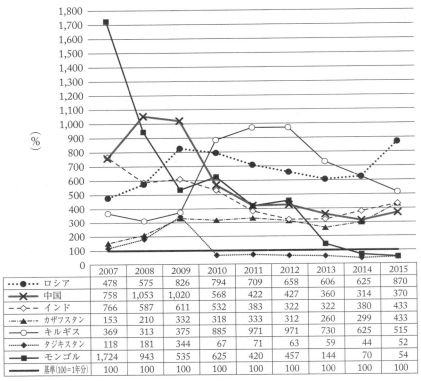

図 9-19　外貨準備と短期対外債務の比率

出典：http://data.worldbank.org/indicator/DT.DOD.DSTC.IR.ZS（2017年4月15日閲覧）より，筆者作成

　図9-19で確認すると，本稿関連各国は概ね良好なパフォーマンスを見せているが，タジキスタンの短期債務返済能力が慢性的に低いこと，モンゴルの返済能力が近年急速に悪化してしまったことがわかる。もちろん極端な想定ではあるが，両国の場合，1年以内に返済しなければならない債務に対して全ての外貨準備を注ぎ込んでも半分程度しか返せないということになる。既述の通り，モンゴルは，経済規模に比べて巨額の対外債務で中長期的な重圧の下にあると同時に，短期的にも非常に厳しい状況となった。

　上述の通り，「外貨準備の対輸入月比」（図9-18）と「外貨準備と短期対外債務

の比率」（図9-19）の両方で本稿対象国中最低水準となったタジキスタンは，「旧ソ連」で捉えれば東南端の山岳地帯に位置し，ソ連崩壊に伴う独立の直後には内戦も経験した。政情は2000年以降安定化し，近年の実質GDP成長率（図9-3）の推移も比較的安定している。

　前述のキルギス同様，93％が山岳ともいわれるタジキスタンでは，水資源を活かした安価な水力発電によるアルミニウム精錬産業が，基幹産業の一つとなっている。電力自体の輸出余力も高く，中央アジア地域全体で見たときの電力需要が伸びているため，期待する声も多い。農業分野では綿花栽培が盛んである。果樹（アプリコット，さくらんぼ，レモン等）にも潜在力が認められているが，保存用の機械設備，包装，加工といった面では改善の余地が大きいため，日本等に対しても協力を求めている。この他，タジキスタン側としては石油開発や天然ガス開発の分野も有望であるとして，関連する法制度の整備にも注力してきた。生産物分与（Production Sharing）方式による当該分野の投資家に対する優遇や投資資金の安全確保，機械設備に対するVAT（付加価値税）免除等の方策を講じつつある。

　他面，アフガニスタンと約500kmの国境で接することなどから，対外関係面の不安定性を懸念する向きもある。タジキスタンの人口は約850万だが，各種統計で数値に開きはあるものの国内のタジク人が約700万，アフガニスタンに住むタジク人はそれ以上で，さらに近隣諸国に散らばるタジク人を加えれば1,000万人を超える。2001年に創設された上海協力機構の設立メンバー国の一つで，その機構の活動趣旨にも合致する形で，国境地帯の安全確保，テロ対策や麻薬対策に力を入れ，日本との多角的な協力関係の拡大を希望しているところである[27]。

　本稿で取り上げているマクロ指標に関してタジキスタンの状況を概括すれば，低〜中位で比較的安定した水準にあると言える。それに対する評価は分かれるであろう。タジキスタンは良好な投資機会があることを訴え，それなりの根拠も必要性もある。が，例えばモンゴルのように，一時的に大きな注目を浴びて外資を積極的に受け入れた後で，中長期的な開発戦略に狂いが生じたり，資金管理に甘さがあったり，状況が暗転した場合に対する備えが無かったりすると，たちまち金融面で苦境に陥る可能性もある。

9　内陸アジア諸国の経済発展と新たな国際開発金融　　173

次に，対外債務問題をフロー面で見ておきたい。その年の利払いおよび元本償却の支払いが，国の所得，つまり財・サービスの輸出および第一次所得に対してどの程度の比率かを示す指標として，デット・サービス・レシオ（Debt Service Ratio：DSR）がある。

輸出＝外貨獲得によって対外債務の返済を果たしていくとして，返済すべき額が輸出＝外貨獲得能力に比して大きくなり過ぎると，これもまた当該国にとって厳しい。DSRの警戒水準も一概には言えないが，20％を一つの目安としてお

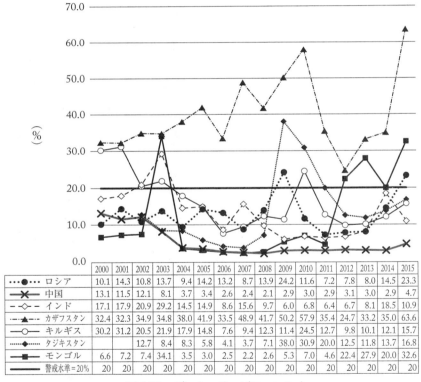

図9-20　デット・サービス・レシオ

出典：http://data.worldbank.org/data-catalog/international-debt-statistics（2017年4月16日閲覧）より，筆者作成

図9-20の通り，2015年時点でDSRが高いのは，1位カザフスタン，2位モンゴル，3位ロシアである。数値に開きはあるものの，カザフスタンとロシアの趨勢的な同期性はここでも見られる。指標の性質上，輸出額の変動の影響を受けるDSRは，この2国に関して言えば2007～2008年の原油価格の高騰期に相対的に改善，2009年の下落によって悪化，2011～2013年の再上昇でまた相対的に改善と推移し，2014年以降の原油価格急落と低迷によって再び大きく悪化，という動きになっている。モンゴルについては，既に見た通り外資流入自体が2011～2012年に急増したので，それ以降2015年までを見ると，石炭や銅の価格が下落傾向であることもあって，DSRは悪化したと推測される。

　カザフスタンについては，前述の通り国家石油基金が設置されており，依存度の高い輸出商品である原油の価格下落による影響を最小限に抑える仕組みを持つ。その点ではある程度楽観視される面もあるが，短期的には，原油価格が下落した場合，こうした指標に顕著な悪化として反映されることになるので，注意は必要である。

2．モンゴル国の国内金融問題（経過報告としての補論）

　前節で概観したマクロ諸指標，なかでも対外債務に関係する指標において，モンゴルが深刻な状況にあることが明らかになったが，モンゴルは国内金融面でも問題を抱えている。これについて，ごく短いが，要点のみ，別節として補足しておきたい。

　外資の流入が盛んになった2010年，モンゴル国内での貸出の激増が始まった。これは図9-21で確認できる。図9-3で見た通り，モンゴルは2011年，2012年，2013年と二桁成長を記録した。2010年以降，貸出は継続して増加していくが，分野に着目すると，実は鉱業・地下資源開発分野はさほど多くなく，むしろ不動産や商業分野が多いことがわかる。最も大きいのは「その他」で，その内容は消費，転売，クレジットカード，人件費のつなぎ等に係る短期的なものである。他方，

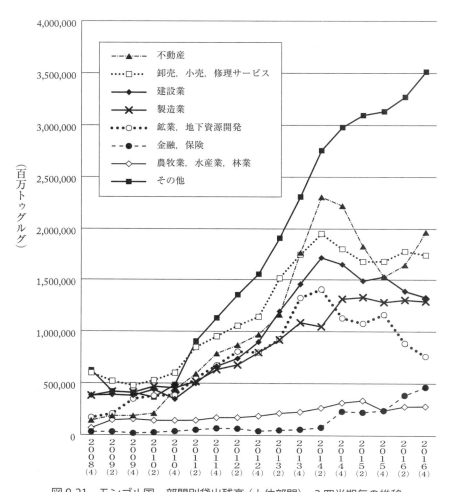

図 9-21　モンゴル国　部門別貸出残高（上位部門）　2 四半期毎の推移
出典：http://www.mongolbank.mn/liststatistic.aspx?id=12（2017 年 4 月 16 日閲覧）
　　　Арилжааны банкуудын улирлын зээлийн тайлан より，筆者作成

　図9-22を見ると，鉱業・地下資源開発分野の不良債権処理だけが，他分野に比べて進んでいないことが明らかになる。最近，債務が現地通貨（トゥグルグ）建てか外貨建てかについても入手しやすい形で公表されるようになったので，表9-3で確認すると，規模的に大きい分野で，かつ外貨建て比率が高かったのは，やは

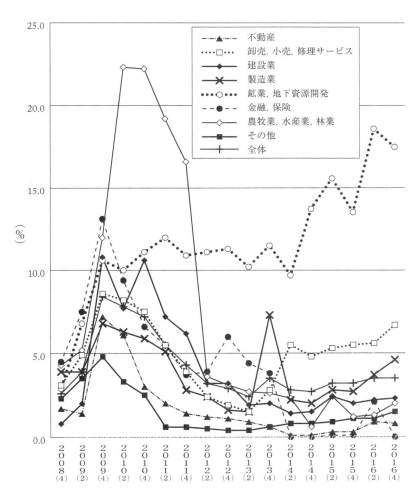

図 9-22　モンゴル国　部門別不良債権比率（貸出残高上位部門）　2 四半期毎の推移
出典：図 9-21 に同じ

り鉱業・地下資源開発分野であった（金融・保険分野の外貨建て比率も高いが，貸出量は少ない）。鉱業・地下資源開発分野は，不良債権処理が進んでいないにもかかわらず，外貨建て部分は割合を減らしているので，外資の引き上げ，トゥグルグ建てへの転換，それでもなかなか上手く清算できないまま重荷を引きずってい

表 9-3　モンゴル国　不良債権（トゥグルグ建て・外貨建て）　　　　（％）

	2016(1)	2016(2)	2016(3)	2016(4)	2017(1)
全　体					
トゥグルグ建て比率	77.0	77.7	79.1	81.0	81.5
外貨建て比率	23.0	22.3	20.9	19.0	18.5
全体の不良債権率	3.5	3.5	3.4	3.5	3.9
トゥグルグ建て貸出の不良債権率	3.0	3.1	3.4	3.7	4.1
金融，保険					
トゥグルグ建て比率	29.2	28.1	31.0	32.8	32.0
外貨建て比率	70.8	71.9	69.0	67.2	68.0
当該部門の不良債権率	3.5	2.1	1.7	0.0	0.0
トゥグルグ建て貸出の不良債権率	11.9	0.1	0.1	0.1	0.1
鉱業，地下資源開発					
トゥグルグ建て比率	30.0	34.1	49.9	63.4	63.0
外貨建て比率	70.0	65.9	50.1	36.6	37.0
当該部門の不良債権率	14.1	18.6	14.7	17.5	19.3
トゥグルグ建て貸出の不良債権率	27.6	30.7	24.2	26.4	29.5
卸売，小売，修理サービス					
トゥグルグ建て比率	65.7	62.4	67.1	65.0	65.6
外貨建て比率	34.3	37.6	32.9	35.0	34.4
当該部門の不良債権率	6.0	5.6	6.1	6.7	7.1
トゥグルグ建て貸出の不良債権率	6.1	6.4	7.4	8.5	9.1
建設業					
トゥグルグ建て比率	67.3	70.2	68.0	70.7	70.2
外貨建て比率	32.7	29.8	32.0	29.3	29.8
当該部門の不良債権率	2.4	2.2	2.9	2.3	2.4
トゥグルグ建て貸出の不良債権率	3.4	3.1	4.1	3.1	3.3
製造業					
トゥグルグ建て比率	87.5	89.2	90.5	88.9	88.7
外貨建て比率	12.5	10.8	9.5	11.1	11.3
当該部門の不良債権率	3.4	3.7	2.6	4.6	5.0
トゥグルグ建て貸出の不良債権率	2.2	3.5	2.2	3.3	3.7
その他					
トゥグルグ建て比率	95.7	96.2	96.1	94.9	95.6
外貨建て比率	4.3	3.8	3.9	5.1	4.4
当該部門の不良債権率	1.0	1.1	1.3	1.5	1.5
トゥグルグ建て貸出の不良債権率	0.8	0.9	1.0	1.1	1.2
不動産					
トゥグルグ建て比率	95.5	96.4	95.1	95.9	95.8
外貨建て比率	4.5	3.6	4.9	4.1	4.2
当該部門の不良債権率	0.8	0.9	1.1	0.8	1.7
トゥグルグ建て貸出の不良債権率	0.4	0.6	0.8	0.8	1.4
農牧業，水産業，林業					
トゥグルグ建て比率	98.4	98.8	99.0	98.6	98.6
外貨建て比率	1.6	1.2	1.0	1.4	1.4
当該部門の不良債権率	1.3	1.3	2.6	2.0	3.6
トゥグルグ建て貸出の不良債権率	1.3	1.3	2.6	2.0	3.7

出典：図 9-21 に同じ

る，といった様子が窺える。「その他」の消費，転売，クレジットカード，人件費のつなぎ等に係る短期的な債務は，規模は大きくても，ほとんどがトゥグルグ建てで，しかも本来的に短期のものであり，不良債権化率は低い。

　前節で見た通り，モンゴルは対外債務の重圧に加えて，鉱業・地下資源開発分野の不良債権問題を抱えている。ひと頃の地下資源開発ブームにより，楽観的な期待に基づいて短期間に莫大な外資を得たモンゴルでは，確かに固定資本・機械設備や開発インフラへ，その資金の一部は回ったが，他面で，消費等の非生産的な分野に対する貸出が，今振り返ってみれば一夜の夢のような好景気を演出した。

　夢から覚めたモンゴルが直面しているのは借金の山だが，現状に至るまでに，国家レベルでも「つなぎ」としての借金を様々な形で重ねてきた。それは例えば2012年の「チンギス・ボンド」(15億米ドル)，2013年の「サムライ・ボンド」(300億円) であった。前者は，「政府が元利を返済し，政府の関心は，公共的社会福祉事業に投資するよりも，高いリターンと経済的利得につながる経済の多様化を促進するに当たって，債券による資金を効果的に管理すること[29]」であったが，その目論見は所期の成果に達しなかった。モンゴル国会計検査院は，モンゴル政府系金融機関「開発銀行」に対して，その運用改善を求める報告を行った。後者は，「開発銀行」が発行する私募円建て外債に対して，日本の国際協力銀行 (JBIC) が元本の100％および利子の95％の保証を与えたもので，償還期10年である[30]。

　直面する苦境に B. チョイジルスレン財務相も「ボンドはボンドで返すしかない。直接支払えるような財源は無い[31]」と吐露しつつ，中国との通貨スワップ拡大や，IMF との EFF (Extended Fund Facility : 拡大信用供与措置) 協議を進め，何とか凌ごうとしている。しかし，状況は予断を許さない[32]。

3.　まとめ

　内陸アジア諸国はもちろん，中東諸国にとっても，中国が言う21世紀の陸と海のシルクロードは，新たな経済発展の鍵となり得るものである。ケント・E・カ

ルダーによれば，「中央アジアはエネルギーに飢えた二つの巨人—中国とインド—と地理的に接しており，またトルクメニスタンやウズベキスタンには，大規模で未開発のガス田がいくつもある」。こうした地理的近接性は，これらの諸国に，成長するアジア市場への東方向と南方向へのパイプラインアクセスの明確な可能性を提起している。グジャラートとムンバイは，ペルシャ湾の入口からわずか約1,000マイル。カシュガルとその他の新疆の都市は，パキスタンを越えてイラン国境とは1,200マイル。エネルギー経済学者は，供給源と市場との間が1,500マイルまでのパイプラインは明らかに経済的であると主張する。中国は，過去30年間における世界最大のエネルギー発見であるカスピ海北端のカシャガン油田を有するカザフスタンと国境を接し，トルクメニスタンの大量のガス田とも近い。こうして，中国とインドの国内の成長は，西方向と北方向に拡大し，中国西部やインド西部の成長地域とペルシャ湾やカスピ海の供給者とを結ぶパイプラインは，政治的なリスクを別として，ますます魅力的な命題となる[33]。

　また，「アジアはもとより欧州，米国その他に向けての世界の石油取引の半分は，ホルムズ海峡を通過しなければならない。さらに，アジア全体の石油消費量の優に半分以上もが，マラッカ海峡を一日も欠かさず通過しなければならない。特に中国は，このようなシーレーンを米国のような潜在的競争相手が支配することによる戦略的不確実性を抱えている。ペルシャ湾の代替地—アンゴラ，ナイジェリア，スーダン等—はさらに遠方にあり，そのシーレーンもまた米国海軍が支配している[34]」。このような事情により，中国は内陸アジア方面へ，新たな金融という枠組みを創りつつ影響力を展開しつつある。

　他方で，日本や米国はAIIBに参加せず，むしろ近年はTPPへの取り組みが目立っていた。しかしその旗振り役だった米国はトランプ政権成立と共に枠組みから離脱し，個別的交渉方式へと大きく舵を切っている。英国もEUから離脱する方向で手続きを進めつつある。経済や政治の国際的相互依存は今後も拡大深化していくであろうから，今目立つ動きが即「反グローバリズム」とまでは言えないが，AIIBも新たな国際的環境，より明示的な形で各国が国益を追求しあう潮流の中で，その役割を問われることになるだろう。

中国がAIIBの運営に乗り出したように，ロシアもまた別の意図を持ちつつ，国際開発金融機関をいくつも立ち上げてきている。AIIBとほぼ同時期に動き出したのは，BRICS銀行などとも呼ばれることのある「新開発銀行」（New Development Bank：NDB）であった。2013年のBRICSサミットでブラジル，ロシア，インド，中国，南アフリカの5カ国が設立に合意し，2014年に協定締結，5カ国で20%ずつの出資を取り決め，2015年に各国の批准も終了した。NDB以前に遡れば，2006年，「ユーラシア開発銀行」（Eurasian Development Bank：EDB）が，ロシアとカザフスタンで設立され，後にアルメニア，タジキスタン，ベラルーシ，キルギスが加盟している。EDBは既にいくつもの大規模プロジェクトへの融資実績を積み重ねているが，最近では，ロシアが自国に対する経済制裁を回避する手段としても活用を図ろうとしている。⁽³⁵⁾

　以上のようないくつかの大きなうねりに対して，経済規模としては決して大きくない内陸アジア諸国がどのような立ち回りを見せるかは，その個々の国の経済運営と密接に関わる面があると同時に，国際開発金融の仕組みそのものの将来に対して，逆に影響を及ぼし得るものでもある。21世紀に入り，「シルクロード」は改めて関係各国の国益の追求と牽制・妥協の場として動き始めている。

　そうしたなかにあって，最近数年のモンゴルの経験は，他の国に対しても貴重な教訓となる可能性がある。資金の需要がある所に資金を供給（融通）するのが金融の原義で，それ自体の必要性は否定すべくもなく，資金調達する側にも，目論見，借り方，運用等の面で，慎重さや厳しい管理体制が求められるのも当然である。誰も否定できない常識だが，モンゴルで起こっている事態もまた現実である。唐突な印象を与えるかもしれないが，ここ数年のモンゴルを見ていて筆者が想起したのは，ソースティン・ヴェブレンであった。

　世界大恐慌前夜に世を去ったヴェブレンは，近代資本主義が拡大し，かつ変容していくなかで，大企業ないし大企業者が「生産」よりも「利益」を追求していく様子を見定めていた。

　曰く，「かれらにとっては，産業体制の一定の攪乱から，利得が生ずるかもしれない。それは，その攪乱が好況を促進しても，一般的不況をもたらしても，同

じことであって，（中略）産業体制の攪乱から生ずる格差利得を目指している企業者にとっては，その操作が産業体制全体にたいして直接の促進的効率をもつか，それとも阻害的効果をもつかは，たいした問題ではない。その目的は金銭的利得であり，その手段は産業体制の攪乱である[36]」。

　社会主義を脱した国が向かった先の現代資本主義は，金融という便利でかつ厳しい仕組みを持っている。弱肉強食の面も否めない。民間の投資家や金融機関だけでなく，その仕組みの中で国と国とが対峙し合うのであるから，とりわけ資金の供与を受ける側には特段の思慮深さが求められよう。

（注）

(1)　ⅰ）　国際協力機構公共政策部（平成 21 年 3 月）「途上国経済分析の基礎」（課題別指針：経済政策）pp.3-5.

　　　ⅱ）　国際協力事業団（平成 8 年 3 月）「開発途上国マクロ経済指標マニュアル」pp.17, 37, 41.

　　　ⅲ）　JICA 研究所（2008 年）『指標から国を見る — マクロ経済指標，貧困指標，ガバナンス指標の見方 —』 https://www.jica.go.jp/jica-ri/IFIC_and_JBICI-Studies/jica-ri/publication/archives/jica/field/200803_aid02.html（2017 年 4 月 16 日閲覧）

　　　第 2 章　https://www.jica.go.jp/jica-ri/IFIC_and_JBICI-Studies/jica-ri/publication/archives/jica/field/pdf/200803_aid02_02.pdf（2017 年 4 月 16 日閲覧）　p.47.

(2)　http://www.jmcti.org/mondai/pdf/p115.pdf

(3)　例えば，“Уул уурхайн хүлээлт” http://economy.news.mn/content/129564.shtml（2012 年 12 月 31 日報道）によれば，「タバントルゴイ東ツァンヒ鉱床をモンゴル国営エルデネス・タバントルゴイ社が採掘し，将来的に採掘される石炭を担保にチャルコと 2 億 5,000 万ドルの前払い契約を締結したが，（中略）既に前払いされた 2 億 5,000 万ドルのうち，今後の採掘条件を整備すべきだった 3,400 億トゥグルグ以上（筆者注：2 億ドル超）がモンゴル人の間で雲散霧消してしまった。」

(4)　チメドダグヴァ・ダシゼヴェグ，ダナースレン・ヴァンダンゴムボ（拙訳）（2014）「モンゴル経済を多様化させる金融の挑戦」『ロシア・ユーラシアの経済と社会』2014 年 5 月号・No.981，ユーラシア研究所，p.22.

(5)　エンフバイガリ・ビャムバスレン（拙訳）（2015）「モンゴル経済の多様化の可能性：未開発の潜在力」『ロシア・ユーラシアの経済と社会』2015 年 1 月号・No.989，ユーラシア研究所，pp.2-19.

（6） i ） 何清漣「产能过剩成中国经济"核威胁"—中国版马歇尔计划述评（1）」
http://www.voachinese.com/content/heinglian-blog-china-marshall-20141115/
2521813.html（2017 年 4 月 16 日閲覧）

ii ） 何清漣「生産力過剰が中国経済の"核の脅威"に—中国版マーシャル計
画（1）」 http://twishort.com/tIUgc（2017 年 4 月 16 日閲覧）
http://heqinglian.net/2014/11/18/china-econ-japanese/（2017 年 4 月 16 日閲覧）

（7） 内閣府「世界経済の潮流 2012 年，第 2 章第 2 節 1. 軟着陸を模索する中国経済：
投資主導による経済成長の限界」http://www5.cao.go.jp/j-j/sekai_chouryuu/sh12-
01/s1_12_2_2/s1_12_2_2_1.html（2017 年 4 月 16 日閲覧）

（8） 日本政策投資銀行「中国経済の『投資から消費へ』の構造転換」（2015 年 6 月
18 日）http://www.dbj.jp/pdf/investigate/mo_report/0000019912_file2.pdf（2017 年
4 月 16 日閲覧）

（9）「中国，攻撃的な金融緩和でデフレ脱却の兆し」中央日報日本語版（2016 年 5
月 11 日）http://japanese.joins.com/article/541/215541.html（2017 年 4 月 16 日閲覧）

（10） 梶谷懐「デフレ不況に近づく中国　必要なのは中国版リフレ」『月刊 Wedge』
2015 年 9 月号　http://ironna.jp/article/1957（2017 年 4 月 16 日閲覧）

（11） i ） http://www.fmprc.gov.cn/mfa_eng/topics_665678/xjpfwzysiesgjtfhshzzfh
_665686/t1076334.shtml（2017 年 4 月 16 日閲覧）

ii）http://www.asean-china-center.org/english/2013-10/03/c_133062675.htm

（12） i ）福島香織「中国主導のアジアインフラ投資銀行の行方」（2015 年 4 月 16 日）
http://business.nikkeibp.co.jp/article/world/20150330/279391/?P=1（2017 年 4 月 16
日閲覧）

ii ） 金堅敏「中国の新シルクロード戦略を読む 〜対外開放政策の『昇級版』
か地政学的な戦略か〜」（2015 年 4 月 21 日）http://www.fujitsu.com/jp/group/fri/
column/opinion/201504/2015-4-4.html（2017 年 4 月 16 日閲覧）

iii ） 姫田小夏「AIIB が担う新シルクロード構想の裏側に透ける中国の焦り」
（2015 年 4 月 10 日）http://diamond.jp/articles/print/69906（2017 年 4 月 16 日閲覧）

iv）「AIIB を用いた中国の鉄道戦略」（世界潮流を読む　岡崎研究所論評集
2015 年 5 月 21 日）http://wedge.ismedia.jp/articles/print/4977（2017 年 4 月 16 日
閲覧）

v ） 上久保誠人「英国はなぜ西側で一番に AIIB 参加を決めたのか」（2015 年
4 月 2 日）http://diamond.jp/articles/print/69480（2017 年 4 月 16 日閲覧）

vi） 会田弘継「AIIB がイメージさせる『新世界秩序』」（2015 年 4 月 30 日）
http://www.fsight.jp/articles/print/40036（2017 年 4 月 16 日閲覧）

vii） 山田厚史「国際金融秩序に挑戦する中国」（2015 年 3 月 12 日）http://dia-
mond.jp/articles/print/68236（2017 年 4 月 16 日閲覧）

viii） 真壁昭夫「AIIB で英国が中国に寝返り」（2015 年 3 月 30 日）http://diamond.jp/articles/print/69199（2017 年 4 月 16 日閲覧）

　　ⅸ）段霞「如何認識"一帯一路"建設対于中国与世界的意义」http://www.71.
cn/2014/1209/791575.shtml（2017 年 4 月 16 日閲覧）

(13)「中国，海外初の元建て国債　IMF の準備通貨狙う」(2015 年 10 月 15 日)
http://www.nikkei.com/article/DGXLASGM14H41_U5A011C1EA1000/?n_ci-
d=SPTMG002（2017 年 4 月 16 日閲覧）

(14) 河崎真澄「人民元，国際通貨にはまだ『高い壁』　円を初逆転，決済通貨 4 位に」
(2015 年 10 月 7 日)http://www.sankei.com/world/print/151007/wor1510070052-c.html
（2017 年 4 月 16 日閲覧）

(15)「人民元の SDR 入り，IMF が決定　円上回る比重で」(2015 年 12 月 1 日)
http://www.nikkei.com/article/DGXLASFK30H8K_Q5A131C1000000/（2017 年
4 月 16 日閲覧）

(16) 永井洋一「中国に疑心暗鬼の市場　経常黒字で外貨準備減の怪」(2015 年
9 月 1 日)http://www.nikkei.com/markets/features/26.aspx?g=DGXLASFL01H
IJ_01092015000000（2017 年 4 月 16 日閲覧）

(17) 滝田洋一「中国 3.6 兆ドルの外準マネーは張り子の虎か」(2015 年 9 月 2 日)
http://www.nikkei.com/article/DGXMZO91171100R30C15A8000000/（2017 年
4 月 16 日閲覧）

(18) 田村秀男 (2015)『人民元の正体』マガジンランド，p.33.

(19)　ⅰ）"China's Illicit Outflows Were US$1.08 Trillion from 2002-2011", Global
Financial Integrity（2014）http://www.gfintegrity.org/chinas-illicit-outflows-2002-
2011-us1-08-trillion/（2017 年 4 月 16 日閲覧）

　　ⅱ）William T. Wilson, "The Party Is Over in China, for Now"（September 16,
2014）http://dailysignal.com/2014/09/16/party-china-now/(2017 年 4 月 16 日閲覧)

(20)　ⅰ）『指標から国を見る―マクロ経済指標，貧困指標，ガバナンス指標の見方
―』，前掲書，第 2 章，p.69.

　　ⅱ）World Bank list of economies (March 2017) によれば，各国の分類は以下
の通り。ロシア：Upper middle income（高位中所得国），中国：Upper middle
income（高位中所得国），インド：Lower middle income（低位中所得国），カ
ザフスタン：Upper middle income（高位中所得国），キルギス：Lower middle
income（低位中所得国），タジキスタン：Lower middle income（低位中所得国），
モンゴル：Lower middle income（低位中所得国）。

(21)　ⅰ）志波和幸「ロシア経済の現状と課題」『Newsletter』国際通貨研究所（2016
年 7 月 29 日)https://www.iima.or.jp/Docs/newsletter/2016/NL2016No_16_j.pdf(2017
年 4 月 16 日閲覧）

　　ⅱ）石原尚子「ロシア経済にみられる資源エネルギー収入依存の功罪」三菱
東京 UFJ 銀行海外駐在情報 (2014 年 9 月 1 日)http://www.bk.mufg.jp/report/

ecostl2014/20140901_ldnreport.pdf（2017 年 4 月 16 日閲覧）

(22)「カザフスタンの石油産業動向」JPEC レポート（平成 28 年 1 月 8 日）

(23) 加藤淳「カザフスタン経済の現状と展望」『Newsletter』国際通貨研究所（2014 年 10 月 7 日 ）https://www.iima.or.jp/Docs/newsletter/2014/NL2014No_37_j.pdf（2017 年 4 月 16 日閲覧）

(24)「キルギス概況」在キルギス共和国日本国大使館（2013 年 4 月）

(25) 大谷聡・渡辺賢一郎（2004）「東アジア新興市場諸国の外貨準備保有高について」『金融研究』（2004 年 12 月）日本銀行金融研究所，pp.201-202.

(26) 菊池しのぶ「インドネシアの対外債務構造」p.3，みずほ総合研究所（2016 年 4 月 5 日）https://www.mizuho-ri.co.jp/publication/research/pdf/insight/as160405.pdf（2017 年 4 月 16 日閲覧）

(27) 本稿のタジキスタンに関する情報については，主として，ハムロホン・ザリフィ（駐日タジキスタン共和国大使），シェラリショ・カビーロフ（タジク・アルミニウム会社社長），ナジル・シャリフィ（Skyland Petroleum Group 南・中央アジア・ロシア戦略ビジネスユニット長），シュフラト・イスマトゥロエフ（OJSC「オリエンバンク」第一副総裁）による「タジキスタン投資プレゼンテーション」（2016 年 10 月 6 日）資料および発言に依っている。

(28)「途上国経済分析の基礎」前掲資料，p.4.

(29) チメドダグヴァ・ダシゼヴェグ，ダナースレン・ヴァンダンゴムボ，前掲稿，p.31.

(30)　ⅰ）2014 оны Засгийн газраас гаргасан үнэт цаас болон Чингис,Самурай бондын хөрөнгийн зарцуулалт, Хөгжлийн банкны хуулийн хэрэгжилт, Хөгжлийн банкны санхүүжилтээр хэрэгжсэн төслийн үр дүнд хийсэн аудитын тайлан http://www.audit.mn/?p=3627（2017 年 4 月 16 日閲覧）

　ⅱ）https://www.jbic.go.jp/ja/information/press/press-2013/1225-16316（2017 年 4 月 16 日閲覧）

(31) Б.ЧОЙЖИЛСУРЭН: БОНДЫГ БОНДООР ЭРГҮҮЛЖ ТӨЛӨХӨӨС АРГАГҮЙ, ШУУД ГАРГАХ ЭХ ҮҮСВЭР АЛГА　http://www.olloo.mn/n/34920.html（2017 年 4 月 16 日閲覧）

(32)　ⅰ）Mongolia and China agreed to extend the bilateral currency swap arrangement）https://www.mongolbank.mn/eng/news.aspx?id=1426（2017 年 4 月 16 日閲覧）

　ⅱ）http://theubpost.mn/2017/03/09/imf-executive-board-has-yet-to-meet-regarding-mongolias-eff/（2017 年 4 月 16 日閲覧）

　ⅲ）http://www.imf.org/external/np/exr/facts/eff.htm（2017 年 4 月 16 日閲覧）

ⅳ）「EFF は，抜本的な経済改革を必要とするような大きな歪みに起因する，中・長期的な国際収支上の問題の解決に取り組む加盟国を支援します。EFF の利用

は最近の危機の間に大幅に増加しました。これは，一部加盟国が抱えている国際収支上の問題の構造的な性質を反映しています。EFF 取極の適用期間は通常 SBA より長くなっていますが，承認の段階で 3 年を超えることはありません。しかし，3 年を超える国際収支上のニーズが存在する場合，マクロ経済の安定性を回復するための調整に時間がかかる場合，そして当該国が徹底した持続的な構造改革を行う能力と意欲を持っていると十分に認められる場合には，最長 4 年の期間が認められます。返済期限は融資支払い日から 4.5 ～ 10 年となっています。」 http://www.imf.org/external/japanese/np/exr/facts/howlendj.htm（2017 年 4 月 16 日閲覧）

（33）ⅰ）ケント・E・カルダー，杉田弘毅監訳，(2013)『新大陸主義』潮出版社，p.348，pp.79-81.

ⅱ）Kent E. Calder（2012）*The New Continentalism: Energy and Twenty-First-Century Eurasian Geopolitics*, Yale University Press, pp.231, 35-37.

（34）ⅰ）カルダー，前掲書，p.78.

ⅱ）*Ibid.*, p.35

（35）ⅰ）塩原俊彦「ユーラシアの開発金融をめぐる諸問題―ロシアを中心に―」http://db2.rotobo.or.jp/members/all_pdf/m201604No.02kjhu.pdf

ⅱ）「ロシア政府，制裁対象外の開発銀行を活用　回避策明示，日本の融資促す」（2016 年 12 月 8 日）

http://www.sankeibiz.jp/macro/news/161208/mca1612080500001-n1.htm（2017 年 4 月 16 日閲覧）

（36）ⅰ）ソースティン・ヴェブレン，小原敬士訳，(1965)『企業の理論』勁草書房，p.25.

ⅱ）Thorstein Veblen, *The Theory of Business Enterprise*, 1904, Augustus M. Kelly・Publishers Clifton (1975), p.28.

10　日本人知識人・ジャーナリストの見た植民地台湾：渋沢敬三と石山賢吉[(1)]

中 村 宗 悦

1.　はじめに

　1895（明治28）年，日清戦争に勝利した日本は初の海外植民地として台湾を領有し，以後，1945（昭和20）年の敗戦によってすべての海外植民地を失うまで50年にわたる統治をおこなってきた。日本においても，また台湾においてもこの日本統治時代について，さまざまな角度からの研究・評価がなされてきている[(2)]。一方的な「評価」が先行する場合もあるが，日本と台湾の研究者は，概ね実証的な分析によってこの日本統治時代を跡づけようとしている。それは政治や経済といった側面のみならず，当時生きた人々が担った文化・文芸，教育，思想といった分野にまで広がってきている。たとえば，戦前期に何度も中国・台湾に足を運んだジャーナリスト徳富蘇峰について，杉原志啓（1998），葉紘麟（2009），黄翠娥（2015）などの研究がある。本稿は，こうした研究動向を踏まえつつ日本人知識人やジャーナリストによる台湾認識に関して，とくに経済・産業分野に限定し，今まであまり取り上げられてこなかった事例を取り上げて分析を試みようとするものである。

　具体的には，1926（大正15）年4月に台湾を訪問し，その植民地経営の実態について独自の視点から考察をおこなった渋沢敬三（1896～1963）の『南島見聞録』（1927），およびダイヤモンド社創業者で経済ジャーナリストの石山賢吉（1882～1964）が主としてその産業化の実態についてまとめた『紀行　満洲・台湾・海南島』（1942）を取り上げる。

渋沢敬三は，日本資本主義の父と呼ばれる渋沢栄一の嫡孫であり，横浜正金銀行，第一銀行を経て日本銀行副総裁・総裁，大蔵大臣などを歴任し，また民俗学者としてアチック・ミューゼアムを主宰した。東京帝国大学の学生時代には法学部から独立したばかりの経済学部において山崎覚次郎教授の下，経済史を研究した。卒業論文のテーマは産地織物業の実態調査に基づく「ビュッヘル氏の所謂工業経営階段と本邦に於ける其の適用に就て」というものであった[3]。また横浜正金銀行の行員としてのロンドン駐在時代にはヨーロッパのさまざまな文化に触れ，それを「ロンドン通信」として書き送っている。まさに当代一級の「知識人」の名にふさわしい人物であったと言えるであろう。さらに，もともとは生物学者になりたいと思っていた敬三の着眼は，「一歩引いて観察者となる習性があったというべきかもしれない」（由井常彦・武田晴人，2015, p.67）と評されるものであったが，もしそうであるならば，そのような冷静な観察者の視点からこの時期の台湾を捉え直してみることに少なからず意味はあるであろう。経済人として，また民俗学者としての視点をもった観察者が捉えた植民地台湾はどのようなものであったのであろうか。

　一方の石山賢吉は，日本を代表する経済雑誌社であるダイヤモンド社の創業者であり，かつ「生涯一記者」を標榜したジャーナリストであった[4]。『経済雑誌ダイヤモンド』（以下，『ダイヤモンド』と略記）は1913年の創刊当初より会社経営の実態や各見聞記，財界人へのインタビュー記事などを得意として，その発行部数を伸ばしてきたが，海外植民地に関しても実際に現地へ記者を派遣し，その取材に基づく記事を掲載するなど，独自性を発揮していた。台湾にも早くも創刊2年後の1915年には皆川省三記者を派遣，台湾糖業の取材をおこなっている。石山は「皆川君の次に台湾へ砂糖の調査に行つたのが赤堀君，次は，阿部君であつた。阿部君は二度ばかり行つたが，皆，宮川氏[5]の厄介になつて居る。今度の私で四人目である」（石山賢吉，1942, p.324；注は引用者）と書いている。「阿部君」とは第2代ダイヤモンド社社長の阿部留太である。創業社長の石山も第2代社長の阿部も台湾に実際に出向いているのである。また石山は基本的には自由主義経済学の信奉者であったと言って良い。統制経済に対する批判的な視点を雑誌の

編集方針全体から読み取ることができる。台湾の経済実態に対する観察もできる限りリベラルな視点を失わないような努力が垣間見られる。もっとも，「台湾＝南進の前線基地」という当時の台湾が置かれていた状況からまったく自由であったとは言えない。そうした国策迎合的な側面にも留意しつつ石山の台湾に対する観察，評価を追ってみたいと思う。

　以下，まず渋沢敬三の『南島見聞録』，次いで石山賢吉の『紀行　満洲・台湾・海南島』を分析するが，いずれも台湾に関する部分のみの分析であることはあらかじめお断りしておきたい。

2. 渋沢敬三『南島見聞録』

　渋沢敬三が台湾を訪れた1926年4月は，1925年に祖父栄一の体調が思わしくないとの報を受けて帰国してから，第一銀行に入行することになるまでの間の時期に当たる。なぜ敬三が台湾を選び，そこに出向いたのかについての理由ははっきりとはわからないが，直接には石黒忠篤農林省農務局長（のち第2次近衛内閣で農林大臣，鈴木貫太郎内閣で農商大臣）に随伴し，台北で開催される第19回大日本米穀大会に出席するという名目であった。石黒が栄一の長女歌子が嫁いだ穂積陳重の次女光子を妻としていたので，敬三の義理の従兄弟にあたる人物であったこともあるだろう。いよいよ祖父の後を本格的に継いで第一銀行へ入行する前に遊学しておきたいという気持ちもあったであろう。また，当時ちょうど台湾銀行が鈴木商店の不良債権を抱えて経営難に陥っていたことは知られており（実際，1927年に昭和金融恐慌の震源の1つとなる），その視察という目的もあったのかもしれない（現在のところその点に関しては不明である）。

　いずれにせよ，4月19日横浜を出航した汽船は3日間の航海を経て22日に基隆港に到着し，そこから汽車で40分の移動ののち台北市に入った。そして，10日あまりの視察を経て5月2日に再び基隆港を出航し，次の目的地であった先島列島に向かったのである。

　本論に入る前に，以下，『南島見聞録』の目次を示しておく。また併せて当時

の台湾の地図も掲げておく。

『南島見聞録』目次（一 ～ 四まで。五は先島列島，六は沖縄本島）
　一　はしがき
　二　台北
　　一　アジンコート島(8)
　　二　基隆上陸
　　三　台北市にて
　　四　大稲埕
　　五　農家訪問
　　六　林本源氏邸
　三　阿里山
　　一　独立山まで
　　二　竹紙の話
　　三　噴起湖にて
　　四　沼の平
　四　台南と高雄
　　一　看天田(9)
　　二　蓬莱米
　　三　台南にて
　　四　高雄にて
　　五　台湾を去る

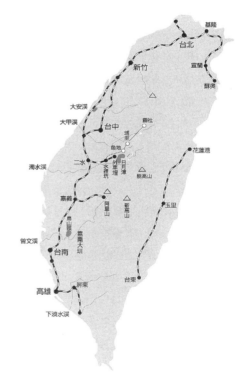

図 10-1　昭和初期の台湾
出典：鹿島建設（2007）より作成

2-1. 蓬莱米

『南島見聞録』における叙述の順番通りではないが，まずは台北の米穀大会において伊沢多喜男第10代台湾総督（在任期間1924～26）に命名された「蓬莱米」に関する叙述を見ておこう。日本は台湾領有直後の1896年から台湾を米の供給基地として開発しようと試みた。もともと台湾には在来種のインディカ米が栽培されており，当初は総督府も在来種米の改良という方策で米の増産を計画していた。しかし，朝鮮での内地種米（ジャポニカ米）が台頭してくると，台湾においても内地種米を導入して在来種米と掛け合わせる方策に転換していった。この産米改良を担った人物が，1912年に総督府農事試験場，中央研究所技師として渡台し，のちに台湾米の父と言われるようになった磯永吉であった。磯が内地種米と在来種米を掛け合わせて作った米が「台中65号」と呼ばれる品種であり，これが伊沢によって「蓬莱米」と命名されたのである。[10]

敬三は，「内地種米即ち今度の米穀大会を機会に伊沢総督によって命名された蓬莱米が，初めて台湾に移植されたのはかなり昔のことで，明治二十九年領台直後，今度我々が泊めて頂いた総務長官官邸前の水田[11]（今はアスファルトの大通りであるが）に試作したのを以て嚆矢とする。爾来各種機関の手を経て試験に試験を重ね，現今に於ては実に百七十余種の多きを加うるに至った」（渋沢敬三，1992 p.49 以下，本章での同書からの引用はページ番号のみを示す。注は引用者）と述べると同時に，次のようにこの内地種米が万能ではないことを指摘している点が興味深い。

在来種が単に肥沃の土地に植えても徒長し，結実前倒臥を起し収量を減ずるという，極めて飽食暖衣を嫌う現代離れした剽悍無比な性質を有するのはどこまでも野趣がある。ところでもしこれに肥料を施せば施すほどかえって損になるという点に至っては，これ正に在来種の一大特長である。かつこの点が生産費の上から見て，必ずしもあらゆる土地に於て，内地種米によって駆逐さるべきでないことを物語る有力なる一原因となるとも考えらるるのである。（p.49）

さらに別の箇所では「最近台湾に内地種米が盛んになって以来，在来種のように籾が落ちにくいために，鷺の餌が少なくなったことである。脱穂しやすい在来種は一方家鴨の餌となっていたと同時に，他方その柔かい藁は水牛の最も好むところで，蓬莱米の藁は俵とか叺を作るには適するが，少々堅過ぎるため，水牛のお気に召さぬとは，意外なところに意外な影響のあるに驚いた次第である」（p.28）とも述べている。つまり内地種米という（台湾にとっての）外来種が導入されたために，現代流に言えば，従来の生態系が破壊され，アヒルや水牛の成育に影響を与えているというのである。もっとも，こうした生態系の変化は植民地台湾にだけ見られたものではなかった。武井弘一（2015）によれば，食糧の安定供給を目指した江戸時代の新田開発の時代から同様の問題は起こっていたのである。

　敬三がそれとはっきり意識していたかどうかは不明であるが，米の増産一辺倒で自然に手を加え，あまつさえ在来品種を駆逐してしまいかねない総督府の産業政策に批判的な視線を注いでいたことが，こうした叙述から看取される。

2-2. 台湾茶業

　当時，台湾の主要産業は米，砂糖，茶，樟脳の生産であったが，このうち製茶について敬三は台北の一大商業地であった大稲埕を訪れた際，次のように叙述している。やや長くなるが，総督府の共同販売所設置などに関する興味深い部分があるので引用しておこう。

[大稲埕は] 殊に台湾北部の茶業の発達につれて，烏龍茶の再製ならびに輸出場として，とみに顕われてきた全くの商業中心地で，住民は全部本島人と云って差支ない。[中略] 台湾に於ける茶はその輸出品の大宗の一で，大正十三年の年額一千万円以上にのぼるからである。このうち五百万円は米国へ仕向けられ六百万円は南洋へ行く。前者は殆ど烏龍茶，後者は包種茶で，両者の差は，包種茶は烏龍茶に比し摘採期遅るると醗酵少いこと，かつ黄枝茶，秀英茉莉花等の香茶を混ずるにある。ところがこの陳悦記さん [敬三が視察した台湾

の茶業者]のやり方のような取引では非常に複雑で，中間者の利益のために，本島茶業全体が爪哇やセイロンと競争困難なる恐れがある。ために総督府では世話を焼いて台湾茶共同販売所を開かしめ，取引手続を簡易にし浪費を省き金融を良好ならしめるのみならず，或いは市況を通報し茶袋無償貸与をなし，また山方の者が売りに出た時のために無料宿泊所を設くる等，至れり尽くせりの事業を最近開始した。そして「利用せよ理解せよ（宜乎利用宜乎理解）」と大いに宣伝これ努めている。現に我々がこの販売所を拝見した折も，入札者がだいぶ来ていたようである。(pp.25-26 [　　] 内は引用者による補足。以下，同様）

台湾茶の輸出金額が年間1,000万円以上，そのうち500万円が米国向けの烏龍茶であり，残りが南洋方面に向けられた包種茶(パオチョンチャー)であったという。烏龍茶や包種茶といった茶の種類の違いによって輸出先が異なっていたとの指摘も興味深いが，この部分の叙述で重要なのは，台湾人商業者の複雑な取引方法では中間マージンが発生して国際競争力が削がれ，ために総督府自らが共同販売所を設置し，金融面での援助や情報の提供，茶袋の貸与，商業者用宿泊所の設置などをおこなっていたという事実であろう。明治初期に日本も茶や生糸の輸出に関して，政府や民間同業者がサポートする共同事業が盛んにおこなわれた。総督府がどのような考えに基づきこうしたサポートをおこなったかについての解明は今後の課題であるが，明治期の日本の輸出奨励策が参考にされた可能性は低くない。

なお現在でも大稲埕には各種問屋が軒を連ね，さまざまな物産の取引がおこなわれているが，当時は現在以上の賑わいを見せていた。〈資料10-1〉

資料10-1　1930年頃の大稲埕
郭雪湖『南街殷賑』
出典：台灣文學工作室（2015）
p.128 より

資料10-2　1920年代末の台北榮町大道（現在の台北市衝陽路）一帯
出典：王佐榮（2015）p.49 より

は，日本統治時代の台湾人日本画家である郭雪湖が描いた『南街殷賑』という絵である。まさに「南街，全台灣最豐饒，世界物質文明匯集的市集［南街，それは台湾全土で最も物が豊かで，世界中の物質文明が集まる市場］」（台灣文學工作室，2015, p.128；［　］内は引用者による翻訳）という形容が相応しいものであった。

　また敬三は台湾の交通事情を見て，「台北市のために，電車［路面電車のこと］のまだ無く，しかもバスの発達しつつある現状を祝福したのであった。将来の我が国大都市は路面の交通はバスに依り地下は高速鉄道に依ることロンドンの如くなるはずと自分は考えている」（p.23）と述べているが，台北市街の当時の写真〈資料10-2〉を見ると，整然とした道路に自動車が行き来している様子がよくわかる。なお，台北がこれだけ整備されたのは，1901年の台風被害の後，後藤新平が主導した整備事業の成果であった。（王佐榮，2015, p.49）

2-3. 台湾の道徳，教育

　台北でその殷賑を極める様子を賞賛しているかに見えた敬三であったが，この『南島見聞録』全般にわたって見るならば，行き過ぎた文明化には批判的な眼差しが随所に現れる。それがもっとも直截に述べられているのが，「台南にて」と題された節においてであろう。敬三は，台湾全島でもっとも古い孔子廟を訪れた

際，このように述べている。

　壮麗な文廟の横に，徳育にもっぱらでない小学校が皮肉にも教育を我が物顔
に建つはまだしも，悪くするとデパートメントストアさえ聳える時代もやがて
は来るであろう。[中略] 台湾人の教育もよい。しかし智育のみを主として，し
かも彼等のうちに知識に優秀な者が多数生じてきた暁，彼等をそれぞれ満足
せしむる地位官等に置く用意が総督府ないし日本官民にあるだろうか。これ
はまだ差し迫ってはおらぬ実際問題ゆえしばらく措くとして，真の日本人と真
の台湾人との間に，真正な有機的結合を生ぜしむるための文化的施設なり心
構えなりを，今から懸命に考えている人が一体何人居るのであろうか。自分は
総督府なり民間有力者なりが，ただ単に治めるとか資源の開発とかのみでな
しに，この方面に向かっても一歩踏み込んで思いを廻らして頂きたいという願
を，孔子廟を拝見しつつ強く持ったのであった。(pp.55-56，下線は引用者)

　単なる開発批判ではなく，文明化された日本人と台湾人の間の「真正な有機的
結合」，おそらくそれは物質文明によるものではなく，たとえば祖父栄一が生涯
説いてやまなかったような経済と道徳を合一させるようなあり方を考えるべき
であるとの指摘は示唆的である。とくに近年日本が台湾統治をおこなった際の教
育政策が「成功」であったとして「評価」する声が巷間流布していることを考え
るとなおさら敬三の指摘は重要であろう。また当時，日本でも東洋思想（なかん
ずく儒教）の見直しの必要性が叫ばれ，1923年には大東文化協会，大東文化学院
が設立された。その設立趣旨には「文書講演其の他の方法を以て前示目的［儒教
に拠る国民道義の扶植，儒教の振興］の達成に努め且海外に亘り斯学の振興を図る
こと」（大東文化大学創立五十周年記念史編纂委員会編，1973，p.132）が掲げられて
いた。こうした傾向が敬三ら知識人層の東アジア植民地を見る眼差しにどのよう
な影響を与えたのかも興味深いが，今後の課題としておきたい。

2-4. 台湾での大規模開発事業

　当時の台湾では，2つの大規模開発事業が進行中であった。1つは日月譚にお
ける電力開発事業であり，もう1つは烏山頭ダム建設とそれによる灌漑事業（嘉
南大圳）である。前者は，台湾電力株式会社によって1919年に着工され，資金難
からの中断を経つつ1934年にダム湖と発電所が竣工した事業であり，後者は
1920年に着工し，1930年に竣工した事業である（日月譚の事業については，3-2で
詳述する）。前者は敬三が訪れたときは中断中であったが，後者はまさに工事の真
最中であった。敬三は嘉義から汽車を乗り継ぎ烏山頭ダムを訪れ，工事の総責任
者であった八田與一から直接説明を受けている。(16)

　　嘉義を出て番子田にて乗り換え烏山頭のダムを見る。［中略］実際上の価値は
　　自分等には解らぬが数字でいうと蓄水面積が一億平方尺，最大貯水量が
　　五十五億立方尺というのだから大変なものに違いない。［中略］実に天然改造
　　の大工事で，我々は烏山頭出張所長八田与一氏に導かれて，まだ工事中のこの
　　堰を親しく訪なうことが出来た。(p.45)

　敬三は八田からの説明に基づいてであろう，このあとにダムの工事方式（ハイ
ドロリックフィル式）等についても細かな叙述をおこない，「本事業の大成の暁に
於てはこの地方の農業の進歩は実に見るべきものがあると思惟される」(p.46)と
している。しかし，同時に2つの大きな問題を指摘することも忘れていない。そ
の1つは，1つのダムによって灌漑する面積が広大でありすぎるという点，もう1
つはその農地が幾多の地主に分割所有されているという点であった。とくに敬
三の目には「どうもこの仕事が農業上の技術慣習，その他民政的方面の調査研究
を幾分欠いているように思えてならぬ」(p.47)と写ったようであり，次のように
まとめている。

　　嘉南大圳の成功を真心から祈る自分は，これが総督府や組合幹部のみの成功
　　に非ずして，利害関係本島人全部が手を打って喜び祝福し合うていの成功で

あることを切に切に望む者である。日月潭の電力，阿里山の鉄道，嘉南大圳，桃園大圳，何れも思い切って大きい。内地人の頭のスケールにはけたはずれとも云えよう。人は云う，殖民地的である。また或る者は後藤式と云う。痛快である。しかしその言語の裏には一種の皮肉と憂惜の念を包むを否む訳にはゆかぬ。けれども事実上殖民地の仕事なのである。仕事地の相手が本島人であって，かつ政党関係がまだ少くかつ総督府に全てが統一されていることも，この仕事の成り行きを見る上に忘れてはならぬ一ファクターであろう。(p.47)

ここで敬三は，「開発独裁」の問題を的確に指摘していると言えるであろう。事実，この大事業は日本人が台湾で成し遂げた大事業であったとの評価がある一方で，それらにおいて敬三がここで指摘しているようなさまざまなマイナスがまったく等閑に付されていることを懸念する声もあることを忘れてはならない。一方，「政党関係がまだ少く」という敬三の事実認識にはやや疑問も感じる。この時の台湾総督・伊沢多喜男は自ら非政友会系を公言してはばからない官僚の代表的人物であったからである。この点，当時の台湾政治事情 (内地との関係も含む) に対する敬三の認識はやや甘いように思われる。

2-5. 小 括

敬三は，「豆州内浦漁民史料」の編纂をはじめとして魚や水産関連の研究でよく知られている。そのためであろう。台南の安平における養魚場にはことのほか深い関心を寄せているように見える (p.56) が，ここでは詳しくは触れない。また高雄の港の繁栄についても書いている。高雄ではカラスミなどの水産物ではなく，バナナ，パイナップルなどの果物およびその輸出について詳述している (pp.60-61)。しかし，短い日程の中でそれほど深く観察できたわけではなさそうである。ほかに製糖工場も訪れたようだが，詳細な記述がないことは残念である。

最後に，敬三は台湾を去るにあたり「殖民政策上，為政上，経済上種々議論もあろうが，自分はこれを各々その専門家に譲り，今はただこの民族〔内地人，生

蕃，広東人，福建人］を我々は学問上の対象として，徹底的に研究をされたいという希望だけを述べたい。［中略］台湾人の研究は当然目下の急務である。生蕃と同様に，台湾大学なり総督府なりが，この方面に特別に眼をつけられて欲しい」(pp.63-65) と注文を付け，『南島見聞録』における台湾にかんする叙述を終えている。

　敬三がここで「台湾大学なり総督府なりが」と述べている点には注意を払っておきたい。と言うのも，1926年4月時点ではまだ台湾に大学はなかったからである。李恒全 (2007, pp.45-50) によれば，台湾における大学設立構想は，田健次郎総督・下村宏民政長官時代にスタートし，伊沢多喜男総督時代に具体化された。そして1925年7月31日，総督府の大学創設事務委員に幣原坦（外相・首相を務めた喜重郎は次弟）が就任すると，彼は「『東洋特ニ南洋ニ関スル人文科学的知識』の研究は日本国民の南方発展に対して大きな影響を及ぼし，日本の文化・文明の進歩にとっても助けになると」考え，「南洋史学」講座および「土俗学・人種学」講座を設けた。敬三がこうした幣原の構想を知らなかったとは考えにくく，またこの台湾訪問時に幣原と話す機会があったのかもしれない。いずれにせよ，1928年に「大日本帝国」の第7番目の帝国大学として開学した台北帝国大学（名称は種々議論の末，1927年に「台北帝国大学」に決定）の文政学部に日本ではじめての「土俗学・人種学」講座が設けられたのである。[20]

　以上，はなはだ簡単ではあるが，敬三という一知識人の見た台湾について述べてきた。簡単にまとめておこう。

1. 大規模灌漑事業など開発の進む植民地台湾について敬三は，「利害関係本島人全部が手を打って喜び祝福し合うていの成功であることを切に切に望む者である」と評する。実際には必ずしもそうなってはいなかったことがうかがえる。

2. 米と砂糖の供給地である台湾。砂糖については残念ながらほとんど言及がないが，米作については「蓬萊米」の移植による従来農業の変化に着目している点が重要である。

3. 一般に植民地台湾の教育政策については，高く評価される場合が多い。し

かし，敬三は智育偏重（近代化教育，同化教育の偏重）が土着文化（儒教？）
の破壊につながることを危惧している。「総督府なり民間有力者なりが，
ただ単に治めるとか資源の開発とかのみでなしに，この方面に向かって
も一歩踏み込んで思いを廻らして頂きたい」という希望の表明は，1. の開
発批判にもつながる。

4. 台湾に関する民俗学・人類学研究の重要性を指摘している。最後に述べ
た部分だけではなく，随所に台湾の民俗についての言及が見られる。経済
史とは直接関係しないので詳細は省いたが，民俗学的な台湾研究は中国
本土の理解深化につながることを指摘している。

3. 石山賢吉『紀行 満洲・台湾・海南島』

石山賢吉の『紀行 満洲・台湾・海南島』（ダイヤモンド社，1942年）は，1940年
の4月末から6月まで40日間，東洋経済新報社の石橋湛山らとともに朝鮮・満州
を旅行した際の旅行記，および1940年の暮れから翌41年1月と3月に台湾・沖
縄・海南島を訪問した際の旅行記から成っている。このうち本稿で取り上げるの
は，台湾を訪れた部分である。1940年12月26日に大阪商船の高千穂丸で門司港
を出航，12月30日の正午過ぎに基隆に到着し，翌41年の1月10日に沖縄に向
かった。正味で言えば，10日足らずの台湾旅行であったが，台北，日月潭，台
南，高雄，屏東，苗栗などを回り，現地での案内に導かれながら精力的に産業視
察をおこなっている。

2節と同様に，まずは台湾篇の見出しを掲げておく。

船中

台北

長谷川総督訪問

蕃社見物

日月潭水力

台湾の水力

車中の製糖談

台南

高雄

台湾製糖

鳳梨

再び車中の製糖談

田代技師の来信

天然瓦斯

炭礦

森矗昶氏
（のぶてる）

金瓜石金山
（きんかせき）

私の台湾観

3-1. 台北での長谷川総督訪問など

　石山賢吉は，長男の四郎と秘書を同道して台湾を巡見した。目的は産業視察ということであったが，実際には1940年12月に社長職を副社長の阿部留太に譲り，会長職に退いたことを契機としてであったようである。その意味では，多少慰安旅行的要素もあったかもしれないし，逆に記者としての原点に戻って取材をするつもりであったのかもしれない。あるいは国論が南進論に傾いている中，その前進基地として位置付けられていた台湾を実際に見聞しておこうという動機があったのかもしれない。実際，台湾旅行から戻ってきた頃には日本は対米英戦争に踏み切るかどうかの瀬戸際であり，1941年7月，日本は南部仏印進駐を決定し，日米開戦は避けられない情勢となった。外交的緊張が高まる中での台湾旅行であったのである。

　石山一行は基隆で浅野八郎（浅野総一郎の三男で元関東電工会長）の紹介で出迎えに来ていた人々の案内でその日に台北入りし，台北では台湾鉄道ホテル（渋沢敬三が渡台時に米穀大会の会場となったホテル）に投宿し，台湾で砂糖の雑誌を発行していた宮川次郎と面会をした。宮川次郎は台湾実業界社などを経営し，著書

も多数有している台湾のメディア界では著名人であった。ダイヤモンド社から台湾に記者を派遣した場合も，常にこの宮川の案内を受けていたらしい。石山一行が台湾に到着したのは暮れも押し詰まった12月30日のことであったが，翌日の大晦日には総督府を訪問し，第18代台湾総督の長谷川清（在任期間1940 ～ 44）に面会をしている。台湾総督は，初期の武官総督時代を経て，1919年の田健次郎総督から文官総督に代わっていたが，この長谷川総督の前任者である小林躋造総督（在任期間1936 ～ 1940）から武官が再び任用されるようになっていた。小林は，二・二六事件の際に免官された陸軍大将とのバランス人事という観点から海軍の側の大将として免官されて予備役に編入された人物であったが，1936年に異例の人事として台湾総督に任命された。小林は台湾の皇民化政策に力を発揮すると同時に，台湾を南進基地とするための工業化に力を入れた。[21]

　石山らは松永安左エ門からの紹介状を持ち，12月31日に長谷川総督に面会した。石山はこの現役武官として着任したばかりの総督について，次のように述べている。

　　私は，新経済体制に就いて，抱懐する意見を少しばかり述べた。それを総督は，よく聴いて呉れた。総督は頭の回転が早い。それであつて，耳も可なり大きい。両立し難い二つの特長を持つて居る。名総督の資格充分である。総督は着任早々である。私の視察の結果をきかして呉れといつた。私は，それをお世辞と解釈しなかつた。さう思はせるだけ，台湾発展に熱意を持つた総督である。（p.332　以下，石山1942からの引用はページ数のみを記す）

　長谷川総督が慣例とは異なり，現役武官のまま総督に就任したのは，当時の及川古志郎海軍大臣の意向があったと言われている。台湾を南進基地として位置付けたい海軍の意向が反映されて長谷川の現役武官総督が実現したと考えるのが妥当であろう。石山が直感的に評したように「名総督」であったかどうかについての評価は難しいが，前任の小林総督の後を継いで皇民化政策を推し進めたほか，初等普通教育義務化や台北帝国大学予科設置など，教育普及に熱心に取り

組み効果を上げたと言われている。もっとも，石山の台湾巡見を通じて台湾に関する教育政策についての叙述はほとんどない。その意味で，渋沢敬三が意を払った教育や道徳の問題についてはそれを批判的に見るという視点が欠落していたように思われる。

　石山一行は，台北での正月を迎えたあと，南へ向かう。途中の桃園から山岳地帯に入って，ある蕃社を訪問しようとした。「しようとした」というのは，時間切れで目的地には辿り着けなかったからである。現在でも台湾は平野部から山岳地帯に入ろうとすると途端に交通の便が悪くなる。石山らも途中で時間切れになったわけである。清朝支配の時期にはすでに平野部での中国人と「原住民」との混血が進み，平埔族と呼ばれる民族集団は漢民族化したと言われているが，逆に高山族は現在，16の民族集団が「原住民」として認知されている。日本統治時代には，彼らは生蕃と呼ばれていたが，徐々に「高砂族」と呼ばれるようになっていた。蕃社とはその「高砂族」の暮らす部落である。石山らは蕃社にまでは辿り着けなかったが，途中，樟脳製造の農村工業を観て当地での農村工業の実態を次のように書いている。

　　樟の木を切り刻んで，釜に入れて，熱を掛ける。すると，気体が発散する。それを冷やすと，液体になる。その液体を精製すると，樟脳になるのである。樹の切り刻みから，液体までにする事を農村工業でやる。それを集めて精製する事は，大規模工業がやるのである。液体までの農村工業が，途中に幾つもあった。(p.340)

　言うまでもなく，樟脳は台湾の輸出品として日本統治時代の最初から注目されていた製品であった。山の樟を切り，そこから樟脳の原料となる原液生産を「原住民」が担っていたということである。

3-2.　日月潭水力発電所巡見
　石山らが本格的に産業視察を開始したのは，1月3日からのことである。最初

に向かったのが，台湾の水力発電所として15年かけて竣工した日月潭水力発電所であった。途中の車中では明治製糖社長の原邦造（第百銀行頭取，愛国生命社長を歴任。現在，品川区御殿山地区にある原美術館は原の旧邸），藤山愛一郎（大日本精糖社長，藤山コンツェルン2代目）と同車になっている。原，藤山ともに製糖関係で台湾に来ていたものと思われる。

　さて，石山の関心の第一は，台湾の水力発電にあった。『ダイヤモンド』創刊当時からの松永安左エ門や福沢桃介との交流，あるいは後述する庄川電力問題では浅野総一郎とも知遇を得るなど，石山は様々な産業問題の中でとくに電力には関心を持っていた。

　石山は日月潭水力発電所を視察し，内地の水力発電所と比べてその優秀さを述べている。つまり日月潭水力発電所は，「断崖を直下して，発電をするものである。[中略]その勾配率は，五十六分の一に過ぎない。内地の水力は百分の一の勾配率を普通としてある。その二倍である。そして水量が多い。水量と落差を兼ね備へた優秀水力である。台湾総督府が，万難を排して，この水力を起用したのは，当然としなければならぬ」(p.352) ものであり，内地において急勾配を持っているとされる猪苗代湖第一発電所に比べて「日月潭の第一水力は，その三倍である。以て，その勾配の急なる事が察せられ」（同上）るものであった。また日月潭自体はあまり大きな湖ではないものの，⁽²⁴⁾その利用価値は高く，「五十三億立方尺（有効貯水量）の水を湛へ，それを一年に四回半回転させ，最大〇〇〇〇〇キロの発電をさせ得るのである。／湖が小さくて，利用価値が高いのは，湖が深い為めである。日月潭の利用深度は，二十一米である。猪苗代湖の利用深度は，一米でしかなかった。最近，もっと深く湖水を利用する事になり[，]目下，その工事をして居るが，それが完成しても，その利用深度は三・二四米に過ぎない[。]日月潭は，その七倍である」(p.353，引用文中の〇〇〇〇〇は伏せ字) と述べている。

　しかし，2節でも述べたように日月潭水力の工事は，資金難によって1919年の起工から1934年の竣工まで，一時的な工事中止期間も含めて実に15年もの歳月がかかってしまった。石山は，この事業がこうまで時間がかかってしまったことの原因が資金難にあることを認めつつも，「これは，一寸考へるとおかしい。事

業の基礎は，採算にある。採算のよいものには，資金が集る。日月潭水力は，前述の如く，優秀水力であるのに，何故に資金難に陥つたか」と問うている。そして，その理由についてこう述べる。「日月潭水力は，優秀であるが，発電力が大きい処から，需要を気遣はれた。台湾に，あれだけの電力を起して，それを消化するだけの工業が興るか――といふ疑問が，水力工事に，始終，附纏つたのである。そこで，内地に資金を募つても，予定の如く集らず，工事の完成が，前述の如き，大遅延をしたのである」(p.356)。

また石山は，日月潭水力を含めた台湾の水力発電事業に関して，内地で当時唱えられていた「電力一元化」論を批判しつつ，持論を展開している。まず，あらためて内地の水力発電に比べて台湾の水力発電がいかに優れているかをまとめている。つまり，台湾の水力発電は山岳が重畳しているため，河川のどこかを堰き止めればすぐに貯水池となり，貯水池式の水力発電がすぐに得られる。これに対して，内地の水力発電は大概が水路式で，これは自然の流量に左右されやすく，冬の渇水期になると夥しく発電量が減り，その補充を火力でおこなってやらなければならなくなるため，二重の設備投資が必要となり，コストがかかるということである (p.365)。

現代のわれわれはすでに高度経済成長期における黒部第4ダムの建設などを知っているがため，貯水ダム式の発電が日本の水力発電所のイメージとして定着しているが，戦前においては必ずしもそうではなかったことに注意を払う必要がある。

このように経済的で有用な台湾の水力発電はなぜあまり利用されていないのか。もちろん，答えは台湾の工業化がまだ十分ではないからである。石山は言う。「開発は，これからである。小林前総督は，台湾の工業化に熱心であつた。長谷川総督は，未だ，着任匆々であるから，如何なる方針を執るか，不明であるが，台湾の工業化に就ては，前総督の方針を踏襲するものと見られて居る。蓋し，今日までの台湾は，農業台湾であつた。台湾を此の上発展させるとなれば，工業化の外ない。台湾の包蔵資源を開発するにしても，又今日までの農業をよりよきものにするにしても，そうする外ないのである。道は一ト筋である」(p.366)と。工

業化のためのエネルギー（熱源）は，石炭，石油，天然ガス，薪炭など台湾には豊富に包蔵されているが，石山の見るところでは，水力発電のエネルギーが「量に於いても，質に於ても，断然，頭角を現はして居」り，「台湾の工業化となれば，この開発が，何よりも先きになるのである。台湾の水力は，台湾工業の基礎である」（p.367）ということになる。

　では，その台湾水力開発はどのようにおこなうのが良いのか。電力はその用途に応じて，電灯用，動力用，原料用とに分けることができ，その用途別に発電所も分けて考えるべきであると石山は主張する。「それぞれ利用の目的が違えば，発電所建設の方法も違う。ところが，一元化すると，建設の仕方が違はなくなる。原料用電力でも，動力用電力と同一に建設する。その結果，掛けなくともよい建設費を掛ける事になる。不経済建設である。私は，その不経済建設をやめる事にしたいのである」（p.373）。

　石山がこのように主張するのは，理屈の上からだけではなく，内地における電力開発の失敗を鑑みている点が重要である。つまり，「内地は，会社個々に自由建設を許した結果，無統制の濫設となつた。その醜態は，見るに忍びない。［中略］水力の建設は，系統的にすべきものである。一会社が一河川の水力を建設する事にすべきものである。内地の如く，一河川の水力を，異なつた会社が，別々にするのはよろしくない。斯くすると，水力の完全利用を怠る事になる」（p.374）。さらには河川の利用は広く山林の管理経営にまで及ぼす必要がある。「河川の統制は，山林経営にまで及ぼさなければ，本当の統制にならない。一河川，一会社にして，水源地の山林までも，その会社に経営させるのである。所謂，縦の統制である。私は，縦の統制に賛成し，横の統制に反対するものである」（p.376）。

　ここで想起されるのが，石山が現地で取材して書いた富山県の庄川水力発電の問題である。庄川問題，もしくは庄川流木争議とは富山県の庄川に小牧ダムを建設，電力事業を展開しようとする庄川電力株式会社（以下，庄電）と庄川の水利慣行権を守ろうとする飛州木材株式会社との間に生じた紛議である。庄川の水力開発は庄電がそれをおこなったが，上流の木材を川に流すという「流木権」をめぐって飛騨高山の飛州木材と争議となったのである。

古賀邦雄（2007）によると，1930年5月，飛州木材は，庄電を相手にダムの湛水を防ぐために「堰堤仮排水路締切禁止」の仮処分を申請，申請が認可された。これに対し，庄電は民事仮処分取消を申請し争いとなったが，同年10月大阪地方裁判所は，飛州木材による伐木流送の営業として，流木権を認めた。しかし，庄電は保証金を支払うことで，仮処分行為は取消され，飛州木材の主張する流木権は確立したものの訴訟に敗れた。続いて飛州木材は行政訴訟をおこしたが，それも却下されてしまった。庄川流木争議は，結局，庄電側の勝利に終わった。

　石山が取材してまとめたルポルタージュは『ダイヤモンド』に連載され，1932年に『庄川問題』として出版された。電力開発という国家的な事業と水利慣行権の相反という大きな問題を世に問いかけた意義は大きかった。

　水力発電などの「自然独占」が発生するケースは，経済学的に言えばいわゆる「市場の失敗」の例の1つである。その意味で「統制」（政府の介入）が必要であることは正しい。石山は，しかし，そこを水力発電の特性に鑑みて「縦の統制」（一河川ごとの統制）を主張している点がユニークである。

　なお電力需要が発電の供給量に比して過少であるという問題は，台湾だけではなく，朝鮮・満州などの外地でも同様であった。「今日の朝鮮は，水力の開発と工業の発展が，不一致になつて居る。近く，漢江水力や，江界水力が，竣工するのに，その電力を使用する工場がないのである。その状態は満洲の鴨緑江水力や松花江水力と同一である」(p.379)。

　こうした内地外地の水力発電開発の実例を用いて比較を試みつつ，石山は「台湾水力の区別的開発を主張」（同上）したのであった。この点は旅の終わりに森矗昶に偶々同じ宿になったときに森から聞いたものと同一であった。

　[森] 氏は，台湾の水力電気を区別的に論じた。北部は北部，南部は南部，東部は東部と，各方面に於ける水力電気の特質を挙げ，性能に応じた建設の仕方をせよ——といふのであつた。／即ち，氏も，その一部を自家発電にせよといふ論者であつた。私と同論であつた。内地へ帰ると，松永安左衛門氏も私に同じ論をした。机上論理でなく，水力電気の実際を知つて居る人は，誰も，同一

結論に到達するのである。(pp.448-449)

3-3. 台湾の製糖業, 製塩業など

　石山らは日月潭から台中に戻り, 台南・高雄方面に向かった。主要な目的は台南の商工会議所で講演 (座談会?) に出席するためであったが, 車中で台湾総督府殖産局特産課技師の田代某から台湾製糖業について種々話を聞いている。田代技師との話はよほど石山らの興味を惹いたらしく, 再び台南で出会ったあとも, 製糖業の将来について詳細な私信を受け取り, それを紹介している。

　田代はこれまでの台湾製糖業の弱点について, 各製糖会社がその品質向上に力を注ぐ余り, 製造コストが非常に高くなってしまったと批判する。「製糖の重点は, 其処にあつた。糖度が九九, 九八にまで高まつても, 未だ純でないとして, 満足しなかつた。之を百%に高め, 世界一の砂糖を造る事に, 各社が競争的に進んだ。その結果, 品種が二十五六種もあるやうになつた。それに連れて, コストが高まつた事は, 勿論である。処が, 今回, さういふ事は, 馬鹿々々しいと, 気が附いた。何よりも経済が主である。如何にすれば, 製造原価が引下がるかといふ研究をした。／それには, 先づ第一に, 品種を少くする必要がある」(p.388)。

　現代アメリカの経営学者であるマイケル・ポーターの言葉に「最高を目指す競争は, 一見正しいように思えるが, 実は自己破壊的な競争である」(マグレッタ, 2012, p.251) とある。まさに台湾製糖業も最高を目指すという「自己破壊的な競争」に陥っていたのである。

　田代技師は, このような「自己破壊的な競争」を避けて, できるだけ製糖を単純化すべきであるという話のほかに, 甘蔗の絞滓であるバガス利用の話をした。石山はこの話を聞いて「『台湾糖業は, 必ずしも, 爪哇糖業に劣るものでない』といふ信念を得た」(p.415) という。バガスは現在でこそバイオマスエネルギーや木材パルプの代替品として注目を集めているものであるが, この時期にすでに研究がされていたことは忘れられている事実ではなかろうか。石山が田代から聞いた説明では, 「バガスといふのは, 甘蔗の絞滓である製糖の際に出る廃物である。この廃物は, 中々, 量が多い。工場へ持ち込まれた甘蔗は, 十二三%しか砂糖に

ならない。他はバガスになる。バガスは糖分の九倍もあるのである。バガスは，乾して燃料にする。蒸気のカマに焚いて，石炭代わりにするのである。それ以外他に利用の道がないかと，夙に，研究に着手された」(p.416-417)。その結果，パルプとして製紙原料に利用することが可能であるという。石山は「私が毎度論じて居る如く，木材をパルプにするのは，勿体ない。これは，毎年畑に取れる植物にすべきである。砂糖の副産物をパルプにするなどは，理想的である。私は，その意味から田代氏の話を歓迎した。台湾は，一日も早く，石炭を増産して，バガスを煙にする事をやめその利用を実行すべきである」(p.420)とこのバガス利用の話に大いに興味を示したのである。

　さて，台南の座談会は当地の商工会議所でおこなわれたが，そこで石山が話をした内容は，日本の統制経済の理論と現実といったテーマだったようである。「当時，独逸の会社の決算報告を研究したばかりの時であつたから，その事を重点にして話した」と述べているが，質問の時間には「統制経済の不平」が多く出たらしい。石山はこの点，「同感の点が多い。日本は，統制経済を実行して三年余になる。理論と実際と一致して居るか。［中略］この辺に，再検討が必要である」(pp.393-394)と述べている。

　台南で産業として石山が注目していたのは，製糖業のほかに製塩業があった。台南地方の製塩の歴史は長く，清朝時代から揚浜式の製塩がおこなわれていた。現在，かつて台湾最大の規模であった台南の「七股塩場」は2003年に300年以上の製塩の歴史に幕を閉じ，観光地として賑わっているが〈資料10-3〉，石山が訪れた頃にはまだ現役で製塩をおこなっていた。石山は，台湾が豊富な電力と塩という原料を結び付けることによってソーダ製造業[27]の適地となりうる点に注目したのであった。石山は次のように述べている。

　　何故，私は，台南地方の製塩業が見たいかと云へば，この地方は曹達工業の適
　　地であるやうに思はれるからである。曹達工業は，いふまでもなく，塩が原料
　　である。内地では，今，塩が不足して居る。そして価も高い。塩の価が高いの
　　は，塩自体が高い為めではない。包装や運送に掛るのである。塩自体の価は，

塩の売値の三分の一位，他の三分の二は包装費と運送費である。故に塩を産地で使用すれば，三分の一の価で足りる。殊に曹達工業に用ひる塩は，液体塩で間に合ふ。／丁寧に乾し上げて固体にする必要がないのである。さうすると，一層，その価が安くなる。／次に，曹達工業に必要なのは電力である。電力は，既記の如く，台湾に沢山ある。それとこれとを結合させて，台南地方に曹達工業を起しては，どうか。[中略] 塩は，石炭，石灰と並んで化学工業の母と呼ばれて居る産業の重要資源である。之を材料にして，台南市の発展を図るべきもののやうに思はれる。台南市並に台湾総督府の研究が望ましい。(pp.396-398)

もちろん，台湾のソーダ工業に着目していたのは石山一人ではない。すでに台湾でのソーダ製造事業は第一次大戦をきっかけとして開始されていた。1917年には大日本人造肥料会社系列の台湾肥料会社が高雄においてアンモニア法による炭酸ソーダの製造を開始した。しかしながら，大戦終結による市価の下落から採算が取れなくなり，台湾肥料は当該事業から撤退した。その後，再びソーダ製造が注目されたのが1930年代に入ってからのことであった（湊, 2011）。これがまさに石山も注目した製塩事業と電力を結び付ける方法によるものであった。

台南での講演などを終えた石山らはさらに南の高雄に行き，浅野総一郎が埋め立てた高雄の市街地を見て感慨をもった。また台湾最大の貿易港である高雄港については，「高雄港の修築は大工事であつた。その完成に三十数年を要した。工費も四千万円近く掛つた。その代り，懐の深い，良港となつた。同時に工業地帯も出来上つた。今日では，立派な工場街となり，南進基地ともなつて居

資料 10-3　現在の七股塩山
出典：筆者撮影（2015 年 12 月 5 日）

る」(p.401) と述べている。

　高雄から内陸に入り，そこで台湾製糖の工場なども視察している。台湾製糖については，『ダイヤモンド』でもその決算数字の悪さについて何度か記事にしたこともあった。つまり，「私達が，その原因を研究して見ると，土地に多額の資本が固定して居る為めである事が判明した。この場合，その成績の対照になるのは，明治製糖である。明糖は，湾糖と反対に，土地に少額の資本しか固定させてない。それで資本の投下が少く，利益率がよくなるのであつた。そこで，私達は，この両社を対照して『湾糖か明糖か』といつたやうな，比較評論をした事があつた」のである。しかし，「台湾製糖会社の土地所有に対して，議論したり，実地を視せて貰つたりし」ながら，だんだんと研究していくと「台湾製糖の土地所有は，遠大の計画から出て居るものである事が，わかつた」という。つまり，それは「(一) 甘蔗の栽培を農民任せにして置くと，改良進歩が遅れる／(二) 甘蔗の競争作物は，米である為め，米価が高いと，甘蔗を作らないで米を作り，所要原料を得られない／といふ事からであつた。簡単に云へば，土地を持たなければ，真の原料安定を得られない為めであつた」(p.406-408) のであった。そうしたことから，石山は「台湾製糖会社は，開墾に力を入れて居る。それは，国家的見地からである。台湾の耕地を，出来るだけ多くしたい―といふ念願から，採算を度外視して掛るのである」(p.410) という結論を田代技師の話から聞いて知ったのであった。

3-4. 小括　石山の台湾観

　石山ら一行は屏東の台湾製糖の農場などを巡見した後に再び北上し，台北に戻った。その途中で錦水油田や金瓜石金山などを見学している。ここでも石山が注目したのは，天然ガスなどの台湾の資源であった。戦前期に「宝の山」と呼ばれた台湾のイメージと重なる。

　　台湾は［中略］到る処に天然瓦斯が噴出するのだから，油井の開鑿を盛んにすれば，それだけの瓦斯を得る事は，難事でない。さうすると，台湾の瓦斯は，

蘭印の石油に匹敵する事になる。天然瓦斯は，台湾の重要資源として，重く見るべきものである。[中略]台湾総督府では，天然瓦斯研究所を設立し，夙に，その改造と用途を研究して居る。如何なるものに改造し，如何なる方面に用ひる事が，最も有効であるかを研究して居るのである。

台湾の天然瓦斯は，目下雌伏の状態に置かれて居る。右の研究が完成したら，その採掘が盛んにされ，同時に，台湾の面目が一新するであらう。(p.411)

現在，多くの観光客で賑わう九份のほど近くにある金瓜石金山(現在は廃坑。こちらも観光地となっている)についても，その経営について「日鉱の経営に移つてから，面目が一新した」と述べている。鮎川義介の日鉱による経営は，世人を驚かせるほどの大胆な投資に見えた。「私[石山]などもその一人であつた。処が，来て見ると，矢張りそれだけの事はあるやうに感」じている (pp.452-453)。

石山らの長くはない台湾巡見旅行においてとくに注目されるのは，台湾の資源についての記述が多いことであろう。最後の「私の台湾観」では台湾には8つの重要な資源があると列記している。その第一は「熱と光に恵まれた土地」であるが，以下，「水力」「山林」「天然瓦斯」「石炭」「石灰石」「工業用塩」「金 銀 銅鉄」が挙げられている。従来の台湾＝農業という位置付けから工業化への期待がこの資源リストからも看取しうるが，さらに具体的には「曹達工業の適地」「航空燃料製造の適地」「電気製鉄の適地」「軽金属製造の適地」と台湾が工業の適地であることが繰り返される。逆に敬三が注目したような台湾の文化や教育，民族などへの視点はほとんどなかった。

4. おわりに

本稿では昭和初期に台湾を訪れた2人の台湾観についてみてきた。同じ昭和初期であっても，15年の懸隔があり，またそれぞれ立場も違う2人の叙述を単純に比較し得ないことは当然であるが，しかし，そこにはおよそ15年弱の台湾社会の経済的変化が確実に反映されているように思われる。それは一言で言ってしま

えば，農業を中心とした台湾経済から工業化を進めようとする台湾への変化であったと言えよう。石山賢吉は，その工業化しつつある台湾経済について，水力発電事業をベースとしたものと観察した。日本が「南進基地」として台湾を位置付けていたことがそれを後押ししたことは確かであろうが，20世紀初頭からの水力発電事業開発は単純に「南進基地」論のなかに解消されない植民地工業化の過程の中に位置付けられるべきであろう。渋沢敬三も，こうした台湾経済の変化の予兆を感じつつ，失われつつある民族や文化の研究の必要性を唱えた。台北帝国大学はそうした研究の課題をも担いつつ，1928年に開学した。

　台湾は，1945年の日本の敗戦後「光復」し，中華民国・国民政府が台湾の統治をおこなっていくこととなった。しかし，1947年には中国本土からやってきた「外省人」ともともと台湾にいた「本省人」との間に「二・二八事件」が起こり，さらに1949年の中華人民共和国成立とともに台湾に移住してきた蒋介石の国民政府による直接統治が始まる。以後，台湾は1987年まで戒厳令下に置かれた。その間，蒋介石・蒋経国親子による「開発独裁」体制は，台湾をアジアNIEsの1国として成長させた。台湾経済がどのような継承と断絶の条件下で発展していったのかについて，より実証的に明らかにしていくのは今後の課題であるが，まずは日本統治時代の台湾経済の実態をさまざまな側面から深化させていく必要があることは論を俟たない。

（注）

(1) 本稿の前半部分は，「《研究ノート》日本人知識人の見た植民地台湾―日台比較経済史研究ノート―」として『大東文化大学経済研究所所報』第31号，2017年3月に発表したものを若干改稿したものである。

(2) 台湾では「日治」「日拠」などと呼ばれているが，本稿では差し当たり「日本統治時代」としておく。

(3) のち，「本邦工業史に関する一考察」と題して，渋沢敬三（1933），渋沢敬三著；網野善彦ほか編（1992）に収録。

(4) 石山賢吉の人物像については，中村（2017b）を参照されたい。

(5) 台湾糖業に関する雑誌等を現地で発刊していたジャーナリストである宮川次郎。

（6）1926 年 4 月 23 日から 3 日間にわたって台北の台湾鉄道ホテルで開かれた。外地での開催は 1925 年の満州に次いで 2 回目。

（7）古屋核大東文化大学経済学部教授のご指摘による。記して謝意を表するとともに，その可能性も今後，検討したい。

（8）台湾で最も北に位置する有人島。彭佳嶼（島）。

（9）看天田とは，水田耕作が可能かどうかを降水の有無によって決めざるを得なかった台湾の水田について使われた言葉である。

（10）「蓬莱米」と命名した正確な日付は第 19 回大日本米穀大会 2 日目の 4 月 24 日であり，88 年後の 2014 年 4 月 24 日には台湾大学でその米寿を祝う会が催された（國立臺灣大學磯栄吉學，2014）（朝日新聞，2014）。

（11）この時の総務長官はのちに斎藤実内閣で農相，岡田啓介内閣で内相を務めた後藤文夫（1884 〜 1980）であった。後藤文夫については，中村（2008）を参照。

（12）こうした茶袋にも叭が使われたものと思われる。

（13）本名，郭金火。代表作の 1 つ『南街殷賑』（1930）は自分が生まれ育った台北市大稲埕の南街（現在の迪化街）を描いたもの。

（14）敬三はこのように書いたが，まさにその予言通り，1932 年台北には菊元百貨店が，台南には林百貨店がそれぞれ開業している。さらに台湾で発行されていた『台湾日日新報』を見ると，内外の商品広告が満載されており，台湾の現代的消費生活の一端が垣間見られる（陳柔縉，2015）。

（15）その際，アジアに共通する精神的基盤をもとに「汎アジア主義運動」を高揚させるのではないかというイギリスによる認識などにも注意を払わなくてはならない（中村，2017）。

（16）石川県出身の水利技術者。台湾での八田の知名度は高く，今でもさまざまな顕彰事業がおこなわれている。また八田は桃園大圳（現在の桃園市近辺）の開発事業にも携わりそれを成功させているが，この嘉南大圳開発では当時の民政長官下村宏（号は海南，1875 〜 1957）を説得し，一任を取付けていた。

（17）「後藤式」とは，後藤新平民政長官の施策（大風呂敷と言われた）を指す。

（18）たとえば，何義麟（2000）は，いわゆる「八田物語」が日本の台湾統治を美化しようとする歴史修正主義に組みすることに強い懸念を示している。

（19）台南の海沿いの一帯でオランダ統治時代に軍事要塞であった「安平古堡」がある。

（20）この「土俗学・人種学」講座は，現在の学術分類から言えば，民俗学や人類学を総合したものであり，まさに敬三が思い描いていたようなものであった。また当時の国策は満州を中心とする「北進論」が中心であり，台北帝国大学における人類学教室はフィールドワークを中心に「純然とした人類学的関心から研究をおこなうことができ」る環境にあった（中生，2014）。

（21）小林は台湾総督を免官になった後は，避戦派の山本五十六を軍令部総長に就

けようとするなどの工作をおこなったが失敗し，主戦派が主導する海軍内部では中枢から遠ざけられていた。

(22) 現在の台湾では先住少数民族のことを「原住民」と呼んでいる。

(23) 1935 年に台湾総督府が公布した「戸口調査規定」において，先住少数民族に対する差別的呼称「生蕃」と「熟蕃」を「高砂族」と「平埔族」に改正した。

(24) このように石山は述べているが，日月譚は台湾では最大の湖。台湾島のほぼ中央に位置しており，台湾屈指の景勝地としても有名である。

(25) 森蘊昶は台湾から帰国後，急死した。

(26) バガス利用についての現状については，たとえば五條製紙 (2017) を参照。

(27) ソーダ (曹達) 製造業とは，苛性ソーダ (水酸化ナトリウム NaOH) を製造する産業である。苛性ソーダは強塩基であり，化学基礎品としてその用途は非常に幅広い。代表的用途としては，ボーキサイトからアルミニウムの原料であるアルミナを取り出すのに使用される。また固形石鹸の製造に用いられることはよく知られている。製紙工業においては，パルプ製造の際，原料中のリグニンを溶解するための多量に消費される。また塩 (塩化ナトリウム) から苛性ソーダ (水酸化ナトリウム) を製造する過程では，電気分解をおこなうための大量の電力が必要である。

参考文献

朝日新聞 (2014)「台湾，蓬莱米の米寿祝う」『朝日新聞』2014 年 4 月 25 日朝刊 2 面外報

石山賢吉 (1942)『紀行 満洲・台湾・海南島』ダイヤモンド社

王佐榮編著 (2015)『帝國興亡下的日本・台灣―1895 ～ 1945 年圖文歷史寫真―』知兵堂文化傳媒有限公司，台北市

黄翠娥 (2015)「旅行者徳富蘇峰がまなざした中国，台湾」(2015 年度輔仁大学日本語文学科国際シンポジウム「東アジアと同時代日本語文学フォーラム」台湾大会報告集)

何義麟 (2000)「「日台親和」の虚像と実像― 植民地支配の歴史経験は国際協力のモデルか― 」『IMPACTION インパクション 120 号 (特集 台湾)』インパクト出版会，pp.93-98

鹿島建設 (2007)「鹿島の軌跡〜歴史の中から見えてくるものがある〜第 8 回日月譚」(http://www.kajima.co.jp/gallery/kiseki/kiseki08/index-j.html，2017 年 4 月 16 日閲覧)

古賀邦雄 (2007)「文献にみる補償の精神【27】(小牧ダム)」(http://damnet.or.jp/cgi-bin/binranB/TPage.cgi?id=321，2017 年 4 月 16 日閲覧)

國立臺灣大學磯栄吉學會 (2014)「米故事　敬邀參加米壽紀念活動」『磯小屋米

報【第六期】蓬莱米命名八十八週年紀念専刊』(http://epaper.ntu.edu.tw/view.php?listid=236&id=20455　2017 年 1 月 15 日閲覧)

渋沢敬三 (1933)『祭魚洞雑録』郷土研究社

渋沢敬三；網野善彦ほか編 (1992)「南島見聞録」『渋沢敬三著作集　第 1 巻』平凡社

杉原志啓 (1998)「徳富蘇峰 ― 『支那』観にみる『発想の根源』」岡本幸治編『近代日本のアジア観』ミネルヴァ書房

台灣文學工作室 (2015)『百年不退流行的台北文青生活案内帖』本事出版，台北市

武井弘一 (2015)『江戸日本の転換点―水田の激増は何をもたらしたか』NHK 出版

大東文化大学創立五十周年記念史編纂委員会編 (1973)『大東文化大学五十年史』学校法人大東文化学園

陳柔縉 (2015)『廣告表示:＿＿。老牌子・時髦貨・推銷術 從日本時代廣告看見台灣的摩登生活』麥田出版，台北市

中生勝美 (2014)「台北帝国大学文政学部の土俗・人種学教室におけるフィールドワーク」(酒井哲哉・松田利彦編『帝国日本と植民地大学』ゆまに書房)

中村宗悦 (2008)『評伝・日本の経済思想　後藤文夫 ― 人格の統制から国家社会の統制へ』日本経済評論社

中村宗悦 (2014)『「週刊ダイヤモンド」で読む日本経済 100 年』ダイヤモンド社 (電子書籍)

中村宗悦 (2017a)「【資料紹介】大東文化協会設立に関する英国外交文書」『大東文化大学大学史研究紀要』創刊号

中村宗悦 (2017b)「ダイヤモンド社創業者・石山賢吉 ― 経済ジャーナリストの雑誌経営 ― 」井奥成彦編『時代を超えた経営者たち』日本経済評論社

藤原辰史 (2012)『稲の大東亜共栄圏 ― 帝国日本の〈緑の革命〉― 』吉川弘文館

マグレッタ，ジョアン，櫻井祐子訳 (2012)『[エッセンシャル版] マイケル・ポーターの競争戦略』早川書房

湊照宏 (2011)『近代台湾の電力産業　植民地工業化と資本市場』御茶の水書房

由井常彦・武田晴人編 (2015)『歴史の立会人 ― 昭和史の中の渋沢敬三 ― 』日本経済評論社

葉紘麟 (2009)『跟隨帝國的腳步：徳富蘇峰認識中國的角度』國立臺灣大學政治學系中國暨兩岸關係教學與研究中心，台北市

李恒全 (2007)「台北帝国大学設立計画案に関する一考察：幣原坦の設立構想を中心に」『神戸大学大学院人間発達環境学研究科研究紀要』1（1）：pp.45-64

五條製紙 (2017)「人と自然の未来環境のために」(https://www.gojo.co.jp/eco/future　2017 年 4 月 16 日閲覧)

11　1820年代前半の
ロシア国軍第二軍に関する一次資料

松　村　岳　志

1.　はじめに

　1825年のデカブリスト叛乱が，軍事革命 (военная революция) ないし軍事クー
デター (coup d'État)，つまり軍を主体とした政治変革の試みだったことはロシア
でも英語圏でも指摘されている[1]。ただし，その研究は広く革命運動史，自由主義
的改革運動史の中に解消されており，これを特に軍隊史との関連において論じ
るという観点は，ロートマン[2]を除けばほとんど存在しない。したがって，デカブ
リスト叛乱直前である1820年代前半の国軍将兵の生活は，そもそも研究対象に
すらなっていない。そのため，軍事史とデカブリスト叛乱史とを接合させようと
する筆者は，勢い一次資料に接せざるを得なかった。こうした一次資料として
は，軍内部の各種の調査委員会，特に軍法会議委員会が作成し，現在ロシア国立
軍事史文書館が所蔵する軍法会議資料[3]，そして各種の命令書，特に軍命令書[4]が
ある。なお，軍命令書という場合の軍とは，外国との戦争を主な目的とした政府
の暴力装置一般ではなく，暴力装置である国軍の一単位を意味する。当時，国軍
は上から軍—軍団—師団—旅団—連隊—大隊—中隊という単位で構成され
ていた。ただし，これは猟兵を含めて歩兵と騎兵の場合であり，砲兵は旅団—
中隊，工兵は大隊—中隊のみの編成である。軍より下の各種単位，例えば軍団
や師団等も命令書を出してはいる。こうした命令書の一部は，製本されている。
有名な自由主義者である伯爵エム・エフ・ヴォロンツォフ中将が司令官を務め
た，1817年のフランス占領ロシア軍団の命令書がその一例である[5]。しかし，管見

の限り，この時代の第二軍を構成する諸軍団，諸師団等の命令書がまとめて製本されたという事例はない。

　当時ロシア帝国のアジア方面を警備していたのは，コサックを含め，各種の半遊牧諸種族よりなる不正規軍であり，近代的装備の部隊はすべてヨーロッパ国境に集結していた。これがいわゆる正規軍である。正規軍はプロイセン国境の第一軍，オーストリア・トルコ国境の第二軍，ならびにカフカス，ポーランド，オレンブルグといった辺境地域の諸独立軍団からなっていた。[6] 本稿が直接の分析対象とするのはこのうち第二軍である。第二軍内では，1822年に第一六歩兵師団長が軍事クーデター計画容疑で取り調べを受けており，[7] また1825年末には複数の連隊長がやはり軍事クーデター計画容疑で逮捕されている。[8]

2. 資　料

2-1. 軍法会議資料

　筆者が閲覧した限りでは，すべての軍法会議資料の表紙には何の事件に関するものなのか，いつからいつまでの記録を綴じ込んであるのかが記されている。記録はおおむね下から送られた順番に綴じ込まれている。つまり，大隊長が連隊長に送ったもの，連隊長が旅団長に送ったもの，といった順番で綴じられる。最後に軍法会議委員会の評決とこれに対する連隊長，旅団長，師団長，軍団長といった人々の見解，さらに，軍総司令官の決裁が付く。この決裁はしばしば軍法会議の評決とは違った結果になる。

　著名なところでは1822年に規律弛緩，自由思想扇動等の理由で起訴された第三二猟兵連隊第九中隊長ヴェ・エフ・ラエフスキー少佐の事例がある。彼は，判決前にすでに数年にわたって勾留されていたので，1826年の軍法会議委員会からこれ以上の処罰を免除する旨の判決を言い渡されたが，裁判責任者コンスタンチン大公は，彼に官位，勲章，貴族身分剥奪の上，シベリア流刑を宣告したのである。[9]

　1820年12月にこの第三二猟兵連隊の第二大隊で下士官兵の大量脱走が問題に

なった際も，軍法会議は大隊長バルスコフを裁判にかけることを主張したが，この書類を決裁した第二軍総司令官伯爵ペ・ハ・ヴィトゲンシュタイン大将は処分を譴責にとどめている(10)。

　さらに，軍総司令官の決裁すら，皇帝の判断で覆ることもあった。1819年の第二軍命令書第一二号（1月21日）には，デイネンコ中尉とイェリノフスキー少尉とが，厳冬期にそれぞれ自分の中隊を引率した際に，デイネンコは2名，イェリノフスキーは4名の兵員が落伍したのを無視して放置し，疲労と寒さとで死亡させたという事件の経緯が簡単に記されている。当初のヴィトゲンシュタインの判決は，これは「もっぱら若さゆえの過失」であり，両名ともそれまでの勤務態度が良好であったので，それぞれ6カ月の禁固と，次回昇進の見送りだけを命じるものであった(11)。しかし，同年の第二軍命令書第五五号（5月18日）によれば，露帝アレクサンドル一世はヴィトゲンシュタインのこの判決に満足せず，この処分の取り消しと，士官両名の「兵士への降格と本属の第二九猟兵連隊での定年までの兵士としての勤務」を命じた(12)。このような点で，当時のロシアは確かに法治国家ではなく，専制国家であった。

2-2.　第二軍命令書

　第二軍の命令書は第二軍で刊行・配布されたほか，1823年の命令書による限り，少なくとも数十部が毎月15日に第二軍当直将官バイコフから大本営当直将官ザクレフスキーに送られていた(13)。これは年度別に製本され，モスクワのロシア国立図書館（Российская государственная библиотека）ならびにペテルブルグのロシア国立図書館（Российская национальная библиотека）に所蔵されている。以下，これをモスクワ本，ペテルブルグ本と略称する。いずれも一部に欠落がある(14)。また，第二軍命令書以外の命令書が綴じこまれている場所はモスクワ本とペテルブルグ本とで異なっている。例えば，セミョーノフ連隊での集団抗命事件に関するアレクサンドル皇帝のトロパウ発の1820年11月2日の命令書はモスクワ本では1820年11月16日の第二軍命令書第一〇八号と1820年11月17日の第二軍命令書第一〇九号との間に綴じこまれているが，ペテルブルグ本ではもっと前のほうに

218

綴じこまれている。製本された各年度別の命令書は年度によっては頁が打たれ
ている場合もあるがそうではないのが普通である。また，人名索引がつけられて
いるものとそうでないものとがある。配列は，基本的に発令された月日順であ
る。

　軍命令書はただの印刷された紙切れであり，透かし等は入っていない。しばし
ば紙の大きさも一定していない。表のみに命令書が印刷される場合もあれば，裏
も使われている場合もあり，さらに，一枚の紙の表に2つ以上の命令が印刷され
る場合，表に一つの命令が印刷され，裏に別の命令が印刷されるケースもある。
また，一つの命令のなかに，第一項，第二項というようにいくつかの項に分けて
全く異なる命令が書かれる場合もあれば，項には分けずに，単に段落分けのみで
複数の異なる内容の命令が書かれることもある。

　一つひとつの命令書は「第二軍命令書」(Приказ 2-й армии) と書いた下に発令
場所，発令年月日そして命令番号が記され，そのあとにすぐ本文が続く。そして
最後に発令者の名前が付けられる。発令者は通常は第二軍総司令官のヴィトゲン
シュタイン大将であるが，時には参謀長のキセリョフ少将だったり，当直将官
のバイコフ少将だったりする。ヴィトゲンシュタインが休暇を取った場合には，
参謀長のキセリョフが臨時に第二軍の指揮をとったが，皇帝や参謀総長からの
命令はともかく，キセリョフ自身が発する命令にはいちいち「総司令官の意志に
基づき…」という文言が命令書の冒頭に入った。1819年の命令書で言うと，ヴィ
トゲンシュタインが休暇をとったことを布告した命令は1819年11月16日の第
一一九号であるが，そのあとの一二〇号 (11月20日) から一三五号 (12月29日) ま
での命令書は，ヴィトゲンシュタインが直接キセリョフに命令を送ってその布告
を命じた1819年12月9日の第一二九号を除き，残り全部の書き出しが「総司令
官の意志に基づき…」となっている。しかも，総司令官がいる場合の命令書の書
き方は「本職は〜と命じる」(предписываю) なのに対して，総司令官不在の場合
の命令の仕方は「〜と命じられる」(предписывается) となるので，すぐに違いが
わかる。

　命令書の内容は基本的には以下の通りである。まず，将校の休暇申請の受理報

告，1年を3期に分けたその期ごとの脱走及び死亡のもっとも多い連隊，もっとも少ない連隊の名前の公表，閲兵成績，将校の新任・昇進・退任の報告，各期給料の受け取り命令，軍法会議結果抜粋といったものである。

命令のうち，人事関連のものの多くは皇帝自身の決裁によって有効になっていた。したがって，当時のロシア皇帝という職務は，太平洋戦争中の大日本帝国天皇などに比べれば，はるかに忙しい仕事だったのではないかと思われる。

軍命令書には，下士官兵の犯罪の事例も掲載されているが，これはすべてではない。例えば，1820年8月20日の第二軍命令書第九五号に添付された軍法会議記録抜粋第四項には，1819年の野営期間中に脱走した兵士，第三一猟兵連隊のイヴァン・ロマノフが1820年に入って再び脱走したので処罰される旨記されてはいるが，1819年の第二軍命令書を全部読んでも，このイヴァン・ロマノフの脱 (16) 走については一言も述べられていないのである。

第二軍命令書の内容は，基本的には中隊長以上，場合によっては全将兵に周知させたいことを述べているものである。したがって，当局側が将兵に知らせたくないことは記載されないと考えられる。例えば，ウフィム連隊の中尉フローロフが仮病を使って勤務を忌避し，連隊長のもとに呼びつけられると，これを段打しようとした事件などは，1820年7月22日の第二軍命令書第八二号では，単にフローロフが「無作法な態度を示した」としか記されていない。部下が上官を殴り (17) つけたなどという事件の存在は，下士官兵には知られないほうがいいに決まっている。このように，この命令書の内容には明白にバイアスがかかっていること，特に，将兵に知らせたいことのみを載せているということは忘れるわけにはいかない。

3. 軍法会議

3-1. 軍法会議構成員

1820年代前半の第二軍では，軍法会議は，総司令官ヴィトゲンシュタイン大将の命令で設置された。軍法会議委員会を構成するのは議長 (презус) 1名，判士

（асессоры）数名，そして，書類作成にあたる法務官（аудитор）ないし上級法務官（обер-аудитор）1 ～ 2 名である。議長と判士は法務の専門家ではなく，一般の将校にすぎず，専門家は法務官，上級法務官のみであり，これらが書類作成にあたる。法務官は各連隊に，上級法務官は各師団，各軍団に少なくとも1名置かれるべきであった。上級法務官以上の法務関係の役職としては，1820 年 3 月 10 日の第二軍の命令書第三〇号によれば，第二軍全体の法務部門のトップとして野戦軍法務総監（Полевой Генерал- Аудитор Армии）が置かれていた。[18]

　軍法会議は，法令によれば，「大隊ではなく，連隊に設置しなくてはならず，議長には佐官（штаб офицеры）以上をあてなくてはならず，法務官は，旅団にも師団にも手すきの法務官がいない場合では先任書記（старшие писари）以上でなくてはならな」かった。ところが，連隊長がこれに違反して，軍法会議を大隊に設置し，大尉を議長とし，曹長（фельдфебели）を法務官としたため，叱責を受けたという事例もあった（1823 年 9 月 24 日の第二軍命令書第一三二号）[19]。なお，下士官兵ではなく，士官を被告とする軍法会議は，通常は師団に，場合によっては軍団に開設された。[20]

　曹長や下士官（унтер-офицеры）が，単に識字能力があるというだけの理由で法務官に任命される事例もあった。例えば，ある命令では次のように述べられている。

　「もし，連隊の法務官が空席であるならば，連隊長は，この空席を埋めるべき曹長，下士官，書記（писари）ないし自由人の文官を，能力を勘案したうえで推薦すべし。推薦されるものが，法の執行と書類作成を知っており，適宜経験を積んでいるならば，師団ないし軍団の上級法務官の推薦により，またもし推薦されるものの能力が完全ではないとしても（というのは，そもそもそのようなものは極めて少数であるから），素行が良好であり，今後優秀な執行官になる望みが持てるならば，上級法務官の特別な証明書を取り付けたうえで，法務官の空席を埋めさせるかあるいは法務官に昇進させるかすべし」（1819 年 2 月 3 日の第二軍命令書第二〇号）[21]。これは実際に適用され，特別な訓練を受け得ているとは思われない曹長や書記が法務官に任命された事例がいくつかある。

「ナシェブルグ歩兵連隊の曹長サヴァエフ，ならびに第三七猟兵連隊の大隊書記ルィロフは，その能力を認めて，これらの連隊に空席のある法務官に昇進せしむ」(1819年12月18日の第二軍命令書第一三四号第三項)[22]。

「本職に預けられた軍の司令部当直部の書記ニキフォロフはオホーツク連隊に空席のある法務官に昇進せしむ」(1820年5月9日の第二軍命令書第五九号)[23]。

「オホーツク歩兵連隊の曹長イグナチエフはヤクーツク連隊に空席のある法務官に昇進せしむ」(1820年9月10日の第二軍命令書第九八号第二項)[24]。

「以下のものを空席となっている法務官に昇進せしむ。トムスク歩兵連隊の書記官メドヴェジェフを同連隊において，現在ところを得ていない(находящийся не удел)曹長アレクセーエフはスモレンスク龍騎兵連隊にて」(1820年12月6日の第二軍命令書第一一四号第一項)[25]。

「第二〇歩兵師団書記官ルィシュコフは，その能力を認め，第三九猟兵連隊に現在空席のある法務官に昇進せしむ」(1822年7月25日の第二軍命令書第八五号)[26]。

「サンクトペテルブルグ龍騎兵連隊の上級書記官カルポフは，当該連隊で現在空席になっている法務官に昇進せしむ」(1821年4月30日の第二軍命令書第三〇号第一項)[27]。

　曹長や書記から昇進した法務官のなかには，担税民出身者がいた。例えば，第三一猟兵連隊法務官ヴォドピヤノフは，自分が担当した軍法会議の被告に，所属連隊が送ってきた現金を着服したかどで，「階級と，勤務により獲得した終身貴族称号を剥奪し，定年まで兵士として勤務する」ことを命じられた(1821年12月27日の第二軍命令書第一七八号第二項)[28]が，ここで「勤務により獲得した終身貴族称号」(приобретенное службой личное дворянское достоинство)が言及されていることは，ヴォドピヤノフが生まれながらの貴族ではなかったことを意味している。

　こういった人々の執務能力には大きな問題があったとしばしば指摘されている[29]。実際，軍法会議資料は流麗ですらある書体で書かれてはいるが，かなりの文法的な誤りが見られる。

　しかし，このような能力の低さは貴族出身者も同じであった。というのは，当時，ほとんど教育を受けることなく入営する貴族もまた多かったからである[30]。貴

族出身法務官の事例としては次のものがある。

1820年6月24日の第二軍命令書は，「ポーランド・シュラフタ出身で，現在ところを得ていない（находящийся не удел）ゴルリンスキを，能力を認めて，第三八猟兵連隊に空席のある法務官に昇進せしむ」[31]。シュラフタ出身とあるので，これは明らかに世襲的な貴族である。

法務官には，官僚として最下級の一四等から一〇等官まで，様々な階級のものがいた。一四等官が法務官となった事例には次のものがある。

「勅令により，以下のものを空席ある法務官に任ずる。一二等官マエフスキーは聖ペテルブルグ龍騎兵連隊にて，一四等官コロリコフはクールラント龍騎兵連隊にて」（1819年10月3日の第二軍命令書第一〇二号[32]）。

「現在ところを得ていない一四等官ルギンスキーは，武官に転籍のうえ，ヴャトカ歩兵連隊に空席のある法務官に任ず」（1820年5月6日の第二軍命令書第五五号第二項[33]）。

「現在ところを得ていない一四等官ヴィシュネフスキーは，武官に転籍のうえ，エカチェリンブルグ歩兵連隊に空席のある法務官に任ず」（1820年10月24日の第二軍命令書第一〇五号第一項[34]）。

法務官の階梯の上限は少なくとも一〇等官である。その具体的事例としては次のものがある。

「スモレンスク龍騎兵連隊の法務官一〇等官ミハイロフと……は病気により，完全に任を解く」（1820年4月28日の第二軍命令書第五三号第一項[35]）。

「二七年間問題なく勤務した…ヤクーツク連隊の法務官プヒンは，長年の勤務に応じて九等官に進級せしむ」（1820年3月26日の第二軍命令書第三八号第一項[36]）。

後者は退職辞令の一部であるが，退職に際して九等官に昇進しているので，それまでこの人物は一〇等官ないしそれ以下の階梯にあったことになる。なお，この人物は廃兵としての俸給も受け取ることになったので[37]，身体壮健ではなかったと思われる。

ところで，当時，下級の士官は少尉補で，これは一四等官に相当した。そして少尉補ないし一四等官とは，下士官を定年まで勤めた担税民出身の軍人が得る

階級であった。その例は次の通りである。

「ヤクーツク歩兵連隊の下士官フメレフはこの階級で所定の年限を務めたので、第一四等官に昇進せしめ、糧食部に勤務するものとする」（1820年6月24日の第二軍命令書七七号）[38]。

「第五〇廃兵輜重中隊の先任下士官キリル・ロゴフスキーは所定の年限を非の打ちどころなく勤め上げ、また現在の戦列外の職務を二〇年以上勤めたので…退役にあたり一四等官に昇進せしむ」（1821年1月22日の第二軍命令書第一二号）[39]。

したがって、特に問題なく勤務を終えた担税民出身の軍人が任命されうる少尉補という最下層の士官が法務官に任じられていたのであり、国軍内部での法務部の地位は著しく低かったといわねばなるまい。

なお、上級法務官の階梯は一二等官[40]から七等官[41]までが見られる。上級法務官の少なくとも一部は法務官の出身であった。これは次の例からわかる。

「ペルミ歩兵連隊の法務官で九等官のザミャトキンは、その能力を認め、第一九歩兵師団の上級法務官に昇進せしむ」（1821年4月20日の第二軍命令書第三〇号第一項）[42]。

法務官は実戦部隊たる各連隊のほか、第二線の部隊である守備大隊にも置かれており、野戦連隊の法務官が守備大隊の法務官に転属になるケースもある。1821年4月25日の第二軍命令書第三一号第二項は、「第三七猟兵連隊の法務官ルィロフは同階級のままウフィム国内守備大隊に転属とする」と述べている[43]。

なおまた、民生部門に勤務していた官吏が法務官に転じる事例もある。第二軍の1820年6月14日の命令第七三号第一項は、「ポドリヤ県文官知事官房に勤務する県書記官クルプクを野戦軍法会議所上級法務官に任ず」と述べている[44]。1821年1月5日の第二軍命令書第二号は、「宿営総監官房に勤務する県書記官ヴェンジク＝ルズズキーはその能力を認め、第一九砲兵旅団に空席のある法務官に任じ、一二等官に転籍するものとする」[45]。逆に法務官が民生部門に転じる事例もある。1821年2月9日の第二軍命令書第一七号第二項は「ウクライナ歩兵連隊の法務官ソコロフは文官勤務に転じるものとする」と述べている[46]。ただし、このソコロフの階級は不明である。

3-2. 軍法会議における公平性の担保

軍法会議の設置にあたっては，少なくとも，将校が被告となる場合は，公平性への配慮がなされたようである。例えば，1822年4月2日のウクライナ連隊第一擲弾兵中隊とアゾフ連隊第八マスケット銃中隊との，ポドリヤ県ガイシン郡メレシキ村での乱闘騒ぎをめぐる軍法会議については，上級法務官クレネスが，ウクライナ連隊とアゾフ連隊の両方から同数の判士をだすことを求めた[47]。また，第二二砲兵連隊第二中隊の貴族出身の少尉補グレコフとイヴァボフスキーとが，司祭ドルマンスキーらといさかいをおこして，部下の兵員まで引き連れて司祭の家に乗り込んで彼に殴打と侮辱を与えた事件では，調査にあたったのは，当事者グレコフらが所属する第二二砲兵旅団ではなく，第一八砲兵旅団の旅団長シュリマン第二大佐であった[48]。1822年から1824年にかけて，第一八歩兵師団隷下のペルミ歩兵連隊のスタマチエフ中尉が裁判にかけられた事件では，オデッサ連隊の伯爵ユル少佐が議長となり，アゾフ連隊，ドニエプロフスク連隊，ウクライナ連隊の合計5人の大尉，二等大尉，中尉，少尉が判士になっている。しかも，議長・判士を出した上記4つの連隊はすべて第一九師団隷下であった[49]。つまり，この軍法会議は被告将校が所属するのとは別の師団ないし軍団に設置され，それゆえ被告と同じ部隊の将校は議長や判士にはならなかったのである。なお，軍法会議に至らぬ程度の不祥事の場合には，調査対象士官と同じ師団の別の連隊の将校が調査を行った。例えば，1820年に第九師団隷下のクリミア歩兵連隊で，下士官兵が自由労働で得た賃金が，中隊長らにより盗まれたとされる事件では，同じく第九師団隷下のナシェブルグ連隊の将校が調査を行っている[50]。

また，軍法会議等の調査では下士官兵は，全員まとめて尋問を受けるのではなく，特に詳しい事情を知るものは個別に，そうでないものは2人ないし5人で組にして事情聴取を受けた。例えば，上記の1822年4月2日のポドリヤ県ガイシン郡メレシキ村での乱闘騒ぎに関しては，事件に深くかかわる数名の下士官兵の尋問記録のあとに，「当該事件に関し，第三小隊（отделение）の自余の下士官兵は調査に際して二人ずつ，ないし三人ずつ，ないし五人ずつ尋問を受けた」と述べられている[51]。1821年5月31日に，第四〇猟兵連隊第二猟兵中隊の兵士グサクが

井戸に落ちて死亡した事件に際しても，尋問は事件に対して責任を持つ指揮官のいないところで行われ，そのため，指揮官とその上官との口裏合わせが暴露されてしまった。[52]

　なおまた，軍人の他に民間人も関わる事件では，取り調べに際して，軍は民生部門と協力した。上記の第二二砲兵連隊第二中隊の貴族出身の少尉補グレコフとイヴァボフスキーの事件がそうである。[53]

3-3. 表記上の問題

　軍法会議委員会が作成した資料は，添付されている書簡類を除けば概ね読みやすいものであるが，しばしば信じられないような誤記がある。もちろん，今日とは正書法が異なるので，今日なら ломбард（銀行）と書かれるべきところが ломбарт と表記されていたり，поручик（中尉）と書かれるべきところが порутчик と書かれたりするのは当然である。しかし，当時の水準から見ても書き誤りに間違いないと思われるものがしばしば見られる。例えば，同じ一つの命令書や報告書の中で，扱われている地名の表記や人名の表記が途中で変わっていたりする。[54][55]軍法会議資料に添付された参考資料はさらにひどく，ロシア語の初歩的な格変化すら誤っている事例がしばしば見られる。[56]当時の国軍においては，このような人名や地名の誤記は実際に問題を引き起こした。例えば，1819年の第二軍命令書第五七号（5月23日）によれば，「放浪者および脱走兵の各部隊への分配について送られた命令に反し，彼らがアレンブルグ (Аренбург) ではなく，オレンブルグ (Оренбург) に送られている」ので，今後は「リーフリャント県のアレンブルグ市」，「オレンブルグ県のオレンブルグ」と表記するように，と命じている。[57]当時においても，命令書等の誤記誤読は問題になったのである。だからこそ，法務官として字の綺麗なものが要求されたのである。[58]

　以上のように，担税民出身者も軍法会議を担う法務官になることがあり得たが，その地位は極めて低く，執務能力にも問題があった。このように，専門性を欠いた下級事務官によって構成され，しかもその決定が皇帝をはじめとする上級機関によりあっさりと覆されるような法務部が満足のいく仕事をするはずも

なく，第二軍上層部は，少なくとも，1816年7月23日の命令第七九号，1819年2月3日の命令二〇号，1820年3月10日の命令第三〇号で，作業の遅延，必要な書類の付け忘れ，法規の解釈間違いなどを根絶するよう要求している。[(59)]

4. 結 論

　以上のように，1820年代前半の第二軍の兵士の生活をめぐる資料としては軍法会議資料と第二軍命令書とがある。また，軍法会議を担当したのは全くの素人である判士と，専門家ではあるが，必ずしも素養の高くない法務官とであり，しかも法務部の地位は極めて低く，その判決は上層部によって簡単に覆されたのである。

　本稿は，筆者が2014年度大東文化大学海外研究員に任命され，モスクワに出張した際の研究成果の一部である。

（注）
＊本稿で述べる階級はすべて当時のものである。
（1）Тарле, Е. В, Военная революция на западе Европы и декабристы, *Академик Евгений Викторович Тарле: Сочинения в двенадцати томах*, Москва, 1958, стр. 9; Keep, John L. H. *Soldiers of the Tsar: Army and Society in Russia 1462-1874*, Oxford, 1985, p.232; Brian D. Taylor, *Politics and the Russian Army: Civil-Military Relations, 1689-2000*, Cambridge University Press, 2003, pp.40-48.
（2）Лотман Ю., *Беседы о русской культуре. Быт и традиции русского дворянства (XVIII-начало XIX века)*, СПБ. 1994
（3）*Российский государственный военно- исторический архив* (далее *РГВИА*)
（4）2-я Армия, *Приказы 2-й армии* за 1817-1830гг, М. Тульчин и др., 1817-1830, без номера страницы. Приказы по Армии. Главная квартера М. Тульчин.
（5）*Приказы: Отдаваемые по Отдельному во Франции корпус в 1817 году*, без места и года.
（6）Данилов Н. А., Сост., *Столетие военного министерства: 1802-1902*, т. I, Исторический очерк развития военного управление в России, СПб., 1902, стр. 240-

241. の地図より。

(7) いわゆるラエフスキー事件である。この事件の概要は以下を参照されたい。松村岳志「一八二二年の第一六歩兵師団における軍事クーデター予備事件（ラエフスキー事件）」『ロシア史研究』第 96 号，2015 年 6 月，pp.3-25

(8) この事件もデカブリスト叛乱の一部ではあるが，1825 年 12 月にいわゆる南方結社の叛乱を引き起こしたチェルニゴフ連隊は，第一軍隷下である。Киянская О. И., *Южное общество декабристов Люди и событие*, Москва, 2005, стр. 88.

(9) Иовва И. И., *Декабристы в Молдавии*, Кишинев, 1975, стр. 212-213

(10) *РГВИА*, Ф. 16232, оп. 1, Дело No.142, л. 257 об, 258.

(11) 2-я Армия, *Приказы 2-й армии*, –Января 21, 1819, No.12. なお，この事件についての文書資料は以下のように *РГВИА* に保管されているが，筆者が 2014 年 11 月に現物を確認したところ，各ページの下半分が欠損しており，読解は不可能であった。*РГВИА*, Ф. 16232, оп. 1, Дело No.48.

(12) 2-я Армия, *Приказы 2-й армии*, – Мая 18, 1819, No.55.

(13) 第二軍命令書のモスクワ本のうち，筆者が実際に確認した 1819 年度分，1820 年度分，1821 年度分，1822 年度分，またペテルブルグ本のうち，実際に筆者が確認した 1820 年度分，1821 年度分，1822 年度分に関してはこのような記録は残されていない。ただ，ペテルブルグ本の 1823 年度分に関してのみ，1 月 1 日の命令書の前，1 月 5 日の命令書と 1 月 18 日の命令書の間というように，毎月の 15 日の部分にバイコフからザクレフスキーへと命令書を発送した旨の連絡が手稿の形で綴じこまれているのである。

(14) 請求記号はモスクワ本が Δ498/164 で，ペテルブルグ本が 135/60 である。

(15) ペテルブルグ本でこのアレクサンドル皇帝の布告がどこに綴じこまれているのかは正確に確認していないが，命令書九八号と一〇四号との間のどこかである。

(16) 2-я Армия, *Приказы 2-й армии*, – Августа 20, 1820, No.95, Выписка к No.95. Из конфирмаций господина главнокомандующего, последовавших по военно-судным делам над нижними чинами, 4-е.

(17) 2-я Армия, *Приказы 2-й армии*, – Июля 22, 1820, No.82.

(18) 2-я Армия, *Приказы 2-й армии*, – Марта 30, 1820, No.30.

(19) 2-я Армия, *Приказы 2-й армии*, – Сентября 24, 1823, No.132.

(20) 軍法会議が軍団に設置された事例としてはハリコフ龍騎兵連隊長スナルスキー大佐がキエフ県庁の官吏ゴロシェフスキーに対して強圧的な態度を示した事件の裁判がある。この場合，第二軍に属する第七歩兵軍団隷下の第三龍騎兵師団に属するハリコフ龍騎兵連隊長を被告とする裁判が第一軍隷下の第三軍団で開かれている。2-я Армия, *Приказы 2-й армии*, – Апреля 6, 1823, No.55. トムスク歩兵連隊のメリニコフ中尉が上官に対して不遜な態度を見せた事件の軍法

会議も第六歩兵軍団に設置された。2-я Армия, *Приказы 2-й армии,* – Июля 16, 1820, No.80.

(21) 2-я Армия, *Приказы 2-й армии,* – Февраля 3, 1819, No.20.

(22) 2-я Армия, *Приказы 2-й армии,* – Декабря 18, 1819, No.134. 当時の第二軍では，騎兵連隊と歩兵連隊は地名を冠されており，猟兵（狙撃兵）連隊は番号を冠されていた。

(23) 2-я Армия, *Приказы 2-й армии,* – Мая 9, 1820, No.59, 1-е.

(24) 2-я Армия, *Приказы 2-й армии,* – Сентября 10, 1820, No.98, 2-е.

(25) 2-я Армия, *Приказы 2-й армии,* – Декабря 6, 1820, No.114, 1-е.

(26) 2-я Армия, *Приказы 2-й армии,* – Июля 25, 1822, No.85.

(27) 2-я Армия, *Приказы 2-й армии,* – Апреля 20, 1821, No.30, 1.

(28) 2-я Армия, *Приказы 2-й армии,* – Декабря 27, 1823, No.178, 2-е

(29) Заблоцкий- Десятовский А. П., *Граф П. Д. Киселев и его время,* т. 1- 4, СПБ., 1882, т. 1, стр. 119; Давыдов, *Оппозиция Его Величества,* М., 1994, стр. 52, 64-65.

(30) Заблоцкий- Десятовский, *Граф П. Д. Киселев,* т. 1, стр. 50.

(31) 2-я Армия, *Приказы 2-й армии,* – Июня 24, 1820, No.77.

(32) 2-я Армия, *Приказы 2-й армии,* – Октября 3, 1819, No.102, 1-е.

(33) 2-я Армия, *Приказы 2-й армии,* – Апреля 28, 1820, No.55, 2-е.

(34) 2-я Армия, *Приказы 2-й армии,* – Октября 24, 1820, No.105. 1-е.

(35) 2-я Армия, *Приказы 2-й армии,* – Апреля 28, 1820, No.53, 1-е.

(36) 2-я Армия, *Приказы 2-й армии,* – Марта 26, 1820, No.38, 1-е.

(37) 2-я Армия, *Приказы 2-й армии,* – Марта 26, 1820, No.38, 1-е.

(38) 2-я Армия, *Приказы 2-й армии,* – Июня 24, 1820, No.77.

(39) 2-я Армия, *Приказы 2-й армии,* – Января 22, 1821, No.12.

(40) 2-я Армия, *Приказы 2-й армии,* –Января 5, 1821, No.2.

(41) *РГВИА,* Ф. 16232, оп. 1, Дело No.94, л. 2. 七等官で上級法務官のクレネスの報告書。

(42) 2-я Армия, *Приказы 2-й армии,* – Апреля 20, 1821, No.30, 2-е.

(43) 2-я Армия, *Приказы 2-й армии,* – Апреля 25, 1821, No.31, 2-е.

(44) 2-я Армия, *Приказы 2-й армии,* – Июня 14, 1820, No.73, 1-е.

(45) 2-я Армия, *Приказы 2-й армии,* – Января 5, 1821, No.2.

(46) 2-я Армия, *Приказы 2-й армии,* – Февраля 9, 1821, No.17, 2.

(47) *РГВИА,* Ф. 16232, оп. 1, Дело No.163, л. 414. この事件に関わる 1822 年 8 月 17 日の第七歩兵軍団参謀長ゴトフスキー少将による第一九歩兵師団長コルニーロフ中将あて報告書。

（48）2-я Армия, *Приказы 2-й армии*, – Мая 10, 1820, No.60.

（49）*РГВИА*, ф. 16232 оп. 1, дело 159, л. 3.

（50）*РГВИА*, Ф. 16232 оп. 1, Дело No.94, л. 1, 93 об. 七等官で上級法務官のクレネスの報告書。クリミア歩兵連隊に設けられた調査委員会に提出された書類の抜粋。

（51）*РГВИА*, Ф. 16232 оп. 1 Дело No.163, л. 404 об. この事件に関わる 1822 年 8 月 17 日の第七歩兵軍団参謀長ゴトフスキー少将による第一九歩兵師団長コルニーロフ中将あて報告書。

（52）*РГВИА*, ф. 16232 оп.1, Дело 93, л. 39 об. 同事件に関する第七歩兵軍団長ルドゼヴィッチ中将の意見書。

（53）2-я Армия, *Приказы 2-й армии*, – Мая 10, 1820, No.60.

（54）1820 年 12 月の第三二猟兵連隊の脱走多発の理由を調査した報告書の抜粋ではロシア＝トルコ国境の川の名前の表記がドゥナイ川（Дунай, л. 243, 243об, 244, 245 об, 246 об, 247, 248）だったり、ダナイ川（Данай, л. 249）だったりと一定していない。*РГВИА*, Ф. 16232, оп. 1, Дело No.142, л. 243, 243об, 244, 245 об,246 об, 247, 248, 249.

（55）1821 年 11 月 2 日付けの手紙で、第九歩兵師団長ネイドガルト少将が、オデッサ歩兵連隊のリコベド中尉（поручик）を親戚のいるポルタワ連隊に転属させるよう参謀長キセリョフ少将に依頼した書簡の中ではリコベドの表記が最初は Ликодеб なのに、あとでは Ликобед に変わっている。*РГВИА*, Ф. 14057, 1821, опись 182а, св. 9, дело No.86, ч. 1, лл.131.

（56）例えば、1820 年にクリミア連隊で生じた下士官兵の賃金に関する訴えを巡る書類のなかに綴じこまれた第一擲弾兵中隊のアルテリの収入についての報告書では поступивших в артельную и экономическую солдатскую сумму と書かれるべき部分が поступивших в артельную и экономического солдатские суммы と書かれている。*РГВИА*, Ф. 16232, оп. 1, Дело No.94, л. 104.

（57）2-я Армия, *Приказы 2-й армии*, – Мая 23, 1819, No.57.

（58）2-я Армия, *Приказы 2-й армии*, – Февраля 3, 1819, No.20, 1-е.

（59）2-я Армия, *Приказы 2-й армии*, – Февраля 3, 1819, No.20; Марта 10, 1820, года No.30. なお、筆者は 1816 年 7 月 23 日の命令書第七九号は直接参照しておらず、1820 年 3 月 10 日の命令書第三〇号に添付された写しを参照したのみである。

12 日露戦争前進根拠地八口浦玉島の役割に関する研究

永 野 慎 一 郎

1. はじめに

　日露戦争は20世紀最初の大規模な戦争であると言われている。日清戦争に次いで日露戦争に勝利した日本は大陸進出のための橋頭堡を築き，国際関係において欧米列強と肩を並べる地位を獲得した。日清戦争後，欧米列強の東アジア進出はますます顕著となったが，日本の台頭によって東アジアの国際関係におけるバランス・オブ・パワーに大きな変化をもたらした。この状況が国際政治に与えた影響も大きい。

　日本は1902年に英国との間で日英同盟を結び，勢いに乗ってアジア大陸への進出の機会を窺っていた。一方では，東アジア地域において不凍港獲得を求めて南下政策を推進していたロシアと，満州（現在の中国東北部）や朝鮮半島における政治的，経済的権益をめぐって対立した。日本の立場は，これらの地域におけるロシアの権益を排除することであった。

　1903年6月23日，桂太郎内閣は御前会議を開いて日露交渉開始を決定した。8月12日，ロシアに提案した協商基礎案は6カ条からなるもので，韓国における日本，満州におけるロシアの優勢な権益を相互に認めようという内容であった。その第1条は，「清韓両帝国ノ独立及領土保全ヲ尊重スルコト」と謳っている。しかし，既得権を主張するロシアは日本の提案を受け入れず，日露間で外交交渉が始まったが，両国の思惑の相違から，交渉は進展せず，結局軍事的決着に余儀なくされ，戦争へと突入した。

日露戦争は，満州と韓国における日露間の利権をめぐる戦争であったが，日本とロシアのいずれかの領土または国境地帯を主戦場としたのではなく，第三国である清国領土の満州と韓国で戦闘が行われた特殊な戦争であった。

　日露両国の戦雲が急迫していることを察した大韓帝国政府は，1904年1月23日，日露両国間の厳正局外中立を宣言した。しかし，韓国および満州問題に関する日露間の外交交渉が決裂し，同年2月6日，国交断絶，2月10日，宣戦布告に至ると，局外中立の堅持は不可能となり，2月23日，日韓両国の当事者間で「日韓議定書」が調印された。議定書の内容は，韓国の皇室の安全と独立および領土保全を保障すると規定している。

　一方では，韓国の保護国化を進めていた日本は，1904年8月から1907年7月まで3次に及んで日韓協約を締結し，1910年8月22日を以って，韓国併合条約を締結し，植民地統治の根拠とした。

　日露戦争で勝利した日本は，1905年9月5日，ポーツマスで締結した日露講和条約において韓国における日本の優越権を承認させた。これより先にルーズヴェルト（Theodore Roosevelt）大統領の命を受けて来日したタフト（William Howard Taft）陸軍長官は桂太郎総理大臣との間で，日米秘密協約「桂・タフト協約」を締結した。「桂・タフト協約」は米国の対フィリピン権益と日本の対韓国権益を相互に承認するものであった。

　日露戦争は韓国の運命を左右する歴史的なできごとであった。日露戦争での戦果として日本は韓国の保護国化をロシアに認めさせた。このようにして大韓帝国は完全に日本の保護国となった。伊藤博文が初代韓国統監に就任し，韓国政府内政すべてを指導した。やがて皇帝「高宗」は退位を余儀なくされた。1910年の併合条約の締結によって日本の本格的な韓国植民地統治が始まった。これで518年継承した朝鮮王朝は幕を閉じた。

　日露戦争は日本による植民地支配の始まりであった。戦争の主要目的は韓国問題であった。日露戦争の数年前から，朝鮮半島南部の木浦港付近において対露戦争の前進根拠地にするための準備が着々と進行していた。

　日露戦争に関する研究は，海軍軍令部編『明治三十七八年海戦史』（全4巻）が

1909 ～ 1910 年に公式戦史として刊行されたほか，陸軍参謀本部編『明治三十七八年日露戦史』，『明治三十七八年秘密日露戦史』などが刊行された。また，ロシア側の史料も紹介され，多くの研究者によって研究がなされている。しかし，「極秘」扱いされ，長い間，非公開であった史料の存在が1980年代以降明らかになった。

『極秘　明治三十七八年海戦史』の存在である。海軍当局は日露戦争後の1905年12月から1911年まで日露戦史編纂に着手し，『極秘　明治三十七八年海戦史』全12部，150冊を完成した。これは一般に公刊されることなく，必要な部署に必要な冊数が配布されただけで，全冊保持は皇居と海軍省文庫のみであった。第二次大戦後海軍省文庫のものは焼却されたが，明治天皇に提出された1セットだけが奇跡的に処分を免れ，戦後防衛庁戦史部に移管された。日露戦争の唯一の公式戦史『極秘　明治三十七八年海戦史』は現在防衛省防衛研究所戦史研究センターに「千代田文庫」として保管されている。現在は閲覧可能であり，国立公文書館アジア歴史資料センターのウェブ上でも公開されている。1909 ～ 1910 年に刊行された『明治三十七八年海戦史』はこの『極秘　明治三十七八年海戦史』の一部である。[1]

『極秘　明治三十七八年海戦史』の各冊巻頭には，「本戦史ハ事概ネ軍機ニ属シ秘密ヲ要スヘキモノニシテ就中我カ帝国国防及ヒ外交ニ関スル事項並ニ諜報ノ手段及ヒ其ノ関係者ニ就テハ殊ニ極メテ秘密ニスヘシ」という文言がある。日本海軍において，このような入念な言葉で，厳重な取扱いをしていたことは，秘密にするほど，重要な内容が含まれていることを示唆している。史料的価値があるという意味である。

『極秘　明治三十七八年海戦史』が公開されたことによって，従来の日露戦争研究では判明できなかった事実が明るみに出た。朝鮮半島南部海岸に位置する木浦付近が日露戦争の前進根拠地として重要な役割をしていたという事実である。日本政府により日露戦争開戦前に軍事戦略上必要な土地買収が推進され，戦争になれば，必要となる海底電線敷設および気象観測所の設置などが秘密裏に行われていたことが判明した。

このような『極秘　明治三十七八年海戦史』に記載されている未公開の内容を調査し，併せて防衛省防衛研究所や外務省外交史料館所蔵の関連史料などを精査して従来の日露戦争研究には抜けていた対戦以前の準備状況を明らかにし，さらに緻密な計画によって準備され，推進された結果，大国ロシアを敗北させ，勝利に導く原動力となった真相を明らかにすることによって，日露戦争の意義について改めて考えてみる契機にすることが本稿の目的である。本稿が日露戦争研究に一石を投ずることができれば幸いである。

2.　木浦港開港と日本領事館開設

　日清戦争後の1895年5月，朝鮮政府と日本側で大同江（現在の北朝鮮平壌付近を流れる江）と木浦（朝鮮半島西南海岸の港）2港の開港について交渉が始まった。当時日本政府は大同江の鎮南浦と木浦港の開港を要求した。日本政府は大同江の鎮南浦を7月22日に開港し，その60日後に木浦の開港を計画していた。この情報を入手した英国はじめ，欧米列強が開港は他の列強に対しても公平に扱うべきであると反発した[2]。そのために日本の計画は実現できなかった。1897年に日本は特別居留地獲得を断念し，各国居留地内の土地買収に方針転換する一方，居留地周辺の土地の買収に着手した。

　朝鮮における列強の土地買収は，1883年11月26日に締結された韓英修好通商条約第4条第4項の規定が法的根拠とされた。同項の規定により居留地から10里（日本の1里）以内の土地買収が認められた。但し，その場合，朝鮮当局によって定められた土地税を支払うこととした。各国はこの規定に準じていた。日清戦争前は朝鮮王朝が清国の影響下にあったことから，欧米列強の朝鮮進出は清国によって封じられた。しかし，日清戦争後清国の影響力が弱まると，列強の土地買収が本格的に始まった。特に日本とロシアは朝鮮各地において土地買収に積極的に着手した。

　日本は当初，特別居留地獲得をめざした。特別居留地が得られれば，日本の専管となることから，朝鮮政府も列強使臣も介入できないからである。特別居留地

獲得の最大の理由は軍事的理由であった。特別居留地は軍事的活用が可能で
あったからである。[3]

　朝鮮政府は，木浦開港に関しては，すでに開港した釜山，仁川，元山の場合と
違って，条約による開港ではなく，勅令による開港とした。日本の独占を防止す
るための方策として，欧米諸国にも同時に門戸を開放する勢力均衡政策を採用
した。1897年10月16日，新方針によって朝鮮政府外部大臣と日・米・露・仏・
英・独の各国代表との間で，「鎮南浦及木浦各国租界章程」が調印された。釜山，
元山，京城，仁川に続き，鎮南浦と共に木浦は日本のほか，ロシア，米国，英国，
フランス，ドイツの欧米列強に一斉に開港した。朝鮮政府が木浦港の開港に踏み
切ったもう一つの要因は開港によって得られる関税収入であった。[4]

　木浦の開港が本決まりになると，日本政府は早速木浦領事館設置を決定し，初
代木浦駐在領事に久水三郎を任命して待機させた。久水三郎の木浦領事館領事
任命にあたっては，1897年9月25日，外務大臣大隈重信によって作成された「朝
鮮国木浦駐在一等領事久水三郎へ御委任状御下付ノ件」，すなわち明治天皇の信
任状が9月27日付で，内閣総理大臣松方正義名で下付された。[5]帰国中の久水三
郎領事は10月12日に東京を出発して新任地木浦に向かった。

　日本政府は木浦領事館建設用地として木浦の一等地に52,900m²の土地を買収
して近代的な領事館本庁舎を建築した。同時に警察署，監獄，郵便局，領事官
舎，書記生，通訳生，警部などの各官舎および巡査合宿所などが隣接地に建てら
れた。[6]

　木浦に領事館を開設したのは列強のなかで日本だけであった。英国は木浦海
関長 W. アーマーが1898年12月から海関長在任中領事事務を取扱っただけで
あった。清国は在留民が相当居住していたにもかかわらず，仁川領事に管轄させ
た。英国とロシアは領事館設置を計画し，敷地を獲得したが，領事館設置までは
至らなかった。英国は領事館敷地として12,475m²の土地を買収した。また，ロ
シアは19,311m²の領事館用地を買収し，さらに接続地18,000m²を競売で購入し
て貯炭庫にしようとした。[7]

　木浦における各国居留地は A, B, C の3種に区分した。A は村落および水田，

12　日露戦争前進根拠地八口浦玉島の役割に関する研究　　235

または満潮点以上で，埋め立てる必要のない低地地区，Bは高地地区，Cは埋め立てを必要とする海浜地区である。A地区とC地区は1区画の面積を500m²～1,000m²に制限し，B地区は1,000m²～5,000m²に制限した。居留地内土地は公売が原則であり，内定価格は100m²に付き，A地区銀貨6ドル，B地区銀貨3ドル，C地区銀貨5ドルと定め，公売価格のうち，内定価格分は朝鮮政府の収入とし，超過分は各国居留地の所得にして居留地経営の費用として使用した。また，土地税は100m²に付き，A地区とC地区は年額銀貨6ドル，B地区は銀貨2ドルとした。100m²に付き30銭は朝鮮政府の収入とし，残額は各国居留地会の収入とした。[8]

　日本政府は開港当初から木浦港に強い関心を示した。木浦居住商人渋谷龍郎を土地買収のための名義人として依頼し，木浦居留地内の土地を買い占めた。1899年12月4日付森川季四郎木浦領事の報告によれば，木浦居留地内の日本政府による土地買収の総面積は141,660m²であり，支払われた地租は2,992.80円であったが，すべて所有者名義は渋谷龍郎であった。[9]

　朝鮮半島西南端に位置している木浦港は多島海の島嶼地域と陸地地域を連結する関門であり，大阪，福岡，長崎など，日本の港と中国大陸との中間地点にあるため，海上通路における重要な貿易港，寄港地として古くから港の役割として重要視されていた。また，木浦周辺は軍事的な要衝地としての評価が高かった。

3.　木浦高下島の土地買収の顛末

　木浦港対岸に高下島という面積1.78㎢の小さな島がある。地政学的に重要な戦略拠点であった。高下島といえば，16世紀末，文禄・慶長の役の時，日本の水軍を撃破したことで名高い名将李舜臣の陣地があった場所として知られている。日露戦争開戦を前に戦略上重要な高下島を入手すべく日本とロシア間で土地争奪戦が展開された。

　ロシアは東アジアにおいて不凍港を確保することが念願であった。日清戦争後の1898年に旅順・大連の租借に成功したが，旅順は不凍港としては不完全で

あった。そのために朝鮮半島南部海岸の港の土地買収を試みた。ロシアの動きを重視していた日本海軍はロシアが木浦高下島買収のために動いているという情報を入手し，素早く対応策を講じた。

　高下島買収に関する日本側の政策決定過程を詳細に記録した史料が防衛研究所戦史研究センター所蔵の「明治31年以来　韓国高下島　同釜山附近　同南大門地所編冊　機密　陸軍省」(10)および「明治32年以来　韓国　木浦地所編冊　機密　陸軍省」(11)などに収められている。これらの史料は大東亜戦争中米軍が直接収集したか，または戦後進駐軍によって陸海軍諸機関から押収した記録文書の一つで，ワシントン郊外フランコニヤ等の記録保管所に保管されていたが，米国務省に対する日本政府の返還要求に応じ，1958年に日本側に引き渡された貴重な史料である。

　日露戦争を控えて，木浦高下島が戦略基地として重要であると判断した日本

出典：陸軍省－朝鮮事件－M31-1-109
「明治31年以来　韓国高下島　同釜山附近地所編冊　同南大門　機密　陸軍省」表紙（防衛研究所）

出典：陸軍省－朝鮮事件－M32-1-93
「明治32年以来　韓国木浦地所編冊　機密　陸軍省」表紙（防衛研究所）

政府は，ロシアの動きを常時観察し，陸軍省，海軍省，大蔵省，参謀本部，京城
公使館および木浦領事館など関連部署において緊密に連携プレーしながら，高
下島買収計画を進めた。買収に当たっては，木浦居留地同様，渋谷龍郎という長
崎市出身で，木浦で商売をしていた民間人の名義で買収するという方法が採ら
れた。島全部の買収金9万円は在韓国臨時憲兵隊の臨時軍事費機密費から充てる
ことで処理された。

　1898年10月初旬から高下島土地買収をめぐる動きが慌ただしくなった。久水
三郎木浦領事からの報告を受けた外務大臣（兼任）大隈重信は，同年10月7日付
海軍大臣西郷従道宛の書簡【機密送第53号】において「韓国木浦の対岸にある
高下島は帝国海軍のため重要なる地点」であるとし，「帝国海軍の用地」として
必要であり，「本邦人の名義」で買収すべしとし，本件は「頗る機切迫」である
という認識を示した。これを受けて，海軍大臣西郷従道は同日付，陸軍大臣桂太
郎宛の【海軍大臣官報機密第243号の2】信書の中で，韓国木浦の対岸にある高
下島買入れ方の件に関し，高下島は「軍事上最も重要な地点」であり，是非共買
収すべきであると要請した。

　前述のように，高下島買収の件に関しては関係大臣間で意見一致した。喫緊の
問題は買収に必要な財源の予算措置であった。大蔵省は閣議提出案を作成し，買
収資金9万円を臨時軍事費機密費と位置づけ，その理由として「在韓国臨時憲兵
隊において機密費支出の必要が生じたことに依る」と説明した。

　10月11日，大蔵大臣松田正久は陸軍大臣桂太郎宛に【官報秘第1201号】を発
送し，在韓国臨時憲兵隊における機密費支出の閣議提出の件を了承した。⁽¹²⁾

　陸軍大臣桂太郎は，10月12日，【密発第134号】（秘至急書信）を内閣総理大臣
大隈重信宛に発送した。高下島は「帝国軍事上最も重要の地点」であり，全島を
秘密裏に買収することが得策である。ロシア軍艦釜山より入港の噂頻繁である
ことを踏まえ，日本人名義で速やかに買収すべし。本件は，「時期頗る切迫」に
して，1898（明治31）年度予算に対し減少した差額の内，9万円を在韓国憲兵隊機
密費に移して使用するよう大蔵大臣に発議させ，至急閣議開催を要請した。⁽¹³⁾

　以上の経過を以って，「韓国木浦の対岸にある高下島買収方の件」は，1898年

10月12日に閣議決定され，同日，内閣総理大臣大隈重信名で公布された。同時に，大蔵省および検査院に通牒された[14]。

　【内閣第26号】密発第134号
臨時軍事費機密費前年度予算ニ対シ本年度要求額ノ減少セシ差額内使用ノ件請議ノ通
　　明治31年10月12日

　　　　　　　　　　　　　　　　　　　　内閣総理大臣伯爵　大隈重信

　高下島土地買収金9万円が即時支払われ，1898年10月13日付で外務大臣官房会計課長・外務書記官三橋信方による受領証が発行され，同日付で鳩山和夫外務次官から中村雄次郎陸軍次官宛に送付された[15]。
　日本政府としては，高下島買収に際しては慎重を期し，木浦居住の商人渋谷龍郎に買受人として依頼し，全島を一括して仲売人李允用から渋谷龍郎名義で買い取り，即時代金9万円を軍事費機密費名目の国家予算から全額支払った。しかし，ロシア人大佐ストレルブッキーが高下島の土地を2,500円で買収したとして駐韓ロシア公使より韓国政府に対し，1899年5月23日付で地券交付申請したことから問題が発覚した[16]。すなわち土地の二重売りの事件が発生した。6月26日にはロシア公使館館員が軍艦「コシエツ」に乗り，木浦に出張し，ストレルブッキーが買入れたという高下島の土地の地券発給を所管官吏に迫ったが，受け入れられなかった[17]。その後の調査によって，高下島住民の中から二重売りに関与した容疑で仲買韓国人1名が捕縛され監獄に入れられたこ

出典：陸軍省－朝鮮事件－M31-1-109
　　　「高下島土地賠償金受領証」
　　　（防衛研究所）

とが確認された。[18]

　さらに調査が進むことによって，土地買収に関する真相が明るみに出た。高下島内の3人名義の土地約1,000坪を朴漢根が買取り，朴から李成（聖）範へ，李から金在復へ，金在復からロシア人ストレルブッキーに売り渡されたという複雑な売買ルートが判明した。関連した朴，李，金3人の名前が売買証文に記名されていることから，二重売買であることが明白となった。ロシア公使の地券請求に関して韓国外部大臣と日本国公使および木浦監理などが直接公文の往復により協議がなされ，関係者間で協議が行われた。

　久水三郎木浦領事は1899年6月2日付の外務大臣青木周蔵宛の報告のなかで民間人の渋谷龍郎の名義であっても高下島買収の行為は間違っていたことを報告した。

　「韓国政府は外国人に島の所有権を許さず，地方官吏の監理に監督させており，高下島買収を公然と地券請求するのは却って事を起こすものであった。李允用にも渋谷に売却する時，内密にし，公然としないことであった。渋谷には我々に代わっての買収は夢にも見せないよう注意した次第である。我々は常に間接的に注意したが，思うようにならず，甚だ遺憾である。ロシア人の請求の件は結局二重売買無効で終了となった。高下島所有権確定に関しては，駐韓新任公使当地寄航の折，委曲陳述致す」[19]

　青木周蔵外務大臣は同年6月19日付で陸軍大臣桂太郎と参謀総長大山巌宛に木浦領事久水三郎の報告を通知した。また，高下島買収に関して木浦居住の商人荒井徳一は渋谷龍郎に対し報酬金請求の訴訟を長崎地方裁判所に提出するなど，[20]利権をめぐるトラブルも明るみに出た。高下島買収を巡って現地の日本人商人，韓国人地方官吏および地方の有力者などが利権絡みで暗躍していた構図が明らかになった。それだけでなく，木浦港の開港直後の混乱期に悪徳商人たちに振り回されながら土地買収という目的を達成しようとした日本側の政治姿勢が浮かび上がる結果となった。

　結局，高下島買収に関しては「故障」があったことを日本政府自ら認め，高下島全島一括買収という従来の政府方針を撤回し，既に獲得した土地以外の土地

に関しては，所有者の李允用と日本側の名義人渋谷龍郎との間で30年間期限付きの借地契約を結ぶことにし，ロシア人ストレルブッキーが買収した約1,000坪は李允用が買い占める以前に売買済みの確実な証拠があったことから，その部分は除くことで解決した。したがって，両者間で2通の契約書が締結された。その一つ，「契約書」は，「大韓人李允用は大日本人渋谷龍郎に対し其所有に係る全羅南道智島郡に属する高下島を貸渡す」とし，1899年8月15日付で，李允用代理人申性休と借主渋谷龍郎が署名した。もう一つの「附約」は，ロシア人ストレルブッキーが買収した土地は契約書記載の借地面積より取り除くというもので，1900年4月5日付で，渋谷龍郎の代理人葉室謀純と李允用の代理人申性休が署名した。

外務大臣加藤高明は1900年11月17日付で陸軍大臣桂太郎宛に契約書2通を附して，事実を通知した。[21]

福岡居住大内暢三より若松兎三郎木浦領事に対して農事試験のため木浦高下島を借用したいという「官地借用願」が1904年6月18日付で提出された。若松兎三郎領事は，同年6月22日付外務大臣小村寿太郎宛「高下島貸与方に関する件」を報告し，渋谷龍郎名義で30年間借地権を取得している高下島の有効活用に適切な方策であると上申した。小村外務大臣は，6月29日，陸軍大臣寺内正毅および海軍大臣山本権兵衛宛に信書を発送し，高下島貸与についての意見を求めた。その回答を以って外務大臣小村寿太郎は大内暢三への高下島貸与の件を承諾した。

高下島貸与の件は，外務大臣，陸軍大臣，海軍大臣の承諾を得て，若松兎三郎木浦領事から申請者大内暢三への命令書が1904年8月20日付で発付された。

命令書は，「我政府に於いて渋谷龍郎の名義を以って明治32年8月15日より30ヶ年間借地権を取得した高下島内地所借用方明治37年6月18日付願い出を聴許する。但し以下の条件を遵守すべし。

1. 帝国政府に於いて同島を必要とする時は何時たりとも無償にて返付する事
2. 借用中借地料を納付する事。明治38年より39年まで1ヶ年50円，明治40年100円，明治41年150円，明治42年以降1ヶ年300円

3. 他人に転貸せず，税金公課は借用人が負担の事[22]」。

日本海軍は1902年から2年間に亘り，木浦港付近の海底を測量し，日露対戦の海軍前進根拠地にするための準備を進めていた。これを裏づける史料として，1903年8月18日付若松兎三郎木浦領事より小村寿太郎外務大臣宛に発送した「水路部所属測量艇保管の件」の文書がある。それによると，水路部所属測量艇九隻の附属品一式を本年測量終結時より翌年着手の時期まで木浦領事館において保管して欲しいという海軍水路部からの依頼があったことが記されている[23]。

4. 佐世保－八口浦玉島間の海底電線敷設

満州および韓国の支配権をめぐって，既得権の維持のために現状維持を主張するロシアと日清戦争勝利の勢いで現状変更を主張する日本との間で交渉が行われたが，相互の主張には隔たりが大きく進展の気配はないまま，膠着状態が続いた。もはや戦争突入が避けられないと判断した日本海軍はロシアとの一戦を交えるための本格的な準備作業に着手した。

日本海軍は，朝鮮半島西南海岸に位置する八口浦の玉島（木浦港から約30kmの距離の面積4.76㎢の小さな島）を前進根拠地とすべく，着々と準備作業を進めた。電信取扱所および気象観測所を設置し，防備隊を設置した。これらの作業は秘密裏に行われた。

1903（明治36）年12月中旬，危機切迫と判断した海軍軍令部は逓信省と協議し，戦略的拠点の必要上，朝鮮半島南部の鎮海湾および八口浦を前進根拠地とすることを決め，佐世保と八口浦間，厳原と馬山浦間の海底電線敷設を急ぐことに合意した。そのために横浜に停泊中の日本海軍の御用船「沖縄丸」（逓信省所管電線敷設船）を急遽長崎に回航させた。「沖縄丸」は奄美大島－徳之島間および馬関海峡の海底電線修理の名目で，1903年12月30日，横浜港を出発し，長崎に向かった[24]。

「沖縄丸」は1896年に英国で建造された日本最初の海底電線敷設船で，九州－沖縄－台湾を繋ぐ海底電線を敷設した実績がある。しかし，開戦前であり，機密

242

保持のため乗組員の大部分は行先や目的も知らず，出航した。「沖縄丸」の名目上の任務は既設海底電線の修理であった。実際上は日露戦争準備のための海底電線敷設が任務であった。「沖縄丸」は年明けの1月2日に長崎港へ到着し，昼夜作業で所要の電線などを積み込み，1月9日には長崎を出帆して佐世保に入港した。同港には東郷平八郎聯合艦隊司令長官率いる聯合艦隊が集結し，満を持して待機中であった。「沖縄丸」は佐世保－八口浦間の海底電線を秘密裏に敷設することが真の任務であった。[25]

1904年1月4日，山本権兵衛海軍大臣は大浦兼武逓信大臣に照会文「時局の趨勢に鑑み九州及び對馬島と韓国との間に軍用海底線を敷設し通信の敏活を計ることは焦眉の急であるに付き，右敷設方貴省へ委託致す」を送付した。

なお，敷設要領として，第1線（佐世保および八口浦線）は，佐世保電信局を起点とし，陸路で相ノ浦を出て水底線により黒島の北方および古志岐島付近を経由して韓国巨文島に陸揚げし，再び水底線により所安島の南方およびグレ水道を経由して八口浦内玉島に達する。第2線（厳原および馬山浦線）は，対馬厳原を起点として陸路で豆酘に至り，水底線により韓国巨済島を経由して馬山浦に達するという二つのルートを指示した。

大浦逓信大臣は，上記の照会に応じ，1月6日，梶浦重蔵逓信技師に電線敷設船「沖縄丸」を使用して急速に施行するように命じた。同日，山本海軍大臣は水路部部員布目満造海軍少佐に対し，「沖縄丸」に便乗し，電線の敷設を秘密かつ迅速に完成させるよう命令するとともに，必要な諸官憲との交渉および一般事業の監督の権限を付与した。また，東郷平八郎聯合艦隊司令長官に対して軍艦「明石」を護衛艦として出動させるよう電訓した。その任務については，布目海軍少佐より直接聴取し，同少佐と協議の上，任務を遂行するよう要請した。また，鮫島員規佐世保鎮守府司令官に電訓し，布目海軍少佐より船体の塗装船体付着物の被覆および陸上用テントの貸渡しなどの要求があれば，便宜を与えるように命じた。

山本海軍大臣は，1月10日，小村寿太郎外務大臣に照会し，布目海軍少佐による電線敷設作業に必要な便宜を在木浦領事館若松兎三郎領事に電訓するよう要

請した。

　他方，聯合艦隊司令長官に就任以来，開戦準備に努めていた東郷平八郎司令長官は1月9日，各戦艦に対し，充分な燃料，被服，食糧など必需品および水を備え，万全を期すように通達した。

　山本海軍大臣からの電訓を受けた東郷聯合艦隊司令長官は，直ちに「明石」艦長海軍中佐宮地貞辰に対し，同艦は明11日，「沖縄丸」とともに八口浦に向けて出発し，八口浦付近において，「沖縄丸」の海底電線敷設作業を護衛するよう訓令した。そして任務中は終始外国船舶の行動を監視し，「沖縄丸」の作業を探知できないように偵察と警戒を怠らないよう訓示した。なお，航海や通信などについては「沖縄丸」に乗り組んでいる布目満造海軍少佐と協議の上，実施するよう訓令した。

　これより先に，布目満造海軍少佐は1月7日，東京を出発し，梶浦重蔵技師と協議し，「沖縄丸」と連絡を取り合いながら長崎入りし，9日に長崎で「沖縄丸」に乗り組み，佐世保に回航した。佐世保鎮守府参謀長海軍大佐上原伸次郎に協力を要請し，第1艦隊参謀長海軍大佐島村速雄および宮地貞辰「明石」艦長と護衛艦の任務に関して協議した。布目海軍少佐は梶原技師とともに相ノ浦に行き，海底電線の陸揚げ地点の位置を選定すると共に，「沖縄丸」の船体を黒色に塗り替え，船名を「富士丸」と変更し，船首の艤装物工作など，すべての艤装作業が終了したのは翌日未明であった。

　11日朝9時，「沖縄丸」は軍艦「明石」とともに佐世保を出港し，相ノ浦南部三年ヶ浦（佐世市）付近に投錨し，ケーブルを陸揚げした。12日午前零時に相ノ浦を出発し，6.5カイリの速力でケーブルを敷設しながら，黒島（佐世保市）の南端より古志岐灯台（佐世保市宇久町古志岐島）の北東側を経て，巨文島（全羅南道麗水市）に向かい，護衛艦「明石」は前方約10カイリ前にて警戒航行しながら，周辺を航行する商船などを監視した。途中濃霧などにより仮停泊し，軍艦「明石」の護衛を受けながら，青山島，所安島を経由して13日午後には目的地八口浦に到達した。取り急ぎ，この地域を管轄している木浦領事の協力を得るために木浦港に向かった。午後7時頃木浦沖合に投錨し，伝馬船およびカッターに玉島

244

陸上用通信機を積み込み，小蒸気艇に曳かせて，布目満造海軍少佐は技師などを伴って，木浦港に入港した。現地で荷車5台を雇って，機械を運び木浦領事館に預けた。布目海軍少佐は若松兎三郎領事と面会し，玉島に陸揚げすべき電線端の秘密保護および電柱の格納，並びにその警備に関して協議した。[26]

「布目海軍少佐韓国八口浦出張ノ件」は，1904年1月10日付海軍大臣山本権兵衛から外務大臣小村寿太郎宛に要請があり，小村外務大臣より駐韓公使を通じて若松兎三郎木浦領事への通知がすでに届いていた。若松領事は布目少佐の要請に応じ，電柱40本を木浦対岸の高下島の日本海軍測量船等を預ける倉庫に保管した。殊に秘密を要する軍事機密であったことから測量用材料と称して秘密に収蔵した。また，若松領事は玉島における電線保護のために領事館付き巡査久保喜藤次に船夫3名および艀船1隻を付けて出張させ警備に当たらせた。また，聯合艦隊付敷設部司令小田喜代蔵海軍中佐より巡査1名増員の要請があり，岩城平次巡査を追加派遣した。[27]

準備作業を終了した「沖縄丸」は，木浦港を出発して八口浦に向かった。15日午前8時頃，玉島北東端に停泊し，巡査および監視員を上陸させ，現地人が近寄らないように警備体制を敷き，ケーブルの陸揚げに着手した。陸上にテントを張り，試験準備作業をした。「沖縄丸」は敷設作業を開始した。事前に投下した浮標の傍に仮泊し，電線の両端を接合して，玉島と相ノ浦間の通信試験を行った。作業は順調に進展し，結果は良好であった。15日午後5時，佐世保−八口浦間電信線の敷設は完結した。電線敷設作業が成功裏に終わると，歓声が上がった。関係者一同安堵した。「沖縄丸」は所期の任務を遂行し，1月17日午後5時佐世保に帰着した。[28]

若松兎三郎木浦領事は佐世保−八口浦間の海底電線を木浦まで延長して韓国線に接続すれば，通商上永久に利益となると小村寿太郎外務大臣に要請した。[29]関係大臣間の協議の結果，若松領事の提案が承認され，玉島から木浦まで海底電線が延長されることとなった。それを受けて，林権助韓国公使は小村寿太郎外務大臣宛の電報において電信取扱所は木浦領事館の隣地（表面上は一個人の名義）に設置すると報告した。[30]

これより先に，佐世保郵便局より相ノ浦海底電線陸揚地に至る陸上電線は長崎郵便局が架設し，1904年1月12日竣工した。「沖縄丸」は佐世保－八口浦間海底電線敷設を完了し，佐世保に帰着後，直ちに長崎に回航し，対馬厳原と巨済島間の電信線敷設準備に着手した。豆酘－巨済島松真間の電線敷設作業は2月10日に完了した。

　山本海軍大臣は大浦逓信大臣と協議し，玉島に逓信省通信嘱託2名の配置を命じた。2月6日，佐世保－八口浦玉島間に軍用通信を開始した。さらに対馬－巨済島間に海底電線敷設に伴って，巨済島松真に通信嘱託1名と通信手2名を配置し，2月10日，軍用通信を開始した。海軍戦時編成に従って，八口浦玉島の軍用電信取扱所を佐世保八口浦電信取扱所とし，巨済島の軍用電信取扱所を厳原松真電信取扱所と称した。2月24日，臨時設置の軍用電信取扱所を佐世保鎮守府所属とし，戦時特設部隊に準ずる取扱いとした[31]。

　以上のような経緯で朝鮮半島南部の全羅南道玉島と慶尚南道巨済島に電信所が架設された。これらの電信所の設置は日露戦争の準備作業であった。日露戦争の開戦によって，八口浦玉島は日本海軍前進根拠地となった。

5.　八口浦防備隊設置

　1903年12月，海軍軍令部は羅州群島防御計画を策定し，八口浦付近の防備計画を推進した。周辺海域に水雷衛所および砲台を設置し，軍艦の威力を高め，八口浦に通じる諸水道を抑えることであった。その一環として，翌年1月27日，八口浦防備隊が編成された。佐世保鎮守府司令官の下に八口浦防備隊が設置され，海軍大佐大久保保喜造が防備隊司令官に任命された。大久保司令官は1月30日以来，佐世保水雷團内に仮事務所を設置し，諸般の準備に着手した。

　大久保八口浦司令官は八口浦防備隊参謀海軍少佐和田義則，同隊分隊長海軍大尉芳賀玄昱および同隊副官海軍大尉淡中晴海を従い，運送船「営口丸」にて2月12日佐世保を出発して八口浦に赴き，実地を視察した。同月18日，視察を終え，佐世保に帰着した。2月23日，大久保司令官は八口浦防備隊に関する視察報

告を鮫島員規佐世保鎮守府司令長官に提出した。

　大久保司令官は実地報告書において，砲台および水雷敷設位置や現況などについて報告し，八口浦防備の完全を期するためにはなお一層砲力の増加が必要であるとし，防備隊本部建物の建築のために約60坪の土地の購入を要望する意見を陳述した。

　3月6日，芳賀分隊長が軍医長など上等兵や下士官10名，兵卒71名などを引率し先発隊として八口浦に赴任した。八口浦防備隊は艦隊付属防備隊より任務を継承し，設備などを引き渡された。

　1904年2月6日，東郷聯合艦隊司令長官は佐世保港を出発するに際し，仮装巡洋艦「台南丸」艦長海軍中佐高橋助一郎に命じ，仮装巡洋艦「台南丸」と「台中丸」を率いて八口浦に赴き，同地の水雷敷設に従事すると共に，同地の警備に当たらせた。高橋中佐には水雷敷設作業に必要な指揮をとる権限をも付与した。艦隊付属敷設隊は仮装巡洋艦「台南丸」と「台中丸」に分乗して2月7日，八口浦に到着し，敷設隊司令海軍中佐小田喜代蔵は高橋艦長の指揮を受け，当地の防備作業に着手した。3月3日までに玉島，長柄島，大也島北方面，大也島東方面，南島，北島における砲台築造，兵舎および弾薬庫の建設，水雷衛所および試験室の建設，水雷敷設，無線電信柱架設などの作業を完了した。作業は20日間，作業人員延べ人数は750名であった。他に，玉島には井戸2個と水溜（コンクリート製）1個所を造った[32]。

　これらの一連の処置は八口浦を日露戦争の前進根拠地にするための準備作業であった。

　日本海軍は日露戦争を想定して重要な戦略基地とするために八口浦の玉島に電信取扱所を設置した。近隣海域を航海する艦船と連絡を取ることが主要目的であった。そのために八口浦の玉島は日本海軍の重要拠点となった。玉島が海軍基地に選ばれたのは“八口浦”という地名が付けられたように八口浦海域は海軍[33]艦隊の進出と退却が戦略上容易であったことと，玉島が八口浦の中間地点にあり，艦船用の給水設備が可能であったからである。

6. 八口浦玉島の軍用地買収問題

　日露戦争開戦に備えて八口浦玉島に日本海軍の軍用電信取扱所が設置された。また，玉島に八口浦防備隊本部が設置された。若松兎三郎木浦領事は小村寿太郎外務大臣経由で，山本権兵衛海軍大臣からの要請を受け，現地派遣の海軍官憲と協議し，軍用地買収や警備など様々な便宜を提供した。玉島を中心に，八口浦周辺が日本海軍の前進根拠地として重要な要所となった。そのために軍隊や要員を収容する施設などのための敷地が必要であった。また，玉島だけでなく，八口浦各地に砲台や付帯設備を設置するための土地を必要とした。

　1904年2月28日付小村寿太郎外務大臣より若松兎三郎木浦領事宛の電信によれば，「軍略上の必要」により今般我電信取扱所の設置のため「八口浦玉島を帝国政府の保有に帰する」という方針が決定された。小村大臣は若松領事に対し，この方針にそって当地の海軍官憲と協議の上，民有地購入に尽力するよう指示した。同時に，小村寿太郎外務大臣は山本権兵衛海軍大臣宛【機密送第14号】において，巨済島，八口浦玉島および於青島を「帝国政府の保有」に帰すという根拠について，日韓議定書第4条に基づくものであるとした。山本海軍大臣は3月1日，小村寿太郎外務大臣宛【官房機密第488号の3】を発送し，【機密送第14号】の内容を了承すると回答した。[(34)]

　若松領事は小村大臣からの上記の訓令を受け，現地における海軍官憲の希望を聞き，現地の状況を判断し，3月3日，小村外務大臣宛に「玉島地所購入方の件」【機密第10号】を発送した。追伸として，海軍においては，砲台等の設備のための玉島，大也島，北島，南島および無人島の地所使用の件として，これらの地所を電信取扱所設置地の例に準じて海軍官憲と協議の上，購入すべしとの意見があることを報告し，また玉島その他における購入の地所は木浦領事名義での購入が望ましいという海軍官憲の意見を伝達した。[(35)]

　土地購入に当たっては，「帝国政府の保有」は基本方針として決まったが，政府の中でも名義問題が重要な課題の一つであった。政府またはその他相当の名義を使用することが検討されたが，適当でないという判断から，便宜上若松領事

の名義を使用することで落ち着いた。元々その根拠とする日韓議定書の規定が明確ではなく，予算や管理上の問題，税制上の問題などがあり，韓国政府とも協議を必要とすることなどが考慮された。したがって，若松領事が前渡官吏に任命され，土地売買交渉から契約，さらには管理まですべて関与することとなった。

当初は防備隊建物敷地として玉島の農地や森林など約7千坪の用地の買収を予定し，その土地代655円と家屋の撤去移転費200円合計855円が購入費用として見積もられた。最終的に用地買収金として支払われたのは800円72銭3厘であった。玉島収容地買収計算書によれば，畑地8,232坪，その代金475円39銭8厘，水田2,250坪，その代金144円37銭5厘，屋敷600坪の地代および移転料として115円50銭，畑地耕作物損害賠償金21円56銭，松林松樹代43円89銭（面積は不明），総代金は800円72銭3厘であった。坪数が明確なものだけで11,082坪あるが，松林のように測量不能や境界があいまいなところもあり，正確な面積は把握できていない。

一方では，1905年7月6日付八口浦防備隊司令官大久保保喜造から佐世保鎮守府司令長官鮫島員規宛の報告には収容地の総計約16,000坪となっている。これに基づき，佐世保海軍経理部の財産簿には16,000坪と登記された。[36]松林は別にしても計算書に記載された面積と登記上の面積には大きな差がある。このあいまいさ故に八口浦防備隊引き揚げ後の財産整理において問題となった。

日露戦争期間中，八口浦において艦船用給水設備が必要であった。給水所設備に適する場所を調査して欲しいという聯合艦隊附属敷設隊分隊長中川海軍大尉からの依頼を受け，若松兎三郎木浦領事は領事館傘下の巡査を八口浦地域に派遣して調査した。慈恩島に有望な場所を発見したという報告を受け，若松領事は1904年11月1日，「艦船用給水設備に関する件」【機密第40号】を小村寿太郎外務大臣宛に発送した。小村大臣は山本権兵衛海軍大臣にこの件を通知し，稟議を要請した。山本大臣は海軍省担当官を佐世保より派遣するよう手配したとし，木浦領事が海軍担当官と協議の上，同港の給水事情などを調査するよう電訓すべしと回答した。11月18日，小村大臣は海軍省の意向を若松領事に電訓した。[37]

若松領事が慈恩島に赴き，候補水源地を確認し，土地所有者たちと売買交渉の

際，慈恩島居住車義植から水源池の内，約1万坪の池と水田約1,890坪および畑約960坪を献納したいという申し出があった。この件について，若松領事は外務大臣にその詳細を報告した。小村外務大臣は海軍大臣と協議し，土地献納の件を承認した。日本政府から受け入れのための手続が終了したことで，車義植は慈恩島における水源池に必要な地所を日本政府に献上した。⁽³⁸⁾

　日露戦争の終結によって，八口浦防備隊の役割が終了したことから，同防備隊は駐屯地の八口浦から引き揚げることとなった。そのために，同防備隊所属建物の撤去処分の問題が発生した。撤去処分には一定の時日が必要であった。海軍当局は一時保管場所を木浦領事館に依頼することを決定し，1905年11月2日，海軍大臣山本権兵衛は外務大臣小村寿太郎宛【官房機密第1178号】を以って要請した。小村外務大臣は山本海軍大臣の【官房機密第1178号】を了承すると共に，11月3日，若松兎三郎木浦領事に対し，現地海軍官憲と打ち合わせの上，一時保管を訓令した。⁽³⁹⁾

　しかし，海軍内部でさらに検討した結果，防備隊所属建物は現在の位置においてそのまま売却する方が得策であると判断した。海軍大臣齋藤実は1906年1月18日付外務大臣加藤高明宛【官房機密第14号】において建物の売却執行について若松木浦領事に対し，佐世保海軍経理部長と協議の上，取り扱うよう訓令して欲しいと要請した。加藤高明外務大臣は1月20日，機密　至急【機密送3号】を若松木浦領事に電送し，海軍省の方針を伝え，それにそって執行するように訓令した。⁽⁴⁰⁾

　1908年7月30日に公布された統監府令第24号の土地建物所有権証明規則により，海軍省として八口浦防備隊敷地の所有権証明手続を行うため木浦理事庁担当官市原薫に委任状を交付し，業務を一任した。統監府設置に伴って，公使館および領事館が廃止され，木浦理事庁に移行されたことによって従来の領事館の業務を理事庁が引き継ぐこととなった。

　同年12月，海軍省経理局員永安晋次郎は現地出張し，木浦理事庁保管の用地収用に関する書類の調査および各用地の実況調査に基づき，調査結果をまとめた「韓国八口浦海軍用地調査に関する件」を海軍省経理局長福永吉之助宛に報

告した。永安晋次郎の報告によれば，八口浦海軍用地は明治三十七八年戦役の際，帝国艦隊が第一根拠地として当地点に集合するに当たり，当時の敷設隊および防備隊が根拠地防御上の必要な地点を収容したもので，戦時急遽の作業であったことから，収容手続の証明書類が整備されなかった。そのため実地調査し，実測に基づく区域を確定して境界標識を立てる必要があった。調査結果は初期の資料に基づいた佐世保海軍経理部の財産簿に登記されている16,000坪とは相違する内容であった。理由としては，戦時という特殊な事情により，必要に応じて土地を収用し，土地使用による損害に対する賠償の名義で対価を払うこともあり，また，軍関係者が表面上は海軍省名義で個人的に買収した例もある。なかには現地韓国人地主からの献納もあるなど，さまざまな要因があった。

日露戦争期に日本海軍が八口浦において収容した土地は，玉島，慈恩島，大也島，長柄島および睡雉島の5島の合計52,040坪であった。そのうち，玉島が一番多く，29,720坪，慈恩島19,441坪，大也島1,529坪，長柄島790坪，睡雉島560坪である。畑地は18,622坪，水田地は7,229坪である。

八口浦海軍用地に対する所有権証明作業に関して海軍省から委任を受けた木浦理事庁担当官市原薫は全羅南道智島郡八口浦における海軍省買収地の実態調査のため，1909年11月8日から15日まで，玉島在住の小笠原吉松の案内を受け，木浦憲兵分遣所憲兵および通訳を同行し，各地の里長や公銭領収員などの立会いの上，実地踏査を実施し，八口浦5島の玉島，慈恩島，大也島，長柄島，睡雉島の調書を作成して海軍省に報告した。

表12-1　八口浦海軍用地面積表

(坪)

	畑	水 田	松 田	家 屋	池	原 野	計
慈恩島	2,257	5,253			11,328	603	19,441
睡雉島	560						560
玉 島	14,803	1,899	9,017	272	47	3,682	29,720
大也島	518		411			600	1,529
長柄島	484	77				229	790
計	18,622	7,229	9,428	272	11,375	5,114	52,040

出典：明治45年～大正1年　公文備考　土木38　巻130　鎮海永興関係書類13（防衛研究所）

八口浦海軍用地として買収した土地および献納した土地は1910年の日韓併合後は朝鮮総督府所有の官有地となったが，本拠地であった玉島の元軍用地29,720坪は当初から玉島の居住者で，防備隊引揚げの際，残務整理者より同島の管理を任された福岡県出身の小笠原吉松が総督府との間で「官有土地貸付契約」を結び，5年契約期間を更新し，本人の死後は子孫が相続し，第二次世界大戦終戦まで借地権者として権利を行使した。⁽⁴³⁾

7. 朝鮮半島最初の気象観測所設置

　日露戦争を前にして，1904年2月9日，文部大臣久保田譲，逓信大臣大浦兼武，陸軍大臣寺田正毅，大蔵大臣曽禰荒助および海軍大臣山本権兵衛の5大臣によって「韓国釜山・木浦・仁川・鎮南浦・元山津の5カ所に測候所設置の件」の請議が内閣総理大臣桂太郎に提出され，2月27日，請議の通り閣議決定された。

　請議案によれば，帝国の沿岸には南は台湾の南端より北は択捉島に至り70余カ所の測候所があり，その他に海軍望楼もしくは燈台等の気象観測所が20カ所ある。また，船舶の航路に当たる重要地点には警報信号所が設置されているため近海における天候の変化を推定する材料が得られた。しかし隣邦韓国の沿岸にはそのような設備が殆どなく，同地方に航海する我船舶の保護がまったくできない。現在時局切迫し，我艦船の保護を全うすることが軍事上最も必要である。また，一般航海者が天候の変化を予知し，災害を未然に防ぐことができない。この際，臨時費を支出し，釜山，木浦，仁川，鎮南浦および元山津の5カ所に測候所設置に関する閣議を要請した。⁽⁴⁴⁾

　気象観測所設置は文部省所管であるため文部大臣久保田譲は，2月12日，今回戦役の進行上韓国沿岸5カ所に臨時気象観測所を置き，海陸気象を観測する必要があることから，中央気象台に臨時観測技手を置くための勅令制定に関する閣議を内閣総理大臣桂太郎に要請した。3月5日，臨時気象観測の為，中央気象台に臨時観測技手を置く件が明治天皇の裁可を得て公布された。同時に，釜山，仁川，木浦，鎮南浦および元山の5カ所に臨時測候所の建設に必要な予算が1903

（明治36）年度臨時事件費17,275,400円，明治37年度臨時事件費47,846,190円が予算外支出として策定された[45]。

　久保田譲文部大臣は3月7日付で小村寿太郎外務大臣宛に信書を送り，勅令第60号に基づき，中央気象台に臨時観測所を設置し，臨時観測技師15人を置いた。各観測所の位置は，第1臨時観測所は釜山若しくはその近傍，第2臨時観測所は木浦若しくはその近傍，第3臨時観測所は仁川若しくはその近傍，第4臨時観測所は鎮南浦若しくはその近傍，第5臨時観測所は元山若しくはその近傍に指定した。その設立準備に関し，中央気象台技師和田雄治を派遣するに付き，在韓国公使館および領事館の配慮を要請する旨伝えた。そして臨時観測所の位置は軍事上秘密を要するため公表しないことを申し添えた。さらに久保田大臣は3月10日，第2臨時観測所は韓国全羅南道八口浦に設立すると通知した[46]。

　小村寿太郎外務大臣は，韓国釜山・木浦・仁川・鎮南浦・元山津の5カ所に測候所設置の件が閣議決定されると，3月4日付で，釜山他4カ所において測候所設置が閣議決定されたことを駐韓公使および釜山，木浦，仁川，鎮南浦，元山領事に機密文書で通知した。さらに，3月10日の機密文書において，勅令第60号を以って中央気象台に臨時観測所が置かれ，各観測所の位置が指定され，その設立準備のために中央気象台技師和田雄治が韓国に派遣されるに当たり，観測所の位置選定，庁舎の借入など観測所に関する諸事項について便宜を与えるよう文部大臣より依頼があったことを伝達した[47]。

　以上の経過を以って朝鮮半島における主要港5カ所に東京の中央気象台から臨時観測技師が派遣され，現地領事の協力を得て臨時観測所が設置された。第2臨時観測所の木浦観測所は八口浦玉島に設置された。八口浦玉島が選定された理由は玉島にはすでに海軍軍用電信取扱所があり，八口浦防備隊が置かれていたことから，軍事上の必要性によるものであった。中央気象台から野田為太郎臨時観測技師が初代所長として赴任し，3月25日から観測業務を開始し，4月1日から1日6回気象観測が開始された。したがって，玉島は朝鮮半島における気象観測の発祥地である。日露戦争終戦後の1906年4月に玉島気象観測所は木浦理事庁構内に移転した[48]。玉島には気象発祥地の痕跡が残っている。

8. 日露戦争前進根拠地となった八口浦玉島

　日本政府は日露戦争開戦前から朝鮮半島西南海岸に前進根拠地とするための事前準備を行っていたことは前述の通りである。特に重要な戦略地と位置づけた木浦周辺においては，高下島全土の土地買収を巡ってロシアとの間で土地争奪戦を展開し，日露開戦を予定して木浦港外の八口浦玉島に軍用電信取扱所および気象観測所を設置した。また八口浦には防備隊を駐屯させ，各地に砲台を設置し，水雷を敷設した。なお，八口浦は東郷平八郎聯合艦隊司令長官が日露戦争の序盤において数週間滞在しながら対露戦の戦略構想をしていた重要な戦略拠点であった。

　韓国および満州問題に関して1903年8月から日露政府間で交渉が始まったが，意見の隔たりが大きく，交渉は中々進展せず，妥結困難と判断した日本政府は1904年2月4日午前，臨時閣議を開き，ロシアとの交渉を打ち切り，外交関係を断絶して独自に軍事行動をとることを決議した。同日午後に開かれた緊急御前会議において同決議が承認された。これで開戦が正式に決まった。この決定は，翌日の2月5日に電報で外務大臣小村寿太郎から栗野慎一郎在ロシア公使に伝えられ，2月6日，栗野公使からロシア外相ラームズドルフに伝達された。一方，小村外務大臣は2月6日，在日ロシア公使ローゼンを外務省に呼び，外交関係断絶を通告した。

　日露両国が相互に宣戦布告したのは2月10日であるが，戦争行為は既に始まっていた。2月3日，山本権兵衛海軍大臣は伊東祐亨海軍軍令部長と協議し，軍令部参謀海軍大佐山下源太郎に密命を与え，東郷平八郎聯合艦隊司令長官宛の緊急命令を持参して佐世保に向け出発させた。2月3日午後6時，山下大佐は東京駅を出発し，広島経由で2月5日，佐世保に到着し，第1号封令を東郷聯合艦隊司令長官に手渡した。さらに山下大佐は開封の電報を伝達した。東郷司令長官は封令を即開封した。予測した通り，征露の御命令であった。驚くよりは来るものが来たという緊迫感が漂った。早速，司令官以上の軍幹部を招集し出征行動を取るための作戦会議が開かれた。

同時に，山本海軍大臣は東郷聯合艦隊司令長官に電訓を発し，速やかに佐世保－八口浦間の電信連絡を開通させ，開通後は直接中央部に報告するように命じた。[49]東郷司令長官は山本大臣からの電訓を受け取り，同日宮地貞辰「明石」艦長に口達命令した。「軍艦明石戦時日誌」によれば，明治37年2月5日午後8時旗艦「三笠」に於いて東郷聯合艦隊司令長官より軍艦「明石」艦長に与えられた口達訓令の要領は次の如くである。

　一．其艦先に「沖縄丸」を護衛し佐世保－玉島（八口浦）間に敷設隠蔽せる電纜の通信を急速に完成させるために即時通信技士数名を便乗させ，急航すべし。また玉島電信所の仮設備については当該官吏に充分の便宜を与えるべし。途中若し露艦に遭遇すれば，臨機の処置をし，同時に交戦権を与える。

　一．佐世保に集中せる全艦隊（第一，第二艦隊，付属艦船艇共）は明6日出発し，7日午後2時頃シングル島に集合。貴官はこの会合時刻までに玉島にいて電信を受領し，「三笠」に致すべし。[50]

　上記の訓令に基づき，逓信省通信技師4名が軍艦「明石」に便乗し，2月5日午後10時30分，佐世保港を出発した。「沖縄丸」が1月中旬に敷設した電纜（ケーブル）敷設の異常および露艦の動静を探りながら，6日午後2時35分に八口浦内玉島に到着した。直ちに電信所設備材料を陸揚げするとともに，通信技師が上陸して機械を据え付け，通信試験を行った。好結果を以て，午後4時，通信が開始された旨，山本海軍大臣および鮫島佐世保鎮守府司令長官に報告した。そして同夜聯合艦隊司令長官宛の電報20余通を受領した。

　軍艦「明石」は7日午前11時過ぎに八口浦を出港し，午後1時20分，「シングル」水道において聯合艦隊に接近し，八口浦で受領した電報を旗艦「三笠」に伝達した。[51]また，伊東祐亨軍令部長より発した，在芝罘海軍中佐森太郎の報告に係る旅順港外におけるロシア艦隊の停泊位置，並びに在仁川村上「千代田」艦長の報告に係る同港在泊のロシア艦その他の外国軍艦に異常なき旨の二つの電報を持参して伝達した。[52]

　日露開戦は避けられないと判断した東郷平八郎聯合艦隊司令長官は，山本権兵衛海軍大臣および伊東祐亨軍令部長と作戦に関する打ち合わせをすでに終え

12　日露戦争前進根拠地八口浦玉島の役割に関する研究

ていた。三首脳間で意見が一致して奇襲計画が決定された。現地からの電信に
よって目的地の旅順港および仁川港に異常なしという報告を受け，条件が整っ
たと判断し，東郷司令長官は発進命令を出した。

　2月6日，聯合艦隊司令長官東郷平八郎中将の将旗を翻す旗艦「三笠」を先頭
に，一路旅順に向けて順次佐世保を出発した。水雷母艦も同行した。東郷司令長
官は「三笠」の艦橋に立って，出航する各艦に向って帽子を振って激励した。

　「天佑を確信して聯合艦隊の大成功を遂げよ」(聯合艦隊機密第123号)

　これが東郷聯合艦隊司令長官の征途第一声であった。翌朝には珍島（全羅南道）
南沖に至り，駆逐艦の炭水補給のうえ，シングル島沿海に午後3時頃に全艦隊集
合した。

　これより先に，佐世保－八口浦間の海底電線接続の任務を以って八口浦玉島
に派遣した軍艦「明石」の任務完了報告および旅順港および仁川港の現地情勢を
知らせる伊東軍令部長よりの電報を受け取り，満を持しての作戦開始であった。[53]

　2月8日から旅順港のロシア艦隊に対する奇襲攻撃が始まり，ロシア側も応戦
したので，戦闘が開始された。まもなく，日本艦隊は攻撃を停止して旅順港を離
れた。

　第1回旅順港奇襲攻撃を終えると，聯合艦隊主力は前進根拠地の八口浦に退去
した。2月11日から20日の間に主力艦隊は八口浦へ集合し，体制を立て直した。
数週間の間，そのため八口浦は海軍作戦の中心地となった。東郷聯合艦隊司令長
官は本拠地の佐世保には帰らず，2月12日から八口浦の仮根拠地に滞在しなが
ら，各地からの情報を受け取り，大本営に報告する傍ら，作戦を指揮し，次の作
戦を構想した。その間，八口浦玉島の水雷敷設部や電信取扱所を巡視し，海軍基
地用地の買収や警備体制のために尽力した若松兎三郎木浦領事の陣中見舞を受
けた。[54]

　当面の作戦は旅順口閉塞作戦であった。ロシア軍が占領している旅順港の入
り口に船を沈め，港の中にいるロシア軍艦が出てくるのを阻止しようとする作戦
であった。旅順口を閉塞するため閉塞隊が編制された。有馬良橘中佐が引率する
77名による部隊編成であった。2月18日夜，八口浦海上の艦隊の中で東郷平八郎

聯合艦隊司令長官主催のささやかな宴会が開かれた。閉塞隊各士官を集めて激励のための晩餐会であった。第2艦隊司令長官上村彦之丞中将も同席し，勝利を勝ち取るための檄が飛ばされた。[55]

　旅順口閉塞作戦は3回にわたって実施されたが，これらの作戦は失敗に終わった。東郷司令長官は38度3分の熱を出し，咳のため苦しむこともあったが，怯むことなく，軍医官の治療を受けながら軍事作戦を指揮した。[56]持ち前の冷静さと忍耐力をもって旅順口閉塞作戦の失敗を徹底的に分析し，その教訓を生かすための研究に努め，次の作戦に活用した。

　木浦領事館領事若松兎三郎は1902〜1903年，2年に亘り日本海軍が木浦港外八口浦付近の海底測量をした時，あらゆる便宜を提供した。また，1904年1月に海軍御用船「沖縄丸」が佐世保より八口浦内の玉島まで秘密裏に海底電線敷設をした際は，機材の保管や警備などの便宜を提供した。さらに八口浦における軍用地買収に当たっては現地島民と直接交渉し，土地の地価より売買価格を20％ほど割増すなど地元住民への配慮を欠かさなかったことから，土地買収はトラブルを起こすことなく，順調に進行した。また，防備隊引揚げ後は撤去処分や一時保管などを海軍から委任され処理に当たった。佐世保－八口浦玉島間の海底電線敷設が完成した時は，通商などにも有効活用するために，電線の木浦までの延長を日本政府に要請し，それを実現させた。八口浦は日露戦争序盤において日本海軍の仮根拠地として東郷平八郎聯合艦隊司令長官が数週間滞在した作戦の中心地となった。若松兎三郎木浦領事は数回八口浦に赴き，時には終夜小艇に乗って観察し，急潮に流され漂流することもあった。[57]

　1905年5月に行われた日本海海戦において東郷平八郎海軍大将率いる聯合艦隊はロシア最強の艦隊と称するバルチック艦隊を撃破して勝利を収めた。八口浦防備隊は対ロシア戦の終結に伴って役割を終え，八口浦玉島から撤退することとなった。海軍は防備隊所属建物の撤去に当たり，一時保管を木浦領事に依頼した。八口浦の戦略地としての評価は日露戦争の時に既に実証されたことから，いったん，撤退した日本海軍は太平洋戦争の開始によって再び玉島を基地とした。

(注)

(1) 外山三郎（1985）『日露海戦史の研究』（上）教育出版センター，pp.97-98。和田春樹（2009）『日露戦争　起源と開戦』（上）岩波書店，pp.20-21。

(2) 韓国国史編纂委員会編（1990）『駐韓日本公使館記録』5巻，p.446。

(3) 森山茂徳（1987）『近代日韓関係史研究』東京大学出版会，p.67。

(4) 永野慎一郎「韓国木浦地方の近代化過程に関する一考察〜日本との関係を中心に」（上）『大東文化大学経済論集』97号，2012年3月，pp.96-97。

(5) JACAR（アジア歴史資料センター，以下省略）Ref.A04010034800，公文雑纂・明治30年・第13巻・外務省4「朝鮮国木浦駐在一等領事久水三郎へ御委任状御下付ノ件」国立公文書館

(6) 永野慎一郎，前掲論文，p.98。

(7) 木浦府編（1930）『木浦府史』pp.47-49。

(8) 「鎮南浦及木浦各国租界章程」の第2条，第3条，第5条，第6条参照。

(9) JACAR, Ref.C06031049600，明治32年以来　韓国　木浦所編冊　機密　陸軍省「木浦買収地所図面，面積，筆数其他取調書森川領事ヨリ回付ノ件」，明治32年12月18日付陸軍大臣桂太郎宛外務大臣青木周蔵信書【機密送第311号】の別紙，【機密第39号】明治32年12月4日付外務大臣青木周蔵宛木浦領事森川季四郎信書（防衛研究所）。

(10) JACAR, Ref.C06031074200，明治31年以来　韓国高下島　同釜山附近　同南大門地所編冊　機密　陸軍省（防衛研究所）。

(11) JACAR, Ref.C06031048000，明治32年以来　韓国　木浦地所編冊　機密　陸軍省（防衛研究所）。

(12) JACAR, Ref.C06031074400，明治31年以来　韓国高下島　同釜山附近　同南大門地所編冊　機密　陸軍省「木浦対岸高下島買入ニ付臨時軍事費ヲ機密費ニ流用方請議ノ件」（防衛研究所）。

(13) JACAR, Ref.A03023076300，公文別録・陸軍省・明治19年〜大正7年・第1巻「臨時軍事費機密費　前年度予算ニ対シ本年度要求額ノ減少セシ差額内使用ノ件」（国立公文書館）。

(14) JACAR, Ref.C06031074400，明治31年以来　韓国高下島　同釜山附近　同南大門地所編冊　機密　陸軍省「密発134号　木浦対岸高下島買入ニ付臨時軍事費ヲ機密費ニ流用方請議ノ件」【内閣第26号】（防衛研究所）およびJACAR, Ref.A03023076300。

(15) JACAR, Ref.C06031074500，明治31年以来　韓国高下島　同釜山附近　同南大門地所編冊　機密　陸軍省「密発第134号　陸軍省送達密発第135号　右買収金外務次官へ送付及受領証ノ件」（防衛研究所）。

(16) JACAR, Ref.C06031075100，明治31年以来　韓国高下島　同釜山附近　同

南大門地所編冊　機密　陸軍省「露国大佐「ストレルブッキー」ナル者高下島
ノ地所ヲ韓人ヨリ買取タリト云義ニ関シ右高下島ノ全部ヲ我ニ於テ二重売ヲ為
シタルニモ非ス又残部ノ地所モ無キ旨久水領事具報ノ件」（防衛研究所）。

(17) JACAR, Ref.C06031048400，明治 32 年以来　韓国　木浦地所編冊　機密
陸軍省「木浦附近ニ於ケル露国官吏ノ挙動ニ関シ木浦在勤領事ノ報告」（防衛研
究所）。

(18) JACAR, Ref.C06031075200，明治 31 年以来　韓国高下島　同釜山附近　同
南大門地所編冊　機密　陸軍省「高下島地所ノ該島民中二重売ヲ為シタル形跡
アリ仲買人一名捕縛セラレタル義久水領事電禀ノ件」（防衛研究所）。

(19) JACAR, Ref.C06031075300，明治 31 年以来　韓国高下島　同釜山附近　同
南大門地所編冊　機密　陸軍省「高下島地所ヲ該島民カ露人ニ二重売ヲ為シタ
ル義ニ付久水領事具報ノ件」，明治 32 年 6 月 2 日．【機密第 19 号】，外務大臣青
木周蔵宛，木浦領事久水三郎信書（防衛研究所）。

(20) JACAR, Ref.C06031075700，明治 31 年以来　韓国高下島　同釜山附近　同
南大門地所編冊　機密　陸軍省「高下島買収ニ関シタル荒井徳一ヨリ渋谷龍郎
ニ対シ報酬金請求ノ訴訟ヲ提起シタルノ件」，明治 34 年 1 月 26 日，陸軍大臣児
玉源太郎宛，外務大臣加藤高明信書（防衛研究所）。

(21) JACAR, Ref.C06031075600，明治 31 年以来　韓国高下島　同釜山附近　同
南大門地所編冊　機密　陸軍省「高下島買収ニ付故障アリ全部ノ所有権ヲ得ル
能ハサルニ付買収地以外ノ土地ハ借地契約ヲ締結シ具ノ露人ノ買収ニ係ル土地
ニ付附約ヲ結ヒタルノ義外務大臣ヨリ通知及契約書二通」（防衛研究所）。

(22) JACAR, Ref.C10071308300，明治 34 年至同 38 年　密受書類補遺「37 年
外務省　高下島貸与ニ関スル件」（防衛研究所）。

(23) JACAR, Ref.B11092359400，船艦及航海事業関係雑件　第 5 巻「水路部所属
測量艇在木浦領事館ニ於テ保管方ノ件　明治 36 年」（外務省外交史料館）。

(24) JACAR, Ref.C05110109700，海軍軍令部『極秘　明治三十七八年海戦史』（以
下『極秘海戦史』とする）第 4 部　防備及び運輸通信　巻 4　第 3 編　通信　第 2
章　有線電信（防衛研究所）。

(25) 島田勝也（2015）「日本初の海底電信敷設船『沖縄丸』の軌跡」『日本戦略研
究フォーラム季報』Vol.66，pp.26-29。

(26) 『極秘海戦史』第 4 部　防備及び運輸通信　巻 4　第 3 編　通信　第 2 章
有線電信，および『極秘海戦史』第 4 部　防備及び運輸通信　巻 4　備考文書「第
1 号　明治 37 年 1 月 19 日　明石艦長海軍中佐宮地貞辰ノ聯合艦隊司令長官ニ
提出セル沖縄丸海底電線敷設ニ就キ護衛航海報告」。

(27) JACAR, Ref.B13080289800，本省電信事務関係雑件　第 2 巻「布目海軍少佐
韓国八口浦ヘ出張ノ件　附　佐世保八口浦間電線木浦ヘ延長方稟申　自明治 37
年 1 月」（外交史料館），および JACAR, Ref. B13080291100，「海底電線保護ノ為

メ巡査増遣方在木浦領事ヨリ稟申ノ件」(外交史料館)。

(28)『極秘海戦史』第4部　防備及び運輸通信　巻4　第3編　通信　第2章　有線電信。

(29) JACAR, Ref. B13080289800, 1904年2月15日, 小村寿太郎外務大臣宛林権助韓国公使電信書(7-1-4-18)(外交史料館)。

(30) JACAR, Ref.B07090608100,「日露戦役ノ際韓国ニ於ケル帝国ノ軍事経営一件」, 1904年3月7日, 小村寿太郎外務大臣宛林権助韓国公使電信書(5-2-2-0-18)(外交史料館)。

(31)『極秘海戦史』第4部　巻4　第5章　軍事電信取扱所

(32)『極秘海戦史』第4部　第1編　防備　第6章　前進根拠地ノ防備　第2節　八口浦ノ防備，なお，八口浦防備隊司令官大久保保喜造より佐世保鎮守府司令長官鮫島員規宛の「八口浦防備及諸般ノ設備実地視察報告書」は，JACAR, Ref. C09050478500, 司令官・艦長等　重要報告,「明治38年2月23日　大久保八口浦防備司令官　八口浦防備諸般ノ設備実地視察報告」参照。

(33)“八口浦”は現在の全羅南道新安郡荷衣面玉島を起点に周辺に八つの海路が開かれていて八つの方向へと進出および退出が容易にできるということから付けられた名前である。一つの島や浦口を意味するのではなく，玉島を中心とする周辺海域および島嶼の総称である。八口浦は都草島，安佐島，沙雉島，玉島，長柄島，門柄島，飛禽島，慈恩島，岩泰島などの島に囲まれた海域である。

(34) JACAR, Ref.B07090608100, 日露戦役ノ際韓国ニ於ケル帝国ノ軍事経営一件(5-2-2-0-18)(外交史料館), 日韓議定書第4条第2項は,「大日本帝国政府は前項の目的を達成するために軍略上必要な地点を随時使用できる」とし, 第3条は,「大日本帝国政府は大韓帝国の独立と領土保全を確実に確証すること」とある。

(35) JACAR, Ref. C08020180700, 明治45年〜大正1年　公文備考　土木37　巻129　鎮海永興関係書類12(防衛研究所)。

(36) JACAR, Ref.C08020181200, 明治45年〜大正1年　公文備考　土木38　巻130　鎮海永興関係書類13, および JACAR, Ref.B07090608100, 日露戦役ノ際韓国ニ於ケル帝国ノ軍事経営一件(5-2-2-0-18)(防衛研究所)。

(37) JACAR, Ref.B07090608300, 日露戦役ノ際韓国ニ於ケル帝国ノ軍事経営一件(5-2-2-0-18)。

(38) 同上および JACAR, Ref.B07090608400。

(39) JACAR, Ref.B07090608400, 日露戦役ノ際韓国ニ於ケル帝国ノ軍事経営一件(5-2-2-0-18)。

(40) JACAR, Ref.B07090608600, 同上。

(41) JACAR, Ref.C08020181500, 明治45年〜大正1年　公文備考　土木38　巻130　鎮海永興関係書類13。

(42) JACAR, Ref.C08020181800, 同上。

(43) JACAR, Ref.C08020181200, 同上, および JACAR.Ref.C08051502800, 大正
   14 年 公文備考 巻 89 土木。
(44) JACAR, Ref.A15113490300,「韓国釜山木浦仁川鎮南浦及元山津ノ 5 箇所ニ
   測候所ヲ設置ス」(国立公文書館)。
(45) JACAR, Ref. A15113490800,「臨時気象観測ノ為中央気象台ニ臨時観測技手
   ヲ置ク」(国立公文書館)。
(46) JACAR, Ref.B12082149700,「清韓両国ニ中央気象台臨時観測所設置一件」
   (B-3-10-3-55)(外交史料館)。
(47) 同上。
(48) 『木浦府史』p.389。
(49) 『極秘海戦史』第 1 部 戦記 巻 1 第 2 章 第 3 節 戦闘行為ノ開始, お
   よび『極秘海戦史』第 1 部 戦記 第 2 編 第 1 章 第 2 節 聯合艦隊ノ開戦 (防
   衛研究所)。
(50) JACAR, Ref.C09050414400,「軍艦明石戦時日誌」(防衛研究所)。
(51) 同上。
(52) 『極秘海戦史』第 1 部 戦記 第 2 編 第 3 章 第 1 節 攻撃前聯合艦隊ノ
   動作 (防衛研究所)。
(53) 同上 。
(54) 堀口修 (2009)「『明治 37 年 2 月〜8 月 聯合艦隊司令長官東郷平八郎日記』
   について」『明治聖徳記念学会紀要』〔復刊第 46 号〕, 平成 21 年 11 月, p.362,
   および『自己を語る』(若松兎三郎の自叙伝, 遺族に遺した未定稿本)参照。
(55) 堀口修, 前掲論文, p.362。
(56) 堀口修, 前掲論文, p.364。
(57) 『自己を語る』。

13 ランデス著，竹中平蔵訳『強国論』再論(1)

近 藤 正 臣

1. はじめに

　ランデスのこの著作 (David S. Landes, *the Wealth and Poverty of Nations：Why Some Are So Rich and Some So Poor*) にはちょっとした思い出がある。筆者は1999年3月に発行された『大東文化大学経済学部創設60周年記念論文集』に投稿した (近藤，1999) の執筆にあたってランデス氏の本著書を読むことができ，いくつかの示唆を受けていた。たとえば彼は，「アルゼンチンは市民社会ではなかった，ロペスとその後継者である息子たちは，アルゼンチンを開明的なスパルタにした。つまり，egalitarian, literate, disciplined, and brave」と言っている (Landes, p.331 ― これは原著で Ch. 20, 'The South American Way,' pp.310-334 で，邦訳ではこの章全体が省かれている)。これはまさに，開発独裁を指している。

　そして，ランデス氏が日本に講演旅行に来たときにはそれに出席し，講演のあと，お会いする機会が設けられたので，舞台裏に挨拶に行った。その時，「あなたはどんな研究をしているのか」と問われて，「開発経済学の専攻で，その問題の解明に比較経済史がどのような光をあてられるかに関心がある」と応えたところ，「それでは私と同じだ」と応じられ，手を差し伸べられて，握手をし，原著にサインをいただいたのである (図13-1を参照)。彼は，2013年8月30日，89歳で他界している。

　筆者が研究で目差したのはランデス氏に言った通りである。もともとはアジアにおける貧困の問題に関心があり，その後，大塚史学と通称される比較経済史学

に触れ，この研究はまずはイギリスの産業革命の起源を論じたが，つねに日本の経済史に関心をよせ，アジア諸国の経済からも目を離さなかったことがわかってきた（たとえば，（大塚，1965））。また，大塚先生はある時，「比較経済史はカメレオンの目をもつ」と言われた（1970年代後半における国際基督教大学（ICU）内の教会での講演だったであろうか）。獲物を狙う一つの目は研究対象のヨーロッパにおける産業革命史であるが，カメレオンのもう一つの目は周辺の危険を察知しようとしていて，日本・アジアの歴史から目をそらさなかった。ランデスの本書は，まさにこの大きなテーマ全体を，正面から，博覧強記の人が論じているのである。いつかこの本について論じたいと思っていた。

ところがその後，種々の事情のため，ちゃんとした時間が取れなかった*。Landesの原著の発行年は1998年であるが，その後の世界情勢の変化を考えても，彼の提起した問題は今でも大いに考えるに値するものだと思っている。

以下，原著の内容を論じることを意図する者としては不本意ではあるが，竹中平蔵氏による翻訳について，どうしても論じなくてはならない。

本訳書には，共訳者や翻訳助力者についてはいっさい言及がないので，全編を竹中教授が訳したものとする。また，この「再論」を書くにあたって，出版社三笠書房に，本書の新訳・改訂版が出ていないかを問い合わせ，それは出ていないことを確認した（2017年1月25日の，emailによる）。したがって，訳書の定本としては，2000年2月発行の初版第10刷を使う。

これに続いて，各章の内容を略述し，最後に，その全体を論じたい。ただ，この大著全体を，本論文集に許されたページ数内で論じるのは不可能である。本編では，1000年以上前からのイスラム諸国・中国・ヨーロッパ，大西洋システム（中南米の三角貿易）を論じている。この三角貿易が，人類全体の生活を変えたイ

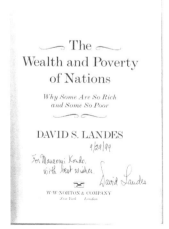

図13-1　ランデス氏の直筆の署名

ギリスの産業革命をもたらしたのではないとしたところまでしか，本稿では論じられない（邦訳ではこの点が逆になっていて，大西洋システムがイギリスの産業革命をもたらしたのだとしているのは，本編の最後に触れることになる）。イギリスおよびヨーロッパの産業革命，日本の歴史をランデスがくわしく論じているところは，再び，他日を期したい。

2. 竹中訳の問題

本訳書は，翻訳自体に大きな問題がある。

2-1.

まず，題名の訳，『強国論 ─ 富と覇権（パワー）の世界史』にもっとも大きな問題がある。原題は *The Wealth and Poverty of Nations* とあり，副題としてはっきりと，*Why Some Are So Rich and Some So Poor* と邦訳の表紙にも英語で記されている。近年では，アダム・スミスの *the Wealth of Nations* を『諸国民の富』と訳しているのを取れば，『諸国民の富と貧困 ─ なぜこれほど豊かな国があり，これほど貧しい国があるのか』ということである。また，*The Poverty of Nations* は Gunnar Myrdal の名著『アジアのドラマ』の副題（の一部）である（*An Inquiry into the Poverty of Nations*）。ランデスはスミスとミュルダールの提起した問題双方を歴史的アプローチで解明しようとしたのである。竹中訳の題名では，『諸国民の貧困』という半分がすっぽりと抜けている。

筆者は，社会科学の方法論の一つとして，マックス・ウェーバーが「価値自由」という概念を唱えていたことを，学部時代に大塚久雄先生に教えてもらったことがある。ドイツ語で言えば Wertfreiheit である。これは，「没価値」とされることもあり，英語によるウェーバー論ではこのような解釈が見られる。しかし，自分の一生をかけてする社会科学の営みで「自分の価値を没しなさい」とは…。大塚先生はこれを，「英語で，put oneself in someone's shoes と言うでしょう。あれですよ」と言われた。つまり，自分の価値は命の次に（時としては命より）大事なも

のであるが，社会科学の営みでは，一時的・理論的に自分の価値から自由になっ
て，他の価値から，研究している現象を見て，そこに見えてくるものと自分がそ
れまで見ていたものとを比べると，真理（Wahrheit）に一歩近づける — というこ
とだというのである。ドイツ語でWahrheitというのは重いことばで，もちろん
人間がそれを獲得できるようなものではない，しかし，それに1歩だけでも近づ
こうとすることはできよう。そしてこれは，通訳の仕事の重要な要諦の一つだと
筆者は思っている。つまり，発言者の言っていることを解釈するときに，自分の
視点・価値はいったん横においておいて，まず，発言者の立場からその発言を解
釈しなくてはならない，ということである。自分勝手な，恣意的な解釈は，通訳
者にも社会科学者にも許されないのである（強いて言えば，通訳者の場合にはその
通訳を聞く人たちがその前にいる。翻訳者は，誰が読むかわからない状態で＝すべての
人を読者対象として，その仕事をしているのでは？）。

　しかも，本書の場合，〈諸国民の貧困〉を題名からすっぽり落としているのは，
実に不可解である。「訳者まえがき」では富と貧困との対比に何度も触れ，その
重要さと本書の意味について論じているからである。たとえば，この「まえがき」
の冒頭近くに，「勝者と敗者が誕生し，かつその格差が拡大してゆくというのは，
決して最近時の傾向ではない。長い歴史のなかで一貫して生じてきた問題であ
る」（3ページ），「われわれにとって重要な問いかけは，このような経済発展の勝
者と敗者を生み出した要因はいったいなになのか，という点である。考えてみれ
ば，経済学をはじめとするすべての社会科学は，その根拠にこうした基本的な問
題意識をもっていたはずである。しかしこれまでのところ，現在に至る世界の歴
史を通して，豊かさと貧しさの要因を正面から説得的に解明した著作は存在し
てこなかった。そんななかで本書は，この難問に取り組んだ，『壮大なる知的挑
戦状』なのである」（4ページ）とある。それをまずもって題名から削除しているの
は，筆者にはどうしても理解できない。

　上述のように，アルゼンチンやパラグワイ，ブラジルを論じた原著 Ch.20, 'the
South American Way,' pp. 310-334が何の説明もなく，すっぽりと無視されてい
るのは，その顕著な例であろう。

13　ランデス著，竹中平蔵訳『強国論』再論（1）　　265

2-2.

　本書の竹中訳の第2の問題は，全訳ではないのに，どの章が訳では欠落しているかが示されていないことである。まず，原著は29章あるのに，翻訳ではたった19章しかない（それにプロローグとエピローグがあるので，これを入れても21章にしかならない）。どの章を訳では省いたのか，それはなぜか，そして，省かれた章の論旨はこのようなものだという説明も，一切ない。

　しかし，訳書と原書をくらべて見ていくと，原書の第1章が，抄訳ではあるが「プロローグ」の最後（27ページ以下）についている。そして，このように原書の編成自体を変えてしまっていることに何の断りも説明もない。

　また，原著のパラグラフ構成がずたずたにされている。すべてが悪いとは言えないこともあるが，最低限，これを断るべきではなかったか。

2-3.

　さらに，個々の誤訳・不適訳がほぼ無数にあることを指摘せざるをえない。「ほぼ無数」というのは誤訳の数を表す表現としてはいかにも大げさな表現だと思われるかもしれないが，そのいくつかを指摘して，それが誇張でないことを納得されたい。以下，誤訳・不適切な訳を論じるところでは，字数制限に合わせるため，印字のポイントを落とす。

　　… This was why those religious groups that prescribed washing – the Jews, the Muslims – had lower disease and death rates; <u>which did not always count to their advantage.</u> People were easily persuaded that if fewer Jews died, it was because they had poisoned Christian wells.（p. xviii）

　下線部が「…だが，このことは必ずしも彼らの衛生的な習慣のおかげとはみなされなかった。…」（22ページ）と訳されている。これでは，「自分の説が噂に勝てなかった」と言っていることになるのではないか。ここでは，より適切には，「…だからと言って，このことは彼らの有利にはならなかった」という意味なのではないのか？　なぜなら，「あれはユダヤ人がキリスト教徒の井戸に毒を入れたからだという説明のほうが，ずっと説得力があったのである」（22ページ）と続いていて，この部分は間違っているわけではないので，原著の意図は，「ユダヤ人の疾病率・死亡率は相対的に低かったし，その

要因は洗濯をする習慣があったからなのだが，かえって，〈ユダヤ人がキリスト教徒を毒殺した・井戸に毒を入れたのだ〉という長い歴史をもつ反ユダヤ主義を煽っただけだったので，死亡率の低さは彼らの有利にはならなかった」という論理の流れであったものが，意味がなくなってしまっている。

　もう一つ例を出そう。ランデスは世界の貧富の格差の問題を本書では歴史的アプローチで究明するとして，以下のように述べる。

　　I propose to approach these problems historically. I do so because I am a historian by training and temperament, and in difficult matters of this kind, it is best to do what one knows and does best. <u>But</u> I do so also because the best way to understand a problem is to ask: How and why did we get where we are? How did the rich countries get so rich? Why are the poor countries so poor? Why did Europe ("the West") take the lead in changing the world? (pp. xx-xxi)

　これは，「自分が歴史家であるし，自分の能力のある分野でできることをするのがもっともいい結果をもたらす」ということのほかに，「そもそもこの問題は本来的に歴史的究明を必要としているからだ」と述べている。ところが竹中訳ではこれが以下のようになっている。

　　「私はこの問題に，歴史的な見地から取り組むつもりである。というのも，それが私の専門分野だからであり，また私が根っからの歴史家だからである。<u>さらに，</u>こうした困難な問題に取り組むときは，やり慣れた方法で行うに越したことはないし，そうすることがもっともいい結果につながるからだ。
　　豊かな国はいかにしてこれほど豊かになったのか，貧しい国はなぜそんな貧しいのか，どうしてヨーロッパ（西側）が世界を変える主導的役割を担うことになったのか，ということを私は本書で考えたい。なぜなら，諸国家の富と貧困という問題を理解する最善の方法は，『いかにして，そしてなぜ，現在の状況に至ったのか？』と問うことだからである。」（26 ページ）

　原文のパラグラフを二つに分けてしまっているのはいいとしても，前半の下線部（<u>さらに</u>）という接続詞はあるべきであろうか。これがあるために，その前後で言っていることが別のことのように聞こえてしまう。この前後は同じことを言いかえているだけであるから，しいて言うならば，「つまり」とつなげるべきであったとは言えないであろうか。単純に「しかし」としたら，もっとも意味は通じやすかったと思われる。
　もっと大きな問題は，原文の But 以下の要旨が宙に浮いてしまっていることである。ランデスは，「専門の分野からアプローチするのが最善であるが，しかし，そもそも，本来的に，世界の貧富の格差の問題の究明には歴史的視点が必要なのだ」と言っている。

13　ランデス著，竹中平蔵訳『強国論』再論（1）　267

「私が歴史家だから歴史的アプローチをとるだけではない，そもそもこのアプローチが必要なのだ」と言っているのだ。このような問題の解明には歴史家がもっとも向いているとし，それを本書全体で示している。この点が竹中訳では霧散してしまっている。

　もう一つ，例をだすことができる。

That still leaves moral issues. Some would say that Eurocentrism is bad for us, indeed bad for the world, hence to be avoided. Those people should avoid it. As for me, I prefer truth to goodthink. I feel surer of my ground.（p. xxi）

この部分は，竹中訳では以下のようになっている。

　「この見解には，依然として倫理的な問題がのこる。ヨーロッパ中心主義は<u>ヨーロッパにとって</u>，また世界にとっても悪しきものだ，したがってそうした考えは捨てるべきだという者もいるだろう。捨てたい人は捨てればよい。私としては，<u>倫理的に正しい</u>よりも真実を好む。そして，<u>自分の考えを信じている</u>。」（27ページ）

まず，下線部 goodthink という単語は辞書には出ていない（『小学館ランダムハウス英和大辞典』は大判で 3,185 ページもある英和辞典であるが，これにも見出し語として出ていない），いわばランデスの造語である。しかし，これは邦訳にあるように「倫理的に正しい考え」という意味であろうか。たしかにこの前に「倫理的な問題がのこる」とある。しかしこの goodthink はむしろ「一般的に善良な考え方とされているもの」，「耳触りのいい考え方」との意味ではないか。しいて言えば，いわゆる political correctness という表現を筆者は思い出す。これは，たとえば『リーダーズ英和辞典』（電子辞書版で，2008 年版によっている）によれば，「政治的公正《従来の欧米の伝統的価値観や文化が西欧・白人・男性優位であったことの反省に立ち，女性や，アジア系・アフリカ系・ラテンアメリカ系などの住民，アメリカインディアン，同性愛者などの社会的少数派の文化・権利・感情を公正に尊重し，彼らを傷つける言動を排除しようとする；略 PC》」とある。そして，この電子辞書版では（joc., derog.）と略語がついている。joc. は jocular, つまり「おどけた，おかしい，ひょうきんな；冗談で言った」の意味であり，derog. は derogatory，つまり「〈名誉・品格・価値などを〉そこなう〈from〉，傷つけるような〈to〉；軽蔑的な，（人を）けなす」という意味である。ということは，現在では PC と言えば冗談でこう言う，人をバカにしてこう言うというニュアンス，含意（connotation）があるということであろう。だから，ここでランデスは，いわば開き直っているのである。そして，I feel surer of my ground. という単純な英語が，なぜ「自分の考えを信じている」と邦訳されるのかも，よくわからない。単純に，「このほうが自分の立っているところにより自信がもてる」，だから「政治的公正なんていうことを考えて，ヨーロッパ中心主義を排除するより，ヨーロッパがまず産業革命を起こして，これが豊かさをもたら

し，庶民の生活さえ変えることになったことをよしとするという自分の考えに従ったほうが，自信をもって論じられる」ということではないのか。なによりもここでランデスは「わたくしはこのようなたわごとより〈真理〉をとる」と言っている。ヨーロッパ中心主義と言おうが言うまいが，これこそが〈真理〉だと言っているのだ。ここで truth ということばを使っているのは，重いと筆者は思う。

　邦訳を読んでいたら以下のような文章に出くわした。原書では第2章にあたる部分が竹中訳では「プロローグ」にある部分で，中国の発展における自然の要因を論じた部分である。

　　「漢民族は<u>北方の森から不毛の内陸アジアへと</u>ゆっくり移動してきた。<u>防御となる木のない土地</u>で不定期の激しい雨に襲われ農耕はできず，黄河上流の黄土へと南下していった」（34 ページ）

なぜ「不毛の内陸アジアに移動していった」のかと不思議に思って原書の当該箇所をみてみると，こうなっている。

　　The Chinese, or Han people, as they came to call themselves, started in the north, in the forests <u>edging the barren inner Asian steppe</u>. They cleared the land (by fire?) and worked it as hard as they could; but what with irregular rainfall and <u>no trees to hold the soil</u>, severe erosion soon killed the yield. … (p. 25)

なんのことはない，「不毛な内陸アジア」に接していてこれににじり寄っていたのは the forests のことであり，これはまだ漢民族が北方にいた時の話である。また，「防御となる木のない土地」と言えば，人を守ってくれる木がなかったととってしまう。木が防御すべきだったのは土壌（soil）である。「木がなかったので土壌を守れなかった，だからトップソイルが流されてしまうので，収穫できなくなった」と言っているのではないのか。

　同様に，「栄養源としての<u>コメは他の食用作物よりカロリーが低く…</u>」（35 ページ）とある。これを読んだだけで，「まさか，これは逆ではないのか」と思ってしまう。この前後は以下のようになっている。

　　「稲作への圧倒的な集中は，プラス・マイナスの両面がある。栄養源としてのコメは他の食用作物よりカロリーが低く，<u>その栽培にははるかに多くの労働が必要とされた</u>（1）。一方，米は，強い穀物であり，水さえあれば肥沃な土地でなくとも何年にもわたって栽培を続けることができる。しかし，水田の中を歩きまわり肥料として人糞をまくため，寄生虫に侵される危険と隣り合わせであった。また，<u>働き手がいなくなると，さらに多くの労働が必要になってくるという悪循環もあった</u>（2）。（35 ページ）

13　ランデス著，竹中平蔵訳『強国論』再論（1）　　269

原文を探してみると，当該箇所は以下のようになっている。

① The overwhelming concentration on rice yielded a mix of good and bad. ② The appetite of rice for nutrients (particularly phosphate and potash) is lower than that of other food staples; its labor requirements greater. ③ Its caloric yield per hectare exceeds that of temperate zone grains such as wheat, rye, and oats; its protein content, however, is only about one half big. ④ Rice is a tough grain: it grows in diverse habitats and is the only cereal that will give good yields on poor soil year after year so long as it gets enough water. ⑤ On the other hand, the wading in water paddies and the use of human feces as fertilizer has meant high exposure to schistosomes and other nasty parasites, with loss to productivity and hence higher labor requirements. (pp. 26-27)

下線部は，竹中訳では以下のように訳されている。わかり易くするために，英文の各文に数字をふったのに応じて，竹中訳にも数字を付し，改行して示そう。

「① 稲作への圧倒的な集中は，プラス・マイナスの両面がある。
② 栄養源としての米は他の食用作物よりカロリーが低く，その栽培にははるかに多くの労働が必要とされた。
③　　（訳欠落）
④ 一方，米は強い穀物であり，水さえあれば肥沃な土地ではなくとも何年にもわたって栽培を続けることができる。
⑤ しかし，水田の中を歩き回り肥料として人糞をまくため，寄生虫に犯される危険と隣り合わせであった。また，働き手がいなくなると，さらに多くの労働が必要になってくる。」(35 ページ)

より適切には，たとえば以下のように訳すことができると思われる ―

① 稲作への圧倒的な集中には，プラス・マイナスの両面がある。
② 米の要求する栄養源（とくに燐酸塩とカリ）は他の主食食糧より低いが，逆に労働力は多大なものを要する。
③ ヘクタール当たりのカロリー産出量は，麦・ライ麦・オート麦より大きいが，その蛋白質の量はこれら温帯の作物の約半分である。
④ 一方，米は強い穀物であり，水さえあれば肥沃な土地ではなくとも何年にもわたって栽培を続けることができる。
⑤ しかし，農民は水田の中を歩き回り，肥料として人糞をまくため，住血吸虫や，他の悪質な寄生虫に犯される危険と隣り合わせであった。また，こうして労働

生産性が落ちると，さらに多くの労働力が必要になってくる。

　このように見てくると，いくつかの誤訳が簡単に見つかる。この段落は米作には長短があると最初に述べて，その長短を対比して述べるという構造になっている。そしてまず，appetite of rice for nutrients とは，「米が栄養素にたいして食欲を持つ」ということで，肥料のことを指している（竹中訳では「栄養源としての米は他の食用作物よりカロリーが低く」とあり，意味が逆になっていて常識にも反すると思われるが，原文③にはっきりと書いてあることと反する──③全体が欠落しているのはそのためであろうか。「米が肥料に対して食欲を持つ」という言い方は，英語の無生物主語の用法（近藤，1996）に似たところがある。米は無生物とは言えないが，これが自分の意志をもって，「肥料がほしいと言っている」という言い方だからである。③は，米は食べればそのカロリーは大きいが，蛋白質は少ないとし，④が長所，⑤が短所として対照的に表わされていることが歴然としている。⑤の with ～で，productivity が「生産性」の意味なのは経済原論で学ぶことであり，この loss とは労働者が寄生虫にやられて生産性が「失われ」れば，他の労働者が必要になる──という簡単な論理ではないだろうか。

　以上，原書の冒頭たった50ページ（邦訳では35ページ）そこそこの間に，これだけの誤訳・不適訳がある。あとは推して知るべしとしよう。誤訳によって原著者の主張が大きく損なわれている点については，以下，適宜，触れることにする。

3. 各章の内容

3-1. Introduction（序言・はしがき：pp. xvii-xxi）

　はじめにランデスは，ロンドンの銀行家で大富豪のネイサン・ロスチャイルド（1777-1836）の死について述べる。1836年に，息子の結婚式に出て，息子たちの将来について家族と相談するためにフランクフルトに行くが，背骨の下部に炎症を起こしていた。治療を受けても症状は悪化し，痛みも増す。これをものともせず，結婚式には出席し，仕事も続ける。この間にイギリスやドイツの医者が治療に当たるが，努力の甲斐もなく，7月28日に客死する。働き盛りの59歳であった。彼の死は同家の伝書鳩でロンドンに伝えられたという。

　これは19世紀前半の出来事であったが，ランデスはその後の平均寿命の延びを，次のように説明する。まずは医学の進歩も一つであるが，それ以上に，衛生

状態の向上で食前に手を洗う習慣が広がったことを挙げ，第2に，産業革命によって綿布と石鹸が大量に生産されるようになり，庶民（the common man）が洗濯可能な下着を着られ，風呂に入れるようになったことを挙げる。こうして，「100年前の王様・女王様より19世紀末・20世紀初めの庶民の方が清潔な生活をするようになった」（pp. xviii-xix）。第3に平均寿命を押し上げたのは栄養状態の改善だったとランデスは論じ進む。食物の供給や運輸技術の向上で，飢饉が減った。これで，動物性蛋白を多くとるようにもなっていった。医学と衛生状態の向上より大きく貢献したのは知識・科学を技術に応用したことであって，これを見ると「永遠の生命，いやもっといい永遠の青春なんて空想も可能かと思うようになる」（p. xix）。

「ところが」とランデスは論じ進む。「このような空想も，科学に基づいている—ということは現実に基づいたものだということである—つまり，豊かな者・幸運な者の夢なのである。つまり知識から得られるものは，豊かな国の中でさえ，富・運は均等には分配されていない。この世界は以下の3つの種類の国々からなっている。

① 肥満への対処，減量のために多額のお金を使う国々

② その国民は生きるために食べている国々

③ その国民は次の食事がどこから来るのかが分からない国々

の3つである（p. xix）。

今や（原著の出版は1998年），東西分裂はそれほど重要ではなくなり，それに代わって貧富の格差が決定的であり，それによってきまる富と健康さのギャップが大きな意味をもってきているとランデスは言う。この分裂は「南北」と地理で示されることもあるが，もっと正確に言えば，それは歴史も関係してくるので「西洋とその他の地域」とするべきであろう。これこそが21世紀世界の直面する最大の問題であり危険であると言う。そして，唯一これに続く危機が環境悪化で，この二つの問題は相互に関係している。豊かさには消費と浪費がつきまとうし，生産と環境破壊がつきまとうからだ。

世界を3つのグループに分ける分け方は「庶民」の生活実態に即していて，ユ

ニークでわかりやすい。第1はもちろん先進諸国で，メタボやコレステロールを気にするほど豊かなところ，第2は開発途上国で，贅沢はできないが豊かな国への道を歩んでいる国々，第3は絶対的貧困・飢餓の蔓延している国々である。そして，第1のグループは西洋，他の2グループは「それ以外」だとはっきり述べる。これを「ヨーロッパ中心主義だと耳触りのいいことを言って嫌うなら嫌いたまえ，これが真実なのだから，わたくしは真実の方をとる」と言うのである。

貧富の格差はどのくらいかを概略すれば，500年前より今の方が大きい。そして今日においてもこの格差は拡大しつつあるし，一部にはますます絶対的にも貧困になっている国がある，と続く。われわれにとっても良い状態というのは，貧困国が豊かになり，より健康になるのを援助することである。「もしわれわれがこれをしないなら，彼らは自分たちで作れないものを奪おうとし，産品の輸出がもうけにならないのなら，人間を輸出することになる。要するに，富とはそれに逆らうことなど不可能な磁石であり，貧困は猛威を振いかねない汚染物質なのだ。貧困を分離しておくことなどできない。われわれ豊かな国の住民にとっても，平和と繁栄は，長期的には，貧困国の繁栄にかかっている」(p. xx) と。

本書はこの答えを見つけるための一助となるものだとし，「一助」がイタリック体にされている。つまり，本書で完璧な答えをだせるはずもないというわけである。そしてランデスのアプローチは歴史的なものだと言う。彼が歴史家だからということだけでなく，この問いに応えるには歴史を見るのが最善だからだ（この部分は，上述の翻訳の問題点を参照）。

歴史的アプローチ以外の研究ももちろんあり，これは以下の二つのアプローチがあるとする。一つは，富とは善が悪に勝利したものだとする。つまり，ヨーロッパ人は貧困国よりすべての面で優れていたからだとする説。もう一つの学派はこの逆を言い，ヨーロッパ人は侵略的で情け容赦なく，欲張りで破廉恥，偽善者だった，その犠牲者は幸せで無邪気，そして弱かったから被害にあったのだ，とする説。ランデスは，これらの説にも一理あるが，第3の見方もあるとし，それは，西洋とその他の地域に分ける見方は誤りだという説，人類史全体から見れば，ヨーロッパは後発で，それまで他の国が達成したものにただ乗りをしたのだ

と論じる説を紹介する。しかしランデスはこの第3の見方についても明快にこう述べる——「これが誤った見方なのは火を見るより明らかである。歴史を見れば分かるように、ヨーロッパ（西洋）は、ここ1000年の間、発展・近代化の原動力だった」と（p. xxi）。しかし「ここにも道義的な問題は残る。ヨーロッパ中心主義はわれわれにとっても世界にとっても悪い、したがってそうした考えは避けるべきだという者もいるだろう。避けたい人は避ければよい。私としては、耳触りのいいことよりも真理につく。その方が、自分の立っているところについて確信が持てるからだ。」（p. xxi）と。

　以上が原書の Introduction で論じていることである。竹中訳では、この部分を訳した「プロローグ」に、第1章および第2章の内容が、なんの断りもなく、続いている。

3-2.　第1章　Nature's Inequalities（自然は不平等：pp. 3-16）

　自然に恵まれた国と、自然が厳しい国との差について、主に気候と水の側面から縦横に論じ、結論として、それにもかかわらず地理的な条件を運命ととるのは間違いだとする。

　ランデスはここで、かつては地理決定論があって、地理的要因で文明の優劣を論じた者もいたが、これはその後、否定されたと論じ、しかしそれでも、自然も人生と同じで、平等ではないとする。その例として二つの大きな要因を挙げる。一つは熱であり、いま一つは水である。熱について「熱帯地方では人は汗をかき、これに対処するために長い昼寝（シエスタ）を取り、厳しい労働は女性や奴隷に押しつけた。現代はエアコンがあるが、これは熱を部屋から外に出すためにエネルギーを使っているだけだし、未だにこれがないところもある。間接的には、熱は寄生虫などをはびこらせ、家畜の飼育を不可能にし、「文化的・技術的発展を牽引する諸変化を鈍化させる」（p. 9）とする。また、水の恵みも平等ではなく、雨は平均には降らず、豪雨になったり旱魃になったりし、さらには砂漠もある。ハリケーンや大洪水があり、「ぎりぎりの生活をしている者にとっては、その結果はまさに殺人的である。そこにテレビ・カメラがあれば、われわれもこの惨状につ

いて多少とも知ることができる。そうでなければ，何百万人の人が溺れようが餓死しようが，何も知らずにすんでしまう。そして，聴きもしないし見もしないことだったら，誰がかまうものか」(p. 14) と，舌鋒鋭い。

　続いて，たしかに近年は医学の発達もあって，平均寿命は延び，幼児死亡率は下がっているが，それでも自己満足するわけにはいかないとして，寿命が延びても病気ではしかたがない，医学が発達しても，習慣や制度がそれよりも強く人間行動を決めることも多いと論じる。最後にまとめとして，「それでも，地理（的な条件）を運命ととらえるのは誤りであろう。地理的な差は，たしかにそれなりの犠牲は伴うが，これを減少させる，あるいは逃げることができる。科学と技術がそのカギである。知識が増せば，病気を予防し，生活・労働条件を改善することができる。過去より現在の方がこれによりうまく対処でき，熱帯地方に対する将来の見込みもかつてよりはよくなっている。同時に，この分野における改善には，それを意識し，それに対応しなくてはならない。バラ色に染まったメガネは外そうではないか。定義上このような惨状は問題ではないとか無視できるとしても，問題は消えないし，解決にも役立たない」(p. 15) と言う。つまり，自然条件を絶対視せず，問題を解決すべく努めるべきだと言うのである。

3-3.　第2章　Answers to Geography: Europe and China
（地理への返答──ヨーロッパと中国：pp. 17-28）

　本章では，気候などの自然条件から見たヨーロッパと中国を扱い，最後には，中国こそは産業革命前の時期ではもっとも発達が進んでいたと論じる。

　自然の要因に恵まれたのが温帯地方，その中でもヨーロッパ，さらにその中でも西ヨーロッパであった，と前章を引き継ぐ。まず気候から論じ，冬があって，病原菌や害虫は抑えられる（が，伝染病は避けられない──病原菌が少ないのでかえって抵抗力をつけられないと論じられることもある）。ただその冬も北米などほど厳しくはないし，降雨が平均しているので，年中，何らかの農作物を栽培できる。これはメキシコ湾流（暖流）のおかげである。そして，中部ヨーロッパや南ヨーロッパでは雨量が少なく一様ではない，だからスペイン，ポルトガル，ギリシャ，

イタリアなどは貧しいと論じる向きもある（もちろんランデスはこれだけが貧困の要因ではなかったとするが）。

　これに対して，大きな川のあるところでは，下流での洪水を管理するために，それに適した社会・政治体制ができた。よって，中央集権的な政府が早期から発達した。「創世記」にも，食べ物を手に入れるために飢えたエジプト人はファラオに最初にお金を出し，続いて家畜を，土地を，やがて自分たち自身を差出してしまったとあるではないかと，ランデスは続ける。

　では，ヨーロッパがこれほど自然には恵まれていたのに，その発展はエジプトやシュメールと比べるとひどく遅れたのはなぜかとランデスは次に問い，答えはやはり地理的要因にあったとする。これはヨーロッパでは硬木（hardwood）が茂ったため，紀元前1千年代になって鉄器ができて，硬木を倒せるようになるまでは肥沃なアルプス以北の地を開墾できなかったからだと言う。だからヨーロッパの地理を「牧歌的」と形容するのは間違いで，流行病も飢饉もあった。飢饉のときには森林の果実やナッツが役に立った。また，たとえば馬がモンゴルやインドより大きくなったことでヨーロッパは戦争において有利に立てた。これは，農耕や荷物を運ばせるためにも良かったが，サラセンなどのイスラム教徒との闘いでも意味をもった。さらにこれが肥料（馬糞）を大量に作ることにもなり，集約的農業が可能になり，食生活も豊かにした。ただ，これはナイル川，ユーフラテス川，インダス川，さらには黄河や揚子江流域のような人口密度の高さを可能にはしなかった。よってヨーロッパでは晩婚を奨励したし，『ヘンゼルとグレーテル』，『おやゆびトム』の話のように，子供を捨てる風習がながく残った（ランデスはここで日本の間引きや姥捨て山の風習には触れていない）。

　これに対して中国ではどうであったか。世界経済史全体からみると中国は「もっとも早くから，長期にわたって，もっとも成功裏に発展を遂げた」（p.23）ところだとランデスは言う。なにしろ，2000年前にすでに6,000万の人口をかかえていた，それが10～13世紀には2倍の1億2千万になった。しばらく停滞して1400年ごろには6,500～8,000万と底を打って，その後は1650年ごろには1億～1億5,000万，1750年には2億～2億5,000万，1850年ごろには4億，1950年ご

276

には6億5,000万，そして今日（1992年現在）では12億（ちなみに2010年では，一人っ子政策にもかかわらず14億3,000万）となっている。土地面積は世界の7パーセントであるが，総人口では世界全体の5分の1以上である。これは，長期にわたる人口政策（早期の結婚，多子）のたまものであった（一人っ子政策は1970年ごろから始まり，数年後には緩和されている）。

　中国は数千年前から遊牧生活を捨てて定住農業をするようになった（これはアルヴィン・トフラーの言う第1の波，農業革命であったから，この時には世界で最初にこの革命を成し遂げたことになる―筆者）。三国時代からこれが国の政策として行われ，政治制度もそれに適したものとなった。意識的に耕作者を集めて植民し，穀物を貯蔵して将来の軍隊を作り，これらを行うために行政の中心地を定め，灌漑・運輸のために運河を作ったのである。ただこれがいつもスムースにいったわけではなく，時として飢餓をもたらすこともあったし，食料を家畜に与えることは問題だともされた。また，家族数やその収穫高は厳密に管理され，娯楽も許されなかった。

　ランデスはこのような観点から中国史の時代区分を以下のように規定する。

1. 北部の森林地帯からステップ地帯に，やがて黄土を求めて南部（黄河上流）に移る。

2. ここで水の管理と灌漑技術を身に着けると，より雨量が多く肥沃ではあるが安定しない黄河デルタ地域に移る。紀元前500年ごろには中国は人工的に水の管理をし，役畜（主に水牛）を利用し，除草をし，排泄物を利用するようになった。これで生産性は激増した。「中国流のエネルギー・システムが整った」（p.25）のである。

3. 8～13世紀の間に中国は第2の農業革命を達成する。漢人は揚子江デルタ地域からさらに手を伸ばし，焼き畑をして，移動農民族を追いやる。この地方の気候を利用して，二毛作，二期作・三期作を始める。ランデスはここでEric Jones, *European Miracle*（1981）を引く―「こうして，13世紀までには中国は世界でも最も高度な農業を達成した―ライバルになりそうなのはイ

ンドだけであった」(p. 16)。ただこれで，蛋白質は豚肉からしか摂らなく
なった。

4. この後の農業における技術革新は，落花生やジャガイモ，サツマイモ栽培の
開始があり，魚類の養殖があったにせよ，米作農業を大きく変えるものでは
なかった。

5. 米作農業にも長所・短所があった。米は燐酸肥料などを他の食糧ほど要求し
なかったとはいうものの，労働力をより多く要求した。土地面積当たりのカ
ロリー量は大麦，ライ麦，オートなどより大きかったが，蛋白質はこれら穀
物のおよそ半分しかなかった。

このような労働集約的米作農業は中国史にいくつかの特徴をもたらした。土
着民に労働力を頼ったので外国から奴隷を移入することがなかった。水の管理
は地域を越えた権力を必要とし，帝国建設につながった。モンテスキュー，ヘー
ゲル，マルクス，そして特にウィットフォーゲルは中国の制度を oriental
despotism（東洋の専制主義）と名付けた。こうした説には西洋の中国研究者の間
では批判も多く，中国の民主主義へのコミットメントをさかんに擁護した。特に
ウィットフォーゲルのアジア的専制の理論は新帝国主義を正当化するものだと
された。ランデスはこのような批判にたいして，「事実が論駁している」とし，大
規模な水路・ダム・運河などの建設は地方の権力以上のものを必須とした点など
を挙げる。

3-4. 第3章　European Exceptionalism：A Different Path
（pp. 29-44）

竹中訳では，この章は第1章とされ，「『ヨーロッパ世界』の原型」と題されて
いる。

ランデスはまず，10世紀までのヨーロッパを，ヴァイキング，サラセン人，マ
ジャール人（ハンガリア人）から侵略を受けていたとし，侵略者たちが好き勝手を
したことを述べる。その後，ヨーロッパ人も外からの侵略者の振る舞いを許さな

くなり，中世に入ると，それまでのヨーロッパとはまったく違い，しかも，世界の他の文明とも決定的に異なる道を歩み始めたとする。

　もちろんヨーロッパはそれまでも，東洋の帝国・専制政治・私有財産の禁止と，西洋の自由都市・ギリシャの民主主義，私有財産制度とを分けて考えていた。東洋では，支配者たちの目を見ることは無礼で生意気な行動だと見られていたとランデスは言う (p. 32)。

　日本でも，子供が親に叱られるとき，親の目を見ていると「なんだ，その反抗的な目つきは！」と叱られるのに対して，ヨーロッパやアメリカでは，親の目を見ていないと，「ちゃんと目を見て，言うことを聴きなさい」と言われる。この違いの根はこれほどまでに深かったのか…。プエルトリコはのちに，アメリカの自治領になり，ここからニューヨークなどに移民した者も多かったが，そこで，プエルトリコの小学生たちが学校で同じ経験をしたことが，たしかエドワード・ホールの『沈黙の言語』(Hall, Edward, *Silent Language*) に紹介されていた。

　この中世には次のような特徴があったとランデスは言う。

① 所有権を認めた。

② 政治的には分散し，安全がなかった，絶対的権力がなかった。こうしたなかで，準独立した自由都市ができた。いわば「商人の商人による商人のための都市」で，住民には政治上の権利も与えた。

③ 聖と俗が分離され，思想統制はなかった（中国と対照的であった）。

　こうしたなかで，11世紀から14世紀半ばにかけて，人口増が起き，経済も伸びた。さらに黒死病，復興の時代が続く。

　ランデスはこの数世紀を，熟成の時代と特徴づけ，medieval economic revolution (p. 41) とまで呼んでいる。集約型農業・三圃制による食糧の増産が起き，putting-out system（問屋制度）がイギリスの力をつけたとする。そして，このような中世における経済の拡大は下からの刷新とその普及によるものだったとし，このような動き全体を commercial revolution (p. 44) とまでしている。

13　ランデス著，竹中平蔵訳『強国論』再論 (1)　　279

3-5. 第4章 The Invention of Inventions （pp. 45-59）

竹中訳では，この章にあたるところはすべてが欠落している。

ランデスは，中世は「暗黒時代」などと呼ばれることもあるが，実は，発明が盛んに行われた時代であったとし，次のようなものを挙げる。

① 水車
② めがね
③ 時計
④ 印刷術
⑤ 火薬

しかしこうしたものはヨーロッパより早くに中国・イスラム諸国で発明されていた。それが広がらず，大きな経済の変化をもたらさなかったのはなぜかを問い，イスラム世界の場合には，『コーラン』が全ての正しい真理を示していると考えたから，中国の場合には mystery であるが，おそらく，市場・企業の自由がなかったことによるとする。

3-6. 第5章 The Great Opening （pp. 60-78）

竹中訳ではこの章が第2章，「『欲望の世界』の幕開け」とされている（58ページ～）。本文の前に，竹中訳はカークパトリックからの引用だけを挙げているが，その他に二つあり，そのうちの一つは，出典表示がないまま，次のような対話が記されている――「君たちの文明は失われた文明だよ」と，ある人類学者が誇らしげに言う。「『失われた』ということはなんとも思ってはいないよ」と先住民の酋長が言う。「怖いのは，〈発見され〉てしまったということだよ」と。

「欲望の世界」の「欲望」がどのような英語表現の訳なのか不明である。日本で特異な発達をとげた比較経済史学（いわゆる大塚史学）では，イギリスで世界最初の近代的産業革命をやり遂げた人たちのもっていたエートス（その人を内から突き動かす力）が，the capitalist spirit でなくて，the spirit of capitalism だと言う。the capitalist spirit は「資本家精神」で，人間ならだれでももっている，金儲けをしようとする精神で，the spirit of capitalism は「資本主義の精神」，つまり，生産活動を合理的に行ってインダストリーを興そうとするエートス，自分の生活を厳しく律していこうとするエートスで，この二つを徹底的に区別する。「金儲け精神」はいわば金儲け本能で，人間ならいつでもどこでももっていた精神である。それが，18世紀後半になって急に機能し始めて，産業革命に資した…ということは考えられない（逆に言えば，中国や中東では技術はヨーロッパより発達していたのだから），金儲け精神で産業革命が行われたならば，はるか以前に中国あるいは中東で産業革命が起きていてもよかったではないか，ということになる。

本章でランデスはまず，コロンブスによる大西洋横断，新大陸の「発見」について，その400年後の各地のお祝い，その100年後には事情が一変して，コロンブスの渡航を祝うどころか，すべてが一変して，それが（日本では）「大航海時代」となっていった事情を説明する。

それほど大きなことではないが，本章のしょっぱなに誤訳がある。…the City Council renamed Columbus Day Indigenous People's Day and offered <u>two performances of an opera</u> entitled *Get Lost*（*Again*），*Columbus*, the work of a Native American composer named White Cloud Wolthawk…（p. 61）が，「ホワイト・クラウド・ヴォルフホークというアメリカインディアンの手になる<u>二つのオペラを上演した</u>」（59ページ）となっている。もちろん原意は，オペラは『コロンブスよ，（もう一度）道に迷ってしまえ』という題名のもの一つであり，これが2度，上演されたという意味である。ちゃんと an opera となっているのに，なぜこれが二つのオペラになるのか，筆者にはよくわからない。この程度の誤訳をしている訳本だということを思い知らされるところである。また，ランデスも Indian という表現を英語で使っているが，今では普通，native American はアメリカインディアンとは呼ばず，インディオあるいはアメリカ先住民とされることが多い。

ここでランデスは，「ちょっと止まって，この不平等の含意を論じよう」と言い，帝国主義について論じる。まず一般的に，社会的政治的関係の法則があるとして，① 明白な力の差があること，② 権力に対して民間のアクセスがあること，③ 諸集団や諸国家が平等であること — この3つのものは共存できないとする（p. 63）。つまり，ランデスは「資本主義の最高の段階」（レーニン）のようにある時代

を指すというより，もっと一般的に言って「帝国主義」というものはありうる，それがこれだ，と言うのである。さらに，「ある集団が，他の集団を小突き回るほどの力があり，小突き回ることで利益がある場合には，必ずそれをする，国家が侵略を遠慮したとしても，企業や個人は許可を得ようとして待つようなことはない，そうではなくて，自分たちの利益のために行動を起こす，周りのもの（国家を含む）を巻き込んで，行動を起こす――と論じる (p.63)。この意味では，帝国主義はいつでもわれわれとともにあったことになる。ただ，必ずしもそうでなかった場合もあり，弱小国が同盟を結んで強国に対抗したこともあり，強国が情勢判断を誤って，負けることがあることも指摘している (p.63脚注)。

　この章の最後にランデスはスペインがメキシコで行ったことの残酷さに触れる――

　「南・北・中央アメリカを征服するうえでどのような悪事をはたらき，どのような犯罪を犯したのか――その話はあまりにもひどいものだったので，彼らの，後の困惑と恥ずかしさの源となっている。あれほどの残酷さと背信行為をしでかすことができたのは，いったいどんな国民だったのであろうか？　答えは，上述のように，（当時のスペイン社会における）社会淘汰，そして歴史にある。一つには，新世界で待ち受けていたあれほどの冒険，それがスペイン社会でもっとも大胆不敵で飢えたならずものたちをひきつけた。その多くはごろつきたちで，自分の命のこともほとんど考えない――他人の命なんてそれ以下しか考えない連中であった。もう一点として，スペインの歴史的体験が大きな意味をもった。敵との長引いた戦争があったのに，レコンキスタ（イスラム勢力のイベリア半島制圧ののち，キリスト教徒による国土回復のことを言う）はなかったことから，手段より目的を重んじることとなり，良識・品位，そして人間性の真理を消去してしまうほかなかったのである。さらに，フランスの言語学者・批評家ツヴェタン・トドロフ (Tzvetan Todorov) なら，距離の要因を加えたところであろう… (pp.70-71)。

　　以上は拙訳である。意味は伝わると思うが，日本語としてよくこなれた表現には

なっていないと自分でも思う。ただ，確認のため…と思って竹中訳を参照しようと思って探したら，79 ページにあった。その中に，次のような一節がある —「また一つには，内外の敵（外部の敵はレコンキスタ，内部の敵は宗教の違いによる迫害）との長い闘いの歴史のなかで，スペイン人は目的によって手段を正当化し，良識や人道という観念を払拭してしまおうとしたのだ（結局はうまくいかなったが）。」—「結局はうまくいかなったが」という部分は，拙訳について，「そんな英語があったかなあ…」と思ったので，原文を再度見てみると，こうなっている — On the other, the Spanish historical experience, the protracted war against enemies without（the Reconquista）and within（the persecution of religious difference）, <u>could not but</u> promote ends over means and extinguish sentiments of decency and humanity.　竹中訳は，下線部の英語を誤解しているのである。

　通常の学習英和辞典（たとえば the *New Shogakukan Random House English-Japanese Dictionary*『ランダムハウス英和大辞典　第 2 版』（小学館，1973）の but の項（379 ページ）に「cannot but do《文語》= cannot help BUT do) とあるので，さらに help の項を見てみると，もちろん cannot［or can't］〜 but do《主に米語》/cannot 〜 doing「（1）…せずにはおられない」とあり，例文として，Still I can't help but admire her. それでも彼女をあがめずにはおれない：(2) …するのは仕方がない：She could not but feel that way. そんなふうに感じるのはやむをえなかった，とある（1246 ページ）。」なんのことはない，われわれが中学英語で学ぶ…cannot help …ing という成句と同じ意味で，「…せざるをえない」という意味なのである。そして，竹中訳では，究極的に意味が逆になっている。「スペイン人は目的によって手段を正当化し，良識や人道という観念を払拭してしまうほかなかったのである」の意味だったのである。そして，その方が論理の流れにも沿った意味である。これも，実に程度の低い，単純な（しかし重要な）誤訳である。あるいは，彼は「スペイン人はそんなことをしてはいなかった」と，意図的にスペイン人をここで擁護したかったのであろうか？　なにか個人的な事情があったとしても，翻訳者としてそれをここで出すべきではあるまい。通訳者なら，発言者の立場に立って，その発言者の発言を解釈し，それを日本語で再表現する。それは同時に，マックス・ウェーバーの言った社会科学の方法論の要諦のひとつ「価値自由 *Wertfreiheit*」だというのが，筆者がかつて大塚久雄先生から学んだことである。大塚先生は「英語だと，put oneself in someone's shoes と言うでしょう。あれですよ」と言われた。*Werfreiheit* を「没価値」と訳し，社会科学の営みをする時には自分の価値は「没する＝忘れる」べきだとの解釈もあるが，こんなことをウェーバーが言うはずがないであろう。筆者は大塚先生の解釈につきたい。命をかけて行う社会科学の営みにおいて，自分の価値を「没してしまいなさい」と言われても…。

こうしたスペイン人の蛮行について，彼らは言い訳を見つけるようになってい

くとランデスは続ける。① このような話は「神話」であって，誇張されたものである，② 英国系の人も同じようなことをしたのだ，としたのである。しかもランデス自身が，同じ殺されるにしても，拷問をうけて苦しんで死ぬよりは，短い間にずたずたにされずに死んだ方がましだとつけ加えている（p. 77の脚注）。「結局はうまくいかなかった」のだったら，「拷問をうけて苦しんで死ぬ」なんてことを原著者が考えるはずはなかったであろう。

3-7. Ch. 6 Eastward Ho! (pp. 79 〜)

　この章は，前章がスペイン人の〈新〉大陸発見・中米・南米での残虐行為を扱ったのに続いて，ポルトガル人が東に向かってインド・中国・やがて日本にも至る経緯をくわしく述べる。竹中訳ではこれが第3章「線引きされた〈勝者〉と〈敗者〉」（82ページ以下）になっている。

　最初，アフリカの西海岸を下って喜望峰を回ってインド・中国に達しようとしたが，海流や風にこれを妨げられると，我慢強く，造船技術の改良や新しい計器（コンパスや砂時計など）を作り，距離は長いが，まずポルトガルから大西洋を西のブラジルまで行き，そこから東に向かって，喜望峰を通る海路をみつけた。そこに，コロンブスが一度の航海で〈新〉大陸を発見したというニュースが入って，驚く。ランデスは，これが「（最初にソ連が月に到着した）スプートニクがアメリカ人を驚かしたのと同じようなショックであった」（p. 88）とする。ポルトガルは直ちに行動に出る時だとして，1497年7月に，ヴァスコ・ダ・ガマが4隻の船を指揮して，先に Bartolomenu Dias がやろうとして失敗した航路——アフリカの南を通り，インドを発見しようとする。27,000マイル以上を2年以上かけて航海することになる。170人の航海士のうち，無事にもどったのはたった54人であった。

　しかしガマは重要な情報をもたらす。一つは，ヨーロッパ人のほうが現地人より船も鉄砲も良いものをもっていて，現地人よりは強いということ，もう一つは，今回は交易をするところまでいかなかったが，アジアでは胡椒 spices がとっても安く手に入るので，大きな利益をあげられる，ということである。

　ガマが帰ってから半年もたたないのに，1500年初期にポルトガルは第2の艦隊

をインド洋に派遣する。今度は13隻もの船に兵士を含めて1,200人が乗り込み，Pedro Alvares Cabral が指揮をとった。とにかく財宝を持ち帰ること，問題を起こしそうなやつらが現れたら相手にせず，遠くから blow it out of the water（こってんぱんにやっつけろ）と言われた。ランデスはこれを，まさに自分たちの強さを承知していたことの表れだとする。遠くからでも相手を殲滅させられるのだから。アジア人は人口もポルトガルより圧倒的に大きく，いろんな意味でより文明化されていたのに，これを理解しようともせず，実は想像もできなかった。しかし実は，「ヨーロッパ人は今や，海軍の大砲が届く範囲ならば，地球上，どこにでも根を張ることができるようになっていたのである」(p. 80)。

マダガスカルの探検 (1508) の際には，① この島の周りの長さ，アフリカ側の港すべてについて，入港して，入・出港に必要な要件・状況を調べる，② まず原住民に胡椒・蜜蝋，銅などを見せ，これらがこの島で知られているかどうかを見て，その値段などを調べる，③ 他に同様の艦隊が他国から来ているかどうか，もし来ていれば，どの国からか，どのような人種か，④ 個々の船の大きさ，その種類，どの季節にこの島にくるか，⑤ この島独自の船があるか，⑥ 島の産物は何で，いくらか，⑦ 政治の制度（王政なのかどうか），モスレムかどうか，その生活様態はどんなものか…などのことを調べ上げるよう，Diogo Lopes de Sequiera に命じた (1508)。マラッカに行ったときには，さらに中国人商人や船の操縦法，武器・戦法，商品・価格，中国の大きさ・文化などについても組織的な調査を命じられた。こうして，スペイン人とポルトガル人が〈新〉大陸で行ったことは対照的なものになっていった。スペイン人は組織的な調査を行わなかったが，現実的に十字架を立て，原住民を改宗させ，刑務所などを作って，実際的な支配を行っていった (p. 93)。

ランデスはまた，ポルトガルがインド洋などでこれほどまで活躍できたもう一つの要因として，中国の明朝が海外進出を抑えていたことを挙げる。簡単に喜望峰を越えてヨーロッパまで来られたのに，ヨーロッパには中国船の影はどこにも見られなかった。日本の御朱印船がアジアの海をさまよっていたのに…。明朝には好奇心もなければ，欲もなかった…と。

しかしランデスはここで，歴史研究における「もしも…」と論じることに教育的意味がある，未来を予見する上でもこの問いは役立つと論じる。もしも中国がインド洋を牛耳っていたら？　そして大西洋までその勢力を伸ばしていたら？こうなると中国の戦力についても仮定せねばならず…，となって，「こうなるとこのような問いは open-ended＝無制限なものになり，それに対する信頼度も低下する（p.98）と結論する。

3-8.　Ch. 7 from Discoveries to Empire（pp. 99〜）

　竹中訳では，この章は第3章「線引きされた〈勝者〉と〈敗者〉」の一部（85ページ以降）となっている。

　本章では，〈新〉大陸に存在した古い帝国・文化が基本的にはその文明に弱点があり，それにスペインの狡猾さ・暴力が重なって，これら古代文明が滅びていって，スペイン帝国の一部となっていく様を，微細に述べる。

　ランデスが述べる ― このころにはヨーロッパでも印刷術が発達していて，コロンブスの〈新大陸〉発見のニュースはすぐに広まった。好奇心は高まり，ヨーロッパの知識は一変した。こうなると，New land invites action.（新しい陸地は，行動を呼び起こす）。スペインの支配者は大帝国のことを考え，宗教的にも（これまでとは別の，「神の祝福を受け，法王の認める」）十字軍のことを考えるようになった。何も見つからない ― というわけで失敗すれば，ますます意欲は増す ― 宝物はこれから見つかるのだから。そして，ヒヨケザルの話，さらに，伝説の女戦士1万人ほどがスペインにやってきて，勇名をはせるスペイン男性から子を授かりにくる ― などという伝説がはやった。25年ほどは宝などは見つからず，その間に，カリブ海の各地で自分たちの旗を立て，「都市」を作って聖人の名前をつけ，ヨーロッパの共同体の支配の仕方で治めた。戦争をし，原住民を殺し，その妻や娘たちを寝かしつけ，異教徒を救った。そして見返りに金を要求した。

　「求めよ，さらば与えられん」ということで，1520年代になると，ユカタン半島を巡り，これまで見たことのないようなインディオに遭遇する。綿の着物を着て，石でできた街に住んでいた。金属はしらなかったが，武器はもっていた ―

パチンコ（投石器），毒の吹き矢，黒曜石の鋭い刃をつけたこん棒などである。カリブ海の島の人間よりはるかに手ごわかったので，スペイン人もソフトに出て，通商を行い，やがて，さらに西に行くと，着飾った王様が支配する王国があることを知る。そして彼らは，スペイン人にお土産を渡したら去っていくだろうと期待した。「言うまでもないことながら，これは大きな誤りであった」（p. 102）。

　スペイン人は陸地を西に西にと進み，沿岸を北に進む。小艦隊の指導者としてここに登場するのがヘルナンド・コルテス（Hernando Cortes）である。一時はサラマンカで学んだというものの，売春婦をあさる，ならず者であった。

　しかしランデスは，コルテスがひどい男だったからアステカ王国が滅びたのではない，「歴史とは，単に大胆不敵な男たちの叙事詩なのではない。人間はたしかに問題とはなるが，この帝国はもっと深い理由によって滅びた」（p. 102）と言い，「もっとも重要な原因は，tributary empires（他国に従属する帝国，進貢国）であった点である。人種が多様であったことと，sympathetic cohesion（気の合った者同志の結合力）がなかったことによって，通常の王国・国家とは違う」（p. 102）とする（The most important lay in the very nature of tributary empires, which differ from kingdoms and nations by their ethnic diversity and want of sympathetic cohesion.）。「我々と彼らという分断のため，支配者と被支配者，この集団とあの集団とが分かれ，部外者／よそ者はうちの集団のメンバーにはなれない」（p. 102）と。こうなると，まさに裸の力の表明となり，深い忠誠心・真なる正統性の問題ではなくなる…と。よって，力があるように見えるが，これは単に「そう見えるだけ」の問題で，支配者が変われば，common folk は喜ぶ。外から見ると輝いて見えるが，それは砕けやすい貝殻の硬さにすぎない，と（p. 102）。

　ちょっとここで気になるのは，ランデスが，〈人種的多様性〉と sympathetic coherence の欠如は国（この場合はアステカ王国）の力を弱める―と言っていることである。アメリカ合衆国も，カナダも，そして1970年代以降のオーストラリアも，「人種的・文化的多様性は，その国の力を強める」と言っている。1980年代の日本では，経済成長がうまくいき，貿易戦争ではアメリカにさえ勝って，対米貿易黒字を貯めていたころ，時の中曽根首相が「日本経済がうまくいっているの

は，日本が単一民族・単一言語の国だからだ」と言ったことがある。アメリカでは黒人や多くのメキシコ人が移民としてアメリカに入ってきており，そのために経済はうまくいっていない，というのである。ランデスも同じことを言っているのであろうか？　アステカ王国が滅びたのはそれが最大の理由だったと言う。

　さらに，旧世界からの病原菌も（カリブ海でもすでに大きな被害をもたらしたが），戦いの最後の段階で，アステカ王国を屈服させるうえで，大活躍をした。また，コルテスは故国からの援助も得る。このようにして，アステカ王国はほぼ自滅する。

　そして，同じような事情のものもとに，インカ帝国も滅びる。インカ帝国も離れた貢国であったし，内部で分裂もあった。ヨーロッパからの病原菌もそれなりの役割を果たした。ピサロ（Francisco Pizarro）が小規模の軍を引き連れて到着したときには，7年がかりの国内戦争が終わったところであった。

　ここでも，最初は，スペインにとって，いいことが起こりそうであった。沿海の小さな村は，金がいっぱいであったし，インカのことを知らずに，前進を続けた。インカ側は，スペイン人たちを神だとは思わなかったが，この小さな軍隊を過小評価していた。彼らは，沿岸部からの者を大昔からバカにしていた。「あいつらに何ができるものか！」と思っていたのであろう。スペイン人は，ここでも内部分裂を最大限，利用する。まず，山中のカハマルカ（Cajamarca）でインカ側に遭遇する。ピサロは，「必ず友となり，〈兄弟〉となることを誓う」と厳かに言う。このあと，スペイン兵はほとんど隠れ，ひれ伏した。インカ側ではこれを恐怖のしるしととった。スペイン兵はその多くが，文字通り，自分のパンツのなかで小便を漏らしていた。

　インカ側では，数千の兵が着飾ってはいたが武器をもたずに，行進して，広場に集まり，アタワルパ皇帝のしるしをつけて，この広場をうめた。ここでスペインの僧がインカ側に聖書を手渡す。アタワルパはそれを開き，一見した後，地べたにたたきつけた。これですべては終った。スペインの僧がピサロのところに駆けつけ，「キリスト教徒よ，出られよ。神のものを拒絶する者どもに，襲い掛かれ！」と叫ぶ。この後の殺戮は——インディアン7,000人がその場で殺され，多く

288

が傷ついた。馬に乗ったスペイン兵は逃げるインカ兵を追いかけた。きれいなものを着ていたら指導者だろうと見られ，そういう者を自在に斧でねらった。ここで夜陰が訪れなければ，4万人のインカ兵のうち，生き残った者はほとんどいなかったであろう。

アタワルパは，素っ裸で，しかし無傷で，捕虜にされた。そこでスペイン側は，ヨーロッパではどこの王侯も払えないような身代金を要求する。かなり大きな部屋の天井まで届くだけの金を要求したのだ。しかしこれをインディオ側は支払った。約束は約束だから，スペイン側がアタワルパを直ちに釈放したのだが，スペイン側はすぐに，スペイン王室に対する背信を理由に，アタワルパを再逮捕する。そして，最後の秘跡を行うと，象徴的にも文字通りにも，インカ王国を斬首する。ランデスは脚注で，アタワルパに，もしお前がキリスト教に改宗すれば，身を焼くことはないので，インカの信仰によって，その後，再びインカを導くことがあるかもしれないと説きつけたと付け加える（p. 108）。

ランデスはこれは実に血なまぐさい話で，残虐さ，恩着せがましくも信心深げな嘘の話だとするが，どちらが善だ，どちらが悪だ，どちらが醜かった…と言ってはならない，双方が自業自得なのだとする。ピサロがここに着く前に，アタワルパの父で皇帝であったワイナ・カパック（Huayna Capac）がこんなことをして，負けを自分で作っていた。彼は，自分に逆らう部族の者の首を切り，その遺体を湖に投げ込んでいたのである。「お前ら，いたずら小僧どもが！」というわけである。殺されたのは2万人ほどだったと言う。スペインが到着する前の〈新世界〉では，これほど血なまぐさい出来事はなかったであろう，と Carmen Bernand を引いて，言う。ここは今日まで「血の海」と呼ばれている。

ランデスはここで，たとえば *Collapse : How Societies Choose to Fall or Succeed*（楡井浩一訳『文明崩壊 ― 滅亡と存続の命運を分けるもの　上・下』（草想社文庫），*Guns, Germs, and Steel* の（倉骨彰訳『銃・病原菌・鉄　上・下』草想社文庫）の著者，Jared Diamond を引いて，なぜインカ人がこれほどナイーヴな（あるいはおろかな）行動をとったのかを分析し，それは，字が読める者と文盲人との差である，スペイン人が人間の行動・歴史についてよく物を知っていたのに対して，インカ

人は海外からの侵略を経験した者はひとりもいなかった，と言う。そして最後に，「But the Incas should have known themselves.（しかしインカ人は自分自身のことを知っているべきであった）」（p. 108）と断を下している。

アステカとインカがスペインに征服された。次はペルーである。ペルーは，メキシコより長く抵抗し，「中には，この抵抗はまだ終わっていない」とする者もいる（p. 108）。

このあと，時には侵入者に対する抵抗があったが，成功したと言えるところはない。スペイン側は，技術・規律，そして組織をもっていて，戦争の経験があったのが味方した。

ランデスは次に，ピサロの来る前のインカ帝国の状態について述べる。インカには文字がなかったので，書かれた記録はない。よって，考古学的な遺物に頼らざるをえないが，スペイン人が金・銀を求めて逆上したので，遺跡のかなりのものが破壊されてしまっている。それに，征服者が理想化して集めた遺物があることはあり，初期のスペイン人訪問者の記録もある。こうしたものから以下のことが言えよう―とする。

まず，なんと言っても，〈新世界〉で存在した最大の帝国がインカであった。メキシコのアステカ王国は，自然状態で限られた面もあるが，インカは旅をしたり，情報の伝達がよくできたものだと思わざるをえないくらいである。まだ車輪も沿岸を行き来する船もなかった。これを行ったのは人間であった。およそ4.5マイル（7キロ強）毎に小さな小屋を道路の両側に置き，走者はそのうちの一区画だけを走った。伝言や荷物がいつ着いても，直ちに次の宿場まで運ばれた。走者は若い頃から訓練を受け，終日，走ることができるようになっていた。1日におよそ150マイル（240キロ＝60里）も走ったと言う。年代記編者 Bernabe Cobo によると，リマとクスコ間（およそ300キロ）の悪路を3日でカバーしたと言う。これから1世紀たった時期に，スペイン人が馬で郵便を運ぶのに12日から13日かかったところである。18世紀にニューヨーク市からボストンまで（平地で320キロ）を乗合馬車で行くと，1週間かかった。（以上，p. 110）

インカの皇帝はこうして，広大で多様な帝国を支配し，同じ法律を施行するこ

とができた。土地はすべて皇帝のものだとされたので，これを共同体に使わせ，貢ぎ物を受け，労働を提供させていたので，皇帝はまさに神であった。この強制労働で道路や水路を作り，軍や運搬人にあて，公の建物などを建てた。

衣服はすべて配給された。一般人が結婚すると，一着は普段着，一着は休日用，それに悪天候時の作業着をもらった。着古されると，新品と交換してもらえた。

賦役のほかに，一般人は自分用の労働も必要であった。インカ社会はまるでアリ塚であった。5歳以上の子共も含めて，全員が働いた。女性は歩きながら糸を紡いだ。転ばないように，道路はいわば舗装されていたとも言う。足元を見るひまなんてなかったから…。地域内の物々交換を除いて，いわゆる貿易は役人しかできなかった。

学者の中にはこのような体制を「社会主義」とする者もいる。つまり，製品はほとんどが政府に納められ，そこから分配されたのである。ランデスは，この命名には一理あるとしながらも，こう続ける ― この制度はその形式と結果から見て，他のaristocratic despotisms（貴族的専制主義）と違わない，つまりprime divider（中心的な分配者）がいて，彼らが，少数のエリートと，相対的に区別の生じていない大衆とを，分ける。インカ社会もこれと同じように，平等化・平準化・均質化の側面をもつ。これは，生存すること・うわべでは粗野で荒っぽいが，ほとんどの者が食べることはでき，あとはしゃがんで待つことを学ぶ。支配者は着るもの，家具，食べるもの，さらにコカの木をしゃぶって陶酔状態になる権利などで特別扱いされた。一般人はこうした制限付きのものを入手することができることは知っていた ― さもなければ，強制された骨の折れる仕事をとってもできなかったであろう。しかし，純然たる楽しみ ― ということになれば，これは別のことで，密告者・監督官はうじゃうじゃいた。自分たちの特権を守り，それを強制するために，朝であろうが夜であろうが，家々やいろんな壺などを見張ったのである。そもそも，だれもが楽しめるとしたら，いったい特権とは何であろうか？

インカの眼はどこにでもあった。「支配者」(tukrikuk)というのは，「すべてを見る者」という意味なのであった。

13 ランデス著，竹中平蔵訳『強国論』再論（1）

ほんの1世紀しか存在しなかったこの帝国では，人民の統一のためにいろんなことが行われた。共通の言語（ケチュア語＝quechua 語）を打ち立てた。これは，チェ・ゲヴァラが革命のために動員しようとしてスペイン語でアンデス山系の住民に話しかけたときに学んだことである。しかしこのようなインカの「平和」は本当に秩序があったわけでもなければ，harmony（和）があったわけでもなかった。インディオたちは辛抱強く，従順であった。しかし，アルコール・麻薬への依存はいつでもどこでも悪いことの印である。その一部は，われわれから見れば，loveless child rearing（＝子育てに愛がないこと，たとえば，授乳の時でさえ赤ん坊を抱くということをしなかった）によるものであった。どちらにしろ，彼らの<u>文化</u>*がふつうの人間から，initiative（先駆けてものを行おうとする独創心），autonomy（自主性・自立性），personality（人格）を奪っていた。

*ここで使われている culture「文化」という用語は，文化人類学などで用いられる専門用語としての意味をもち，「ある集団の共有する生活様式全体のことで，外から影響は受けつつも，世代から世代へと受け継がれていくもの」の意味であると考えられる。

3-9．Ch. 8 Bittersweet Isles (pp.113-124)（苦くて甘い島々 —— 楽しくてつらい島々）

　竹中訳では，この章は第3章「線引きされた〈勝者〉と〈敗者〉」の一部「産業革命の生みの親 “大西洋システム”（89ページ以降）となっている。

　筆者はまず，ここで竹中訳が〈大西洋システム（三角貿易）が産業革命を生んだ」とあるのに注目する — と言うより，「はっ」とする。筆者の学んできた比較経済史（大塚史学）では，どのようにして18世紀後半に近代を生む産業革命がイギリスで起きたのかということはとっても大きな論点で，その論点の決定的な論点の一つに，もし遠隔地貿易に従事していた特権商人たちが産業革命を起こしていたとすれば，これは，商業資本が産業資本に転化したことになり，大塚史学ではこの説を否定している。イギリスの産業革命の担い手は中産的生産者層であり，彼らは，ギルドの支配する町から the country（田舎）に移り，そこで局地的市場において売るようなものを合理的な生産方法で作って，こつこつと働き，堅実に資本を蓄積していったと考える。ランデスはこの重要な説に異議を唱えて

いることになる。本当にランデスはこのように主張しているのか，もしそうだとすれば，どのような理由により，意義を唱えているのであろうか，あるいは，これは竹中氏がランデスを誤読しているのであろうか？ — というのが筆者の大きな関心となる。

さっそく，ランデスの論じるところをこれまでと同じように見ていこう。— こうしてスペインの征服者たちが中米大陸に金のあることを知り，人もいる帝国を築いてしまうと，彼らはカリブ海に興味をもたなくなってしまった。すでに金は奪ってしまったし，ほとんどの先住民も殺してしまった。食料は必要であったが，この地の主食であった manioc は有害で食べられなかった（これはキャッサバであったが，有害な cyanide〈青酸カリなどのシアン化物〉をつくる糖質があった）。原住民はこれを無害化するために，すりつぶしたり，圧搾したり，熱したりしたのだが，彼らは外からの征服者たちにこうした技法を教えなかったようだ。そして，穀物を栽培することは思いもしなかった。インディオたちは採掘に必要だったし，スペイン人たちは農民になるためにカリブ海にやってきたのではなかった。よって彼らは，ヨーロッパから食料を輸入したが，これがとっても高くついたので，これまでに狩猟をし，魚をとっていた牧草地などで家畜を飼った。一時期は，これら征服者は腹をすかして，飢餓寸前までいったことがあった。次の段階では，史上最大の肉食者になるのである。

スペイン人は小さな要塞をつくって，メキシコからヨーロッパに運ばれる宝物を守ろうとした。しかし，Cuba, Santo Domingo（Hispaniola），Jamaica, Puerto Rico における少人数の行政官を除いては，メキシコに行ってしまった。そこで故国の殿様や下級貴族のような生活をしようとしたのである。こうなると，太陽いっぱいの天国のような島々のもつ経済的可能性について，ほとんど考えることもなくなった。アラワク族はいなくなって，カリブ人は働いてくれないとなれば，島々も利用価値はなくなった。

振り返ってみると，スペイン人が金を追いかけたのは大きな誤りであった。島々は利用されるのを待っていたし，スペインがこれをしなかったことは，それ以外のヨーロッパには新たな機会になった。実はコロンブス自身はこれがわかっ

ていた。探していた金が見つからないことを故国に報告したとき，これらの島は
まさに砂糖のためにある，と書いていたのである。当時は，資金を使ってここま
で来たことに対して，なんとかして関心を持続させようとしていたのだが，彼は
正しかったとランデスは言う。コロンブスは，アフリカ北西海岸にあるカナリア
諸島，そのさらに北にあるマデイラ諸島で，サトウキビのことを学んだ。彼は実
は，植物の移動を勧めていたのである。これは農業全体の移住にもなる。サトウ
キビの移動はずっと前に南アジアで始まり，それは，土地の疲弊だけでなく，消
費者需要によって起きていた。

　サトウキビ栽培がアフリカ・大西洋の島々から新世界に移行してきたのは，ス
ペイン人がしたのではなく，ポルトガル人がしたことだった。ずっと前からブラ
ジルにこれを植えていたし，オランダ人は商人であり，精製をもし，ブラジルの
砂糖業の資金提供もした。オランダは数年間(1630-43)，北の沿岸部 Pernambuco
をつかんだ。これは，ポルトガルとスペインが手を組んでいた頃のことである。
そして，土地とサトウキビについて学んだ。ここから追い出される前から，オラ
ンダは新しいサトウキビ畑を探していた。北に向かい，敵の軍が弱い島をいくつ
か探し，これが Lssser Antilles（小アンティル諸島）であった。ここで2 ～ 3の島
を占拠したが，これらはいわば「陸のパン屑」でしかなかった。同時に，南米の
中心にあるスリナム島にも植民を開始した。ここでは，処女地にプランテーショ
ンをいくつか開いた。これはうまくいかなかった。オランダ人は，砂糖を作るよ
りそれを運搬すること，奴隷を働かせるより奴隷をやはり運搬することにたけて
いた。

　この間に，イギリス人が彼らに近づき，ゆさぶりをかけ，1624年には St.
Christopher を，1628年には Nevis，その他の小島を占拠していった。最高だっ
たのは Barbados（1627年に占拠）であった。とにかくまだほとんど人はいなかっ
たから，勝手に占拠でき，自分のものにできた。カリブ人もスペイン人もほとん
ど来なかった。Jamaica（1655年に占拠）は最大の島であった。スペインの王室か
ら8人の貴族たちに譲られた。この貴族たちは，これを他人に譲りたくなく，
開発もできなかった。ここにイギリス人が来た時，白人・黒人を合わせても3,000

人にしかいなかった。実は，ジャマイカはサシチョウバエ・羽虫・ゴキブリ・マラリア蚊の繁殖する地獄のようなところだった。もちろんカリブ海はこのような虫はどこにでもいた（大きすぎて吸血虫とは思われなかったか，小さすぎて見えないだけだった）。良家の者は，テーブルやベッドの脚を水のなかに置いて，こうした虫を防いでいた。

　イギリスは初め，カリブ海の島々を，北米のような移住者の植民地と見ていた。土地は安いし，肥沃だというので，多数の入植者がやってきて，タバコ，インディゴ，綿などを作った（このため，ロンドンではタバコはもっとも安値で売られた）。年季奉公の召使なども多数，やってきた（彼らは数年で自分たちの土地をもつことができた）。1640 年までには，Barbados の人口は 3 万人を超したと言われ，Massachusetts と Virginia の両植民地を足したものと同じくらいになっていた。

　しかしこの後に，オランダの経験に啓示をうけて，砂糖の農園主たちがやってきた。時にはオランダ人から資本提供を受けて。そして，砂糖がすべてを飲み込んでしまった。商品作物でこれ以上の儲けのあったものはなかった。同時に，これ以上コストのかかるものもなかった——サトウキビを潰したり，あぶったり，貯蔵したりするための費用である。もっともコストのかかったのは家畜であった。これは繁殖した。しかし，奴隷は子孫を作らなかったので，いつまでたっても移入するしかなかった。

　砂糖のプランテーションの成功で，タバコや綿花の小規模生産は潰されてしまった。こうして土地所有が集中化すると，indenture（英国植民地への渡航と引き換えに一定期間，労働に服するという同意書）も魅力がなくなった。最後に自作農になれなければ，年季奉公に何の意味があるのか。そして砂糖を得る作業はとっても大変であったし，雇い主は彼らをまるで野良犬のように扱ったので，途中で脱走したが，飢餓で死んだ者も多かった。

　イギリスに続いたのがフランスであった。はじめは Guadeloupe と Martinique（1635 年に到着）に集中したが，これは，こうしたところではカリブ人が待ち伏せをしたり，毒矢を使ったりしたので，イギリス人は来なかったからである。アステカの者とは違って，カリブ人は敵を殺そうとしていた。このためフランス人の

犠牲は多かったが，最後には，Lesser Antilles 最大の島二つを手に入れる。土地も肥えており，良港もあった。これら2島は今でもフランス領である。英仏は宿敵であったが，ここでは，スペインに対抗するために協力した。

最大のフランスへの賞と言えば，Hispaniola の西半分であった（これが Saint-Domingo で，今はハイチとなっている）。東半分はスペイン領のままであった。この東半分との間には高い山があって，これが境になっている。長年にわたって，Saint-Domingo は flibustiers（freebooter＝海賊 および maroon＝脱走奴隷）の隠れ家であった。そもそもそこに彼らがいるだけで悪名のもとになり，スペインは数回，これをなくそうとしたが，不成功に終わった。フランスはこれら厄介者と手を組み，島の西側を手にしたのだった。スペインは近づきもしなかった。

Saint-Domingo は砂糖を生産する島としては最大のものになり，もっとも肥沃であったので，利潤も最大であった。フランス人は贅沢な生活をし，美しい邸宅をもち，黒人の召使いを抱えていた。アダム・スミスはここの生活を，これこそフランス人の優秀さの証左だとしたくらいである。「彼らの政治性の優秀さは，黒人奴隷の管理のより優秀な制度を導入することになった」と（『国富論』第4巻，第7章，第2節）。もっとも，スミスはこれよりひどい誤りを犯したことはなかった。1790年になると，Saint-Domingo の奴隷たちはフランスからの革命論に力を得て，反乱を起こし，新世界の第2の新しい国を作った。フランス人はこれを取り返そうとしたが，失敗した（ほんの数人の医師を除いては，白人は全員死んだ）。

サトウキビを育て，それを切り，潰して，その汁を精製するのは大変な仕事であった。しかもそれを炎天下で男女が一日中，行った。畑では，「男女が動物の仕事をした」。鋤もなく，道具もなく，すべては手作業。空いた時間があるということはトラブルを意味した。圧搾機ではちょっとの不注意で手や指を失い…。ボイラーでの仕事は命がけであった。

プランターとしては白人も雇いたかったのだが，白人（つまり自由人）でこんな仕事を，しかも planters が払えるだけの賃金で，しようとする者はいなかった。スペイン人だったらインディオたちを強制的に働かせたところであろうが，カリブ海ではインディオたちはもういなかった。メキシコとペルーでは，インディオ

たちは encomendero（スペイン領アメリカで1503年に制定された制度で，スペインの征服者または植民者が，土地または村を，そこに住む先住民（インディオ）付きで授与された制度の下の先住民）であって，だれでもが雇えるわけではなかった。まずは鉱山で仕事をさせられたが，Vera Cruz（メキシコ東部で，メキシコ湾に臨む州）の砂糖農園での仕事をさせられた者もいた。しかし，病気で死なないとすれば，こき使われて死んだ。

労働力の確保には，アフリカから万単位で奴隷を運んでくることであった（この点では，大陸部と同じ）。聖職者の人道主義のお手本とされていた Bartolome de Las Casas でさえ，アフリカ人とインディオを区別していた。彼は，現地人たちを守りつつ，白人の移民を奨励したかった。現地人はすでに多くは死んでいて，彼はこれを自分の特別の責任だと見ていた。現地人だって魂（soul）をもっていたのだから，この魂を救わなくては…と考えたのである。しかし，黒人に魂があるかどうかについては確信がもてなかったようだ。植民者は，1人につき数人の黒人奴隷を連れてくる，これでインディオを救おうという提案をしている。もちろんこのような案でインディオが救えるはずはなかった。アフリカ人だって，病気や虐待で死んでいったのだから。

新世界に連れてこられたアフリカ人はどのくらいいたのか。ここ何年かのうちに推定数はどんどん上がったが，3世紀の間におよそ1,000万人はいたと推定できよう。しかしこの数字は，生きて新世界に着いた者の数である。捕まって船に乗せられるまでに死んだ者の骨や手かせ・足かせが大陸内部に散らばっている。ある専門家の計算では，半分近くが途中で死んでいたとされる。沿岸で航行を待つ間にも，もっとも強力な体力をもった者でさえ参ってしまった。健康な者たちだけを乗せていきたかったので，選ぶのに時間がかかり，船に乗せられたが出港するまでに船上で死んだ者も多い。中間の航海中にも，自分たちの粘液・嘔吐・下痢・排泄物に泳いでいた―これも殺人鬼であった。奴隷売買人には，それでも甲板まで出てくる者の数が7人に1人，あるいは多くても3～4人に1人にしなくてはならなかった。甲板から海に飛び込んで逃げるのを防がなくてはならなかったからだ。

航海が一日でも長くなればそれだけ命が減った。このような船には必ずサメの随行があった。だから彼らはできるだけ奴隷を早く売ってしまおうとして，島々で手離したかった。だから Greater Antilles ではプレミアムを課した。風下数マイルに対して，奴隷船はその悪臭で自分のことを宣伝していった。この悪臭は奴隷たちを下船させたあとも残った。生存者も病気にかかっており，弱っており，恐怖におびえていた。黒人たちは，白人たちが最後には自分たちを食ってしまうと思っていた。

奴隷たちを守ったのは商業的利益だけだった。奴隷商人たちは，価値あるストックを失いたくなかった。船員たちの死亡率も奴隷とあまり変わらなかったが，臭覚器官のためだけとしても，船をできるだけ清潔に保とうとした。奴隷は一人も死ななかったと言われるケースもある。また，国によっても成績は異なった。オランダが最高だったと言われ，特別に十分なスペースを設け，通気のよい船を建造した。奴隷をきゅうきゅうに詰めて，売ることのできる人数を増やそうとする船，逆に，死者を減らそうとして，ゆるめに奴隷を乗せた船もあった。

奴隷が上陸して売られ，しばらくの休息をとって，新しい土地に慣れる間に，弱そうな者は排除し，反抗しそうな者は飼いならした。それがうまくいかなかった場合にはむち打ちが行われた。労働力としては消耗してもよく，これを悪例としても示した。逃亡すれば，仲間が追いかけて，つかまえることが多かった。奴隷が減れば自分たちの負担が大きくなるだけであったから。結局，他の抑圧的な体制と同じで，奴隷制も，被害者・犠牲者からの協力があって持ちこたえられたのである。

労働自体は，骨の折れるものであったが，能率というものを考えてもいた。そして同時に，単調でつまらないものにした。精神を活性化させないよう，愚鈍で御しやすくしておこうとしたのである。収穫時のように働かせなくてはならないときは，鞭をつかった。妊婦は出産まで，むち打ちは受けなかったが，出産後は，子を背負って仕事をさせられた。最終的には，人口論に表れていることとして，カリブ海の奴隷は子孫を生むより早く死んでいったと結論づけられる。

このように詳しく奴隷制度について述べたあと，ランデスはこの大西洋（大陸

間）経済と産業革命との関係について述べる。まず，Eric Williams の説を取り上げ，奴隷貿易の儲けと奴隷たちの搾取は発生期の資本主義の庭に水を与えた，あるいは，「国全体の生産制度に対し肥料を与えた」と Sheridan が述べたことを引用し，さらに，アダム・スミス派が，「奴隷に基づいた大西洋システムが，イギリスに，分業の機会を提供し，経済的社会的構造の転換の機会を与えた」と述べたことを挙げる。(p. 119)

　Williams の説についてのランデスはさらに次のように説明する――ウィリアムズに対しては，その理由には説得力のあるものとそうでないものがあったが，賛否両論がなされた。初期の反応はおおよそ否定的なものであった。「これは期待されていた通りであったろう。しかし，『このほぼ画一的な反対論は，より最近になって，新しい研究・分析・解釈によって挑戦を受けている』。この反応の一部には，『植民地主義反対論，新しい独立国家の登場，市民権を推進する運動などによって巻き起こった知的・道義的な大騒ぎ，それに奴隷貿易・奴隷制度に対する痛恨の記憶』(Sheridan, "Eric Williams", p.327) を反映するものがある」とする。ウィリムズ自身については，このような論点を出した目的として，ひとりで悦に入っていて，その大英帝国に誇りをもっているイギリス人に，アフリカに対する負債を思い出させるという目的があったと見る。もしイギリスが自分自身を「世界の第 1 番目の産業国家」としたのだったら，それは，黒人奴隷の背中を鞭うつことによって成し遂げられたことだったのである (p. 119)，と。

　この部分の竹中訳は，91 ページの 5 行目の段落になっていて，ウィリアムズとアダム・スミス派の主張は，的確に訳されているとみられる。ただし，それに続く段落はすっぽりと省略されている。つまり，ウィリアムズの論に対する賛否両論の反応については，説明が一切ない。そして，「サトウキビ栽培が大西洋経済の発展とヨーロッパの産業化に及ぼした影響は，長きにわたって論議の的となってきた」と次の段落に飛び，「…大西洋システムは，産業革命を促すうえで決定的な役割を果たしたのだろうか。答えはイエスである。」と続いている。

13　ランデス著，竹中平蔵訳『強国論』再論（1）　　299

Eric Williams の批判者たちは，その唯物論的な（マルクス主義の）議論に気を散らされ，注意をそらされてきている。批判者たち曰く，彼はすべてのものを経済的動機と経済的利害に圧縮してしまう。たしかにその通りだとランデスはしながら，続けて言う――しかし，究極的には planter（大農園主）たちはお金のためにそれをしていたのではないのか。より当を得た言い方をするとすれば，Williams に対する実証的批判をすることであろう。歴史家たちは，奴隷所有から得られる利益を計算しようとし，大当たりとはとても言えないとしている。なかにはきわめて利潤が上がった航海もあったが，船まで失ってしまう大損害の場合もあった。ある推計によれば，利潤率は他の商売とあまり違わず，平均すると 10 パーセント以下になったと言う。リスクはより大きかった。ただ，これは意気をくじくのと同様，激励もしたのである。もちろんみんながこれに同意しているわけではない。ある評論家は，この 10 パーセントという数字は低すぎると言う。というのも，ここでは運ばれてきた奴隷の数を少なく見過ぎ，4 分の 1 以上も値引きしたとしているからである。それにしても，この利潤は総計でもイギリスの発展の道を変えるほどのものではなかった――貿易と産業に戻って行った部分については言うに及ばず，もちろんそれほど大きいものではなかった。

しかし，奴隷貿易はより大きな全体――かつては三角貿易と言われ，今では大西洋システムと呼ばれる――のほんの一部であった。奴隷制のおかげで，砂糖栽培と精製を高密度で行うことが可能になった。砂糖（およびラムや糖蜜などの派生物）は独自の利潤を生み，大農園主たちだけでなく，砂糖を売り，資金提供もした商人たちをも儲けさせ，紅茶・コーヒーを飲む者，カフェイン中毒者に，幻覚と滋養を与えた。大農園者たちはそれで，自分たちおよび奴隷たちの食料を買った（サトウキビに使える土地を自分たちの食料のために犠牲にしたくなかったから）。食料の一部はヨーロッパから来た。徐々に，北米の植民地に植民した者たちから買うようになる。彼らはそこから，安い製造業製品も買った（安い綿布，高級な絹製品，沸騰する小屋のための銅の船（＝ copper vessels for boiling shed and still），鉄，釘，銃，いろんな機械とその部品）。

さらにイギリスの産業は，奴隷と交換する貿易品をますます多く生産するよう

になっていった。こうした全体像のなかで奴隷制度は大きな意味をもつ部分であった。その結果，農業・工業がともに刺激を受け，賃金・所得は増え，分業は進み，労働節約的な装置の発明を助長することになった。

　ランデスは，このような議論を holistic（全体論的な）と捉えて，「このような捉え方からすると，〈産業革命への奴隷制の重要性〉を論じる時に，その利潤（一般的に言われるほど大きくはなかった）や，奴隷を売り買いした者の費用に基づかせる必要はないと続ける。たしかにかなりの大金がイギリスに集まり，その一部は，間接的に製造業にも回っていった。ただそれは，産業資本にわずかに追加されたものにすぎなかった。不在の大農園主たちは，どちらかと言えば，その財産を土地，地位，田園地域での生活につぎ込んだ（彼らの所得は，生産・管理に直接にかかわらなかったことで，多大の損害を受けていた）。商人はまた別の話で，なかには，産業に投資した者もいた。ただ，彼らは商人連中の中では例外であったし，産業資本家の中ではもっと少数であった。

　他方，市場の規模が大きくなったことは，たしかな違いをもたらした（ここでは，利潤について話しているのではなく，市場での取引量について論じている）。アフリカ人とアメリカ人は，反復することの多い技術で作られ，機械化に向いているものを望んでいた。たとえば綿を取り上げてみよう。18世紀初めのイギリスで，まだ未熟な産業だったイギリスの綿業は，いわゆるキャラコの芸術で（意図したものではないのに）保護され，このインドの商品に向けられ，そして，この世紀の中頃ではまだまだ羊毛よりはるかに遅れていて，発明家たちはまず spinning（糸紡ぎ）を機械化しようとしていた。綿はすでに羊毛よりはるかに大きかったし，成長の速度も速かった（その一部は，これがプランテーションで栽培されていたからである）。だから，羊毛がどうも難しそうだとわかったとき，発明家たちは綿を試み，成功したのである。

　これに続く部分はとっても重要なので，まず英語の原文を見ておこう。

　The question still remains whether the Atlantic system played a *decisive* role in stimulating this revolutionary change; or to put it in the contrafactual terms currently popular among economic historians, whether the Industrial Revolution would have taken place without it. The answer, I think, is clearly, yes, it would have. The crucial changes in energy (coal and the steam engine) and metallurgy (coke-smelted iron) were largely independent of the Atlantic system; so was the attempt initially to mechanize wool spinning. (p.121)

筆者はこの原文を以下のように読む。

　「それでもまだ問題は，この革命的な変化を刺激して鼓舞するうえで，大西洋システムが決定的な役割を果たしたかどうかである。あるいは，最近，歴史家の間ではやっている contrafactual (＝反事実，実際と異なることを仮定して論じる仮定法のこと) な形で表してみると，「これ (大西洋システム) なくして産業革命は起きたであろうか？　という形で問うてみよう。わたくしは，明白に，「イエス，起きていたであろう」というのが答えだと考える。エネルギー (石炭と蒸気機関) と冶金 (石炭で精錬された鉄) における決定的変化はその大部分が大西洋システムとは無関係に起きている。同じことが羊毛の糸紡ぎの初期についても言える。

　この重要なる問いにランデスがはっきりと答えた部分の竹中訳は以下のようになっている ―「奴隷貿易がより大きな複合体である大西洋システムの一部にすぎないことを考えると，奴隷制が産業化に及ぼした影響に関する議論で，奴隷を買い，売り，使った人々の利益 (一般に信じられているほ多くはない) や出費にもとづいて論じる必要はないことがわかるだろう。では，大西洋システムは，産業革命を促すうえで決定的な役割を果たしたのだろうか。答えはイエスである。エネルギーや冶金の分野における重大な変化はほとんど大西洋システムとは無関係だったが，奴隷制度が存在しなかったとしたら，産業の発達はもっとゆっくりしたものになっただろうと思われる。(91 ページ)
　竹中訳はここで，問題を「(産業の発達は) もっとゆっくりとしたものになっただろうと思われる」と，「決定的な役割を果たしたか」どうかの問題を，産業革命の速度の問題にすり替えてしまっているが，「大西洋システムが産業革命を促すうえで決定的な役割を果たしたのだ」と言っているのは確かである。また，「エネルギーや冶金の分野における重大な変化がほとんど大西洋システムとは無関係だったが」と，さりげなく，「無

関係ではあったが（それが決定的な役割を果たした）」とこの二つの分野における「重大な変化」は大西洋システムとはその大部分が独立して起きている — 原文では，だから，大西洋システムが産業革命を引き起こしたのではないことの理由としてあげられているのに，「（それがイギリスで独自に起きたのだけれども，大西洋システムが産業革命を引き起こす上では決定的な役割を果たしたのだ）としているのである。

　この問いを論じた部分の原文をもう一度，よく読んでみたい。

　歴史家がよくするようになっている to put it（the question of whether the Atlantic system played a *decisive* role in stimulating this revolutionary change）in contrafactual terms，つまり「A が事実でなかったら B は起きていたであろうか？」という過去の事実の逆のことを想定する仮定法という語法（この場合は，仮定法過去完了＝過去の事実の反対のことを仮定する語法）の用法である。簡単な例を出せば，If he *had not met* this girl at the train station that morning, he *would not have married* her later in his life.（＝もしあの朝，彼があの少女に電車の駅で会っていなかったとしたら，彼女と結婚してはいなかったであろう＝これはまさに，過去の事実を contrafactual terms で述べている）。『ジーニアス英和辞典』には，If she *had been* awake, she *would have heard* the noise.＝ 目がさめていたら彼女はその音をきいていただろう《She didn't hear the noise, because she was not awake. を含意》という例がある。あるいは，If I *had had* enough money, I *could have bought* a car.（もし十分お金があったら車を買えただろうに）の例も出ている。ランデスの原文に戻ると，「もし太平洋システムが（過去において）なかったとしたら，産業革命は起きたであろうか？」と問うて，答えは，明白に，『イエス，〈起きていたであろう〉』というのがわたくしの答えである」としているのである。

　たしかに，仮定法過去が現在の事実の反対を言い，仮定法過去完了が過去の事実の反対を言う…というのはややこしいと言えばややこしい。しかし，これが英語なのである。筆者の場合には，これを高等学校の英語で学んだ覚えがあり，特殊な用法なので，意識して徹底的にこれを理解しようとした。communicative English に中心をおいた英語教育を受けている現在の高校生は（大学に来ても）このことを理解していない。「コミュニケーションのための英語」を重視する英語教育の一つの弱点だと感じているが，竹中訳にもこの仮定法が十分に理解されていないことが顕れているのである。

　しかし，産業革命を起こしたものが大西洋システムだったのか，あるいはイギリス国内の事情だったのかという重要な問題で，竹中訳がランデスの原著とはまさに逆の訳をしていることは認めざるをえない。これは，それこそ「決定的な」重要性をもった問いについての誤訳だと言わざるを得まい。

（注）

＊　大学での専任教員としての最後の数年間は大学での仕事に追われ，退職前に大病をしたこともあって，十分に時間がとれなかった。さらに，日本語訳が出て，これ

も当然ながら参照したいと思っていた。ところがこの邦訳を見ると，ここにたいへんな問題が潜んでいることがわかり，翻訳自体についても論じる必要があると感じるようになった。専任職を辞して，非常勤講師となってやっと時間がとれるようになったが，その後，MIIS（Monterey Institute of International Studies= モントレー国際大学院＝今は Middlebury Institute of International Studies at Monterey となっている）において日英通訳を 1 年間ほど教え，その後，帰国しても『通訳とはなにか — 異文化とのコミュニケーションのために』（生活書院，2015）の校正・修正・追加などに手間取り，やっと，年来の課題を果たすことができる時がきた。

参考文献

近藤正臣（1996）「英語における無生物主語の用法と社会科学の方法論」『大東文化大学紀要（社会科学）』第 24 号：1-21

近藤正臣（1999）「アルゼンチンとオーストラリア — 何が両者をわけたか」『大東文化大学経済学部創立 60 周年記念論文集』pp.127-142

Otsuka Hisao, 'Modernization Reconsidered — with Special Reference to Industrialization —,' *The Developing Economies*, vol.3, issue 4, December 1965.

Sheridan, Richard B. 1987, "Eric Williams and *Capitalism and Slavery*：A Bibliographical and Historiographical Essay," in Solow and Engerman, eds., *British Capitalism*, pp.317-45.

14 ライヒスラント時代（1871-1918年）のエルザスの政治・経済

内 田 日 出 海

1. ライヒスラントをめぐるヒストリオグラフィー

　普仏戦争（1870-1871）後に締結された1871年5月10日のフランクフルト講和条約の結果，フランスはドイツにフランス北東部のアルザス2県（バ＝ラン Bas-Rhin 県，オー＝ラン Haut-Rhin 県の大部分[1]）とロレーヌの一部（ドイツ語圏であるモゼル県の大部分とムルト県の一部の小郡）を譲渡した。そして割譲部分は「ライヒスラント（帝国直轄領）・エルザス＝ロートリンゲン[2]」Reichsland Elsaß-Lothringen という新たな地方行政の枠を与えられて新生ドイツ帝国（この戦いの終わり間際の1871年1月18日に成立）のなかに再編成された。47年間のドイツ領有時代の始まりである。

　この1871 〜 1918年間のエルザスについては，ややもすればフランスあるいはドイツからのナショナリズムの彩りをもった叙述がおこなわれやすい。実際，第二次世界大戦後にヨーロッパ統合の動きが本格的に始まって仏独の宥和が当たり前のこととして感じられるようになるまではとくにそうであった。かつてフランス側の通史の文脈では，この期間はドイツによる一時的な併合ないし占領の時代とされることが多く，同時代に併合への嫌気から故地アルザスを見捨ててフランス内地に住むことを選択した歴史家たちの遺恨を反映してか[3]，あるいは第二次世界大戦後については今度はナチズムによる文字どおりの占領時代（1939-1945）の物理的・心理的な外傷の集合記憶の生々しさからか，ライヒスラントの歴史叙述に多かれ少なかれ反ゲルマーニアのトーンが強い時期があった点は否

305

めない。現代の標準的なアルザスの通史とされるものでも，この時代については政治史の叙述に傾斜し，経済状況を軽視しているということがある[4]。一方，ドイツの歴史家についても，エルザス（およびロートリンゲン）についてドイツ空間のなかにその本来的な生活空間を見ようとし，17世紀より前の時代におけるエルザスのゲルマーニア世界への自然の帰属性を強調する傾きが強く，1918年の再フランス化以降もライヒスラントのドイツ的将来を遠望したりした[5]。あるいはドイツ空間といわずにせめてライン空間に位置づけるべきだとする主張も古くからあり[6]，実のところ，問題の立て方はいくぶん異なるものの，われわれの立場もこれに近い[7]。いずれにせよ，このようにしばらくはライン河を挟んだ両側で，客観的たるべき研究者の視座も多かれ少なかれそれぞれのナショナリズムの影響を受けたのである。

　他方，アルザス人の多くは，1871年にドイツ領に移ったときほどではないにせよ，47年後に再びフランス領になるときにも多少の違和感をおぼえた。ヴェルサイユ体制のもとで再度共和国フランスの懐に入った後の数年間，しばしばドイツの政治・経済・社会・文化環境との違いにアルザス人たちはとまどい，「アルザスの不快感」malaise alsacienne を抱懐したことも指摘されている。この不快感，期待外れは，短期的な感傷・表象であってやがて強いフランス・ナショナリズムのなかに融解していくものであるとしても，あるいは社会階層，職種，宗派によって差異があるとしても，ある意味で，ドイツ帝国における生活水準や政治ないし行政の状況に関してフランスのそれと比べて少なくともさほど居心地が悪くない部分があったことを示している。

　ではこの47年間の政治・経済史上の状況はどのようによかったのか，あるいは悪かったのか。これが筆者の問題関心であり，ゆくゆくはアイデンティティ上の問題としてこの時代の実相と本質を見極めることを目指しているが，本論攷はそのための土台に資すべきものと位置づけている[8]。上記の点に関して，仏・独いずれの国民的な立場にも立たず──かといってこれまでのそうした大なり小なり偏った立場を断罪するのでもなく，それはそれとして──あくまでも実態に即して客観的にこれを探るのが本稿の目的である。この時代のアルザスに詳しいフラ

ンスの歴史家 A. ヴァールと J.-C. リシェは，アルザスが近代性のなかに入って
いくのはこのドイツ時代だとしつつも，アルザス史には中立的な史料も研究もな
いといい切っている。[9] したがって以下，フランス側，ドイツ側の同時代のものを
含めたさまざまな文献（末尾の参考文献リストを参照）を使うわけだが，その際に
これらに常に批判的に，割り引いたかたちで接するのが歴史家として正しい態度
ということになろう。

2. ライヒスラント・エルザス＝ロートリンゲンの統治構造

ここではまずライヒスラントという一種の特別行政区のありようについてお
おまかな実態をおさえるとともに，これがエルザス人のなかに心理的にも現実的
にもどのように認識され，浸透し，政治過程を通じてどのように定着し，変容し
ていったかという問題領域を扱う。

2-1. ライヒスラントとは —— 新たな地方行政の枠組み

アルザスの精神史・心性史上において，ドイツへの「併合」の苦悩（1871年後
しばらくの時期），フランスへの「再併合」（1918年後しばらくの時期）の苦悩は，こ
れよりずっと前の1648年における最初のフランスへの併合のときにも見られた
ように，政治・経済・社会・文化的な与件の180度の転換に伴う自然の反射作用
ないし心理的調整過程に固有のものだったともいえる。しばらくすると，一部の
亡命者の場合はさておき，新たな与件に慣れてしまう，あるいはそうならざるを
えないという政治心理学的な情況が生まれてくるのではないか。ひとまずはこう
いう仮説から出発しよう。

まず，地方行政制度はどのように変わっただろうか。人口150万人超のライヒ
スラントを構成するのは，図14-1に見えるように，アルザスの旧2県（バ＝ラン，
オー＝ラン）をほぼそのまま受け継いだウンターエルザス Unterelsass 県 Bezirk，
オーバーエルザス Oberelsass 県（当時のオー＝ラン県のベルフォール部分を除く）と，
ロレーヌの併合部分であるロートリンゲン県であった。また県の従来の下位区分

14 ライヒスラント時代（1871-1918年）のエルザスの政治・経済 307

図 14-1　ライヒスラント行政区分図（県，郡）
出典：*L'Alsace une histoire*（1995）p.149 より

の郡 arrondissement や小郡 canton についてはそのまま郡 Kreis，小郡 Kanton として編成された。主都はシュトラースブルク―同市は同時にウンターエルザス県の県都，シュトラースブルク郡の郡都でもあった―におかれた。

　エルザス＝ロートリンゲンという地方行政の枠組みは史上はじめてのものであった。この二つの地方は17世紀から18世紀にそれぞれフランスに併合される過程で別個の州に編成されたし，フランス革命期に確立する中央集権体制の下でもこの二つの地方は，一つの行政単位に統合されなかったばかりでなく，それぞれの歴史的・伝統的な枠組みをある意味無視されたかたちで細かな県に切り分けられたからである。ライヒスラントについていえば，軍事的帰結とはいえ，歴史的にもドイツ語文化圏に属し，地理的にもより近いといった単純な理由で

― もちろんロートリンゲン県の鉄鉱石や石炭，オーバーエルザス県の綿工業に着目しなかったわけではないだろうが ― 唐突にこの二つの地方を統合して行政単位としたのである。

したがって両地方がドイツにまとめて併合されるというのは，二重の意味できわめて大きな与件変更であったといわねばならない。一つは，単純に政治・経済・社会から文化・教育にいたるさまざまな領域が180度近く変更されるということであり，もう一つは，異なった歴史的経験と伝統をもつ二つの政治的個体[12]が，ライヒスラントという共通の家に同居し，同じ運命を背負わされたということである。翻って第二次世界大戦後のフランスの地方行政に目を転じると，その枠として県の上位に地域圏 Région という複数の県からなる実体が誕生したが，そこでもアルザス地域圏，ロレーヌ地域圏に分けられたという事実がある。地域圏というのはもちろん行財政上の効率改善をねらったものであるが，それぞれの歴史的背景を考慮して分けたという意図もあった。ことほどさようにこの二つの地方は異なった個性を有してきたわけである。その意味でライヒスラントはかなり乱暴なかたちでこれらを同質化しようとする試みだったといえよう[13]。ここでは大変革の第一の点つまりこの180度の転換といわれるものの内実とともに，第二の点に関わる，新たな枠組みでの公共空間を生きる二つの地方がもちえた連帯性の土台となった行政制度をおさえておく必要があろう。

以下，ライヒスラントの行政制度に関してこの47年間を① 1871〜1874年，② 1874〜1879年，③ 1879〜1911年，そして④ 1911〜1918年の4期に分けてその推移を辿ってみよう[14]。この順序はおおまかにいえば併合という新たな運命の悲劇性が弱まっていく過程，抵抗ないし諦念が受容ないし矜持へと少しずつポジティヴな方向に進化して自らの公共圏の再構築へと住民の政治的態度が変わっていく過程にほかならない。

(1) 1871〜1874年：エルザス＝ロートリンゲン局行政長官府

併合の結果生まれたライヒスラントはドイツ帝国のなかでは特別の地位規定を有した。そもそもドイツ帝国は25の邦国 ― 4つの王国，6つの大公国，5つの

公国，7つの侯国および3つの自由都市—からなる連邦国家であったが，新たに
獲得されたライヒスラントはこれらすべての構成諸邦の共有の領地として，その
名の下に，皇帝とその宰相ビスマルク (1815-1898) によって直接統治されること[15]
となった。それゆえ直轄領といっても皇帝の直轄領ではなく文字どおり帝国直轄[16]
領というにふさわしいかたちで行政はスタートしたのであった。その運営は，
1874年まではこのように帝国の行政機構の外におかれ，ベルリーンの宰相府内
のエルザス＝ロートリンゲン局—ビスマルク自身が局長を兼務—の下に，実際
にはそこから派遣された行政長官 Oberpräsident の独裁的な施政ならびにこれを[17]
支えるプロイセン流の官僚支配体制の下におかれた。ただしそれは，やみくもな[18]
専制支配や植民地経営のようなものではなかった。古くはルイ14世の時代，併
合したばかりのアルザスについてフランス王国政府が「アルザスのことに触れる
べからず」として，従前の特権や制度をほぼ存続させたように，ビスマルクも，
ある程度これを意識してか，行政長官の独裁とはいえ，第二帝政期の地方行政制
度と概ね変わらないかたちでこれを存続させた。県議会議員，基礎自治体議会議
員は選挙で選出されたのである。ただし，県知事，郡長，基礎自治体長は上記の
宰相府エルザス＝ロートリンゲン局によって任命された。こうして行政長官は
諸々の決定にベルリーンの意図に沿うように事前に干渉することができた。強く
干渉しなくても，各レヴェルでの役人はドイツ人に入れ替わっていたので行政そ
のものにさほどの混乱は見られなかった。しかし行政機構の外におかれた被治
者側においては，後段で見るように，政治や文芸の舞台において根強い反併合の
気分が収まらなかった。

(2) 1874〜1879年：ライヒスラント委員会

　そうした抵抗に対処する意味もあって，帝国政府は1874年からはライヒスラ
ントにドイツ帝国議会への代表権をもたせる方向に転じた。ライヒスラント全体
の名望家のなかからこうして15名の代議士が選出された。さらに独裁色をいく
ぶん弱めて，行政長官主宰のライヒスラント委員会 Landesausschuss なるものが
もうけられ，3県からそれぞれ10名ずつ委員が選ばれた。委員会の議長はジャ

ン・シュルンベルガー[19]というオーバーエルザス県出身の著名な産業家が務めた。最終の決定権は依然ベルリーンの帝国議会にあったが，ライヒスラントの予算や立法に関して諮問を受けるかたちとなり，また1877年からは立案に協力するという権限も与えられた。抵抗はそれでも収まらない。上記15名の代議士はベルリーンの帝国議会において，空しくも，ドイツへの併合が不当である旨をなお堂々と主張したのであった。

(3) 1879 ～ 1911 年：ライヒスラント政庁

　1879年からはそれでも新しい大きな動きが見られた。この年，帝国政府はエルザス＝ロートリンゲン局を廃止し，行政の所轄をベルリーンからシュトラースブルクに移した。この主都にライヒスラント政庁をおき，そのトップには行政長官職に替えて皇帝名代の総督Statthalter[20]の職位を設置したのである。政庁には総務長官Staatssekretär，その配下に4名の補佐官（それぞれ内政，司法・宗務，財務・商工業，農業・公共事業の行政を担当）がおかれ，より有機的な地方行政の構造が整った。一方，主都シュトラースブルクの市政においては1895年から市長は市議会で選出・指名され，総督がほぼ自動的にこれを承認するかたちとなった。総督の権限はライヒスラントの政治・経済・社会・文化などの全般の領域に及んだ。[21]「新ドイツ人」といわれたこの地の住民の心理的・政治的な満足度は，1914年まで歴任した4人の総督の施政下で少しずつ上がっていったかに見える。初代総督（在任：1879-1885）は現地視察を繰り返すなどして住民の福祉増進に努めたものの，反併合の世論を満足させることはできなかった。反併合派や抗議派の動きがさらに高揚したなか，第2代の総督（在任：1885-1894）はこれを高圧的な態度で抑えつけた。第3代総督（在任：1895-1908）は逆に自由化路線に転じ（1902年に総督に認められていた独裁条項も廃止された），第4代の総督（在任：1907-1914）のとき，自治主義者の要求に応えていわゆる「1911年の基本法」が成立した。硬化から軟化への流れは総督の行政能力の問題以前に，帝国の社会政策の性格の変化を，[22]そして後段で述べるように，それに伴って生じたライヒスラントにおける世論ないし政治的要求の変容を色濃く反映するものであり，またもちろん経済

的・社会的な状況変化―つまり一定程度の改善―も関係していた。

(4) 1911 〜 1918 年：エルザス＝ロートリンゲン基本法

　1911年のエルザス＝ロートリンゲン基本法[23]は，すでに出されていた要求に応じるかたちで，ライヒスラントをドイツ帝国の26番目の邦[24]として認めたという点で画期的なものであった。ライヒスラントの名称は不変であり直轄性は残るが，体制的に直轄領から直轄邦へと実体が変わったのである。ドイツ帝国の議会は帝国議会と連邦参議院からなっていたが，前者に加えて後者にも代表3名―総督による任命であるが―を出すことが認められた。さらに特筆すべきは，上記のライヒスラント委員会に代えて邦議会 Landtag がもうけられたことである。これは上院と下院の2院からなり，ライヒスラントを一つの国家にたとえれば議会に相当し，それぞれ41名，60名の議員を有した。上院議員のうち18名はドイツ皇帝による任命―残る18名は職能団体（商業，手工業，農業の会議所など），5名は宗教界，法曹界から選出―であったが，法案の発議権と予算決議権をもつ下院は全員普通選挙によって5年任期として選出された[25]。総督の影響力もゼロではなく，決定内容に関してベルリーンに最終的な拒否権があるとはいえ，たしかにこの体制は少なくとも独立国家の様相を帯びていた[26]。

　この自治性の相対的な高さは，実はこの時代のドイツ帝国を構成するほかの各邦が享受したものであった。ごく短い期間であったが，同時期のフランス第三共和政のなかの一地方であった場合と比べると，1911年の基本法によって担保されたこの邦の自治性は相当大きかったことは否定できない。つまりドイツ帝国内での地位規定の不十分さより，同時代のフランスと比べることの方が意味深いと考えるのである。フランス第三共和政の中央集権的自由に対置して，地方分権性に裏づけられたドイツ的自由という言辞をあえて使いたいところだ。ナチズム支配の時代を除けば，神聖ローマ帝国から今日のドイツ連邦共和国にいたるまで，ドイツ史は一貫してこの邦国分立的な構造を維持してきているといってよい。ライヒスラントの住民はその自由を，ほんのしばらくだが，呼吸したわけである。1918年のフランス再併合直後の「不快感」の一つはこれに根差している

312

といってよいだろう。

1914年からの第一次世界大戦中は文字どおり軍事独裁体制であったが，1918年の終戦間際に当時の帝国宰相により任命された最後の総督シュヴァンダーは，先に触れたように，シュトラースブルク市長として戦時経済をうまく切り盛りした「新ドイツ人」，つまりエルザス人であった。このときエルザス＝ロートリンゲンは完全な自治国家になる機会を与えられた。終戦の混乱やロシア革命の影響のなかで実際にエルザス＝ロートリンゲン国民評議会が宣言されたし，シュトラースブルクでは労・農・兵評議会がエルザス共和国を宣言するという事態となったのである。しかしこの動きは今度はフランス側からの「解放」の軍靴によって消失する運命であったことはいうまでもない。

2-2. 政治過程 ── 自治主義の胎動と頓挫

以上，ライヒスラント全体の行政制度について帝国中央との位置関係の推移と関連づけながらその特徴を述べたが，ここではこうした制度変更過程で生じたエルザス人の心性の変化を思潮の変化，具体的な政治の動きを通じて明らかにしておこう。要するにそれは抵抗から甘受，諦念を経て自立への途を探る動きであった。

まず前段階として，抵抗はドイツ支配に対する嫌気から併合直後の故地離脱というかたちで直ちに顕れた。1871年5月10日のフランクフルト講和条約では期限付き（翌年1872年10月まで）でフランス国籍を希望する者はフランスに移住することが認められていたが，フランス移住の選択者はエルザスでは実に132,239人に上った。ただし資力や受け入れ先の問題もあって実際にこの期間にエルザスを離れたのはおよそ5万人超であった。どちらかといえば上層階級，知識人，自由業者，徴兵忌避の若者が多く，宗派でいえばプロテスタントよりカトリック，地域でいえば農村より都市部，ウンターエルザスよりオーバーエルザスの人びと（とくにヴォージュ山麓や南部のフランス語圏の人びと）がより親仏的傾向をもったといわれている。[27]

さて上記（2）の時代，1874年に帝国議会へ送り出された15名の代議士のうち

14　ライヒスラント時代（1871-1918年）のエルザスの政治・経済　313

エルザスからは11名であったが，全員が併合に対する抗議派＝反併合派であった。1877年に帝国議会に送り出された代議士も同様に抗議派であったが，他方これらのうちただ併合に反対するというのではなくライヒスラント ― もはやエルザスではなく！ ― の自治を強く要求する一派も現れて，かれらは一種の条件闘争に舵を切り替えていく。この背景にはビスマルクが推進した反カトリック的な色調をもった「文化闘争」や，徴兵制，出版・集会の自由の制限などに対する不満があったが，強硬路線ではうまくいかないという判断があった。この最初の自治主義者の代表格は，シュトラースブルク選出の代議士 A.-Ch. シュネーガン[28]であった。1877年に帝国議会で自治主義を標榜した代議士はシュネーガンのほかにエルザスには4名いた。[29]この自治要求はライヒスラントを，帝国他邦と同様に基本法を有する26番目の邦にせよという新しい展開を含むものであったが，当然，この段階でビスマルクはこの自治を認めはしなかった（上記のようにその実現は1911年まで待たねばならなかったのである）。しかしビスマルクの方も方針を変化させた。上記 (3) の時代を画する1879年のより自治的な地位規定はまさにこの動きをにらんでの帝国側の軟化であったともいいうるが，実は抗議派をおさえるために自治主義という好餌を呈示したともとれる。さらにシュネーガンは帝国本土の与党であった国民自由党員ともつながりをもった。いずれにせよ抗議派は新たな政治的発露の場を見出したかたちである。

　ところでこうした動きに対抗しつつ，より強硬な反併合主義の立場から出てくる動きもあった。その頭目は J. カブレ[30]という人物であった。シュネーガンの自治主義に反対するヴェクトルとして現れたのであるが，こちらも総督ないし帝国側からすれば，ライヒスラントの自立性を強く要求するものに変わりはなかった。カブレは反教権的自由主義者でプロテスタントのシュネーガンに対して急進共和派で教権主義 (≒カトリシズム) の傾向をもっており，ドイツ帝国による行政に甘んじてその制約のなかでの自由と自治を希求するというシュネーガンの弱腰の態度を批判した。そして総督が有した上記の独裁条項の廃止，出版の自由，ビール税引き上げ反対などを要求し，さらに直接普通選挙による住民代表機関の創設，はては独立したエルザス＝ロートリンゲン政府の樹立をうったえたので

ある。

　シュネーガンとカブレの間の論争にはプロテスタントかカトリックかという宗
派上の対立の構図が内包されていると同時に，自治の度合をめぐる意見の相違
が際立っているといってよい。つまり前者はあくまでも帝国内での自治邦という
位置づけであるのに対して，後者はより独立性の強い自治邦を目指していたので
ある。そしてその勢いはこの二つの自治主義を折衷したかたちの1911年基本法
に結実するのであるが，その前に19世紀末の政治シーンは20世紀型の政党政治
を特徴づける党派争いにリードされて，また別の彩りを帯びることになる。[31] 1890
年の社会主義者鎮圧法の廃止以降，「アメとムチ」のムチの部分が帝国全土で緩
和されて労働運動に火がつくと，これと結びついたかたちでのライヒスラント内
でも社会主義ないし社会民主主義という別の要素を政治過程にもたらすことに
なったのである。

　こうしてライヒスラントにおける自治主義は帝国全体の政党政治の縮小版と
して新しい段階に入っていった。理論的には，自治主義というものは本来より特
殊的，個別的な利害をうち出して国家内の周縁性を止揚せんとする運動である
のに対して，社会主義はより普遍的，超国家的な方向性をもつ運動であるといえ
るが，[32] ライヒスラントでは自治主義は社会主義とはじき合うのではなく，むしろ
結合した。19世紀末のエルザスにおいては，民主主義と結合した自由主義（フラ
ンス第二帝政から存続するブルジョワジー，産業家，プロテスタント系の人びと），社
会主義（都市の労働者層に強く支持された）[33] およびカトリック（農民層や都市の中産
階級に強く支持された）の立場を強く出す3つの党派が生まれていたが，いずれも
多かれ少なかれ自治と，隣邦 ―バーデンやヴュルテンベルク― 並みの完全な邦
国の規程をもった基本法を要求した。20世紀に入ると政党という形態が明確に
なる。すなわち，それぞれ帝国全体の政党と関係を保ちつつ，社会党，エルザス
＝ロートリンゲン中央党（カトリック系），エルザス＝ロートリンゲン人民党
Volkspartei [34]（ブルジョワジーを中心とする自由主義系），ライヒスラント自由党（旧ド
イツ系公務員）がこれである。これらの政党は合従連衡の後，様変わりをし，その
分布は，1911年10月のライヒスラント邦議会下院選挙の結果で見ると，中央党

14　ライヒスラント時代（1871-1918年）のエルザスの政治・経済　｜　315

（カトリック党）24名，社会民主党11名，自由・民主党7名（および同党が指示した独立派5名），ロートリンゲン連合10名，エルザス＝ロートリンゲン国民同盟 Nationalbund 0名[35]，その他の政党3名（計60名）といった状況であった。これが上記（4）の時代の1911年体制における下院の陣容である。

　こうして20世紀初めには，新旧ドイツ人——つまり新たにドイツ人となったエルザス人と旧来のドイツ人——間の混合婚も少しずつ増え，1871年当時の旧世代に代わって政治活動の主役としてドイツ的教育を受けた，フランスへの執着の弱い年齢層が次第に前面に出てくると，かれらは仏・独のナショナリティにこだわらない新たな理想や政治文化，そこに到達するための新たな道筋を模索し始める。名望家のものであった政治が新世代の人びとのものに切り替わっていく。そうして諦念ではなく，ライヒスラントの住民としての矜持が生まれたのである。そして最後に「ネイション」としてのライヒスラントという意識が一部に芽生える。それはある意味ではドイツへの同化過程の深まりに対する反動という側面をも有する。上記のエルザス＝ロートリンゲン人民党という政党は短命に終わるものの，その後1905年に，独・仏双方でのナショナリズムの高揚に触発されて，エルザス＝ロートリンゲン・ナショナリズムが社会・文化面——地方の独自性や文化的伝統の保持を主張する地方主義とドイツ嫌いが結びついたいわゆる精神的アルザス性 geistiges Elsässertum のなかで新ドイツ人と旧ドイツ人の同化にも反対する——で生まれ，やがて1911年の選挙前夜に上記のエルザス＝ロートリンゲン国民同盟という政党となった。ここでいう国民《national-》とはだれを指すのだろうか。現代史家 F. イジェルサイムは，この段階でもまだ《Volk》は必ずしもエルザス＝ロートリンゲン・ナショナリズムに直接つながるものではないという[36]。だが少しずつそれに近づいているようではあった。他方，人民党のなかの最も先鋭な部分ではエルザス＝ロートリンゲン共和国を主張する者さえ現れた。フランクフルトの社会民主主義の影響を受けた S. グルンバハ[37]や，スイスやベルギーのような国民があったのと同様にエルザスという一つの国民が存在したと考えた A. ロジェル，それにエルザス＝ロートリンゲンではなく独立したエルザス共和国の樹立を要求した J. プライスなどがいる[38]。

316

実際の政治過程では，しかしながら，このようなネイションとしての地域ナショナリズムは戦術的にトーン・ダウンしていく。1910年にエルザス＝ロートリンゲン国民同盟のリーダーの一人である É. ヴェッテルレ師はこう述べた。[私たちは……どの政党に属そうとも，私たちの国民的な諸伝統，バイリンガリズム，この種族 Rasse（race）の固有の性格の維持のため，私たちに自治が与えられるために共闘するのだ。私たちは……漸次自らを治め自らを管理するようになりたいとする正当な願いを記す『エルザス＝ロートリンゲンをエルザス＝ロートリンゲン人の手に』というシャルル・グラードのお馴染みのスローガンを私たちの旗の上に刻み込んだ。私たちは皆，絶えず私たちの意識のなかに入り込んで私たちに自分たちの超愛国主義を手荒なやり方で押しつけようとしている汎ゲルマーニア主義の企てに反対する……こういうものがナショナリズムというのだったら，まさしくそうだ。私たちは皆ナショナリストであり，かつわれわれは，役人たちが優勢な党を除くすべての政党のなかにある」。これは自治主義，地域主義を超えて，ドイツでもフランスでもなく，はっきりとしたエルザス＝ロートリンゲンのナショナリティの立ち位置に近づいているといってよいだろうか。これについてはなお判断は難しい。事実，選挙戦術として，フランス・ナショナリズムに回収されかねないナショナリズムのようなものにも映る。たとえば国民同盟の1911年の下院選挙での綱領は，《Volk》という言説は控えつつ，その政治的要求を具体的に挙げている。すなわち，エルザス人の公務への優先，旧ドイツ人（移入ドイツ人）公務員によるエルザス＝ロートリンゲンの心性や伝統の尊重，税負担の軽減，陸海軍や高級官僚への資金的支援の廃止，教育面ではバイリンガル（独・仏語）の尊重，フランス史に関する公平な教育，エルザス＝ロートリンゲンの歴史の教育の導入，幾人かの将校の権威主義の当局による禁圧，エルザス＝ロートリンゲンの事柄への軍事当局の影響力の除去，など多岐にわたった。

　しかしいずれにせよ上記のように国民同盟は1911年の選挙では一つも議席をとることができなかった。やや過激に見えるこの党派の主張はほかの諸党の大同団結でつぶされたのである。エルザス＝ロートリンゲン政庁総務長官であったH. ツォルン＝ドゥ＝ブーラハは選挙結果について「抗議派のナショナリスト党

は完全に敗北した。社会主義者と自由主義者の同盟がこの結果をもたらした。社会主義者と自由主義者の同盟というのは原則的には容認しがたい。革命政党との合意は恥ずべきことだ。だが，これがエルザス＝ロートリンゲンの教権主義に打ち勝つ唯一の方法だったのだ。二悪のうち，より悪くないものを選択する必要があった。何よりもナショナリズムを片付けねばならなかったのだ」とコメント[44]した。とはいえこの地域の歴史にとって，一つの新たなナショナリズムが登場したことの意味はきわめて重要である。21世紀の現代ヨーロッパにおけるこの地域の立ち位置はフランス，ドイツのナショナリズムとはまったく別次元のものであることは自明である。だがこの時代末期の一時期，一政治集団に限られるとはいえ，エルザスを含むライヒスラントは，敵対する大国のナショナリズムの狭間を生きたルクセンブルク，スイス，リヒテンシュタインなどの小国の政治的スタンスと共振する興味深い歴史的体験をしたのだといえるのではないだろうか。

　以上要するに，ライヒスラントの時代の多くのエルザス人政治家の間に確実に新たな地域主義の胎動が見られた。それはさしあたってはエルザスという枠組みではなく，上述の「二つの地方がもちえた連帯性」との関係でいえば，エルザスを含むライヒスラント全体の地域主義であった。その地域主義を支えたのは自治主義であるが，その運動は複数の側面からとらえることができる。すなわちまずは抗議から諦念に移っていく，あるいは移らざるをえなかったエルザスの政治活動家たち自身の受容的心性のなかで，抗議が無理なら帝国内での自立的な政治体制をつくり上げようという方向へのスタンスの変化が生じたこと，次にその動きはベルリーンの影響下で帝国本体の国民自由党の共感と指導を獲得したこと，そして帝国政府自身は反併合主義の動きを自治の付与―部分的に少しずつであるが―を通じて懐柔しようという狙いがあったということ，さらには，つぶれてしまうとはいえ，一部により急進的なエルザス＝ロートリンゲンを枠組みとするナショナリズムの発揚を見たこと，これである。

　20世紀初めになると政治の動向は，抗議派か否か，カトリックかプロテスタントか，という政治・宗派の対立軸から社会主義か自由主義・民主主義かという20世紀的な対立軸に漸次変わっていき，自治主義はその間を縫うようにして一定の

命脈を保持して第一次世界大戦を迎えたのであった。すなわち，エルザス人の自治主義はライヒスラント全体を枠組みとして帝国内自治邦へ，ときにエルザス＝ロートリンゲンというネイション・への帰属意識へとジグザグの行程を辿りながら，1911年の基本法による自治国家としての体制を迎えた。だがこの体制は，1914年夏のフランスの進攻という軍事的状況のなかで帝国政府により停止されたので，わずか3年という短命に終わったわけである。

　どのようなものであれ，自治国家としての命運は最終的に1919年のヴェルサイユ条約で尽きてしまった（自治主義自体は戦間期に別のかたちで再出する）。大戦が終わる1918年にロンドン法学院所属の法廷弁護士C.フィリップスンは，ドイツの敗勢のなかで再来したいわゆるエルザス＝ロートリンゲン問題，つまりこの歴史的紛争地の処遇をどうするかという国際的な問題にイギリス人，法曹という第三者の立場で公平かつ冷静に解決策を呈示しようとして1冊の本を著した。処遇に関しては，戦雲の傾きや世論の動きを反映して，フランスへの再併合（完全な再併合または同時代のルクセンブルクのようにドイツの関税領域にとどまったままの再併合），ドイツ帝国内における自治国として残存，独立した中立国の創出，分割・国境再編（ライン河航行の自由化，仏独間で石炭・鉄鉱石の共同管理を含む）などが選択肢として考えられ，ドイツ帝国内での現状維持という選択はこの時点でもはやありえなかった。法曹としてフィリップスンはどのような解決方法にせよプレビシット，つまり関係住民による投票による解決を求めたのであった。[46] しかしそのような状況のなか，1918年11月22日に主都シュトラースブルクにフランス軍が入ってきて，その軍事パレードが市民に大熱狂と歓喜で迎えられる。[47] 自治主義ないし独立主義の声はかき消され，同12月9日にフランス大統領ポワンカレ，首相クレマンソーがこの地を訪れて，大統領はその大歓迎の上記を承認と受け止めて「諸君，住民投票は済んだ。アルザスは歓喜の涙にむせびながら，再会した母親の首に抱きついたのだ」と叫んだという。[48] これが上記の選択肢のなかのフランスへの完全な再併合というものだったこと，シュトラースブルク市民の「歓喜の涙」が住民投票におき替えられたことはいうまでもない。しかもヴェルサイユ条約での当該箇所ではフランスへの返却・という表現をとっているので，これは

1871年のドイツ帝国への割譲を不当としてきた戦勝国フランス側の言い分が完全に通ったかたちである。

　それにしても，ライヒスラントというのはそもそもエルザスとロートリンゲン（の一部）という歴史的伝統を異にする二つの実体を束ねたものであったが，これが同質性を前提とする自治という同一の方向をもつヴェクトルを共有していった事実(49)には改めて驚かされる。近現代のアルザス＝ロレーヌは仏独両大国の軍事的，政治的，経済的な野望に振り回されたのだとする単なる悲劇性のなかで語られる以上の何かが感じられるところである。

3.　エルザス経済の構造と実態

　政治面でのエルザスの時代的特徴――それはライヒスラント全体の動きとほぼ同じであったが――とその構造的変容のようすは以上のとおりである。1890年頃が帝国政府の軟化政策になる画期だと上段で述べたが，その画期は実は経済史上の画期と多少とも符節を合わせているかのようである。政治上の変化は経済のどのような構造変化を背景にしていたのだろうか。

　構造変化，あるいは変化の構造を見るためには二つの視点が必要であろう。一つはこの47年間というものがドイツを含む西ヨーロッパ全体の長期経済変動局面にどのように位置づけられるかという論点に関わる。19世紀後半からのドイツ経済については高成長率というイメージが強いが，その懐に入ったエルザス経済はこれに同調して進むのであろうか。そして二つ目の視点は，そうした点を考慮したうえで，この時代におけるドイツ帝国の経済とその政策体系のなかでのエルザス（あるいはエルザス＝ロートリンゲン）経済の独自のありようを，可能な限り実際のデータに拠りつつ，しかも可能な限り同時期のフランスやヨーロッパ全体の経済の動きと比較しつつ(50)，提示するということである。本節ではこれらの視点から経済面の実態を明らかにしよう。

3-1.　人口学的諸相

　人口動態は経済の活力のたしかな指標の一つである。先に1871年直後にエルザス＝ロートリンゲンの少なからぬ人びとがこの地を離れてフランスに向かったこと，また旧ドイツ人（つまりドイツ本体のドイツ人）がかなりの人数でこの地に移住してきたことについて少し触れた。ここではこの時代の人口全体の規模と特徴を明らかにしておこう。

　まずライヒスラントの総人口は *Das Elsass von 1870-1932,* IV によれば[51]，1871年の1,549,738人から，1910年に1,874,014人（第一次大戦後の1921年にはやや減少して1,710,049人，1926年には1,795,100人）へと増加した。エルザス2県とロートリンゲン県では一貫して前者の人口が後者のそれを上回るが，増加率では後者の方が顕著であった。1871年から1931年までの増加率は，ライヒスラントを除くフランスでは +10.6％にすぎなかったとき，エルザスは +13.7％（ウンターエルザス県 +14.6％，オーバーエルザス県 +12.6％），ロートリンゲン県 +41.4％，そしてライヒスラント全体では +22.5％（ちなみに1871〜1910年の39年間で +20.5％，1806〜1871年の66年間では +25.5％）であった。同時期のドイツ他地域の増加率に比べるといくぶん低いが，単純にいえばライヒスラント全体ではフランス他地域の動向と比べると2倍の活力をもっていたことになる。1871〜1910年におけるライヒスラント全体の出生率はドイツ全体のそれよりいくぶん低かったが，フランスのそれより高かった。死亡率の変化（減少傾向）は三者でほぼ変わらないので，自然増の動きは三者間で出生率の差と同様の活力を示した[52]。自然増を規定するもう一つの要素は移出入民の動きであるが，これはこの期間中変わらずマイナス（移出民＞移入民）であった[53]。出生率の上昇がこのマイナス分を補ってエルザスの人口増加の水準を引き上げたといえよう。19世紀後半のフランスの人口動態は，20世紀末〜21世紀の所得弾力性の低い先進工業国の人口動態のパターンを先取りしたかたちで，きわめて緩やかな伸びを示したことが知られているが，活力の点ではエルザスはドイツ型の動きと一体化していたわけである。

　次に人口構成に関してその変化を跡づけておきたい。19世紀半ば以降都市化現象は顕著になるが，農村人口（人口2,000人未満の基礎自治体の総人口）比率は長

く優勢であった。すなわちそれは1850年段階で63%だったものが，1900年によ
うやく50%を切って49.8%になった（ちなみに1954年には41%）。ここでいう農村
人口は就農人口とは一致しない。農村でも主たる生業が農業でない人びとの比
率について見ると，1861年に21%だったものが，1910年には35%，そして1925
年には56%に増えており，非農業者人口をかかえた農村がこれらを失う純農村
化が急速に進んだのであった。[54] 都市への集中，農村人口の減少はエルザスにおい
ても顕著であり，1871 ～ 1905年の変化でいえば，ライヒスラントの主都であり
ウンターエルザスの県都でもあるシュトラースブルクは実に200%の増加，オー
バーエルザスの県都コルマールが70%超，同県の工業都市ミュールハウゼンは
30%超の増加であった一方，農村部の多くの基礎自治体では逆に概ね0 ～ 30%
の減少が見られたのであった。[55]

　そのほかエルザスの人口に関しては種々の面で地域差があった工業化の有無
が政党支持でも現れている。1912年の帝国議会選挙でエルザスにおいて社会民
主党支持者が多いのは，とりわけシュトラースブルク（50 ～ 60%），ミュールハウ
ゼン（50 ～ 80%）の各郡，マールキルヒ（50 ～ 60%）小郡 Kanton に限られており，
農村部には浸透していなかったことがわかる。その反面，上記の中央党や自由＝
民主党の支持の分布は農村部において密度が濃くなっている。[56] また1910年時点
ではドイツ語が相当程度に浸透していたが，依然としてフランス語を母語とする
地域はライヒスラントの最西部地域に残っていた。

3-2. 経済の変動，変動の構造

　先に触れたように，経済は政治変動に影響を受けると同時に，政治史の変動局
面は経済のそれと無関係ではない。政治面で揺れ続けたライヒスラント時代の
エルザスは，コンドラチエフの長期波動でいえば，1873 ～ 1896年の景気後退局
面 ― フランスの経済史でいうB局面であり，ヨーロッパのいわゆる長期不況に
伴う帝国主義の始まり，保護貿易主義の再来の局面 ― と，芸術・文化史上のベ
ル・エポックを含む1896 ～ 1929年の景気上昇局面 ― フランスの経済史でいう
A局面 ― の二つの局面に大部分重なっている。

322

(1) 長期経済変動

われわれは，M．オーの数量経済史研究の成果[57]により，1803年から1939年までの比較的長期の経済変動に関してアルザス（エルザス）の農業生産と工業生産の推移についてかなり正確な情報を手にすることができる（図14-2を参照）。グラフ上において，この時代のエルザスについてもコンドラチエフの波動がとくに工業生産に関してはっきりと確認できる。対数目盛なので変動幅がとくにライヒスラント時代以降に関して小さく見えてしまうけれども，農業生産の緩やかな上昇（1880年前後の急落は穀物の不作の影響と考えられる）と工業生産の急増（1870-1871年の減少はいずれも当然普仏戦争とその後の混乱によるものと考えられよう）については容易に看取しうるはずである。もちろん，エルザスを含むライヒスラントが1880年代から経済の飛翔を経験するとすれば，それは単にドイツ領だったからという理由だけでは語れず，フランスを含む西ヨーロッパ全体の趨勢のなかで起きたのだという事実も念頭においておかねばなるまい。とはいえ1880年代以降の安定的な経済的成長が政治的・心理的不満を和らげたという側面は否定できないであろう。

また逆に，遡ってドイツ併合後しばらくライヒスラント住民の不満が収まらない背景の一つ―すべてではないとしても―として，上記のコンドラチエフの1873～1896年の局面つまりB局面におかれた経済の行き詰まり感ということが考えられる。しかしM．オーは，エルザス経済は，ドイツ経済全体がそうであったように，かなりの程度このB局面の影響を例外的に免れたという[58]。つまりコンドラチエフの図柄とはズレが見られ，1870年代の後半からA局面がすでに開始しているように見え，1880年代前半に伸び悩みの状態が続き，1880年代後半以降は急勾配で上昇しているのがわかる。M．オーはライヒスラントの前期における落ち込みの主因について，長期変動局面よりむしろ併合に伴う市場環境の変化の方を強調している。だが少なくともこのB局面のマイナスの影響は領土変更により増幅されたことは間違いない。軽重・多寡の問題よりもむしろ二つの要因が同時に作用したことが重大性を増幅したことはたしかであろう。いずれにしても，ライヒスラント時代は経済的には1880年頃を境に二つの時期に分けること

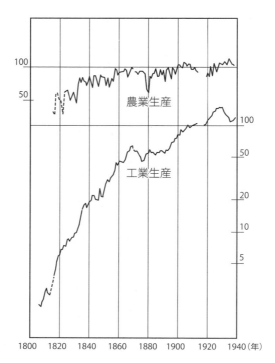

図14-2 アルザス（エルザス）の農・工業生産指数の推移（1910年＝100）
出典：HAU（M.）(1987) p.31.

ができ，前期と後期で経済の表情に相当の変化が見られたのである。そしてそれらは政治的変動局面とほぼ同じ波長で重なり合っている。

(2) 市場環境の変化と適応過程

ここでは変動局面の継起に影響を及ぼしたと思われるこの地に固有の問題状況を扱う。それはM. オーのみならず多くの研究者が指摘しているように，併合に伴う市場環境の変化がもたらす影響ということである。とくに前半のB局面においてドイツもフランスも免れることがなかった保護貿易主義の再来に加えて，関税線がライン河から西方の仏独国境線に移されてフランスの国内市場からド

イツのそれに入っていくなか，エルザスの経済主体はどのように対応しただろうか。それがここで扱うテーマである。[59]

　さて，まずドイツへの併合はエルザス経済にとって二つの大きな転換を余儀なくさせた。一つはフランスの国内市場に頼っていたとりわけ綿工業の一部産業エリートたちのフランスへの移住，あるいはエルザスに残った産業家によるフランスへの直接投資という動き，もう一つはドイツの通商・関税政策のなかでの対応の難しさ，そしてドイツ国内市場をめぐるドイツ他企業との激しい競争がこれである。

　第一の点に関しては，仏独間の関税線は早くも1872年末から西方に移動し，ライン河の線からライヒスラントの西端の線におかれた。それはまず，フランス北東部で，ヴォージュ山脈を挟んで展開していた相互依存の分業関係が断ち切られたことを意味する。[60]こうした経済的理由から，あるいはドイツ併合への嫌気も手伝って，とくにオーバーエルザス県，なかでもミュールハウゼン（ミュルーズ）の企業家たちが生産施設や労働者もろともにヴォージュ県，フランシュ＝コンテ地方，さらにはフランスのもっと奥深いところへ移住していった。

　第二の転換は通商・関税政策の面において現れ，この衝撃は相当に大きかった。とくに，併合前に工業化が飛躍的に進んだオー＝ラン（併合後のオーバーエルザス）県は捺染綿布の73％，綿糸の72％，紡毛糸の68％，機関車の80％，機械・機械設備の58％をフランス他地域に移出していたからである。[61]故地に残った企業家にとって最初に起きたことはエルザスの工業製品の捌け口が対フランス市場はもとより，ドイツ市場においても急に狭められたことである。対フランスに関しては，ドイツ帝国政府はエルザスで加工するために国境を越える製品については免税としたが，逆にフランスで加工されるエルザス製品については，フランス国内の同業者——たとえば綿工業についてはノルマンディ地方のルーアンのそれ——は昔からのライヴァルであるミュールハウゼンからフランス東部の市場を奪おうとして免税に強固に反対した。結局はエルザスで製造された綿糸・綿布，羊毛・毛織物，各種鉄製品は暫定的に条件付き——エルザスでおこなわれた追加的作業に見合う分の輸入関税のフランス税関での徴収——でフランス市場に輸入

14　ライヒスラント時代（1871-1918年）のエルザスの政治・経済　│　325

することで両国は合意した。この措置は実際には1873年6月末に終了した。これは少なくとも繊維部門についてはフランス国内市場への輸出増加につながったが、その期限までのことであった。

　この後しばらくはエリート層の流出と資本の貧血状態——しばしばフランス史のなかのナントの王令の廃止（1685）に伴う大量のユグノー亡命に比定される——により、エルザス経済は苦境を免れない。そしてそこから先、エルザス残留を選んだ企業家の考えは当然のことながら、かつてスイスの企業家たちがドイツやオーストリアの保護関税政策に対抗しておこなったように、国境を越えた直接投資という方向に向かった。M. オーによれば、ヴォージュ山脈の国境を越えた工場の新規設立に関して1800年から1869年まで合わせて17件だったのに対して、1870〜1879年に18件（ならびに移設4件）、1880〜1889年に11件（同1件）、1890〜1899年に9件、1900〜1909年1件であった。工場は紡績、織布、漂白、捺染が多いが、ときに工作機械、金物、食品、製紙などにも及んでいる。そのなかにはエルザスの老舗企業であるとくに鉄道資材で有名な製鉄・機械メーカーのドゥ＝ディートリヒ De Dietrich 社はリュネヴィル（ムル＝テ＝モゼル県）に、SACM はベルフォールにそれぞれ生産施設の一部を移設してフランス市場での販売を続けた。

　しばらくはドイツ資本の融資を拒んだためエルザス経済は不振が続いた。ドイツ資本はエルザスに当時存在しなかった鉱山業と電気工業に投下された。もちろん在来のエルザス資本もフランス頼みの経営方針から、何とかしてドイツ市場にうって出る方策を模索せざるをえなかった。そうした努力の結果、そしてまたフランスにおける保護主義の高まり——とりわけ1892年のメリーヌ蔵相による関税率の引き上げ——の影響を受けて、エルザスの対フランス貿易額は第一次世界大戦前夜までに極小化されていき、たとえばスイスやベルギーとのそれさえも下回るようになったのであった。

　さて、いざドイツ国内市場にアクセスするにしても二つの難点があった。一つは仏独間での消費文化の違い、商品に対する嗜好の違いからくるハンディであった。たとえば繊維関係では、エルザスの生産者たちは、パリから発せられる

モードの変化の影響を受けたどちらかといえばフランスの富裕な消費者のニーズに合わせて，コスト・価格などの販売条件よりむしろ品質のよさ，高級性，多様性というもの ― とりわけオーバーエルザスの捺染綿布 ― に留意して商品開発をおこなっていた。また中世来ヨーロッパ的な販路を有していたワイン業界においても，フランスのなかのドイツ風ワインという特性も併合後色褪せた。そのうえ，ドイツでは最南端で最大の葡萄作付面積（生産高も全体の5分の2）をもつことになったものの，ドイツ人が酸味のあるワインを嗜好するところから，こうした市場を知悉する既存のドイツの同業者と同じ土俵で仕事をしなければならなくなった。結局ブレンド・ワインにしか買い手がつかず，葡萄栽培農民は質より量を求めることになり，ライヒスラント時代のエルザス・ワインは，生産は増えたものの終始恵まれない部門にとどまった。葡萄害虫フィロクセラの猖獗は事態を[64]さらに悪くした。

　もう一つはドイツ国内における激しい競争である。この時期のドイツでは1879年と1902年に関税政策上二つの動きがあり，それらは形成・確立期にあったドイツ国民経済の構造を反映して育成関税的な性格をもっていた。その際に，ドイツ産業者中央連合会に結集したとりわけ繊維関連業者たちは，先進のエルザスに対して南ドイツやラインラント＝ヴェストファーレンの利害を優先させる経済政策を帝国政府に通させたのであった。

　まず1879年関税法はいわゆるビスマルクの関税改革であり，1860年代以降自由主義化してきた路線を保護貿易主義的に転じる関税率で知られる。とくに紡[65]績部門に関して，ドイツ綿工業の危機は世界的な不況に加えて，エルザスの紡績がイギリスと競合する細番手の綿糸を避けて太番手にシフトしていることに原因があるとされ，綿糸の輸入関税率に関して，太番手から細番手に至る順に高くなる累進税率が設定された。しかしその累進性は弱く，より細い番手については相対的に低かった（とくに79番以上の細番手については一定税率）。目的はドイツ他地域（とくに南ドイツ）の紡績業者の利益を護り，そしてエルザスには細番手へのシフトを要請するというものであった。しかし細番手の部門ではイギリスの製品原価がエルザスのそれよりはるかに低く，後者は苦境に立たされた。エルザスに

おける60番以上の細番手綿糸の生産は1887〜1892年の平均966.6トンから1899年には396.4トンへと減少したのだ[66]。一方，1902年の関税法は太番手の綿糸に対する輸入関税引き下げと細番手に対する軽微な再引き上げを内容としていた。エルザスの紡績業者は細番手に関してもっと大幅な引き上げを要求していたが，かなわなかった。細番手の関税率に関してはドイツ工業者中央連合会で力をもつ織布業者の安価な原料の確保をうたう要求が常に実現されていったのであった。

　これら二つの点はエルザスの産業界の少なからぬ部門に厳しい商環境をもたらしたことはいうまでもなかろう。しかし他方，フランス市場からの締め出しやドイツ市場への適応の難しさという状況でも，市場環境の変更はいくつかの産業部門にとっては対応次第では逆にプラスにはたらくこともあった。それはまず仏独間の人口規模（とりわけ中産階級の伸び率），一人当たり所得を比べると，ドイツがフランスを上回っていたこと，次に部門によっては伸び盛りのドイツ経済を支える内需—大衆消費—の増大を見込んだ生産・販売戦略をたてることができたこと（食品，ビール，家庭用品，皮革など），さらに場合によっては第三国への輸出攻勢をかけることによってある程度国際化にも成功することができたこと（捺染綿布，化学製品，工具，手工業製品など）である。与件の変化に伴ってエルザスに起きた帰結，経済的なバランスシートについては第4項で具体的に扱うこととする。

3-3.　インフラストラクチャー

　ドイツ政府は関税に関してはエルザスの産業界にとって必ずしもプラスになるようには動かなかったが，インフラ整備に関してはこの47年間に格段の前進を示した。以下，輸送インフラ（陸路，水路，鉄路），電信電話について見てみよう。輸送インフラに関しては，全体的には1871年以前から始まっていた動きがこの時代においても中断なく発展したというべきであろう。

　まず陸路は最も変化が小さいものであった[67]。併合前にすでに完成形に近かったフランスの帝国道路 route impériale は，国道 Staatsstrasse としてそれぞれの名

称と道路番号は変わったが，総キロ数は不変であった。ただし県道と基礎自治体（市町村）道は1870〜1907年間に40％も拡充された。たとえばウンターエルザス県では1879年時点で基礎自治体道を欠く自治体が63もあったが，これらは20世紀初めまでにほぼ新設ないし整備によって改善された。技術的には砕石舗装から硬石舗装に少しずつ変わっていき，20世紀初めにはマカダム式舗装，自動車の登場とともにアスファルト舗装が幹線道路から少しずつ導入されていった。陸上輸送に関しては後述の水路，そしてとくに鉄路の隆盛に押されて停滞気味であった。自動車とりわけトラック輸送が本格的に始まるのは1910年代以降のことであり，ライヒスラント時代の陸運は全体としてなお荷馬車や乗合馬車が走り回る風景のなかにあった。

　水路については19世紀末のドイツの工業発展と相俟って顕著な発展が見られた。まずヨーロッパの大動脈といわれるライン河に関していえば，その航行は1871〜1918年に中世以来最も大きな自由を獲得した。なぜなら仏独の国境線（その出発点は1648年のヴェストファーレン条約）はもはやライン河ではなくなったからだ。左岸地域を失ったフランスはライン河航行中央委員会からも手を退き，この河は中・上流域に関して完全にドイツを流れる河となったのである。水運再興に関しては，しかしながら帝国政府は傍観していただけである。むしろシュトラースブルクの市や商業会議所などのイニシアティヴと費用負担で浚渫工事と脇運河の建設，新港の開設がおこなわれた。その結果シュトラースブルク港に出入港する商品量は1893年の36,119トンから1903年には573,801トンへ，そして1913年には1,989,000トンへと増加したのであった。運河に関しては，既設のローヌ－ライン運河（1834年運用開始），マルヌ－ライン運河（1853年運用開始）—これらの運河については後掲の図14-4を参照—によって，上ラインの河港シュトラースブルクを起点に遠くは北海，地中海，大西洋が結合されていた。さらにエルザス北西部でマルヌ－ライン運河が，ザール炭鉱運河（1866年運用開始）やザール川脇運河と接続されて，国境を挟むものの技術的には東西の石炭輸送を有利にしていた。南北についてはライン河とローヌ－ライン運河のドイツ領内区間のみは国境を通らないので輸送インフラとして大いに機能したが，国境を挟む

表 14-1　運河を介したシュトラースブルク港における商品取扱量

年	マルヌ–ライン運河経由	ローヌ–ライン運河経由
1892	125,326 トン	140,805 トン
1900	209,571	337,338
1905	261,996	480,040
1913	361,468	738,667

出典：拙稿（2014）p.82 より抜粋

　東西に関しては関税率の引き上げ（とりわけフランス側）によってその分商品流通が阻害されることになった。しかしシュトラースブルク港を基点に見ると，取扱量は19世紀末から第一次大戦前夜にかけて飛躍的に伸びているのがわかる（表14-1）。実のところマルヌ–ライン運河に関してはフランス領だった時代よりも，同国内ゆえザール炭鉱とのつながりが強固になって西→東方向の輸送量（もちろん石炭が中心）が増え続けたのであった。運河，ライン河を合わせたシュトラースブルク港の全体の取扱量は1913年には1,988,000トンにまで増加したのだった。[74]そのうちシュトラースブルク港に入ってきた石炭は同年に934,586 トン（1892年には5,188トンのみ）であった。

　次に，19世紀の輸送インフラの花形であった鉄路についてはどうか。実はアルザスの鉄道網はドイツ併合前にそこそこ立派な水準にあった。ミュルーズ（ミュールハウゼン）の機関車メーカー，ケクラン Koechlin 家のイニシアティヴによって建設されたオー＝ラン（オーバーエルザス）県のミュルーズ–タン間の路線はヨーロッパで最も早く敷設されたものの一つ（1839年開通，19 km）であったが，幹線に関しても1841年にはストラスブール（シュトラースブルク）–ミュルーズ間の路線が完成し，1844年にはこれがバーゼルにまで延長され，ストラスブールから上流の航行困難な水運の不十分さを克服していた。さらに1850 〜 1860年代にはストラスブールを基点にミュルーズ–ベルフォール経由のパリ行き路線，北方へはアグノー（ハーゲナウ），ウィサンブール（ヴァイセンブルク）経由プファルツ行き路線，西方へはニーダーブロン経由ビッチェ行き路線，サヴェルヌ（ツァーベルン）経由メス（メッツ）―併合後はロートリンゲン県の県都となる―行き路線，モルスハイム行き路線，東方へはケール行き路線などが完成していた。

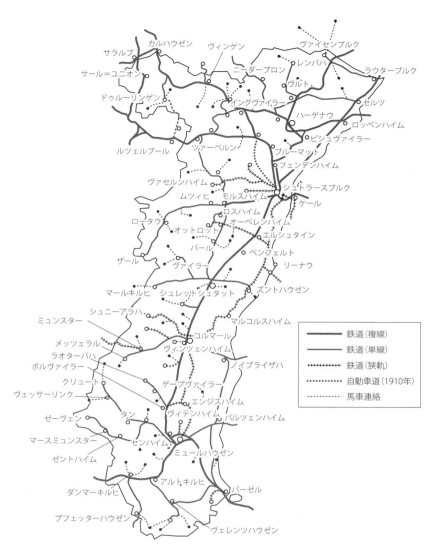

図 14-3　エルザスの鉄道網（1919）
出典：SCHWAB（R.）(1980) p.302.（一部省略）

14　ライヒスラント時代（1871-1918年）のエルザスの政治・経済

47年間にどう変わっただろうか。図14-3は1919年時点での鉄道網を示したものである[75]。1870年以降は，東部鉄道会社を引き継いだ帝国鉄道会社の事業によって，これら併合前の路線はさらに延長されて域外の幹線に接続され複線化されるとともに，エルザス域内の鉄道網が大幅に拡充された。域内の鉄道には単線のもの，狭軌のものがあり，さらにこれを補完するかたちで自動車，馬車が繋ぎの役割を果たしていた。鉄道のみの総キロ数は，ライヒスラント全体の数字であるが，1871年の768.21 kmから1913年には1,921.25 kmに伸びた[76]。またほとんどの基礎自治体はいずれかの駅から3 km（徒歩で30分）以上離れていることはないという水準となっていたのであった[77]。このようにミュールハウゼン，コルマール，シュトラースブルク（およびメッツ）といった主要都市間の直通の路線が行政的・経済的機能を向上させたばかりでなく，域外主要諸都市との連絡ならびに域内の基礎自治体と行政都市・工業都市との間の連絡が併合前に比べてずっと容易になったのである。

　郵便・電報・電話サービスに関してはどうか[78]。郵便・電報についてはある程度併合前に制度としては整っていたが，相当に密度の濃いネットワークができあがる。エルザスの郵便局数は1871年に110であったが，1884年に319，1913年には967へと増えた。電報局数についても同じく，57から232へ，そして847へというふうに増えた[79]。また1877年にはじめてミュールハウゼンのシュルンベルガーの工場内に設置された電話は，1882年にシュトラースブルクとゲープヴァイラー（ゲブヴィレール）に電話交換局ができるとともに次第に普及していった。電話機の数は1890年にエルザス全体で66台だったのが，1913年には16,000台を超えるようになった[80]。また電気エネルギーについては，19世紀末にミュールハウゼンとシュトラースブルクに火力発電所が設立され，1908年に18,000人となっていた電気照明のユーザー数は，1918年には96,000人に増えた。また1914年時点でエルザスのすべての基礎自治体の3分の2が電気の恩恵を享受した[81]。

　最後に産業基盤としての金融制度について見ておこう[82]。併合とともにビスマルクはフランス銀行に代えてプロイセン銀行（＝帝国銀行）を開設した[83]。そのエルザスにおける経常収益は1871年の83,925,900マルクから1914年には6,050,080,000

表 14-2　エルザスにおける株式銀行の発展（流動資産，100 万マルク）

銀行名	1872 年	1882 年	1892 年	1900 年	1913 年
エルザス＝ロートリンゲン銀行	9.48	16.00	14.48	27.15	37.28
ミュールハウゼン銀行	-	-	40.89	47.21	56.08
ソジェナル	-	-	7.42	11.87	39.75
ミュールハウゼン割引銀行	-	-	3.85	6.52	68.52
シュトラースブルク銀行	-	-	-	4.50	10.04

出典：*Das Elsass von 1870-1932*（1931-38）IV，S. 166-167.

マルクに増大した（72 倍）。ただし当初エルザスの実業界はこれに頼るのをきらい，株式会社組織の地方金融機関が民間の経済生活を支えた。エルザス＝ロートリンゲン銀行（1871 年にシュトラースブルクやバーゼルの銀行家たちによって設立），ミュールハウゼン銀行（1872 年，同市の産業家たちによって設立），ソジェナル Sogénal（[84]ウンターエルザス県の産業家たちが旧ソシエテ・ジェネラルの2支店を継承して 1881 年に設立），ミュールハウゼン割引銀行（1848 年に設立，併合後も継続）およびシュトラースブルク銀行（バ＝ラン県の実業家たちによって 1852 年に設立[85]）がこれである。表 14-2 はその営業規模の拡大を流動資産 Disponibilitäten の推移によって示したものである。[86]1891 年時点でエルザスには 53 もの銀行があり，中小都市にまで支店網が拡がった。これらのエルザス起源の銀行の発展はドイツ系銀行 — ライン信用銀行（1899），ダルムシュタット銀行（1901），帝国銀行（1914）— の進出を後らせたのであった。またこれらの地方銀行とは別に，後段で述べるように，貯蓄金庫や協同信用金庫などの庶民金融機関のネットワークも拡充していった。[87]

　以上に見た種々のインフラ拡充はドイツに限らず，この時代のヨーロッパ先進諸国のどこにでも見られたものであろうが，伸長の速度が大きなドイツの懐にあってエルザスは大いにその恩恵に与ったのである。

3-4.　部門別動向 —— 伸び悩んだ部門，伸びた部門

　このように，インフラストラクチャーに関しては 1871 年以前からフランス政府によって進められてきていた政策が質的・量的に拡充されたことは疑いのないところである。そのような基盤のうえでエルザスの諸産業はどのような進化を遂げ

14　ライヒスラント時代（1871-1918 年）のエルザスの政治・経済　│　333

たのだろうか。以下，今度は具体的な産業部門別にこの47年間のバランスシート─1914年頃の時点での産業地図（図14-4）を参照─を踏まえつつ，伸び悩んだ部門，伸びた部門を整理しておきたい。[88]

(1) 伸び悩んだ部門

まず農業のバランスシートについていえば，衰退はしていないが顕著な発展を遂げたわけでもない。葡萄栽培，ワイン醸造のネガティヴな状況についてはすでに触れたとおりである。エルザス農業全体について見ると，経営規模は併合前から中小経営の優越が特徴であったが[89]，その傾向は不変である。だがうえに見た就農人口の減少とともに，たとえば2 ha未満の経営数はウンターエルザス県では1882年の56,640から1907年には17,737に，同じくオーバーエルザス県では37,168から10,054まで減少した[90]。他方，200 ha以上の経営も，たとえばウンターエルザス県では1882年の560から1907年には330に急落している。農業地理の専門家É.ジュイヤールはつとに，アルザス農業に関してはこの時期に経営数の減少とともに，中小規模化の趨勢が定まり，その傾向は第一次世界大戦以降さらに強まることを確認している[91]。作付面積も飼料用作物以外は小麦を含めて減少したが，部分的な機械の導入などで穀物の一人当たり収穫高は多少とも増大した。牧畜では羊と馬の飼育頭数が減った─羊は付加価値が低いのでその減少は進歩のしるしであり，馬の減少は緩慢ではあるが機械化の普及を反映しているともいえる─ものの，牛は横ばい，豚はドイツの食文化に適合してこの時代に倍増に近い動きであった。そのほかタバコは古くからこの地で栽培されていたが，ドイツでは専売制が採られていないので市場適応に苦労した。他方，ホップ，甜菜，野菜（温室栽培）の生産は飛躍的に伸びた。農業経営は中小規模が多く，不安定であったが，後段に見るように，種々の協同組織の導入によって部分的に救済されていく。

次にエルザスといえば18世紀後半から綿工業で産業革命が起こったとされており，1914年前夜においてもエルザスで最重要部門であることに変わりはない。だが上述のようにドイツ市場への適応の過程でさまざまな転換を余儀なくされ

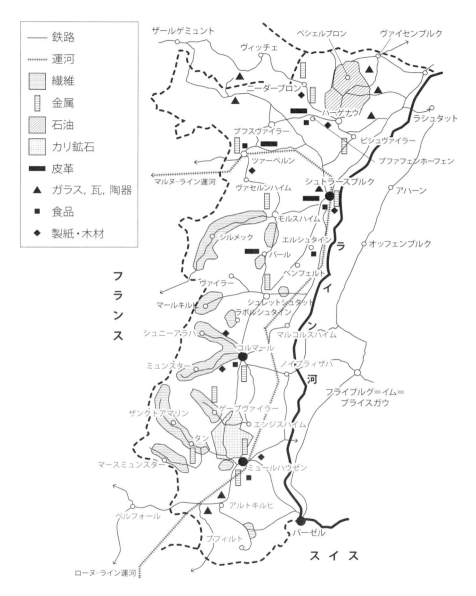

図 14-4　エルザスの産業地図（1914 年頃）

出典：MISTLER (A.) et al.（1990）p.57.

て，かつての勢いをそのまま維持することはできなかった。たしかにエルザスの綿工業は併合後も，ドイツ帝国で最大の生産地であった。綿工業については紡錘数が1871年の128,000から1914年には176,5000へ——織機数は同じく27,300から46,000へ——と増加してはいる。だがこれはドイツ全体の活力——1871～1914年にその伸び率は紡錘数で170%，織機数で300%の増加であった——からすればきわめて緩やかな伸びであった。化学については，繊維工業の補完商品として染料を中心にオーバーエルザス県で発達していたが，外国との競争により一部を除き弱体化した。

　エルザスの製鉄業は基本的にドイツの保護政策が弱かったこともあって衰退する。ルール工業地帯からはその遠さによりある程度競争から守られていたものの，フランスにとどまったロレーヌ部分，次いでロートリンゲン県における製鉄との競争に敗北したのである。また手工業は，大工業の進展とともに全体的に弱体化の傾向にあった。ただし，ドイツの手工業組織のなかで一定の役割を維持することはできた。シュトラースブルクには1899年にエルザス＝ロートリンゲン手工業会議所が設立され大工業の圧迫から自衛し，もちろん中世的なギルドの組織の復活ではなく，各種の専門学校をつくって組合横断的に若者の職業形成の組織化に着手した。19世紀末から20世紀初めにかけてエルザスで結成された組織（任意組合，強制組合，手工業者組合，同業組合）全体で見ると，1903年に85の組合数で4,200人の組合員数であったが，1913年にはそれぞれ168組合，9,951人に増えた。これは，規模こそ小さいが，大工業自体の産別組合や組合連合会——経営者のものであれ，労働者のものであれ，あるいはドイツの中央組合の支部としてであれエルザス独自のものであれ——の急速な伸長に対応した動きと見ることができよう。

(2) 伸びた部門

　高関税率によるフランス市場からの締め出しによって，エルザスの諸産業にとってはドイツ市場または国際市場への適応こそが生きる道であり，これによって逆に弾みをつけられた部門も少なくない。あるいはそうした市場構造の変化と

は無関係に当該時代の技術革新や新規商品の需要拡大によって伸びた部門もあった。それらは機械，一部の繊維，鉱業（石油，カリ），食品など多岐にわたった。

製鉄部門は弱体化したが，金属・機械工業は大発展を遂げた。とくに注目すべきは上記のSACM（エルザス機械製造会社）である。グラーフェンシュターデン工場では主に機関車や鉄道資材を，ミュールハウゼン工場では繊維関連機械，電気機械，鋳物製品が製造され，同社は全体で9,000人の労働者をかかえるヨーロッパの主要メーカーの一つとなった。シュトラースブルクの老舗の製鉄メーカーであるドゥ=ディートリヒは，併合後，高熱・高温に耐える製鉄用の炉胸，琺瑯びきのタンク，暖房設備，犂べらなど製品の多様化に向かい，製鉄自体は総売上高の半分しか占めなくなる。機械部門ではほかにビール醸造用設備，工作機械，起重機，板金，農業機械，水力タービン，ボイラー，荷役用機器，洗濯機，紙袋製造機，自動車[92]，等々，実にさまざまな部門が発進した。

繊維は全体的にかつての活力を失ったものの伸びたところもあった。ミュールハウゼンの工業の花形であった捺染綿布については，往時の繁栄と比べれば現状維持に近い成長水準であったが，高級品特化によってドイツ市場のみならず国際市場への展開を見せた。また毛織物も成功部門の一つであった。併合後に6社が興り，雇用労働者数は1869年の7,147人から1907年には18,008人に増えた。老舗のマールキルヒ（サント=マリ=オ=ミーヌ）の毛織物はこの時代紡錘数を130,000から700,000へと増加させた。他方，ヨーロッパ全体の動きと同様に企業集中も進み，オーバーエルザス県では企業数が1871年の15,000から1907年には7,600に半減した。

鉱業では新たな潜在力をもった部門が現れた。石油とカリ鉱石である。エルザス北部の油層については少なくとも15世紀には知られており，ル=ベル Le Bel 一族が18世紀頃に年間数100トン足らずの採油をおこなっていた。1889年以降株式会社化したあと，同社はボーリング技術の進歩のおかげでペシェルブロン（図14-4を参照）を中心に最大600 m近くまで掘削できるようになり，生産は1890年に13,000トン，1913年には50,000トンにまで増大した[93]。雇用数は1872年に73

14　ライヒスラント時代（1871-1918年）のエルザスの政治・経済　│　337

人だったが，1913年には433人に増えていた。一方，これより後れて1904年に
ミュールハウゼン近傍で石炭や石油の鉱脈を求めて試掘をしたところカリ鉱石
が発見された。独仏4社の企業連合で1910年から採掘が開始され，肥料の需要
増大に合わせて塩化カリウムに加工して急成長した[94]。

　食品部門は人口急増を背景に域外市場を目指す多種多様な商品により大いに
発展した。缶詰，製糖，製粉，植民地物産の加工（チョコレート，コーヒーなど），
食肉加工，フォワグラ，果実蒸留酒，ビール醸造，等々，今日のアルザスの食品
ブランドができあがった。

　ところで他方，19世紀半ばのアルザスの産業地図を想い起こしてみると，それ
は産業革命の名に値する繊維，機械，化学など大工業が発展したオー＝ラン県
と，多種多様な小工業を中心とする「（産業）革命なき工業化」によって特徴づけ
られるバ＝ラン県という二元的な構造―あるいは相対的に過剰人口をかかえた
山間地からなる工業的アルザス（南半分）と肥沃な土壌をもつ平野からなる農業
的・商業的アルザス（北半分）という二分法―になっていた。それでいて雇用数
は両県でほとんど同水準であった[96]。この二元的構造からなるエルザス域内経済
の空間構成は，併合後この地の企業全体が市場環境の変化への適応と再編成を
余儀なくされながらもしばしばそれに成功したこと，そして水運，鉄道を中心と
する輸送ネットワークの拡充によって行政・商業都市の性格をさらに強めた主都
シュトラースブルクを核とするウンターエルザスの一定程度の商工業的成長を
考慮に入れても，ライヒスラントのこの47年間においてさほど大きくは変化しな
かったと結論づけることができよう[97]。

3-5. 生活水準の向上

　併合後のインフラストラクチャーの拡充については先に述べたとおりである。
それらは産業基盤としてだけでなく，社会生活の福祉を増大させたことはいうま
でもない。街灯，水道，電気，都市ガスの配備とサービスはフランスに数十年先
んじた。労働力不足ゆえ名目賃金は上昇の趨勢―ただし実質賃金の上昇は後期
に減速―にあった。社会保障面でも，エルザス＝ロートリンゲンの人びとは，フ

338

表 14-3　エルザス＝ロートリンゲンの貯蓄資産の増加

年	貯蓄・貸付金庫における預金総額（マルク）	同一人当たり預金額（マルク）
1872	7,413,000	4.79
1882	34,703,000	22.16
1892	88,436,000	54.73
1902	166,447,000	92.75
1905	196,432,000	108.67
1911	262,758,000	140.07

出典：*Das Elsass von 1870-1932*（1931-38）IV, S.32.

ランスに先んじたドイツの社会政策（＝ビスマルクによる「アメ」の政策）の恩恵に与った。1880年代に始まった制度化 ― 健康保険（1883），労災保険（1884），老齢保険（1891），労働者の団結権（1889），労働紛争関連仲裁裁判所の創立（1890）― は，さらに少し後になるが1911年には疾病・傷害保険，妊娠・遺族（寡婦，寡夫，孤児）関連年金の制度，などが導入されてほぼ完成形に近づいた。

　このうちここでは庶民金融と農業協同組合についていくつかの指標を挙げておきたい。中小の基礎自治体においては貯蓄金庫のネットワークが形成されたが，とりわけ協同組合形態の相互信用金庫の発展は人びとの暮らしを安定化させるものであった。ここではドイツからやってきたH. シュルツェ＝デーリッチュとF. W. ライファイゼンのイニシアティヴによる信用金庫の役割がとくに重要である。前者は都市の小商工業者の相互信用組織を普及させ，後者はドイツで設立した相互信用の貯蓄・貸付金庫 Spar- und Darlehnskasse を1882年からライヒスラントの農村で展開し始めた。表14-3はライヒスラントにおけるライファイゼンのものを含む貯蓄・貸付金庫の預金総額の推移を示している。エルザスのみについていえば，貯蓄金庫の数は1880年に18に，そして1914年には69に増えていた。とくに農業者にとっては不作や虫害などに伴うさまざまな負債，あるいは高利貸しへの従属からの解放を意味した。また規模が小さく不安定な農業経営は協同組合化によって共同販売（穀物，ワイン，乳製品，ホップ）や農業機械 ― 機械といってもなお刈り取り機，草刈り機，牛乳の遠心分離機などにすぎないが ― の共同購入をおこなうことができるようになった。

　以上，経済面でのエルザスの相対的な満足度を表すいくつかの指標が明らか

14　ライヒスラント時代（1871-1918年）のエルザスの政治・経済　339

になったかと思う。市場環境の激変はエルザスの諸部門にとってドイツ内外の競争に際して大きなハンディとなり，苦難の連続であった。しかし新しい環境のもとで発展の場所・方法を探り当てる努力をおこなった結果，次第にこれを克服し，新旧のエルザス企業のドイツ市場への適応は最終的には一応成功したといってよいだろう。社会生活においても，種々のドイツ的な組織化によって，とりわけ最後の15年間において多くの獲得物を享受した。1918年には，今度は，1871年のときと同規模の市場環境の変更（ドイツ市場の喪失，フランスの同業者との競争など）を被るという憂き目に遭うが，戦間期の「アルザスの不快感」はまさにこのドイツ体験から来たのだ。1918年のフランスへの再併合後も，備え，貯蓄，連帯など社会生活にとっての重要な心構え，労使協調の要としてエルザスの経営者たちはこれらの存続を要求し続けた。そしてこのようないわばライン型資本主義の諸要素は，フランスにおける1945年の一般社会保障制度の成立の後もアルザスとロレーヌ（モゼル）のいわゆる「地方特別制度」régime local [100] の一部として残り，いまでも生きているのである。

4. 結　語

　以上述べたところにより，ライヒスラントの政治・経済の特徴は経時的に一様ではなかったことは明らかであり，大きくいえばこの19世紀末までとそれ以降の二つの時期において大きく様相を変えたといってよいだろう。とくに後期の約20年間における政治・経済の質的な変容は，ドイツべったりでもなくフランスへの回帰を目指すものでもない，エルザス人の地域主義的，自治主義的な心性の形成要因となったのである。

　とくに経済面では，急速で著しい工業発展期にあったドイツ帝国のなかで，ライン河下流域の重工業地帯，ロートリンゲン県の石炭・鉄鉱石の産地，そして広大なドイツ市場とつなげられることで，エルザスにもその成長の恵みが大いに均霑し，同時期のフランス諸地域に比べて高い経済的パフォーマンスを獲得した。この点は当然ながらドイツ側の歴史叙述においては普通に主張される部分であ

り，フランス側では長らく認めたくなかった部分であろう。併合前から先進工業地域であったこの地域は47年のうちに，有為転変こそあれ，さらにその特徴を強めたといって間違いなかろう。となるとこの時代は，第三者的，中立的な見方からすると，政治的不遇と相対的な経済的満足という政治史，経済史のねじれのようなものとして今日普通にイメージされるかもしれない。だが筆者はさらに，これは単なるねじれではなくて，政治的に多少とも地方分権的，邦国分立主義的色彩の強い行政制度の下におかれて，エルザス人は多かれ少なかれ積極的にある種のドイツ的自由の空気を呼吸したのではないかと考える。したがって，経済的パフォーマンスの高さと，政治上の一定のオートノミーとが相俟ってエルザス人のある程度の満足感を育んだのではないかとひとまず結論づけることができよう。

　もとより経済生活が政治的決着に翻弄され，大きな影響を受けるという点で，経済史は政治史の関数であるともいえるが，しばしば帰属の変更を余儀なくされたエルザス（およびロートリンゲン）に関して，少なくとも短期的には，とくにそのことが当てはまるといってよいだろう。しかし，ことはそれほど単純ではない。この国境の地は，フランス領の時代，ドイツ領の時代とを問わずそれぞれショーウィンドウの役割を担わされて，社会経済的に厚遇されるということもあったのだ。1648年のヴェストファーレン条約でフランス領となってから少なくともフランス革命まで，アルザスはいわば仏独両属的，一国両制的な政治・経済環境を許された。逆方向ながらドイツ帝国時代の1871〜1918年もしかりであった。エルザスは政治をある程度犠牲にしつつも高い経済的パフォーマンスを実現しえたともいいうるが，さらに政治の領域でも1648年から1871年までのフランスの懐のなかでは経験しなかった自治を与えられた結果，中期的には邦国分立主義のドイツ的自由をある程度享受することができたのであった。

　帝国のなかの一邦国の土台を与えた1911年の基本法は，たしかにドイツのほかの諸邦に比べると帝国への従属度は高いとはいえ，ドイツ的自由の象徴ともいえよう。さればこそ，第一次世界大戦末期の政治的混乱のなかでドイツが帝政に替えて共和政を宣言し，ソ連の影響も手伝って，エルザス＝ロートリンゲン国民

評議会なるものができたが，そのときの「国民」の枠はドイツでもフランスでもなくエルザス＝ロートリンゲンなのであった。とくに左傾化したシュトラースブルクの諸評議会を中心に，中立的な社会主義共和国をこの枠組みにおいてつくろうと模索したのである。(101) しかしこの動きはフランス軍のエルザスへの登場によって一気につぶされ—そしてここからはエルザスがアルザスに戻り—，その勢いで自治主義者ないし独立派の声もいったん消失していくのであるが，この47年間のドイツ体験は，だからといって当然再フランス化とともに無に帰すわけでない。客観的に見れば短く脆いものであれ，国民的実体をライヒスラントとして認識した点は大きい。さらにいえば，エルザスとロートリンゲンは異質の歴史的個体であったと冒頭に述べたが，河川や運河を介してロートリンゲンの石炭と鉄がエルザスの産業，さらにはドイツ全体の産業と有機的に再結合したことで繁栄の条件を与えられ，二つの地方が少なくとも経済面で一定のまとまりを得たのであった。19世紀末〜20世紀初めの「エルザス＝ロートリンゲン問題」というのは定式化された一つの政治的表現として国際的に知られることとなったが，二つを合わせた地域の内側から見れば一つの歴史的なあるいは強制的な同質化の過程であり，短期間ながら忘れがたい歴史的集合記憶の場となったのだと結論づけることができよう。(102)

付 記
渡部茂先生には筆者が早稲田大学大学院時代に後輩として山川義雄研究室の末席を汚すようになって以来，公私にわたりご指導いただきました。先生の古稀をお祝い申しあげますとともに，寄稿をお許しいただきましたことに対して先生ならびに刊行委員各位に心より謝意を表します。

（注）
（1）オー＝ラン県南西部に位置したベルフォール Belfort とその周辺部はフランス領にとどまって，1922年に正式にテリトワール＝ドゥ＝ベルフォール県となり，現在に至る。
（2）いうまでもなくフランス語でエルザスはアルザス，ロートリンゲンはロレーヌを指す。以下，直接ライヒスラント時代に関するときにはドイツ語，一般的なア

ルザス史に関するときはフランス語で表記する。

(3) フランス側では，『最後の授業』で有名なアルフォンス・ドーデのようなアンガージュマンの非アルザス人の同時代作家や親仏の政治家はさておき，第二次世界大戦の前の世代のフランスの歴史家としてはストラスブール生まれの Rodolphe Reuss（1841-1924）やベブレナイム（オー＝ラン県）生まれの Christian Pfister（1857-1933）らがいる。たとえば 1896 年にアルザスを離れてパリでアルザス史の研究をし続けていた上記ロイスは，1912 年初版の著書の序文においてあくまでも事実に忠実に科学的，客観的にアルザス史を叙述するのだというはっきりとした意思を示した後，版を重ねた 1916 年のまさに戦時中の序文では，3 人の息子をこの大戦で失った父としても，その叙述において明確な親仏の立場を隠さなかった。REUSS（R.）(1918)．pp.vii-xi.

(4) たとえば *Histoire de l'Alsace*（1991）がそうである。初版は 1970 年であるが，1991 版においてもライヒスラントの章に 36 頁も充てておきながら経済についての叙述はほんの 1 頁程度にすぎない。

(5) たとえば WENTZKE（P.）(1921)では，全編にわたって親独的歴史観が貫かれ，ドイツ統一の象徴としてのライヒスラントの再喪失の惜念に満ちている。冷静な観察者だけが「エルザス＝ロートリンゲンの喪失とともに，ドイツはその存在理由をも失ったのだ」ということを理解できる，「エルザス＝ロートリンゲンは何よりもドイツ統一の運命の地である」．など。*Ibid.*, S. 225, 228.

(6) Martin Spahn,《Wirtschaft und Staat im elsass-lothringischen Schicksal》, in SCHLENKER（Max, hrsg. von）(1931)．S. 3. シュレンカーの編集によるこの著書（1931）自体はエルザス人と 1918 年以降にエルザスからドイツに移ってきた人びととからなる 12 名の執筆者による共同研究の成果であった。ヴェルサイユ条約から 10 数年しか経っていない戦間期において，ドイツ人はライヒスラント時代の行政の効率性を強調する一方，全体として発展していたこの時代についての歪んだ情報が拡がっていた状況にかんがみ，その発展についての客観的な実態を明らかにすべしとシュヴァンダーは序文でいうのであった。Rudolf Schwander,《Zur Einführung》, in SCHLENKER（Max, hrsg. von）(1931)．S. 1-2. なおシュヴァンダーはエルザスのコルマール出身でドイツ帝国時代にシュトラースブルク（ストラスブール）市長，短期間だが 1918 年にはライヒスラント総督を務めたが，1922 年にフランクフルト＝アム＝マインに移り住んで文筆活動に勤しんだ。1918 年の後にドイツを選んだエルザス人ということになる。

(7) 拙著（2009）．pp.vii-viii を参照。

(8) 筆者はこの時代のアルザス経済に対するいくぶん肯定的な見方についてすでに素描を試みている。拙稿（2012）．pp.12-13。本稿では政治・行政を含めたより全体的な地域像を提示したいと考えるのである。

(9) WAHL（A.）et RICHEZ（J.-C.）(1993)．pp.12-13. 関連する研究文献にあたっ

てみて，実際にアルザス史の研究者が中立性を意識するようになったのはここ
数十年前からのことにすぎないという実感が筆者にもある。

（10）フランス語の県 département というのは文字どおり「切り分けられたもの」
という語源をもつ。面積と人口だけを勘案した，それ自体としてはある意味で共
和国の運営にとって理論上はきわめて合理的な地方行政の枠組みの決定であっ
た。

（11）アルザスの大部分は 1648 年までは神聖ローマ帝国に帰属していたわけであ
るから，1871 年の併合はドイツからすればフランスからの「奪還」の意味があっ
たわけである。

（12）この点はフランスへの再併合後すぐに顕在化する。ロレーヌ側では 1918 年
以降しばらくの間，ロレーヌ（またはモゼル県）とアルザス（とくにストラスブー
ル）の結合関係の分離を強く主張し，両者の違いを明確にしようという世論が力
をもった。ロレーヌ側のメディアには，たとえば「アルザス＝ロレーヌ〔エルザ
ス＝ロートリンゲン〕は紙の上でしか存在しない実体であった。実際には，た
とえばノルマンディ人がピカルディ人と異なるのと同じように，アルザス人はロ
レーヌ人とは異なるのだ。二つを結びつけていたただ一つの絆は人為的なもの
であり，帝国直轄領に帰属していたということだけだ」といった多くの言説が
あった。F. Roth, « Les relations entre l'Alsace et Lorraine à l'époque de l'annexion,
1871-1918 et leur héritage», in ROTH（F., sous la direction de）（2006），p.183.

（13）ところでアルザスとロレーヌがより大きな枠組みに統合されるかたちは，最
近のフランスの大合併（2016 年成立）―グラン・エスト Grand-Est（大東部）と
いう新地域圏のなかにアルザス，シャンパーニュ＝アルデンヌ，ロレーヌが統合
され，主都はストラスブールである―において再現されている。この三者ない
し四者は各々独自の歴史的個性を有する異なった地方であり，目下，ライヒス
ラントにおけるような外在的な要因ではなく，公的支出の削減と住民のニーズに
最良に応えるという内在的な要因で地域統合の実験がおこなわれている。合議
で決まったこととはいえ，この新地域圏の将来に懸念を抱く向きも少なくないよ
うだ。

（14）以下，制度の変遷に関しては特記なき限り，SITTLER（L.）（1973）；WEHLER
（H. U.）（1979）；VOGLER（B.）（1995）；拙著（2009）を参照。

（15）皇帝の私領ではないのである。そもそもプロイセン王ヴィルヘルム 1 世を皇
帝とするこの帝政宣言はこのときヴェルサイユに集まった 25 のドイツ邦国の代
表によっておこなわれたことに注意すべきである。同年 5 月 10 日調印の条約で
割譲される部分の扱いについても，プロイセン王国の国民自由党は同邦への併
合を，バイエルン王国やヴュルテンベルク王国は自邦への一部併合を，バーデ
ン大公国は中立化を要求するなど，25 邦ではさまざまなスタンスがとられた。
ビスマルクはこうした状況にかんがみ，共有領地として帝国で一括して統治す

るという妥協的なアイデアを打ち出したという次第であった。MISTLER（A.）
et al.（1990），p.38. この共有の領地というやりかたはヨーロッパの歴史ではさほ
ど珍しいことではなく，たとえばスイス盟約者団の形成史においてもその実例
が想起されよう。

(16) たとえばほぼ同時代のベルギー国王のレーオポルト 2 世が私的に所有・経営
したコンゴ植民地がこれにあたる。

(17) 独裁は文字どおりの意味ではなくて，公安の紊乱の危機に瀕した際に専断の
施策を採ることができるという，ライヒスラント行政に関して帝国政府によって
法的に認められたいわゆる独裁条項（類似のものは併合前のフランスの制度にも
存在した）をもうけていたということである。拙著（2009），p.224。

(18) 上級官僚はほとんどプロイセン出身者で独占された。1890 年からエルザス人
も一部採用されるようになるが，ロートリンゲンからは 1918 年まで一人も採用
されなかった。ドイツ語により早く習熟したエルザス人にとってロートリンゲン
はよい公務員市場であった。その一方で中・下級役人は現地でリクルートされ
ることもあった。F. Roth, article cité , in ROTH（F., sous la direction de）(2006)，
pp.178-179.

(19) Jean Schlumberger (1819-1908)．シュランベルジェ。L'Encyclopédie de L'Alsace
（1982-86），vol.11，p.6749.

(20) Ministerium の訳語であり普通は省と訳すべきところ，政庁としたのは，総
督 Statthalter と併せて，イギリス統治時代の香港の行政制度になぞらえた。し
たがって，植民地統治とのアナロジーで誤解をされないことを前提に，政庁を
総督府といいかえてもよい。

(21) ただし司法の領域では，各地の地方裁判所が総督の所轄にあったが，控訴院
（地方高等裁判所）は，歴史的伝統に従って，コルマールにおかれ，帝国の最高
裁と直結した。また防衛関係，後に充実する鉄道，郵政，電信電話事業の運営
については，総督はベルリーンのラインから外れた。

(22) すなわちこの状況は，ビスマルクの社会政策を特徴づける「アメとムチ」の
ムチの象徴である社会主義者鎮圧法（1878 年成立）が 1890 年に廃止されて社会
政策が軟化したことと無関係ではないであろう。拙著（2009），p.229。

(23) 《die Verfassung Elsass-Lothringens》(《la constitution d'Alsace-Lorraine》）の訳。
いわば定款以上，憲法未満の位置づけであり，政体書というものに近いが，国
家ではないので単に基本法とした。26 カ条から成り，ドイツ帝国皇帝の連邦参
議院・帝国議会の議を経てライヒスラントに賦与された。以下に述べる総督や
ライヒスラントの行政に関する諸規定のほか，ドイツ語を公式言語とすることな
どの規程がある。

(24) ラント Land は現代ドイツでは州であるが，この時代においては制度上邦ま
たは邦国という訳語が適切だと思われる。

（25）MISTLER（A.）et al.（1990），p.48.

（26）現代のフランス側の通史では，ドイツ帝国のなかの連邦構成諸邦にあるそれぞれのナショナリティの強さと比べた場合のライヒスラントの不十分さ，政体上の特殊性の方を強調しつつ，ドイツ内での不遇を知らせるような記述もなお残っている。たとえば *Histoire de l'Alsace*（1991），pp.453-454.

（27）VOGLER（B.）（1995），pp.174-175；WAHL（A.）et RICHEZ（J.-C.）（1993），pp.245-246. また若者はドイツ領になってから制度化された16歳での兵役を忌避してエルザスを離れるものも少なくなく，それによる後継者の喪失を惧れた企業家自身のなかにも，これに先んじてフランスに向かう人がいた。

（28）Auguste-Charles Schneegans（1835-1898）。ストラスブール生まれのジャーナリスト，政治家。1871年2月のフランスのボルドー国民議会 — アルザスとロレーヌの割譲を決定した国防政府の議会 — で反併合を主張した経験をもつ。

（29）SITTLER（L.）（1973），p.265.

（30）Jacques Kablé（1830-1887）．ブルーマット（ブリュマット，ウンターエルザス県）生まれの政治家。*L'Encyclopédie de L'Alsace*（1982-86），vol.7，p.4399.

（31）F. ロートによれば，ロートリンゲン側から見ると，ロートリンゲン住民が政治空間としてのライヒスラントに政治的アイデンティティを意識するようになるのはまさにこの政党政治の地方への伝播をきっかけとしていた。F. Roth, article cité , in ROTH（F., sous la direction de）（2006），pp.179-180.

（32）拙著（2009），p.229。

（33）穏健な社会民主主義を含めて統計上マルクス主義支持者とされる人びとの帝国議会ならびにライヒスラント下院の選挙での得票率は，社会主義者鎮圧法が適用されていた時期ではほぼ1％未満であったのに対して，同法が廃止になる1890年には10.7％，1893年に19.3％，1903年に24.2％，1912年に31.7％，そして1919年には34％にまで伸びたのであった。*Das Elsass von 1870-1932*（1931-1938），IV, S. 22.

（34）弁護士のダニエル・ブルーメンタル Daniel Blumenthal（1860-1930）— タン（オーバーエルザス）生まれ — が南ドイツ人民同盟に倣ってつくった政党。ここでいう《Volk》はナショナリズム概念でいう国民よりもむしろ人民，民衆というものに近く，エルザス＝ロートリンゲンの国民的な独立を主張するものではなかった。*L'Encyclopédie de l'Alsace*（1982-1986），vol.2, p.712.

（35）ダニエル・ブルーメンタルが中央党に接近したために，かれを排除したかたちでできた同盟。*Id.*

（36）IGERSHEIM（F.）（2016），p.121. この著者によれば，この地のナショナリストはとくにブーランジェ事件（1889年）以降高揚したフランスかドイツのナショナリズムの影響を受けているだけであった。この時代はしたがって，再び高まったナショナリズムを，いわば応用問題のようなかたちで，ライヒスラ

ントという舞台にどのように適用していくかという状態にあったものとして理解できるかもしれない。*L'Encyclopédie de L'Alsace*（1982-86），vol.6，p.3534；IGERSHEIM（F.）（2016），p.128.

(37) Salomon Grumbach（1884-1952）。ハットシュタット（オーバーエルザス県）生まれのジャーナリスト，政治家。5年任期の大統領をおくという具体的な構想ではあったが，ドイツ本国の影響が強く，故地エルザスを共和国化したうえで，ブルジョワジーではなく労働者階級の力で，封建性の残るドイツ全体の共和国化を目指すというものであった。

(38) Anselme Laugel（1851-1928）。シュトラースブルク生まれのカトリック系政治家，エルザス学芸の保護推進者（『エルザス図解雑誌』*Revue alsacienne illustrée*の推進者の一人）。Jacques Preiss（1859-1916）。リックヴィール生まれの弁護士，カトリック系政治家。上記国民同盟の創設者の一人。*L'Encyclopédie de L'Alsace*（1982-86），vol.8，p.4664，vol.10，p.6146；WAHL（A.）et RICHEZ（J.-C.）（1993），248.

(39) Émile Wetterlé（1861-1931）。コルマール（オー＝ラン県）生まれ。カトリック聖職者。*L'Encyclopédie de L'Alsace*（1982-86），vol.12，pp.7728-7729.

(40) Charles Grad（1842-90）。産業家，出版者，政治家。併合後政治に目覚め，穏健な自治主義者となった。*L'Encyclopédie de L'Alsace*（1982-86），vol.6，p.3437.

(41) MISTLER（Anne）et al.（1990），p.47. ヴェッテルレは1908年に反ゲルマーニア主義者の横柄さを激しく糾弾する記事を書いたとして1909年に入牢の憂き目にあったが，それにめげず今度は自治主義の大同団結を目指したのであった。*L'Encyclopédie de L'Alsace*（1982-86），vol.12，p.7729.

(42) MISTLER（A.）et al.（1990），p.48.

(43) Hugo（ou Hugues）Zorn de Bulach（1851-1922）。アルザス貴族の名門に生まれた政治家。1908年にエルザス出身の総務長官――ただしそれまでの同政庁農業・公共事業担当補佐官を兼務――として，中央党やロレーヌ連合といった邦議会会派の支持を受けて1911年体制を支えた。*Nouveau dictionnaire de biographie alsacienne*（1982-2003），no. 42，p.4403.

(44) MISTLER（A.）et al.（1990），p.49.

(45) PHILLIPSON（C.）（1918）.

(46) *Ibid.*，pp.272-279. フィリップスンによれば，もとよりビスマルク自身も当初中立国案を検討しなかったわけではないという。だが併合間もない時期のこととて，仏独間でひとたび事が起こったとき，住民はすぐさま中立を放棄してフランスに寄ってしまうだろうという読みをしたのであった。

(47) パレードは併合後 Neue Strasse（新通り）とよばれていた大通りの道筋を通過した。爾後この通りは Vingt-deux-Novembre（11月22日）通りと呼称を変えて（ナチズム体制下で一時期旧称に戻されるが）現在に至る。

(48) 拙著 (2009), p.249.

(49) ただしもちろん一枚岩ではなかった。第一次世界大戦中, 戦勝を信じるドイツの軍人たちの多くは, 行政上の戦後処理に関して, 自治主義の勢威でゲルマニア化が進まない現状に鑑みて, ライヒスラントを解体させ, 有力な鉄・鉄鋼の生産地であるロートリンゲンのみをプロイセンに併合することを真剣に考えていたが, ロートリンゲンの関連業者たちもそれに賛成だったという。F. Roth, article cité, in ROTH (F., sous la direction de) (2006), p.182. ロートリンゲン人とエルザス人の同居は局限的な政治環境の下でのみ成立しえたのであった。

(50) この点, J. H. クラパム (1972) を参照。これは仏・独の経済史の比較というより両者を並列的に論じているが, 少なくとも全体図がよくわかる。

(51) *Das Elsass von 1870-1932* (1931-38), IV, S. 37.

(52) *Ibid.*, S. 12-13.

(53) HAU (M.) (1987), p.60.

(54) WAHL (A.) et RICHEZ (J.-C.) (1993), pp.18-19.

(55) *Die Bevölkerung Elsass=Lothringens nach den Ergebnissen der Volkszählung vom 1. Dezember 1905 und der früheren Zählungen* (1908), S. 8-9.

(56) *Das Elsass von 1870-1932* (1931-38), IV, S. 18-20.

(57) HAU (M.) (1987).

(58) *Ibid.*, p.263.

(59) 以上に関しては特記なき限り *cf.* HAU (M.) (1987), pp.235-263；VOGLER (B.) et HAU (M.) (1997), pp.201-268.

(60) たとえば併合前においてアルザスの金属・機械工業はパリ東部産の鉄を原料としていた。また綿工業では低賃金のヴォージュ県における織布部門はその綿糸供給の半分以上をアルザスの紡績部門に依存していたし, その織布の大部分を再びオー=ラン (オーバーエルザス) 県の仕上げ部門 (漂白, 染色, 捺染) に引き渡していたのであった。HAU (M.) (1987), p.235.

(61) *Ibid.*, p.240.

(62) *Ibid.*, p.237. また工場とともにしばしば労働者も移住した。

(63) Société Alsacienne de constructions mécaniques (アルザス機械製造会社)。1826 年にアンドレ・ケクラン社によってミュルーズ (ミュールハウゼン) に設立された繊維機械メーカーが前身で, 1839 年から蒸気機関車も製造。併合後グラーフェンシュターデン (シュトラースブルクの南郊) の同業者と合併して SACM となる。

(64) ヨーロッパの葡萄産地を襲ったフィロクセラ (ネアブラムシ) は, エルザスでも 1874 ～ 1913 年の間完全には収まらなかった。

(65) ただし, 引き上げられた関税率でもドイツは大陸ヨーロッパでは最も低かったという。HAU (M.) (1987), p.248.

(66) *Ibid.*, p.251.

(67) 以下陸路については *cf.* BRAUN（Jean）（1988），pp.99-107.

(68) 国道，県道，基礎自治体道を合わせて，道路の総キロ数はウンターエルザス県では 1870 年の 3,726 km から 1912 年には 4,557.5 km へ，同じくオーバーエルザス県では 2,092.7 km から 2,954.7 km へと伸びた。*Das Elsass von 1870-1932*（1931-38），IV, S. 177.

(69) *Cf.* Frany H. Hansen,《Die Rheinregulierung Mannheim-Strassburg und ihre Bedeutung für Elsaß-Lothringen》, in SCHLENKER（Max, herausgegeben von）（1931），S. 581-596；拙稿（2003），pp.72-74；同（2013），pp.62-65；同（2014），pp.80-82.

(70) とりわけマンハイム－シュトラースブルク間のそれが重要であり，2 m の水深を確保する事業であった。ただし計画は 1890 年からあったものの，マンハイムやバーデンなどとの協議が遅れてようやく 1906 年に採択され 1914 年に完成した。

(71) シュトラースブルク地点より上流区間の上ライン地方の航行を容易にするための工事であった。この区間は流路が一定ではなく，また難所が多かったため，同じ河から取水して左岸につくられた脇運河は上り，下りの船舶航行にとってきわめて重要なものであった。これは後の大アルザス運河（1959 年運用開始）に発展していく。

(72) それまで河港は市街地近くにあって，ライン河から離れており，非常に不便であった。ライン港とよばれたこの新港には 1890 年代までに石炭置き場や倉庫を備えた商業バース（泊渠）や工業用地を備えた工業バースなどがつくられ，石油専用の港にははじめて蒸気船が入ってきた（1893）。拙稿（2003），p.73。

(73) Frany H. Hansen,《Die Rheinregulierung Mannheim-Strassburg und ihre Bedeutung für Elsaß-Lothringen》, S. 590.

(74) *Documents de l'histoire de l'Alsace*（1972），p.431.

(75) SCHWAB（R.）（1980），p.302.

(76) *Das Elsass von 1870-1932*（1931-38），IV，S. 183．ただし人口一人当たりキロ数ならびにその伸び率の点ではフランスのそれとほぼ同じであった。JUILLARD（É.）（1953），p.423.

(77) SCHWAB（R.）（1980），p.304.

(78) *Cf.* Robert Zech,《Die Entwicklung des Post-, Telegraphen- und Fernsprechwesens in Elsaß-Lothringen von 1871 bis 1914》, in SCHLENKER（Max, herausgegeben von）（1931），S. 545-580.

(79) *Das Elsass von 1870-1932*（1931-38），IV，S. 191.

(80) 1912 年において，ドイツはフランスの 4 倍の電話機を有し，通話数も 7 倍であった。J. H. クラパム（1972），p.412。電話に関するエルザスの状況はドイツに

おけるそのような普及水準を反映していたわけである。

(81) Philippe Dollinger,《Une réelle prospérité》, in HEIZ（R.)et al.（1979）. pp.68-69. さらに電力はシュトラースブルクやミュールハウゼンでは路面電車用に利用されるようになった。

(82) *Cf.* Walter Bing,《Die Entwicklung des Bank- und Börsenwesens von 1871 bis 1914》, in SCHLENKER（Max, herausgegeben von）(1931). S. 443-484.

(83) *Das Elsass von 1870-1932*（1931-38）. IV. S. 165. フランス銀行エルザス諸支店は1919年に再開する。

(84) la Société générale alsacienne de Banque（die Allgemeine Elsässische Bankgesellschaft）.

(85) 1874年から die Straßburger Bank Ch. Staehing, L. Valentin & C. という株式合資会社として再編。

(86) *Das Elsass von 1870-1932*（1931-38）. IV, S. 166-167. 前半につては一部データを欠いている。なお，1900年までこれらの銀行ではマルクではなく，フランで勘定されていた。*Ibid.*, S. 166.

(87) 実はこのように整備されたエルザスの金融機関は1918年以降フランスでのモデルとなっていくのである。HAU（M.)(1987). p.248.

(88) 以下，本項に関しては特記なき限り *cf. Das Elsass von 1870-1932*（1931-38）. IV. S. 121-163；SCHLENKER（Max, herausgegeben von）(1931). S. 53-544；HAU（M.)(1987). pp.245-263；VOGLER（B.)et HAU（M.)(1997). pp.203-235；Philippe Dollinger,《Une réelle prospérité》, in HEIZ（R.)et al.（1979）. pp.59-72.

(89) 拙稿（1979)を参照。

(90) *Das Elsass von 1870-1932*（1931-38）. IV. S. 142.

(91) JUILLARD（É.)(1953). p.423.

(92) シュトラースブルク郊外のマイナウ（メノー)Meinau に草創期の各国の自動車販売の代理店として働いたマティスは，1901年に自ら自動車製造に乗り出した。

(93) Heinrich Jahns,《Der Erdölbergbau》, in SCHLENKER（Max, herausgegeben von）(1931). S. 125-133. とはいえ第二次世界大戦後には埋蔵量がなくなり，衰退する。

(94) Max Lauterbach,《Der elsässische Kalibergbau》, in SCHLENKER（Max, herausgegeben von）(1931). S. 135-154.

(95) 拙稿（2012). p.7。

(96) VOGLER（B.)et HAU（M.)(1997). p.152. 必ずしも大工業の進展だけで経済規模が測れないのはこのためである。

(97) アルザス北部に新しい工業化の波が訪れるのは1924年にストラスブール自

治港の建設とその周辺の工業用地の整備以降のことである。拙稿（2003）。

(98) Hermann Schulze-Delitzsch（1808-83）．ザクセン州デーリッチュに生まれる。Friedrich Wilhelm Raiffeisen（1818-88）．ラインラント＝プファルツ州のハム Hamm に生まれる。

(99) 競争ということでいえば，さらに企業の社会保障費の負担はドイツでは当然の経営風土になっていた—フランスにこの制度が導入されるのは 1930 年のことである—が，このこともしばらくはフランス他県の同業者に対してアルザスに不利にはたらいた。WAHL（A.）et RICHEZ（J.-C.）（1993），p.46.

(100) アルザス 2 県およびモゼル県にのみ適用される被保険者の負担が軽減された健康保険制度である。

(101) 拙著（2009），p.248。

(102) その忘れ難さはしかし決して甘いものではなかった。第一次大戦直後にロレーヌ側がアルザスとの違いを強調し，後者からの分離を主張した点は先に触れたとおりである。そしてそうした屈折した感情は，ライヒスラントにおけるエルザスのロートリンゲンに対するさまざまな点での優位状況（人口の多寡，行政サービスの主都への集中など）に由来した。1919 年以降フランスの中央集権体制への復帰後，種々の行政サービスの拠点がパリに移ったときアルザスでは「不快感」が生じたのに対して，反アルザス傾向をもったロレーヌでは，ライヒスラント時代におけるアルザスに対する一種の従属が解消されて，多くの人がむしろ満足したという。その地方感情を考慮に入れて，ヒットラーは 1940 年に再びこの地を占領したとき，ロートリンゲンとエルザスを別の地方行政単位に組み込んだのであった。世界史のなかで，あるいはとくにフランスにおいてアルザス＝ロレーヌという言辞はそれほど政治性・人為性の強い括り方だったのである。F. Roth, article cité, in ROTH（F., sous la direction de）（2006），p.188.

参考文献

石坂昭雄（2013）「ヨーロッパ史におけるアルザス＝ロレーヌ / エルザス＝ロートリンゲン地域問題 — 地域・言語・国民意識 — 」『札幌大学総合研究』第 4 号，所収（講演）

内田日出海（1979）「19 世紀におけるアルザス農業の基本的性格 — 1862 年の『フランス統計』を中心として」『経済学研究年報』（早稲田大学大学院経済学研究会編）第 19 号

内田日出海（2003）「ライン河航行とストラスブール自治港」『成蹊大学経済学部論集』第 34 巻第 1 号

内田日出海（2009）『物語 ストラスブールの歴史 — 国家の辺境，ヨーロッパの中核』中公新書

内田日出海 (2012)「アルザス経済史素描 — 周縁のポジティヴィティ」
『BULLETIN』(日仏経済学会編) 第 28 号

内田日出海 (2013)「ローヌ - ライン運河 — 『越境』から越境へ」『「越境」世界の
諸相 — 歴史と現在』(鈴木健夫編, 早稲田大学出版部)

内田日出海 (2014)「マルヌ - ライン運河に関する経済史的考察」『成蹊大学経済学
部論集』第 45 巻第 1 号

クラパム, J. H. (1972)『フランス・ドイツの経済発展 1815-1914 年』(林達監訳)
全 2 巻, 学文社

L'Alsace une histoire (1995) sous la direction de B. Vogler et al., OBERLIN, Strasbourg.

BRAUN (Jean) (1988) *Histoire des routes en Alsace (des origines à nos jours),*
Association des Publications près les Universités de Strasbourg, Strasbourg, 2e
édition.

*Die Bevölkerung Elsass=Lothringens nach den Ergebnissen der Volkszählung vom 1.
Dezember 1905 und der früheren Zählungen* (1908) Statistische Mittheilungen
über Elsass-Lothringen / hrsg. von dem statistischen Bureau des kaiserlichen
Oberpräsidiums in Strassburg, 31. Heft, Strassburg.

Documents de l'histoire de l'Alsace (1972) sous la direction de Philippe Dollinger, Privat,
Toulouse.

Das Elsass von 1870-1932 (1931-38) 4 Bände, herausgeben im Auftrage der Freunde
des Abbé F. X. Haegy von J. Rossé, M. Sturmel, A. Bleicher, F. Deiber, J. Keppi,
Alsatia, Colmar：Bd. II：*Geschichte der politischen Parteien und der Wirtschaft*；Bd.
IV (1938)：*Karten, Graphiken, Tabellen, Dokumente, Sach- und Namenregister.*

L'Encyclopédie de l'Alsace (1982-86) 12 vols, Publitotal, Strasbourg.

GALL (Jean-Marie) und SICK (Wolf-Dieter), herausgegeben von (1991) *Das
Elsaß. Bilder aus Wirtschaft, Kultur und Geschichte*, Konkordia, Bühl.

HAU (Michel) (1987) *L'industrialisation de l'Alsace (1803-1939),* Association des
Publications près les Universités de Strasbourg, Strasbourg.

HEIZ (Robert) et al. (1979) *L'Alsace de 1900 à nos jours,* Privat, Toulouse.

Histoire de l'Alsace (1991) sous la direction de Philippe Dollinger, Privat, Toulouse,
nouvelle édition.

IGERSHEIM (François) (2016) *L'Alsace politique 1870-1914,* P. U. S., Strasbourg.

JUILLARD (Étienne) (1953) *La vie rurale dans la plaine de Basse-Alsace. Essai de
géographie sociale,* Les Belles Lettres, Paris.

MISTLER (Anne), RICHEZ (Jean-Claude), GRASSER (Jean-Paul),
TRABAND (Gérard) et SCHWARTZ-HOLTZ (Jean-Paul) (1990) *Histoire
contemporaine d'Alsace,* Langue et Culture Régionales, Cahier No. 15：documents,
CRDP, Strasbourg.

Nouveau dictionnaire de biographie alsacienne（1982-2003），édité par la Fédération des Sociétés d'Histoire et d'Archéologie d'Alsace, 9 vols., Strasbourg, no. 42.

PHILLIPSON（Coleman）(1918) *Alsace-Lorraine. Past, Present, and Future*, T. Fisher Unwin, London.

REUSS（Rodolphe）(1918) *Histoire d'Alsace*, Boivin, Paris.

ROTH（François, sous la direction de）(2006) *Lorraine et Alsace, mille ans d'histoire*, Annales de l'Est, no. spécial, Langres-Saints-Geosmes.

SITTLER（Lucien）(1973) *L'Alsace. Terre d'histoire*, Alsatia, Colmar.

SCHLENKER（Max, herausgegeben von）(1931) *Die Wirtschaftliche Entwicklung Elsass-Lothringens 1871 bis 1918*, Das Reichsland Elsass-Lothringen 1871-1918（1931-1938)(4 Bände)，Selbstverlag des Elsass-Lothringischen Instituts, Frankfurt am Main, Bd. 2.

SCHWAB（Roland）(1980) *De la cellule rurale à la région. L'Alsace 1825-1960. Essai de Dynamique Régionale*, Ophrys, Paris.

VOGLER（Bernard）(1995) *Histoire politique de l'Alsace. De la Révolution à nos jours, un panorama des passions alsaciennes*, La Nuée Bleue, Strasbourg.

VOGLER（Bernard）et HAU（Michel)(1997) *Histoire économique de l'Alsace. Croissance, crises, innovations : vingt siècles de développement régional*, La Nuée Bleue, Strasbourg.

WAHL（A.)et RICHEZ（J.-C.)(1993) *L'Alsace entre France et Allemagne, 1850-1950*, Hachette, Paris.

WEHLER（Hans Ulrich）(1979) *Krisenherde des Kaiserreichs 1871-1918 : Studien zur deutschen Sozial- und Verfassungsgeschichte*, Vandenhoeck und Ruprecht, Göttingen.

WENTZKE（Paul）(1921) *Der deutschen Einheit Schicksalsland Elsass-Lothringen und das Reich im Neunzehnten und zwanzigsten Jahrhundert. Geschichtliche und politische Untersuchungen zur grossen rheinischen Frage*, Drei Masken Verlag, München.

WITTMANN（Bernard）(2009) *Die Geschichite des Elsass. Eine Innenansicht*, Morstadt, Kehl.

15　地域資源としての空き家の活用
−世田谷区きぬたまの家を事例に−

長 沼 佐 枝

1.　はじめに

　近年，都市においても空き家の増加が懸念されている。人口の減少が確実視される現在の人口動態が続くのならば，今後都市はいっそうの空き家を抱え込むことになり，そこから派生する事象が重要な都市問題となる可能性が高い。

　2014年の「空き家等対策の推進に関する特別措置法」（以下，空き家対策措置法とする）や2010年の所沢市の「所沢市空き家等の適正管理に関する条例」など，空き家対策に関する法令が相次いで成立したことは，空き家が深刻な問題として認識されつつあることの一端であろう。[1] 空き家問題には予防・管理・活用・除去など様々な段階があるが，とりわけ早急な対策を期待されるのが倒壊等により近隣に危険を及ぼす可能性のある空き家，いわゆる特定空き家である。[2] 特定空き家は建物自体が危険なだけでなく，防犯や防災の面で近隣環境の悪化を招き住宅地自体のランクダウンを引き起こす可能性がある。これに対して実行力のある対応を期待されているのは行政である。しかし，空き家は個人の財産であるため，どの程度まで関与すべきなのかの判断が難しく有効な手立てを打てない面があった。法令の整備によって行政が空き家問題に関わる法的な根拠を得たとみることもできるが，助言や指導を超えて個人の所有物である空き家の処分を行うことになれば，費用負担の問題や除去が必要な空き家に相当するのか否かの判断基準の曖昧さもあり実効性の面では課題が残されている（松下，2014）。したがって，建物の除去を前提とした空き家対策には限界があり，そうなる前にな

んらかの手立てを取ることが重要になる。

　こうしたなか注目を浴びているのが，まだ利用が可能な空き家を地域における資源として活用しようとする試みである。これは空き家を地域に開かれた空間として活用することで地域が抱える問題の解決に寄与しようとする動きである。早くから空き家が顕在化していた過疎地などでは，空き家を移住者の受け皿とすることで人口の維持を図ろうとする試みが行われてきた（地域活性化センター，2010）。しかし，十分な数の空き家が確保できず移住希望者の受け皿を確保できないケースや移住後のサポートが十分でないケースなど，空き家バンクや相談窓口を設けるだけでは移住者の定住が難しい実態も浮かび上がっている。また，空き家バンクや窓口はあるが事実上の開店休業状態にあり，定住人口の増加という点においては機能していないものも少なくない。こうした実態に対して米山（2014）は，移住者の定住には空き家の改修費用の助成や家賃の補助といったハード面だけでなく，地域社会との橋渡しや就業を含めた生活に対する総合的なサポートを行う仕組みを受け入れ側が整えることが必要性だと指摘する。また，空き家の所有者の多くは，いわゆるよそ者に家を貸すことに不安を抱いているため，オーナーに対する説明や支援を積極的に行うことが空き家の掘り起こしに有効だとする意見もある（中島，2010）。いずれにしても，よそ者である移住者が地域との信頼関係を構築できるような仕組みやそのためのサポートを受け入れ側となる地域が整えられるかが，彼らの定住に重要であるといえる。

　一方，都市における空き家の活用は過疎地とは異なる様相を呈する。都市における空き家の活用には，地域における開かれた空間としての役割を期待する向きがある。これは，子育ての場や高齢者の寄り合い所のように，地域福祉の一助となる空間として空き家を活用しようとする試みで，一部の自治体では空き家の持ち主と借り手を結びつけるマッチング事業も始まっている。こうした取り組みは始まったばかりであるが，現場レベルではすでにいくつかの課題が指摘され始めている。詳細は後述するが，供給される空き家の数に対して空き家の利用を希望する借り手の数が多く，需要と供給のバランスが取れていないことや，貸し手であるオーナーが空き家を地域のために利用してほしいと希望しても，当該物件

が建築基準法に適合していなければ貸すことができないなど，まず物件の抱える課題がある。また，こうした問題をクリアできたとしても，利用を希望する団体が活動するエリアに物件がないケースや，空き家近隣の住民に借り手である団体の活動が受け入れられないこともある。なにより，都市の空き家は不動産資産としての価値が高いため金銭面で折りあいがつかないことも少なくない。このように，都市においても空き家の活用に関する試みは始まっているものの，現実的な運用の段階になるとうまく機能しないことも多く，この点をいかに解決していくかが課題となっている。

　ここで，全国的に広がりつつある空き家活用事業のなかでも，空き家活用の運営や業務を取り扱う組織について分析した報告を確認しておきたい。三浦（2014）は奈良町における空き家の活用事業を取り上げ，空き家のマッチングを行っている団体の主要メンバーが地域との太いパイプを持つ者であることを指摘したうえで，新たに発生した空き家の情報が，すでに形成されていたネットワークを通して伝わってきたことを示し，こうした繋がりが空き家の発掘やマッチングに有用であったことを述べている。同様に，尾道市において調査を行った梅村（2015）も，空き家対策の窓口である空き家バンクの運営を，自治体が地元で空き家の再生活動に携わってきた団体に委託することで，その団体が持つ情報や地域との信頼関係をそのまま事業に生かせたことが，空き家バンクを有効に機能させることに繋がったとしている。いずれも事業主である自治体が直接指揮をとらずに地域での活動実績がある団体に事業を委託し，彼らがもつ情報やノウハウを活用できたことが空き家の活用に貢献したとみられる。

　しかし，こうした報告の多くは地方や過疎地を対象としており，都市における詳細な研究は数が限られているのが現状である。また，マッチング事業に携わる組織や事業を委託された団体の分析はなされているものの，空き家の借り手側にまで踏み込んだ報告は皆無に等しく研究の蓄積が必要である。以上を踏まえ，本稿では都市における空き家活用事業を取り上げ，事業に関わる組織や団体がマッチングを成立させたプロセスを明らかにすることで，これを可能とした背景を読み解くことを目的とする。

対象地域は都市において空き家活用事業を展開する世田谷区とした。主な調査対象は世田谷区から事業の委託を受ける一般財団法人世田谷トラストまちづくり（以下，世田谷トラストとする），ならびに世田谷トラストの仲介によって空き家を地域の子育て支援スペース（きぬたまの家）として活用するNPO団体（せたがや水辺デザインネットワーク）である。調査手法は主としてデータ分析とインタビュー調査を用いた。データ分析には国勢調査と住宅・土地統計調査報告ならびに世田谷区の資料など公的なものを使用した。インタビュー調査は，空き家活用事業の窓口業務を行う世田谷トラストの担当者，ならびにきぬたまの家を管轄する団体の代表者とそこで働くボランティアスタッフ・保育士に対して行った。(3)

2. 世田谷区の空き家の特徴

　世田谷区は東京都23区の南西部に位置する住宅地としての性格が強い地区である。区内には京王線や小田急線などが走り，新宿駅や渋谷駅といったターミナル駅へのアクセスも良好である。また南部を流れる多摩川や田畑などの緑地も多く残されており，生活上の利便性と環境のよさを兼ね備えた良好な住宅地としてのイメージが定着している（図15-1）。

　世田谷区の人口は1940年代から現在に至るまで概ね増加傾向にあるので，住宅需要も一定程度は確保されていると考えられがちであるが，住宅・土地統計調査報告によれば，2008年には34,790戸であった空き家の数は，2013年の調査において52,600戸へと増加している（表15-1）。つま

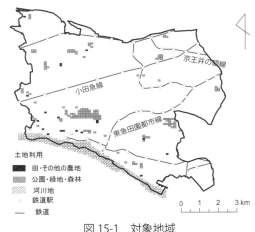

図15-1　対象地域
出典：都市地域土地利用細分メッシュデータより作成

15　地域資源としての空き家の活用　｜　357

表 15-1　世田谷区の空き家の種類

	2008	2013	2008-2013
二次的住宅	60	290	230
賃貸用の住宅	22,320	30,870	8,550
売却用住宅	1,890	1,750	-150
その他の住宅	10,520	19,690	9,170
総　数	34,790	52,600	17,810

出典：住宅・土地統計調査報告（2008・2013）より作成

り，数値の上では5年間で約18,000戸が新たに空き家に加わったことになる。人口の著しい減少が確認されていない同区であっても，居住者のいない住宅が着実に増えつつあることがわかる。

　住宅・土地統計調査報告において，空き家は二次的住宅・賃貸用の住宅・売却用の住宅・その他の住宅の4つに分類される。本稿で注目する個人住宅の空き家は，その他の住宅に相当する。そこで，世田谷区の空き家のうちその他の住宅だけを取り上げてみると，その戸数は19,690戸で全空き家52,600戸の約4割（37.4%）と大きな値を占める（住宅・土地統計調査報告, 2013）。図15-2は，東京都23区における空き家の数を前述の4区分に従って示したものである。これによれば，世田谷区の空き家数は大田区に次いでおり，23区内において最も多くの空き家を抱える区のひとつであることがわ

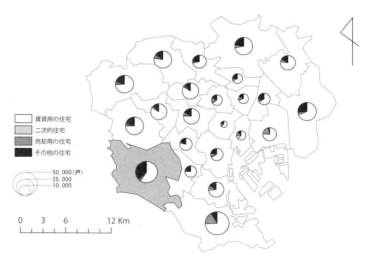

図 15-2　東京都23区における空き家の種類
出典：住宅・土地統計調査報告（2013）より作成

かる。さらに，空き家の種類別にみていくと23区内ではいずれも賃貸用の住宅が空き家の中で最も高い割合を占め，これにその他の住宅が続く形となる。世田谷区も同様の傾向を示すが，同区の場合はその他の住宅の割合が全空き家の4割近くを占める点が特徴的である。23区の全空き家に占めるその他の住宅の割合は平均で2割程度であるので，世田谷区は空き家のなかでも個人住宅に相当する空き家が多いことがわかる。

　さらに，世田谷区にある空き家のうちその他の住宅の腐朽・破損の状態を確認してみると，その他の住宅の空き家の約3割を占める戸建住宅の2割程度に腐朽・破損があると推計されている。[4] 共同住宅の同値は6%程度であるので，これに比して戸建住宅が3倍以上の高い値を取るのは，戸建住宅では住宅の管理者が個人であることが一因にあると考えられる。[5] 共同住宅には概ね管理組合や管理会社が存在している。そのため，住宅の所有者個人が建物自体の管理を担うことは考えにくく，建物の最低限の管理はこうした組織が行うため，腐朽・破損状態のまま放置されることは少ない。しかし，戸建住宅における建物や敷地の管理は，住宅の所有者である個人が行うことがほとんどである。そのため，所有者による管理が困難になった戸建住宅は，敷地の荒廃や建物の痛みが進んだとしてもそのまま放置されることが珍しくない。こうした状態が長期に渡れば腐敗や倒壊により近隣に危険を及ぼす可能性が，共同住宅のそれよりも高くなることは想像に難くない。こうした点からみても，個人住宅の空き家なかでも戸建住宅においては，建物の管理を適切に行いながら活用へとつなげていく視点が必要になる。

　それでは世田谷区の戸建住宅にはどのような特徴があるのだろうか。[6] 世田谷区には専用住宅が447,460戸あり，持ち家と借家の割合は41%と48%とほぼ同じである。持ち家は大きく戸建住宅と共同住宅にわけられるが，世田谷区の持ち家の約半数（52.0%）は戸建住宅である。さらに全戸建住宅118,930戸のうち8割以上は持ち家であるので，戸建住宅の多くは個人所有の住宅だと考えて差し支えないだろう。[7]

　図15-3は人口と住宅の種類を示したものである。人口については国勢調査に基づき1kmメッシュあたりの人口数を表示してある。一般に，住宅・土地統計

調査報告などの公的なデータから，住宅の種類や戸数を町丁目ごとに把握することは困難である。そこで，国勢調査のデータから町丁目のスケールで世帯が居住する住宅の種類がわかることを用いて，戸建住宅・長屋建住宅・共同住宅の割合を算出した。まず，人口についてみていくと，北東部に人口密度が高い地区が確認できる。これらの地区には京王井の頭線と京王京王線の合流する明大前駅や小田急小田原線と京王井の頭線が乗り入れる下北沢駅など，複数路線を利用できる駅が多く立地している。さらに新宿駅や渋谷駅のようなターミナル駅への接続もよく，都心にも近いことから世田谷区の中でも特に人口が集住する地区であることが確認できる。ここを基点とし，区の北東部から南西部に向かうにつれて人口は徐々に減じていく。

住宅の種類もこれに沿うように，人口密度が高く都心に近い北東部では，戸建住宅の居住者よりも共同住宅に住む世帯の割合が高く，人口密度が低下する南西部に向かうにつれて，戸建住宅に住む世帯の割合が高くなる。さらに，鉄道路

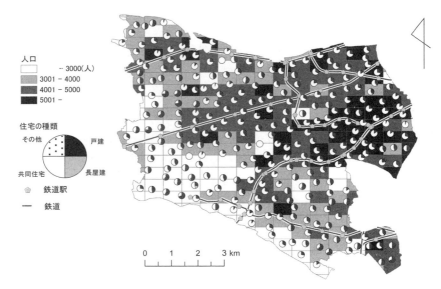

図 15-3　世田谷区の人口と住宅の種類

出典：国勢調査（2010）より作成

線から離れるほど戸建住宅に住む世帯の割合があがっていく。つまり，世帯数の点からみると，北東部では共同住宅，南西部では戸建住宅に住む世帯が多いことになる。

では，住宅の戸数はどうであろうか。図15-4には1km²あたりの人口と町丁目ごとの戸建住宅に住む世帯の数を重ね合わせて示してある。これによると，北東部では全住宅に占める戸建住宅の割合こそは少ないものの，住宅数でいえば世田谷区のなかでも相当なボリュームをもつ地区であることがわかる。これに対して戸建住宅に住む世帯の割合が高かった南東部は，戸建住宅の割合は高いが住宅数では北東部を下回る地区が目立つ。したがって，戸建住宅の空き家という点からみると，将来的には北東部では戸建住宅の空き家の数が問題となり，南西部では全住宅に占める戸建住宅の空き家の割合が問題となる可能性がある。具体的には，住宅に占める戸建住宅の割合が高い南西部では，戸建住宅が卓越する住宅地のなかに空き家が，複数目に見える形で発生する可能性がある。こうした地

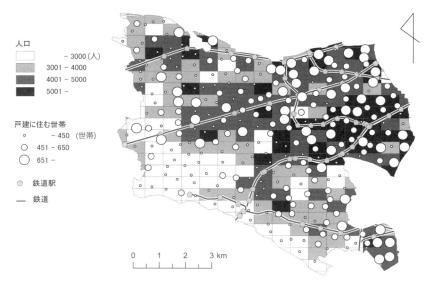

図15-4　世田谷区の人口と戸建住宅に住む世帯の分布
出典：図15-3に同じ

区に発生した空き家は，長期間放置され，管理が十分に行き届かない状態が続けば，景観上の問題から空き家が多い地区とのイメージが形成され，ひいては住宅地そのもののランクダウンが生じる危険性が否めない。また，住宅地としてのランクの低下だけでなく，地区に管理がなされていない空き家や家屋が撤去され更地となった土地が散見するようになれば，安全性や賑わいのような心理的な面で近隣に居住する住民の不安材料となる。こうした状況が続けば不動産としての価値の低下や防犯上の問題に繋がっていく。こうなると，空き家はそれ自身や個人の問題ではなく地域の外部不経済として考えるべき問題となる。

　一方，北東部ではモザイク状に空き家が発生することで，地域に不利益をもたらす可能性がある。住宅地の形成経緯や地区人口の再生産性などによって空き家が発生する時期には地域差が生じる。郊外のように同時期に建設された戸建住宅が並ぶ住宅団地であれば，空き家となる時期や範囲がある程度まとまって顕在化するが，共同住宅や店舗が混在するなかに築年数がばらばらな戸建住宅が建つ地区であれば，空き家が発生する時期の予測は難しく分布も散逸する。駅に近い物件のように不動産価値が高い空き家であれば，市場原理に則って早々に住宅市場に戻される可能性はある。しかし，一般的な賃貸を主として建てられた住宅とは異なり，空き家はいずれ使うかもしれない，片づけが面倒である，とりあえず空き家にしておいても困らない等の事情で，空き家となってから市場に出るまでに時間がかかることが珍しくない。そのため不動産価値が高いと考えられる空き家であっても，物件が市場に出るまでにタイムラグが発生することもめずらしくなく，十数年，長ければ数十年に渡り有用な都市空間が利用なされないまま放置される可能性がある。こうした地区の空き家はとりあえずの管理はなされるので，直近の問題はないように思えるが，新たな人口の転入を抑制するので，地区人口の維持という点ではマイナス方向に働く。このように，空き家から派生する問題は地区の事情により異なるので，これを見越した対策が必要となる。

3. 世田谷区における空き家活用事業

　世田谷区では当面著しい人口の減少は避けられるとみられる。しかし，空き家に関連する問題と無関係ではなく，将来的にはこの問題と向き合わなくてはならない状況にある。

　世田谷区ではすでに空き家の活用に関していくつかの取り組みが行われている。本稿で取りあげる空き家等地域貢献活用事業もそのひとつである。同事業では，空き家（空き家・空き部屋・空き店舗等も含む。以下空き家とする）を，地域コミュニティの活性化や再生の場として活用することを目的として，貸し手である空き家のオーナーと借り手となる団体とのマッチングを行っている。[8]

　世田谷区はマッチングに関わる業務の多くを，市民によるまちづくり活動を支援してきた実績がある世田谷トラストに委託している。世田谷トラストの担当窓口では，貸し手である空き家のオーナーと借り手となる団体とのマッチングを行うだけでなく，空き家が活用されるまでに発生する様々な事柄に対してワンストップで対応する。具体的には，空き家物件を持つオーナーの相談や物件の登録に始まり，登録された物件が賃貸物件としての安全基準を満たしているかどうかの法的な審査の手助けも行うほか，オーナーと借り手との賃貸契約が成立した後も継続的に両者との関わりを持ち続けるなど，空き家の活用に関わる様々な業務や相談に応じている。一般に縦割りで煩雑になりがちなこうした手続きや必要な法的知識の提供を，世田谷区ではひとつの窓口で行うことができるため，空き家を地域貢献の場として活用することを考えているオーナーにとって，行動しやすい環境が整えられている。

　空き家バンクの運営やマッチングを仲介する自治体や団体は多い。過疎地においては仲介を行う者がオーナーや住民との間に形成している信頼関係が，マッチングを成立させるうえで重要な役割を果たす。しかし，これとは状況が異なる都市において，貸し手と借り手の条件をすり合わせる協議の場を提供するだけでなく，両者の話し合いに参加し両者の意見の調整を図るなど，空き家の活用に至る一連の流れに第三者の立場で関わる世田谷区の試みは，都市における

空き家活用を考えるうえで学ぶところが大きいと考えられる。本章では世田谷区の空き家等地域貢献活用事業において，事業の経緯ならびにマッチングにおいて世田谷トラストがどのような役割を果たしたのかをみていく。

3-1. 世田谷トラストの概要

　空き家等地域貢献活用事業の窓口業務を行う，世田谷トラストの事業内容について確認しておきたい。世田谷トラストは，良好な都市環境と都市基盤の整備を推進するために設立された財団法人世田谷都市整備公社と，都市型トラスト運動のさきがけであった財団法人せたがやトラスト協会の2つの組織を統合する形で，2006年に財団法人として発足した。公益法人制度の改革により2015年に一般財団法人へと移行したが，主な事業内容は統合前と変わらず，世田谷区における住民主体のまちづくりを支援することを目標としている。これまでに蓄積されてきたまちづくり運動やまちづくりに関わってきた住民ネットワークを継承しており，団体や住民が主体となって行う良好な住環境の形成のための事業を展開している。本稿で取り扱う空き家等地域貢献活用事業は，世田谷トラストが取り扱う「地域に開かれた場づくり事業」のひとつとして位置づけられている。

3-2. 空き家等地域貢献活用事業の経緯と背景

　そもそも空き家等地域貢献活用事業はどのような経緯で世田谷区の事業として取り組まれるようになったのだろうか。空き家の増加に対する懸念は世田谷区においても以前からあったと思われるが，対策を取るべき問題とみなされるようになったのは2011年に出された第三次住宅整備方針からであろう。この方針では優先的に取り組むべき5つの住宅問題が提示されているが，空き家はこのひとつ住宅資産活用プロジェクトのなかで触れられている。この方針を受けて組織された住宅委員会は，2012年に「世田谷区空き家・空室・空き部屋の有効活用の実現に向けて」という提言を行っており，このなかで空き家は有効な地域資産であり敷地や建物を地域の活性化のために活用することや運営は民間なかでもNPO等の団体が行うことが望ましいとの方向性が示されている。したがって，

364

世田谷区における空き家の位置づけや具体的な活用の方向性はこの提言におい
て定められたと考えられる。

　こうした方向性が示されたのは，世田谷区が有する地域的な土壌が背景に
あったと考えられる。世田谷区は，中澤ほか（2015）が住民活動の先進地である
と位置づけるように，住民によるまちづくりへの関心が高く，世田谷区や世田谷
トラストには住民が主体となったまちづくり活動に必要な支援のノウハウや知
識が蓄積されている。一例ではあるが，住宅の所有者であるオーナーが自宅や敷
地の一部を開放し，多世代が集うサロンや地域のギャラリーとすることで住民の
交流の場を作り出す「地域共生のいえ」のような取り組みも進められている。世
田谷トラストはこの事業において，開設や運営のために役立つ制度の紹介や，
オーナーの協力者を見つける手助けを行うなどの支援を行っている。こうした事
業を数多く扱ってきた世田谷トラストには，地域にストックされている空間を生
かすためのノウハウや経験が蓄積されているとみて差し支えないだろう。くわえ
て，自宅や敷地を子どもの遊び場や高齢者の集いの場のように公共の空間とし
て地域に開放してもよいと考えるオーナーや，そうした空間が近隣にあることに
対して理解を示す住民が同区には少なからず存在していることもうかがえる。空
き家を地域における共有された空間とすることに空き家活用事業のひと柱がお
かれたのは，世田谷区や関連の組織だけでなく住民や同区で活動を行う団体に
も活動に必要なノウハウや経験が蓄積されていたことが大きかったと考えられ
る。

3-3.　世田谷トラストにおける空き家等地域貢献活用事業
(1) 空き家オーナーと団体のマッチング

　世田谷区住宅委員会における提言を経て出された世田谷区の空き家等地域貢
献活用事業を受ける形で，2013年に世田谷トラスト内に同事業の窓口が開設さ
れた。世田谷トラストの窓口における空き家等地域貢献活用事業の主な業務は，
空き家物件の登録と貸し手と借り手のマッチングである。マッチングは，相談・
物件の現地調査と登録・利用希望団体とオーナーの引き合わせの4段階を踏んで

行われる。

【相　談】

　所有する空き家を地域貢献の場として活用したいと希望するオーナーは，電話や世田谷トラスト内に設けられた窓口において，同事業の内容や活用の方向性について相談を行う。同様に空き家を活動場所として利用したいと考える団体も，自分たちが希望する活動内容や地区などについて事前に相談を行う。

　事業が始まった2013年から2014年の12月までに，世田谷トラストの空き家等地域貢献活用事業を担当する窓口では，812件の相談がなされている。[10]このうち空き家の貸し手となるオーナーからの相談は247件であった。一方，借り手である団体からは514件とオーナーからの相談件数の倍以上に及んでおり，空き家の活用を希望する団体の需要が高いことがわかる。その他は，自治体や企業等からで，事業に対する取材や視察の問い合わせであった。

　問い合わせの内容は，オーナー側からは具体的な空き家の活用方法に関するものが180件と最多で，次に空き家等地域貢献活用事業の事業内容に関するものが67件であった。ここでは，空き家活用の事例や所有する空き家が世田谷トラストの窓口で取り扱えるのか否かといった現時点で空き家である物件に対してだけでなく，数カ月後に空き家になるもしくは事業で活用できるのであれば空室にできる部屋があるという潜在的な空き家に対する相談も持ち込まれている。同様に，店舗の持ち主からは数年後に閉店する予定のため同事業での利用が可能であるかというような将来的に空き家となる物件についても，問い合わせがなされている。一方，借り手である団体からの相談内容は，空き家の賃料に関するものが大半であった。これに次いで空き家のある地区についての問い合わせが多かった。団体は長年活動を行ってきた地区で活用を継続できるのかが重要であり，地区における団体の活動拠点としての空き家の活用に期待を寄せていることがわかる。

【現地調査とリストへの登録】

　世田谷トラストの担当者とオーナーは複数回に渡って相談を行い，事業内容の確認や地域貢献の場としてどのような活用方法が考えられるかなど，活用内

容の青写真を描いていく。放課後の子どもの居場所やギャラリーなど，空き家活用の方向性が定まった段階で，オーナーは所有している空き家が事業の対象物件として適当であるかの審査を受ける。ここでは建築基準法・消防法・東京都建築安全条例・世田谷区ユニバーサルデザイン推進条例・バリアフリー建築条例などの基準を満たしているかが調査される。また，いわゆる特定空き家に相当する廃墟物件でないことの確認もなされる。

　審査は2つの段階を踏む。始めに世田谷トラストの担当者が現地調査にて建物の概観と内部の状況を目視で確認する。次に調査結果を世田谷区の空き家等地域貢献活用事業を担当する部署に引き渡す。その後，区の担当者が検討を行い，事業の対象物件として適当かどうかの最終的判断を下す。こうした審査を経て，区が窓口で取り扱うのに適当であると判断した空き家がリストに登録され，世田谷トラストの窓口でマッチングの対象物件として取り扱われる。ただし，審査基準を満たしていなくても，利用する団体が改修工事等を行えば利用可能だと判断されたものに関しては，条件付物件としてリストに登録されるなど，審査にはある程度の幅が持たせてあり，できるだけ物件をリストに登録できるように実態に即した対応が取られている。

　リストに登録する空き家を増やそうとする試みの背景には，地域貢献に関心があるオーナーや活用を希望する団体はいるものの，審査を通過した物件が限られており，需要に供給が追いつかない現状がある。事業が始まった2013年度から2014年度12月までに，オーナーから相談のあった39件の空き家について現地調査が行われた。このうち7件についてはすでに活用が始まり，11件は窓口での取り扱い対象物件としてリストに登録されている。しかし，これらを除く21件は空き家等地域貢献活用事業としての取り扱いは不可とされた。理由の多くは建築関係の法令に適合しなかったためである。なかでも耐震基準がネックとなっており，対象とならなかった物件の多くは新耐震基準が導入される1981年以前に建てられた建物であったことから，リストへの掲載が断念された。この他にも，建物の屋上部分に物置が設置されているなど，建物に対する法律や条例上の基準を満たせないものもあり，リストに登録できる物件が限られることが課題のひ

とつとなっている。

【マッチング】

　審査をクリアした空き家のオーナーは，利用希望団体とのマッチングへと進む。オーナーが希望する活用のコンセプトと合致する活動を行っている団体の情報が，世田谷トラストの窓口からオーナーに提供される。オーナーが団体の活動内容に納得したならば，世田谷トラストの担当者立会いのもとで，団体の代表との顔合わせが行われる。オーナーはここで団体との相性や活動内容を再度確認したうえで，賃貸条件等の具体的な内容について世田谷トラストを交えて協議を進めていく。話し合いは3者間で複数回に渡って行われ，最終的にオーナーと団体が合意に至ればマッチングが成立となる。仲介者としての世田谷トラストの役割はここまでであるが，実質的には世田谷区の広報誌への活動報告の掲載やオーナーや団体から活動内容について追加的に報告を聞くなど，世田谷トラスト・オーナー・団体の3者の関わりは続くため，マッチングが成立した後も事業を通して築かれた関係性は維持される。

(2) オーナーと団体の望むもののずれにみるマッチングの難しさ

　このように空き家等地域貢献活用事業では，空き家の活用に到るまでの手順は明確化されており，事業の枠組みは整えられている。しかし，実際にマッチングが成立した事例は，事業が始まった2013年から2014年の12月までの期間においては7件となっている。事業が始まったばかりであるので，この数の多寡について判断を下すことは時宜尚早であるが，窓口に寄せられた問い合わせの件数からみて，空き家の活用に対する関心が高いことは確かであり，潜在的な需要は高いと考えられる。なぜマッチングは進まないのであろうか。ここでは，窓口によせられた相談内容から，空き家の活用に際して課題となる事柄について考えてみたい。

　マッチングを困難にする理由のひとつに，空き家の利用を希望する団体の数に対して，空き家等地域貢献活用事業で活用できる空き家の数が限られていることがある。また，団体が希望する活動に見合った広さや利用条件に合致する物件

を探すことも難しい。そのなかでも，最も大きな問題となるのが立地の問題である。多くの団体は長期間に渡って活動を行ってきた地区で活用できる物件を探している。しかし，空き家が供給された地区と団体が活動を希望する地区は一致しないことが多く，団体側の立地に対する要求がシビアであることがマッチングを困難にする一因となっている。

　世田谷トラストはこうした状況の解決には，物件数を確保することが重要だとみて，いくつかの手段を講じている。リストに掲載可能な空き家の数を確保するためには，空き家を地域に開放するという馴染みのない事業に対してオーナーが抱く不安を，できる限り軽減することが求められる。そこで，世田谷区はどのよう形で空き家が活用されるのかをオーナーにわかりやすい形で示す必要があるとして，「世田谷らしい空き家等の地域貢献活用モデル」事業（以下モデル事業とする）を実施している。先にあげた7件のうち5件はこのモデル事業によるものである。モデル事業では，団体が世田谷区内で自ら発掘した空き家で行う地域貢献に寄与する空き家の活用企画が募集され，採択された団体には最大200万円の助成が行われる。これは，オーナーや空き家がある地区の住民に目に見える形で，空き家活用の様子を示すことで，空き家のオーナーや地区の住民に対して，事業に対する認知と理解を深めてもらうことを狙いとしている。このように，具体的な空き家の活用事例を増やしていくことで，潜在的な空き家の掘り起こしにつなげることを目的とした努力がなされている。

　もちろん，マッチングを困難にしている課題は物件数だけではない。貸し手であるオーナーと借り手である団体が空き家に対して期待するものにずれが生じていることも，その理由のひとつにあげられる。空き家のオーナーの多くは，当該物件以外に賃貸用のアパートを所有しているなど不動産から利益を得ている経営者である。そのため，オーナーの多くは，世田谷区の相場並みの家賃収入を期待する。もちろん，個人差があるので，固定資産税に相当する賃料でかまわないとするオーナーもいるが，多くは不動産経営者として納得がいく賃料，すなわち世田谷区の相場程度の負担を借り手に要求する。しかし，借り手である団体の多くは，世田谷区で活動を続けてきた実績はあるものの，活動場所としては公民

館や世田谷区の施設など公共の空間を利用してきたため，施設使用料等は軽微な負担で済んでいたものが少なくない。そのため，団体は世田谷区の事業であるので賃料が相場よりも低いことを想定しているが，現実的にはそれなりの負担が要求される。こうした双方の見解に違いが生じていることも，マッチングを図る上で調整していかなければならない事案となる。

さらに賃料に関する問題をクリアしても，たいてい活用方法をめぐる意見の調整が必要になる。世田谷トラストの担当者によると，オーナーの多くは地域貢献に関心はあるものの活用内容について明確なビジョンを持つものはまれで，人が集まるカフェやサロンのような使い方をしてもらえればいいというように，漠然としたイメージにとどまるケースがほとんどであるという。そのため，待機児童の解消や高齢者の居場所としての活用など，具体的なテーマや使用方法は世田谷トラストでの相談や団体との話し合いの中で形作られていくことが多い。一方，団体は長年に渡って行ってきた活動内容にこだわりがあり，空き家での活動内容やイメージがすでに固まっていることが少なくない。そのため，両者の考えや方向性は必ずしも一致しておらず，意見のすり合わせが必要になる。話し合いの過程においてオーナーの地域貢献に対する意識の変化や双方の歩み寄りによりマッチングが成立することもあるが，なかには空き家の活用内容に対する意見の相違が明らかになりマッチングの話そのものが流れることもある。

(3) 世田谷トラストの果たした役割

地域貢献に関心がある空き家のオーナーや地域での活動を希望する団体は多く存在している。いわば地域に活用できるスペースとその活用を希望者する者は存在する状態だが，先に見たように両者のマッチングには様々な課題がある。空き家の需要に対して供給が限られていることにくわえ，空き家がある地区と団体が活動を希望する地区が異なることから生じる立地の問題も大きい。たとえこの点をクリアできたとしても賃料や団体が行う活用内容の許容範囲など，実際に空き家を活用するには細かな条件や意見の調整が必要になる。空き家の活用事業においては，こうした条件や意見の調整をいかに行うかが，マッチング成功の鍵

となってくる。その際に重要になるのが，誰が交渉の仲介を行うのかという点にある。

　一般的な不動産の賃貸市場において，居住以外を目的とした住宅用空間の利用を希望する借り手を敬遠するオーナーは少なくない。数十年に渡る不動産経営の経験を有するオーナーであっても，個人ではなく団体と賃貸契約を結んだ経験を持つ者はまれである。還元すれば，借り手である団体にとっても民間の不動産仲介業者で物件を見つけることが相当に困難であることを意味する。こうした事態は，団体に対する信憑性をオーナーが判断できないことから齎される。一口に非営利団体といってもその活動内容や経営実態は多種多様であり，これを把握することは容易ではない。オーナーの多くはよくわからない組織と契約を結ぶことをリスクと捉えるので，物件を貸さないという選択を行う。

　こうした状況にあるオーナーと団体のマッチングを成立させるには，空き家のオーナーが信頼をおく人物や組織が，団体との交渉を仲介することが重要になる。世田谷区においては，空き家等地域貢献活用事業が区の事業であることが明確であるため，区が仲介となっていることがオーナーの団体に対する不信感を軽減することに貢献したと考えられる。このことは世田谷トラストの窓口に寄せられた相談内容からも確認できる。親の家を相続で継いだものの，当面その家に住む予定がない空き家を抱えていた相談者が，将来的に居住する可能性があるので売却はしたくないが，民間の不動産会社を通した賃貸契約では戻りたいと思ったときに戻れない可能性があるため，世田谷区の事業で活用できないかという相談を行っている。相談者がこの事業に関心を示した理由として，世田谷区の事業で紹介された団体であれば，団体としての信頼度が担保されていることにくわえて，予め申し出ておけば団体の退去が速やかに行われることをあげており，区が仲介となることで団体を契約相手とする不信感を軽減した様子がうかがえる。

　団体にとっても，世田谷区の事業であることがもたらすメリットは大きい。団体とはいってもその活動内容は多種多様であるので，団体が何らかの基準に沿って信憑性を示すことは簡単ではない。しかし，空き家等地域貢献活用事業で

は区が後ろ盾にとなり団体を仲介するので，一定程度団体の信憑性を担保する効果が生まれている。世田谷トラストは世田谷区における住民主体のまちづくりを支援することを目標とした組織であるため，長年世田谷区で活動を行ってきた団体とのつながりがある。そのため，多くの団体の活動内容を把握している。また，各部署の職員が団体の代表と顔見知りであることも珍しくない。世田谷トラストや区の職員は，なんとなく代表の顔や活動内容を知っているか，直接の知り合いでなくとも団体とつながりのある人を把握しているというように，団体に対してある程度の知見を有しており，オーナーの求めに応じて，団体の信頼性に対する判断基準となる団体の活動内容などの情報を伝えることが概ね可能な状況にある。

　さらに，世田谷区が仲介に入ることは団体の信頼性を担保できるだけでなく，居住以外の活動に物件を利用することに対するオーナーの理解を得やすいという利点もある。定常的な活動拠点を探している団体にとって，一般的な不動産市場で居住以外の目的で賃貸契約を結ぶことは相当に難しい。しかし，空き家等地域貢献活用事業では空き家の公益的な活用が前提とされているため，団体の活動場所として物件を利用することに対するオーナーの理解を得やすい。オーナーも団体に対する不信感がある程度は払拭できているので，団体の要望に対して耳を傾ける態勢にあり，団体は交渉を行いやすいというメリットがある。

　こうした点からみると，貸し手である空き家のオーナーと借り手である団体のマッチングにおいて，世田谷トラストが果たした最も大きな役割は，自らが仲介者となることで両者間の信頼を取り結んだことにある。地域貢献に関心はあるものの，団体という信頼性を担保できない組織に物件を貸すことに躊躇をおぼえるオーナーにとって，行政という公的な組織が後ろ盾となることは，こうした不安を大きく軽減することに繋がったと考えられる。また，団体にとっても世田谷区が行う事業であることで，居住以外の利用に対するオーナーの理解や団体に対する信憑性を確保することに成功している。これにくわえ，長年に渡りまちづくりに関わってきた実績と情報を持つ世田谷トラストがマッチングの仲介を行っていることも，オーナーと団体の間に信頼関係を構築する上で一定の役割を

果たしたものと考えられる。

4. 空き家の活用とゆるやかなネットワーク

4-1. 子育て支援の場としてのきぬたまの家

　本節では世田谷トラストの仲介によりマッチングが成立したきぬたまの家を例に，空き家の活用にいたるまでの経緯ならびにこれを可能にした背景についてみていく。

(1) NPO法人せたがや水辺デザインネットワークの概要

　きぬたまの家はNPO法人せたがや水辺デザインネットワークによって運営されている。同団体は，砧・多摩川あそび村とせたがや水辺の楽校の2つの団体が統合され，2015年に法人格を取得して生まれた市民団体である。せたがや水辺の楽校は砧・多摩川あそび村の活動の中から派生して生まれた団体であるので，両団体の根幹には砧・多摩川あそび村がある。

　砧・多摩川あそび村は，子どもが自由に自然遊びができる場所を作りたいと考えた団体の代表とその考えに賛同した子育て中の親が，行政が危険であることを理由に立ち入りを制限していた河川敷にプレーパークを作ろうとして始まった活動で，主として多摩川の河川敷を活動拠点としている。1999年に始まった活動は現在も継続されており，河川敷には子どもの自然体験の場として，ツリーハウス・ツリーシェルター・遊べる井戸・ビオトープなどの施設が造られ，河川敷を利用した巨大カルタ取りなどのイベントも定期的に開かれている。団体の活動が長期化するに伴い，環境教育を行うせたがや水辺の楽校や児童公園で乳幼児を対象としたちびたまあそび村の開催など，活動内容も多様化している。また，同じ地区で活動を続けているため，近隣の住民にも子育てや環境教育に関係する活動を行っている団体であることは広く認識されている。

15　地域資源としての空き家の活用　　373

(2) きぬたまの家の様子

　きぬたまの家は住宅地のなかにあり，3階建住宅の1階および2階の一部分が地域における子育て支援の場として活用されている。オーナーは同物件の2・3階部分に居住しながら，空いているスペースを団体の活動の場として貸し出す，いわゆる住み開きの形をとっている。ただし，玄関やキッチン・トイレ等は，それぞれの居住空間に設けられており，オーナーときぬたまの家の利用者が直接顔を合わせることはなく，独立して活動できる構造となっている（写真15-1）。団体が利用する建物の一階にはキッチンとバスルームトイレなどの水回りと，中心的な活動スペースとなるリビングがあり，2階部分には団体の事務所や団体の広報等で使用されるイラストを担当するイラストレーターのアトリエなどがある（写真15-2）。

　日中は地域における子育て広場として使われているきぬたまの家であるが，夕方以降は整体や展示会等のスペースに利用されるなど，基本的には誰もが利用できる空間となっている。子育て広場では決まった時間に利用者が集まり特定の活動を行うのではなく，乳幼児とその親が好きな時間にきぬたまの家に立ち寄り，他の親子や常駐しているボランティアスタッフと交流を行う場として使われている。ここでは孤独に陥りがちな子育て中の母親が他者と話をしながら気兼ねなく子どもを遊ばせることができる場所として知ってもらうことで，地域における親子の居場所となることが目指されている。利用者が日時を決めて集まり，フェルトでネームプレートを作成することや恵方巻きの調理などを行うこともあるが，これらはスタッフと利用者との雑談のなかで提案された企画を実行しているので，定常的な活動やイ

写真 15-1　入り口の様子
出典：筆者撮影

ベント等は行われていない。また、ボランティアスタッフには、活動内容やイベントの計画にある程度自由な裁量権があり、ここではこれをしなければならないというような明確な決まりは設けられておらず、利用者のみならずスタッフも比較的精神的な負担を感じずにすむよう配慮がなされている。

写真 15-2　室内の様子
出典：筆者撮影

　きぬたまの家の利用時間は月曜日から金曜日の10〜15時で、利用料金は一日100円である。きぬたまの家には50円程度の実費を支払うことで利用できるカフェセットや数十円単位で販売している駄菓子などがおいてあり、利用者は必要に応じてこれらを購入するシステムがとられている。また、キッチン担当のスタッフが調理した昼食をスタッフと一緒に取ることもできる。ただし、正式に飲食物を提供するには保健所の許可などが必要となるため、300円程度の実費を支払ってもらい、スタッフの昼食のおすそわけという形をとっている。利用者は一日7〜8名程度で、その多くは2〜3時間をきぬたまの家で自由に過ごす。利用者の多くはベビーカーや自転車を利用して訪れることが可能な範囲に居住している近隣の住民である。スタッフによれば、彼女たちの多くは口コミでこうした場所があることを知って、利用するようになったという。きぬたまの家の利用形態には、午前中の利用者はお昼まで子どもとここで過ごした後に買い物に行くパターンや午後から利用するパターンなどがある。いずれも利用者の自宅を基点にした行動であることがうかがえ、きぬたまの家が利用者の日常的な行動範囲内にあることがわかる。

　きぬたまの家では保育士による子どもの一時預かりも行っている。一時預かりの定員は1日3人で、2時間から最大で5時間まで利用することができる。利用料金は始めの2時間が1,500円でその後は1時間ごとに1,000円が加算される。預かる子どもの対象年齢は0〜3歳で、条件なしのリフレッシュ預かりであるため買い物や美容院に行きたいといった理由での利用も多く、利用者のほとんどは近隣

15　地域資源としての空き家の活用　｜　375

に住む母親である。毎月10日から予約を受け付けているが，1日3人の定員を満たすことはまれであるので前日までに依頼があれば受け入れている。そのため，母親が急病で病院に行きたいときなどに，居住地の近くで比較的容易に子どもを預けられる場所としても機能している。

(3) スタッフと人材の確保

　きぬたまの家では，有償のボランティアスタッフ（以下スタッフとする）と保育士を雇用している。スタッフは10名程度おり，きぬたまの家の開いている時間は3名程度が常駐する。業務内容は，部屋の掃除から昼食の準備，利用者である子どもや親の話し相手まで，きぬたまの家で行われるあらゆる活動のサポートを行う。細かな業務内容の取り決めはないが，「節分が近いですね」「恵方巻きでも作りましょうか」というような利用者との会話から，イベントが企画されることもある。そうした際には，スタッフが中心となり，イベントの実行に向けて日時の告知や材料の調達を行うなど，スタッフにはある程度の裁量権があり業務にも臨機応変に対応する。一方，子どもの一時預かりを担当するのは，保育士の資格を持つ5〜6名の登録スタッフである。彼女たちは事前に勤務できる曜日ごとに担当者が登録されており，きぬたまの家に一時預かりの予約が入ると，常駐しているスタッフから担当保育士に連絡が入り，保育士はこれを受けて出勤する勤務形態をとっている。

　スタッフと保育士の時給は860円程度と東京都の最低賃金レベルであるが，きぬたまの家での就業を希望する者は多く，保育士を含めた人材確保の面での問題は生じていない。[12]有資格者を含めた人材を豊富に確保できる理由のひとつが，勤務地とスタッフの居住地の近接性である。スタッフの多くは徒歩もしくは自転車で通勤できる範囲に居住しており，通勤にかかる時間や体力的な負担が少ない。ここでは，利用者だけでなく働き手もまた近隣の住民である。

　人材の確保が容易なもうひとつの理由は，勤務に対するスタッフの精神的な負担の低さ，いうなれば気楽さがある。スタッフの多くには，利用者と同じく保育所や小学生の子どもがいるため，フルタイムで勤務時間に融通がきき難い職

場で働くことに抵抗がある者も少なくない。きぬたまの家では，スタッフは個人の都合に応じて勤務時間や日数を選択することができるなど，こうした面に配慮がなされている。例えば，1週間に1日だけ出勤するスタッフもいれば週に3～4日勤める者もいる。また，出勤や退勤の時間も比較的自由に選ぶことができるため，子どもが小学校から帰ってくる時間までには家に戻りたいスタッフは10～3時までの勤務にすることも可能であるし，夕食の準備のために昼までの勤務にしたい者は午前中だけというような，個人の事情に応じて勤務シフトを組むことができる。また，子どもの病気や親族の不幸などで急遽欠勤することになっても，通常きぬたまの家にはスタッフが3名程度は確保されているので，休んだスタッフの仕事を他のスタッフで補うことができる。人員に余裕があることにくわえて各自が臨機応変に対応することで，休みを取ることに対する精神的な負担を下げる工夫がなされている。

　こうした精神的な負担の低さは保育士の確保にもプラスに働いている。近年保育所などでは保育士の不足が問題となっているが，きぬたまの家においては保育士の確保は容易であったという[13]。フルタイムで保育士の仕事につくことは精神的にも肉体的にも負担が大きいうえ休みも取り難い面があるが，きぬたまの家では子どもの発熱などで都合がつかないときなどは，他の曜日の担当保育士とのスケジュール調整がスムーズに行われるので，休みを取ることが比較的容易である。そのため，保育士として登録することに対する，わずらわしさやプレッシャーといった精神的な負担は少ないという[14]。さらに，個人の事情や家庭環境の変化によって，スタッフや保育士を続けることが難しくなった場合は，速やかにやめることが可能であるなど，ここではゆるやかな働き方が許容されている。

　きぬたまの家では経済的にはそれほどの優位性を持たないにもかかわらず，保育士を含め人材が潤沢に確保されている。これを可能にしているのは，潜在的に地域にあった人材の掘り起こしに成功したことが大きい。地域には，子育てや介護などの事情がありフルタイムや勤務時間が拘束される仕事には就くことは難しいが，勤務の日時が選択できるのであれば，働きたいと考える人材が少なからず眠っている。自宅の近隣で働く場所を創出しているきぬたまの家は，こうし

た人材の掘り起こしに成功したと考えられる。さらに，急な欠勤にもある程度対応ができるなど，実情に合わせた働き方が可能な仕組みが構築され，これを許容する環境も生まれている。

人材の掘り起こしや実情に合った働き方の仕組みが整えられたことが人材の確保に有利に働いたことは確かである。しかしそれ以上に，スタッフからはきぬたまの家で働くことで，途切れがちであった社会との接点を再び得たことや利用者との会話によって自身のやりがいや楽しみを見出しているといった意見が多く聞かれた。おそらく，スタッフは経済的な利益を最大にする働き方を求めておらず，体力や精神的な負担の少ない緩やかな働き方を希望しており，この需要にうまくはまったことが人材を確保できた最大の理由であろう。

4-2. マッチングの経緯

空き家の活用には，マッチングの難しさや団体の活動に対する近隣の理解が得にくいなど様々な課題が山積している。こうしたなか，きぬたまの家の試みはなぜ形となったのであろうか。本項ではマッチングに至るまでの経緯からこの点を読み解いてみたい。

まず，団体側の事情からみてみよう。きぬたまの家が属するNPOせたがや水辺デザインネットワークは，当初多摩川の河川敷において年に2回程度のイベントを行っていた。しかし，開催回数や参加者が増えるにつれて活動内容も多岐に渡るようになった。団体の代表によると，組織が拡大するにつれて河川敷での遊びに必要な非固定式の道具を保管する場所や屋外での遊びでついた子どもたちの汚れを落とせる水場の確保など，団体の活動を潤滑に行うための拠点をもつ必要性に迫られていったという。こうした状況にくわえて，企業や行政からの補助金や協賛金などで年間の活動経費が800万円を越えるようになり，これまで個人で行っていた経営面での管理も課題となっていた。なにより，団体の代表が今後も市民団体として活動を継続していくためには，代表である自分が退いた後も定常的な拠点を構えることが重要であると考えており，団体は数年前から足場のある地域における，固定的な活動拠点を探していた。

一方，世田谷トラストの窓口には，貸し手であるオーナーから家の一部を待機児童の解消に役立てられないかとの相談が寄せられていた。世田谷トラストは，NPOせたがや水辺デザインネットワークが，長年に渡り地域で子育てに関する活動を行っている実績をもつ団体であることを，情報として保持していた。また，団体が世田谷区や東京都の助成金を得ていたことや世田谷区の子育てイベントでブースを出していたこともあり，世田谷区や世田谷トラストと団体にはつながりがあった。さらに，イベント等で団体の代表と接する機会が多かった世田谷トラストは，団体が定常的な活動拠点を探していることを認識していた。こうした情報を保持していた世田谷トラストは，オーナーの要望が団体の活動内容に一致するとみて，両者のマッチングを試みることにした。つまり，世田谷トラストが，活動拠点を探していた団体の事情を空き家の活用事業と直接には関係のないところで把握していたことから，両者のマッチングが始まったことになる。

両者の話し合いは，世田谷トラストの担当者を交えて4回程度行われた。子育てをテーマとしている点においては両者間で合意を得ていたものの，世田谷トラストから団体のほうに物件の紹介があった時点では，地域における子育て支援の場とする現在のきぬたまの家のようなビジョンが明確にあったわけではなかった。そこで，どのようにこの空間を活用するかについて協議がもたれることになった。予め団体のほうで開設準備として勉強会を開き，いくつかの企画案が作成された。ここで提案された候補の中から，小規模な青空保育と認証保育所の案がオーナーの希望に一番近いことから，この方向性で活用方法の検討が進められた。折しも法改正にともなう小規模保育が可能となっていたこともあり，プロジェクトが動き始めた当初は小規模な保育所の開園が検討された。保育士を交えた話し合いやNPOの保育所の視察などが行われたが，保育所を開園するには利用できる空間の面積が狭いことが問題となった。くわえて，世田谷区において新たに保育所を開園するには，すでに保育所の経営経験があるか，世田谷区にある保育所の分園の形をとらなくてはならないなどの条件をクリアしなくてはならなかった。さらに，同区では新たな保育所の開園には反対運動が起こること

が珍しくないなど地域に受け入れられるのか疑問があったため，小規模な保育所として空き家を活用する案は断念せざるを得なかった。

このような経緯で，保育所として活用する案は一旦白紙へと戻された。そこで，改めてこの空間をどのように活用するかということについて，関係者間で話し合いがもたれた。その際には，世田谷区や世田谷トラストは他区で開かれている小規模な子ども一時預かり施設を紹介し，参考となる空間の使い方をしている施設の情報を提供している。団体のほうも新たな活用の方向性を探りながら，紹介された施設の視察や専門家との話し合いを通して，徐々に地域における子育て支援の場としての現在のきぬたまの家のビジョンを明確にしていった。新たな活用の方向性が固まるにつれて，オーナーもそれまでの計画にはなかった固定式の棚を賃貸予定の部屋に設けるなど，コンセプトの変更に合わせて設備を追加するなど柔軟な対応を取っていった。こうして，地域における子育て支援の場であり，NPOせたがや水辺デザインネットワークの事務局かつ地域における活動拠点としてのきぬたまの家が開設される運びとなった。

4-3．空き家の活用とゆるやかなネットワーク

なぜきぬたまの家は形となったのであろうか。ひとつは需要がある地区に空間が供給されことがある。世田谷区では，空き家つまり空間が供給される地区と団体が活動を希望する地区が一致していないことが，オーナーと団体のマッチングを困難にする最大の理由であった。きぬたまの家のケースでは，この立地に関する問題が予めクリアされていたことが大きかったといえる。空き家の供給が需要に追いついていない状況において，需要がある地区に利用できる空間が投じられたことが，マッチングを可能にした最大の要因であったことは間違いない。

しかし，立地の問題以上に重要であったのは，マッチングを仲介する世田谷トラストと借り手となる団体の間に文書や記録には残らないゆるやかな繋がりが存在していたことが大きかったと考えられる。当該ケースでは，オーナーから空き家活用の相談が寄せられた際に，物件のある地区とオーナーが希望する子育てをテーマとした空間活用の方向性が，きぬたまの家を管轄する団体の活動内

容に合致すること，さらに同団体が活動している地区において拠点を探していることを，担当者が事前情報として得ていたことが，マッチングを成立させるうえで大きな役割を果たした。しかし，決め手となった同情報は空き家活用事業の窓口における通常業務で得たものではなかった。オーナーからの相談があった時点では，きぬたまの家を管轄する団体は活動拠点を探してはいたが，世田谷トラストの窓口において正式には相談を行っていなかったため，窓口が管轄する空き家の活用を希望する団体のリストには登録されていなかった。したがって，窓口の担当者が団体のリストのみを手掛かりにマッチングの相手を探したならば，きぬたまの家の団体とオーナーが結びつくことはなかったであろう。つまり，通常の窓口業務ではないルートから得た情報が，オーナーと団体を結びつける契機となったことになる。

　マッチングを仲介する世田谷トラストの側にとっても，この情報がもつ有用性は無視できないものがあった。当時の世田谷トラストは空き家の活用を促す立場にあり，空き家が活用されているモデルケースを生み出すことが喫緊の課題とされていた。世田谷トラストはこれまでの窓口業務において，個人ではない相手を借り手とすることがオーナーにとって最大の懸念事項であることを経験知として得ていた。この点において，世田谷トラストと長年の繋がりがあるきぬたまの家を統括する団体は，活動内容や活動の経緯を十分に把握できる相手であった。それゆえ，マッチングを仲介する世田谷トラストの側からみると，借り手に関する豊富な情報を保持し，なおかつ世田谷トラストとの付き合いも長いきぬたまの家を管轄する団体は，信頼に値する借り手としてオーナーに十分な説明を行うことができる相手であった。さらに，保育園やデイケアサービスなどの福祉施設の建設計画が持ち上がると，必ずといっていいほど反対運動が起きる区の現状において，長年に渡って活動を続けている団体は地域の住民にとってよくわからない相手ではなく，なんとなくではあるが知っている相手であるので，施設の開設に際して表立った反対運動が起こらず住民の理解が得られやすい可能性も高かった。世田谷トラストにとって，空き家の活用事例を増やすことは，今後の空き家活用事業の方向性やノウハウを蓄積する上でも重要であり，成果のないプ

ロジェクトは打ち切りになるリスクがある行政側の事情もあって，予測される課題を比較的軽減できる可能性が高い当該ケースは，モデルケースとして魅力的な案件であったと考えられる。

　では，マッチングに結びついたこの情報を，どのようにして窓口の担当者は得たのだろうか。団体の代表によると，別の案件で世田谷トラストの他の部署を訪れた際に，活動拠点となる物件を探していることを話したことがあり，これがいつのまにか空き家活用事業窓口の担当者に伝わっていたという。[15]つまり，情報の発信者には明確に拠点を探していることを誰かに伝える意思があったわけではなかった。一方，窓口の担当者も同団体は古くから活動している世田谷区では知名度が高く，市民活動をサポートしている世田谷トラストとの繋がりも深かったこともあり，こうした情報も自然と伝わってきたとしている。[16]つまり，窓口の担当者は空き家活用事業とは直接には関係がないところで得た情報によって，オーナーと団体を結び付けることに成功したといえる。さらにこの情報は，発信者や経由者が曖昧であり，関係者同士の緩やかな繋がりのなかで，担当者まで伝わってきたことがわかる。地域社会の繋がりが綿密な過疎地域における空き家活用事業であれば，こうした当事者と直接の関係は無いもののなんとなく伝わってきた曖昧な情報を，マッチングを仲介する者が知りえたことで，空き家活用の交渉が進んだケースは珍しくない。しかし，オーナーと借り手もしくはオーナーと仲介者がお互いをよく知っていることの多い地域とは異なる都市部のマッチングにおいても，ほぼ同様のメカニズムが働いたことは興味深い。

　一方，借り手となった団体においても，今回のマッチングならびにきぬたまの家の開設は，これまでの活動とは違いほぼノウハウを持たない分野であった。それにもかかわらず，きぬたまの家が開設できたのは一連のプロジェクトにおいて，必要な時期にその分野の専門家やスキルを持った人材の協力を得られたことが大きかったと考えられる。例えば，マッチングに向けた空間活用の方向性を探る勉強会において，保育所の開設を模索していた時期には，NPOで保育所を経営していた経験を持つ人物や保育士の資格保有者など，保育に知見のある人材が参加していた。また，計画が変更された後には，不動産の契約に関する知識

を持つ人物やコンサルティング会社の経営者など経営や法律の知識を有している人材を集めることに成功している。このように，プロジェクトの要所要所で必要となる分野の専門家の協力を団体はほぼ無償で得ている[17]。さらに，きぬたまの家の活用形態が決まり，運営を行う段階におよんでは，経理の経験がある人物にくわえて，運営資金の調達に必要な書類を作成できる人物やその後の運営を維持するために必要な人材の確保やスケジュール管理のような事務仕事を統括する人物など，様々なスキルや経験を有する人材が関わり，きぬたまの家の開設に漕ぎ着けている。

　団体はなぜこうしたスキルを持つ人材を確保できたのであろうか。ここにおいても，ゆるやかなネットワークの存在が関係しているように思われる。きぬたまの家を統括するNPOせたがや水辺デザインネットワークは，砧・多摩川あそび村の活動が母体となっていることは先に述べた。ここでの活動は，子育て中の親や活動をサポートするスタッフなど様々な人々が交流する機会ともなっている。活動の場を通して親同士や参加者あるいはかつての参加者などが知り合い，ネットワークが形成されたものと考えられる。そのため，何らかの専門知識が必要となったときに，団体の代表や実質的に団体を動かしている人物と直接の知り合いではないが，知っている人とコンタクトは取れるというような全体像を把握することが難しい曖昧なネットワークが形成されている。今回のプロジェクトに関わった人材の多くは，砧・多摩川あそび村の活動で築かれたネットワークによって，直接ではないにしろ繋がっているものが多かった。こうしたネットワークが存在していたことで，きぬたまの家は開設準備や開設後の運営管理に必要な人材の確保が可能であったと推測できる。

　今回のケースでは，世田谷トラストや団体で形成されていたゆるやかなネットワークの存在によって，きぬたまの家のプロジェクトが形となったことは確かである。こうしたネットワークは，過疎地のように地域の繋がりが密接な社会においてみられるものと似たような役割を果たしたと考えられる。しかし，このネットワークは過疎地などでみられるそれとは異なり，つながり方は曖昧でゆるやかである。結果としてではあるが，こうした繋がりからもたらされた情報が，専門

的な知識をもつ人材のプロジェクトへの参加を促し，その後の運営に必要なスタッフや保育士を確保することに功を奏したと解釈できる。

5. おわりに

近年，空き家を地域資源と捉え活用しようとする動きが広がっている。空き家の活用には，貸し手と借り手をマッチングさせることが重要であるが，これには相当な困難があるため，空き家の活用は容易には進んでいない。そうしたなか，世田谷区では既存の組織やネットワークを活用することで，空き家のオーナーと借り手である団体を結びつけることに成功している。本稿では世田谷区の空き家活用事業を取り上げ，マッチングの過程を明らかにすることでこれを成立させた背景を読み解くことを目的とする。

世田谷区においては著しい人口減少は起きていないものの，空き家の数は増加し続けており看過できない問題となる可能性がある。こうした実態を把握している世田谷区は，地域コミュニティを揺籃する場として空き家を活用しようと試みている。同区は空き家の活用に関わる業務の多くを財団法人世田谷トラストに委託することで，同財団が持つ市民によるまちづくりをサポートするノウハウを事業に活用している。

世田谷トラストにある窓口での相談内容から，マッチングを困難にする要因が3つほど指摘できる。1つめは立地の問題である。多くの団体は長年活動を行ってきた足場のある地区での活動を希望するが，実際には活用できる空き家の数は限られているうえ，団体の希望する地区と空き家がある地区を一致させることが相当に困難な実態があった。2つめはオーナーと団体が空き家の活用に期待する経済的な考え方の違いである。オーナーの多くは不動産経営者でもあるので，地域貢献を謳う世田谷区の事業であっても，相場なみの不動産収入を要求するが，団体の多くは区の事業であるので相場よりも安価であることを期待する。そのため両者の間で齟齬が起きていることが判明した。3つめは，空き家の具体的な活用イメージを，オーナーと団体で共有することが難しい点にある。団体の活

動内容は概ね決まっているので，彼らは空き家で行う活動についても明確なビジョンを持っているが，オーナーの多くは空き家での活動について漠然としたイメージしか抱いていない。そのため，両者が高齢者のための場所のような共通のコンセプトを持っていたとしても，具体的な空き家の活用内容を検討する段階になると考え方やイメージが合わない事態が発生している。

　マッチングを成功させるには，こうした齟齬をいかに調整するかがポイントとなる。その際に重要になるのが，オーナーが信頼する組織や人物が仲介者となっているかという点にある。オーナーの多くが団体に対する信頼性を担保できないことがネックとなり，団体と賃貸契約を結ぶことに躊躇いをもつが，今回取り上げた空き家の活用事業は世田谷区の事業であることが明確であったため，オーナーの抱く不信感を軽減していた。さらに，市民のまちづくり活動をサポートしてきたノウハウを持つ世田谷トラストが，実質的な業務を行っていたことも，オーナーと団体の信頼関係を構築するうえで一定の役割を果たしたとみられる。

　しかし，いかに事業の仕組みを整え貸し手と借り手の信頼を得た者が仲介を行ったとしても，空き家の活用は容易ではない実態も浮かび上がってきた。空き家の活用やマッチングにおいては，文書や記録に残されないやり取りやプロセスが数多く存在している。その過程で発生する様々な問題に，当事者が柔軟に対処できるかどうかが空き家活用の成否に大きく影響する。今回調査を行ったきぬたまの家のケースでは，様々な情報やスキルを持つ者を結び付けるゆるやかなネットワークが存在しており，これがプロジェクトの成功に大きな手助けとなっていた。貸し手と借り手のマッチングに始まり，活用方法の企画立案，さらに継続的な運営を行うために必要なスタッフの確保までの一連の流れを丹念に読み解いていくと，要所要所でこのネットワークから必要な情報やスキルをもつ人材が供給されていた。きぬたまの家のネットワークは，団体の母体となる砧・多摩川あそび村での活動に端を発してはいるが，知り合いの知り合いや近隣の住民との繋がりなど，それだけでは説明できない広がりがあった。きぬたまの家が形を成すまでにみられたこのネットワークは，強い結びつきを持たずゆるやかであり曖昧なつながりでしかない。しかし，計画の見直しを余儀なくされたときや保育士

15　地域資源としての空き家の活用

のようにスキルを持つ人材が必要になった際に，解決に向けて有効に働いたことは注目に値する。

　都市における空き家の増加はいずれ深刻な都市問題となる可能性が高いが，空き家の活用にはオーナーの感情や関係者の利害関係が錯綜するので多くの課題がある。今回取り上げた，きぬたまの家の事例に限ってみれば，オーナーの信頼を得ている行政が仲介を行ったことに加えて，団体がもつネットワークをうまく活用して様々な問題を解決できたことが，空き家の活用を形あるものとするうえで有効であったと考えられる。

謝　辞
　本稿の作成にあたりご協力いただいた（財）世田谷トラストまちづくりのご担当者様に感謝いたします。また，長時間に渡ってお話を聞かせていただいた NPO 法人せたがや水辺デザインネットワーク代表上原幸子氏ならびにきぬたまの家のスタッフや保育士の皆様に厚く御礼申し上げます。

（注）
(1) 国土交通省の資料によれば，2015 年時点で約 400 の地方公共団体で空き家等の適正管理に関する条例が制定・施行されている。代表的なものに，2010 年に所沢市が制定した「所沢市空き家等の適正管理に関する条例」や大仙市の「大仙市空き家等の適正管理に関する条例」(2011)などがある。
(2) ここでは，空家対策措置法の「そのまま放置すれば著しく保安上危険となるおそれのある状態又は著しく衛生上有害となるおそれのある状態，適切な管理が行われていないことにより著しく景観を損なっている状態にある空き家」を特定空家としている。
(3) 調査は 2015 年 2 ～ 3 月にかけて行った。
(4) 世田谷区の空き家のなかでその他の住宅に分類されるものは 19,690 戸あるが，このうち一戸建住宅が占める割合は 27.0% で，このうち腐朽・破損があるものは 20.9% である。なお，データは住宅・土地統計調査報告 (2013)による。
(5) 住宅・土地統計調査報告 (2013)のデータを用いた。
(6) データは住宅・土地統計調査報告 (2013)と国勢調査 (2010)による。
(7) データは住宅・土地統計調査報告 (2013)による。なお，戸建住宅の持ち家率は 81.2% である。
(8) ここでは空き家を地域における有用な空間として位置づけているため，いわゆ

る特定空き家に相当するものは事業の対象としていない。

(9) 世田谷トラストは年間 200 万円で世田谷区から同事業の窓口業務を受けている。

(10) 相談件数は，電話による相談と窓口による相談の両方を含む。

(11) モデル事業では世田谷区内にある空き家の発掘と活用企画が募集され，採択された団体には最大 200 万円の助成が行われる。

(12) きぬたまの家のスタッフおよび団体の代表に対する聞き取り調査による。

(13) きぬたまの家のスタッフおよび団体の代表に対する聞き取り調査による。

(14) きぬたまの家の保育士に対する聞き取り調査による。

(15) きぬたまの家の代表に対する聞き取り調査による。

(16) 世田谷トラスト空き家等地域貢献活用事業担当窓口への聞き取りによる。

(17) ただし，本職で環境コンサルタントなどを行っている者は，団体での活動はほぼ無報酬だが，団体に所属していることで行政からコンサルタントの仕事が得られるなどメリットもある。

参考文献

梅村仁 (2015)「自治体と NPO の協動による空き家バンクの取り組み」日本都市センター編『都市自治体と空き家—課題・対策・展望—』日本都市センター，pp.124-141

地域活性化センター (2010)「『空き家バンク』を活用した移住・交流促進調査報告書」地域活性化センター

中澤秀雄・野澤慎太郎・陳威志 (2015)「シビック・パワーの場としての世田谷—活動する市民の『社会関係資本』を探る—」『都市社会研究』7，pp.136-152

中島熙八郎 (2010)「農山漁村地域における I ターン者住宅の持続的活用・管理に関する研究—熊本県山都町における空き家所有者の意識調査から—」『日本建築学会大会学術講演梗概集』pp.435-436

松下啓一 (2014)「空き家問題に対する自治体の取り組み」『市政』7，pp.20-23

三浦哲司 (2014)「空き町屋の増加にどう対処するか：ならまち町屋バンクの取り組みを手がかりに」『同志社政策科学研究』15，pp.127-140

米山秀隆 (2014)「空き家利活用の自治体の取り組み」『市政』7，pp.24-26

16　沖縄振興政策における
沖縄21世紀ビジョンの意義と課題

宮　平　栄　治

1.　はじめに

　1945（昭和20）年の太平洋戦争の沖縄戦でアメリカ軍による占領，その後の1951（昭和26）年のサンフランシスコ平和条約により沖縄の施政権は，日本政府から分離，1972（昭和47）年に施政権が日本に返還，いわゆる，本土復帰までの27年間，沖縄の行政・経済・裁判等の運営は，アメリカ軍の統治下で行われた。この間，日本は，高度経済成長を迎え，先進国の仲間入りを果たしたが，沖縄は，後述するように，日本の高度経済成長とは別の経路を歩むことになった。その結果，本土復帰当時，沖縄の一人当たり県民所得は，日本の平均よりも約半分という経済格差と所得格差，無年金者などの課題が生じていた。日本政府は，1972年に沖縄の現状を改善するため，10年ごとに改正される沖縄振興特別措置法を制定，また，1970年に内閣府の外局として沖縄・北方対策庁を1972年に沖縄開発庁（現在の内閣府）を所轄官庁として，課題解決に取り組んだ。本稿では，沖縄21世紀ビジョンの総合部会の副部会長としてビジョン作成に携わった経緯を踏まえ，本土復帰後の沖縄振興政策を概観，沖縄21世紀ビジョンと政策過程論とを比較し，相違点，意義を述べ，課題点を指摘する[(1)]。

2.　幕末から第2次世界大戦前までの沖縄経済

　1609（慶長14）年に薩摩の進入後，沖縄は長期にわたって日清両国に政治的，

経済的に従属していた租税制度等を通じて日清両国に収益が吸い上げられたため，経営構造は零細化，資本蓄積は進まず，近代化が遅れ，その結果日清両国への従属を強めていくという悪循環を繰り返した。[2]

2-1. サトウキビを中心とするモノカルチュア経済

日本政府は，1872（明治5）年に琉球王国を強制廃止し琉球藩とした。その後，1879（明治12）年には琉球藩が廃止，沖縄県と日本の施政権下に置かれた。幕末から第2次世界大戦前の沖縄の経済構造は，サトウキビを中心とするモノカルチュア経済である。たとえば，表16-1のように大正元年から昭和15年にかけての生産総額に占める割合は農業が約50%，工産が約30%であったが，表16-2の昭和5年では工産の6割は砂糖であった。

表 16-1　戦前の沖縄における産業別生産総額割合　　　　　　　　　（%）

	農　産	畜　産	林　産	水　産	鉱　産	工　産
1912（大正元）年　19,391,905 円	55.8	4.3	1.1	6.6	0.6	37.2
1940（昭和15）年　112,342,103 円	49.9	6.0	4.1	5.0	2.9	32.2

出典：山里將晃監著（1979）『図でみる沖縄の経済』新報出版，p.13 より

表 16-2　戦前の沖縄における工産生産高の内訳　　　　　　　　　　（%）

	砂　糖		アダン葉帽子	醸　造	織　物	その他
1912（大正元）年 8,621 千円	60.2		13.9	12.9	3.5	9.5
	黒糖	分蜜糖				
	91.1	4.4				
1930（昭和5）年 15,716 千円	58.1		6.4	12.6	6.6	16.3
	黒糖	分蜜糖				
	50.7	43.0				

出典：山里將晃監著（1979）『図でみる沖縄の経済』新報出版，p.23 より

表 16-3　砂糖生産額の推移

		1912 （大正元）年	1916 （大正5）年	1921 （大正10）年	1926 （大正15）年	1930 （昭和5）年	1935 （昭和10）年	1939 （昭和14）年
生産額	百万円	5.2	9.4	12.2	10.8	8.9	14.8	30.7
	指数	100.0	180.5	232.6	208.7	172.2	286.0	398.6
耕作面積（%）		20.6	25.5	31.5	33.6	33.1	28.9	27.6

注：耕作面積＝蔗作面積／畑作面積×100
出典：表 16-2 に同じ

表 16-4　戦前の沖縄の生産量

	1908（明治41）年	1912（大正元）年	1916（大正5）年	1921（大正10）年	1931（昭和6）年	1935（昭和10）年	1940（昭和15）年
生産総額（百万円）	14.0	193.0	309.0	568.0	387.0	651.0	1123.0
生産総額（指数）	68.2	100.0	150.1	275.9	188.2	267.5	545.2
一人当たり生産額（円）	28.0	36.0	56.0	96.4	67.2	93.0	195.5
一人当たり生産額（指数）	73.2	100.0	146.5	251.9	175.8	224.3	510.9

出典：表 16-1 に同じ

　上述のように，サトウキビを中心とするモノカルチュア経済の沖縄の1908（明治41）年から1940（昭和15）年の32年間の産額の推移から戦前の沖縄経済の特徴を考察する。ただし，当該資料には第3次産業が含まれておらず，また名目値である。

　1908（明治41）年から1940（昭和15）年の32年間で，生産総額は約8倍に成長し，年率では平均13%であった。産業別生産額割合を1912年と1940年を比較すると，全体としては増加傾向にある。農産と工産が基幹産業であるものの，両産業とも減少している。また，水産業も減少しているが，その他産業については増加している。この間に次の4つの外政要因の影響を受けている。① 1921年までの上昇期には1904年の日露戦争，1914年の第1次世界大戦，② 1931年までの後退期には1929年の大恐慌，③ 1940年までの上昇期には1931年の満州事変，1937年の日中戦争である。同様の影響を受けたと考えられる全国平均との比較から，沖縄県の産業構造を考察すると，1934（昭和9）年から1936（昭和11）年における一人当たり生産額が全国平均で210円であったが，沖縄は全国平均の41.0%の86円であった。

　産業別就業人口は，総労働人口59万27人のうち，農業に70.4%とほぼ4人に1人が従事している。表16-1では昭和15年の産業別生産総額のうち農産が全体の49.9%であるにもかかわらず，産業別人口の70.4%が農産に従事していることを考えると，農家の貧困度が推測される。そのため，多数の沖縄県民が海外へ移民し，7万5千人以上が海外へ移住した。その割合は，県人口に占める海外在留者の割合をみると9.97%となった。

390

表 16-5　戦前の沖縄における産業別就業人口比率　　　　　　(%)

1940 (昭和15)年	農作業 +蚕業	畜産	林業	水産業	鉱業	工業	商業	交通業	公務 自由業	其他 有業者	無職者	家事 使用人
590,027 人	70.4	0.1	0.2	3.7	0.6	5.8	5.8	2.8	3.9	4.0	2.3	0.4

出典：表 16-1 に同じ

表 16-6　沖縄県の国別・年次別海外移住者数 (戦前)

年	ハワイ	北米 合衆国	フィリ ピン	ブラジル	アルゼ ンチン	ペルー	シンガ ポール	メキシコ	太平洋	その他	計
1898 (明治32)	27										27
1902	45	51									96
1903	262		360					223			845
1904	1,233									387	1,620
1905	4,467	92				111					4,670
1906	2,525		58					250		152	2,985
1907	678	1	68	355					252		1,354
1908	176		2			54					232
1910	241					39			70	250	600
1911	596	6	16			75				213	906
1912 (大正元)	1,678	15	182	421		23	25			7	2,351
1913	935	37	87	1	14	92				19	1,185
1914	533	24	26	41	3	302		1		10	940
1915	403	27	26	25	5	124				6	616
1916	559	25	18	24	8	121				19	774
1917	676	42	177	2,138	35	534		2		29	3,633
1918	655	90	244	2,204	76	882				36	4,187
1919	661	80	176	319	50	925				40	2,251
1920	520	35	55	179	21	388		15		20	1,233
1921	482	25	64	82	28	404	24	5		26	1,140
1922	402	38	60	52	28	92	70	19		37	798
1923	492	61	300	51	52	250	13	8		27	1,254
1924	390	59	368	99	71	356	55	10		34	1,442
1925	100	4	971	388	95	550	303	43		152	2,606
1926 (昭和元)	117	2	1,062	659	130	891	105	58		131	3,155
1927	120	9	1,415	432	160	858	185	38		69	3,286
1928	50	9	842	432	183	780	216	20		104	2,636
1929			1,693	793	245	894	182	9		188	4,004
1930			1,028	592	310	442	327	18		166	2,883
1931	36	2	227	469	225	110	210	3		51	1,333
1932	10	4	113	810	130	202	43	15		153	1,480

1933	10	2	187	1,077	62	314	64	8		73	1,797
1934			564	1,870	83	331	213	4		34	3,099
1935			724	72	149	494	214	2		44	1,699
1936	311	16	1,414	559	231	471	246	6		62	3,316
1937	276	21	2,584	405	171	112	236	4		85	3,894
1938	451	36	1,315	281	189	90	20	3		76	2,461
1939	250	30	350	455	230	100	30			60	1,505
1940	150	20	250	429	170	50	20			40	1,129

注：その他の地域には，セレベス，スマトラ，ボルネオ，ジャワ，カナダ，ニューカレドニア，
　　中国，木曜島，チリ，ペナン，ニューギニアおよびフィジー等を含む。
出典：沖縄県文化観光スポーツ部交流推進課「沖縄県の国際交流資料編」（平成29年3月）
　　　p.140「沖縄県の国別年次別海外移住者数（戦前）」より作成した

表 16-7　県別海外在留者（昭和 15 年現在）

府県名	海外在留者（人）a	在留者割合（%）a/b × 100	県人口（人）b
沖　縄	57,823	9.97	574,579
熊　本	65,378	4.78	1,368,179
広　島	72,484	3.88	1,869,504
山　口	41,788	3.23	1,294,242
和歌山	22,268	2.57	865,074
佐　賀	14,592	2.08	701,517
長　崎	26,323	1.92	1,370,063
福　岡	55,492	1.79	3,094,132

出典：『沖縄県史 7』「移民」より

2-2. 砂糖と米を交換する産業構造

　1940（昭和15）年の域際収支は，239万円の入超であった。移輸出品の約8割が工産品であるが，そのうちの72%は砂糖である。移輸入の約5割も工産品であるが，品目別では米の移輸入額が19%を占める。島嶼地域である沖縄では米の生産量は人口を満たすだけの絶対数が足りなく，比較優位を持つ砂糖を販売し，米を買い入れる経済構造である。

3. 沖縄戦終結後から施政権返還前の沖縄経済

　1945（昭和20）年3月26日に沖縄本島の西に位置する慶良間諸島に米軍が上陸，4月1日には沖縄本島に上陸し，6月23日に沖縄本島南部での日本軍の組織的な戦

表16-8　1940年（昭和15年）の貿易内容　　　　　　　　　　　　（%）

	工産物	農産物	林産物	鉱産物	水産物	畜産物	雑　品
移輸入（40.0百万円）	52.3	30.2	6.7	3.5	3.7	0.4	3.3
移輸出（37.7百万円）	79.9	5.6	0.1	1.3	3.7	5.6	3.7

出典：山里將晃監著（1979）『図でみる沖縄の経済』新報出版，p.25 より

闘が終えた。その間，米軍の占領地においてはニミッツ布告による米軍による行政権と司法権執行がなされた。一方，経済は米軍物資を中心とする物々交換，非占領地である宮古島および石垣島では自給自足経済を余儀なくされた。その後，米軍政府による戦時通貨であるB円軍票が導入，ベトナム戦争へのアメリカの介入と支援基地としての機能など沖縄経済は外的影響を受け続け変化していく。

3-1. 米軍政下における通貨政策

　米軍占領後の沖縄の通貨政策は，米軍および米国琉球民政府（The United States Civil Administration of the Ryukyu Islands, 以下ではUSCARとする）によって行われることになる。占領地域では1945（昭和20）年6月から米軍が沖縄で流通させた戦時通貨であるB円軍票を使用している。[3] 沖縄では1972（昭和47）年に米軍から日本政府へ施政権が返還される間の27年間に，5回の通貨交換が行われている。特筆すべきことは，① 1948（昭和23）年の第3次通貨交換までB円軍票に加え日本円などの様々な名称の貨幣が流通していた。② 1946（昭和21）年の第2次通貨交換でB円軍票と日本の円とは等価交換されたが，1949（昭和24）年に日本円は1ドル＝360円に，沖縄では1950年に1ドル＝120B円軍票に為替レートが固定された。つまり，当時基軸通貨だったドルで見た場合，沖縄の為替レートは日本よりも高く，他方，日本は沖縄よりも円安に設定された。そのため，交易条件で見た場合，沖縄は日本よりも輸出に不利で，輸入に有利な経済環境に外部的に設定された。③ 1958（昭和33）年には，B円軍票が廃止され，当時の基軸通貨である米ドルが沖縄の通貨となった。そのため，沖縄の製造業はアメリカの製造業と同じ条件で生産や輸出をせざるを得なくなり，日本の企業と比較すると海外市場へのアクセスは不利な状況となった。

表 16-9　施政権返還（1972 年 5 月 15 日）までの沖縄の通貨・為替体制

1932 年 12 月	1 ドル＝5 円。
1945 年 3 月 29 日	米国海軍軍政府布告第 1 号・「南西諸島における日本のすべての行政権，司法権を停止し，最高行政の責任は占領軍司令官の権能に帰属させる」を公布（ニミッツ布告）。
1945 年 6 月	初めて B 円軍票が使用される。レートは 1 ドル＝10B 円。
1945 年 9 月	日本では軍用交換相場は 1 ドル＝15 円。
1945 年 9 月	1 ドル＝15B 円軍票。
1946 年 2 月 16 日	日本，新円発行する。この間，沖縄では戦前沖縄で使用されていた旧日本円，戦前から住民がもっていた台湾銀行券，朝鮮銀行券が流通。
1946 年 4 月 15 日	第 1 次通貨交換。B 円軍票と日本銀行券（新円）が公式通貨となる。回収額 1 億 7,300 万円。
1946 年 8 月 5 日	第 2 次通貨交換。流通中の B 円軍票を日本の新円と等価交換される。交換額 7,500 万円。
	日本本土や台湾からの沖縄への帰還者の増加によって新円が流入し，インフレが進む。日本本土との民間貿易が禁止されていたが，米軍配給品を食糧難の日本本土へ運ぶ密貿易が盛んになる。日本円のほかに，B 円軍票が再び法貨として追加される。
1947 年 3 月	1 ドル＝50B 円。
1947 年 3 月	日本では 1 ドル＝50 円（インフレが進行のため）。
1948 年 5 月 1 日	琉球銀行設立（沖縄の事実上の中央銀行）。
1948 年 7 月 16 日〜 21 日	第 3 次通貨交換。新円と旧 B 円軍票の流通が禁じられ，新円と旧 B 円軍票が新 B 円軍票に交換される。交換額 57 億 9,900 万円。
1948 年 7 月	日本では 1 ドル＝270 円（インフレが進行のため）。
1949 年 4 月 25 日	日本，1 ドル＝360 円とする固定相場制となる。
1950 年 4 月 12 日	1 ドル＝120B 円軍票。以後，廃止されるまでこのレートが使われる。
1950 年 6 月 25 日	朝鮮戦争。
1950 年 12 月	米国琉球軍政府から USCAR に改組，USCAR の B 円軍票発行額抑制策の結果，ドル保有額が超過し B 円軍票のデフレ現象発生。
1951 年 9 月 8 日	サンフランシスコにて対日講和条約調印。
1952 年 2 月 10 日	トカラ列島本土復帰。
1952 年 4 月 28 日	対日講和条約発効。連合国による日本占領終了。
1953 年 12 月 25 日	奄美諸島本土復帰。
1957 年 7 月	米国陸軍，沖縄へ金融通貨制度調査団を派遣。デフレ政策の是正，外国為替採算勘定設定，および B 円軍票から「軍票」の文字を除き琉球通貨とし，米国議会の承認を得て沖縄に設立する発券機関が発券する通貨制度改革などを勧告。デフレ政策の是正と外国為替採算勘定設定民政府勧告案を実施し B 円軍票発行額が保有するドル相当額まで増大しデフレ解消。通貨制度改革については未実施。
1958 年 8 月	ドナルド・プレンティス・ブース高等弁務官が 9 月 15 日に通貨を B 円軍票から米ドルに交換することを発表。

1958 年 9 月 16 日～20 日	第 4 次通貨交換。B 円軍票が廃止され，120B 円を 1 ドルとする交換が行われる。交換額 B 円軍票 42 億 6,200 万円米ドル　3,551 万 4,000 ドル。
1972 年 5 月 15 日	沖縄県本土復帰。第 5 次通貨交換。1 ドル 305 円とする交換が行われる。ただし，前年の 1971 年に実施された変動為替相場制への移行にともないドル下落が発生，この影響に対して 1972 年 2 月には通貨ストが発生するなど混乱がみられたため，1971 年に確認されていた個人が保有するドル現金分については政府が補償し 360 円とされた。また，5 月 20 日まではドルも併用が認められていた。交換額は 1 億 347 万ドル　315 億 5,819 万円。

出典：富田昌宏（1994）『紙幣が語る戦後世界』中公新書および日本銀行ホームページ http://www.boj.or.jp/type/exp/bn/data/are02r.pdf（2010 年 1 月 23 日閲覧）より筆者が作成した

　たとえば，1959（昭和 34）年に沖縄県における輸出貿易を促進する目的で，高等弁務官布令第 12 号に基づいて，日本より部品および原材料を無関税で輸入し，同地域で組立・加工を行う輸出加工型の沖縄自由貿易地域（Free Trade Zone）が設置され，トランジスタラジオ組立加工会社を中心に，パラソル，ビニール製品，カメラ，野球用グローブなどの皮革製品などを製造する企業が立地した。ピーク時の 1965 年にはトランジスタラジオ組立加工会社 5 社，カメラ組立加工会社 1 社，野球用グローブ製造会社 1 社が創業し，従業員約 800 人を雇用していたが，台湾，韓国および香港などの同業種との競争等で次第に衰退し，復帰後，消滅してしまった。[(4)]

表 16-10　沖縄自由貿易地域からの輸出額の推移

年	1960	61	62	63	64	65	66	67	68	69	70	71
千ドル	593	3,280	4,107	3,450	3,547	4,491	4,010	2,675	2,154	2,830	2,959	296

出典：山里將晃監著（1979）『図でみる沖縄の経済』新報出版，p.175 より

表 16-11　1965 年の沖縄自由貿易地域の輸出品目内訳

品　目	トランジスタラジオ	カメラ	野球用グローブ	ビニール製品・その他
比率（％）	89.9	7.5	1.5	1.1

出典：表 16-10 に同じ

3-2. 米軍政下および施政権変化直後の沖縄経済

　米軍政下および施政権変化直後の沖縄経済の時期は，1955（昭和30）年度から1976（昭和51）年度の間をいう。この間の経済の特徴として，①県民総生産，一人当たり県民所得，域際収支および消費者物価などでは高い成長率で成長。②輸入依存度が高く基地経済に依存，その後，財政依存が指摘できる。[5]

(1) 高率で経済は成長

　1955（昭和30）年度から1976（昭和51）年度の県民総生産，一人当たり県民所得，域際収支および消費者物価は，1965（昭和40）年度の県民総生産を100とすると，1955年度の33.9から1976年度の746.2へと拡大している。この間は，1955年度から1965年度の前半期と1966年度以降の後半期の2期に分けられる。すなわち，1955年度から1965年度では，県民総生産，一人当たり県民所得，域際収支および消費者物価の指標は格差なく緩やかな上昇傾向が見られる。後半期には，上昇率が前期に比べ大きく，また，各指標間の乖離が見られ，所得再分配，生産調整などの経済構造に変化が生じていることを示唆している。

(2) 輸入依存度が高く基地依存と財政依存

　この時期は，移輸入の規模が移輸出や県民総生産を常に超過している。域際収支の赤字額は，米軍や財政等の移転によって補填されている。この移輸入の超過傾向と域外からの移転所得による補填は，沖縄経済の特徴であり，現在も続いている。輸出の中身は，米軍との取引によって占められていた。1963（昭和38）年前後からはキューバ危機などによって，砂糖やパインアップル缶詰などが日本政府によって重要物産に指定され，沖縄産糖の日本政府買い上げ実施があり，商品の比重が高まり，米軍関係は50％台へと低下している。

　米軍統治下にあった沖縄経済は，沖縄戦で生産基盤が破壊された上に，強いドル経済に組み込まれたため，輸出が難しい上に，資本不足によって沖縄の需要へ対応した輸入代替が進展せず，生産よりも米軍受取や政府からの財政移転等によるドルを用いた輸入によって旺盛な需要を賄うという経済構造に陥っている。

表 16-12　輸出額に占める米軍関係受取の割合　　　　　　　　(%)

	米軍関係	商　品	その他サービス
1955 年（70.9 百万ドル）	72.7	16.1	11.2
1960 年（130.3 百万ドル）	62.0	20.7	17.7
1965 年（270.3 百万ドル）	55.0	34.0	11.0
1970 年（483.9 百万ドル）	57.0	26.7	16.3

出典：山里將晃監著『図でみる沖縄の経済』新報出版，p.33 より

4.　沖縄振興開発計画と沖縄経済

　1972（昭和47）年に沖縄の施政権が日本に返還されて以降，沖縄経済に対する政策は日本政府が行うことになり，10年ごとに沖縄経済の課題が検証され，4次にわたる振興開発計画が策定，実施されたが，1972年からの課題である沖縄経済の自立は未達課題のままである。

4-1.　沖縄振興開発計画

　1972（昭和47）年に沖縄の施政権が日本に返還されて以降，沖縄経済に対する政策は日本政府に委ねられ，日本政府は過去3度にわたる沖縄振興開発計画を立案・実施し，第4次計画まで進行した（表16-13）。昭和47年度から平成21年度までの累計額は，内閣府沖縄担当部局予算総額（平成21年度は当初予算額）で9兆4,240億円，沖縄振興開発事業費で8兆7,891億円を投じている（表16-14）。また，各種の政府系金融機関を一元化した沖縄開発金融公庫を特別に設け，資金面での円滑化を図った。

(1) 第1次沖縄振興開発計画

　1972年度から1981年度までの第1次沖縄振興開発計画では，沖縄県の経済課題として，① 本土との格差の是正と沖縄全域にわたって国民的標準の確保，および② 自立的発展の基礎条件の整備であった。

　格差とは，日本の全国平均と沖縄との格差であった。たとえば，1972年当時の一人当たりの県民所得は45万6千円で，当時の日本の一人当たり国民所得72万

16　沖縄振興政策における沖縄21世紀ビジョンの意義と課題　　397

表 16-13　沖縄振興開発計画の推移

	第 1 次計画	第 2 次計画	第 3 次計画	第 4 次計画
計画期間	1972 ～ 1981（昭和 47 ～ 56）年度	1982 ～ 1991（昭和 57 ～平成 3）年度	1992 ～ 2001（平成 4 ～ 13）年度	2002 ～ 2011（平成 14 ～ 23）年度
計画目標	・本土との格差を早急に是正し，全域にわたって国民的標準の確保 ・自立的発展の基礎条件の整備 ・平和で明るい豊かな沖縄県の実現	・本土との格差の早急な是正 ・自立的発展の基礎条件の整備 ・平和で明るい豊かな沖縄県の実現	・本土との格差の早急な是正 ・自立的発展の基礎条件の整備 ・広くわが国の経済社会及び文化の発展に寄与する特色ある地域として整備	・沖縄の特性を積極的に活用 ・自立的発展の基礎条件の整備 ・豊かな地域の形成 ・わが国ひいてはアジア・太平洋地域の社会経済及び文化に寄与する特色ある地域としての整備 ・平和で安らぎと活力ある沖縄県の実現
基本方向	・社会資本の整備 ・社会福祉の拡充および保健医療の確保 ・自然環境の保全及び伝統文化の保護育成 ・豊かな人間性の形成と県民能力の開発 ・産業の振興開発 ・国際交流の場の形成	・特色ある産業の振興開発と基盤整備 ・豊かな人間性の形成と多様な人材の育成及び文化の振興 ・住みよい生活環境の確保と福祉・医療の充実 ・均衡のとれた地域社会の形成と活力ある島しょ特性の発揮 ・地域特性を生かした国際交流の場の形成	・特色ある産業の振興開発と基盤整備 ・地域特性を生かした南の交流拠点の形成 ・経済社会資本の進展に対応した社会資本の整備 ・明日を担う多様な人材の育成と学術・文化の振興 ・良好で住みよい環境の確保と福祉・医療の充実 ・都市地域の整備と農山漁村，離島・過疎地域の活性化	・自主性，主体性を発揮した意欲的な取組により，分県時代に相応しい地域づくり ・明日への活力を生み出し，自立を促進する産業の振興を図る ・国際的な交流拠点形成に向け，人，物，情報等の結節機能の育成・強化を図る ・豊かな自然環境の中で，人々が自然と共生する社会を構築 ・幅広い分野の人材育成と知的資産の蓄積 ・社会資本の整備 ・離島・過疎地域の定住条件の改善と自立的な地域づくりと都市整備 ・米軍基地負担軽減
産業政策	・労働集約型工業 ・臨空港型産業 ・国内・国際的観光拠点	・既存工業の振興 ・新規工業の展開 ・工業生産力の集積・工業団地 ・設備の近代化・経営の合理化・経営力の開発向上 ・製品の高付加価値化・市場拡大 ・観光レクリエーション	・製造業企業の組織化・近代化及び高度化 ・工業用地の計画的整備 ・既存企業の新たな展開 ・新規企業の立地 ・製造業を支援するサービス業の集積 ・地域産業の高度化 ・製造業と農林水産業との連携 ・経済のソフト化・国際化 ・戦略産業（観光・リゾート，情報，バイオ）	・質の高い観光・リゾート地の形成 ・情報通信関連産業の集積 ・亜熱帯性気候等を生かした農林水産業振興（ブランド化，高付加価値化） ・新規産業創出 ・産業活性化 ・販路拡大と物流対策 ・中小企業の成長発展 ・産業振興を支援する金融機能充実
基礎理論	ペティー＝クラークの法則	二重経済理論	二重経済理論 要素賦存理論	要素賦存理論 クラスター理論

出典：内閣府ホームページより筆者がまとめた

表 16-14　沖縄振興開発事業費（1972 ～ 2009 年度の類型額）の内訳（補正後ベース）

		総額（億円）	比率（%）
公共事業 8 兆 975 億円 （92.1%）	治山治水	6,916	6.0
	道　路	80,975	35.0
	港湾空港	5,241	12.4
	住宅都市環境	30,725	4.8
	下水道水道廃棄物等	10,874	17.9
	農業農村整備	4,253	11.4
	森林水産基盤	15,766	4.0
非公共事業 6,916 億円 （7.9%）	調整費	599	0.7
	教育・文化振興	5,382	6.1
	保健衛生等	421	0.5
	農業振興	1,115	1.3

出典：内閣府沖縄総合事務局ホームページより筆者が作成した

6 千円の 54.8% であった。この格差を縮めるための指標として，沖縄と日本全体との産業別就業構造の相違に着眼点が置かれた。1976（昭和 51）年時点では，日本の就業人口比率は第 1 次産業が 12%，第 2 次産業が 35%，第 3 次産業が 52% であったのに対し，沖縄の第 1 次産業が 16%，第 2 次産業が 21%，第 3 次産業が 63% であった。高度経済成長を実現した日本全体と比べ，沖縄の第 2 次産業の就業者が低く，沖縄の第 2 次産業の未発達が経済格差の原因と考えられた。また，米軍基地の縮小に伴い，米軍基地離職者の雇用先確保も課題となった。そのため，雇用吸収力が大きく，また，産業連関により付加価値化が見込まれる労働集約型工業による振興策が計画された。[7]

(2) 第 2 次沖縄振興開発計画

　1982 年度から 1991 年度までの第 2 次沖縄振興開発計画では，沖縄県の経済課題として，第 1 次振興開発計画からの未達課題である① 本土との格差の是正，および② 自立的発展の基礎条件の整備であった。産業政策の要は，第 1 次振興開発計画と同じく，雇用吸収力が大きく，また，産業連関により付加価値化が見込まれる労働集約型工業による振興策に加え，企業誘致用として工業生産力の集積・工業団地，また，県内企業の振興としては，設備の近代化，経営の合理化および経営力の開発向上，また高付加価値化対策としては，製品の高付加価値化と市場

16　沖縄振興政策における沖縄 21 世紀ビジョンの意義と課題　│　399

拡大が付加されて，さらに，沖縄県の比較優位性として観光レクリエーションが初めて盛り込まれた。

(3) 第3次沖縄振興開発計画

1992年度から2001年度までの第3次沖縄振興開発計画では，第1次および第2次と同じく未達課題として① 本土との格差の是正，および② 自立的発展の基礎条件の整備が政策課題となった。これまでの振興開発計画との相違は，国内経済では，資本，技術，労働の移動が容易であるためその地域の要素賦存に比較優位性を持つ産業が発展しやすいとの認識下で，沖縄が他の都道府県と比べ比較優位を持つ観光を戦略産業と位置づけた点にある。

(4) 第4次沖縄振興開発計画

2002年度から2011年度までの第4次沖縄振興開発計画では，沖縄の持つ比較優位を積極的に活用し，未達課題である自立的発展に向けての基礎条件の整備を政策の柱にしている。「情報通信関連産業の集積」のようにメリットを図るのに加え，第3次までとの相違点は，「質の高い観光・リゾート地の形成」や「亜熱帯性気候等を生かした農林水産業振興（ブランド化，高付加価値化）」のように量から質の重視，「販路拡大と物流対策」のようにマーケット重視，また「産業振興を支援する金融機能充実」というように意欲ある経営者を支援するという経済・経営環境整備の方向へと向かっている。

4-2. 沖縄振興開発計画と沖縄経済

上述の様に，明治維新から今日に至るまでの，沖縄経済の課題は域際収支の改善，還元すれば移輸出産業の育成であった。しかしながら，現在までの所，未達課題である。経済成長の成果が思わしくない理由には，経路依存性 (path dependence) などがある。[8] あるいは，経済条件が異なるにもかかわらず，ある国や地域で成功した事例を導入されたことが指摘されよう。[9] 以下では，沖縄経済の長年の未達課題である経済自立について沖縄県経済の特性である島嶼性を加味

して可能性を探る。

5. 経済自立の基礎概念

ここでは，経済的自立について私見を展開する。[10]地域経済において経済的自立とは，通常は，域際収支の黒字化を意味している。域際収支とは，家計に例えると，給与のやり繰りである。給与に相当するのが沖縄県内で生産，加工および変形された財・サービスを県外や国外へ販売して得られる金額である。これを移輸出額という。

家計においては，日々の暮らしのために必要な食料などを購入するが，沖縄県においてそれに相当するのは県外や国外で生産された財・サービスの支出額である。この金額を移輸入額という。域際収支とは，移輸出額からを移輸入額を差し引いた値である。

5-1. 域際収支の赤字の意味

沖縄県を含めた多くの地方が，域際収支の赤字となっている。そして，この赤字分は，他地域からの資金移動で賄われることになるが，その際，用いられる分析手法が IS バランス式である。

この式を沖縄県に当てはめるとどのような意味が見出されるかといえば，沖縄県の場合，恒常的に域際収支の赤字が続いている。IS 式では，民間貯蓄投資残高の項目（S − I）では S ＜ I の状態，つまり投資過剰状態あるいは貯蓄不足であるか，また，財政収支黒字あるいは赤字の項目（T − G）では，T ＜ G の状態，つまり，税収よりも沖縄県および市町村の財政支出が超過しているかを意味している。

この結果から，沖縄県において域際収支が恒常的に赤字であることを IS バランス式に説明すると以下の3パターンが考えられる。

第1は，S ＜ I，つまり投資過剰状態あるいは貯蓄不足状態と，T ＜ G，つまり税収よりも沖縄県および市町村の財政支出が超過の両方が生じている。第2

は，S＞I，つまり，民間貯蓄投資残高は黒字（貯蓄過剰状態あるいは投資不足）と，T＜G，つまり税収よりも沖縄県および市町村の財政支出が超過状態となっているが，結果的に，財政支出超過状態が民間貯蓄投資残高を上回っている。そして，第3は，第2の逆である。

　沖縄県の対外債務はマイナスであり，S＜I，つまり投資過剰状態あるいは貯蓄不足状態である[11]。また，国税よりも国から補助金が上回るため第1のパターンにあるといえる。しかし，ISバランス式は恒等式であるので，因果関係で説明するにはかなり厳しい条件が必要である。

5-2．ISバランス式分析からの自立策と課題

　さて，域際収支概念に立脚した自立化策を考えると，① 移輸出額の拡大，② 移輸入額の削減，および③ 移輸出額の拡大と移輸入額の削減ということになる。

　この手段を考えた場合，移輸入額の削減は，沖縄県民の生活に必要な財・サービスの購入の抑制を意味しており，人々の生活の豊かさが，購入される財・サービスの量や質に依存するならば，経済厚生的に望ましい政策ではない。したがって，① の移輸出額の拡大か，② の移輸出額拡大と移輸入額削減の同時達成を行う政策が望ましいとなる。

　移輸出額拡大と移輸入額削減を同時に行うと期待されたのが工業化である。工業化によって，移輸出額が増加，また，工業は労働力を必要とするので，沖縄県が抱える失業者の雇用の受け皿となり，さらに，移輸入していた財・サービスを沖縄県で生産できれば，域際収支の赤字の改善効果が発揮されるというのが推進論の根拠である。

5-3．移出以外による経済自立化

　沖縄は，後述のように南北に長く，また，市場からも遠距離にある島嶼地域であるため，安価な労働力に依存した労働集約的工業化による経済自立化は，かなり難しい。したがって，その他の振興策による自立化を考える必要もある[12]。

　これまで述べた沖縄振興開発計画における自立化論は，移輸出額から移輸入

額を差し引いた域際収支の黒字化を前提としていた。自立化の他の要因，すなわち，他の地域からの所得移転，沖縄の余剰資金を他地域の株や債券へ投資することによる利子・配当金収入，および特許などによる知的財産収入については考慮に入れていない。すなわち，IS 式の左辺に新たに，知財収入や利子配当受取金（account receivable，以下では R と略する）と特許への支払いや利払い（payment，以下では P と略する）の項目，R － P を加えると，

$$(S - I) + (T - G) + (R - P) = (X - M)$$

を得る。この式から，沖縄の経済自立を考える。[13]

5-4. 観光産業の効果

　域際収支の黒字化以外の経済自立化策としては，観光客の支出も移輸出と同じような効果を持つ。加えて観光は，観光客へのアプローチの仕方によっては，沖縄の文化や平和への希求をも伝えることができる。沖縄文化を継続して伝えることで，より質が高く，また県民がより誇りを持てる観光へと昇華する可能性もある。

　たとえば，英国ではシェークスピアを世界へ広く伝えるために300年を要し，[14]その結果，生誕地であるストラットフォード・アポン・エイボンには，1852年と1853年の両年合わせて，わずか2,321人しか訪れなかった観光客が1990年の130万人をピークに2004年には84万人が訪れるまでに成長している。[15]観光と沖縄文化やその他の資源との結合，融合あるいは新しい魅力の創出によって，自立化への可能性が高まることを示唆している。

5-5. 知財産業

　他の地域からの所得移転の方法として交付金のような中央政府からの移転以外に，沖縄県在住者が県外で働き，県内へ送金する方法がある。このパターンの多くが，季節労働者の形態となっており，派遣先企業の動向に左右されやすく，

また，技術や技能の面で熟練労働者や管理職として登用されにくいという難点がある。

　知的財産とも関連するが，安価な原材料，労働力などの利用から工場を，あるいは，消費地へのアクセスの観点から配送センターを県外へ移転するが，本社機能を沖縄に残す経営手法による自立化策も考えられる。この場合，利益を計上した場合，所得移転が見込めるが，若年者や失業の雇用対策としては一社のみでは限界がある。

　次に，特許などの知的財産収入による自立化の可能性を考えてみる。約8,000円の値札がついたブランドもののジーンズ一着あたりの内訳は，生地代が約400円，縫製賃料が約800円，知的財産収入は，デザイン料が約3,200円，残りがブランド化，販売チャネル戦略などを手がけた企業へ配分されるといわれている。

　これまでの域際収支による自立化アプローチは，品質の良い生地を一生懸命生産し，無駄なく，無理なく，ムラを省いた工場労働者の裁縫によって県内外へ販売することで自立化を考えていたが，観光，知的財産および経営戦略による自立化策も考えられる。

6. 島嶼経済と沖縄

　沖縄県経済の特色の一つに島嶼経済を指摘できる。これまで筆者が知る限りにおいて，島嶼性の特色として，① 地理的，② 経済成長，および③ 経済政策観点から述べられている。すなわち，地理的特性として，島であるため面積が狭く，また，市場や需要の中心から離れた位置にあるという状況である。[16]

6-1. 島嶼経済の経済的特性

　経済成長的特性としては，生産すればするほど平均費用が低下する規模の経済性，市場ニーズに対応可能な専門家集団の存在によって取引費用削減よる集積のメリット，異なる産業の共通の資本設備利用によって費用が削減される範囲の経済性および情報化により産業界の境界を超えた業際化による経済成長が困

難な点である。

　経済政策的特性としては，先述の経済特性に基づいた開発理論に依拠した方法では経済発展は難しく，したがって，個々の島嶼地域の自然，歴史，文化を活かした産業の発展による自立化を探ることになる。

　島嶼地域は，異なる経済構造，経済成長パターン，および経済課題に直面し，また，異なる自然，歴史および文化を有していることからそれぞれ異なる経済発展政策を行うべきであることには異存はないが，筆者なりに島嶼性について，再構築し，その後の発展策への展開への基礎としたい。

6-2.　島嶼経済の再定義

　既存の島嶼性を基礎に，① 地理，② 経済，③ 政治，④ 職住遊学の生活機能，および⑤ 資源と再分類し，さらに個々の特性を次のように細分化する。地理的特性としては，位置関係から，絶海孤島型，奄美群島や沖縄諸島のような列島型，面積の狭小型がある。

① 経済的特性による再定義

　経済的特性としては，シンガポールにはマレーシア，香港には深圳という後背地があるような地域を後背地型，他地域の経済動向が直接及ぶような地域を経済波及効果直接型，間接的な地域を経済波及効果間接型，独自で経済発展が可能な経済循環可能型がある。

② 政治的特性による再定義

　政治的特性としては，シンガポール，マルタやアイスランドのように政治的自律がある自律型，ハワイのように州法設定により課税率等がある程度変更可能な準自律型，シンガポールやハワイと比較して裁量権が狭い地方型がある。

③ 生活機能的特性による再定義

　職住遊学という生活機能的特性では，職場と居住地が痛勤電車で1時間以上という都市圏との比較から職住遊学接近型と準接近型がある。

④ 資源的特性による再定義

　資源的特性からは，たとえば，企業にとってブランドや従業員の就業意識など

他の企業が模倣できないオンリー・ワンを重要な経営資源とみなしている。これを援用すると，固有の生態系を持つ固有生態系型，特色ある歴史と文化を形成する歴史・文化型がある

　これらから沖縄県は，地理的特性として列島型，絶海孤島型および狭小島嶼地域の複合型，経済的特性として経済波及効果間接型島嶼地域，政治的特性として地方型島嶼地域，生活機能的特性として職住遊学接近型と準接近型の複合型島嶼地，そして，固有生態系型と歴史・文化型島嶼地域であることがわかる。

6-3. 沖縄の島嶼経済の課題と発展策
　ここでは，沖縄の島嶼性の課題と発展策を考える[17]。

(1) 複合型島嶼性経済とは
　沖縄県の総面積は，3,740平方キロで日本総面積約370,000平方キロの約1%，最も広い沖縄本島の面積は2017年現在で1,209.68平方キロメートルという狭小地域である。また，人口規模も日本の総人口の約1%であるため，市場規模は小さく，既存産業が成り立つために必要な人口集積も難しい。つまり，工業化によって安い原材料を移輸入し，沖縄県内で加工・高度化し，移輸出することの経済的自立化は厳しい。したがって，市場としては県外市場を，また，製品としては大手企業が進出できない分野，塩，海洋深層水を利用した商品やリムジンカーなどのようなニッチ市場を検討すべきである。そのためには，沖縄県の持つ優位性に加え，絶えず消費地需要のニーズ動向の把握が必要であり，一社で不可能ならば，基金を設け，ニーズを把握する機関を設置し，共通資源としての情報利用が考えられる。

　情報を新たな市場展開の戦略的資源として共有化した場合，各企業においては，分散型組織の確立が求められる。なぜなら，市場ニーズを商品化できるためには，各部門や各個人に，可能な限りの責任と権限を与え，現場に密着した的確な判断を迅速に行わせ，市場ニーズを商品化すると同時に各個人の活力を高めることが必要である[18]。したがって，社長の上意下達式でしか動かないような組

織，経験のみを重視し，市場の変化を全く受け入れようとしない組織，情報の発散と収束技法を持ち得ず，そのため新たなコンセプトを築き，新需要を予測できない組織においては情報の共有化を行っても発展性は望めない。[19]

(2) 南北に長い列島型島嶼性の経済特徴

南北に長い列島型島嶼性の特徴としては，各地域において生産される農産物の旬には時間差，また，島言葉や文化も多様性があるということである。農産物においてはこのズレを，観光は多様性を活かした文化体験型観光を基盤とした地域ブランドづくりが考えられる。

7. 沖縄21世紀ビジョン策定と評価

上述のように，第1次から第4次沖縄振興開発計画は，後述のように本土復帰に伴うUSCARと日本の制度的摩擦緩和目的や日本の中央集権的な財政や地域開発などの理由から，沖縄の特性を十分に加味できた政策とはいえない。そのため，地域の実情やニーズをより反映させるため，沖縄振興政策は，第1次から第4次沖縄振興開発計画までの中央政府主体から沖縄県が主体となって行うことになった。沖縄県が主体となって地域開発計画を行ったのが沖縄21世紀ビジョンである。

7-1. 沖縄振興開発計画の評価と沖縄21世紀ビジョンの策定

上記の4次にわたる沖縄振興開発計画は，中央政府である沖縄開発庁（当時）や内閣府がイニシャティブをとり，沖縄県庁や沖縄の有識者を交えて策定された。約10兆円超を投じたが，失業率解消や域際収支改善等の経済的自立は未達課題のままであった。

未達課題となった要因は，次の3点を指摘できる。①「本土並み，格差是正」を目的とした理由としてアメリカ軍統治下によって沖縄と本土の通貨や制度の違いがあった。そのため，本土復帰によって制度の違いによる摩擦を回避し，②

社会資本を整備，③日本政府は，沖縄のみに特別な政策は求めず，全国総合開発計画のような振興計画を要求，その代わり本土並みの財政支出を行うなどである。[20]

　この4次にわたる沖縄振興開発計画で顕在化したのは，国や沖縄県がてこ入れしても成長しない製造業と意図せずに成長した産業である。意図せざる成長産業の特徴として次の3つがある。①亜熱帯，②日本本土と沖縄の遠隔＝中国や東南アジアとの近接，③県民性や民族性に結びついた産業，たとえば，観光やIT産業などである。[21]換言すれば，沖縄の比較優位が現れた産業である。

　また，政策執行側の沖縄県は，4次にわたる沖縄振興開発計画の沖縄県の評価は，地方交付税交付金や国庫支出金は中央政府の代執行機関にすぎないという不満である。「必要なのは釣った魚のお裾分けではなく，自力で獲物を捕れるようになるための釣りざおだ」と稲嶺惠一・元沖縄県知事が述べたように，地方政府自らがイニシアチブを発揮，地方住民の行政ニーズを政策化，具体化したいという機運が高まった。[22]

　上記の背景に，経済格差という未達課題と意図せざる成長産業の発展に取り組むため，これまでの政府主導の沖縄振興開発計画から沖縄県が主体となって2010（平成22）年に策定したのが「沖縄21世紀ビジョン」（以下では「ビジョン」とする）である。ビジョンは，理念の完成年を2030年，ビジョン実現に向けての基本計画を10年程度，実施計画を前期5年，後期5年で策定している。

7-2. 沖縄21世紀ビジョンの政策形成の特徴

　教科書的な政策決定プロセスは，次の6手順である。[23]①リサーチ・クェスチョンの設定，②リサーチ・クェスチョンを説明する仮説設定，③データを収集，対象を観察・分析，④仮説検証，⑤結果のまとめと発表，⑥リサーチ結果の政策化というようにほぼ線形的である。

　ビジョン作成では，テキストのような線形的な方法は行われていない。さらに，理念策定であるため，客観的な数値目標ではなく，理想型である。その典型が「1. ビジョンの意義，大切な要素について」では，委員の一人が「ビジョンと

408

はシンプル，クール，ハピネスであるべきだ。県民みんなが目指すあるべき沖縄の姿を明確にしめすことで，県民に『沖縄理念』を喚起，自覚させることが大切である」と述べていることである(24)。

　また，ビジョンのリサーチ・クェスチョンでは，基本理念として「21世紀に求められる人権尊重と共生の精神を基に，"時代を切り拓き，世界と交流し，ともに支え合う平和で豊かな『美ら島』おきなわ"を創造する」と謳われている。

　基本理念を説明する仮説は，抽象的な表現と相対的な事実に基づいている。たとえば，「時代を切り拓く」は「県民が描く未来のありたい姿や理念」に，「世界と交流する」は沖縄の地政学と琉球王朝時代の交易に，「支え合う」は「人間の幸せの源泉の多くは，人と人とのつながり」に，「平和」は沖縄戦という歴史に，「豊かさ」は「沖縄の自然，歴史，文化」に，「美ら島－自然－」は「沖縄の自然は天賦」資源であることに求めている(25)。

　このような「県民が描く未来のありたい姿や理念」などの抽象的，あるいは，「豊かさ」は「沖縄の自然，歴史，文化」などとしたのは，次の2つの理由による。① 当初，総合部会では，沖縄県側はビジョンに具体的な計画を盛り込むことを求めていたが，ビジョンとは方向性や理念であることから抽象的な表現とした。② 時代の変化を反映させるためと，基本計画や実施計画について政策担当者が具体案を作成しやすくするための配慮からである。すなわち，行政の一つである財政は政治過程によって住民ニーズを先に決定し，住民ニーズを実現するために税収が決定されるという量出制入の原則があるため，住民ニーズを幅広く集約する必要がある(26)。この意味では，ラスウェルの政策科学の手法と類似している(27)。

　データの収集等については，3通りの方法で行っている。第1は，先述のようにこれまでの沖縄振興開発計画の検証と各種データである。第2は，沖縄県民に対するアンケートと計画の進捗調査である。アンケートは，沖縄県民の意見を集約する目的で，策定前の2008（平成20）年11月から2009（平成21）年11月にかけて行われた。第3は，進捗調査である。進捗調査はPDCAサイクルに基づき2013（平成25年）度に，2012（平成24）年9月策定の「沖縄21世紀ビジョン実施計画」

で示され平成24年度に実施した1,591の「主な取組」と，245の「施策」を対象に実施されている。データ収集等についても，テキスト的な手法では，より客観的な方法が求められているが，ビジョンでは，数多くの沖縄県民の意見を反映させた，というものの主観を反映させている。また，PDCAサイクルに基づいて，基本計画が変更できるような柔軟性を持たせている。この点は，仮説検証ともいえる。

「結果のまとめと公表」は，事前県民アンケート調査と総合部会から提示された内容に対する専門部会からの意見収集と反映という形式で行われ，その後，パブリックコメントが実施された。

草野厚は，政策過程論を次の4つとしている。① 主として税金の使われ方の計画化，② 政府や企業の直面する危機の解決策を過去に遡り学ぶ研究や学問，③ よりよい政策決定の実施，④ よりよい政策ができなかった政策を政策過程に遡って検証，と述べている。

ビジョンにおいて，草野が述べている③と④は実施されているといえる。しかし，②については，基本理念として「（沖縄）県民全体で共有する価値観を宣言すると同時に，あるべき沖縄の姿を実現するために覚悟が必要である旨を明示」している。人口減少や地球環境の変化という広い意味での危機を網羅した内容であるが，草野が述べているような狭義の危機でもないし，直面する危機ではないといえる。

7-3. ビジョンの成果

2010（平成22）年にビジョンが策定され，2017年で7年目にあたり，マクロ経済指標をみると1月の完全失業率（季節調整値）の推移では，本土復帰から全国の完全失業率を4%ポイントほど上回っていたが，直近の2017（平成29）年1月では総数で0.5%ポイントを上回るほどに改善している。また，有効求人倍率も，本土復帰後，1を下回ることが常態化していたが，平成26年度には離島地域である八重山が，平成27年度には，同じく離島地域である宮古が，そして2016（平成28）年8月には沖縄全体で1を超える状況となった。離島地域や北部地域が1を超

えているのは観光産業の発展との関連性が高いと考えられる。また，その他経済指標も拡大傾向にあることがわかる。(30)

表16-18の経済指標からビジョンの成果とするのは早計である。その理由として，次の3点を指摘できる。① ビジョン策定からたかだか7年を経過しただけであるため，上記のマクロ的経済数値の全てがビジョンによる成果と断定するのは困難である。たとえば，経済成長は，過去の政策や制度などに影響される経路依存的な影響も否定できない。② 第1次から第4次までのインフラストラクチャーの整備，たとえば，空港の整備などの影響が考えられる。③ アベノミクスや中国経済の発展などの外的要因の影響も考えられる。したがって，ビジョンの寄与がどの程度あるのかを計測し，ビジョンの影響がどの程度なのかを見きわめる必要があるが，筆者の努力不足で計測までには至っていない。

表 16-15　沖縄県の完全失業率の推移　　　　　　　（1 月，%）

平成年	22	23	24	25	26	27	28	29
総　数	7.1	7.5	7.4	6.6	4.8	5.2	4.8	3.5
男	7.9	9.0	8.7	7.3	5.6	5.5	4.8	4.1
女	6.2	5.6	5.6	5.8	3.9	4.7	4.6	2.9

出典：沖縄県労働力調査より筆者が作成した

表 16-16　全国の完全失業率の推移　　　　　　　（1 月，%）

平成年	22	23	24	25	26	27	28	29
総　数	4.9	4.9	4.6	4.0	3.6	3.5	3.2	3.0
男	5.2	5.3	4.9	4.3	3.7	3.7	3.4	3.1
女	4.6	4.3	4.4	3.7	3.4	3.3	2.9	2.7

注：平成 25 年と平成 26 年は年平均の完全失業率である。
出典：総務省統計局労働力調査より筆者が作成した

表 16-17　有効求人倍率

平成年度	23	24	25	26	27	28.8
全　　国	0.68	0.82	0.97	1.11	1.23	1.37
沖　　縄	0.31	0.42	0.57	0.73	0.87	1.00
沖縄北部	0.31	0.39	0.59	0.73	0.81	1.04
沖縄宮古	0.45	0.56	0.73	0.86	1.00	1.36
沖縄八重山	0.29	0.41	0.75	1.09	1.18	1.48

出典：「労働市場の動き」沖縄労働局 HP より作成した

表 16-18　沖縄県その他の経済指標

比較項目	平成 23 年	平成 28 年	増加率
観光客数	553 万人	794 万人	241 万人増　1.4 倍
（うち海外客）	30 万人	167 万人	137 万人増　5.6 倍
観光収入	3,783 億円	6,022 億円（平成 27 年実績）	2,239 億円増　1.6 倍
情報通信関連企業立地＊	237 社	387 社（平成 27 年末）	150 社増　1.6 倍
建設関連業界 （公共工事請負金額）＊＊	2,108 億円	3,254 億円（平成 27 年）	1,146 億円増　1.5 倍
百貨店・スーパー売上高	1,350 億円	1,783 億円	433 億円増　1.3 倍
航空貨物量 （本土→沖縄）	4,065 千トン	4,600 千トン（平成 26 年）	535 トン増　1.13 倍
日銀短観	18 期連続（4 年 6 月）の連続プラス		

注：＊ IT 生産高 4 千億円，＊＊ 振興予算 3,000 億円超，観光施設関連の建設需要及び低金利に
　　よる住宅関連の拡大
出典：平成 28 年 11 月 30 日に行われた川上好久沖縄開発金融公庫理事長講演会「『やんばる
　　の時代』への期待—昨今の沖縄経済の現状から—」の資料に加筆した[31]

7-4．ビジョンの課題

　ビジョンの課題としては，① 質的改善，② 市町村等の行政の課題，③ 中央政
府と地方政府の意思疎通，④ 政治利用などがある。

　質的改善とは失業率や有効求人倍率の量的改善に伴い，貧困などの対策の必
要性の議論がされはじめている。求人倍率の改善がなされたものの貧困率が高
い原因を雇用の質に求める主張がある。たとえば，求人が正規雇用ではなく，非
正規雇用が多い，あるいは，正規雇用でも賃金格差があるロー・スキルが主であ
るなどである。ただし，一部の議論には，貧困の原因が第 3 次産業に偏在した産
業構造や成長意欲の乏しいオーナー系企業にあるといった指摘や解決策として
製造業の推進を求めるなど，これまでの沖縄の経済の歴史を十分に検証してい
るとはいえない発言も散見される[32]。

　市町村等の行政の課題では，ビジョンを財政的に裏付けるため，国は，沖縄振
興に資するソフト事業などに一括交付金制度を制定したが，予算額を全額執行
できないことである[33]。この原因としては，自主的な事業選択の役割を担う市町村
の担当者の人員不足や立案スキルの未熟さ，公的意見集約から政策化までの仕
組み作りの未整備等が挙げられている。この解決のため，ソフト事業を市町村単

独で行うのではなく，近隣市町村との連携，県との連携，沖縄産業振興公社や沖縄観光コンベンションビューローなどの県の外郭団体や商工会議所をはじめとする民間団体等との課題ごとの連携が必要である。

中央政府と地方政府の意思疎通では，これまでは監督官庁が予算の目的や効果などについて県や市町村の担当者と意見交換を行いながら予算編成を行っていたが，ビジョン制定後は，住民の行政ニーズに直接携わる市町村は国ではなく県と交渉することになり，国の担当者は，詳細がわからないまま国の予算編成時にはじめて県の担当者から概要等を知ることになる。ソフト事業案に詳細について不確実な部分もあるため，関係者への説明や説得がこれまでよりも慎重にならざるを得ない。したがって，県の担当者は，市町村から予算編成の申請が提示され，成案に至るまでの各段階で国の担当者との意思疎通を図る必要がある[34]。

政治利用では，沖縄振興開発予算と他の都道府県の交付金や国庫支出金編成と基準財政需要等に基づいて予算が算定されている点では同じである[35]。違いは，他の都道府県の交付金や国庫支出金編成が，関連する省庁ごとに要求するのに対し，沖縄振興開発予算は内閣府に一括して要求している。この制度の違いがあるため，他の都道府県の交付金や国庫支出金編成とは別に沖縄振興開発予算があるような印象を与えている[36]。

そのため，国政選挙や知事選挙の際，事実と異なった風説の流布，たとえば，政権与党側の候補者が当選すると沖縄振興予算が増額される，米軍基地に反対する候補者が当選すると減額されるなどの米軍基地問題とのリンクなどの政治家の発言など，法律や省令で定められた交付金や国庫支出金とは明らかに無関係な政治利用の発言もある[37]。沖縄振興予算という名称の変更や正確な情報提供などが求められる。

8. むすびに代えて

本稿では，筆者が沖縄21世紀ビジョンに携わった経緯から戦後の沖縄の経済政策について文献研究や証言，ヒアリングを交えて考察した。経済政策決定方法

の違いで区分するならば，次の3区分となる。すなわち，USCAR による政策，中央政府主導の沖縄振興開発計画，沖縄県主導の沖縄21世紀ビジョンである。USCAR による政策，中央政府主導の沖縄振興開発計画からの知見は，地域の比較優位性を発揮させるような政策が不可欠であるということである。ただし，地域の比較優位性は，絶対ではなく，周辺地域や国の経済発展や技術革新等で変化する。USCAR による政策と中央政府主導の地域政策を踏まえ，沖縄21世紀ビジョンからは沖縄県が主体となって沖縄の経済発展政策を担うことになるが，本文でも述べたとおり，政策が決定され7年という時間では成果の是非を問うのは早計である。また，ビジョン自体が理念系であり，具体的な数値目標を設定していないため計量化が難しいことも事実であるが，質的成果の数値化を試み，計量化によって検証を行うことである。また，本文で指摘した課題の解決策に考察することも本稿の課題の一つである。

（注）

(1) 本稿は，2010 年 2 月 16 日に筆者が JAICA 沖縄事務所で行った研修原稿を修正・加筆したものである。

(2) 山里將晃監著 (1979)『図でみる沖縄の経済』新報出版，pp.10-11 を参照した。

(3)「B 円軍票」とは，第 2 次世界大戦時に連合国が枢軸国側に対する上陸戦に際して協同して連合国軍票 (Allied Military Currency) を発行し，イタリア，フランス，ドイツ，オーストリアなどで使用したが，その一環として，当時の米国陸軍省 (Department of War) が所管し米軍が沖縄で流通させた戦時通貨である。通貨単位は円であり，「B 円」と呼ばれるのは券面に大きく B の文字が書かれていたためである。沖縄と日本本土での使用を目的とした「B 円」のほかに朝鮮半島での使用のために造られた「A 円」軍票が存在していた。
引用：富田昌宏 (1994)『紙幣が語る戦後世界』中公新書，pp.120-1 より。

(4) 山里將晃監，前掲著，pp.174-5 より。

(5) 山里將晃監，前掲著，pp.30-31 より。

(6) 内閣府沖縄総合事務局ホームページ http://www.ogb.go.jp/gaikyou/gaikyou_files/2103/5zaisei/1.okinawayosan.pdf#search= 内閣府沖縄担当部局 沖縄関係経費総額より（2013 年 10 月 9 日閲覧）。

(7) 1975（昭和 50)年から始まる第 1 次沖縄振興計画の中期展望の沖縄振興開発審議会専門委員や 1976（昭和 51)年から 1988（昭和 63)年まで沖縄振興開発審

議委員を歴任した琉球大学・名桜大学教授の山里將晃のインタビュー等に基づく。

(8) Timothy J. Yeager (1999) *Institutions, Transition Economics, and Economic Development*, Westview Press.（青山繁訳 (2001)『新制度派経済学入門 ― 制度・移行経済・経済開発 ―』東洋経済新報社）邦訳，p.67 参照）。

(9) Amihai Glazer and Lawrence S. Rothenberg (2001) *Why Government Succeeds and Why It Fails*, Cambridge, MA, Harvard University Press.（井堀利宏・土居丈朗・寺井公子訳 (2004)『成功する政府失敗する政府』岩波書店）。

(10) 拙稿「時事こらむ：経済的な自立 ― 移・輸入額から見直す手も ―」『沖縄タイムス』(2005 年 9 月 25 日　日曜日)朝刊より一部修正・加筆した。

(11) 土居丈朗「域際収支からみた地域再生に関する一考察」『視点』2005 年 1 月号，三菱信託銀行 http://web.econ.keio.ac.jp/staff/tdoi/c200501_2.pdf（2017 年 12 月 19 日閲覧)より。

(12) 拙稿「時事こらむ：知財による経済 ― 複数の優位性を絡めた政策を ―」『沖縄タイムス』(2005 年 10 月 23 日　日曜日)朝刊を一部修正・加筆した。

(13) 後藤昭八郎 (1993)『〈I ― S〉分析と経済政策』世界書院，pp.225-292 を参照。

(14) ダミアン・フラナガン「文豪・漱石は世界レベル」『日本経済新聞』(2003 年 10 月 10 日　夕刊)

(15) THE SHAKESPEARE BIRTHPLACE TRUST ホームページ　http://www.shakespeare.org.uk/fiels/document31.docおよびhttp://www.shakespeare.org.uk/fiels/document36.doc（2005 年 3 月 26 日閲覧)より

(16) 拙稿「時事こらむ：島嶼経済再考 ― 地域特性をどう生かすかが鍵 ―」『沖縄タイムス』(2005 年 11 月 27 日　日曜日)朝刊を一部修正・加筆した。

(17) 拙稿「時事こらむ：地域ブランド ― 消費者の共感得る努力必要 ―」『沖縄タイムス』(2005 年 12 月 25 日　日曜日)朝刊より一部修正・加筆した。

(18) 末松千尋 (1995)「CALS が迫る日本型経営からの脱出」ダイヤモンド・ハーバード・ビジネス編集部編『高収益企業の情報リテラシー ― CALS 時代の企業戦略 ―』ダイヤモンド社，p.77 より。

(19) 佐藤充一 (1984)『問題構造学入門 ― 知恵の方法を考える ―』ダイヤモンド社を参照した。

(20) 第 1 次および第 2 次沖縄振興開発計画に携わった琉球大学名誉教授・元沖縄振興開発金融公庫副理事長の久場正彦の証言に基づく。山里將晃先生退官記念論文集刊行会編 (1997)『地域創造の時代』オークスビジネスサービス，p.509 を参照。

久場は，沖縄のみの特別なルールを認めない例として，本土復帰前，必需品の貿易自由化は沖縄の方が進み，沖縄は商社や個人が独自のルートを持っていたが，本土並みを逆手にとられ食肉，コンニャク，小麦粉の輸入が日本の総合

商社を通すことを中央政府から求められたことを述べている。

(21) 元沖縄県知事・稲嶺惠一の証言に基づく。山里將晃先生退官記念論文集刊行会編，前掲著，p.502 を参照。

(22)「復帰 40 年の沖縄は自立へ向かえるか」『日本経済新聞』2012 年 5 月 15 日，社説を引用した。

(23) 伊藤修一郎 (2011)『政策リサーチ入門 ― 仮説検証による問題解決の技法 ―』東京大学出版会，pp.9-10 の「図表序 - 2　政策リサーチ手順」を引用した。

(24) 平成 21 年 1 月 19 日の第 4 回の総合部会の議事録より引用した。

(25) 沖縄県「沖縄 21 世紀ビジョン～みんなで創るみんなの美ら島未来のおきなわ～」平成 22 年 3 月，p.3 より引用した。

(26) 神野直彦 (2007)『財政学 ― 改訂版 ―』有斐閣，p.7 を参照。

(27) 宮川公男 (2002)『政策科学入門 (第 2 版)』東洋経済新報社，pp.52-63 を参照。

(28) 沖縄県ホームページ http://www.pref.okinawa.jp/site/kikaku/chosei/keikaku/pdca/pdca_report_2013.html (2017 年 3 月 22 日閲覧)より引用した。

(29) 草野厚 (2008)「改めて政策過程論の有用性を説く」草野厚編『政策過程分析の最前線』第 1 章，慶應義塾大学出版会，p.2 を引用した。

(30) 沖縄県庁にも「実感できる成果が現れ始めた沖縄 21 世紀ビジョン」としてその他の経済指標が掲載されている。http://www.21okinawa.com/feeling.html (2017 年 3 月 22 日閲覧)

(31) 川上好久氏は沖縄県庁では総務部長時代に沖縄 21 世紀ビジョン作成に携わり，その後，沖縄県副知事に就任し，ビジョンの実現に携わった。

(32)「給与沖縄最下位続く　所得格差全国 2 位　低い製造業率・生産性」『沖縄タイムス』(2017 年 1 月 10 日)社会面を参照。

(33) 神野直彦・小西砂千夫 (2014)『日本の地方財政』有斐閣，pp.152-153，pp.209-211 を参照。

(34) 本事案は筆者のヒアリングによる。

(35) 域宮城秀正 (2015)「沖縄県の財政力」『經濟と社會』沖縄経済学会機関誌，第 30 巻，3 月号，pp.36-39 を参照。

(36) 翁長雄志沖縄県知事はマスコミの取材に対し「年末にマスコミ報道で沖縄の振興予算 3 千億円とか言われるため，多くの国民は 47 都道府県が一様に国から予算をもらい，沖縄だけさらに 3 千億円上乗せをしてもらっていると勘違いしている」と述べている。『沖縄タイムス』「沖縄振興 45 年目の針路　16　一括計上『上乗せ』誤解」(2017 年 3 月 20 日　朝刊)総合 2 面より引用した。

(37) 2016 年当時，沖縄担当大臣が基地問題で日本政府と対立する翁長雄志沖縄県知事の政治姿勢と予算編成との影響に対しての取材に対し「全く影響しないとは思わない」と述べている。『沖縄タイムス』(2015 年 12 月 20 日　朝刊)総合 2 面を参照。

参考資料

井堀利宏（2013）『財政学（第 4 版）』新世社

草野厚（1997）『政策過程分析入門』東京大学出版会

後藤昭八郎（2000）『経済政策原理の研究』世界書院

重森暁・植田和弘編（2013）『Basic 地方財政論』有斐閣

水谷守男・菊池裕子・宮野俊明・菊池裕幸（2007）『地方財政 ― 理論と課題 ―』勁草書房

百瀬恵夫編（1991）『沖縄の地域開発と産業振興 ― 経済の自立化をめざして ―』白桃書房

林宜嗣（2011）『基礎コース　財政学（第 3 版）』新世社

矢部洋三代表編（2016）『現代日本経済史年表 ― 1868 〜 2015 年 ―』日本経済評論社

山里將晃（1994）「地域経済政策と沖縄経済」『経済研究』第 47 号，3 月号，琉球大学

山里將晃（1994）「経済政策論と沖縄振興開発政策」『経済研究』第 48 号，9 月号，琉球大学

17　組織における双面性の構築とマネジメント

山　田　敏　之

1.　はじめに

　企業が長期的に維持発展していくためには，イノベーションの活動を活性化し，絶えず新たな価値を創造していくことが必要である。失われた20年とも言われる中，グローバルな視点でみた日本企業の競争力の低下が鮮明になっている。特に，電機産業を中心に，日本企業から画期的な製品やサービス（イノベーション）が生まれなくなっていると言われる。しかし，日本企業には高い技術力，高度な人材等，競争優位の源泉となる経営資源を多数保有している企業も多い。日本企業は本当にイノベーションを生み出せなくなっているのだろうか。イノベーションが実現されていないとすると，どこに問題があるのだろうか。あるいはイノベーションが実現されていたとしても，企業の競争力や業績に結びついていかない特質があるのだろうか。

　以上のような問題意識の下，本稿では，過去20年にわたり日本の製造企業を対象に行われたアンケート調査から最近11年間（2005年から2015年）のデータを抽出し，日本企業のイノベーションの特徴を解明していくと共に，「組織の双面性（organizational ambidexterity）」の概念を援用し，今後の日本企業のイノベーション創造に関わる課題を抽出することを目的とする。本稿の構成は，まずアンケート調査から得られた時系列データを基に，日本企業のイノベーションの現状と課題を把握し，日本企業のイノベーションの特徴を明らかにする。次いで，不連続な環境変化の中で維持発展を遂げる組織の特性として1990年代後半から現

代に至るまで注目され続けている組織の双面性について理論的枠組みを概観し，アンケート調査から得られたデータを用いて，現段階での日本企業の双面性構築の現状を明らかにする。さらに，以上の議論を踏まえ，組織の双面性を構築していくために必要なマネジメント要因を探索的な実証分析によって抽出し，最後に日本企業がそれらマネジメント要因を機能させていく上での課題を時系列データから明らかにしていく。

2. 日本企業のイノベーションの特徴

2-1. 日本企業におけるイノベーション実現の度合い

まず，過去11年間の売上高に占める新製品の売上げの割合（売上高新製品比率）の推移をみていくことにする。アンケート調査では「0～5%未満」「5～10%未満」「10～20%未満」「20～30%未満」「30～50%未満」「50%以上」の6つのカテゴリーが設定されているため，これを「20%未満」及び「20%以上」の2グループに集約して傾向をみていく（図17-1）。

これをみると，2015年の売上高新製品比率は「20%未満」が81.9%と8割を超え，「20%以上」は18.2%にとどまっている。11年前には「20%以上」と回答し

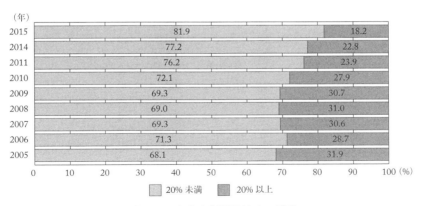

図 17-1　売上高新製品比率の推移
出典：戦略経営研究グループによるアンケート調査をもとに筆者作成

た企業が3割程度存在していたものが，徐々に減少し，ここ3年ほど20%代であったものが，最近11年間で初めて20%代を割ることとなった（11年前に比べ13.7ポイント減少）。これらの結果から，日本企業における新しい製品を生み出す能力の低下傾向が認められる。

さらに詳細にイノベーションの実現度合いについてみていくことにする。アンケート調査では，技術面と製品面でのイノベーションの実現度合いを6点尺度のリッカート・スケールで把握してきた。技術面および製品面でのイノベーションの実現度合いが，高い傾向にある企業の割合の推移を示したものが図17-2である。

最近11年間の大まかな推移をみると，「従来とは一線を画した製品技術の開発」「生産工程を大幅に変更するような製造技術の開発」「コア技術の強化・向

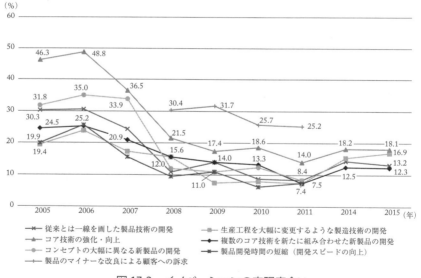

図17-2　イノベーションの実現度合い

注：グラフが煩雑になるため，コア技術の強化・向上，複数のコア技術を新たに組み合わせた新製品の開発，コンセプトの大幅に異なる新製品の開発，製品のマイナーな改良による顧客への訴求以外は2005年と2015年の数値のみ記載している。
出典：図17-1に同じ

上」いずれも低下傾向にあることが分かる。「生産工程を大幅に変更するような製造技術の開発」については，ここ2年ほどで11年前の水準に回帰する傾向も認められるものの，長期的にみると，実現度合いは低下しつつあるとみて良いだろう。特に，「コア技術の強化・向上」では11年前の46.3%から18.1%（28.2ポイント減），「従来とは一線を画した製品技術の開発」では30.3%から13.2%（17.1ポイント減）へと大幅に減少している。

　次に，製品面でのイノベーションの実現度合いが高い傾向にある企業の割合の推移をみていくと，「複数のコア技術を新たに組み合わせた新製品の開発」「コンセプトの大幅に異なる新製品の開発」「製品開発時間の短縮」「製品のマイナーな改良による顧客への訴求」はいずれも長期の低下傾向にあることが分かる。特に「コンセプトの大幅に異なる新製品の開発」は2011年までのデータにとどまるが，11年前の31.8%から2011年には8.4%へ23.4ポイントの大幅減少，「複数のコア技術を新たに組み合わせた新製品の開発」は11年前の24.5%から2015年には12.3%へと12.2ポイントの減少となっている。

　これまでの様々なデータから，日本企業が過去11年に実現してきたイノベーションの特徴として，従来の考え方や発想，技術の軌跡を打ち破るような急進的なイノベーションが生み出され難く，逆に既存のコア技術の高度化や製品のマイナーな変更といった従来の枠組みの中でのイノベーションが中心となっていることが分かる。コンセプトの大幅に異なる製品の開発，複数のコア技術を新たに組み合わせた新製品の開発，従来とは一線を画した製品技術の開発は一貫して低下傾向を示している。

　一方，2008年から2011年までのデータに限定されているが，製品のマイナーな改良による顧客への訴求といった従来の延長線上でのイノベーションの実現度合いは他の変数に比べ，高い水準で推移している。また，コア技術の強化・向上についても時系列にみると，低下傾向は認められるものの，他の技術面でのイノベーションの実現度合いよりも高い水準になっている。コア技術が競争優位を維持している以上，その強化や向上はイノベーションの成果として妥当なものである。しかし，コア技術は未来永劫競争優位を維持できる訳ではない。競合他社

の模倣，代替技術の出現等によってコア技術の陳腐化が起こる可能性も否定できない。従来のコア技術の競争優位における相対的な位置づけを客観的に把握することが必要になるのである。

2-2. イノベーションを促進する組織のダイナミズム

イノベーションは自然発生的に生み出されるものではない。イノベーション実現のためには，個人が成功体験に囚われず，新たなことに積極的に挑戦していくと同時に，個々人の相互作用により，新たな発想や行動を組織的に生み出していく組織学習の生起が必要となる。組織学習は部門の壁を越えた協力や連携が行われ，異なった知識・ノウハウの融合がなされる中で生起されるのである。また，

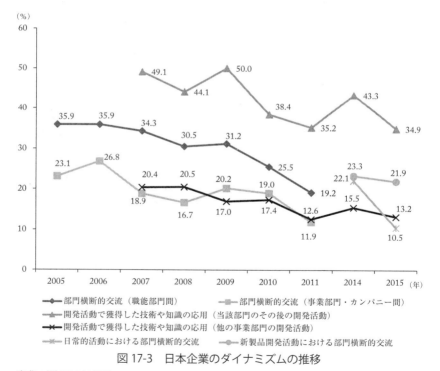

図 17-3　日本企業のダイナミズムの推移

出典：図 17-1 に同じ

学習をチームや集団のレベルから組織全体に橋渡ししていくためには，ある部門が獲得した知識・ノウハウを他の部門が活用するといった知識・ノウハウの横展開も必要となるだろう。さらに，組織学習は内部のプロセスで完結するのではなく，外部からの知識・ノウハウの獲得・利用というオープン・イノベーションのプロセスとも補完関係にある。これら一連の活動は組織のダイナミズムとして捉えることができる。ここでは，イノベーションを促進する組織のダイナミズムが日本企業でどの程度実現されているのか，という点について時系列なデータを基に検討していくことにする（図17-3）。

(1) 部門横断的交流

　部門横断的な交流については，2005年から2011年までは職能部門間と事業部門・カンパニー間における部門横断的な交流を，2014年からは日常的活動と新製品開発活動における部門横断的な交流を問うものになっており，両者の間には必ずしも連続性があるとは言えない。

　これらを考慮に入れた上で，11年間の時系列的な推移をみると，職能部門間の部門横断的交流が行われる傾向にあると回答した企業の割合は，2005年及び2006年の35.9％をピークに低下傾向にあり，2011年には19.2％へと16.7ポイント減少している。また，事業部門・カンパニー間の部門横断的交流が行われる傾向にあると回答した企業の割合は，常に職能部門間の部門横断的交流よりも低い水準で推移し，2006年の26.8％をピークにこちらも減少傾向を辿り，2011年には11.9％へと14.9ポイントの減少となった。

　次に，日常的活動における部門横断的交流が行われる傾向にあると回答した企業の割合は，2014年には22.1％であったが，2015年には10.5％へと11.6ポイント低下している。一方，新製品開発活動における部門横断的交流が行われる傾向にあると回答した企業の割合は，2014年には23.3％であり，2015年には21.9％とやや低下している。

　これらの結果をみると，日本企業ではこの11年間に部門の壁を越えた交流や連携といった活動が低調になってきていると言える。日本企業からイノベーショ

ンを生み出すような高度な技術や高い能力を持つ人材が消えた訳ではない。む
しろ，部門の壁を越えた交流や連携の活動が低調になっているという傾向から，
高度な技術や優秀な人材が組織内に存在していても，特定の部門や部署に囲い
込まれていて，融合することができない状態にあるのではないだろうか。これが
日本企業からイノベーションが生まれ難くなっている1つの原因と考えられるの
である。

(2) 技術・知識の時間的な展開と空間的な横展開

　新製品開発活動は単に完成品を生み出すだけでなく，そのプロセスにおいて
様々な技術や知識が蓄積されることになる。かつてシャープは，カシオ計算機と
の電卓戦争と言われる激しい新製品開発競争を通じて，液晶に関する技術や知
識を蓄積していった。このように新製品開発を通じて生み出された技術や知識
を，次の新製品開発に活かしていくのが，技術・知識の時間的な展開である。一
方，ある事業部門で獲得された技術・知識を別の事業部門の新製品開発活動に応
用していくのが，技術・知識の空間的な横展開となる。技術・知識の時間的な展
開および空間的な横展開を通じて，従来とは異なった技術・知識の組合せや融合
が生まれる可能性が高まるのである。

　このような組織のダイナミズムは，日本企業ではどの程度実現されているのだ
ろうか。まず，新製品開発活動で獲得した技術・知識を当該部門のその後の開発
に応用する傾向にあると回答した企業の割合は，2007年（49.1%）以降，年によっ
て若干の変動は認められるものの，全体の傾向としては減少傾向にあり，2015年
には34.9%と2007年に比べ14.2ポイント減少している。一方，新製品活動で獲
得した技術・知識を他の事業部門の新製品開発活動に応用する傾向にあると回
答した企業の割合は，2008年の20.5%がピークであり，技術・知識の時間的展
開に比べ低調な状況にあることが分かる。割合の推移をみると，2007年（20.4%）
以降，年によって若干の変動は認められるものの，こちらも全体としては減少傾
向を辿り，2015年には13.2%と2007年に比べ7.2ポイント減少している。

　これらの結果から，日本企業では技術・知識の時間的な展開や空間的な横展開

といったダイナミズムを生み出すことが難しくなっていることが分かる。部門横断的な交流活動の実現が低下傾向にあることと合わせて考えると，日本企業では異なった部門間の交流や協力により，異なる技術や知識を組合せ，従来の発想にない新たな融合を生み出す組織能力が低下しつつあるのではないだろうか。このような組織のダイナミズムを生み出す力が低下していることで，イノベーションの創造が阻害されていると考えられるのである。

(3) 外部からの技術・知識の活用

社外組織からの技術・知識の活用状況については，2008年から2011年までは基礎研究，応用研究，開発研究という研究開発の段階ごとに社外組織の活用状況を問う設問であったが，2014年からはアイデア発掘段階，応用・開発段階，製品改良段階の3つに分類するように修正を行っている。

これらを踏まえた上で，社外組織からの技術・知識を活用する傾向にあると回答した企業の割合の推移をみると，2008年から2011年までは基礎研究の段階で

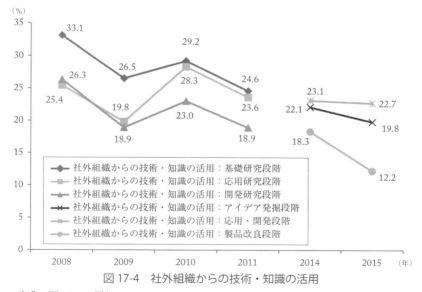

図17-4　社外組織からの技術・知識の活用

出典：図17-1に同じ

17　組織における双面性の構築とマネジメント　425

の活用が他の2つの段階に比べ最も大きくなっている（図17-4）。

　基礎研究段階での活用は，2008年の33.1%をピークに低下傾向を辿り，2011年には24.6%と2008年に比べ8.5ポイント減少している。応用研究段階での活用は，変動が大きく2008年の25.4%から2009年には19.8%に低下したものの，2010年には28.3%と大幅に増加し，2011年には再び23.6%へと減少している。開発研究段階での活用は，2008年の26.3%をピークに減少傾向を辿り，2011年には18.9%と2008年に比べ7.4ポイント減少している。応用研究段階での減少幅は少ないものの，社外組織からの技術・知識の活用状況は低下傾向を辿っているものと推察される。

　一方，2014年と2015年のデータから設問修正後の状況をみると，アイデア発掘段階，応用・開発段階，製品改良段階いずれも2015年の値は2014年よりも低下している。これらを合わせて考えると，日本企業おける社外組織の技術・知識の活用状況は低い水準にあり，さらに時系列的にもここ6年ほどの間で低下傾向が認められることが分かった。組織内のダイナミズムだけでなく，社外との関係でのダイナミズムも低調なものになっている可能性を否定できないということである。

3. 組織の双面性の概念

3-1. 双面性の構成要素：探索と活用

(1) イノベーションのプロセス

　ダビラ，エプスタイン，シェルトン（2006 = 2007）は，図17-5のようにイノベーションのプロセスをアイデアの発生から価値の創造までの流れとして提示している[4]。アイデアの発生段階では，実際に使用されるよりも多くのアイデアが生み出されるが，全てが製品として市場に出ていく訳ではない。次の段階である取捨選択を通じ，段階的に評価，選別され，次第に数を減らし，最終的に選ばれたものが資金割当の判定を通じて初期資金を獲得し，次の実行（市場化）段階に移行していく。最終的には，実行段階を通じて知的財産となったアイデアが価値の創

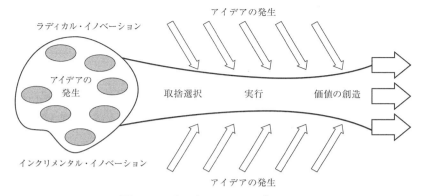

図 17-5　イノベーションのプロセス

出典：ダビラ他（2006 = 2007）p.187，図 2 を参考に作成

造段階へと進み，製品化されて市場へと投入されることになるのである。

　この一連のプロセスの源流となるアイデアの発生では創造性が最も重視されているが，取捨選択，実行，価値の創造へと移行するに従い価値の獲得へとウェイトが移行してくる点に注意が必要である。イノベーションの創造ではアイデアの創出に偏重しがちであるが，市場化や商業化の見込みがあるアイデアの創出を促進すること，アイデアの数を絞り込んでいくことが実は難しいのである。つまり，イノベーションのプロセスを成功に導くためには，創造性と価値の獲得を両立させる必要があるということである。

　ただし，創造性は初期段階，価値の獲得はそれ以外の段階でのみ必要ということにはならない。創造性は製品のさらなる改良，新たなイノベーションの付加を促進するため，市場化の段階を含め，どの時点でも求められる。一方，優れたアイデアから価値を獲得するためには，アイデアを単なる可能性から，投資家が価値を確実に見出せる形に変えていく必要がある。潜在的な投資家が投資の実質的な価値とリスクを把握できるようにする一連のプロセスが「投資取引」のプロセスであり，アイデア創造の段階でも価値の獲得を視野に入れた思考が必要であることを示している。つまり，イノベーション実現のプロセスを成功に導くに

は，各段階における重要度のウェイトは変わるものの，全ての段階で創造性と価値の獲得が相互作用しながら両立するようなマネジメントの工夫が求められるということである。

(2) 探索と活用

不連続な環境変化の中で企業が長期に維持発展していくためには，絶えず環境変化に合わせて新しいアイデアや考え方を創出していくと同時に，それらを活用して市場化につなげ価値を獲得することが必要になる。March（1991）は前者にあたる活動を探索（exploration），後者に当たる活動を活用（exploitation）と規定している。

探索では新しいアイデアや考え方を生み出す創造性，オリジナリティ，知的好奇心，直観，即興の能力等が重要となり[5]，多様性，リスクテイキング，実験，柔軟性，発明・発見等が含まれる[6]。探索は新たな知識・ノウハウを探求，創出し，従来の仕事のやり方を変革する方向を目指す創造的学習（ダブル・ループ学習）と密接に関連している。創造的学習は既存の組織の価値や目標に疑問を持ち，組織が目指す方向と再構築の方法を求める学習を意味することから，急進的なイノベーションを実現に導く要因と捉えることができる。

一方，活用は新たに生み出された多様なアイデアや考え方を取捨選択しながら，具体的な製品・サービスに昇華させ，それらの市場投入によって価値を獲得するものであり，選択，洗練，効率，実行等が含まれる[7]。活用は，これまで蓄積してきた知識・ノウハウを有効に活用し，従来よりも効率よく業務を進める方向を目指す適応的学習（シングル・ループ学習）と密接に関連している。適応的学習は，環境変化がゆるやかに推移する場合に既存の目標を達成するために人々の行動を適応させるものであり，漸進的イノベーションを実現に導く要因と捉えることができる。

本稿で扱う「双面性」という言葉は，元々「両利き（の能力）」を表すものであり，これを組織が2つの異なる物事を同時にうまく行う能力に援用したということである[8]。つまり，組織の双面性とは「探索により新しい知識を創出し，新規事

業の開発につなげ成長のための新しいチャンスを追求することと，活用により既存の知識を利用し，既存事業の深耕を図り既に持っている能力を活かして収益性を高めることを両立させる能力」と定義することができる。双面性が確立した組織では，探索と活用のバランスがとられ，両者が有効にマネジメントされ，漸進的なイノベーションと変化，そして不連続なイノベーションと変化の両方を同時に求めることが可能になるということである。

(3) 探索と開発の関係

　双面性を構成する要素である探索と活用の関係については，両者を直線上（連続性）の両端と捉える見方と直交的関係と捉える見方とが存在する。[9] 探索と活用は，性質が異なるゆえに二律背反で両立しがたいものと捉えられてきた。[10] その理由として，第1に経営資源が少ない状況で探索と活用を両立させようとすると，希少な経営資源の奪い合いが生じ，一方の活動の価値が高くなることで，もう1つの活動の価値が低下するというゼロサム・ゲームに陥り，両者は互いに排他的になるからである。[11]

　第2に探索と活用は絶えず自己強化される傾向があるためである。[12] 探索で生み出された多くの新たなアイデアや製品が全て成功に結びつく訳ではない。それらが実用化（市場化）されず価値が得られない可能性は高い。つまり，活用に十分な資源が配分されないということは，企業が安定的に利益を上げることが難しくなり，結局，研究開発等の探索を深める活動に配分すべき資源を生み出すことができなくなってしまうのである。そして，失敗が重なると，企業はさらに新たな探索活動を促進することになり，「失敗の罠」に陥ることになってしまう。[13]

　一方，活用に偏りすぎると，研究開発等の探索に配分する資源が少なくなり，生産性や効率の向上あるいは改善を中心とした漸進的イノベーションが中心となってしまう。そうなると，環境変化が激しい状況下では大きな機会を見逃し，自社の製品ポートフォリオが次第に衰退していくにつれ，市場の競争から取り残されてしまうことになる。[14] 特に，活用は既存の知識を基盤としているため，短期の業績に結びつきやすく，一度成功を収めると，同じような軌跡に沿って活用を

17　組織における双面性の構築とマネジメント　　429

今以上に強化する傾向が強まり，結果として「成功の罠[15]」に陥ってしまう。これでは新しいアイデアも生まれず，さらに探索の活動を締め出してしまう可能性も高くなる。以上のように，探索はより多くの探索に結びつき，活用はより多くの活用に結びつき，互いに自己強化される傾向が強くなるのである。

　第3の理由は，探索に必要な考え方や組織ルーティンは活用に必要なものと抜本的に異なっており，両者を同時に追求するのは不可能ということである[16]。探索には思慮や配慮，オープン性，幅の広さといった考え方が求められるが，活用にはコミットメント，整合性，狭い領域での深さといった考え方が求められ，これはいずれも対になるような違いを有している。

　一方，Rosing, Frese, and Bausch（2011）は探索には活用が必要であり，逆に活用にも探索が必要として，両者の補完関係，相互依存関係を主張している[17]。探索に関わる創造性を生み出す段階は曖昧で不確実な要素が多く，創造性を価値の獲得に結びつけるためには，構造化や方向性を示すといった活用的要素が求められるということである。また，活用段階において，新しいアイデアから価値を獲得していくプロセスも，単に既存のルーティンに沿って実行される訳ではない。つまり，実行していく場合にも，新たな戦略ややり方の探索といった活動が必要になるのである。生産性や効率性向上を実現するためには，仕事のやり方や仕組みを変えたり，発想を逆転させて工夫したり，新たな視点を加えたりといったことが必要になるからである。さらに，新たなアイデアを実行していく際に組織内での抵抗が起こることも予想される。このような抵抗を打破するような新たなアイデアの創出が必要となるのである。つまり，探索と活用は創造性を生み出すこととその実行，価値の獲得の両面に対して共に重要な役割を果たすことになるのである。

　探索と活用を直線上の両端と捉えた場合，両者のバランス（均衡）をいかにとっていくかが重要な課題となる。しかし，探索と活用が補完的，相互依存関係にあるとすると，単に2つの活動のバランスをとるだけでは不十分である。Rosing et al.（2011）が指摘するように，イノベーション・プロセスは複雑性と非線形性といった性質を有している[18]。このようなプロセスでは，探索と活用の段階を明確に

分割したり，探索と活用が出現する順序を事前に予測することはできない。探索と活用が必要とされるタイミング，要件は事前に予測したり，計画することはできず，イノベーション・プロセスの中で絶えず変化していくからである。確かに，アイデア創出の段階では探索にウェイトが置かれ，アイデアの実行段階では活用にウェイトが置かれるという意味では，両者のバランスをとることも必要ではあるが，むしろ，探索と活用を統合し，状況の変化に応じて両者の間を柔軟に切り替えることができる点がより本質的であろう[19]。

3-2. 3つの双面性概念

　組織の双面性をどのように達成していくか，という視点から双面性の概念は大きく3つに分けることができる[20]。

(1) 逐次的双面性（sequential ambidexterity）

　逐次的双面性とは，環境の変化に合わせ，時間の経過とともに，活用と探索との間を転換することで双面性を確立しようとする考え方である。双面性という言葉を最初に使用したDuncan（1976）は，イノベーションのプロセスには創始（initiation）と実行（implementation）という性質の異なった2つの段階が存在することを指摘している。創始段階は組織がイノベーションをいかに認識し，イノベーションに対する態度をどのように形成し，実行するか否かの意思決定をいかに行うかに関することが中心となる。一方，実行段階は進行中の過程の中にイノベーションを統合するプロセスに関するものである。

　創始段階では情報の収集・伝達が重要となるため，複雑性の高さ，形式性の低さ，中心性の低さといった特徴を持つ組織が有効に機能することになる。一方，実行段階では効率的な実行の障害となる役割コンフリクトや曖昧性を削減するため，形式性と中心性の高さ，複雑性の低さといった特徴を持つ組織が有効に機能することになる。つまり，組織はイノベーションの様々な段階を通じて，その移行に従って構造を転換しなければならないということである。組織が環境の変化や戦略シフトに合わせて構造を再調整し，転換を行うことができるという考

え方は，組織のコンティンジェンシー理論とも整合性を有している。

逐次的双面性の理論的基盤は，断続的均衡（punctuated equilibrium）の考え方である。Tushman and O'Reilly Ⅲ（1996）は，組織の進化は環境が長期的に徐々に変化し，種はゆっくりとその変化に適応していくという生物学的な進化の考え方では説明できないとする。組織の進化には断続的均衡が必要とされる。断続的均衡とは，長期にわたる漸進的な変化が大規模な不連続的変化によって定期的に分断されるとするものである。[21] つまり，進化は短期間の革新的変化，あるいは不連続な変化によって分断された長期の漸進的変化の間に進展するということになる。[22] したがって，企業が長期に成功していくためには，変化する環境条件への適応に必要な新たな戦略や構造を採用することによって，周期的に自らを再構成しなければならないのである。[23] 逐次的双面性では，長期にわたる漸進的変化にとって有効な組織を構築すると同時に，不連続的変化が発生した場合にその変化に有効に対応できる組織に転換することが必要とされるのである。これは，活用と探索の形態が時間によって識別される，つまり，ある形態が別の形態の後に続いて出現し，両者は共存しえないといった一時的な戦略（temporal strategy）[24]，あるいは長期にわたる活用の期間と探索の短い爆発的瞬間との間の一時的な循環（temporal cycling）[25] といった概念で表されるものである。

O'Reilly Ⅲ and Tushman（2013）によると，逐次的双面性は安定的で，ゆっくりとした変化の中にある企業や経営資源が不足している小規模な企業にとって有効であるかもしれないとの評価がなされていると言う。[26] 一方，活用と探索の間で構造を転換するということは，現場レベルでどのような意味を持つのか，また，活用から探索あるいはその逆への転換にはどのような意味があるのか，という点に関して先行研究から得られる示唆は少ないということである。[27]

(2) 構造的双面性（structural ambidexterity）

これまで双面性研究の中心となってきたのが構造的双面性の概念である。構造的双面性とは，図17-6のように，組織の中で新規事業の開発を担当する部門を既存事業の深耕を担当する部門から分離，独立させて双面性を確立しようと

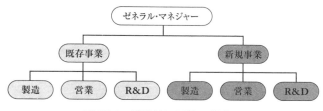

図 17-6　構造的双面性の概念図
出典：オライリー 3 世，タッシュマン（2004 = 2004）p.26 を参考に作成

する考え方である[28]。

　既存事業の深耕は，既に持っている能力を活かして収益性を高めることが主眼となる。既存事業の深耕を推進する組織の特徴として，コストや利益を戦略的意図とし，業務効率を実現する能力が重視され，漸進的イノベーションを推進するために，機械的，形式的な組織構造が採用される点が挙げられる。また，利幅や生産性が評価指標・報奨として取り上げられ，権威的でトップダウン型のリーダーシップ・スタイルの下，効率，低リスク，品質，顧客重視の組織文化が醸成される傾向にある。

　一方，新規事業の開発は，成長のための新しいチャンスを追求することが主眼となる。新規事業の開発を推進する組織の特徴として，イノベーションや成長を戦略的意図とし，企業家精神を発揮し，ブレーク・スルー型イノベーションを推進するために，適応的で自由奔放な組織構造が採用される点が挙げられる。また，着実な達成と成長が評価指標・報奨として取り上げられ，全員参加を重視したビジョナリー・リーダーシップの下，リスクテイキング，スピード，柔軟性，実験を重視するような組織文化が醸成される傾向にある。

　以上のように，既存事業の深耕と新規事業の開発は全く異なる戦略，仕事のやり方，組織構造，組織文化等を必要とする。これらを構造的に分離することで，それぞれの組織に独自のやり方・アプローチ，組織形態，組織文化等が育まれ，特に新規事業部門は既存事業部門の前例主義に妨害されることがなく，逆に既存事業部門も新規事業に煩わされずに既存製品の改良や顧客サービス等に注力することができる[29]。これが構造的に双面性を確立する優位性の源泉なのである。

ただし，分離された2つの組織は，本社（従来の経営層）と全く関係がなくなる訳ではない点に注意が必要である。本社の経営層と密接に結びつき，良好な関係を保つことで，本社の資金，人材，専門能力，顧客等の経営資源を共有することができるからである。[30]分離することで孤立が促進されてしまっては双面性をうまく機能させることはできない。[31]さらに，オライリー3世とタッシュマンの実態調査によると，双面型組織では，2つの部門の分離を通じて組織全体が分断してしまうことを防止するため，経営幹部同士が緊密なチーム・ワークを機能させ，各事業部門を横断するような強いつながりを堅持していたと言う。[32]つまり，分離された部門は「共通の戦略的意図，全体的な価値，共有された資産をレバレッジするためのターゲットにされた結合メカニズムによって統合される」[33]ことが重要なのである。

　このような分離の中の統合を実現するには，探索と活用を同時に行うことを通じて新たな機会を感知，捕捉する経営トップの能力が必要であり，これは構造面だけでは解決できないリーダーシップの課題と言える。[34]したがって，構造的双面性を確立し，組織を有効に機能させるためには，経営トップが具体的かつ説得力のある将来ビジョンや価値観を絶えず提示し，異なる事業のニーズを俊敏に理解しつつ，徹底したコスト削減を実行すると共に，企業家精神による自由な発想にあふれ，新旧事業間のトレード・オフについて確固たる決断を下す「双面型リーダーシップ」を発揮することが必要である。[35]

(3) 文脈的双面性（contextual ambidexterity）

　双面性を確立する第3の方法が文脈的双面性の考え方である。[36]文脈的双面性とは「全てのビジネスユニットにわたって調整（alignment）と適応（adaptability）を同時に実現する行動能力」[37]と定義される。ここで，調整とはビジネスユニットにおける全ての活動パターンの間の整合性がとれている状態であり，本稿でこれまで使用してきた活用に相当する概念である。一方，適応は環境において変化しつつある要求に合わせるためビジネスユニットにおける活動を急速に再編する能力であり，本稿でこれまで使用してきた探索に相当する。

434

構造的双面性では，活動の性質ごとにユニットやチームを分離し，Duncan (1976) の主張する「二重構造 (dual structures)」の構築によって双面性を達成しようとする。これとは異なり，文脈的双面性ではユニットに所属する個々の従業員が，自ら調整（活用）に関する活動と適応（探索）に関する活動との間の時間を分割することで双面性を実現していくのである。つまり，文脈的双面性が達成されると，ユニット内の個人は，誰もが自分自身の機能分野において既存の顧客に価値を提供すると同時に，環境における変化を探索し，それに従って行動することもできるということになる。[38]

　Birkinshaw and Gibson (2004) によると，個人が示す双面的行動には3つの共通点が存在すると言う。[39] 双面的な従業員は，第1に自身の担当する狭い範囲を越えて活動し，より広い関心をもって行動すること，第2に上司の許可やサポートがなくとも自発的に活動するように動機づけられていること，第3に新しい機会への適応・探索を含み，ビジネス全体の戦略と明確に調和した行動をとる傾向が強いというものである。このような本質を有する文脈的双面性は，個人が調整（活用）と適応（探索）という矛盾する要求の間における時間の配分の仕方に関する判断を，自身で下せるように仕向ける一連のプロセスあるいはシステムの構築によって達成されるのである。[40]

　構造的双面性では，このような異なった活動の間の時間の分割，配分の判断を行うのは経営トップの役割となり，この意味でトップダウンの考え方が中心となる。[41] 一方，文脈的双面性では，現場の個々の従業員が自ら調整（活用）と適応（探索）の時間的な分割に関する意思決定を行うことが求められるのであり，経営トップの役割は個々の従業員が活動する組織のコンテクストを創造することにあるとされる。[42]

　これまで概観してきたように，文脈的双面性は「単一のビジネスユニットの中で全ての機能とレベルを浸透させるメタレベルの能力（調整と適応に対して）」[43] であり，全体としてはビジネスユニットの特性であるが，組織における個人の特定の行動の中に表れるものと捉えることができる。[44] 以上のような文脈的双面性の性質を踏まえ，O'Reilly III and Tushman (2013) は，文脈的双面性が個人を分析単

位とする点で逐次的双面性や構造的双面性と異なっていると主張する。[45]ただし，文脈的双面性における分析単位は，完全に個人だけに限定されている訳ではない。つまり，双面性を実現していく個人の能力は，彼らが仕事を行う組織のコンテクストによって促進（あるいは制限）されるのであり，この点で文脈的双面性は高次の組織能力として探求，理解される性質を持つということである。[46]組織レベルにおいて，文脈的双面性は調整（活用）と適応（探索）の同時追求に向けた個人の集合的な方向付けと規定されうるのである。[47]

　これら3つの双面性は考え方として異なった面を持つものの，唯一最善のタイプが存在する訳ではない。企業は，自社が直面する環境，競争市場といった外部要因あるいは自社の現在の成長段階の性質や時間に合わせて，逐次的，構造的，文脈的の3つの形態のいずれかを選択したり，あるいはこれら3つの形態を組合わせ，結合することで双面性を確立していくのである。[48]例えば，環境変化が不連続で激しい場合，構造的な分離が有効となり，環境変化が小さく継続して続くような場合には文脈的双面性のアプローチが有効となり，より環境が安定している場合には逐次的双面性のアプローチが有効かもしれない。[49]また，企業が長期的な成長を獲得するには，ライフサイクルのプロセスにおいて構造的あるいは逐次的に探索と活用を追求することが必要となるだろう。[50]さらに，企業が既存の戦略や歴史という文脈の中で探索活動が可能な文脈を構築していくには，構造的な分離が有効となるが，一旦探索活動を担当する部門が牽引力を獲得した後では，統合された構造に転換することで探索の能力を利用することを考えるかもしれない。[51]つまり，双面性の3つのパターンは状況依存的なもので，互いに補完的関係にあるものと考えられるのである。

3-3. 日本企業における双面性実現の度合い

　日本企業では現段階で双面性がどの程度構築されているのであろうか，また双面性は実際にイノベーションの実現に結びつくのだろうか。この点をアンケート調査のデータを用いて確認していく。双面性実現の度合いは，活用に関連する適応的学習と探索に関連する創造的学習の両立がどの程度なされているかを測

436

定することによって定量的に捉えることができる。アンケート調査では，適応的学習の実現度合いを確認するため，製品の改良や生産活動の効率化のための提案がどの程度なされ，それがどの程度採用されているかという設問を設定した。単純集計の結果をみると「製品の改良や生産活動の効率化が提案される傾向にある」と回答した企業は42.1%となり，「提案されない傾向にある」と回答した企業（7.5%）を34.6ポイント上回った。一方「製品の改良や生産活動の効率化のためになされた提案が採用される傾向にある」と回答した企業は24.5%となり，「採用されない傾向にある」と回答した企業（5.6%）を18.9ポイント上回った。

　次に，創造的な学習の実現度合いを確認するため，製品開発にあたり柔軟な発想や革新的アイデアがどの程度なされ，それがどの程度採用されているかという設問を設定した。単純集計の結果をみると「製品開発において柔軟な発想や革新的アイデアの提案がなされる傾向にある」と回答した企業は23.6%となり，「提案されない傾向にある」と回答した企業（17.9%）を5.7ポイント上回った。一方，「製品開発においてなされた柔軟な発想や革新的アイデアの提案が採用される傾向にある」と回答した企業は10.3%となり，逆に「採用されない傾向にある」と回答した企業は14.1%と前者を3.8ポイント上回った。これらの結果から，適応的学習に比べ，創造的学習を組織的に生起させることは一層困難であることが推察されるのである。

　次に，日本企業における適応的学習と創造的学習のバランスや両立の状況を確認するため，適応的学習と創造的学習の提案および採用の実現度合いに関する比較分析を行った。適応的学習における提案（平均値：2.877）と創造的学習における提案（平均値：3.264）の実現度合いの差について，対応のあるサンプルのt検定を行ったところ，両者の間に統計的な有意差が認められた（t=-3.677，自由度105，p<0.0005）。製品の改良や生産活動の効率化の提案に比べ，製品開発における柔軟な発想や革新的アイデアの提案の方が低調な水準にあることが分かる。[52]

　同様に，適応的学習における採用（平均値：3.028）と創造的学習における採用（平均値：3.462）の実現度合いの差について，対応のあるサンプルのt検定を行ったところ，両者の間に統計的な有意差が認められた（t=-4.405，自由度105，

p<0.0005)。製品の改良や生産活動の効率化の提案についての採用に比べ，製品開発における柔軟な発想や革新的アイデアの提案についての採用が低調な水準にあることが分かる。

　これらの調査結果は時系列のデータではなく，あくまで単年度の調査から得られたものであるため，多くを言及することはできないが，現段階では適応的学習に比べ創造的学習の実現度合いが低い水準にあり，両者のバランスがやや欠けていると言えそうである。

　さらに，双面性の構築とイノベーションの実現との関係を確認するため，適応的学習指標と創造的学習指標[53]から平均値を算出し，その平均値を基準に4つのグループを作り，それぞれがどの程度イノベーションを実現しているかを分散分析により明らかにした（表17-1）。これをみると，いずれも「創造的学習，適応的学習の水準が共に高い」グループ，つまり双面性が構築されている組織においてイノベーション実現の度合いが最も高くなっていることが分かる。第2位以下では，製造技術の開発を除く変数で「創造的学習が高く，適応的学習が低い」グループ，「創造的学習が低く，適応的学習が高い」グループと続き，「創造的学習，適応的学習の水準が共に低い」グループにおいてイノベーション実現の度合いは最低となった。つまり，適応的学習だけでなく創造的学習の水準がイノベーションの実現には重要であること，両者の両立（双面性の構築）がイノベーションの実現には必要であることが導かれた。

　では，双面性が構築されている組織では，イノベーションを促進する組織のダ

表 17-1　組織の双面性構築とイノベーションの実現度合い

	創造高・適応高 (n=30)	創造高・適応低 (n=21)	創造低・適応高 (n=15)	創造低・適応低 (n=39)	F 値
製品技術の開発	<u>4.133 (1.008)</u>	3.238 (1.300)	3.067 (1.223)	2.333 (0.927)	15.917
製造技術の開発	<u>3.133 (1.008)</u>	3.667 (1.317)	4.476 (1.060)	4.308 (1.341)	6.807
新しい組合せ	<u>3.800 (1.064)</u>	3.286 (1.231)	2.733 (1.438)	2.359 (1.013)	9.766
コア技術の強化	<u>2.867 (0.937)</u>	3.333 (1.111)	3.600 (1.047)	4.231 (1.135)	9.763

注：数値は平均値（括弧内は標準偏差）。F 値は全て p<0.0005。下線はイノベーションの実現度が最大のもの。製造技術の開発，コア技術の強化はスケールの方向が逆のため，最小値がイノベーションの実現度が最大となる。
出典：図 17-1 に同じ

表 17-2　組織の双面性構築と組織のダイナミズムの実現度合い

	創造高・適応高 (n=30)	創造高・適応低 (n=21)	創造低・適応高 (n=15)	創造低・適応低 (n=40)	F 値
部門横断的交流					
日常的活動	3.867 (0.860)	3.095 (1.044)	3.200 (1.265)	2.825 (0.844)	6.954****
新製品開発活動	4.200 (0.961)	3.333 (1.111)	3.533 (1.552)	3.225 (0.974)	4.971***
技術や知識の応用					
時間的展開	2.367 (1.033)	2.857 (1.195)	3.067 (1.223)	3.525 (1.937)	6.540****
空間的横展開	2.967 (0.809)	3.571 (1.121)	3.933 (1.033)	4.200 (1.018)	9.328****
社外からの技術・知識の活用					
アイデア発掘段階	4.100 (1.062)	3.619 (1.203)	3.200 (1.320)	3.225 (1.097)	3.894**
応用・開発段階	4.233 (1.073)	3.667 (1.278)	3.867 (0.834)	3.450 (0.932)	3.379**
製品改良段階	3.733 (1.172)	3.143 (1.108)	3.400 (1.121)	3.050 (1.011)	2.450*

注：数値は平均値（括弧内は標準偏差）。* p<0.1, ** p<0.05, *** p<0.005, **** p<0.0005。下線
　　は組織のダイナミズムの実現度が最大のもの。技術や知識の応用：時間的展開・空間的横
　　展開はスケールの方向が逆のため，最小値が組織のダイナミズムの実現度が最大となる。
出典：図 17-1 に同じ

イナミズムはどの程度実現されているのだろうか。この点を確認するため，同様
に4つのグループによる分散分析を行い，組織のダイナミズムがどの程度実現し
ているのかを明らかにした（表17-2）。これをみると，日常的活動および新製品開
発活動における部門横断的交流では，双面性が構築されているグループの実現
度合いが最も高く，次いで「適応的学習が高く，創造的学習が低い」グループ，
「創造的学習が高く，適応的学習が低い」グループ，「創造的学習，適応的学習の
水準が共に低い」グループの順となった。一方，技術・知識の時間的展開および
空間的横展開では，双面性が構築されているグループの実現度合いが最も高く，
次いで「創造的学習が高く，適応的学習が低い」グループ，「適応的学習が高く，
創造的学習が低い」グループ，「創造的学習，適応的学習の水準が共に低い」グ
ループの順となった。また，外部組織からの技術・知識の活用では，双面性が構
築されているグループの実現度合いが最も高くなった点については共通してい
るが，その他のグループでの実現度合いの順位は3段階ごとに異なっており，共
通性は認められなかった。外部組織からの技術・知識の活用については統計的な
有意差も小さく，必ずしも明確な関係は得られていない。

　以上の分析結果から，双面性が構築されている組織では，内外の技術・知識を

融合させるような組織のダイナミズムが機能し，それがイノベーションの実現に結びいていることが明らかになった。

4. 組織の双面性構築を促すマネジメント要因

双面性に関する研究蓄積は厚いものの，双面性を実現するために必要な資源についての首尾一貫した理解はなされておらず，双面性が実際にどのように達成されるかについても明確に描かれてはいない[54]。本節では，先行研究において双面性実現のメカニズムとして概念化がなされている組織のコンテクスト及び双面的リーダーシップの視点から双面性を実現するために必要なマネジメント要因を抽出していく。

4-1. 双面性を促す組織のコンテクスト
(1) 自己変革を促す組織コンテクスト

バートレット，ゴシャール（1997 = 2007）は，自己変革を遂げられない組織の特性と自己変革を促進する組織の特性を対比させている[55]。まず，持続性のある自己変革を遂げられない組織内の環境特性として，「服従」「コントロール」「契約」「制約」の4つの要素を挙げる。「服従」は企業の多角化に伴い求心力が低下するのを防ぐために，従業員を共通の方針や同じやり方に従わせる必要があったために必要とされた。この特性が浸透している場合，規範の順守に固執するあまり，業務の手順が柔軟性を欠き，時代遅れのやり方に疑問を抱き，上からの命令について意味ある議論をすることができなくなる。「コントロール」は資本計画や業務予算計画のシステムを開発し，トップダウンでの管理を厳格に行うものである。「契約」は企業と従業員の関係が，主に金銭を媒介とした契約に基づいているという点が強調される特性である。これは，報奨金の割合を高めた給与制度と大掛かりなリストラ，合理化，退職プログラム等の実施によって組織内に浸透していき，契約関係というものはいつでも打ち切り可能という事実を強調していく。「制約」は事業部制組織等における責任範囲を明確に規定する特性である。この特性

があまりに強すぎると，部門意識が過剰に強くなってしまう。これら4つの特性が相互に関連しながら維持された場合，自己変革は阻害されることになる。

　一方，自己変革を促進する組織内の環境特性として「規律」「サポート」「信頼」「ストレッチ」という4つの特性が挙げられる。「規律」は命令や方針にやみくもに従うのではなく，従業員が見通しやコミットメントに基づいて行動するために，深く身についた規範であり，「服従」の代わりとなる。「サポート」は「コントロール」の代わりになり，「コントロール」が支配していた上下の関係だけでなく，同僚同士の横のつながりも重視するものである。このような特性により，上司と部下の関係は指導，支援が中心となる。「信頼」は組織のプロセスが透明でオープンな場合に生まれ，公正な経営慣行によって強化される特性である。具体的には，評価や報酬システムがオープンになることで信頼は醸成される。信頼し合う従業員は，互いの判断に依存し，互いのコミットメントを信じるようになる。「ストレッチ」は個人の向上心を高め，自分や他人に対する期待値を高めるように奨励する特性である。視野を狭め，活動の範囲を制限する「制約」とは対照的に，一層野心的な目標に向けて人々が邁進するように仕向けるものなのである。これら4つの特性が構築されることで自己変革が促進されることになる。

(2) 双面性構築を促す組織コンテクストの4つのタイプ

　文脈的双面性の議論では，バートレット，ゴシャール（1997 = 2007）が提示した自己変革を促進するような組織のコンテクストが双面性の構築を促す要因とされる。ただし，自己変革を促す組織コンテクストの枠組みでは，双面性構築との直接的な関係が明確に主張されている訳ではない。重要な論点は，自己変革を促す組織コンテクストの働きによって，個人が自分の意志で主導的行動，協力，学習等に向かうようになるということである。つまり，組織のコンテクストは直接，特定の行動を規定するのではなく，個々の従業員が成果を実現していく際に必要な行動をとることができるような支援的な環境を生み出すのである。支援的な組織コンテクストが作られた場合，個人は活用と探索という性質の異なる2つ

の活動のバランスをとりながら，それらを組合わせることができるのである。

　自己変革を促進する「規律」「サポート」「信頼」「ストレッチ」はそれぞれ交換不可能であり，組織コンテクストは相互依存的，補完的な特質を有するものである。例えば，信頼の欠如をストレッチが補うこと，あるいは規律の不足をサポートが代替することはできないということである。双面性が構築され，うまく機能するためにはこれら4つの要素が全て揃い，組合わされることが必要なのである。[58]

　では，これら4つの組織特性はどのような形で結合されるのであろうか。この点について，Birkinshaw and Gibson（2004）は「規律」「サポート」「信頼」「ストレッチ」の4つの要素が組合わされ，組織のコンテクストの2つの次元を創造すると主張する。[59]第1の次元は「ストレッチ」と「規律」を組合わせた「パフォーマンス・マネジメント（performance management）」であり，従業員が高いパフォーマンスを実現できるよう仕向けたり，自らの行動に責任を負わせるといった要素が含まれる。第2の次元は「サポート」と「信頼」を組合わせた「社会的サポート（social support）」であり，従業員が職務を遂行するために必要な安全と自由裁量を提供するものである。

　パフォーマンス・マネジメントと社会的サポートは同じように重要で，相互に強化し合う性質を有している。Birkinshaw and Gibson（2004）はこれら2つの次元を独立したものと捉え，図17-7のように組織コンテクストの4つのタイプを提示している。[60]ここで，パフォーマンス・マネジメントと社会的サポートが両方とも高水準で実現されている場合，双面性組織を生み出す高いパフォーマンスの組織コンテクストが創造されることになる。一方，両次元が不均衡であったり，双方共に欠けているような場合には最適な組織のコンテクストは実現されないということになる。

　両次元が不均衡の状態は2つの特徴的な組織コンテクストを生み出す。まず，社会的サポートの水準が低く，パフォーマンス・マネジメントの水準が高い場合，組織のコンテクストは「燃え尽きコンテクスト（burnout context）」といった特徴を持つ。このような組織コンテクストにおいて，従業員の多くは限られた時

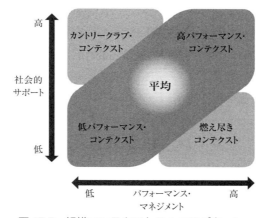

図 17-7　組織コンテクストの 4 つのパターン
出典：Birkinshaw and Gibson（2004）p.51 を参考に作成

間で高い成果を上げることが可能になる。しかし，一方で人間性は奪われ，個人主義，権威主義がはびこるような状況が生まれ従業員の離職率は高くなり，結局双面性を構築することはできない。次に，パフォーマンス・マネジメントの水準が低く，社会的サポートの水準が高い場合，組織のコンテクストは「カントリークラブ・コンテクスト（country club context）」といった性質を持つことになる。このような組織コンテクストにおいて，従業員は平等な環境とそこから得られる便益を享受するが，高いパフォーマンスの達成を期待されないため，自己の潜在能力を発揮することはほとんどなく，やはり双面性を構築することはできない。両次元の水準が共に低い場合は当然パフォーマンスの低いコンテクストが生み出され，双面性を実現することはできないということになる[61]。つまり，「パフォーマンス・マネジメントと社会的サポート要因は，直接的に高いパフォーマンスを生み出す訳ではないが，時間をかけて双面性を実現するような個人的，集団的行動を形成する[62]」ということである。

(3) 日本企業における双面性構築のためのマネジメント

　日本企業では，これまで検討してきた双面性構築のための組織コンテクスト

はどの程度実現できているのだろうか。この点を確認するため，これまでの分析と同様に4つのグループによる分散分析を行い，組織コンテクストの実現度合いをみていくことにする。まず，Birkinshaw and Gibson（2004）の議論に従い，双面性構築を促す2つの組織コンテクストの次元を構成する要素として当てはまるものをアンケート調査項目の中から抽出した。パフォーマンス・マネジメントに含まれる変数は，ローテーション，権限委譲，ホット・グループ，インフォーマル・コミュニケーションの活用，組織の柔軟性である。一方，社会的サポートに含まれる変数は，透明性，リーダーの言行一致，同僚や上司の能力に対する期待といった信頼に関する変数と失敗への寛容さである。表17-3は双面性構築の度合いごとにパフォーマンス・マネジメントおよび社会サポートの各要素がどの程度実現されているかを示したものである。

　これをみると，双面性が構築されている企業では，ローテーション，イン

表 17-3　双面性の構築を促す 2 つの組織コンテクストの構成要素

	創造高・適応高 (n=30)	創造高・適応低 (n=21)	創造低・適応高 (n=15)	創造低・適応低 (n=40)	F 値
パフォーマンス・ マネジメント					
ローテーション	<u>3.867 (1.137)</u>	3.333 (1.155)	3.000 (1.309)	2.175 (1.107)	2.751**
権限委譲：					
日常的活動	<u>4.067 (0.868)</u>	3.714 (0.902)	3.733 (1.100)	3.375 (1.148)	2.640*
新製品開発活動	<u>4.067 (0.961)</u>	3.381 (0.973)	3.400 (1.121)	3.000 (0.934)	7.218****
インフォーマル・ コミュニケーション	<u>3.067 (0.868)</u>	3.429 (0.926)	3.800 (1.146)	3.925 (1.309)	3.793**
ホット・グループ	<u>3.500 (1.306)</u>	4.095 (1.300)	4.400 (1.183)	4.250 (1.171)	2.718**
組織の柔軟性	<u>3.533 (1.106)</u>	3.095 (1.338)	2.800 (1.320)	2.475 (1.109)	4.736***
社会的サポート					
透明性	<u>3.800 (1.064)</u>	3.143 (1.014)	3.667 (1.291)	3.050 (1.176)	3.136**
リーダーの言行一致	<u>2.400 (0.770)</u>	2.905 (1.136)	2.733 (0.799)	2.875 (0.686)	2.296*
能力への期待	<u>4.600 (0.675)</u>	4.190 (0.873)	4.533 (0.743)	3.825 (0.903)	6.036***
失敗への寛容さ	<u>2.900 (0.885)</u>	3.429 (0.870)	3.333 (0.816)	3.725 (0.960)	4.806***

注：数値は平均値（括弧内は標準偏差）。* p<0.1，** p<0.05，*** p<0.005，**** p<0.0005。下線は実現度が最大のもの。インフォーマル・コミュニケーション，ホット・グループ，リーダーの言行一致，失敗への寛容さはスケールの方向が逆のため，最小値が実現度が最大となる。
出典：図 17-1 に同じ

フォーマル活動（インフォーマル・コミュニケーション，ホット・グループ[63]），権限委譲，組織の柔軟性のいずれも最も高い値となっていることが分かる。一方，双面性が構築されている企業では，透明性，リーダーの言行一致，同僚や上司の能力に対する期待，失敗への寛容さといった変数の平均値も最も高い値となっていることが分かる。これらの結果から，双面性を構築していくためには，パフォーマンス・マネジメントおよび社会的サポートという2つの組織コンテクストを構築することが必要であるということが実証的に明らかにされた。

4-2. 双面的リーダーシップの役割
(1) 双面的リーダーシップの概念
　双面性を構築する上でリーダーはどのような役割を果たすのだろうか。タッシュマン，スミス，ビンズ（2011 = 2011）は，組織の双面性を実現するために経営トップによる「双面的リーダーシップ」の発揮が必要であると主張する。ここで双面的リーダーシップとは「経営陣が新旧の緊張関係を受け入れ，経営トップ・レベルで常に創造的な対立状態を育む[64]」ような役割を果たすことを意味している。

　さらに，タッシュマンらは双面的リーダーシップを遂行する上での3つの原則を挙げている[65]。第1の原則は，将来を見据えた戦略目標に対して，経営陣を関わらせることである。幅広い組織のアイデンティティを設定することで，活用に特化した事業部と探索に特化した事業部との相反する戦略への取り組みを受け入れることができるようになるのである。つまり，包括的な企業ドメインや将来ビジョンを提示，浸透させることで既存の事業から利益を上げながら，新規の事業領域を発展させることが可能になるということである。第2の原則は，イノベーション事業とコア事業の間の対立を，組織のトップ・レベルで調整するというものである。異なる性質を持つ2つの事業間の対立を事業部レベルに押し付けてしまうと，イノベーション事業が犠牲になるケースが多く，さらにイニシアティブ間の調整が欠落することにもなる。トップ・レベルで緊張関係を保ち，経営資源の分配，現在と未来のトレード・オフに関する意思決定は経営陣で行うことが重要になる。

17　組織における双面性の構築とマネジメント　445

第3の原則は，しばしば相反する複数の戦略目標の矛盾を受け入れるというものである。既に実績のある既存事業と新規事業を同じ基準で評価する場合，当然新規事業が不利になる。成長サイクルの特定の時点で当該部門にとっての重要事項は変わってくるため，各部門を個別に評価することが必要になるのである。
　しかし，双面性は経営トップのリーダーシップだけで構築されるものではない。特に，文脈的双面性の議論は，トップダウンよりむしろ現場レベルで個々の従業員が双面性を構築することの重要性を主張する。イノベーションの活動は，経営トップの関与だけで成立するものではない。現場レベルで双面性を実現するには，経営トップと現場とをつなぐミドル・レベルのリーダーの役割が重要になると考えられる。
　Rosing et al.（2011）は双面的リーダーシップを「フォロワーの行動における多様性の増加あるいは削減，また，それら2つの行動の間での柔軟な切り替えによって，彼らの探索的行動と活用的行動を促進する能力」[66]と定義し，①探索を促進するための開放的なリーダーの行動，②活用を促進するための閉鎖的なリーダーの行動，③状況に合わせて探索と活用の間を切り替えるための一時的な柔軟性という3つの要素から構成されるとする[67]。
　図17-8はRosing et al.（2011）によって示されたイノベーション・プロセスにおける双面的リーダーシップの役割を示したものである。イノベーション・プロセスにおいて双面性を実現するということは，個々の従業員が探索と活用の両方を

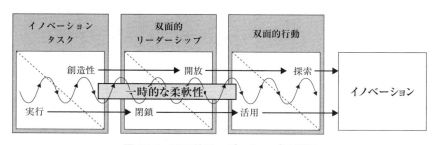

図17-8　双面的リーダーシップの概要

出典：Rosing et al.（2011）p.966，Fig.3を参考に作成

行い，さらにこれら2つの行動の間の切り替えができるということである。これを促すリーダーシップが開放的リーダーシップと閉鎖的リーダーシップである。

　開放的リーダーシップとは，探索の中心となる多様性の増加を志向するものであり，仕事の達成についての異なったやり方の許容，異なったアイデアによる実験の奨励，リスクをとることへの動機づけ，独立した思考と行動の可能性を与える，独特なアイデアの余地を与える，失敗を許容し，失敗からの学習を奨励するいった行動が含まれる。[68]一方，閉鎖的リーダーシップとは，活用の中心となる多様性の削減を志向するものであり，目標達成のモニタリングとコントロール，ルーティンの確立，調整的な行動をとる，ルール順守のコントロール，均一的な仕事達成に注意を払う，制裁を加える，計画への忠実性といった行動が含まれる。[69]

　イノベーション・プロセスの中で探索と活用，どちらの活動が必要になるかは複雑に変化していく。したがって，リーダーは単に開放的リーダーシップと閉鎖的リーダーシップを示すだけでは不十分である。開放的なリーダー行動がいつ必要で，閉鎖的なリーダー行動がいつ求められるのかを予測することは難しい。つまり，双面的リーダーシップにとっての本質は，イノベーションのプロセスで必要とされる要件に合わせて，開放的なリーダー行動と閉鎖的なリーダー行動を切り替える一時的な柔軟性なのである。[70]

(2) 日本企業における双面性構築を促すリーダーの役割

　日本企業では，双面性を構築するためにリーダーはどのような役割を果たしているのだろうか。この点を確認するため，これまでの分析と同様に，創造的学習と適応的学習の高低によって分割された4つのグループによる分散分析を行い，経営トップとミドルの役割を抽出していく。表17-4をみると，双面性が構築されている企業では，経営トップの掲げるビジョンへの理解度が最も高く，経営トップの変革への抵抗感は最も低いものとなっていることが分かる。経営トップが変革への抵抗感を持たず，ビジョンを理解させる努力を行うことが双面性の構築を促すということである。ただし，アンケート調査項目にあるその他の経営トップに関わる項目（例えば，経営トップの特性，成功体験の重視度，カタリストの育成へ

表 17-4　双面性の構築を促すリーダーの行動

	創造高・適応高 (n=30)	創造高・適応低 (n=21)	創造低・適応高 (n=15)	創造低・適応低 (n=40)	F値
経営トップの役割					
変革への抵抗感	<u>4.276</u>　(1.143)	3.857　(1.352)	4.000　(1.254)	3.200　(1.137)	4.928**
ビジョンの理解	<u>4.635</u>　(1.098)	4.476　(0.981)	4.000　(1.414)	3.700　(1.067)	4.745**
ミドルの役割					
変革への抵抗感	<u>3.967</u>　(1.033)	3.286　(0.956)	3.200　(0.775)	3.025　(1.074)	5.309**
コミュニケーション：					
上下	<u>4.500</u>　(1.042)	3.714　(0.902)	3.933　(0.961)	3.050　(1.176)	6.050**
左右	<u>4.333</u>　(0.884)	3.524　(0.981)	3.667　(0.816)	3.325　(0.917)	7.417***
トップのビジョンの明確化	<u>2.200</u>　(0.610)	2.571　(0.870)	2.733　(1.163)	3.125　(1.181)	5.169**
短期目標の明確化	<u>1.833</u>　(0.699)	2.333　(0.796)	2.000　(0.756)	2.725　(0.933)	7.474***
カタリストの役割	<u>3.933</u>　(0.907)	3.524　(0.873)	3.333　(0.976)	3.175　(0.984)	3.863*
資源配分の裁量権	<u>3.133</u>　(0.776)	3.619　(0.740)	3.800　(0.862)	3.875　(0.822)	5.301**

注：数値は平均値（括弧内は標準偏差）。* $p < 0.05$, ** $p < 0.005$, *** $p < 0.0005$。下線は実現度が最大のもの。トップのビジョンの明確化，短期目標の明確化，資源配分の裁量権はスケールの方向が逆のため，最小値が実現度が最大となる。

出典：図 17-1 に同じ

の努力）については統計的に有意な差は認められなかった。

　一方，ミドルの役割については，表17-4から分かるように多くの項目で4つのグループ間に統計的に有意な差が認められた。具体的に見ると，双面性が構築されている企業では，ミドルの変革への抵抗感は最も低く，変革へ積極的に関与しようとする姿勢がうかがえる。その上で，ミドルが上下・左右のコミュニケーションを自ら積極的に働きかけ，組織内の情報の結節点としてコミュニケーターの役割を果たしていることが分かる。これが組織内での個々人の相互作用を促進し，個人学習を組織学習に橋渡しする基盤となるのである。また，経営トップから提示されたビジョンと共に短期の目標についてもきちんと部下に明確にしている。この点でもミドルは，長期的なビジョンと短期目標の緊張関係を両立させる矛盾のマネジメントを遂行する双面的リーダーとしての機能を果たしているものと考えられる。さらに，社内外の交流やネットワーク構築に取り組むカタリストとしての役割を果たすミドルの行動も双面性を構築する上で重要な役割を果たしていることも明らかになった。以上のようなミドルの活動を背後で支え

るのが，部下から上げられるアイデアを具体化するための資源配分の裁量権である。双面性が構築されている企業では，これら裁量権も十分に与えられる傾向にあり，ミドルの実質的な機能を支援している。

つまり，ミドルが双面的リーダーシップを発揮できるような裁量権を付与され，上下・左右のコミュニケーションを働きかけて支援的な組織コンテクストを作ると同時に，カタリストとして組織学習を促す起点となり，さらに長期のビジョンと短期目標という2つの対立する概念をマネジメントすることで，組織に双面性が構築されることになるのである。

4-3．双面性構築を促すマネジメント要因の時系列的推移と課題

これまで双面性構築に何らかの影響を及ぼすマネジメント要因を抽出してきたが，単年度のアンケート調査から得られたデータによるクロスセクション分析にとどまっている。ここでは，これまでに抽出されたマネジメント要因の11年間に及ぶ時系列的な変化を概観することで，要因ごとに今後の課題を明らかにしていく。

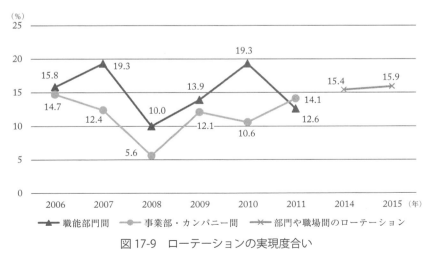

図17-9　ローテーションの実現度合い

出典：図17-1に同じ

(1) 組織コンテクスト構成要因：パフォーマンス・マネジメント
① ローテーション

図17-9は，ローテーションが行われる傾向が高いと回答した企業の割合について，10年間の推移をみたものである。なお，2006年から2011年までは職能部門間と事業部・カンパニー間に分割したデータとなっており，2014年から部門や職場間という形で1本化している。これをみると，過去に20%に到達したことはなく，全体としてローテーションが行われる水準は高いものとは言えない。特に，職能部門間におけるローテーションに比べ，事業部・カンパニー間のローテーションは低い水準で推移している。ただし，2008年以降，ローテーションが行われる頻度は上昇傾向にあることが分かる。組織内に散在する異質な知識や能力を融合する機会を探ろうとする企業の姿勢の表れとも言えるだろう。

② インフォーマル活動

図17-10は，インフォーマル活動について，活用する傾向が高い及び取り組む傾向が高いと回答した企業の割合の11年間の推移をみたものである。まず，インフォーマル・コミュニケーションの活用については，2005年に23.3%であった

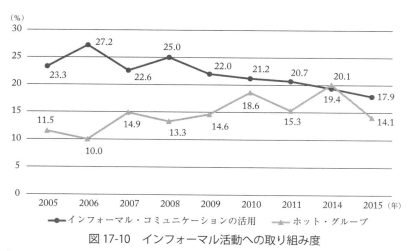

図17-10　インフォーマル活動への取り組み度

出典：図17-1に同じ

が，2015年には17.9％と5.4ポイントの減少となった。特に2008年に25.0％となって以来，一貫した減少傾向が続いている。組織内にインフォーマル・コミュニケーションを阻害するような状況が生まれているということなのだろうか。あるいは，インフォーマル・コミュニケーション以外の手段で部門間の情報交流や協力を促進しているということなのだろうか。

ホット・グループの生成は組織内に創造的学習を生み出し，イノベーションの活動を促進する要因となる。アンケート調査では，同じ目的意識を持ったメンバーが集まり，熱意あるインフォーマルな集団を組織内で形成し，問題解決に取り組むことがあるか否かによってホット・グループの生成状況を把握しようとしている。[71] ホット・グループの活動にどの程度取り組んでいるかをみると，2005年の11.5％から途中変動はみられるものの，2014年まで上昇傾向を続け，2014年には20.1％となった。ただし，年ごとの変動も一貫して認められ，2015年には14.1％へと減少している。11年間の推移をみると，取り組み自体は低い水準にとどまっているものの，緩やかながらもホット・グループに取り組む方向にあると言える。

インフォーマル活動は，ローテーション等のフォーマルな活動を補完する働きを持っている。時系列の変化をみると，特に日本企業におけるインフォーマル・コミュニケーションの活用度合いが減少傾向にあることは，組織のダイナミズムを背後で支える基盤の衰退を表しているのかもしれない。

③ 権限委譲

権限委譲については，2005年から2011年までの調査では，本社管理部門，営業部門，研究所研究員それぞれについて，仕事のやり方やスケジュールをどの程度自ら決めることができるのか，を問うことで測定が行われた。2014年と2015年は，日常的活動と新製品開発活動で権限委譲がどの程度行われているかを直接質問する形式に変更している。図17-11は権限委譲の実行度合いの11年間における推移である。

これをみると，営業部門と研究所研究員については，2005年以降，減少傾向が続き，2011年には営業部門は13.2ポイント，研究所研究員は8.5ポイントの減

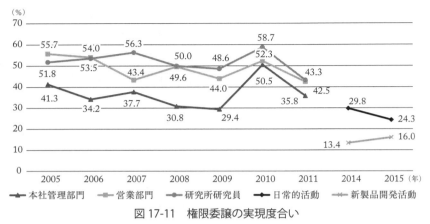

図 17-11　権限委譲の実現度合い

出典：図 17-1 に同じ

少となっている。一方，本社管理部門においてもやや減少傾向にあったものの，2011年には5.5ポイント程度の減少にとどまっている。日常的活動における権限委譲は2014年に29.8%であったものが2015年には24.3%へと5.5ポイント低下している。新製品開発活動における権限委譲は，日常的活動よりも低い水準にあるが，実現度合いは2014年の13.4%から2015年の16.0%へとわずか2.6ポイントであるが増加している。ここ11年間の権限委譲の実現度合いに関するデータをみると，新製品開発活動でごくわずかに上昇が認められる以外はやや減少傾向にあると言える。双面性の実現には，個々の従業員が探索と活用の時間を自ら分割・処理し，さらに探索と活用の切り替えを適宜行うことができる能力が必要である。このような能力を個人が獲得するには，権限委譲が適切になされることが求められる。この点でここ11年間での傾向には注意が必要であろう。

④ 組織の柔軟性

　組織の柔軟性は，規範の順守に固執する服従という行動環境の対となる規律の構成要素である。アンケート調査では，組織の中の仕事の進め方が従来からのルールに従って行われる傾向にあるのか，それとも状況に応じて変化する傾向にあるのか，によって組織の柔軟性を測定している。図17-12は，仕事の進め方

図 17-12　組織の柔軟性

出典：図 17-1 に同じ

を状況に応じて変化させる傾向が強いと回答した企業の割合を11年間の推移でみたものである。これをみると，2005年の29.8%をピークに2008年まで一貫して減少し（21.0%），その後2009年に一旦24.8%と回復するものの，その後一貫して減少傾向を辿り，2015年には11.3%と2005年よりも18.5ポイント減少するまでに低下している。ここ11年間に日本企業の組織の柔軟性は確実に失われてきていると言えよう。

(2) 組織コンテクスト構成要因：社会的サポート

① 信頼に関する変数

　組織の信頼基盤に関する変数は，能力，誠実性，人を大切にするという3点から捉えられる[72]。図17-13は信頼基盤を構成する要因の11年間の推移を示したものである。能力への期待は，同僚や上司が仕事を遂行する上で有する知識，スキル，能力にどれほど期待が持てるか，ということであり，信頼の最も基本的な要素である。信頼を得る上では，なすべきことを行って業績を上げ，結果を出すということが重要である。人間性や善意があったとしても，仕事をする上で無能，

17　組織における双面性の構築とマネジメント　｜　453

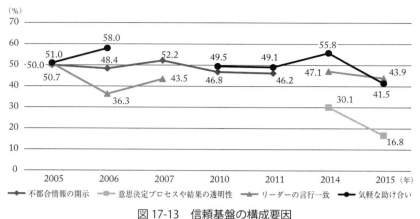

図 17-13　信頼基盤の構成要因

注：リーダーの言行一致は 2010 年，2011 年，気軽な助け合いは 2007 年を除く。
出典：図 17-1 に同じ

無力であれば信頼は得られないからである。能力への期待は，2014年の調査から設定されたため，2015年との比較でみると，上司や同僚の能力に期待できる傾向にあると回答した企業は2014年が37.5%であったものが2015年には44.3%と6.8ポイント上昇している。

　信頼を獲得するには真摯であることが必要であり，これは言葉における正直さと行動における一貫性を有していること，つまり誠実性である。誠実性は互いに信頼することのリスクをはかっている信頼構築の初期の段階で重要な役割を果たす。アンケート調査では，誠実性をリーダーの言行一致の程度によって測定している。誠実性について11年間の傾向の推移をみると，2005年の50.7%をピークにやや減少傾向にあり，2015年には43.9%と6.8ポイントの減少となっている。

　信頼構築の第3の要因は人を大切にすることである。人を大切にするとは，他の人のためあるいは組織全体のために働いてくれるということであり，何でも言える，裏切られない，いつも助けてくれる等の行動が含まれる。アンケート調査では，人を大切にするという点を，困った時に気軽に助け合いができる程度によって測定している。困ったときの気軽な助け合いの度合いについて11年間の

傾向の推移をみると，2005年の51.0%から一時上昇する期間もあったものの，2015年には41.5%と9.5ポイントの減少となっている。

さらに，信頼を構築する上で組織内の透明性も重要な役割を果たす。透明性については，2005年から2011年までは自社に不都合な情報の社内での開示度で測定され，2014年からは意思決定のプロセスや結果のオープン度合いによって測定されている。この意味で11年間の推移は必ずしも連続した傾向として把握できる訳ではないが，2005年から2011年の推移はやや減少，2014年と2015年の比較では30.1%から16.8%へ13.3ポイントの大幅減少となっている。

以上のような結果から，日本企業における信頼構築では，誠実性，気軽な助け合い，透明性という点でやや低下傾向が認められることが分かる。目に見える要素と異なり，組織の信頼基盤はいずれも目に見えない要因であり，長期的にみて急激な落ち込みがある訳ではないが，徐々に低下傾向が継続している点には注意が必要であろう。

② **失敗への許容度**

アンケート調査では，失敗への許容度について，新しいことに挑戦し失敗した人を従来通りで並の成果の人よりも高く評価するか否かで測定した。図17-14

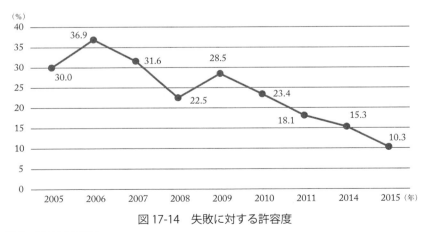

図17-14　失敗に対する許容度

出典：図17-1に同じ

は，新しいことに挑戦して失敗した人を高く評価する傾向にあると回答した企業の割合を11年間の推移でみたものである。これをみると，過去11年では2006年の36.9％をピークに2008年まで減少傾向が続き（22.5％），2009年に一旦28.5％まで回復するものの，その後2015年まで一貫して減少傾向が続いており，2005年の段階では30.0％だったものが，2015年には10.3％と11年間で20ポイント近くの大幅減少となっている。日本企業における失敗の許容度は低下傾向にあるものと認められる。

　組織学習が生起するためには，組織の中での自由な実験が絶えず行われることが必要である。新しいアイデアや方法を探索するための実験は，これまで試みたこと，今まで試していないこと，確かなこと，リスキーなことを組合わせ，新しい可能性を探るものである。しかし，実験は常に成功する訳ではなく，失敗する可能性も高い。自由な実験は，ある程度失敗を許容するような組織の土壌が前提となるのである。失敗への許容度が低下傾向にあることは，組織の中で自由な実験が行われる機会が減ることにもつながりかねないため，双面性の構築にとっても大きな問題となるのである。

(3) 経営トップとミドルのリーダーシップ
① 経営トップの役割
a) 経営トップの特性

　双面性構築を促進する上で，支援的な組織コンテクストのトーンを作り上げ，ミドルや従業員が創造性を発揮し，双面的行動を起こせるように促す経営トップの企業家的リーダーシップの影響は大きい。ここでは企業家的リーダーシップを発揮する上での経営トップの特性の変化を11年間の推移の中でみていく。

　図17-15をみると，2005年には企業家的傾向が43.3％，管理者的傾向が14.4％であったが，その後多少の変動はあるものの，概ね企業家的傾向は減少し，逆に管理者的傾向が増加していることが分かる。特に両者の乖離は2008年以降，狭まる傾向を示し，2015年には管理者的傾向が企業家的傾向を上回る結果となった。11年間の推移をみると，日本企業の経営トップの特性は概ね企業家的傾向が

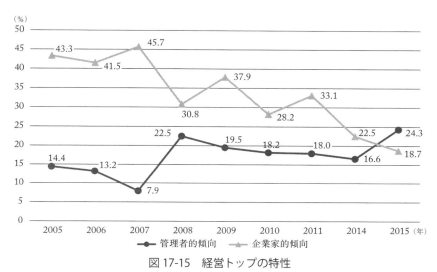

図 17-15　経営トップの特性

出典：図 17-1 に同じ

弱まり，管理者的傾向が強まっているものと考えられる。今回の分析では両者の間に統計的に有意な関係は認められなかったため，明確に主張できる根拠は薄いものの，経営トップの企業家的傾向の減少は双面性の構築にもマイナスの影響を与えると考えられる。

b) ビジョンの理解

経営トップの掲げる将来ビジョンを従業員が十分に理解していることが，組織的なイノベーション活動遂行の前提となる。将来ビジョンによって活動の方向性が示され，従業員のベクトル合わせが可能になるからである。双面性の実現には，個々の従業員が変化に応じて，自ら探索と活用を切り替える能力が求められる。そのためにも，方向性と自らの行動への正当性を実感できるようなビジョンの提示が重要になるのである。ビジョンの理解度が高い傾向にあると回答した企業の割合の11年間の推移をみると(78)，多少の変動はあるものの，回答企業のおよそ半数が理解度(共感度)を高いと認識している状態にある。これは必ずしも低い水準とは言えない。将来ビジョンを制定し，明確にするだけでなく，いかに組

織内で理解（共感）させるかという点で，経営トップも相応の努力をしているものと推察される。

② ミドルの役割

a）変革への抵抗感

　個人が変革への抵抗感を有している場合，イノベーション実践の活動は停滞してしまう。変革への抵抗感が強まると，個人は現状維持の姿勢を強め，新たなことへの挑戦意欲を失い，創造的な学習に向けた活動が停滞してしまうからである。図17-16は，ミドルと一般従業員の2つの階層において，変革への抵抗感が強い傾向にあると回答した企業の割合について，11年間の推移をみたものである。

　これをみると，2005年から2014年までは一貫してミドルの変革への抵抗感の強さが一般従業員の抵抗感を上回っていたことが分かる。後に詳細な議論を行うことになるが，組織内で上下・左右の情報交流の結節点に位置するミドルは，イノベーションの活動を実践していく上でコミュニケーターやカタリストとして重要な役割を果たす。日本企業のイノベーションの現状を考えた場合，ミドルの変革への抵抗感をいかに解消していくのか，が大きな問題として提示されてい

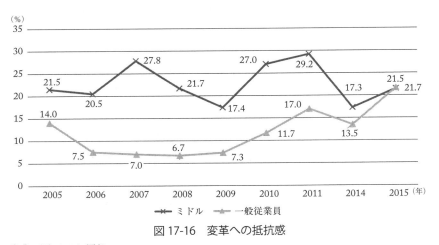

図17-16　変革への抵抗感

出典：図17-1に同じ

ると言えるだろう。

　一方，2014年にはミドルと一般従業員の抵抗感の差が小さくなり，2015年には若干ではあるが，一般従業員の変革への抵抗感がミドルの抵抗感を逆転するまでになった。2009年を境に一般従業員の抵抗感も強まる傾向が続いており，変革への抵抗感が現場レベルでも増大している危険性を指摘することができる。

b) コミュニケーターとしてのミドル

　ミドルは組織構造において経営トップと一般従業員の中間に位置し，情報の結節点となってる。ミドルが上下・左右のコミュニケーションを活発化させることで組織内の相互交流，コラボレーションが促進され，組織学習を喚起する土台が作られることになる。図17-17は，ミドルが上下・左右のコミュニケーションを働きかけている程度を11年間の推移でみたものである。これをみると，全期間を通じて上下のコミュニケーションへの働きかけが左右のコミュニケーションへの働きかけを上回っていることが分かる。上下のコミュニケーションについては，2006年の36.0%をピークに減少傾向となり，2011年には25.4%にまで低下したが，2014年及び2015年には31.7%まで回復し，ほぼ2005年の水準に戻りつつある。一方，左右のコミュニケーションへの働きかけについては，2006年の

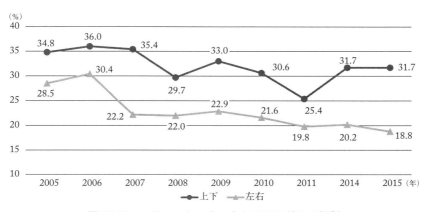

図 17-17　コミュニケーターとしてのミドルの役割

出典：図 17-1 に同じ

30.4%をピークに2007年には22.2%まで急激に減少し，その後は減少傾向を辿り，2015年には18.8%と2005年（28.5%）より9.7ポイント減少している。部門横断的な活動を促すには，左右のコミュニケーションを活発にし，部門の壁を越えたメンバーの交流や協力を生起させることが重要である。双面性の構築の基盤となる支援的な組織コンテクストを生み出すためにも，ミドルのコミュニケーターとしての役割，とりわけ左右のコミュニケーションへの働きかけが一層求められるのである。

c) 経営トップのビジョンと短期目標の伝達

経営トップが提示する経営方針の大枠あるいはビジョンと短期の目標という相反する2つを部下にどのように伝えるか，ということは矛盾のマネジメントであり，双面的リーダーシップを発揮するミドルの重要な役割となる。

図17-18をみると，11年間の推移では経営方針の大枠やビジョンといった長期

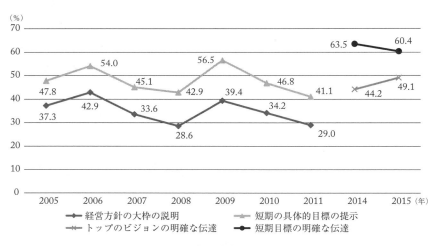

図17-18　経営トップのビジョンと短期目標の伝達

注：2005年から2011年までは，経営方針の大枠を部下に意図が分かるように説明しているか，という点を問う設問であったが，2014年以降は経営トップのビジョンをどの程度明確に伝えているかを問う設問に変更している。同様に，短期目標についても2005年から2011年までは短期の目標の伝え方の具体性を問う設問であったが，2014年以降は短期の目標をどの程度明確に伝えているかという設問に変更している。

出典：図17-1に同じ

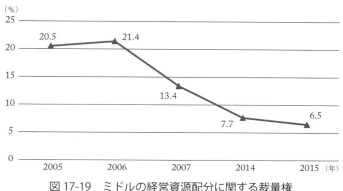

図17-19　ミドルの経営資源配分に関する裁量権

出典：図17-1に同じ

の方向性に関するものに比べ，短期の目標をより具体的かつ明確に部下に伝える傾向が強いことが分かる。ただし，2014年から2015年にかけて経営トップのビジョンを明確に伝達する傾向は上昇しているが，その他は減少傾向が認められる。短期的な目標へのウェイトをやや下げ，ビジョン等の長期的視点を重視する方向にバランスをとっているのだろうか。

d) ミドルの裁量権

　これまで検討してきたようなリーダーシップをミドルが適切に発揮するには，資金や人材等の経営資源を配分する裁量権が十分に与えられる必要がある。

　図17-19は，ミドルの裁量権について11年間の推移をみたものである。これをみると，従来と比べて裁量権が与えられる傾向にあるという回答は，全体的に低い傾向にあるが，2006年の21.4%をピークに一貫して減少傾向が続いており，2015年にはわずか6.5%にとどまり，2005年（20.5%）に比べ14ポイントの大幅減となっている。ミドルが双面性構築に向けたリーダーシップを発揮する源泉として，経営資源配分の裁量権をきちんと付与することが今後の課題と言える。

5. むすび

本稿では，過去11年間にわたる日本の製造企業へのアンケート調査から得られたデータを基に，日本企業におけるイノベーションの特徴を明らかにすると共に，組織の双面性構築の度合いを確認し，双面性構築を促すマネジメント要因を抽出してきた。

最近11年間のデータをみると，日本企業では，従来の考え方や発想，既存の技術の軌跡を打ち破るようなラディカルなイノベーションが生み出され難く，逆に既存のコア技術の高度化や製品のマイナーな変更といった既存の枠組みの中でのイノベーションが中心となっている。これは部門横断的交流，技術・知識の時間的展開や空間的な横展開，オープン・イノベーションといった内外にわたる組織のダイナミズムが低調傾向にあることと連動しているのである。

不連続な環境変化の中で企業が長期に維持発展していくためには，上記のようなイノベーションの活動における壁を打破していくことが重要であり，その鍵となるのが組織の双面性であった。組織が双面性を構築することで，探索（創造的学習）と活用（適応的学習）が両立され，両者のバランスをとりながら，状況に応じて柔軟に探索と活用を切り替えることができるようになるのである。現状で日本企業における双面性構築の度合いは，必ずしも高いものではなく，探索に比べ活用にウェイトが置かれている状況にあると言える。ただし，双面性が構築されている企業では，画期的な製品技術や製造技術の開発，複数の核となる技術を組合わせた新製品の開発，コア技術の強化といったイノベーションを実現していることが明らかになった。

日本企業における双面性構築に影響を与える要因としては，規律とストレッチに関連するローテーション，インフォーマル活動（インフォーマル・コミュニケーション，ホット・グループ），権限委譲，組織の柔軟性，信頼とサポートに関連する透明性，リーダーの言行一致，同僚や上司の能力に対する期待，失敗への寛容さといった項目が抽出された。日本企業における双面性構築においても，組織コンテクストの果たす役割は大きいものと推定されるのである。

また，組織の双面性構築を促す要因として，経営トップやミドルのリーダーシップのあり方（双面的リーダーシップ）も重要である。経営トップは変革への抵抗感を持たず，ビジョンの提示・共有の努力を続けていくことで，双面性の構築に向けた環境作りを行うのである。ただし，経営トップが双面性構築に果たす役割については，今回の実証分析ではあまり明確な関係性が認められなかった。一方，組織の双面性の構築においてミドルはより大きな役割を果たしている。双面性が構築された企業では，ミドルが変革への積極的な姿勢を示し，コミュニケーターとして上下・左右のコミュニケーションを働きかけ，相互作用とコラボレーションを促し，組織学習の起点となっている。また，経営トップから示された経営方針の大枠やビジョンを内容も含め明確に伝えると同時に，短期の目標も具体的かつ明確に示すという，いわば相反する矛盾したマネジメントを両立させていることも分かった。このようなミドルの役割を実質的に機能させるためには，部下のアイデアを具体化していく際に経営資源の裁量が十分に与えられていることが必要になるのである。

　しかし，組織の双面性を促す組織コンテクストやリーダーの役割といったマネジメント要因に関する11年間の実現度合いの推移をみると，いくつかの例外は存在するが，多くの要因で実現度合いは低下傾向にあり，日本企業が双面性を構築していくためには大きな課題が存在していることも明らかとなった。今回の結果は，日本企業における組織ダイナミズムの低下やミドルの機能不全といった組織能力の要となる要因が，低調な傾向を示しているという警告とも受け取れる。迅速なマメジメント上の課題発見と組織能力の再構築が今後，不連続な環境変化の中で日本企業が競争力を再構築するために必要なのである。

　最後に，本稿の限界について記載しておく。第1に，双面性に関する理論と実証分析の乖離という問題である。今回，実証分析で利用したデータは，必ずしも双面性の理論的枠組みを基に行われたものではない。理論的考察を大枠で援用しながら，アンケート調査のデータから探索的に新たな関係性を探ろうという意味合いが大きいものとなっている。この点で，本稿は組織の双面性構築に関する理論的枠組みに基づいた仮説－検証型の研究というよりも，仮説探索型の研究

あるいは本格的研究に向けた予備的研究という位置づけにあるものと言える。第2に，双面性，組織コンテクスト，双面的リーダーシップの測定指標が先行研究を踏まえたものとなっていない点である。今回は探索型の分析が中心となったため，独自の測定指標を使用したが，先行研究で使用された測定指標の有効性，日本企業への適用可能性等については全く議論できていない。第3に，双面性と組織コンテクスト，双面的リーダーシップの間の大まかな傾向は抽出されているが，3者の関係性に対する議論まで踏み込めていない点である。特に，分散分析から適応的学習と創造的学習が不均衡になっている2つのグループにおける傾向の違いがしばしば散見されたが，これらについては考察がなされていない。単純に創造的学習が実現されているグループが高い平均値となっている訳ではないということは，適応的学習と創造的学習の関係についてのより深い考察が必要ということであろう。今後は，回帰分析等の手法により，3者のより厳密な関係性を明らかにしていくことが必要になるだろう。あるいは，これら3者の間の新たな関係性を見出すためには，聞き取り調査のような定性的手法によって，関係性についての新たな命題を導く作業が必要かもしれない。これら多くの残された課題については，今後の研究の中で明らかにしていくつもりである。

謝　辞

　渡部先生には，大東文化大学に奉職以来，学部の壁を越えて，常にあたたかいご指導を頂いております。特に，最近は清酒産業の成長に関する研究プロジェクトにお誘い頂き，聞き取り調査，アンケート作成，シンポジウム等の場で先生から直接ご薫陶を賜る機会に恵まれ，先生の深い学識とあたたかいお人柄に敬服致した次第であります。先生の定年によるご退職は誠に残念なことではございますが，先生の今後のご研究の益々のご発展とご健康を心よりお祈り申し上げます。

（注）

（1）十川廣國　慶應義塾大学名誉教授・成城大学名誉教授が主宰する戦略経営研究グループの研究プロジェクトにより 1995 年から現在までおよそ 20 年にわたり，日本の製造企業を対象に継続的に行われてきたアンケート調査である（2012 年及び 2013 年は除く）。なお，本稿の分析で使用したデータは 2005 年調査から 2015 年調査までの 11 年間のものである。この間のアンケート調査票および単

純集計等については，十川他（2006），十川他（2007），十川他（2008），十川他（2009），十川他（2010），十川他（2011），十川他（2012），十川他（2015），十川他（2016）を参照のこと。

(2) 本稿は，文部科学省科学研究費補助金の交付を得て行った研究成果の一部である（平成28年〜30年 基盤研究（C）課題番号16K03902）「企業のイノベーション創出プロセスと組織における多様性の研究：吸収能力の視点から」）。

(3) 本稿の実証分析の中で示されている「○○○と回答した傾向が高い」企業の割合とは，例えば，「1 ほとんど開発されなかった〜6 数多く開発された」というスケールにおいて5と6を回答した企業の割合を合計したものを表している。なお，質問項目によっては，スケールが逆転しているものがあり，その場合は1と2を回答した企業の割合を合計したものを採用している。以下，全て同様である。

(4) 以下のイノベーション・プロセスについての記述は，ダビラ他（2006 = 2007），pp.186-196に依拠している。

(5) Smith（2015），p.5.

(6) March（1991），p.71.

(7) *Ibid*., p.71.

(8) Birkinshaw and Gupta（2013），p.287.

(9) Gupta, Smith and Shalley（2006），pp.695-697.

(10) March, *op. cit.*

(11) Gupta et al., *op. cit.*, p.695.

(12) *Ibid*., p.695

(13) *Ibid*., p.695.

(14) Smith, *op. cit.*, p.6.

(15) Levitt and March（1988），Levinthal and March（1993）

(16) Gupta et al., *op. cit.*, p.695.

(17) Rosing et al.（2011），pp.965-966.

(18) *Ibid*., p.965.

(19) *Ibid*., p.966.

(20) O'Reilly Ⅲ and Tushman（2013），Turner, Swart and Maylorb（2013），Birkinshaw, Zimmermann and Raisch（2016）

(21) Tushman and O'Reilly Ⅲ（1996），p.12.

(22) *Ibid*., p.12.

(23) *Ibid*., p.15.

(24) Turner et al., *op. cit.*, p.322.

(25) Gupta et al., *op. cit.*, p.698.

(26) O'Reilly Ⅲ and Tushman, *op. cit.*, p.327.

(27) *Ibid.*, p.327.

(28) オライリー 3 世，タッシュマン（2004 = 2004）

(29) 前掲稿，p.26.

(30) 前掲稿，p.26.

(31) Birkinshaw and Gibson（2004），p.49.

(32) オライリー 3 世，タッシュマン，前掲稿，p.24.

(33) O'Reilly Ⅲ and Tushman, *op. cit.*, p.328.

(34) *Ibid*, p.328.

(35) O'Reilly Ⅲ and Tushman, *op. cit.*, p.328；オライリー 3 世，タッシュマン，前掲稿，p.30.

(36) Birkinshaw and Gibson, *op. cit.*, Gibson and Birkinshaw（2004）

(37) Gibson and Birkinshaw, *op. cit.*, p.209.

(38) *Ibid.*, p.211.

(39) Birkinshaw and Gibson, *op. cit.*, p.49.

(40) Gibson and Birkinshaw, *op. cit.*, p.210.

(41) Birkinshaw and Gibson, *op. cit.*, p.49.

(42) *Ibid.*, p.49.

(43) Gibson and Birkinshaw, *op. cit.*, p.211.

(44) *Ibid.*, p.211.

(45) O'Reilly Ⅲ and Tushman, *op. cit.*, p.329.

(46) Birkinshaw and Gibson, *op. cit.*, p.49.

(47) *Ibid.*, p.49.

(48) O'Reilly Ⅲ and Tushman, *op. cit.*, p.330; Taródy（2016），p.47.

(49) O'Reilly Ⅲ and Tushman, *op. cit.*, p.330.

(50) Taródy, *op. cit.*, p.47.

(51) O'Reilly Ⅲ and Tushman, *op. cit.*, p.330.

(52) 設問のスケールが逆になっているため平均値が小さい方がより「提案」が実現されていることを示している。「採用」についても同様である。

(53) 適応的学習指標は（適応的学習における提案＋採用）÷ 2，創造的学習指標は（創造的学習における提案＋採用）÷ 2 によって算出された。

(54) Turner et al., *op. cit.*

(55) 以下の自己変革を促進する組織コンテクストについては，バートレット，ゴシャール（1997 = 2007），pp.158-179 を参考に記述している。

(56) Birkinshaw and Gibson, *op. cit.*; Gibson and Birkinshaw, *op. cit.*

(57) Gibson and Birkinshaw, *op. cit.*, p.213.

(58) *Ibid.*, p.214.

(59) Birkinshaw and Gibson, *op. cit.*, p.51.

(60) *Ibid.*, pp.51-52.

(61) *Ibid.*, p.51.

(62) *Ibid.*, p.51.

(63) ホット・グループとは「活気にあふれ，目標達成度が高い，献身的な人間の
集団」であり，刺激的な難題に直面する場合に大いに発奮する比較的少人数の
メンバーから構成され，「活力に満ち，吸収力があり，議論と笑いが横溢し，非
常に勤勉である」といった特徴を持っている（レビット，リップマンブルーメン
（1995 = 1996），p.41）。

(64) タッシュマン他（2011 = 2011），p.40.

(65) 前掲稿，p.40.

(66) Rosing et al., *op. cit.*, p.957.

(67) *Ibid.*, p.966.

(68) *Ibid.*, p.967.

(69) *Ibid.*, p.967.

(70) *Ibid.*, p.967.

(71) 2005 年から 2011 年までは，同じ目的意識を持った従業員がインフォーマル
に集まって，組織内に熱意ある集団を形成し，問題解決に取り組んでいるかど
うかを日常的に取り組んでいる（1）から，ほとんど取り組んでいない（6）の範囲
で動くリッカート・スケールで測定している。

(72) ショウ（1997 = 1998），p.28.

(73) 同上書，p.28.

(74) 同上書，p.29.

(75) 同上書，p.29.

(76) 同上書，p.30.

(77) ただし，気軽な助け合いは，分散分析では統計的に有意な結果は得られな
かった。

(78) 各年の調査項目には若干の違いが存在する。2005 年の調査項目は，将来事
業の方向性（ビジョン）に関する一般従業員の理解度を問うものだったが，2006
年から 2011 年の調査項目では，将来事業の方向性（ビジョン）に対する従業員の
共感度を問うものへ変更がなされた。2014 年と 2015 年の調査では，将来ビジョ
ンの組織への理解度へと若干の変更が行われている。

参考文献

十川廣國（2011）『マネジメント・イノベーション』中央経済社

十川廣國・青木幹喜・遠藤健哉・馬場杉夫・清水馨・今野喜文・山﨑秀雄・山田
敏之・坂本義和・周炫宗・横尾陽道・小沢一郎・角田光弘・岡田拓己・永野寛

子 (2006)「新時代の企業行動—継続と変化に関するアンケート調査 (3)—」『三田商学研究』第 48 巻，第 6 号，pp.147-167

十川廣國・青木幹喜・遠藤健哉・馬場杉夫・清水馨・今野喜文・山﨑秀雄・山田敏之・坂本義和・周炫宗・横尾陽道・小沢一郎・角田光弘・岡田拓己・永野寛子 (2007)「変化の時代における不変のマネジメント」『三田商学研究』第 49 巻，第 7 号，pp.205-228

十川廣國・青木幹喜・神戸和雄・遠藤健哉・馬場杉夫・清水馨・今野喜文・山﨑秀雄・山田敏之・坂本義和・周炫宗・横尾陽道・小沢一郎・角田光弘・永野寛子 (2008)「イノベーションの源泉としての学習能力」『成城大学 社会イノベーション研究』第 3 巻，第 2 号，pp.19-55

十川廣國・青木幹喜・神戸和雄・遠藤健哉・馬場杉夫・清水馨・今野喜文・山﨑秀雄・山田敏之・坂本義和・周炫宗・横尾陽道・小沢一郎・角田光弘・永野寛子 (2009)「マネジメント・イノベーションと組織能力の向上—新たな競争優位構築を目指して—」『成城大学 社会イノベーション研究』第 4 巻，第 2 号，pp.1-26

十川廣國・青木幹喜・神戸和雄・遠藤健哉・馬場杉夫・清水馨・今野喜文・山﨑秀雄・山田敏之・坂本義和・周炫宗・横尾陽道・小沢一郎・永野寛子 (2010)「製品イノベーションを誘導する組織プロセス」『成城大学 社会イノベーション研究』第 5 巻，第 2 号，pp.1-31

十川廣國・青木幹喜・神戸和雄・遠藤健哉・馬場杉夫・清水馨・今野喜文・山﨑秀雄・山田敏之・坂本義和・周炫宗・横尾陽道・小沢一郎・永野寛子 (2011)「製品イノベーションのためのコラボレーション」『成城大学 社会イノベーション研究』第 6 巻，第 1,2 合併号，pp.1-21

十川廣國・青木幹喜・神戸和雄・遠藤健哉・馬場杉夫・清水馨・今野喜文・山﨑秀雄・山田敏之・坂本義和・周炫宗・横尾陽道 (2012)「日本企業におけるイノベーション・プロセスの再検討」『成城大学 社会イノベーション研究』第 8 巻，第 1 号，pp.1-29

十川廣國・山田敏之・山﨑秀雄・周炫宗・横尾陽道 (2015)「グローバル化とイノベーション」『武蔵大学論集』第 63 巻，第 1 号，pp.237-251

十川廣國・山田敏之・山﨑秀雄・遠藤健哉・横尾陽道・周炫宗 (2016)「イノベーションを生み出す組織—グローバル展開に向けて—」『武蔵大学論集』第 64 巻，第 1 号，pp.41-66

Bartlett, C. A. and S. Ghoshal (1997) *The Individualized Corporation*, Harper Collins. (グロービス・マネジメント・インスティテュート訳 (2007)『新装版 個を活かす企業』ダイヤモンド社)

Birkinshaw, J. and C. Gibson (2004) "Building Ambidexterity Into an Organization," *Sloan Management Review*, Summer, 2004, pp.47-55.

Birkinshaw, J. and K. Gupta (2013) "Clarifying The Distinctive Contribution of Ambidexterity To The Field of Organization Studies," *The Academy of Management Perspectives*, 27 (4), pp.287-298.

Davila, T., M. J. Epstein and R. Shelton (2006) *Making Innovation Work*, Pearson Education. (スカイライト コンサルティング訳 (2007)『イノベーション・マネジメント』英治出版)

Duncan, R. (1976) "The Ambidextrous Organization : Designing Dual Structures for Innovations," in Kilmann, R. H., L. R. Pondy and D. Slevin (Eds.), *The Management of Organization Design : Strategies and Implementation*, North Holland, pp.167-188.

Gibson, C. B. and J. Birkinshaw (2004) "The Antecedents, Consequences, and Mediating Role of Organizational Ambidexterity," *Academy of Management Journal*, 47 (2), pp.209-226.

Gupta, A. K., K. G. Smith and C. E. Shalley (2006) "The Interplay Between Exploration and Exploitation," *Academy of Management Journal*, 49 (4), pp.693-706.

Leavitt, H. J. and J. Lipman-Blumen (1995) "Hot Groups," *Harvard Business Review* July-August, pp.109-116. (熊谷鉱司訳 (1996)「ホット・グループが生み出す創意と組織活力」『ダイヤモンド・ハーバード・ビジネス・レビュー』11-12 月号, pp.41-49)

Levinthal, D. A. and J. G. March (1993) "The Myopia of Learning," *Strategic Management Journal*, 14, pp.95-112.

Levitt, B. and J. G. March (1988) "Organizational Learning," *Annual Review of Sociology*, 14, pp.319-340.

March, J. G. (1991) "Exploration and Exploitation in Organizational Learning," *Organization Science*, 2 (1), pp.71-87.

O'Reilly III, C. A. and M. L. Tushman (2004) "The Ambidextrous Organization," *Harvard Business Review*, April, pp.74-81. (酒井泰介訳 (2004)「既存事業と新規事業の並立を目指す『双面型』組織の構築」『ダイヤモンド・ハーバード・ビジネス・レビュー』11 月号, pp.22-31)

O'Reilly III, C. A. and M. L. Tushman (2013) "Organizational Ambidexterity : Past, Present, and Future," *The Academy of Management Perspectives*, 27 (4), pp.324-338.

Rosing, K., M. Frese and A. Bausch (2011) "Explaining The Heterogeneity of The Leadership-Innovation Relationship : Ambidextrous Leadership," *The Leadership Quarterly*, 22, pp.956-974.

Shaw, R. B. (1997) *Trust in the Balance : Building Successful Organizations on Results, Integrity, and Concern*, Jossey-Bass. (上田惇生訳 (1998)『信頼の経営』ダイヤモンド社)

Smith, D. (2015) *Exploring Innovation 3rd Edition*, McGraw-Hill.

Taródy, D. (2016) "Organizational Ambidexterity as A New Research Paradigm in Strategic Management," *Budapest Management Review*, 47 (5), pp.39-52.

Turner N., J. Swart and H. Maylor (2013) "Mechanisms for Managing Ambidexterity : A Review and Research Agenda," *International Journal of Management Reviews*, 15, pp.317-332.

Tushman, M. L. and C. A. O'Reilly III (1996) "Ambidextrous Organizations : Managing Evolutionary and Revolutionary Change," *California Management Review*, 38 (4), pp.8-30.

Tushman, M. L., W. K. Smith and A. Binns (2011) "The Ambidextrous CEO," *Harvard Business Review*, June, pp74-80. (関美和訳 (2011)「コア事業とイノベーション事業を両立させる双面型リーダーの条件」『ダイヤモンド・ハーバード・ビジネス・レビュー』11 月号, pp.38-48)

18 「パチョーリ簿記論」の新展開

片 岡 泰 彦

1. まえがき

　世界で最初に出版された複式簿記文献は，ルカ・パチョーリ（Luca Pacioli）が執筆した『スムマ』である。『スムマ』すなわち『数学・幾何・比及び比例全書』（Summa de Arithmetica Geometria Proportioni et Proportionalita）は，1494年11月10日にヴェネツィアで出版された[1]。パチョーリは，この『スムマ』の中で複式簿記に関する論文を執筆した。この論文こそ，「パチョーリ簿記論」と呼ばれる世界最初に公刊された複式簿記に関する解説書である。『スムマ』そのものは616頁の大冊である。ただし，「パチョーリ簿記論」は27頁にしかすぎない[2]。しかしこの論文は，出版後幾世紀にもわたり，現在に至るまで，会計史の世界に大きな影響を与え続けているのである。パチョーリは，論文の中で，複式簿記という言葉を使っていない。パチョーリは，自分の簿記論を，ヴェネツィア式（el mode de vinezia）簿記と呼んだ[3]。パチョーリが，複式簿記という言葉を使用しなかった理由は不明である。

　この複式簿記という言葉を最初に採用したのは，ラグーサ出身のベネデット・コトルリ（raguseo Benedetto Cotrugli）である。コトルリは，1475年に作成された写本の簿記論の中で，複式簿記（dupple partite）という言葉を記述した[4]。「パチョーリ簿記論」と「コトルリ簿記論」との間には，いくつかの類似点が見られる。しかし，パチョーリが，コトルリの写本を見たかどうかは不明である。

　「パチョーリ簿記論」は，36章からなる。そして複式簿記について，詳細に論述されている。そこには財産目録，日記帳，仕訳帳そして元帳の三帳簿，時価主

471

義，年度決算，損益計算法，借方と貸方の意義，コンパニア，ビランチオ，支店会計，銀行会計，人的勘定理論他等が解説されている。さらに『スムマ』の中には「パチョーリ簿記論」以外の部分にも，簿記論に関連する説明が多くみられる。例えば，『スムマ』第1部第9編の「興味ある商業上の問題（以下「商業論」とする）の（論文第1）コンパニー（Compagnie）の中では，コンパニア（Compagnia ＝ 組合または会社）に関する解説が見られる。さらに交換（barattis，論文第3），為替（cambio，論文第4），利息（interesse，論文第5），旅商（viagiis sequitur，論文第7）等について論述している[5]。

2. 「パチョーリ簿記論」への評価

この「パチョーリ簿記論」に対して，後世の多くの学者達が，様々な検討と評価を試みてきた。ここでは「パチョーリ簿記論」に対する肯定論と否定論の2つの見解を解説する。

肯定論の代表的な人物は，アメリカの有名な会計学者及び会計史学者であるハットフィールド（Hatfield）とリトルトン（Littleton）の2人である。ハットフィールドは，パチョーリを「近代会計学の父」（the father of modern accounting）と呼んだ。ハットフィールドは，次のように論述している。「古代の会計に関する問題は別として，我々はフランチェスコ派の修道士ルカ・パチョーリを近代会計学の父とみなす。パチョーリは1494年に，彼の『数学全書』（Summa）を出版した。この『数学全書』は，代数に関する最初の出版された著書であるのみならず，簿記に関する世界最初の文献としての『計算及び記録』（De Computis et Scripturis）という小論文を含んでいたのである[6]」。ハットフィールドは，まさに，パチョーリに対し，簿記及び会計学の創始者または完成者としての地位を与えたのである。さらに，ハットフィールドは，次のごとく論述する。「パチョーリの簿記文献の場合ほど，ある主題について，最初の文献がその後の著書を，これほど支配した例はほとんどない。その後100年にわたり，イギリス，フランス，ドイツ，イタリア，オランダ，ベルギー等で現れた簿記文献は，最上のものでも，パチョーリの

改訂版である。最悪なものは原著者に言及する礼もとらず，自主性のない転写本であったと記述することは，ほぼ正しいのである[7]」。ハットフィールドは，パチョーリが，パチョーリ以後に出版された簿記書に，極めて大きな影響を与えた事実を高く評価したのである。リトルトンも名著『1900年までの会計発達史』（Accounting Evolution to 1900）の冒頭で，ハットフィールドの思考を受け継ぎ，かつハットフィールドの文章を引用し，パチョーリを高く評価している。そして，リトルトンは，本書の最後を，次のような文章で締め括っている。「会計発展の部分的論述は，ここで終わった。それは，拡大する商業と変化する経済的状況の結果を，1枚の絵に画いたものである。ハイライトは，15世紀である。商業と貿易の急速な発達に迫られて，人々は，帳簿記入を複式簿記へと発展せしめた。やがて，19世紀にいたるや，当時の商業と工業に同様な進歩が迫られ，人々は複式簿記を会計へと発展させたのである。現在のあらゆるものは，歴史上の流れの中の一断面にしかすぎない[8]」。この文章で重要なことは，リトルトンが，複式簿記の完成を15世紀としたことである。そしてこの15世紀を会計学上，輝かしい時代とし，さらに冒頭では，パチョーリを近代会計学（または複式簿記）の完成者として見なしているのである。したがって，思うに，リトルトンは，ハットフィールドの思想を引用しながらも，パチョーリを，会計史上，15世紀末にハイライトを灯した優れた人物として高く評価したのである。このハットフィールドとリトルトンの見解は，十分に認められるべきものと思われる。

　「パチョーリ簿記論」への最大の否定論者は，イタリアの高名な会計学者及び会計史学者ファビオ・ベスタ（Fabio Besta）である。ベスタは，1909年に出版した彼の有名な著書『会計学』（La Ragioneria）の中で，「パチョーリ簿記論」を，他人からの盗作であると非難した。ベスタは，「パチョーリ簿記論」は，1460年前後にヴェネツィアで書かれた複式簿記に関する手書本（manoscritto）と同様のものであり，この手書本はヴェネツィアの商業学校（scuole d'abaco）の教材であったと主張した。ベスタは，パチョーリは，この手書本を修正・加筆して，自分の簿記論としたというのである。さらに，ベスタは，この手書本の執筆者の名前を，算術の教師（maestro d'abaco）であった Troilo de Cancellariis とまで指摘したのであ

18　「パチョーリ簿記論」の新展開　　473

⁽⁹⁾
る。ベスタは,「パチョーリ簿記論」への剽窃論の根拠として,3つの理由をあげ
ている。第1がパチョーリの複式簿記への知識の不足である。第2が「パチョー
リ簿記論」の中のヴェネツィア方言の存在である。第3が「パチョーリ簿記論」
の内容と特徴において,類似性を持つ1540年代に出版された3冊の簿記書との関
係である。第1の理由は,パチョーリは,ヴェネツィアで,複式簿記の知識を習
得できなかったと考えた。パチョーリは,『スムマ』出版以前,非常に忙しく,複
式簿記を勉強する時間を持てなかったというのである。しかしながら,パチョー
リは,6年間ヴェネツィアで過ごした経験がある。その間,パチョーリは,大商
人アントニオ・デ・ロンピアージ (Antonio de Rompiasi) の3人の息子達の家庭教
師となる。そして家庭教師として息子達に数学を教える傍ら大商人の商売の手
助けもしたのである。その期間,パチョーリは,商業上の実務を通じて,複式簿
記の知識を取得した可能性は十分考えられる⁽¹⁰⁾。さらに,パチョーリは,フラン
チェスコ修道会の修道僧であった。そして修道院では,経済活動が遂行され,そ
の結果を記録するため,複式簿記が採用されたと言われている。その証拠とし
て,ヴェネディクト派修道院の修道僧であったピエトラ (Pietra) は,簿記書『会
計係の方針』を1586年にマントヴァで出版した。また,イエズス会の修道僧で
あったフローリ (Flori) は,簿記書『例題付家庭的複式簿記の記録方法論』を1636
年にパレルモで出版している。そして,パチョーリは修道僧として各地の修道院
を訪問した経験を持つ。したがって,パチョーリは,修道院でも複式簿記の知識
を得る機会は十分あったと考えられる。パチョーリが,複式簿記の知識を得る機
会がなかったとするベスタの見解は,当然否定されるべきである。

　ベスタの第2の理由は,「パチョーリ簿記論」の中にはヴェネツィアの方言や略
式が挿入されていた。そしてトスカーナ出身のパチョーリは,ヴェネツィアの方
言を知り得なかったというのである。しかし,パチョーリは,6年間のヴェネツィ
ア滞在中に,大商人の家で生活し,商業実務に関係し,多くの商業知識を吸収し
た。その際,ヴェネツィア方言と接する機会は十分あった。さらに,筆者は,「パ
チョーリ簿記論」以外の『スムマ』の論文の中に,「パチョーリ簿記論」と同様
のヴェネツィアの方言や略語を見出した。例えば,論文第3における交換の中に,

簿記論との類似性のある用語が多く見られた。それら多くの用語に関する共通点から，簿記論と他の論文の著者は同一人物であり，その著者こそパチョーリと断定することは正当である。ベスタの第2の理由は，当然否定されるべきである。

　ベスタの第3の理由は，1494年の『スムマ』公刊以降に出版された3冊の簿記書との関係である。3冊の簿記書とは，ドメニコ・マンヅォーニの簿記書『ヴェネツィア方式に従い入念に構成された仕訳帳を備えた複式元帳』（ヴェネツィア，1534），ヤン・インピン・クリストッフェルの簿記書『新しい教程』（フランス語版，1543）及び『有名なそして極めて卓越した著書』（英語版，1547）そしてヒュー・オールドカースルの簿記書（1543）である。この3冊の著名な簿記書は，「パチョーリ簿記論」と同様の内容を持っている。したがって「パチョーリ簿記論」を含めた4冊の簿記書は，同じヴェネツィアの複式簿記の手書本を基に，修正・加筆して作成されたものであると主張したのである。すなわち，ベスタによれば，マンヅォーニ，インピンそしてオールドカースルの簿記書はパチョーリと同様にヴェネツィアの古い複式簿記の手書本を，書き直したり，翻訳したりしたというのである。このようなベスタの見解は，証拠に基づかない，単なる空想にしかすぎない。歴史は史料を基礎に考察するという初歩的手続きを逸している。「パチョーリ簿記論」を含む『スムマ』は，1494年にヴェネツィアで出版された。そしてパチョーリの死後の1523年にも好評のために，再版された。「パチョーリ簿記論」の優れた内容に依存して，マンヅォーニ，インピンそしてオールドカースル等も，簿記書を執筆・出版したのである。以上，ベスタの説は，すべて否定されるべきである。

3.「パチョーリ簿記論」の特徴

(1) ヴェネツィア式簿記の採用

　パチョーリは，簿記論の第1章において，「そして，他のうちでは，確実に賛美されているヴェネツィア方式を我々は採用しよう。そしてこの方式こそ，すべての場合に応用できるものである。[11]」と記述している。パチョーリは，ヴェネツィ

ア商人の簿記実務を理論化したことになる。事実パチョーリは，1464年から1470年にかけての6年間ヴェネツィアに滞在した。そしてヴェネツィアの商人アントニオ・デ・ロンピアージの3人の息子の家庭教師となった。この時，商人の実際の実務から，複式簿記の知識を得たと言われている。ただし，『スムマ』出版以前，パチョーリは，ヴェネツィアのみならず，ローマに6年間，ペルージアに9年間，ツァラに1年間，そしてフィレンツェに4年間滞在している。パチョーリは，ヴェネツィア以外のこれらの諸都市で多くの人々と親交を持った。したがってパチョーリが，イタリア諸都市で商人または修道院等が記入した複式簿記による会計帳簿を見る機会があったという可能性は十分考えられる。なお，パチョーリは，イタリアにおける商業上の主権を保有する最も高貴な都市として，ヴェネツィアとフィレンツェをあげている。「パチョーリ簿記論」が，はたしてヴェネツィア商人独特の方法であったかどうかは，明白ではない。また，ヴェネツィアの国立古文書館（Archivio di Stato di Venezia）に保管されているソランツォ兄弟商会，アンドレア・バルバリゴ，ジャコモ・バドエル等の会計帳簿が，ヴェネツィア式簿記を代表する会計帳簿かどうかも不明である。パチョーリは，複式簿記を理論的に論述した。しかし，実務上組織化された会計例題を作成しなかった。したがって，実務上の説明が不足している。この不足を補うためには，パチョーリの『スムマ』以前のヴェネツィアを中心とした会計帳簿の分析が必要である。さらに，「パチョーリ簿記論」に依存して，ヴェネツィアで出版されたマンゾーニ，カサノヴァ，モスケッティ等の簿記文献，さらには修道院会計を論述したピエトラ，フローリ等の簿記文献の解明が重要となる。ここでは，『スムマ』出版以前に記録されたアンドレア・バルバリゴの会計帳簿の分析を通して，ヴェネツィア式簿記の一端を探りたい。アンドレア・バルバリゴは，ヴェネツィアを中心として活躍した典型的なヴェネツィア商人である。青年期には，海上交易に従事する一商人であった。しかし，後年期には土地を所有する貴族となり，定住商人としての地位を確立した。現在，ヴェネツィア国立古文書館には，1430年から1582年にわたるバルバリゴ家の18冊の会計帳簿が保管されている。ここでは，アンドレア・バルバリゴの仕訳帳A号と元帳A号（1430年1月2日-1440年

8月30日）を分析する。この2冊の会計帳簿は，バルバリゴ家の最初の仕訳帳と元帳である。[13]このアンドレア・バルバリゴの簿記実務とパチョーリ簿記論との比較を通してヴェネツィア式簿記の内容を分析する。

次に，両者の類似点と相違点について解説する。

A. 類似点

（イ）バルバリゴは，仕訳帳と元帳という2冊の会計帳簿を採用した。パチョーリも2冊の会計帳簿を解説している。バルバリゴが実際に記帳した仕訳帳及び元帳の実例とパチョーリが示した仕訳帳と元帳の例題は，形式上類似している。ただし，パチョーリは，仕訳帳と元帳の前に，日記帳という帳簿を解説している。バルバリゴは二帳簿制を採用したが，パチョーリは三帳簿制を論述した。ベネデット・コトルリも，この三帳簿制を解説している。ただし，同じヴェネツィアの商人であるが，ソランツォ兄弟商会，ジャコモ・バドエル等は，元帳のみの一帳簿制である。当時のヴェネツィアの商人達は，三帳簿制を中心として，一帳簿制または二帳簿制を採用したものと思われる。三帳簿制については後で論述する。

（ロ）バルバリゴもパチョーリも，仕訳帳の貸借用語は，per と A で統一表示している。これはヴェネツィア式簿記の特徴の一つである。

（ハ）バルバリゴが記帳した仕訳帳及び元帳への転記方法は，パチョーリが解説した転記方法と類似している。バルバリゴは，仕訳帳の左端欄に，転記した元帳のフォーリオ数を上下に記入している。パチョーリも，仕訳帳の余白に元帳の借方と貸方の2つの数字を上下に重ねて記入している。この数字によって，仕訳帳の借方項目と貸方項目が元帳の何頁に転記されたかが明白となると解説している（パチョーリ簿記論第15章）。

（ニ）バルバリゴは，元帳の貸借用語を，左側・借方は de（または dino）dar（＝与えるべし），右側・貸方は，de（または deno）aver（＝持つべし）で記入した。パチョーリも，deve dare（＝与えるべし），deve avere（＝持つべし）で解説した。両者の貸借用語は，類似している。この貸借用語は，ヴェネツィア式簿記の一つの特徴と言える。

18　「パチョーリ簿記論」の新展開　｜　477

（ホ）バルバリゴは，1 フォーリオ，149 フォーリオ，150 フォーリオで，債権者・債務者（Debitori e creditori）勘定を記帳している。この勘定は，パチョーリが第 36 章で論述したビランチオ・デル・リーブロ（bilancio del libro ＝元帳の残高）に類似している。

（ヘ）バルバリゴは，損益の用語として，uteli e dani と記帳している。ソランツォ兄弟商会は utile e Danno と記入し，ジャコモ・バドエルは utel e dano と記入している。パチョーリは，損益を 27 章で，Pro e Danno, Avanzi e Desavanzi そして Utile e Danno という用語で解説している。まさに当時のヴェネツィアでは，損益用語について，Utile e Danno を中心として，Pro e Danno そして Avanzi e Desanzi が使われたことになる。

（ト）バルバリゴは，元帳決算時に，元帳の損益勘定差額を資本金（アンドレア・バルバリゴ）勘定へ振替えた。パチョーリも 27 章で損益勘定差額を資本金勘定へ振替える方法を解説している。

（チ）パチョーリは，コンパニー（compagni ＝会社または組合）について詳述したが，バルバリゴもコンパニー（compagni）について記述している。

B. 相違点

（イ）パチョーリは，ビランチオ（bilancio），インヴェンタリオ（Inventario ＝財産目録）について解説した。しかし，バルバリゴは，これらの用語を記帳しなかった。しかし，パチョーリが論述している以上，ビランチオ，インヴェンタリオ等をヴェネツィアの商人が採用したことは十分ありうることである。

（ロ）パチョーリは，第 29 章で年度決算を勧めた。しかし，バルバリゴは年度決算は遂行しなかった。

（ハ）パチョーリは，資本金を cavedale という言葉で表示した。しかし，バドエルは，アンドレア・バルバリゴ（Andrea Barbarigo）という人名勘定を用いた。用語は相違するが，内容的な意味は同様である。これは，ソランツォ，バドエルの場合も同様である。

(2) 三帳簿制の採用

　パチョーリは，会計帳簿組織として，日記帳（memoriale, squartafoglio, vachetta），仕訳帳（giornale）そして元帳（quaderno）の三帳簿制を採用した。しかし，ヴェネツィアのみならず，他のイタリア諸都市でも，この三帳簿制は採用されていない。しかし，パチョーリの『スムマ』出版36年前の1458年に複式簿記の写本を完成させたベネデット・コトルリは，日記帳（ricordançe），仕訳帳（giornale）と元帳（libro grande）の三帳簿制を記述している。また，パチョーリの『スムマ』公刊以後，イタリアのみならずドイツ，イギリス，オランダ等で出版された多くの簿記文献中では，この三帳簿制が採用されているのである。当時のイタリアでは，この三帳簿制は，実務上一般的とは言えないが，実際には存在していたと思われる。この三帳簿制は，16世紀から19世紀にかけて，ヨーロッパでは正式な会計帳簿組織として認められた。そしてアメリカへ渡り，アメリカ及びイギリスから日本へもたらされた。三帳簿制を英語で論述した簿記書の訳者には，福沢諭吉，加藤斌そして小林儀秀等がいた。次に三冊の帳簿について解説する。

(イ) 日記帳

　パチョーリは，簿記論の第6章で，日記帳について論述している。日記帳には取引に関するすべての事項を記入する。内容としては，販売，仕入，支払，収入等を各貨幣の種類別に記入するのである。当時の貨幣制度は，各都市国家によって貨幣の種類が異なる。そこで日記帳は，これらの諸種の貨幣を標準の貨幣に換算統一するという重要な役割があった。しかし，ヴェネツィアに現存する会計帳簿の中には，日記帳が見当たらない。ただし，トスカーナのダティーニ商会は日記帳（memoriale）を，ジェノヴァのカーサ・ディ・サン・ジョルジョ（Casa di San Giorgio）も日記帳（memoriale, manuale, notularum bancorum）を使用している。[14]

　またベネデット・コトルリも，パチョーリと同様に，仕訳帳及び元帳と並んで日記帳（ricordançe）を解説している。したがって，当時のイタリア商人の間で，日記帳が存在していたことは確実である。さらに，パチョーリ以後，イタリアのみならずドイツ，イギリス，オランダ等の簿記文献の中で，日記帳は，正式な帳簿

として解説され，例題も作成されている。

（ロ）仕訳帳

　パチョーリは，仕訳帳について，第10章，第11章及び第12章で解説している。仕訳帳には，まず開始財産目録のすべての項目が記入される。次に，日記帳に記入された内容のうちの重要事項が記入される。したがって，日記帳と同様の印と頁をつけ，各頁の最初には，いつも年号と月日を記入しなければならない。仕訳帳は，簿記上記帳される第2の帳簿である。仕訳帳において重要なことは，借方と貸方の2つの用語である。借方は per，貸方は A である。この per と A はヴェネツィアのアンドレア・バルバリゴが実際に採用している。当時の他の都市では，仕訳帳の例題があまり見られない。したがって，この per と A は，パチョーリが言うように，ヴェネツィア独特のものであったともいえよう。パチョーリの『スムマ』出版以後，パチョーリ簿記論に依存して3冊の簿記書がヴェネツィアで出版された。マンゾーニ (1534)，カサノヴァ (1558) そしてモスケッティ (1610) の簿記書である。これらの簿記書も，仕訳帳の借方と貸方は，per と A で表示している。また，1586年にマントヴァで出版されたピエトラの簿記書も，仕訳帳の借方は per，貸方は A で示している。パチョーリのヴェネツィア式簿記が，他の場所に移り始めた証の一つと言えよう。

（ハ）元　帳

　パチョーリは，元帳 (Quaderno) について，第12章から第16章にかけて解説している。パチョーリは，元帳を，最後の主要な商業帳簿 (ultimo libro principale mercantesco) と呼んでいる。また偉大な元帳 (Quaderno grande) という呼び方もしている。パチョーリは，元帳について，次のごとく解説する。仕訳帳のすべての項目は，元帳へ転記される。仕訳帳の借方と貸方を元帳の各勘定科目に，それぞれ別々に転記する。したがって元帳は仕訳帳の倍の頁数を持つこととなる。貸方のない借方はない。借方のない貸方はない。そして，借方と貸方の金額は必ず一致する。仕訳帳の貸借は，元帳への転記が終わった時点で，それぞれ1本の抹消線を引いて転記済である証拠とするのである。仕訳帳の最初の余白の部分に，転記した元帳の借方と貸方の頁数（またはフォーリオ数）を，上下に重ねて記入する。

480

この頁数によって，仕訳帳の項目が，元帳の何頁に転記されたかが，明白となる。パチョーリは，元帳における貸借用語として，借方を deve dare（＝与えるべし），貸方を deve avere または deve havere（＝持つべし）で示している。この方式は，ヴェネツィアの商人であるソランツォ兄弟商会，アンドレア・バルバリゴ，ジャコモ・バドエル等の会計帳簿の方式と同様である。パチョーリは，元帳における重要な2つの用語として現金（Cassa）と資本金（Cavedale）をあげている。現金は常に債務者（debitrici）と記入すべきで，債権者（creditrici）になることはない。もし元帳のビランチオで，現金が債権者として記入されている時は，元帳は誤りである。ビランチオについては，後述する。

(3) 開業（及び決算）財産目録についての解説

　パチョーリは，第2章及び第3章で，開業時の財産目録（インヴェンタリオ＝Inventario）について詳述している。第2章で「商人は，まず第一に，次のような方法で，財産目録を注意深く作成することが必要である。」「財産目録は，すべて同一の日に記入しなければならない。なぜなら，もしそうしないと，未来の管理に，混乱をもたらすことになるからである。」と記述している。このことは，商人が，商売を開始するにあたり，まず自分の所有するすべての財産を調査・記録する。そして財産目録を作成すべきことを解説しているのである。さらに第3章では，財産目録の模範形式（Forma exemplare）を示している。先ず，神への祈り（＝神の名のもとに，1493年11月8日，ヴェネツィアにて）を捧げた後，15の項目をあげている。その内容は，金貨と鋳貨，宝石，衣服，茶碗，銀製品，シーツ，羽毛のベッド，商品，生姜，胡椒，なめし革，毛皮，建物，土地，預金及び貸付金等の債権，借入金等の債務である。従来，パチョーリは開業財産目録は解説しているが，決算財産目録は解明していないというのが定説であった。しかし，パチョーリは，第34章において，「あなたの財産目録」（lo inventario de tutta la tua faculta）と記述している。このインヴェンタリオ（inventario）は，財産目録，在庫品目録，棚卸し表等の意味である。そして第34章は，元帳決算の方法を解説した章である。したがって，パチョーリは，決算財産目録を記述したことになる。すなわち，パ

18　「パチョーリ簿記論」の新展開 ｜ 481

チョーリは，期首棚卸しと同様に，期末棚卸しを記述したのである。さらに，パチョーリは，「商業論」の（論文第5）で勘定の決算満期日に，1年間を単位とする計算方法（＝ワン・イヤー・ルール）を解説している。このことは，パチョーリ簿記論における期間損益計算の思考と合致する。詳細は後述する。

(4) コンパニア（＝組合）についての解説

　パチョーリは，『スムマ』の「商業論」（論文第1）において，コンパニア（compagnia）について解説している。[18] パチョーリは，コンパニアをコンパニー（compagnie）とも呼ぶ。さらに略して cōpᵃ とも記述している。元来，コンパニアとは，組合，会社，商会，仲間等の意味で用いられている。パチョーリによると，コンパニアとは，個人商人とは別個の組織である。そして数人の仲間が，現金，商品，労働を提供することにより成り立つ組織体である。そして提供された現金及び商品の合計額が会社資本（capitale sociale）と定義している。利益（utile）は，特別な場合を除いて，コンパニア（組合）へ提供した出資者の出資割合に応じて分配されると解説する。さらにパチョーリは，「簿記論」の第21章で，コンパニアの経営と簿記上の手続きについて詳述する。コンパニアは，布地，絹織物，薬品，綿，染料等の取引をする時，数人で共同して商売を行うのである。コンパニア結成の際，契約書が作成される。この契約書には，コンパニアの存続期間，財産，組合員の出資した現金及び商品，さらには使用人または徒弟等の名前を記入するのである。そして，これらの勘定が借方か貸方かを記入する。コンパニアの取引は，日記帳，仕訳帳，元帳の三冊の帳簿に記入される。パチョーリは，コンパニアの契約に関する例題として日記帳への記入を次のように示す。[19]

〔日記帳〕

本日，我々は羊毛工業のコンパニアを，誰々と結成した。当事者及び条件等または存続期間は，文書または契約書の示す通りである。Aは現金をいくら払い込み，Bはフランス羊毛を何枚，目方何ポンドを出資する。1,000

ポンドにつき何デゥカートの勘定である。そして，Cは確実な債務者を指定した。すなわち，Dに対する債権何デゥカート，Eに対する債権何デゥカート等である。そして私は本日何デゥカートを支払う。合計何デゥカートである。

さらに，パチョーリは，上述の日記帳に記入された取引を，仕訳帳に移記する方法を解説する。取引は，現金，商品名，組合員名に勘定を分類して記入する。

〔仕訳帳〕

（借方）コンパニアの現金勘定（貸方）組合員A勘定，もし，Aがあなたと他の勘定を有していても混乱は生じない。
文書または契約書の示すように，我々の契約に従って，彼の出資金として現金を支払った。
金額，　　　　　　　　　　リレ，ゾルディ，グロッスィ，ピチョーリ
（借方）コンパニアのフランス羊毛勘定（貸方）組合員B勘定，フランス羊毛何枚，全体の目方何ポンド，正味何ポンド。我々の契約または文書の様式によると，1,000ポンド何デゥカートなので，合計何デゥカートになる。
金額，　　　　　　　　　　リレ，ゾルディ，グロッスィ，ピチョーリ

従来，パチョーリ簿記論は，商品棚卸及び商品売買勘定を欠き，各冒険商売を取扱ったものと考える説が多かった。すなわち，当時のヴェネツィアの商人は，商取引を，個々の独立した冒険商売を継続する方法で遂行したというのである。しかし，この第21章のコンパニアの簿記上の手続きを見る限り，1回で完了する冒険商売を扱ったものではない。このコンパニアに関する解説は，継続する定住商人（または定着商人）を目標としている。現在，ヴェネツィアに現存するソランツォ兄弟商会，アンドレア・バルバリゴ，ジャコモ・バドエル等の会計帳簿も，主として定住商人の会計取引の記録である。さらに，パチョーリの『スムマ』以

18　「パチョーリ簿記論」の新展開　｜　483

後，ヴェネツィアで出版されたマンゾォーニ（1534），カサノヴァ（1558），モスケッティ（1610）等の簿記書も，冒険商売ではなく，継続企業を前提とする期間損益計算の簿記組織を解説している。そして，修道院会計を主眼としたピエトラ（マントヴァ，1586），フローリ（パレルモ，1636）の簿記書も期間損益計算を扱う簿記組織を説明している。

(5) 年度決算の説明

　かつて，パチョーリは，年度決算を解説していないという通説があった。パチョーリが説いた元帳締切の方法は，旧元帳勘定の記入が一杯になって記入の余白がなくなった時に，旧元帳を締切り，新元帳へ繰越す方法であると言われていた。しかし，パチョーリは，次のように論述する。第6章で，「時々，多くの人々は諸種の場所で，一杯になっていないのにもかかわらず，毎年締切り，再び新しい帳簿にする習慣がある[20]」(alle volte molti costumano in diverse parti, benche non sia pieno, anovamente far saldi e anche i libri nuovi)。そして第29章で，「しかし，毎年締切ることはいつもよいことである。特にコンパニア（＝組合）にいる人にはそうなのである[21]」(Ma sempre è buono de saldare ogn' anno maxime chi è in compagnia)，そして第32章では，「毎年，特に年代が新しくなった時に帳簿を新たにすることは，有名な地域の習慣である[22]」(el più si costuma fare per luochi famosi, che ogni anno maxime a millesimi nuovi)と述べている。上述の文章から，パチョーリが年度末決算を解説したことは事実として承認できる。さらに，パチョーリは，「商業論」論文第5で，勘定を決算するに当たって，1年間という期間計算を解説している。パチョーリは年度の開始日は，都市，州，国家によって異なると説明する。例えば，教会ではキリストの生誕日（a nativitate），すなわち12月25日であり，トスカーナでは受胎告知日（Annunciazione），すなわち3月25日，ヴェネツィアでは3月1日であるとする[23]。したがって，決算日については，教会では12月24日，トスカーナでは3月24日，ヴェネツィアでは2月28日ということになる。まさにパチョーリは，1年間を単位とする年度決算を解説していたのである。さらに，パチョーリ簿記論を例題化しヴェネツィアで出版されたマンゾォーニ，カサノヴァ，モス

ケッティ等の簿記書では，3月初めから2月28日までの1年間を会計期間としている。多分，当時のヴェネツィアには，3月から2月末日までを会計期間として，元帳を締切る方法が存在していたものと思われる。

(6) ビランチオの解説

パチョーリは，ビランチオ（bilancio）について，簿記論の第14章，第34章，第36章の3つの章で解説している。このビランチオというイタリア語が，現在では決算，残高，貸借対照表等を意味する。その語源はイタリア語のビランチア（bilancia＝天秤）に由来する。さらに，ラテン語のbis lanx（2枚の皿）を持ったビランクス（bilanx＝天秤）に由来したものと言われる。パチョーリは，第14章で，「このようにして，元帳の差引き残高を示すビランチオが生ずるのである」（E di qua nasci pai il bilancio che del liblo si fa nel suo saldo）と記述している。これは，元帳勘定の貸借差引残高を一枚の表に示すのである。そして，借方と貸方の合計金額は同額でなければならない。したがって，ここでは残高試算表を解説したことになる。第34章でパチョーリは，「旧元帳のすべての勘定をいかに締切るか，その方法と理由。そして借方と貸方の総合計をビランチオ（＝残高試算表）で最後に突き合わせること」[24]（Comme se debiano saldare tutte le partite del quaderno vecchio, e in chi e perchè e della Summa Summarum del dare e de l'avere ultimo scontro del bilancio）と述べている。第36章において，パチョーリは，元帳のビランチオ（el bilancio del libro）について詳述する。「元帳のビランチオとは，元帳の債権者を右側に，債務者を左側に示し，長いが故に2つ折りにした1枚の紙を意味する。そして借方と貸方の合計金額を比べてみて，等しければ正しいのである。元帳のビランチオは，等しくなければならない。もし，貸借が等しくないときは元帳に誤りがあるのである。」[25]と解説している。パチョーリの3つの章にわたるビランチオに関する解説は，必ずしも明解とは言えない。ただ，詳細に論述された内容を総合的に判断すると，次のごとき説明が見えてくる。元帳勘定には，現金勘定，資本金勘定，商品勘定，家具勘定，家屋勘定，債権（債務者）勘定，債務（債権者）勘定等の財産勘定が記入されている。さらに，営業費勘定，家政費勘定，収入及び支出勘

定，地代勘定，家賃勘定，貢税勘定，小作料勘定，損益勘定または剰余金及び不足金勘定または利益及び損失勘定等の損益に関する諸勘定が記入されている。このうち，損益に関する諸勘定は，損益勘定に振替えられる。損益勘定において，借方金額が貸方金額より多い場合は損失となる。また貸方金額が借方金額より多い場合は，利益が発生したことになる。この損益勘定の差額が，資本金勘定に振替えられるのである。元帳決算時に，これらの財産諸勘定の各残高がビランチオに記入される。そして左右貸借の合計金額の一致をもって，その正当性が検証される。すなわち，パチョーリの説くビランチオは資産，負債，資本，収益，費用等の諸勘定を一覧表とした残高試算表ということになる。このビランチオは，現在ヴェネツィアに残されている会計帳簿には見られない。しかし，ヴェネツィア式簿記を論述したパチョーリが，ビランチオを解説している。したがって，ヴェネツィア商人達の間では，このビランチオが知られていたことは十分考えられる。なお，ヴェネツィア以外のイタリア諸都市，特にフィレンツェ等の商人達が，ビランチオを作成したことは知られている。そしてこのビランチオと期間損益計算との関連性が見られる。[26] このパチョーリの解説したビランチオのなかに，微かながら貸借対照表及び損益計算書の萌芽が台頭しつつあったことが窺知されるのである。

(7) 借方と貸方についての勘定理論上の説明

パチョーリは，仕訳帳の貸借については第11章で，元帳の貸借については第14章で解説している。第11章では，「借方（per）は1人または1人以上の債務者（debitore）を示す。そして貸方（A）は，1人または1人以上の債権者（creditore）を示す。そして，上述の2つの用語を示すことなくして，（元帳へ転記される）仕訳帳の通常の取引を記載することは決してない。」と説明する。[27] 第14章では，「仕訳帳で記入したすべての項目（tutte le pertite）について，元帳では常に2つの記入，すなわち1つは借方（dare）に，もう1つは貸方（avere）に記入する。なぜなら，債務者（debitore）を借方（per）と呼び，債権者（creditore）を貸方（A）と呼ぶからであることを知りなさい。」と記述している。[28] すなわち，仕訳帳に記入された借方

486

(per）と貸方（A）の2つの項目は，元帳でも借方（dare）と貸方（avere）に転記される。借方は債務者をそして貸方は債権者を示す。そして債務者は左側に，債権者は右側に置く。元帳のすべての項目は関連し合っている。貸方記入を伴わない借方記入はなく，借方記入を伴わない貸方記入はない。このようにして，元帳の勘定残高を示すビランチオ（＝残高試算表）が作成される。パチョーリは，すべての勘定を人格者とみなし，借方と貸方の意義を説明した。すなわち，借方を債務者（受取人），貸方を債権者（授与人）とした。そしてすべての勘定を，この原則に適用させると考えたのである。まさに，パチョーリは初期の人的一勘定学説（Personalistische Einkontenreihentheorie）を解説したのである。

(8) 時価主義・高価主義の説明

　パチョーリは，第12章において，財産目録作成時の資産評価の説明において，時価主義及び高価主義を採用した。「あなたは，あなた自身のために，時価をつけなさい。それは，低いよりもむしろ高くしなさい。すなわち，20の価値があると思われるのなら，24等にしなさい。このようにして，あなたが利益をあげることは良いことである」[(29)]（ponedoli tu per te un comun pregio. E fallo grasso piu presto che magro, cioè se ti pare che vaglino 20 e tu di 24 etc. aciò che meglio te habia reuscire el guadagno）と記述している。すなわち，資産の評価に際しては，時価で評価し，なるべく高い価値をつけることを解説している。中世最大のスコラ学者そしてドミニコ会修道僧であったトマス・アクィナス（Thomas Aquinas, 1225-1274）は，有名な『スムマ』（神学全書，Summa theologiae）を1266年頃に執筆した。パチョーリは，自身の『スムマ』（数学全書）の名前をつけるにあたり，アクィナスの『スムマ』（神学全書）を参照したものと思われる。アクィナスは，偉大な神学者であると同時に偉大な経済思想の持ち主であった。アクィナスは，商品等の価値に対して，「公正価値」という評価を解説した。アクィナスの思考した「公正価値」とは，詐欺や独占のない，正常な競争が行われている市場で決定した公正価格である。これは古代のユダヤ人が取引の契約をするに際し，市場の相場になっている価格を重視したものと同様である[(30)]。すなわち，アクィナスの「公正価値」とは，

時価を意味していたものである。したがって、パチョーリも、このアクィナスの思考と同様に時価主義を採用したものと思われる。ただし、高価主義については、批判的意見がいくつか存在する。なお、「パチョーリ簿記論」に依存して、簿記書を出版したマンゾーニ、カサノヴァ、モスケッティ、ピエトラ、フローリそしてインピン等はこの時価主義・高価主義は引き継がなかった。ピエトラとフローリは、一般価格と時価を解説し、時価以下主義を提案している。

(9) 損益計算の解説

パチョーリは、損益計算について、第26章と第27章で解説している。第26章は、旅商 (viaggi) に関する損益計算である。第27章は商品 (roba) に関する損益計算である。第26章では、「旅商には、習慣上あなた自身で行く場合と他人に行かせる場合の2つの方法がある。」(Li viaggi costumano fare in doi modi, cioè in sua mano e recomandato) と記述している。自分で、旅商をした場合は、財産目録、小仕訳帳及び小元帳等に取引を記録する。そして現金勘定、資本金勘定、損益勘定等を設けて損益計算を遂行する。また他人に旅商を依頼する場合は、自分の帳簿に他人の人名勘定を記入し、他人が帰宅した時に、旅商を清算する。そして損益計算を行うのである。そして第27章では、商品別の損益計算について解説している。まず元帳の各商品の勘定を締切り、借方が貸方より大ならば損失となり、その反対ならば利益となる。そこで商品勘定の貸借差額を損益勘定へ振替えるのである。そして損益勘定は資本金勘定へ振替える。そして、最後に元帳勘定を締切って、ビランチオ (Bilancio) を作成する。このビランチオでは、貸借合計金額が一致するのである。この商品別の損益計算は、上述したように定住商人の取引に関する計算方法を解説したものである。パチョーリは、商品棚卸について特別に解説していない。しかし商品棚卸の方法を知っていたと解することができる。したがって、パチョーリは、ある期間 (一年) を単位とする損益計算方法、すなわち期間損益計算を知っていたと考えることが可能である。パチョーリ以前、フィレンツェのアルベルティ (Alberti) 商会 (1302 ～ 1329)、フランチェスコ・ディ・マルコ・ダティーニ (Francesco di Marco Datini, 1397 ～ 1399)、メディチ

(Medici) 家 (1433 ～ 1494) 等が期間損益計算を遂行している。これらの会計実務をパチョーリが知り得たということも十分考えられる。また、「パチョーリ簿記論」を基礎として、簿記書を出版したマンゾォーニ (1534)、インピン (1543)、カサノヴァ (1558)、ピエトラ (1586)、モスケッティ (1610)、フローリ (1636) 等は、期間損益計算を採用している。まさに、パチョーリが、期間損益計算を知っていたと主張することは当然のことである。

(10) 利息に関する解説

　パチョーリは、「商業論」の (論文第5) で、利息 (Interesse) について詳述している。パチョーリは、単利 (Interesse semplice)、単純割引 (Sconto semplice)、複利 (intersse composto) 利息の手引き (prontuari di interesse) 等について解説する。単利とは利息が利息を生まない場合のものである。そして、一定時の利息の発生額を計算する方法と資本を構成する利息の増加額について説明している。[32] 複利については、簡潔に定義している。今年度または次年度の初め（例えば年度の6ヵ月以内）に利息計算すれば、利息が利息を生むこととなるのである。そして今年度または次年度の初めに利息を資本に合計するよう解説している。パチョーリによると、中世においては、利息計算の手引きのために利息表 (Tavole del merito) が使われた。貨幣単位には十進法 (decimale) が使われていないので、より複雑に計算するための約数 (sottomultiplo) の採用が必要とされた。[33] パチョーリは、キリスト教の修道僧であった。そしてキリスト教では、金利を禁じていた。しかし、パチョーリは、金利を認め、利息の計算法を論じた。この矛盾点の解明を以下に述べる。旧約聖書では利息を禁止している。例えば、レビ記25章37では、「あなたは利子を取って、彼に金を貸してはならない」また申命記23章20では「外国人には利息を取って貸してもよい。ただ兄弟には利息を取って貸してはならない。」と記述されている。すなわち、キリスト教の教義では、利息をとって金を貸すことは禁止されていた。しかし、実際には、中世において、都市も諸侯も戦費調達や建物建設のため、借金をしなければならなかった。そのため、当然、利息が支払われたのである。イギリスの国王は、財政維持のため、国内の商人、イタリア

の銀行，修道院等から融資を受けた。ドイツの諸都市も，公債が主たる財源であった。また司教達でさえ，その地位を得るため借金をした。当然，彼等は利息を支払わなければならなかった。そして貸し手側には，銀行，商人のみならず，教会及び修道院が含まれていた。[34] 例えば，教皇（＝ローマ法王）レオ10世（1513－1521）は，サンピエトロ大聖堂再建の資金を得るため，フッガー家から多額の借金をした。その負債と利子を払うため，免罪符を売ったのである。この免罪符の販売に反対したマルティン・ルター（Martin Luther）が，1517年にウィテンベルク城教会の門扉に「九十五箇条の意見書」を掲げた。これこそ有名な宗教改革の始まりである。ただしルターは，教皇や教会を否定したものではなく，免罪符そのものを否定したのである。トマス・アクィナスは利息について，次のような解釈を加えている。アクィナスは，原則として，借金の利息は認めなかった。キリスト教の教義に従えば，利息は承認できなかった。しかし，ローマ法には，返済が遅れた場合の違約金または損害の賠償金として「インテレッセ」（interesse）という制度があった。この「インテレッセ」については，利息として正しいと認めたのである。従って，「インテレッセ」としての利息を認めるという理論は，広く，宗教界のみならず商業界でも流布されていった。そして，ごく短い期間の貸借契約を結び，この期間では無利息であるが，これを超える期間は延滞賠償金の名目で利息をとるという方法も考えられていた。従って，キリスト教における利息禁止の教義は，事実上，弱体化したのである。以上のごとき理由から，パチョーリが，利息を解説したことは，十分理解できる。

(11) 全体に通じる宗教的思想の論述

　パチョーリは，フランチェスコ（Francesco）修道会のコンヴェンツァル（Conventuale）派の修道僧であった。したがって，彼の簿記論の中にキリスト教に関する多くの論述があったことは当然である。このフランチェスコ修道会の起源はアッシジ出身の聖フランチェスコ（1182-1226）が，1210年に教皇イノセント3世から，小さき兄弟会という修道会の設立の許可を受けたことに始まる。この修道会には，使用権のみを認め所有権を認めないという思想的規律があった。しか

し聖フランチェスコの死後，修道会の中から，財産の所有権を認めようとする一派が出現した。コンヴェンツァル派である。コンヴェンツァル派は，教皇庁の保護を受け，所有権の権利を認められたのである。しかし，14世紀後半になって，フランチェスコ会の規則を厳しく守ろうとするオプセルヴァンテス改革運動が起こった。両派は対立し，オプセルヴァンテスとコンヴェンツァルは分裂した。そして前者はフランチェスコ会，後者はコンヴェンツァル・フランチェスコ会となった。そしてパチョーリは，フランチェスコ会の修道僧であったがコンヴェンツァル派であったので，財産の所有は許可された。また，修道院と複式簿記の関係が強く見られた。当時の修道院は諸種の経済活動を営んでいた。例えば，ワイン，穀物，家畜等を生産し，それを売却すること。また土地の貸借によって地代を受取ったり，小作人から小作料を受取る方法により利益を得ていたのである。また金銭の貸付による利息をも受取っていたのである。それらの経済活動は，複式簿記をもって記録された。パチョーリの後に出版されたベネデット教団の修道僧のピエトラ（Pietra，1586）やイエズス会の修道僧のフローリ（Flori，1636）の簿記論では，ヴェネツィア式簿記に従って，資産勘定，負債勘定，資本金勘定，残高勘定，損益勘定等が解説されているのである。そしてパチョーリは，簿記論全体の中で，宗教上の解説をしている。例えば，第1章では，「なぜなら，すべての人は，カトリックの信仰によって救われるからである。この信仰なくしては，神の恵みは不可能である。」，また第2章で「そこで，神の御名とともに，彼の仕事を始めなければならない。そして，すべての彼等の記入の初めに，聖なる御名を心に抱くのである。」と記述している。[35]

4. あとがき

パチョーリは，ヴェネツィア式簿記という名で複式簿記を論述した。ヴェネツィアの商人が採用していた複式簿記を解説したことになる。しかし，現在ヴェネツィアに残されている会計帳簿とは，必ずしも一致しない。「パチョーリ簿記論」で解説された簿記理論は，その会計帳簿に記録された簿記実務より現代に近

い高度な簿記理論を含んでいる。14-15世紀のヴェネツィアの商人達は，地中海を中心に商業実務を遂行した。すなわち，地中海商業である。この地中海商業の形式は，時代とともに変化した。従来イスラム商人が支配していた地中海を，イタリア商人が確保したのは12世紀に入ってからである。十字軍の遠征がその要因となった。12-13世紀のイタリア商人による地中海商業は，コムメンダ (commenda) 及びソキエタス・マリス (societas maris) を中心とする遍歴商業が盛んに行われていた。しかし，13世紀末から14世紀にかけて，十字軍の終結とともに，遍歴商業は，減少していった。そして定住商業（または定着商業）という新たな商業形式が出現した。[36] 14-15世紀の地中海商業の覇者は，ヴェネツィアであった。ヴェネツィアは，「アドリア海の女王」「イタリアの真珠」「共和国の貴人」の名のもとに，黄金時代を迎えていた。ヴェネツィアは，独自の政治組織を考案し，経済的に新しい武器として，複式簿記，為替手形，原料取引所，郵便制度等を採用した。ただし，地中海におけるイタリア商業は，ヴェネツィアのみではなかった。ヴェネツィア最大のライヴァルであったジェノヴァも，主たる活動場所を地中海に置いていた。そして13世紀中ごろからヴェネツィアと地中海の支配権をめぐって，闘争を繰り返した。また，工業都市フィレンツェも，1406年にピサを征服し，1421年に良港リヴォルナを手に入れると，地中海貿易に進出した。[37] そして1422年には，ガレー船により，コルシカ，アレクサンドリアへの航海が遂行された。その後もフィレンツェのガレー商船は，地中海航路及びフランドル航路へと進行を続けたのである。フィレンツェは，ガレー商船の経営については，ヴェネツィアの形式を踏襲した。パチョーリが生きた15世紀の地中海では，ヴェネツィアを中心として，ジェノヴァ，フィレンツェ等の商人達が活躍していたのである。現在，ヴェネツィアに残されているドナルド・ソランツォ，アンドレア・バルバリゴそしてジャコモ・バドエル等のヴェネツィア商人の会計帳簿は，継続企業を前提として記録されている。当然，これらのヴェネツィアの商人達は，ヴェネツィアに土地を購入し，定着商人として活躍したのである。パチョーリが『スムマ』を出版した1494年という年は，イタリア半島では大きな変革が起きていた。イタリアにおけるギリシャ古典刊行の主要な立役者アルド・マ

ヌーツィオ（＝アルドゥス・マヌティウス，1450-1515）が，ヴェネツィアに印刷所を設立したのは1494年であった。ただし，パチョーリは，マヌーツィオ以前にヴェネツィアで活躍していたパガニーノ・デ・パガニーニに印刷・出版を依頼していた。フィレンツェでは，フランス王シャルル八世が，ナポリ王位の権利を主張して，1494年フィレンツェに入城した。そして栄華を誇っていたメディチ家のピエロは，フィレンツェを追放された。まさにメディチ家の崩壊であった。しかし，この1494年に，南ドイツのフッガー家では，ウルリッヒ，ゲオルク，ヤーコプの三兄弟が，家族経営から会社経営へと組織化する契約を結んだ。まさに，フッガー合名会社の誕生であった。この兄弟の中の末子ヤーコプ・フッガーは，1473年にヴェネツィアのフォンダコ・ディ・テデスキ（Fondaco dei Tedeschi ＝ ドイツ人商館）で，ヴェネツィア式簿記を学んだ。この簿記技術は，フッガー家の一大戦力となった。しかし，このフッガー家の簿記組織が，パチョーリ簿記論と同様のものとは言えない。ただし，フッガー家の会計主任となったマッティウス・シュヴァルツ（Matthäus Schwarz）は，1516年，1518年，1550年と簿記の写本を執筆した。この写本の中で，シュヴァルツは，財産法と損益法による損益計算方法を示した。シュヴァルツも，1514年にヴェネツィアに行き簿記技術を学んでいる。パチョーリは，『スムマ』の「商業論」及び「簿記論」の中で，コンパニアまたはコンパニーについて詳述した。このコンパニアは，当座的または臨時的な冒険商売とは異なり，継続企業を前提とする定住商人による組合または会社組織である。したがって，「パチョーリ簿記論」も，このコンパニアを主とする商人を対象とした簿記論と考えられる。パチョーリは，日記帳，仕訳帳，元帳の三帳簿制を解説した。この三帳簿制は，現在イタリアに残されている15世紀までの会計帳簿における帳簿組織としては，一般的ではない。しかし，パチョーリ以前に，コトルリもこの三帳簿制を解説している。さらにパチョーリ以後に出版された各国の簿記書の中には，この三帳簿制の解説が多くみられる。我国でもアメリカの簿記書を翻訳・出版した福沢諭吉の『帳合之法』の中でも，この三帳簿制が紹介されている。パチョーリは，ビランチオについて，かなり詳細に論述している。このパチョーリが論述したビランチオとは何かということで種々の意見が

ある。しかし，最も有力な見解としては，残高試算表という見方がかなり正当のように思われる。パチョーリは，ビランチオの中で，資産，負債，資本，収益，費用，利益勘定の一覧表を思考していたのである。また，パチョーリは，期間損益計算は知らないとする説が有力であった。しかし，パチョーリはヴェネツィアで採用されていた3月1日を開始日とし2月28日を決算日とする1年間を単位とする期間計算を解説した。さらに，決算財産目録を記述し，年度末決算を論述したのである。そしてパチョーリ簿記論に依存して『スムマ』以後にヴェネツィアで出版されたマンゾーニ，カサノヴァ，モスケッティ等の簿記書も，3月初旬に始まり2月末日の1年間を単位とする期間損益計算を解説している。まさにパチョーリは，年度末決算を前提とする期間損益計算を知っていたと主張することができる。さらにパチョーリは，時価主義・高価主義，貸借についての人的一勘定理論，支店会計，官庁取引，誤記訂正法を解説していたことは特筆できる。「パチョーリ簿記論」は，パチョーリ以前の多くの簿記実務組織を集合した理論として高く評価できる内容を持つ。パチョーリ以前の会計帳簿研究は，まさに「スムマへの径(39)」であると主張する理論に正当性が認められる。そして，この「パチョーリ簿記論」を伝承して，その後多くの簿記文献が，世界各国で出版された。すべてのこれらの簿記文献は『スムマ』を出発点として発展への道を進んだのである。パチョーリこそ，「近代複式簿記の父」としての栄誉を受ける人物である。そして『スムマ』こそ，会計史上，最初に打ち建てられた世界最大の一つの金字塔と言える。さらに『スムマ』は，会計史上，現在また将来にわたって，再検討，再評価され続けるべき文献と言えよう。

(注)

(1) 『スムマ』第1版は，1494年にヴェネツィアで，印刷業者パガニーノ・デ・パガニーニ (Paganino de Paganini)によって出版された。しかし，『スムマ』第2版は，パチョーリの死後の1523年にガルダ湖近くのトスコラーノ (Toscolano, sul lago di Garda)で出版されている。詳しくは，片岡 (2007)pp.92-93 を参照されたい。

(2) 『スムマ』の内の「パチョーリ簿記論」を論述した部分は，197 フォーリオ裏

頁（verso）から 210 フォーリオ裏頁（verso）までである。詳しくは，片岡（2007）p.92
を参照されたい。パチョーリは，フォーリオ（folio）ではなく，カルタ（carta）と
いう言葉を用いたが，一般的にフォーリオ（左右または表裏同一の通し番号）と
訳した。

(3) 片岡（1988）p.175 を参照されたい。Pacioli（1494）198 フォーリオ裏頁。

(4) 「コトルリの簿記論」については，片岡（2007）第 2 章を参照されたい。

(5) 『スムマ』の（商業論）については，片岡（2007）第 4 章を参照されたい。

(6) Hatfield（1924）p.2, Littleton（1933），この文章はハットフィールドが論述し
た文章を，リトルトンが引用したものである。

(7) Hatfield（1924）p.3.

(8) Littleton（1933）p.368.

(9) Yamey & Gebsattel（1994）pp.20-22. ベスタは，La Ragioneria の pp.376-377 で，
パチョーリを強く批判している。

(10) Yamey（1994）pp.20-24. 片岡（2010）pp.49-51 を参照されたい。

(11) 片岡（1988）p.175。Pacioli（1494）198 フォーリオ裏頁。

(12) 片岡（1988）p.181。Pacioli（1494）199 フォーリオ裏頁。

(13) アンドレア・バルバリゴの会計帳簿については，片岡（1988）pp.53-72 を参照
されたい。

(14) 泉谷（1997）pp.304-308 を参照。

(15) 片岡（1988）p.190。Pacioli（1494）203 フォーリオ表頁。

(16) 前掲書，p.176。Pacioli（1494）198 フォーリオ裏頁。

(17) 前掲書，p.236。Pacioli（1494）208 フォーリオ裏頁。
この tutto tuo inventario（すべてのあなたの財産目録）を，Crivelli は the whole
of your inventory（あなたの財産目録すべて），Yamey は your total inventory（あ
なたのすべての財産目録），Penndorf は Dein ganzes inventar（あなたの全体の財
産目録），Geijsbeek は the entire value of your inventory（あなたの財産目録のす
べての価値），Antinori は lo inventario de tutta la tua faculta（あなたの財産のす
べてを示す財産目録）と訳している。

(18) 片岡（2007）p.111。

(19) 片岡（1988）pp.212-213 を参照されたい。

(20) 前掲書，p.184。

(21) 前掲書，p.227。

(22) 前掲書，p.229。

(23) 片岡（2007）pp.115-116。

(24) 片岡（1988）p.233。

(25) 前掲書，p.241。

(26) 泉谷（1997）pp.267-295 を参照。

(27) 片岡（1988）p.190。

(28) 前掲書，pp.194-195。

(29) 前掲書，p.192。

(30) 竹内（1997）pp.57-58 を参照。

(31) 片岡（1988）p.223 を参照されたい。

(32) 片岡（2007）pp.114-115。

(33) 前掲書，p.115。

(34) 竹内（1997）p.53 を参照。

(35) 片岡（1988）pp.174-175 を参照されたい。

(36) 斉藤（2002）p.206 を参照。

(37) 清水（1980）p.111 を参照。

(38) 片岡（1994）pp.55-82 を参照されたい。

(39) 泉谷（1997）p.321 を参照。

参考文献

泉谷勝美（1997）『スンマへの径』森山書店

片岡泰彦（1988）『イタリア簿記史論』森山書店

片岡泰彦（1994）『ドイツ簿記史論』森山書店

片岡泰彦（2007）『複式簿記発達史論』大東文化大学経営研究所研究叢書 25

片岡泰彦（2003a）「イタリア簿記史論とドイツ簿記史論に関する考察」『Research Papers』（大東文化大学経営研究所），No.J-39

片岡泰彦（2003b）「ドイツ簿記史論とパチョーリ簿記論との関連性」『会計史学会年報』第 21 号，pp.1-14

片岡泰彦（2002）「『パチョーリ簿記論』の特徴についての考察」『経営論集』大東文化大学経営学会』第 3 号

片岡泰彦（2010）「『パチョーリの簿記書』の問題点に関する一考察」『経営論集』大東文化大学経営学会，第 94 号

斉藤寛海（2002）『中世後期イタリアの商業と都市』知泉書館

清水廣一郎（1980）「地中海貿易とガレー船」，木村尚三郎編『中世ヨーロッパ』第 3 章，有斐閣

竹内靖雄（1997）『経済思想の巨人たち』新潮社

Antinori, Carlo（1959）*Luca Pacioli, Summa de Arithmetica, Geometria, Proportioni et Proportionalità, Distinction IX–Tractatus XI,* Milano.

Antinori, Carlo（1994）*Luca Pacioli, E La Summa de Arithmetica,* Roma.

Besta, Fabio（1909）*La Ragioneria, Ragioneria Generale,* Volume III, Milano.

Crivelli, Pietro（1924）*An Original Translation of the Treatise on Double–Entry Book–*

Keeping by Frater Lucas Pacioli, London.

De Roover, Raymond（1956）"The Development of Accounting Prior to Luca Pacioli According to the Account–books of Medieval Merchants," in Littleton and Yamey eds., *Studies in the History of Accounting,* London.

Hatfield, H.R.（1950）"An Historical Defense of Bookkeeping," in *Studies in Accounting* edited by W. T. Baxter and Sidney Davidson, pp.1-10,（1924）*The Journal of Accountancy,* Vol.37, No.4, pp.241-253.

Jouanique, Pierre（1995）*Luca Pacioli,, Traité de Comptes et de Écritures,* Paris.

Littleton, A. C.（1933）*Accounting Evolution to 1900,* New York.

Penndorf, Balduin（1933）*Luca Pacioli Abhandlung über die Buchhaltung1494,* Stuttgart.

Pacioli Luca（1494）*Summa de Arithmetica Geometria Proportioni et Proportionalita,* Venetia.

Yamey, Basil & Contrerio, Annalisa（1994）*Luca Pacioli, Trattato di Partita Doppia,* Venezia 1494.

Yamey, Basil & Gebsattel, von Antonia（1994）*Luca Pacioli, Exposition of Double Entry Bookkeeping,* Venice 1494.

19 地方公共団体首長の接待交際費を巡る問題点と行政監視機能の有用性

髙 沢 修 一

1. はじめに

　現在，地方公共団体の首長（以下，「首長」とする）の接待交際費を巡る問題点が指摘されている。ところで，首長の接待行政とは，「首長が，地方公共団体の公費を用いて，国，県，及び市等の役人等を接待する官官接待等のことである」と評されるが，この接待行政を巡る交際費の支出については違憲性が指摘されると共に，首長が監査委員の任命権を有することに対して公平性及び中立性の面で問題視されているのである。

　本来，市民の公僕たるべき首長が市民から糾弾されるのは，公金である税金が接待交際費等の資金として私的に流用されるためであり，この首長の税金の私的流用に対する糾弾方法としては，「住民監査請求」及び「住民訴訟」等が挙げられ，そして，首長を対象とした行政監視機能としては「地方議会」の存在が挙げられる。然れども，監査委員は，首長から権限を付託されることにより準司法的権限を有する存在に擬せられるが，監査委員が関与する住民監査請求は，何ら法的拘束力を有しておらず，そして，地方議会は地方公共団体の首長及び執行機関に対する監視機能を十分に果たしているとはいえない。さらに，住民訴訟は，訴訟手続きの上で煩雑さを伴う。そのため，新たな行政監視機能として，スウェーデンで創設された制度であり，「代理人・代表者・弁護人」を意味する「オンブズマン制度」の活用が求められるのである。

　よって，本論文では，首長の接待行政の実態を分析し，接待交際費の支出の判

断基準を明確にすると共に，併せて行政監視機能の不全を補う存在として「オンブズマン制度」の有用性について検証することを研究目的としたい。

2.　交際費支出の判断基準と住民監査請求の検証

2-1.　交際費支出の判断基準

　交際費は，地方自治法第232条第1項に拠れば，「当該普通地方公共団体の事務を処理するために必要な経費その他法律又はこれに基づく政令により当該普通地方公共団体の負担に属する経費の一つである」と定義される。

　つまり，接待交際費とは，首長又はその執行機関が，当該地方公共団体の利益確保を目的として，当該地方公共団体を代表して外部と交渉するうえで支出される経費のことであり，そのため，その支出については首長等に対して一定の裁量権が容認されているのである。

　一方，地方財政法第4条第1項は，「地方公共団体の経費は，その目的を達成する為の必要且つ最小の限度をこえて，これを支出してはならない」と接待交際費の範囲を規制する。

　また，自治省通知（昭和40年5月26日）は，接待交際費について，「（ⅰ）一般経費と同様に，支出負担行為に基づいて正当な債権者に対して支払わなければならない。（ⅱ）支払方法としては，本来，定期的に一定金額を定めて資金を前渡しする方法は，支払負担行為に基づけば適当ではないが，前渡しする必要性が生じた際には一定の手続きを経ることにより容認される。（ⅲ）当然のごとく領収書の授受があるべきであるが，香典等社会通念上，相手方から領収書を徴することが難しい場合には，支出額，相手方等の収支の経費が明らかにすることができる方法を代わりに用いることも容認される。（ⅳ）予備費等の流用については適当であるとはいえず，増額が求められる場合には，所定の予算措置によって行わなければならない」といくつかの留意点を示している。

　すなわち，接待交際費の支出の判断基準としては，既述の規定及び留意点を統括したならば，社会通念により許容されている範囲を逸脱しているか，否かに

よって判断されるべきであり，その具体的な判断基準としては，（イ）職務との関連性の有無，（ロ）支出先の団体等の性格，（ハ）支出対象となる行事等の性格などが挙げられ，接待交際費の違法性についてはこれらの判断基準を総合して判断されなければならないのである。[1]

2-2. 住民監査請求の検証

本論文では，表19-1に示すような「栃木市監査委員告示」を事例に取り上げて「住民監査請求」の在り方について検証したい。栃木市首長は，栃木市特別顧問（以下，「顧問」とする）との意見交換会で会費（3万円）を支出したが，武蔵野市長（後出）交際費判例（平成12（行ウ）283　平成14年6月21日東京地方裁判所判決）に照合したならば，首長の交際費は違法な支出であると指摘された。[2]

表 19-1　栃木市監査委員告示第 3 号概要（平成 25 年 2 月 14 日）

・請求人	：栃木市祝町 13 番 4 号　手塚弥太郎氏　他 12 名
・請求受付年月日	：平成 24 年 12 月 20 日
・請求受理日	：本請求は，所定の法定要件を具備しているものと認め，平成 24 年 12 月 27 日に受理した。
・事実確認	：平成 23 年 12 月 9 日，16 時に市長公室にて意見交換会を行い，17 時 30 分からホテルに移動して懇親会を開催した。
・参加者	：特別顧問 4 名，市長，副市長，総合政策部長，総務部長及び秘書広報課長
・会　費	：1 人当たり 5 千円，計 4 万 5 千円
・接待交際費分	：特別顧問 4 人分と市長・副市長，計 6 名分 3 万円を負担する。

また，栃木市監査委員は，本件について，（ i ）特別顧問について，（ ii ）首長交際費の額について，（ iii ）意見交換会の有益性について其々検証を加えると共に総合的に判断を下している。

まず，第一に，栃木市特別顧問設置規則は，「特別顧問は，次に掲げる事項について，市長に助言を行い，その求めに応じ，関係機関との調整を行うものとする」（第2条），「市長は，前条に規定する職務を遂行するために必要な幅広い経験

及び高度な識見を有する者のうちから，特別顧問若干名を委嘱するものとする」（第3条），「特別顧問には，その職に伴う定額の報酬は，支給しない」（第6条）と規定している。そのため，栃木市監査委員は，特別顧問を，「事務の性質」（第2条）と，「任用の性質」（第3条）に該当していると認識し，そして「報酬の内容」（第6条）についても，条文の文言からは報酬の内容を充足させているとは認識できないが，実際には，各種委員及び講師を務めた場合に報酬が支払われている事実から，「報酬の内容」を満たしていると認識できるとし，これらの三要件を満たす特別顧問は接待行政の対象となる公務員の範囲に属する者として判断したのである。

次いで，国家公務員倫理法第6条（以下，「倫理法第6条」とする）は，当該贈与等により受けた利益の価額が1件につき5千円を超える場合には，贈与等報告書を各省各庁の長等に提出することを義務づけている。ところで，首長交際費の額については明確な規定が存在しないため，倫理法第6条を準用するならば，特別顧問4名，市長，副市長，総合政策部長，総務部長，及び秘書広報課長に対して1人当たり5千円までの費用は許容範囲である。

しかしながら，栃木市監査委員は，「首長が会費と称して同席者の負担分までも支出することは交際費の範囲を逸脱する行為である」と判断したのである。

第三に，栃木市監査委員は，意見交換会で「記録」が残っていないことについて，仮に，首長及び執行機関が公明公正で透明性のある市政を信条として掲げるならば，説明責任を果たす用意を整えているとはいえず，そして，意見交換会に引き続いて懇親会を実施しているため実質的に忘年会が主たる会であると想像されても致し方ないと判断したのである。

そして，栃木市監査委員は，前述の3点について検証した結果，「首長に対して必要な措置を講じることを勧告すべきである」と判断したが，この判断が下される前に，首長が自主的に平成25年1月16日付で，会費相当分の金額を市金庫へ返納したため，現時点では市の損害を認めることができないとして本件請求を棄却した。然れども，栃木市の首長交際費を巡る問題は，公務員の範囲，首長交際費の額及び参加の意義等について明示しており，今後の住民監査請求の指

針と成り得るものとして評価できる事例である。

3. 住民訴訟制度の役割と武蔵野市市長交際費裁判の検証

3-1. 住民訴訟制度の役割

住民訴訟制度とは，1948（昭和23）年に，アメリカの納税者訴訟を範として地方自治法第二次改正により創設された制度のことであり，1963（昭和38）年の地方自治法第七次改正の際に現在の制度に整備されている。

また，住民訴訟制度は，財務会計行政における違法性を摘発し，行政システムの歪みを是正できる手段として高く評価されている。例えば，地方公共団体の首長が関与する接待行政では，支出する公費を巡ってその適法性が問われることになり住民訴訟の対象となる。

近年，住民訴訟の提起数が増加傾向を示しているが，特に，平成以後に住民訴訟の提起数が増加してきた理由としては，「（ⅰ）地方行財政のあり方に対する住民監視の動き，地方行政に対する住民参加の要求が高まってきたこと，（ⅱ）とりわけ市民オムブズマンなどの住民団体が地方行財政を監視する手段として住民訴訟を積極的に活用してきたこと，（ⅲ）情報公開条例が活用される中で地方公共団体の行財政に関する情報の公開がすすみ住民訴訟が提起しやすくなったこと[3]」が挙げられる。

また，地方自治法第242条は，「普通地方公共団体の住民は，当該普通地方公共団体の長若しくは委員会若しくは委員又は当該普通地方公共団体の職員について，違法若しくは不当な公金の支出，財産の取得，管理若しくは処分，契約の締結若しくは履行若しくは債務その他の義務の負担がある（当該行為がなされることが相当の確実さをもって予測される場合を含む。）と認めるとき，又は違法若しくは不当に公金の賦課若しくは徴収若しくは財産の管理を怠るときは，これらを証する書面を添え，監査委員に対し，監査を求め，当該行為を防止し，若しくは是正し，若しくは当該怠る事実を改め，又は当該行為若しくは怠る事実によって当該普通地方公共団体のこうむった損害を補填するために必要な措置を講ずべ

きことを請求することができる」と規定する。

すなわち，住民訴訟制度は，地方公共団体の財務会計行政における監視機能として位置付けられるが，財務会計行政において適法性を問われる対象となるのは，（イ）不当な公金の支出，（ロ）不当な財産の取得・管理・処分，（ハ）不当な契約の締結・履行，（ニ）不当な債務等の義務負担行為，（ホ）不当に公金の賦課・徴収を怠る事実，（ヘ）不当に財産管理を怠る事実等である。

しかしながら，住民訴訟制度については，地方公共団体の機関及び職員による財務会計上の法規遵守と違反規制という本来の目的を超えて，地方自治における行政活動の在り方を量る手段として活用される傾向も窺えるため，「住民訴訟は，元来地方公共団体の財務会計上の行為の適正をコントロールするために立法された特異な訴訟であり，行政一般の監督是正を目的とする制度ではないことを理由にして反対する声も強い。たとえ財務的処理と表裏一体をなす行為であっても，非財務的行為の適否についてまで，裁判所が住民訴訟で審査を進めるのは，行き過ぎであり，本来の立法趣旨に反する」という批判的見解も存在する[4]。

既述のような批判的な見解も存在するが，行政監視機能としての住民訴訟制度の果たす役割は大きく，地方公共団体の首長が国や地方公共団体の職員との交際用の接待費用を地方公共団体の公費から捻出する際に一定の抑止力として機能しているのも事実である。

3-2. 武蔵野市市長交際費裁判

本件は，武蔵野市に在住している原告の三宅英子氏が，1999（平成11）年度の市長交際費支出の一部が違法であるとして，被告である首長（土屋正忠）を相手取って起こした住民訴訟であり，表19-2に示すように，第一審，第二審，及び最高裁と争われた住民訴訟の代表的な判例である[5]。

まず，第一審（2002年6月21日・東京地裁）では，（ⅰ）ジャズライブハウスの新店主披露及び祝宴祝い金（1万円），（ⅱ）部課長会研修会終了後の懇親会祝い金（3万円），（ⅲ）市内某寺院住職の承継披露祝い金（1万円），（ⅳ）市役所稲門会祝い金（1万円），（ⅴ）市民クラブ忘年会祝い金（1万円），（ⅵ）焼酎愛飲党定例会祝い金（5

19　地方公共団体首長の接待交際費を巡る問題点と行政監視機能の有用性　　503

表 19-2　武蔵野市市長交際費裁判最高裁判決

平成 15 年 (行ツ) 第 81 号
決定

　　　　東京都八王子市×××××××××××
　　　　　　　　　上告人　　××××
　　　　東京都武蔵野市西久保×××××××××
　　　　　　　　　上告人　　土屋正忠
　　　　　　　　　上記両名訴訟代理人弁護士

　　　　　　　　　　　　　　　　　　近藤　　勝
　　　　　　　　　　　　　　　　　　古瀬駿介

　　　　東京都武蔵野市吉祥寺北町×××××
　　　　　　　　　被上告人　三宅英子

　上記当事者間の東京高等裁判所平成 14 年 (行コ) 第 185 号，第 218 号損害賠償請求控訴，同附帯控訴事件について，同裁判所が平成 14 年 12 月 24 日に言い渡した判決に対し，上告人らから上告があった。よって，当裁判所は，次のとおり決定する。

　　　　　　　　　主文

　　　　本件上告を棄却する。
　　　　上記費用は上告人らの負担とする。

理由
　民事事件について最高裁判所に上告することが許されるのは，民訴法 312 条 1 項又は 2 項所定の場合に限られるところ，本件上告理由は，理由の不備・食違いをいうが，その実質は単なる法令違反を主張するものであって，明らかに上記各項に規定する事由に該当しない。

　　よって，裁判官全員一致の意見で，主文のとおり決定する。

　　　平成 18 年 10 月 27 日
　　　　　最高裁判所第二小法廷

　　　　　　　裁判長裁判官　　　　中川了滋
　　　　　　　　　裁判官　　　　滝井繁男
　　　　　　　　　裁判官　　　　津野　修
　　　　　　　　　裁判官　　　　今井　功
　　　　　　　　　裁判官　　　　吉田佑紀

　　　　　　　　　これは正本である。
　　　　　　　　　同日同庁
　　　　　　　　　裁判所書記官　　名越弘志

出典：三宅英子武蔵野市議会報告書 (http://www7b.biglobe.ne.jp/~shiroto-giin/chisai-hanketsu.
　　　html) 2017 年 12 月 8 日

千円）の六件について提訴され，（ⅴ）市民クラブ忘年会祝い金を除く五件が違法
であると判決された。加えて，市長・市役所交際費に係る資金前渡し金を授受管
理した秘書室長の被告適格についても争訟の対象となり秘書室長も一定の責任
を問われたのである。

　本件で問われたのは，「社会通念上，相当な範囲であるか」という点である。交
際費の支出の判断基準としては，社会通念により許容されている範囲を逸脱し
ているか，否かによって判断されることが求めらるが，この観点から六件を精査
したならば，（ⅴ）市民クラブ忘年会祝い金を除く五件は，市政とは関係なく首長
個人の交友関係を維持するために支出された金額であるため，違法であると判
断されたのである。

　次いで，第二審（2002年12月24日・東京高裁）では，（ⅳ）市役所稲門会祝い金，
（ⅴ）市民クラブ忘年会祝い金，（ⅵ）焼酎愛飲党定例会祝い金の三件を除く三件が
違法であると判決された。

　本件で問われたのは，「市政（行政）の円滑な運営上，必要なものであるか」と
いう点である。高裁は必要であると認識して判決したが，これらの判決には問題
点を指摘することができる。例えば，当時，武蔵野市内には，武蔵野三田会，武
蔵野稲門会，明治大学校友会武蔵野支部等の親睦会が存在していたが，これらの
親睦会が武蔵野市在住の当該者全員をその対象として運営されているのに対し
て，「市役所稲門会」は武蔵野市役所の勤務者のみを対象として特定している点
において，税金という公費を用いて市役所内部に特定の派閥（学閥）を育成する
ことになるのではないかと危惧される。なぜならば，派閥の育成は，採用・昇進
時の人事面において影響を与える危険性を有しているからである。同様に，「市
民クラブ」及び「焼酎愛飲党」という特定の会派の親睦会へ参加するに際して，
税金で公費を用いることに対しても問題点を指摘できる。本来，会費を自費負担
して参加すれば何ら問題が発生しない親睦会等に，税金という公費を用いて参
加したことに問題があると判断できる。

4. 行政監視機能の不全とオンブズマン制度の活用

　本来，行政監視は，議会に委ねられるべき機能であり，地方議会は首長等の地方公共団体の執行機関に対する監視機能を有している。そして，この地方議会の有する首長等の執行機関に対する監視機能の根拠としては，「一般に，監査とは，議会が有する権限であり，行政に対する外部統制の機能を有する[6]」ことが挙げられる。

　然れども，地方議会はその機能を十分に果たしているとはいえない。なぜならば，地方議会を構成するのは議員であるが，議員の多くはいずれかの党派や政策集団に所属しているため，議員の集合体である議会が中立・公平な立場を維持することが難しいからである。

　そのため，新たな行政監視機能として，「オンブズマン制度」の活用が求められるのである。オンブズマン制度とは，スウェーデンにおいて創設された制度のことであり，オンブズマンとは「代理人・代表者・弁護人」を意味する言葉である。そして，オンブズマン制度の主たる機能については，「第一に，『苦情処理』である。国民，ないしは市民から申し立てられた苦情を，第三者の立場から調査する。苦情の申し立ては誰でも行うことが可能で，たいてい無料である。第二に，『行政監視』である。オンブズマンは自己の発意に基づいて，調査を行うことができる。また，自由に行政機関に出入りし，資料等をチェックしたり，会議に参加したりすることも可能である，第三に，『行政改善』である。先の2つの過程で，行政に不備があると判断された場合，オンブズマンは当該機関に対し勧告等を通じて業務の改善を要求することができる[7]」と説明される。

　つまり，オンブズマン制度とは，オンブズマンが市民と行政の仲介役的存在として行政監視機能を担う行政の補完システムのことであると定義できる。

　また，日本における初の公的オンブズマン制度は，1961（昭和36）年に総務省が開始した「行政相談委員制度」を起源とする。そして，公的オンブズマン制度の本格的な導入は，1990（平成2）年の川崎市の「川崎市市民オンブズマン」を初めとするが，川崎市がオンブズマン制度を採用した理由としては，「リクルー

ト疑惑問題等の一連の不祥事の発生によって行政監視，職員倫理の確立について市民の関心が高まり，市長選挙においてもオンブズマン制度の導入が一つの焦点とされ，これを契機としている[8]」ことが挙げられる。

　現在，オンブズマン制度は，64の地方公共団体において延べ67の「公的オンブズマン」が設置されている。そして，地方公共団体における対象行政分野としては，「行政全般」，「福祉」，「人権」，及び「環境」等が挙げられるが，2016（平成28）年2月時点で，地方公共団体の対象行政分野として，「行政全般」が設けら

表 19-3　日本の公的オンブズマン［行政全般］一覧（2016 年 2 月現在）

通番	地方公共団体名	公的オンブズマンの名称
1	北海道	北海道苦情審査委員
2	秋田県	秋田県県民行政相談員
3	山梨県	山梨県行政苦情審査員
4	沖縄県	沖縄県行政オンブズマン
5	北海道札幌市	札幌市オンブズマン
6	北海道函館市	函館市福祉サービス苦情処理委員
7	北海道北見市	北見市オンブズマン
8	茨城県つくば市	つくば市オンブズマン
9	埼玉県川越市	川越市オンブズマン会議
10	埼玉県上尾市	上尾市市政相談員
11	東京都新宿区	区民の声委員会
12	東京都三鷹市	三鷹市総合オンブズマン
13	東京都府中市	府中市オンブズパーソン
14	東京都昭島市	昭島市総合オンブズパーソン
15	東京都調布市	調布市オンブズマン
16	東京都国分寺市	国分寺市オンブズパーソン
17	東京都清瀬市	清瀬市オンブズパーソン
18	東京都多摩市	多摩総合オンブズマン
19	神奈川県川崎市	川崎市市民オンブズマン
20	神奈川県藤沢市	藤沢市オンブズマン
21	新潟県新潟市	新潟市行政苦情審査会
22	新潟県上越市	上越市オンブズパーソン
23	富山県富山市	富山市行政苦情オンブズマン
24	愛知県西尾市	西尾市行政評価委員会
25	兵庫県明石市	明石市行政オンブズマン
26	兵庫県三田市	三田市オンブズパーソン
27	熊本県熊本市	熊本オンブズマン

出典：行政管理研究センター編（2016）「平成 27 年度　地方公共団体における公的オンブズマン制度の実態　把握のための調査研究　報告書」pp.9-10 を基に作成

れているのは，表19-3に示すように，4都道県及び23市町村（区を含む）の計27
地方公共団体である。

　一方，オンブズマン制度には，「公的オンブズマン」以外にも「民間オンブズ
マン」が存在している。例えば，NPO法人市民オンブズマン福岡は，首長に対
して表19-4に示すような公開質問状を提出している。

　また，市民オンブズマン福井は，2015（平成27）年度の福井県内9市の首長交
際費の支出明細を調査し，2016（平成28）年10月17日に同日付けの「市長交際
費に関する公開質問状」を各市に郵送したのである。

　この市民オンブズマン福井の調査結果に拠れば，市民1人当りの負担額（年度
支出総額÷人口）は，負担額の大きい順に，大野市（60円），小浜市（41円），あわ
ら市（38円），勝山市（27円），坂井市（24円），敦賀市（14円），越前市（14円），福
井市（2円），鯖江市（0円）であり，首長交際費の支出に際し，特に留意すべきで
あるとしたのは，「情報公開」「社会通念上儀礼の範囲」，及び「最小の経費で最
大の効果」の3点であると指摘する。[9]

　さらに，2016（平成28）年10月26日，市民オンブズ小浜も，首長の交際費の
使途（小浜市議会議長及び副議長の就任祝いの支出，駆逐艦「榎」慰霊祭への支出，若
狭高校同窓会への支出等）に関して問題があるとして小浜市に対して聞き取り調
査を申し入れているのである。[10]

5. 東京都知事の不正会計に対する批判

　石原慎太郎元東京都知事が公費を用いて行っていた接待費用は，共産党都議
団の調査結果（東京都議会日本共産党議員団ホームページ）に拠れば，表19-5に一
例を示すように，2000（平成12）年から2006（平成18）年までの7年間で155回，
1,615万円に上っていたことが判明したが，この接待交際費のほとんどは，石原
都知事と浜渦武生副知事，高井英樹特別秘書等による飲食及び接待が占めてい
るのである。しかも，宴席で話し合われた内容は，①羽田空港再拡張，②新銀
行東京構想，③米軍横田基地の軍民共用化等であるが，これらは，東京都が負

表 19-4　NPO 法人市民オンブズマン福岡の公開質問状の内容

1. 日中友好協会に 1 年半で，4 回にわたり 41 万円が賛助会費，賛助金として支出されています。他にも，海外との友好団体が多くあり，各団体に数千円程度の支出がされるなかで，なぜこの団体だけに 41 万円を支出しているのでしょうか。他の政令市で一団体への会費をこのように多額で行っている市はありませんでした。この団体が「交際費の支出基準」における，「市政運営に直接かつ密接な関係にある団体」であり，これだけの金額を支出する根拠を市民に具体的に示してください。

2. 2007 年 10 月 4 日に福岡県部落解放運動連合会の第 29 回福岡県人権問題研究集会に大会賛助金として 20 万円が支出されていました。他の政令市で一団体への賛助金をこのように多額で行っている市はありませんでした。毎年開催されている定期大会であり，他にも同様の団体，大会が存在するにもかかわらず，この団体が「市政運営に直接かつ密接な関係にある団体」であること，「各種団体の活動・大会開催等」について「原則として 5 万円以内」という「支出基準」を大きく超えている根拠を具体的に示してください。

3. 2007 年 11 月 7 日に大相撲九州場所役員との懇談経費として，12 名で，30 万 7920 円が支出されています。福岡市の食糧費支出基準では，一人当たり 1 万 5 千円以内という規定があるにもかかわらず，一人当たり 2 万 5660 円になっています。「市政にかかる意見交換や情報収集にかかる懇談経費」として「市政運営に直接かつ密接な関係にある団体」である大相撲九州場所役員とどのような市政に関する意見交換が行われたのか，その内容と基準以上の支出の理由を具体的にあきらかにしてください。

4. 2007 年 6 月 27 日に，日本時事評論社に購読料として，4500 円が支出されています。日本時事評論社は，「靖国神社参拝の継続こそ国益」や「反日，自虐史観の教科者の追放へ立ち上がれ」などを掲げる山口市に本社を置く雑誌社です。近年このような新聞，雑誌に首長交際費を支出する例は全国的に聞いたことがありません。この購読料の支出が「市民運営に直接かつ密接な関係にある団体」への支出である根拠を具体的に示して下さい。

5. 市内に同じような団体が数多くあるにもかかわらず一部の団体だけに交際費から賛助金が支出されています。下記の団体について，なぜ，これらの団体だけに交際費から支出されているのか，これらの団体が「市政運営に直接かつ密接な関係にある団体」である根拠を具体的に示して下さい。
   - 日本空手協会香椎支部だけに 3 回で 3 万円が賛助金として支出されています。空手協会の支部は福岡市内には 10 以上もあります。
   - 対馬会，佐賀県人会，小値賀会など，福岡市外出身者による団体の一部に支出しています。

   他にも同様の団体があるにもかかわらずこれらの団体だけに支出されている理由を明らかにしてください。

6. 横浜市，北九州市のように香典等を支出していない自治体がいくつかあります。福岡市も，07 年度の香典等の支出をなくすと年間約 100 万円の節約になります。今後，香典等の支出を廃止する計画はありますか。

7. 福岡市職員の飲酒運転などの不祥事が相次ぐ中で，市長は率先して公金による飲酒をやめるべきです。接遇などの交際費による飲食を廃止する予定はありますか。

以上の点について，7 月 15 日までに文書で，ご回答をお願いします。

担すること自体に疑問の余地が残る事案であり，地方財政法第4条第1項に規定されている「地方公共団体の経費は，その目的を達成する為の必要且つ最小の限度をこえて，これを支出してはならない」という接待交際費の範囲を逸脱していると指摘できる。

　つまり，接待交際費は，社会通念により許容されている範囲を逸脱しているか，否かによって判断されるべきであり，その具体的な判断基準としては，(イ)職務との関連性の有無，(ロ)支出先の団体等の性格，(ハ)支出対象となる行事等の性格などが挙げられるが，既述の案件は必ずしも該当しているとはいえないのである。

　また，首長の接待交際とはいえない事案であるが，大阪市の政治資金オンブズマン(代表・上脇博之神戸学院大学教授)は，舛添要一元東京都知事が代表を務めていた政治団体「グローバルネットワーク研究会」(現在，解散)の2012(平成24)年から2014(平成26)年の「収支報告書」に首長自身の私的な資金流用を政治活動費として記載していた点について告発した。そして，この事案は，2017(平成29)年3月3日に，東京地検特捜部により不起訴処分の判断が下される。

　つまり，東京地検特捜部は，舛添元知事が家族で宿泊した木更津市内のホテル

表19-5　東京都知事及び側近による，公務員・議員・身内に対する公費での主な接待と飲食

年月日	相　手	支出額 (円)	人　数	接待場所・支払先等
2000年 6月26日	参与，他	416,365	12	瓢亭
2000年 8月 8日	国会議員，他	200,072	不明	さくま
2000年10月16日	参与，他	287,625	不明	アペックス
2000年10月17日	国会議員，他	213,255	不明	瓢亭
2001年 3月13日	国会議員，他	189,945	不明	瓢亭，東武百貨店
2001年 4月 6日	参与，他	242,250	不明	ひらまつ
2001年 8月10日	参与，他	371,648	不明	フィガロ
2001年10月11日	国会議員，他	172,935	不明	瓢亭
2001年11月16日	参与，他	284,650	不明	ひらまつ
2002年 3月 5日	参与，他	320,135	不明	フィガロ
2002年12月26日	参与，他	125,774	5	菊田
2003年 2月 1日	参与，他	106,575	7	リストランチ・ヒロ
2003年 5月29日	参与，他	341,092	8	フィガロ

出典：日本共産党ホームページ「しんぶん赤旗」2007年2月10日

の宿泊代金約37万円を「会議費」として「収支報告書」に記載したことについて起訴猶予とすると共に，他の美術品を巡る政治資金問題についても嫌疑不十分と判断したのである。

しかしながら，政治資金オンブズマンの告発は不起訴処分とはなったが，"市民オンブズマンの存在意義"と"行政監視機能の有用性"を示す事例として評価されるべきである。

その後，舛添元知事は，東京地検特捜部の不起訴処分を受けて，2017（平成29）年6月6日に，「宿泊費等の一部に私的流用が認められ不適切ではあるが，違法性については認められない」という弁護士の調査結果を公表すると共に首長の続投を表明するが，同年6月15日の都議会における不信任決議案の提出を受けて辞職を余儀なくされるのである。

6. 韓国の金英蘭法による公務員接待に対する規制

韓国財閥は，ファミリーによる同族経営や多角化経営に基づくトップダウン型のマネジメントを採用することにより，永年にわたり韓国経済の発展に寄与してきた。

しかしながら，韓国財閥の総帥（オーナー経営者）と大統領及び官僚・公務員の癒着が生起させた不正会計と脱税に対する批判は社会問題化している。例えば，韓国の朴槿恵大統領のスキャンダルでは，朴政権と韓国財閥における不透明な資金の流れを巡り韓国財閥に対する批判が嵩じ，表19-6に示すように，財閥のオーナー経営者が韓国検察庁の参考人聴取を受け，2017年2月17日，サムスン財閥の中核企業であるサムスン電子の事実上のトップである李在鎔（イ・ジェヨン）副会長が逮捕されたのである。[11]

また，2016年12月10日，韓国国会は朴槿恵大統領の弾劾訴追案を可決した。そして，この大統領弾劾訴追案の可決を受けて朴槿恵大統領の職務権限が停止され，黄教安首相が朴槿恵大統領に代わり大統領職務を代行したが，その後，憲法裁判所の判断により朴槿恵大統領は罷免された。

表 19-6　韓国検察庁の参考人聴取を受けた財閥オーナー経営者一覧

財閥名	財閥オーナー経営者名
サムスン（三星）	李在鎔
現代自動車	鄭夢九
SK	崔泰源
LG	具本茂
ロッテ	辛東彬（重光昭夫）
韓火	金升淵
韓進	趙亮鎬
CJ	孫京植

出典：日本経済新聞社（2016 年 11 月 19 日）を参照にして筆者作成

　つまり，韓国社会では，図19-1に示すような"婚縁ネットワーク"に基づく大統領及び官僚・公務員と財閥の癒着に対して民衆の間で批判の声が高まり，2016年9月28日に『不正請託及び金品等授受の禁止に関する法律』（以下，「金英蘭（キムヨンラン）法」とする）が成立した。この金英蘭（キムヨンラン）法では，公務員，私立学校教職員，及び報道関係者を「公職者等」と位置づけ，公職者等と配偶者に対する利益供与を制限することを目的として公職者等に対する接待行為の金額に上限が設けられており，1回の食事3万ウォン，贈答物5万ウォン，及び慶弔費10万ウォンを上限とし，公職者等に対する提供額が100万ウォンを超えたならば，3年以下の懲役又は3千万ウォン以下の罰金が科せられることになった。

　勿論，金英蘭（キムヨンラン）法は，首長の接待交際費だけを規制する法律ではないが，公職者等のなかには首長も含まれるため，実質的には首長を巡る接待交際費を規制できる可能性を有する。そのため，日本においても，首長に対する法的規制の設置を考えるならば，金英蘭（キムヨンラン）法は先行事例に値するのである。

7.　おわりに

　接待交際費とは，地方自治法第232条第1項に基づき，当該地方公共団体の利益確保を目的として，首長等に対して付与されている経費のことであり，首長等

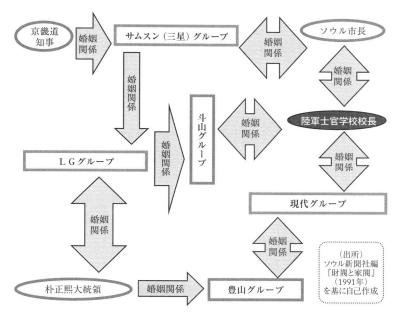

図19-1　韓国三大財閥の婚脈図（1991年当時）
出典：髙沢修一（2016）『ファミリービジネスの承継と税務』森山書店，p.129

は当該地方公共団体を代表して外部と交渉する際に，経費を支出する場合には一定の裁量権を付与されている。

　そして，地方自治法第232条第1項は，交際費について「当該普通地方公共団体の事務を処理するために必要な経費その他法律又はこれに基づく政令により当該普通地方公共団体の負担に属する経費」であると規定する。そのため，接待交際費は，地方自治法及び自治省通知（昭和40年5月26日）を拠りどころとして，（イ）職務との関連性の有無，（ロ）支出先の団体等の性格，（ハ）支出対象となる行事等の性格等を判断基準として，社会通念上，許容されている範囲を逸脱しているか，否やで総合的に判断されることになる。

　本来，市民の公僕たるべき首長が市民から糾弾されるのは，公金である税金が首長の接待交際費等のための資金として私的に流用されるためであるが，首長

の税金の私的流用を糾弾する方法としては，「住民監査請求」及び「住民訴訟」等が挙げられ，そして，首長を対象とした行政監視機能としては「地方議会」の存在が挙げられる。そのため，本論文では，首長の接待交際費を巡る問題点を解明することを目的として，第一に，交際費支出の判断基準と住民監査請求について検証し，第二に，住民訴訟制度の役割と武蔵野市市長交際費裁判について検証し，第三に，行政監視機能の不全とオンブズマン制度の活用について検証し，第四に，石原都政と舛添都政を事例に取り上げて，首長の接待交際費の実態ついて検証し，第五に，韓国の金英蘭法による公務員接待に対する規制について検証したのである。

　しかしながら，住民監査請求と住民訴訟等は，その役割を十分に果たしているとはいい難く，地方議会もその機能を十分に果たしているとはいえない。なぜならば，議会を構成するのは議員であるが，議員の多くはいずれかの党派や政策集団に所属しているため，議員の集合体である議会が中立・公平な立場を維持することが難しいからである。そのため，新たな行政監視機能として，「オンブズマン制度」の活用が求められるのである。このオンブズマンとは，「代理人・代表者・弁護人」を意味する言葉であり，オンブズマン制度はスウェーデンにおいて創設された制度であり，オンブズマンが市民と行政の仲介役的存在として行政監視機能を担う行政の補完システムのことである。日本における公的オンブズマン制度は，1961（昭和36）年に総務省が開始した「行政相談委員制度」を起源とし，1990（平成2）年の川崎市の「川崎市市民オンブズマン」を初めとするが，オンブズマン制度には，「公的オンブズマン」以外にも「民間オンブズマン」が存在している。

　一方，隣国の韓国では，2015年に，公職者等に対する利益供与を制限することを目的として金英蘭（キムヨンラン）法が成立したが，日本においても法整備を検討するべきであり，首長の接待交際費等を巡る行政監視に関する法律が整備されるまでは，首長の接待交際費等の行政監視機能として，「オンブズマン制度」の活用は有益な手法であると考えられる。

　よって，本論文では，首長の接待交際費を巡る問題点の検討とオンブズマン制

度を中心とする行政監視機能の有用性について考察したのである。

（注）

(1) 大塚康男（2014）「都市のリスクマネジメント」『市政JANUARY』pp.54-55参照。

(2) 栃木市監査委員告示第3号（平成25年2月14日）参照。

(3) 曽和俊文（2000）「住民訴訟制度改革論」『法と政治』51巻2号，関西学院大学，p.681。

(4) 原田尚彦（1989）『行政法要論〔全訂第二版〕』学陽書房，pp.370-371。
  原田は，住民訴訟の目的を「財務会計上の行為の適正」及び「行政一般の監督是正」にあると指摘する。そして，最高裁の判例では，必ずしも住民訴訟の範囲が狭義の「財務会計上の行為の適正」に限定されていないと説明する。

(5) 三宅英子武蔵野市議会報告（http://www7b.biglobe.ne.jp/~shiroto-giin/chisai-hanketsu.html（2017年12月8日閲覧））参照。

(6) L. D. White（1955），*Introduction to the study of public administration*, New York：Macmillan, p.295.

(7) ISFJ政策フォーラム2007発表論文「第2章　日本におけるオンブズマン制度の実現可能性　第1節　オンブズマンによる行政監視」参照。

(8) 行政管理研究センター編（2016）「平成27年度　地方公共団体における公的オンブズマン制度の実態把握のための調査研究　報告書」p.13。

(9) 市民オンブズマン福井ホームページ参照。

(10) http://mainichi.jp/articles/20161028/ddl/k18/010/235000c（2017年12月8日閲覧）

(11) 日本経済新聞社（2016年11月19日）参照。

参考文献

髙沢修一（2016）『ファミリービジネスの承継と税務』森山書店

髙沢修一（2017）『近現代日本の国策転換に伴う税財政改革』大東文化大学経営研究所研究叢書35

髙沢修一（2017）『法人税法会計論［第3版］』森山書店

〔随想集「学窓の徒然」〕

1 A Tribute to Prof. Watabe, the All-rounder

Shunji Yamazaki

Generally speaking, human beings are born with various talents, such as being good at singing, naturally inclined to learn various foreign languages or draw impressive paintings, or destined to perform as top athletes, etc. However, as Albert Einstein was quoted as saying, 'Genius is 1% talent and 99% hard work'. So, we are born with 1% talent and it is up to us to strengthen this by working hard throughout our lives. My old friend, Prof. Shigeru Watabe, who is to retire from the university professorship at the end of March 2018, is precisely such a type of person. He has been undoubtedly enjoying his 1% talent in various fields, such as: fulfilling university administration positions right up to being the 'President' of this university, producing numerous academic works, buying and selling stocks, playing many kinds of sports including yachting and golf, horse racing and other gambling, lecturing on various kinds of 'drinks' (e.g. Japanese sake, wine, beer) and 'drinking cultures' (both in Japan and western countries), etc. On top of being naturally talented, Prof. Watabe is also a 'hard worker'. In fact, he is the type of person who makes an unremitting effort of 99% hard work, which is much more than the average human being. He has been a close friend of mine for more than 20 years; he has been an amiable working comrade at university doing responsible jobs such as Dean, Director of Academic Affairs, etc. as well as a personal friend. Therefore, it is a pleasure for me to describe here how effectively and enthusiastically he has utilized his talents and also how hard he has worked to heighten his abilities in not only academic but also everyday activities in order to enjoy his life to the fullest.

Administrative Duties

It is an unwritten custom in each department or faculty in our university for an effective person doing the responsible jobs to be chosen by the members of the department or faculty to be promoted to higher positions. Since starting lecturing in the Department of Economics at this university, Prof. Watabe has held various posts, including Chair of his department, Director of the Extension Center, and Dean of the Faculty of Economics. When Prof. Wada was the President of this university, Prof. Watabe served as the Vice-president and also as the Director of Academic Affairs, which is the second highest academic position in this university. His excellent performance meant he succeeded to the President of this university after Prof. Wada retired. His gentle-mannered, but consistent, attitude toward all staff received a favorable reception, and a positive working atmosphere was created with the continuous support from not only academic but also general staff so that all staff enjoyed working in favorable working conditions.

After becoming President, Prof. Watabe asked me to be the Director of Academic Affairs, which is position with inconceivable pressure and responsibility from both within and outside the university. It is no doubt, however, that fulfilling that important position with him for three years was a rewarding experience for me - very precious and not a chance that everyone receives. I learnt many things from Prof. Watabe, for example, his stance toward to all staff was very trustworthy and kind, and therefore both academic and general staff liked working with him at this university.

Teaching and Academic Achievements

After completing graduate courses at Waseda University, Prof. Watabe became a lecturer at his university. Therefore, this university has benefited from his excellent teaching for forty years. His main research area is 'theoretical economics', focusing on F. A. Hayek, an Austrian economist (classical liberalist) and Nobel Prize Winner for Economic Sciences in 1974. Prof. Watabe's articles and books on F. A. Hayek are numerous; he has also translated many English and French books into Japanese, which is another impressive academic achievement. I often encountered him asking my colleagues teaching English and French in the English Department (specifically, Prof. Okuda, Prof. Mochizuki, and Prof. Izumi) about subtle questions on foreign lexis whenever those ambiguities came up; he felt it necessary to get expert suggestions or ideas when he was working with foreign books and articles. It might be true to say that even an English linguist may feel quite envious about his talent with foreign languages. His overseas research at universities in Lausanne and London clearly illustrates his ability to do advanced research on economics, as well as his 99% effort in extending his 1% talent of learning foreign languages.

Personal Life

As Dalai Lama was quoted as saying, 'If we want to die well, we must learn to live well', every one of us must pursue how well we live in order to die well. Prof. Watabe has provided us all with an excellent example of how to live such a life.

Playing golf with his friends is one of Prof. Watabe's most enjoyable private activities. Although an old score card I have of the 'Daito Open' (which was held on 20 September, 2001) shows a score of 104 (50, 54), the current score of around 90 (and sometimes under 90) is clearly an improvement and elucidates his effort and success in mastering golf. Playing golf with his true friends once a month is lately becoming one of his favorite pastimes, whether the scores are excellent or not.

Horse racing is another of the many hobbies he enjoys. The episode of visiting famous horse paddocks in Hokkaido in order to investigate the condition of famous horses and to ask people working there about how they look after those well-known horses clearly shows his enthusiasm about horse racing.

His enthusiasm, as well as excellent ideas and knowledge, about the stock exchange has led to him holding many shares in different companies. Thankfully, he has had more successes than failures, evident in his recent purchase of a high-priced Mercedes Benz.

He has developed a profound knowledge of all sorts of drinks including Japanese 'sake', wine (he owns his own wine cellar in his house), beer, and 'shochu' from many years of research. This involved him visiting many 'sake' breweries and drinking many varieties of Japanese and foreign alcoholic beverages. He has lectured on 'the theory of drinking cultures both in Japan and western countries' at the Extension Center, which involved the extracurricular activity of taking everyone in the class out together to taste various kinds of sake and beer on many occasions. Prof. Watabe not only lives well, but also teaches others how to do so as well.

Philosophy for Living

George Bernard Shaw, who was awarded the Nobel Prize for Literature in 1925, said that 'Life isn't about finding yourself. Life is about creating yourself'. Prof. Watabe often tells people that life is short so you have to enjoy life just as much as you must work hard. He has created an enjoyable personal life, just as he has a successful professional one. He has many male and female close friends; of course many of them are drinking friends, but also many take trips with him to various places, such as pilgrimages around the holy places in Shikoku. He certainly knows how to enjoy his life with his many friends and I have no doubt that he will continue to do so through these and many other activities for many years into his retirement. I am sure that he will continue to impress us all with his new efforts in creating new talents in both the professional and private arenas of his life after he retires.

520

Eleanor Roosevelt, an advocate for civil rights and the First Lady for President Franklin Roosevelt, said, "Many people will walk in and out of your life, but only true friends will leave footprints in your heart". I have no doubt that Prof. Watabe has left many footprints in many hearts and will continue to do so.

2　De Bons Souvnirs de Monsieur Watabe

尾　﨑　正　延

　渡部さんとの最初の出会いは，私が早稲田大学大学院，経済学研究科を受験した折でした。渡部さんはその試験監督をされており，私は試験中にとんでもない質問をしてしまいました。「文章中のこのフランス語の単語は存在しないかもしれません」。想定外の質問に，渡部さんは確認のため大辞典を参照しにわざわざ控室に調べに行かれました。やがて，その言葉は複合語の Centrale-Thermique（火力発電所）であり，正しい単語であることを知らされました。変な男が受験したものだと思われたかもしれません。幸い私は入学を許され，その後は渡部さんと今日に至るまで懇意にさせて頂いております。当時，渡部さんは博士課程の理論経済学を専攻されていましたが，経済学説史の大家であられた山川義雄先生の授業でご一緒することになりました。

　私は修士課程でしたが，山川先生のご都合で博士課程の渡部さんと同じ時間帯に受講する機会を得ることができました。当時私は週に英語の原書講読3つ，フランス語の原書講読2つとハードな日程でした。毎回，1科目10ページほどの邦訳の発表で，ある時，仏語で7ページほどしか準備できませんでした。すると，山川先生は，突然，渡部さんに私の後を翻訳しなさいと言われました。渡部さんにしてみれば，急に振られて慌てると思いきや，同時通訳並みにすらすらと訳されました。語学の達人とはこの人のことだと驚嘆した思いがございます。渡部さんは英・独・仏の各語に精通され，その後それぞれの語の翻訳を出版されることになります。また渡部さんからは，論文の脚注の入れ方も懇切丁寧にご指導して頂いた記憶がございます。

　渡部さんとは二度ほどご一緒に海外に赴いたことがございます。一度は渡部

さんのサバティカルの折，もう一度はスイスのローザンヌ大学の研究員でのご滞在の時でした。40年ほど前の初回の旅行は，汽車で南欧から北欧に至る長旅で，パリから入り，ドイツ，スイス，イタリア，モナコ，南仏，スペイン，イギリス，ベルギー，デンマーク，スウェーデン，フィンランドの各国を訪れたと記憶しております。ユーレイルパスで回った旅の思い出は数々ありますが，イギリスではロンドンとオックスフォード大学が印象に残っております。古本屋では書籍を購入しました。先日確認したところ，その書籍は，1922年にカナダのマクミラン社から公刊された J.M. ケインズ『平和の経済学的帰結，続編，条約の改正』(*A Revision of the Treaty Being a Sequel to The Economic Consequences of the Peace*) であることが判明しました。

　昼間は車窓からの眺めを楽しみ，夜汽車の旅ではこれから訪れる地に思いを馳せ，鉄道の旅を思う存分楽しみました。フランクフルトの居酒屋では見知らぬドイツ人からいきなりビールを奢られ，「一緒に戦ったよね」と言われた時は，当初は何を言っているのかわかりませんでしたが，戦後30年では未だ消えない戦争の余韻があったのを憶えております。また真冬の夜，ストックフォルムから船で30センチもあろう分厚い流氷を掻き分けヘルシンキに向かった船中には，カジノがあったことを昨日のように覚えております。極寒のヘルシンキは零下30度ほどで，300メートルも歩くと凍えそうになり，その度にバーにてアルコールの補給で凌ぎました。

　二度目は，渡部さんがローザンヌ大学の研究員として町に長期滞在するためアパート探しにご一緒した時です。町の不動産屋を訪ね，物件を探しましたが，幸運にも最初の下見で洗練された宿を見つけることができました。ローザンヌの町はレマン湖に面した至極風光明媚な街で，研究員として過ごされた渡部さんにとって忘れがたい土地といえるでしょう。と申しますのも，渡部さんご自身はその後もう一度ローザンヌに長期滞在され，そこで奥様と出会ったからです。

　さて，渡部さんは私にとって正に人生の恩人であり，先生の推挙なくして私の神奈川工科大学への奉職は叶わなかったと思われます。実は，採用に当たり，渡部さんの義弟の方も候補でしたが，私に専任の職を紹介して頂いたことは今も

恩義に感じております。渡部さんは，故矢島欽次先生（元東京工業大学名誉教授）と親しく，矢島先生を通じて私を推挙してくれました。

　渡部さんは矢島先生との共作で様々な業績を残されております。ロールズ『正義論』，等多数あります。私との共訳は，J. M. Jeanneney, *Pour un Nouveau Protectionnisme*, Seuil, 1978.（渡部茂・尾崎正延訳（1985）『新保護貿易主義』学文社）です。翻訳作業では，叱咤激励され，日の目を見ることができました。

　渡部さんとは他にもさまざまな場面でお付き合いを頂きました。今は解散しておりますが，故飯富順久先生（和光大学元教授）と共に「東日本アマチュアゴルフクラブ」の事務局の作業をご一緒にしたこともございます。かつては月に一度関東各地でゴルフをしたものです。先生は全盛期にはシングルの腕前で，イギリスのセントアンドリュース，スペインのバレステロスのホームコースであるサンタンデールでプレーされたこともありますし，私とはパリで何度かプレーをされました。

　先生はまた酒豪で，数々の武勇伝を残されておりますが，早稲田の大隈奨学金の支給の折には，高田馬場のスナックでお店にある20本以上のビールを一人で平らげ，カウンターをビール瓶の列で満杯にしたほどです。またある時は，日暮里駅近くの居酒屋にてビール大瓶3本一気早飲み大会で2連勝した快挙もありました。昔は私が住む下町の平井までわざわざ来ていただき，よく盃を交わしたものです。最近では時折お茶の水でお会いし，亀戸での2次会でブルゴーニュ産のワインを飲む機会もございます。強靭なお体は，高校生時代に柔道で鍛えられた模様です。ある時，平井の「ダンさん」という焼き鳥屋では，酔っ払いに絡まれ，いきなり強烈なパンチを見舞われましたが，大外返しで相手を「のばして」しまったエピソードもございます。

　現在，私は神奈川工科大学で，「経済学」，「暮らしの経済」「業界研究」等の科目を担当しておりますが，「暮らしの経済」のテキストとして渡部茂・中村宗悦編著『テキスト日本経済』（学文社）を講義においてここ数年使用させて頂いております。非常に的確でコンパクトに日本経済を解説された書籍であるため，重宝させて頂いております。毎年500部ほどを使用し，学生からの反応も手応えを感

じております。

　ところで，私が経済学に興味を持ち，山川義雄先生の門下生となりましたのは，経済学説史を研究するためでした。当時は特にケインズに関心があり，ケインズによる古典派経済学（新古典派も含む）への批判に刺激を受けました。ケインズは，古典派の第一公準である「賃金は労働の限界生産物に等しい」という命題が，企業が極大利潤原則に従って行動する場合には正しいとしました。つまりこのことは，右下がりの労働需要曲線で示されることを意味します。しかしケインズは，「一定の労働量が雇用されている場合，賃金の効用はその雇用量の限界負効用に等しい」という古典派の第二公準を誤りであるとして，それを否定しました。つまり古典派による実質賃金率 W/P をパラメーターとする右上がりの労働供給曲線は，非自発的失業が存在する場合，存在しえないとしました。まずケインズの貢献は，労働供給曲線を実質賃金率の関数ではなく，貨幣賃金率 W の関数であるとした点です。次の貢献は，過少雇用（不完全雇用）と失業を峻別した点です。ケインズは働く意思がありながら働き口が見つからない非自発的失業を「もし賃金財の価格が貨幣賃金に比べて騰貴した場合に，その貨幣賃金で働こうと欲する総労働供給量と，その賃金で雇おうとする総労働需要とが共に現存雇用量よりも大となるならば，人々は現に非自発的に失業しているのである」と定義しました。古典派は最初から完全雇用を想定した理論でしたから，非自発的失業の余地はなかったのです。以下の文章は，経済学説史，経済思想史の分野で私が啓発された一文です。

　「古典派第二公準にはベンサム的平等主義が背後に存在していた。ベンサム的な自由放任の社会において，人々は利潤追求の行為を介し極大満足を実現できるわけである。厳しい優勝劣敗が支配するそうした社会は，適者生存のダーウィニズムが妥当する社会でもある。その社会では，とりわけ効率が重視され，効率面での劣者は生存しえず，生産者は効率において平等であるという意味においてベンサム的理想社会であるわけである。当然のごとく，政府は個人の自由放任に干渉しない『安価な政府』であるべきとされる。ベンサム的平等主義に立脚した古典派第二公準は，資本や土地を提供する資本家や地主と同様，労働者一人ひ

とりが快楽と苦痛とを天秤にかけ，極大満足を追求できるものと想定されていた。かかる想定に基づいて，『最大多数の最大幸福』を実現することこそ公共善であるとする『民主的平等主義』の思想が形成されているわけである。しかしながら，現実の社会に非自発的失業が存在する以上，こうした失業者は快楽と苦痛とを選択して極大満足を追求することが不可能であり，快楽と苦痛の量的測定が可能であるかどうかの新厚生経済学的スコラ的手法は，二義的問題となるのである。古典派的な考え方に従うと，失業者は『なまけ者』であり，不効率な企業のように消滅し，自然淘汰される落後者ということになる。したがって，レッセ・フェール (laisser-faire) の思想，つまり自由放任主義，独立生産者の社会，社会ダーウィニズム，安価な政府，セー法則，貨幣数量説，完全雇用の仮定，そして古典派第二公準といった一連の思想体系は，一つの経済学の系譜においてとらえるべきものといえよう。一方，ケインズによれば，失業の原因は，失業者の自助努力の欠如もさることながら，むしろ『病める資本主義』がもたらした不況そのものに存在することになる」。(宮崎義一 (1967)「ケインズ『一般理論』の思想的基礎」伊東光晴編『ケインズ経済学』東洋経済新報社，pp.154 ～ 160参照)

　上述の文章を記載した理由の一つは，今も昔も変わりなく，昨今のリフレ派と呼ばれる人々が正統派経済学と称し，古典派の理論と同様の誤謬を犯しているからではないかと思えたからです。理論的裏付けである貨幣数量説 (MV=PT：貨幣量×流通速度＝物価×総取引量) に従って政策に取り入れた日銀の金融政策が，あまり効果的でないことが挙げられます。バズーカと呼ばれる金融緩和政策で大量の M の増大で貨幣供給を行ったにもかかわらず，物価 P が上昇せず，2パーセントのインフレターゲットに届かない理由は，貨幣数量説を信奉する人々が，ケインズの流動性選好説を軽視しているからであると言えるでしょう。周知のように貨幣需要には取引的動機，予備的動機に基づく流通手段としての貨幣需要 L1 (Liquidity 1) と投機的動機に基づく価値保蔵手段としての貨幣需要 L2 (Liquidity 2) がありますが，新古典派を含む古典派経済学では，L2の存在をゼロとする暗黙の非現実的想定がなされていました。おそらく正統派経済学と称する経済理論を振りかざす人々は，流動性選好が無限大になる「流動性のわな」の

存在を過少評価していると思われます。だからこそ通貨供給の増大が物価上昇につながると短絡的に思ったのでしょう。現在，流動性選好は極めて強く，世の中に存在する「タンス預金」の量は膨大です。

　このように私は経済学説史の分野から経済学の研究をし始めましたが，過去の理論の学術的な分析に留まるよりも現実の経済問題をどのように捉えるかという意識がその後次第に強くなりました。そこで，国際経済，国際金融に興味を抱き，累積債務問題に関する論文も幾編か執筆しました。最近ではEU，拡大EU問題に関心があります。とりわけ2020年にEUに加盟するセルビアには毎夏10回ほど訪問し，現地調査をしてまいりました。

　ご承知のようにEUの理念は，ヨーロッパ諸国が陸続きで争いごとが絶えず，ことに第一次世界大戦では幾千万もの人々が犠牲になり，その惨状を目の当たりにしたクーデンホーフ・カレルギー伯爵が，争いのない一つのヨーロッパを目指して「汎ヨーロッパ運動」を展開したことに遡ることができます。伯爵の母親は日本人の「みつ」で，彼女の名を冠した男を迷わす香水「みつこ」がゲラン社（Guerlain）から出ています。伯爵はヒトラーの台頭後，命を狙われ，ゲシュタポの追跡を逃れてカサブランカまで逃避したことは，不朽の映画「カサブランカ」で世に知られることになりました。イングリッド・バーグマンの夫で，ハンフリー・ボガードの恋敵になった高邁な紳士ラズロこそ伯爵をモデルとした人物であると言われております。命からがらリスボンに逃れ，アメリカに亡命した伯爵は，その後のヨーロッパの行く末に影響を与え，EUの礎を築くことになりました。

　周知のように第二次大戦後，資源をめぐる争いに懲りたフランス，ドイツ，イタリアとベネルクス三国は，国境に眠る天然資源を共同管理するため，まずECSC（欧州石炭鉄鋼共同体）を構築しました。次に関税を撤廃し，EEC（欧州経済共同体），EC（欧州共同体）を作りました。またECU（欧州通貨単位），EMS（欧州通貨システム），ERM等の金融体制を構築し，EUが成立しました。そして，1998年1月1日に帳簿上の通貨に，2002年1月1日から日常の通貨としてユーロが使用されるようになりました。1月4日に私がパリにいた時は，人々が手持ち

のフランをユーロに変えるため両替をしておりました。

　ユーロへの道は「国民国家」の概念の消滅を通じて，福祉向上と，ゆとりある生活（高賃金水準，労働時間短縮）を目指すため欧州型経済モデルを改革し，「共存」を目指した「運命共同体」の実現への道です。そこには，市場経済の競争原理の徹底による欧州経済再生への期待を込めながらも，資本主義における完全な自由競争を理想とはしないヨーロッパ型の社会観が根底にあり，各国の自己中心的な利潤追求を排除しながら「共同体」を構築しようとする強い意思がうかがえます。

　1998年8月6日当時，1マルク＝82円でした。2マルクを1ユーロとする見解がありました。2マルク＝1ユーロ＝164円の場合，ドル・ユーロ為替相場は，0.85ユーロ＝1ドルとなります。政策担当者は1ユーロ＝1ドルを構想したものの，当初，ユーロは過大評価されてスタートしました。帳簿上の通貨1エキュー（ECU）が1ユーロとなりました。

　ユーロが誕生する以前は，通貨の両替が非常に面倒でした。1998年8月6日当時，1マルク＝82円，1フランス・フラン＝24円，1オランダ・ギルダー＝72円，1ベルギー・フラン＝4円，1イタリア・リラ＝8.55円，1スペイン・ペセタ≒1円，1ポルトガル・エスクード＝0.82円で，ちなみに1ドル＝144円，1ポンド＝239円でした。渡部さんと旅行したのは40年ほど前でしたから，1985年のプラザ合意による1ドル＝240円の為替相場の時代よりも前でした。フランクフルトから夜汽車でオーストリアのインスブルックを経てイタリアのジェノバに入った時，確か1万円で9万リラ位になり，金持ちになったと錯覚した憶えがあります。

　懐かしい旧ヨーロッパ通貨はこの世から消えました。先日，たんすの隅からかわいらしい星の王子様が描かれた50フランス・フラン紙幣が見つかりました。残念ながらもはやユーロには交換できません。しかしながら，ユーロの導入によって様々な経済的恩恵がもたらされました。まず，「価格の透明化」が実現しました。これは経済的には大きなメリットです。なぜならメルセデスベンツの価格がどの国でもユーロで表示されるからです。ドイツで1,350万円，アイルランドで1,300万円，フランス，イタリア，スペインで1,200万円，ルクセンブルグで1,180

万円，ベルギーで1,160万円しているベンツは，ポルトガルでは1,000万円です。このことによって何が起こるかというと，人々はポルトガルで車を買おうという行動をとるようになります。高価格の国ではなく低価格の国で消費が増大すると，どうなるかが想像できます。つまるところ，高賃金の国の賃金が低下し，低賃金の国の賃金が上昇することにつながり，EU諸国が「賃金の平準化」に向かうということです。遠い将来には賃金格差が縮まることでしょう。東欧諸国が加盟した拡大EU諸国の賃金は，現在，ドイツの4分の1〜5分の1ですから，両地域の賃金が近づくには100年〜200年を要することになるかもしれません。

　資本主義における完全な自由競争を理想とするアメリカ型資本主義に対して，完全な自由競争を理想とはしないヨーロッパ型資本主義を目指すEUの理念が存在すると思われます。ミュルダールのような制度学派の考え方を取り入れた高福祉，高負担の北欧型国家を理想とするのでしょう。アメリカにおいてオバマケアの一環としての国民皆保険は共和党の反対で実現できず，健康保険制度の仕組みは，政府の仕事ではなく，個人の自己責任の問題であるとする姿勢には，正直，価値観の相違がいかに大きいかを思い知らされます。

　今日の世界情勢の不安定要素の一つにイギリスのEU離脱が挙げられます。離脱の一方で，2020年にはセルビアがEUに加盟致します。将来，ウクライナの5分の1はロシア領になり，5分の4の地域がEUに加盟して拡大EUはその膨張を止めることになると思われます。イギリスは自国の財政政策とECBからの金融政策の独立性を優先し，移民の受け入れを拒否する選択をしました。フランス，ドイツ，オーストリアなどでも偏狭なナショナリズムが台頭し，危惧を感じる今日この頃です。争いのない理想のヨーロッパを目指して成立したEUが，将来，崩壊に向かい，ユーロが消滅するようなことは，私としては是非とも避けてほしいと思います。移民受け入れ拒否，偏狭なナショナリズムに抗して，寛容の精神をどこまで持ち続けられるかが勝負でしょう。

　私は国際経済論における「比較生産費説」について，ある面で懐疑的です。なぜなら理論が現実に適用された場合，当時先進国であったイギリスは，ラシャの生産に特化し，ますます工業化を推進できる一方，葡萄酒を生産するポルトガル

は途上国として農業国のままであり続けるからです。また私はTPPについても，ある程度慎重姿勢です。理由は政府の答弁書が真っ黒に黒塗りされて提出されたことを見ても，不都合で不鮮明な部分があるからです。アメリカにとってTPPは有利なはずですが，トランプ大統領はTPPに反対し，保護貿易主義を前面に押し立てています。内向きで排他的な政策では，いずれマイナス効果がブーメランのようにアメリカにもたらされることになるのではないでしょうか。渡部さんは『テキスト日本経済』のなかでTPPを評価されていますが，TPPは今後どうなるのでしょうか。また，テキストの中で渡部さんは原発に対して反対されております。私も原発には反対です。南海トラフに大地震が起こり，30メートル級の津波が東海地方を襲うのではないかと思うと，絶句します。現在の防波堤は22メートルです。地震で東名高速道路が遮断され，物流が滞れば，日本経済は危ういと思われます。幸い，私と早稲田で同期の川勝平太静岡県知事は浜岡原子力発電所を停止させていますが，知事が代われば，再稼動となるかもしれません。先日，福島第一原子力発電所の現状を調査した結果は驚愕的なものでした。原子炉格納内部の放射線量が毎時650シーベルトに達したと発表されました。この線量は人が被曝すると数十秒で死亡するという高線量です。私は福島原発事故当初から，格納庫がメルトダウンしているのではないかと思っていいましたが，図らずもその懸念が当たってしまいました。オリンピックが終わるまでは，不安をあおる恐れがあるとの理由でこの問題に蓋をして，汚染対策がずれ込む見込みです。汚染はその間に近海の漁場にとどまらず，外洋にも拡散することでしょう。この問題は私が今，最も恐れている問題で，対策には100兆円を超える費用が生じるものと思われます。呑気にオリンピックを楽しんではいられないはずです。

　昨今の，秘密保護法，武器輸出解禁，安保関連法，軍事研究費の増額，「共謀罪」に似たテロ準備罪といった一連の動きに一抹の不安を感じざるをえません。治安維持法を連想させる共謀罪が，「テロ等準備罪」と名を変えて国会で承認されようとしています。戦前に治安維持法が現実に適用された数か月前の新聞では，「治安維持法は善良な市民には適用されない」と報じていました。戦前の「特別高等警察」，いわゆる特高のような秘密警察が横行し，「大本営発表」のような

嘘がまかり通った時代に逆戻りすることがないように，世の中の動きを注視したいものです。誤った道，いつか来た道，地獄の一丁目に向かわないための日々の行動です。

　現在，「共謀罪」の法案が国会を通過しようとしております。先日，法相は「共謀罪」の法案が承認された後から具体的適用例を整備するとの暴言を吐きました。「共謀罪」の法案の真の狙いは，「人間が頭で考えていることを当局が取り締まれる」というものです。ジョージ・オーエルは『1984年』の中で既に警鐘を鳴らしております。映画化されたシーンでは，ある反政府主義者が拷問にかけられ，当局が五本指を一本隠して四本である事実にも拘らず，電気ショックによって五本指であると強要される場面が放映されました。オーエル自身は，1946年の随筆『なぜ書くか』の中でファシズムや共産主義のような全体主義には反対の立場でしたが，民主社会主義には肯定的であると述べています。

　先日，自衛隊の内部秘密文書が露呈し，南スーダンでは「戦闘」が発生したと明記されていることが判明しました。政府は「武力衝突」であって「戦闘」ではないと言い逃れをし，苦しい答弁を行っております。もはやシビリアンコントロールはできておりません。何やら「関東軍」のような行動を見ているようです。社民党の公式サイトでは，PKO法案を含む戦争法二法案は，必然的に戦争に発展していく可能性のある法案であると懸念を表明しておりました。

　今日，現実に生じた真のファクトがオルタナティブファクトによってゆがめられ始めています。自分たちに不都合なファクトを否定するような出来事が頻繁に生じています。ワシントンポスト，ニューヨークタイムズのような報道機関は，トランプ大統領の言動の半分以上がオルタナティブに基づいていると報じております。トランプはイスラム圏7か国からの入国禁止措置を決めました。幸い，良識ある司法当局はすぐさま大統領令を無効としましたが，彼の一連の政策は極めて危険な要素を秘めていると思います。イスラエルのアメリカ大使館をエルサレムに移転するという計画は，イランの核武装化への回帰に繋がる恐れがあります。核戦争への可能性が高まる動きには，正直，戦慄を覚えます。

　以上のような私の危惧について渡部さんはどう思われるでしょうか。渡部さ

んとは政治的・経済的問題について必ずしも同じ意見ではない部分があるかも
しれません。しかしながら，渡部さんは私にとって人生の大恩人であることは
明白でして，また生涯の友として今後も永くお付き合いを願いたいと思ってお
ります。

　私も今年3月で退職いたします。退職後もいくつかの科目を担当いたします
が，できることなら，核戦争による放射能汚染に見舞われない離島にゆっくり滞
在したいと考えております。既に行ったところで一番住みたいところは，タヒチ
のボラボラ島で，天国に一番近い島であるニューカレドニアのウベア島，イルデ
パン島，モルディブ，パラオ諸島，ミコノス島，サントリーニ島等も候補地です。
どの島の海も透明度が高く，白砂の浜辺のある島で悠々自適に過ごしたいもの
です。各島で短期にアパートを借りる予定ですので，渡部さんご夫婦には是非とも
訪れて頂きたいと思います。そこで，先生の益々のご健勝を心より祈念申し上げ
る次第です。最後になりましたが，『渡部茂先生古稀記念論集』という画期的企
画に参加させて頂き，このような執筆の機会を与えて下さった渡部先生はじめ関
係各位に心より厚く御礼申し上げる次第であります。

3　渡部先生にフランス語を習う

喜多見　洋

　ここでは，あえて渡部先生と書かせていただくが，その頃「私たち」は渡部先生のことを親しみを込めて「渡部さん」と呼んでいた。当時，渡部先生は，早稲田の大学院の理論経済学系の後期課程の3年か4年だったと思う。初めて渡部先生と会ったのは，今から40年以上前に大学院の経済学研究科へ進んだ時である。「私たち」とは経済学史を専攻する山川義雄研究室の前期課程大学院生3名のことであり，私と米田昇平君と川西和夫君である。米田君は，大学院の後期課程を終わってから下関市立大学に就職し現在は教授になっている。川西君は，大学院を出て毎日新聞社に入りニューヨーク支局長で退職し，その後，福山市立大学に就職したのだが，残念なことに昨年末に他界してしまった。当時，私たちは3人とも学部を卒業したばかりの20代前半の若者だったが，大学院の前期課程1〜2年の時に，渡部先生からフランス語を習ったのである。

　渡部先生にフランス語を習うことになった詳しいいきさつは，よく覚えていない。当時の大学院ではフランス語文献をテキストとした科目がいくつかあり，私たちはそれも履修していたが，指導教授であった山川先生が新入生にはもう少しフランス語と経済学のきちんとした力をつけた方がよいと思ったのではないだろうか。山川先生は，この頃，日仏経済学会の会長をされており，もともと16〜17世紀の経済学史関連の難解なフランス語を平気で読みこなす先生であったが，明治生まれで，われわれ新入生とは年齢が孫に近いほど離れていた。そのため，歳のあまり離れていない渡部先生に私たちの面倒を見てもらおうと思ったのだろう。

　そんなわけで，私たちは，山川先生の研究室を借りてほぼ隔週で，渡部先生に

533

フランス語を習うことになる。テキストに選ばれたのは Émile James の『20世紀経済思想史 (*Histoire de la pensée économique au XXe siècle*, PUF, 1955) であった。おそらく渡部先生は，山川先生と相談してこの本に決められたのだと思うが，私たちにとってはテキストがこの本でよかった。というのは，すでに山川先生が，久保田明光先生と一緒に，同じジャムが書いた『経済思想史』を岩波から翻訳，出版してくれていたからである。この翻訳でアウトラインをつかんでからテキストを読んでいったので，原著についてとんでもない見当違いの訳をする危険はかなり減っていた。

テキストの読み方は，丹念な逐語訳であった。私は，後にフランスおよびフランス語圏スイスの経済思想史を専門とし，フランス語の翻訳書まで出すことになるので，今から考えるとこのフランス語の勉強は私にとって大変役に立った。だが，渡部先生にすれば大学院に入りたての院生にフランス語文献の読み方を習得させるのはさぞかし大変だったはずである。ともかくこうした形の「勉強」に約1年半くらい付き合っていただいた。ただただ恐縮するばかりである。

しかも，渡部先生に指導していただいたのは，フランス語だけではなかった。アルコールの指導もよくしていただいた。渡部先生がアルコールに強いのは，よく知られているとおりであり，指導の場所はほとんど高田馬場周辺であった。「高級?」居酒屋の〇龍 (現在も営業中のようなのでこれ以上は書かない)，神田川沿いの怪しげだがうまい焼き鳥屋，等が多かったと記憶しているが，時には大学の近くの「さど」など，日本の戦後がそのまま残っているような雰囲気の店にも連れて行っていただいた。いずれの店でも，研究にかかわる話はもちろん，その他様々なジャンルの話をうかがって，当時22〜23歳の私にはたいそう大人の話だったという印象だけが残っている。その頃は，渡部先生もまだ専任ポストを探している大変な時期だったのに，私たちは飲み代を沢山払った記憶がない。これにも恐縮するばかりである。

だが，こうした懐かしい関係は，1年半ほどで終わる。ある日，突然山川先生が研究室に入って来られて，「渡部君，〇〇大学の経済仏書の講読に，君を推薦しといたから。」と言われた。私たち3人は，その後，喫茶店に行って「こうやっ

て職が決まっていくんだな。」と妙に納得して会話したのを覚えている。その年で渡部先生のフランス語は終わり，私たちは3人とも，それぞれの進路でジタバタすることになる。米田君と私は，後期課程に進み，怪しいフランス語（※フランス語が怪しいのは私だけである）を活かしてフランス経済学史を専門とするようになり，経済学史学会だけでなく日仏経済学会でも活動している。川西君は新聞記者になったが，英語が堪能だった彼はフルブライト奨学金でアメリカに留学し，帰国後は外信畑を歩む。

　私の場合，その後も渡部先生にはお世話になった。特に留学する際には，留学先に関する色々な情報を渡部先生からいただいた。というのは渡部先生の最初の留学先がローザンヌ大学だったからである。私はその頃，19世紀フランスの経済学者 J.-B. Say を中心に研究していたのだが，彼の家系，人脈がジュネーヴに深く関わっていることから，留学先をフランス語圏スイスに絞った。そして，最終的にローザンヌ大学に留学するか，ジュネーヴ大学に留学するかという選択になった。ローザンヌ大学の場合は，経済学史研究で知られるワルラス・パレート研究所があり，経済学史に関連した研究環境が整っている点が魅力だった。ジュネーヴ大学の場合は，ジュネーヴ大学公共図書館（現在はジュネーヴ図書館BGE と名前が変わった）に，「デュモン・コレクション」をはじめセーに関連した原資料が色々と保存されている点が魅力だった。さんざん迷って，結局ジュネーヴ大学に決めたのだが，その際には渡部先生にうかがったローザンヌの大学および都市についての細かな具体的情報を参考にさせていただいたのである。

　その後，21世紀になると，渡部先生との交流は少なくなる。これはひとえに渡部先生がご自分の大学でいろいろな要職に就かれたということに原因がある。多分，普通の教員がしなくてよい苦労までされたのではないかと思うが，何年か前，小樽の経済学史学会の大会で久しぶりにお会いして飲んだ時は楽しかった。これからは先生も，あまり飲み過ぎないようにしていただければと思っている。

3　渡部先生にフランス語を習う　535

〔特別寄稿〕

随　想
—私の研究交遊抄—

渡　部　茂

1.　はじめに

　研究者として大なり小なり名を遂げた人ならば，いざ知らず，私のようにその末席を汚す人間にとって，随想にせよ，自身の研究歴をまとめるなどということは実におこがましいことである。しかしながら，それを重々承知のうえで，あえて研究歴をまとめてみようと思ったのは，乏しい内容かもしれないが40年以上にわたるささやかな研究遍歴を思いつくままに辿ってみたいと思ったこと，このように研究・教育仲間が集まって私の身に余る『古稀記念論集』を編纂してくれたことに対して，研究経歴の一端にせよ，本人の言葉で披歴することが責務であると考えたこと，さらには，そうした仲間のご厚情にわずかばかりの御礼の気持ちを表したかったということがきっかけである。

　副題にあるように，研究の後に交遊と入れて「私の研究交遊抄」としたのは，研究歴をまとめるうえで，私の場合には学部や大学院の指導教授，先輩・同僚の先生方，そして友人たちとのこれまでの親しい付き合いが欠かせない重要な要素になっており，そうした方々との交遊録を入れることで，研究という言葉のニュアンスからくる堅苦しさを取り除き，書き手にとっても読み手にとっても肩ひじを張らないようにしたかったからである。それと同時に，随想にして，「研究交遊抄」にしたのは，結局のところ私自身の能力の問題に行き着くかもしれないが，研究が歴史的・内容的に厳密な意味で必ずしも一貫したものではなかったこと，大学に籍を置くものとして特定の研究だけに専念できる状況にはなかった

こと，等々から，大上段に構えるより，徒然なるままにまとめるほうが自然であり，また自身の身に合っていると判断したからである。

　ある意味で漠然としたものにならざるを得ないが，「自身で物事を学問的に調べて考える」というように辞書的に「研究」というものを定義すると，私の研究歴の始まりは大学院時代ということになるだろう。無論，学部時代にも研究に類することをしていたかもしれないが，むしろ学部時代は既存の理論，思想，政策，歴史を勉強するということに重点が置かれ，自身のテーマに沿って物事を主体的に探求するという要素はあまりなかったように思われるからである。

　勿論，これから書くことのなかには，客観的な証拠に頼れず，やむなく遠い記憶を辿らざるを得ないものもあるだろう。老境とまではいかないにしても，前期高齢者と後期高齢者の端境期にある私にとって，多少の（大きな？）記憶違いもあるかもしれないし，また，結果的に自身にとって都合よく解釈してしまうこともあるかもしれない。徒然なるままの随想の宿命と思うことにしたい。

2. 大学院修士課程時代と「寡占」の研究

　少数の大企業が市場の大部分を支配している「寡占」産業の研究は学部時代以来の私の大きな関心事であり，大学院の修士課程では寡占問題を理論的・学説史的に研究している指導教授の下で寡占理論の研究に没頭した。無論，一口に寡占理論といっても，その守備範囲は広く，価格，産出量，品質，広告などの行動変数や，カルテル，トラスト，プライスリーダーシップ，生産物差別化，価格差別，販売戦略，参入阻止価格，M&Aなどの競争戦略，といった研究対象だけでなく，伝統的理論，ゲームの理論，産業組織論などの研究方法も実に多種多様である。当初は寡占理論を扱った著作を学説史的に学び，クールノー，ベルトラン，エッジワース，シュナイダー，シュタッケルベルク，オット，ラスムッセン，チェンバリン，ロビンソン，ハロッド，バウリー，スゥイージー，ベイン，スティグラー，フェルナー，フリッシュ，ヘールチェ，モルゲンシュテルン，マハループ，ボーモルといった著名な寡占研究者の書物を読み漁り，その論点整理と比較研

究を行った。

　今から半世紀近く前になる私の大学院時代には，まだそれほど翻訳書がなく，とりわけフランス語圏やドイツ語圏の書物の読解には苦労した思い出がある。フランス語は第二外国語として学部時代から勉強しており多少の素養があったので，まだしも何とかなった。しかしながら，ドイツ語は大学院に入ってから勉強したので大変苦労した。まず分厚い本で手強いなと思ったが，ドイツ語入門書として定評のあった関口存男『初等ドイツ語講座』を端から端まで読み込み，徹底的に暗記することから始め，大胆にも数週間後には辞書と首っ引きでドイツ語の原書と格闘し始めたのである。ただ，当時私の周囲にいた院生仲間の多くはドイツ語を第二外国語としていただけでなく，かなりドイツ語に堪能であったので，ずいぶんと助かった。なかでも，元東海大学教授の井上孝氏や日本大学教授の佐々木實雄氏にはドイツ語文献の読解などで大変お世話になった。

　こうした寡占理論の研究の過程で，競争理論が教えるような需給条件の変化に応じた市場価格の変化がなぜ寡占市場ではスムーズに起こらないのか，なぜ寡占市場では価格が「硬直的」になるのか，という疑問が生まれるとともに，ある意味では，例えば完全競争理論が教える以上に激しい競争が現実の寡占市場では繰り広げられているが，それはどのような形で行われているのか，ということに私自身の関心が徐々に移っていった。その結果が「企業間の競争が実際にはさまざまな形で行われているにもかかわらず，これまで非価格競争に関する総合分析はほとんどなされなかった」〔「非価格競争論」（修士論文）〕で始まる非価格競争研究につながり，品質や広告といった価格・産出量以外の行動変数を含めた寡占研究に関心が移っていったのである。

3.　大学院博士課程時代と関心の広がり

　博士課程では，こうした現実の市場における企業行動を分析するには伝統的なミクロ経済理論のフレームワークでは限界があると考え，とりわけベインのS－C－Pパラダイムに基づく産業組織論の分析手法によって寡占企業の行動を

随　想　｜　539

研究するとともに，このハーバード学派と呼ばれるベインの手法に批判的なシカゴ学派のスティグラーや，そのいずれにも属さないオーストリア学派の流れをくむカーズナーなどの研究を通じて，寡占企業の行動の解明に努めた。また，このカーズナーの著書である『競争と企業家精神』との出会いがその後のオーストリア学派研究の一因となったことは確かである。また，同じ時期に，ほぼ同じような分野を研究していた院生仲間である元東海大学教授の故小林逸太氏との議論はこれらの研究をより豊かなものにしてくれた。

　こうした寡占市場の分析と並行したのが，まったく分野の異なるフランス語経済学文献の研究であった。学説や思想に対する関心がいつ始まったのか定かではないが，学部時代に始まって，とりわけ修士課程で各種の経済学文献を読み漁ったことがそのきっかけになったことは確かである。フランス語文献に対する私の大きな関心とその読解力の向上に決定的な役割を果たしてくれたのは，大学院博士課程時代の経済フランス語の恩師である元早稲田大学教授の故山川義雄先生の長年にわたる個人指導である。後年，『無政府国家への道』（ピエール・ルミュー，春秋社）をはじめとする何冊かのフランス語経済書を訳出・出版できたのはこの時の先生の指導のおかげである。それだけではない。山川義雄先生は大学への就職など，その後も公私にわたりさまざまな形で面倒を見てくださった。

　それと同時に，寡占理論や経済学史・経済思想史の研究だけではなく，さらに幅広い分野に関心を広げるうえで大きな知的刺激を受けたのが，当時有楽町の電気ビル内にあった「経済教育研究協会」で定期的に行われた研究会であった。加藤（現マーゲル）眸氏や故吉田一正氏らの協会員スタッフ，および当時明治大学の大学院生であった元高校教師の友人中田正夫君を含む数名の研究会であったが，より広い分野への知的関心を呼び起こすには充分であった。とりわけ元千葉商科大学教授であった故篠塚慎吾先生から受けたパーソンズの AGIL 理論を中心とする分析パラダイムに基づく組織と環境の研究などは視野の拡大に大いに役立った。篠塚先生とのお付き合いはその後も続き，社会・経済哲学への関心を呼び起こされ，後にはロールズの『正義論』（紀伊國屋書店）やハイエクの『ハイエク全集』（春秋社）の訳者に先生と共に名を連ねるほどまでになっていった。

4. 教員時代と自由主義研究

　こうして大学院での寡占市場の理論的・実証的研究と経済学説・思想・哲学の研究を携えて大学教員となった私は，非常勤講師を務めた千葉商科大学では経済原論，英書講読，およびゼミ（産業組織論），中央大学では仏書講読，およびゼミ（フランス経済思想史研究），駒沢女子短期大学では教養の経済学，また，常勤の大東文化大学では経済原論（後のミクロ経済学とマクロ経済学），英書講読，産業組織論，近代経済学史，社会経済思想，およびゼミ（産業組織論と日本経済論），といった大学院時代の研究を生かせる科目を担当するとともに，その後の研究も大学院時代の研究の延長線上，あるいはそれをベースとした応用研究というように，ある意味で一貫した研究ができる環境に置かせていただいたのである。こうした自由な研究基盤を用意してくださり，常に励ましてくれたのが元大東文化大学教授の故鬼丸豊隆先生と中本博晧先生で，とりわけ中本博晧先生には今なお公私ともにお世話になっている。また，専門分野も担当科目も同じであった元大東文化大学教授の故末繁宏造氏と頻繁に交わした議論は政治，経済，文化，社会，哲学など，実に多岐にわたるもので，大学での私の研究・教育活動に有益な示唆を与えてくれた。

　教員生活に入ってからの研究では，一方で産業組織論的な手法による産業・市場・企業行動などの研究が，他方でハーバード学派と呼ばれる産業組織論に批判的なシカゴ学派やオーストリア学派との出会いがきっかけとなった自由主義の研究が中心となった。後者の研究，とりわけハイエクを中心とするオーストリア学派の研究に生涯携わる契機となったのが学部時代の指導教授であった東京工業大学名誉教授の故矢島鈞次先生の助言である。新自由主義が一般的に論じられるようになるかなり以前から自由主義の研究を進められていた矢島鈞次先生は，とりわけ大学院博士課程時代の私に新自由主義に目を向けるようアドバイスしてくれた。すでに社会・経済哲学に幾分とも関心を寄せていた私は折を見ては，オイケン，レプケ，ミュラー・アルマックらのフライブルク学派，ナイト，フリードマン，スティグラーらのシカゴ学派，メンガー，ミーゼス，ハイエクら

随想　　541

のオーストリア学派，さらにフランスのアレー，リュエフ，といった自由主義者たちの書物を読み漁った。なかでもハイエクを中心とするオーストリア学派の思想には，共鳴するというよりも，むしろのめり込んでしまい，その結果，彼らの研究の中心にあった「権力と自由」の問題は私の生涯の主要な関心事となったのである。

　無論，その後のさまざまな研究・講義・講演などのベースとなったのがこうした大学院時代や教員時代に没頭してきた伝統的な寡占理論や産業組織論の手法と自由主義哲学であることはいうまでもない。また，このベースの存在が多様な研究・教育活動を多少とも容易にするとともに，その論理や主張に幾ばくかの一貫性をもたせてくれたのかもしれない。その意味でこれまでの研究にはそれなりの満足を感じているが，それはまだ完成を見ていないし，それどころか，外部から見れば，大した成果もあげていないといわれるかもしれない。今後の課題である。だが，年を取ることの宿命かもしれないが，意志と能力の格差は拡がる一方であり，この課題の解決だけは困難であるといわざるをえない。もし来世というものがあるとしたら，その時の宿題にしておきたい。

5.　学生時代と私自身の経済問題

　戦後の「ベビーブーム」の最盛期に生を受けた私の家庭の「エンゲル係数」は兄弟が多いということもあり，かなり高いものであった。無論，周囲の家庭でも大半は同じような状況にあった。中学の卒業生が「金の卵」といわれ，地方からの集団就職が茶の間を賑わせた時代である。中学校までの義務教育で学習課程を終えた人が相当数いた。それでも高校まではという両親の思いもあって，何となく高校へは進学するものだと感じていた。とはいえ，多くの同級生がそうであったように，私も高校を出たら就職するということを当然のように思っていた。自意識に欠けていたせいなのか，就職に有利な技術を早く身に付けたいと思ったのか，今では判然としないが，私は中学の担任の先生に勧められるままに工業高校の機械科に入った。

機械材料，機械工作，応用力学などの講義科目や旋盤，ボール盤，フライス盤，溶接，鋳物などの実習科目，といった実務教育に適応できず次第に嫌気がさしていった私は3年生になると，周囲が皆就職を決めているのに，一人だけ就職活動もせず，だらだらと毎日を過ごしていた。さすが，卒業近くになると何とかしなくてはという焦りにも似た感情が生まれ，担任の先生に相談したところ，私の気持ちや適性を汲んでくださったのか，大学，それも理工系ではなく，文系の大学への進学を勧められた。受験勉強などまったくしていなかった私に先生は推薦入試の便宜を図ってくれた。だが，ここにきて，それまでほとんど考えていなかった問題，というよりも，何とかなるだろう位にしか考えていなかった問題，すなわち授業料などの学納金をどうするかという私自身の個人的な経済問題が起こったのである。幸い，初年次の学納金は父親が捻出してくれることになり，2年次以降はビルメンテナンスの会社を経営していた伯母が時間のある時に伯母の会社でアルバイトをするという条件で出してくれることになった。自宅から通学できる範囲内に大学があったことも，また効率の良い家庭教師などのアルバイトがあったことも好都合であった。ひとまず学部時代の経済問題は解決し，相当の時間を勉学に費やすことができた。

　こうして経済問題からある程度解放された私はとりわけ語学と経済学の勉強に没頭した。その結果，経済学の研究に面白さを覚えたのかもしれないが，学部での勉学を終えて卒業するころになると，同級生の多くが就職を決めているのに，またもや就職活動もせず，だらだらと過ごしていた，というよりも，「モラトリアム人間」を装ったのである。ただ高校時代と違って，今度は大学院へ進学して，できれば研究生活を続けたいという明確な目標をもっていた。その契機となり精神的な後押しとなったのは，先の故矢島鈞次先生からのさまざまな助言であり，また，矢島先生のお弟子さんであって，当時東京学芸大学の大学院生であった元千葉商科大学教授の中村壽雄先生や故篠塚慎吾先生との出会いであった。

　だが，大学院の合格が決まった瞬間，新たな経済問題が起きた。分かっていたことだが，いざその場に立ってみないと実感のわかない問題である。今度ばかりは親にも伯母にも相談できず，思案に暮れていたところ，それをどこからか聞き

つけた友人の金子孝夫君 (元福島県農協五連部長) が初年次の学納金の一部をもっ
て福島から駆け付けてくれ，また先の矢島鈞次先生は学納金全額をすぐさま用
立ててくれたのである。またも，周囲の人たちから助けられた。それだけではな
い。各種の給付型の奨学金や高校の非常勤講師など，その後の経済問題も解決し
てくれるような便宜を図ってくださった人たちがいた。こうして，決して潤沢と
はいえないが，大学院では多少ともゆとりのある研究生活を送ることができた。
支えてくれた多くの人たちには，ただ感謝という言葉しか浮かばない。

6. おわりに

　ここでは名前を挙げることができなかったが，このように私の研究生活を学問
的・精神的・経済的に支えてくれた人々は他にもたくさんいる。なかでも，中村
年春教授を委員長とするこの『古稀記念論集』の編集委員の先生方や玉稿をお寄
せくださった方々との交遊が私の研究・教育活動にどれほど大きな影響を与えた
か，そして私の研究人生にどれほどの彩りと潤いを与えてくれたか，計り知れ
ないものがある。本来ならば，お一人お一人の名前を挙げて，その交遊について
語るべきかもしれない。だが，それについて書こうとすれば，交遊の深さや長さ
からして，どうしても膨大なものになりかねないし，また却って冗長になってし
まうかもしれない。さらに，こうした方々との交遊はまだこれからも続くだろう。
そのうえ，それがどういう形で，しかもどういう方向に展開するか，予測の域を
出ない。できることなら，それらの交遊に多少なりとも見極めのついたところ
で，機会があれば語ることにしたい。ただ，その機会が来るのはずっと後のこと
になるよう願っている。

　この「随想」を書き終えるにあたり，改めて，交遊を賜りました皆様方のご厚
情と友情に深甚の謝意を表したい。

　2017年3月10日　研究室にて

刊行を終えて

　私たちの敬愛する渡部茂先生は，2017年12月15日にめでたく古稀を迎えられました。そして2018年3月31日をもって，大東文化大学経済学部教授を退職なされます。渡部茂先生は，1976年3月に早稲田大学大学院経済学研究科博士課程を単位取得退学後，学究の途に進まれ，1978年4月に大東文化大学経済学部経済学科専任講師に就任し，主に大東文化大学経済学部において教育と研究に精進してこられました。顧みれば，渡部茂先生は，実に40年の長きにわたり教育と研究の途を歩まれ，その間，学部においては，学生を熱心に指導され，とくにゼミからは多くの社会に有為の人材を輩出し，また大学院においては，若手研究者の育成に情熱を注ぎ，論文作成や雑誌等への執筆の指導，学会での発表の世話をするなど，学者・研究者も世に送り出してこられました。

　渡部茂先生は，日本における F. A. ハイエク研究の第一人者として著名な経済学者であり，多数の研究業績を挙げておられます。先生のご研究は，時代の流れを的確に捉え，常に多角的な視点からの探究を意識し，深遠な洞察力と精緻な分析力によって問題の本質に迫る論理を展開してこられました。そのご研究は，国内外の経済諸事象を対象とし，実に多岐，多彩に及んでおり，発表されたご著書・論文等も極めて多数にのぼっています。

　他方，大東文化大学では，経済学部経済学科主任，経済学部長，学務局長，副学長，学長を，さらにエクステンションセンター所長，大東文化歴史資料館館長，また学校法人大東文化学園常務理事，同評議員などを歴任し，大学および学園の運営においても大きな功績を残されました。しかし，特筆すべきは，後に続く学内の若手教員を常に叱咤激励し，彼・彼女らに活躍の場を用意し，飛躍に向けての後押しをするなど，後進の育成にたいへんご尽力されたことです。そこで，私たちは日頃の渡部茂先生のご指導に対し感謝の意を込めて，古稀記念論文集を編み，お贈りすることを企画し，平素から渡部茂先生とご親交のある先生方にご

執筆をお願いしたところ，皆様公私ともにたいへんお忙しいなかにもかかわらず，ご快諾くださいました。諸先生には限られた時間内でのご執筆でたいへんご迷惑をお掛けいたしましたが，私たちの真意をよくご理解いただき，ご寄稿を賜りましたこと洵に有難く存じます。お蔭様で，ここに500余頁にも及ぶ大著が完成いたしました。これも偏に諸先生のご厚情の賜物と深く感謝し，ここに厚く御礼申し上げます。

　渡部茂先生は，現在，益々お元気で，教育・研究の第一線でご活躍されるとともに，後進の育成に力を尽くされております。先生が古稀を迎えられ，大東文化大学をご退職なされるのを機に，ここに古稀記念論集を刊行・献呈し，これまでのご恩に深く感謝しつつ，末永くご壮健でご活躍されますようご祈念申し上げる次第です。

2018年3月吉日　　　　　　　　　　渡部茂先生古稀記念論集刊行委員会

　　　　　　　　　　　　　　　　委員長　　中村　年春

　　　　　　　　　　　　企画編集委員　　池田　剛士

　　　　　　　　　　　　　　　　　　　　岡村　宗二

　　　　　　　　　　　　　　　　　　　上遠野武司

　　　　　　　　　　　　　　　　　　　　葛目　知秀

　　　　　　　　　　　　　　　　　　　　内藤　二郎

　　　　　　　　　　　　　　　　　　　　中村　宗悦

渡部茂先生御経歴

学　歴

1947 年 12 月 15 日	東京都文京区駒込動坂町で生まれる
1954 年 4 月	東京都文京区立千駄木小学校　入学
1960 年 3 月	東京都文京区立千駄木小学校　卒業
1960 年 4 月	東京都文京区立文林中学校　入学
1963 年 3 月	東京都文京区立文林中学校　卒業
1963 年 4 月	東京都立足立工業高等学校機械科　入学
1966 年 3 月	東京都立足立工業高等学校機械科　卒業
1966 年 4 月	千葉商科大学商経学部経済学科　入学
1970 年 3 月	千葉商科大学商経学部経済学科　卒業
1970 年 4 月	早稲田大学大学院経済学研究科修士課程　入学
1972 年 3 月	早稲田大学大学院経済学研究科修士課程　修了
1972 年 4 月	早稲田大学大学院経済学研究科博士課程　入学
1976 年 3 月	早稲田大学大学院経済学研究科博士課程　単位取得満期退学

職　歴

1976 年 4 月〜 1998 年 3 月	千葉商科大学非常勤講師（「経済原論」「演習」「外書講読（英語）」担当）
1977 年 4 月〜 1987 年 3 月	中央大学商学部非常勤講師（「外書講読（仏語）」「演習」担当）
1978 年 4 月〜 1982 年 3 月	大東文化大学経済学部経済学科専任講師（「経済原論」「演習」「外書講読」ほか）
1982 年 4 月〜 1989 年 3 月	大東文化大学経済学部経済学科助教授
1985 年 4 月〜 1986 年 3 月	長期海外研究員（スイス・ローザンヌ大学）
1989 年 4 月〜　現在に至る	大東文化大学経済学部経済学科（2001 年 4 月〜，社会経済学科）教授
1989 年 4 月〜 1991 年 3 月	駒沢女子短期大学非常勤講師（「経済学」担当） 駒沢女子短期大学英文科設置に伴う教員組織審査合格（1989 年）
1996 年 4 月〜 1998 年 3 月	大東文化大学経済学部経済学科主任 大東文化大学評議会委員
1998 年 4 月〜 1998 年 9 月	短期海外研究員（イギリス・ウェストミンスター大学）
1999 年 4 月〜 2001 年 3 月	大東文化大学エクステンションセンター所長

2001 年 4 月～ 2005 年 3 月	大東文化大学経済学部長
	学校法人大東文化学園理事・評議員
2005 年 4 月～ 2008 年 3 月	大東文化大学学務局長
	学校法人大東文化学園常務理事・評議員
2006 年 4 月～ 2008 年 3 月	大東文化大学副学長
	大東文化歴史資料館館長
2008 年 4 月～ 2010 年 8 月	大東文化大学学長
	学校法人大東文化学園理事・評議員
2015 年 4 月～ 2016 年 3 月	2015（平成 27）年度特別研究期間制度適用者

学会活動

1975 年　日仏経済学会会員

1977 年　金融学会会員（現在に至る）

1978 年　日本経済学会会員（現在に至る）

1983 年　日本経済政策学会会員（現在に至る）

1991 年　経営行動学会会員

1992 年　日欧社会経済学会会員

1999 年　日本消費経済学会会員

2011 年　経済学史学会会員（現在に至る）

社会活動等

2000 年　4 月～ 2006 年 3 月	大東文化大学・東京都板橋区地域連携協働研究「地域デザインフォーラム」第 2 分科会・第 3 分科会研究員
2001 年　4 月～ 2010 年 3 月	板橋区高齢者大学校「板橋グリーンカレッジ」運営協議会委員
2001 年 10 月～ 2010 年 8 月	エコポリス板橋環境行動会議委員（議長）
2002 年　4 月～ 2010 年 8 月	板橋区環境保全賞選考審査会審査委員
2004 年　7 月～ 2005 年 9 月	板橋区長期基本計画審議会委員
2005 年 10 月～ 2010 年 3 月	司法試験委員会考査委員
2006 年　6 月～ 2010 年 8 月	板橋区産業活性化推進会議委員（委員長）
2007 年 11 月～ 2009 年 1 月	板橋区「自治力 UP」推進協議会委員（副委員長）
2008 年　4 月～ 2010 年 8 月	日本私立大学協会理事
2008 年　6 月～ 2010 年 6 月	板橋区文化・国際交流財団理事
2008 年　9 月～ 2010 年 8 月	日本私立学校振興・共済事業団共済審査会委員
2008 年 11 月～ 2009 年 3 月	板橋区「(仮称)シニア活動センター」構想策定協議会委員（委員長）

現代経済社会の諸問題 ―渡部茂先生古稀記念論集

2018年3月20日　第1版第1刷発行　　　　　　　　　　　　　　　〈検印省略〉

編著者　渡部茂先生古稀記念論集刊行委員会

発行者　田中　千津子

発行所　㈱学 文 社

〒153-0064　東京都目黒区下目黒3-6-1
電話　03（3715）1501 ㈹
FAX　03（3715）2012
http://www.gakubunsha.com

© 2018 Publication Committee for Festschrift in honor of Professor Shigeru Watabe
乱丁・落丁の場合は本社にてお取替えします。　　Printed in Japan　　印刷　新灯印刷（株）
定価は売上カード，カバーに表示。

ISBN978-4-7620-2796-3